친권과 미성년후견의 실무

법무사·법학박사 **황정수** 감수

법무사 **김효석** 편저

도서출판 벽송

감수의 글

최근 수년간 친권과 미성년후견에 관하여 몇 차례의 법률 개정이 이루어졌습니다. 특히, 2011년에는 후견제도 및 친권제도의 개정, 2012년에는 미성년 입양에 대한 가정법원의 허가제 도입 등을 내용으로 한 양자제도의 개정, 2014년에는 일정기간 친권정지 또는 친권의 일부 제한제도 도입 등 민법 개정이 있었습니다.

이러한 개정에 발맞추어 이번에 출간되는 『친권과 미성년후견의 실무』는 친권과 미성년후견에 관한 기본이론과 실무적 내용을 간결하면서도 체계를 갖춰 해설한 책입니다. 이 책은 친권과 미성년후견에 관한 각종 심판청구서 서식과 그 해설을 통하여 현행 법령 및 실무를 전체적으로 쉽게 파악할 수 있도록 구성한 것이 특징입니다. 그래서 이 책은 우리나라에서 친권과 미성년후견에 관한 전반적인 이론과 구체적 실무를 아우르는 단행본으로서는 선구적인 책이라 생각됩니다.

저자는 오랫동안 대한법무사협회 법제연구소의 연구위원 겸 법무사연수원 교수로서 활발한 연구 및 강의활동을 수행해 왔고, 근래에는 「사단법인 한국성년후견지원본부」의 상임이사 겸 교육·연구분과 위원장의 직책을 맡아 『성년후견 법령집』과 『성년후견 심판절차와 서식』을 대표집필한 바 있습니다. 또한 각종 성년후견 심판사례 60여건을 분석·정리한 『성년후견 심판사례집』의 발간을 앞두고 마무리 작업에 매진하고 있는 등 후견제도 전반에 걸친 실무매뉴얼 발간사업에 헌신하고 있는 것으로 알고 있습니다. 이런 와중에서도 저자가 친권과 미성년후견에 관한 국내외 문헌을 깊이 있게 연구하여 그 동안 쌓아 온 실력의 일부를 이 책을 통하여 빛을 내게 되었습니다.

이 책은 혼자서 공부하기 쉽지 않은 친권과 미성년후견제도 전반에 관하여 일목요연하게 설명하였으며, 특히 친권과 미성년후견에 관한 각종 가사비송

심판절차에 맞추어 각 유형별 심판청구서 서식을 제공함과 아울러 그에 관한 해설을 자세히 붙임으로써 제도의 이론적 내용과 법 규정의 의미를 쉽게 이해할 수 있도록 체계적으로 정리하였습니다. 저자의 이러한 시도는 친권과 미성년후견에 관한 업무를 처리하는 실무가들에게 어떻게 그 업무처리의 과정을 쉽게 이해시킬 수 있을까 하는 고민의 흔적으로 느낄 수 있습니다.

아무쪼록 이 책을 읽는 독자들이 친권과 미성년후견에 대한 정확한 이해와 실무지식을 얻기 바라는 마음으로 감수하면서, 이 책을 집필한 저자의 학문적 열정을 높이 평가하고 그 노력에 찬사를 보내며 앞으로도 계속적인 발전이 있기를 기원합니다.

2015년 6월

감수 **황 정 수**

머 리 말

오늘날 친권은 부모의 절대적인 권리가 아니라 미성년 자녀의 복리실현을 위하여 부모에게 인정된 실정법상의 의무인 동시에 권리라고 할 것이며, 실제로는 의무의 측면이 더욱 강조되고 있습니다. 미성년자가 만 19세에 이르러 성년이 될 때까지 원만한 성장을 위하여 친권자의 포괄적인 보호와 양육이 필요하지만, 어떤 사정으로 친권자가 친권을 행사할 수 없는 경우에는 그 자녀는 보호와 양육의 공백상태에 처하게 되므로, 민법은 이러한 경우를 위하여 미성년자를 위한 후견제도를 마련하고 있습니다. 즉, 친권자인 부모가 모두 사망하거나 친권을 행사할 수 없는 경우에는 미성년자를 위한 후견이 개시되어 미성년후견인이 친권자의 역할을 대신하게 됩니다. 이처럼 미성년후견은 친권의 공백을 보완하는 것을 주된 목적으로 하므로, 미성년후견은 친권의 보충 또는 연장이라고 할 수 있으며, 그래서 친권과 미성년후견을 동일한 연장선상에서 바라보는 체계적인 접근이 필요합니다. 이것이 바로 제가 이 책을 집필하게 된 첫 번째 이유입니다.

최근 친권 및 미성년후견과 직·간접적으로 관련된 여러 제도가 산발적으로 개정되면서 그에 따른 해석론과 실무에도 상당한 변화를 가져왔지만, 개정된 제도와 내용에 대한 종합적이고 체계적인 해설서는 많지 않습니다. 더구나 친권과 미성년후견의 실무절차는 대부분 가사비송의 심판과 그 후속절차를 거치게 되는데, 이를 다루는 가정법원의 실무지침서라고 할 수 있는 『법원실무제요 : 가사』편은 5년 전에 발간된 것이 마지막이므로 최근의 개정 내용을 제대로 반영하지 못하고 있습니다. 이러한 현실에서 친권·미성년후견에 관한 실무에 편의를 제공하고자 하는 것이 이 책을 집필하게 된 두 번째 이유입니다.

이 책을 집필하게 된 세 번째 이유는 그동안 제가 담당하였던 친권·미성년후견 관련 가사비송 사건의 실무경험과 연구 목적으로 수집해 온 수많은 자료들을 체계적으로 정리해보고 싶다는 개인적 욕심이라고 할 수 있습니다.

이 책의 주요 내용을 소개하면,

[제1장]에서는 최근 개정된 관련 제도의 주요 내용과 관련 법률의 개정 추진 상황을 소개하고, 친권·미성년후견에 관한 일반적인 해석론과 판례 등을 비교적 상세하고 체계적으로 정리하였으며, 특히 2015년 10월 16일부터 시행되는 친권의 일시정지, 일부제한 제도 등에 대하여도 상세히 소개하였습니다.

[제2장]에서는 가사비송사건에 관한 일반론과 친권 · 미성년후견에 관한 심판절차 전반을 총론적으로 정리한 후, 친권·미성년후견에 관한 다양하고 구체적인 서식 작성례를 제시하고 그에 따른 심판절차에 관하여 해설을 달았습니다. 특히 50여 종류의 심판청구서 마다 「의의 ➡ 심판청구(관할, 청구권자, 청구서 기재사항, 청구비용 및 첨부서류) ➡ 심리와 심판 ➡ 불복 ➡ 심판확정 후의 절차」 순으로 상세한 설명을 붙임으로써 제1장의 해석론을 먼저 읽지 않더라도 곧장 실무에 적용할 수 있도록 구성하였습니다.

아울러 [부록]에서는 각종 가족관계등록업무 신고서식과 가족관계등록부 기록사항 기재례, 미성년후견에 관한 각종 보고서 양식을 첨부하여 친권·미성년후견에 관한 후속업무 처리에도 편의를 제공하고자 하였습니다.

친권과 미성년후견에 관한 전문 해설서와 실무자료가 매우 부족한 현실에서 이 분야에 직·간접적으로 관여하는 여러 전문가 및 실무가들에게 이 책이 조금이나마 도움이 되길 기대하며, 부족하거나 빠진 부분은 앞으로 수정 및 보완할 수 있도록 따가운 지적과 아낌없는 지도편달을 부탁드립니다.

끝으로 이 책의 집필과 발간에 깊은 관심과 격려를 베풀어주신 여러 분들께도 지면을 빌어 고마움을 전하며, 특히 이 책의 체계와 구성에 관하여 구체적인 조언을 아끼지 않으시고 실제 사례까지 제공해 주셨으며 바쁜 일정에도 불구하고 흔쾌히 감수를 맡아주신 황정수 박사님께 깊이 감사드립니다. 그리고 항상 필자의 든든한 후원자 겸 울타리인 아내, 아들 한성, 딸 소현은 이 책 발간의 일등공신이며, 특히 이 책의 표지 디자인을 기꺼이 맡아준 아들 한성에게 고마움과 미안함을 함께 전하고 싶습니다.

2015년 6월 하순

편저자 **김 효 석**

목 차

제 1 장 친권과 미성년후견

제2장 친권과 미성년후견에 관한 실무

부 록

【법령 등 약어표】

- 민법 ········· 민
- 가사소송법 ········· 가소
- 가사소송규칙 ········· 가소규
- 가사소송수수료규칙 ········· 가수규
- 가족관계의 등록 등에 관한 법률 ········· 가등
- 가족관계의 등록 등에 관한 규칙 ········· 가등규
- 가족관계등록예규 ········· 가등예규
- 근로기준법 ········· 근기
- 민사소송법 ········· 민소
- 민사소송규칙 ········· 민소규
- 민사소송 및 가사소송의 사물관할에 관한 규칙 ········· 관할규
- 법원조직법 ········· 법조
- 보호시설에 있는 미성년자의 후견직무에 관한 법률 ········· 보호
- 보호시설에 있는 미성년자의 후견직무에 관한 법률 시행령 ········· 보호령
- 비송사건절차법 ········· 비송
- 송달료규칙의 시행에 따른 업무처리요령 ········· 재판예규 제1522호
- 후견등기에 관한 법률 ········· 후등
- 후견등기에 관한 규칙 ········· 후등규
- 후견사건의 처리에 관한 예규 ········· 후견예규

※ 참고 : 본문의 각주번호는 각 장마다 새로 시작함.

제1장 친권과 미성년후견

제1절 총 설

Ⅰ. 관련 제도의 최근 개정

1. 2011년 후견제도의 개정[1)]

가. 개정이유

기존의 금치산·한정치산 제도를 개편하여 현재 정신적 제약이 있는 사람은 물론 장래에 정신적 능력이 약해질 상황에 대비하여 후견제도를 이용하려는 사람이 재산 행위뿐만 아니라 치료, 요양 등 복리에 관한 폭넓은 도움을 받을 수 있는 성년후견제로 확대하고, 각종 심판의 청구권자에 후견감독인과 지방자치단체의 장을 추가하여 후견을 내실화하며, 성년후견 등을 요구하는 노인, 장애인 등에 대한 보호를 강화하고, 피성년후견인 등과 거래하는 상대방을 보호하기 위하여 성년후견 등에 관하여 등기로 공시하도록 하는 한편, 청소년의 조숙화에 따라 성년연령을 낮추는 세계적 추세와 공직선거법 등의 법령 및 사회·경제적 현실을 반영하여 성년에 이르는 연령을 만 20세에서 만 19세로 낮추려는 것이다.[2)]

나. 주요내용

(1) 성년 연령의 하향

청소년의 조숙화에 따라 성년연령을 낮추는 세계적 추세와 공직선거법 등의 법령 및 사회·경제적 현실을 반영하여 성년에 이르는 연령을 만 20세에서 만 19세로 낮추었다(민 제4조).

---

1) 2011.3.7. 법률 제10429호로 개정되어 2013.7.1.부터 시행된 **민법**을 말한다.

2) 2011년 개정 전 민법과 마찬가지로 미성년후견은 친권의 공백을 보완하는 것을 주된 목적으로 하기 때문에 후견인의 법정 순위를 폐지한 것 등 외에는 기본 틀을 대부분 그대로 유지하였다.

(2) 성년후견·한정후견·특정후견 제도의 도입

획일적으로 행위능력을 제한하는 문제점을 내포하고 있는 기존의 금치산·한정치산 제도 대신 더욱 능동적이고 적극적인 사회복지시스템인 성년후견·한정후견·특정후견 제도를 도입하고 기존의 심판 청구권자에 후견감독인과 지방자치단체의 장을 추가하여 후견을 내실화함으로써 성년후견 등을 필요로 하는 노인, 장애인 등에 대한 보호를 강화하였다(민 제9조 및 제12조, 제14조의2 신설).

(3) 제한능력자 능력의 확대

성년후견을 받는 사람의 법률행위 중 일용품의 구입 등 일상생활에 필요한 행위이거나 후견개시의 심판에서 달리 정한 것은 취소할 수 없도록 하고, 한정후견을 받는 사람의 법률행위는 가정법원에서 한정후견인의 동의 사항으로 결정한 것이 아닌 이상 확정적으로 유효한 법률행위로 인정되며, 특정후견을 받는 사람의 법률행위는 어떠한 법적 제약이 따르지 않도록 하였다(민 제10조 및 제13조).

(4) 피후견인의 복리, 치료행위, 주거의 자유 등에 관한 신상보호 규정 도입

피후견인의 복리에 대한 후견인의 폭넓은 조력이 가능하도록 하되, 피후견인의 신상에 관한 결정권은 본인에게 있다는 원칙과 후견인의 임무수행에 있어서 피후견인의 의사 존중 의무를 명시하는 등 피후견인의 복리를 실질적으로 보장할 수 있도록 하였다(민 제947조, 제947조의2 신설).

(5) 복수·법인 후견 도입 및 동의권·대리권의 범위에 대한 개별적 결정

후견인의 법정순위를 폐지하고, 가정법원이 피후견인의 의사 등을 고려하여 후견인과 그 대리권·동의권의 범위 등을 개별적으로 결정하도록 하며, 성년후견의 경우 복수·법인 후견인도 선임할 수 있도록 하였다(민 제930조 및 제938조, 제959조의4 및 제959조의11 신설).

(6) 후견감독인제도의 도입

친족회를 폐지하고 그 대신 가정법원이 사안에 따라 후견감독인을 개

별적으로 선임할 수 있도록 함으로써 후견인의 임무 해태, 권한 남용에 대한 실질적인 견제가 가능하도록 하였다(민 제940조의2부터 제940조의7까지, 제959조의5 및 제959조의10 신설).

(7) 후견계약 제도의 도입

후견을 받으려는 사람이 사무를 처리할 능력이 부족한 상황에 있거나 부족하게 될 상황에 대비하여 재산관리 및 신상보호에 관한 사무의 전부 또는 일부를 자신이 원하는 후견인에게 위탁하는 내용의 계약을 체결할 수 있도록 하는 한편, 후견계약은 공정증서에 의하여 체결하도록 하고, 그 효력발생 시기를 가정법원의 임의후견감독인 선임 시로 하는 등 피후견인의 권익을 보호할 수 있는 제도적 장치를 마련하였다(민 제959조의14부터 제959조의20까지 신설).

(8) 제3자 보호를 위하여 성년후견 등을 등기를 통하여 공시

거래의 안전을 보호하고 피성년후견인 등과 거래하는 상대방인 제3자를 보호하기 위하여 후견계약 등을 등기하여 공시하도록 하였다(민 제959조의 15, 제959조의 19, 및 제959조의 20 신설).

다. 새로운 후견제도의 분류와 유형

개정 민법상 새로운 후견제도는 **미성년후견**과 **성년후견**으로 대별되고, 後者는 다시 **법정후견**과 **임의후견**으로 나뉜다. 법정후견은 질병, 장애, 노령, 그 밖의 사유로 인한 정신적 제약으로 ① 사무를 처리할 능력이 지속적으로 결여된 사람에게 적용되는 **성년후견** 유형, ② 사무를 처리할 능력이 부족한 사람에게 적용되는 **한정후견** 유형, ③ 일시적 후원 또는 특정한 사무에 관한 후원이 필요한 사람에게 적용되는 **특정후견** 유형으로 구분된다. 또한 질병, 장애, 노령, 그 밖의 사유로 인한 정신적 제약으로 사무를 처리할 능력이 부족한 상황에 있거나 부족하게 될 상황에 대비하여 재산관리 및 신상보호에 관한 사무의 전부 또는 일부를 자신이 신뢰하는 후견인에게 위탁하는 내용의 **후견계약**을 체결할 수 있도록 하는 제도를 도입하였다. 후견계약에 의한 후견을 **임의후견**이라고 부른다.

라. 관련 제도의 비교

(1) 금치산(한정치산) 제도와 성년후견 제도의 비교

내용		금치산·한정치산 제도	성년후견 제도
제도	본질	가족제도	복지제도
	목적	재산관리에 중점	신상보호에 중점
	방식	능력박탈(제한)	능력지원
피후견인	사유	심신상실/심신미약	질병·장애·노령 등으로 인한 정신적 제약
	종류	금치산/한정치산	성년/한정/특정/임의
후견인	자격	친족	친족 또는 제3자(법인 포함)
	선임방식	법정되어 있음	법원의 직권선임
	감독기관	친족회	법원(후견감독인)
법원	역할	능력박탈(제한)의 선언	후견인 선임과 감독
	성격	사법적(司法的)	행정적(行政的)

(2) 미성년후견 제도와 성년후견 제도의 비교

내 용		미성년후견 제도	성년후견 제도
피후견인	선임사유	친권자가 없거나 친권자가 친권의 전부 또는 일부를 행사할 수 없는 경우	질병·장애·노령, 그 밖의 사유로 인한 정신적 제약
후견인	자격	친족 또는 제3자(법인 불가)	친족 또는 제3자(법인 포함)
	수	1인	복수(複數) 가능
	선임	법원의 직권 선임 (유언으로 지정한 경우는 제외)	법원의 직권 선임
	감독기관	법원 및 후견감독인	법원 및 후견감독인
후견감독인	선임	법원의 직권 선임 (유언으로 지정한 경우는 제외)	법원의 임의적 선임
공시	방법	가족관계등록부	후견등기부
	촉탁	법원의 기록촉탁	법원의 등기촉탁(법정후견) 당사자의 신청(임의후견)
법원	역할	후견인 선임과 감독	후견인 선임과 감독

2. 2011년 친권제도의 개정[3)]

가. 개정이유

이혼 등으로 단독친권자로 정해진 부모의 일방이 사망하거나 친권을 상실하는 등 친권을 행사할 수 없는 경우에 가정법원의 심리를 거쳐 친권자로 정해지지 않았던 부모의 다른 일방을 친권자로 지정하거나 후견이 개시되도록 하고, 입양이 취소되거나 파양된 경우 또는 양부모가 사망한 경우에도 가정법원의 심리를 거쳐 친생부모 또는 그 일방을 친권자로 지정하거나 후견이 개시되도록 하여 부적격의 부 또는 모가 당연히 친권자가 됨으로써 미성년자의 복리에 악영향을 미치는 것을 방지하고, 이혼 등으로 단독친권자로 정해진 부모의 일방이 유언으로 미성년자의 후견인을 지정한 경우라도 미성년자의 복리를 위하여 필요하다고 인정되면 후견을 종료하고 친권자로 정해지지 않았던 부모의 다른 일방을 친권자로 지정할 수 있게 하여 미성년자의 복리를 증진시키려는 것이다.

나. 주요내용

(1) 단독친권자의 사망, 입양 취소, 파양 또는 양모부의 사망의 경우 가정법원에 의한 미성년자 법정대리인의 선임

㈎ 이혼 등으로 단독친권자로 정해진 부모의 일방이 사망한 경우 생존하는 부 또는 모, 미성년자, 미성년자의 친족이 그 사실을 안 날부터 1개월, 사망한 날부터 6개월 내에 가정법원에 생존하는 부 또는 모를 친권자로 지정할 것을 청구할 수 있도록 하되, 친권자 지정의 청구가 있는 경우라도 미성년자의 복리를 위하여 적절하지 아니하다고 인정하면 가정법원이 직권으로 후견인을 선임하면서 청구를 기각할 수 있도록 하였다(민 제909조의2 신설).

㈏ 생존하는 부 또는 모, 미성년자, 미성년자의 친족이 친권자 지정의 청구를 하지 아니하는 경우에는 가정법원이 직권으로 또는 미성년자, 미성년자의 친족, 이해관계인, 검사의 청구에 의하여 후견인을 선임할 수

---

3) 2011.5.19. 법률 제10645호로 개정되어 2013.7.1.부터 시행된 **민법**을 말한다.

있도록 하되, 이 경우 생존하는 부 또는 모의 의견을 듣도록 하고, 후견인 선임 청구가 있는 경우라도 후견인 선임이 미성년자의 복리를 위하여 적절하지 아니하다고 인정하면 가정법원이 직권으로 생존하는 부 또는 모를 친권자로 지정하면서 후견인 선임 청구를 기각할 수 있도록 하였다.

(다) 미성년자에게 법정대리인이 없는 기간이 생기지 않도록 하기 위하여 가정법원이 직권으로 또는 미성년자, 미성년자의 친족, 이해관계인, 검사의 청구에 의하여 미성년자에 대한 친권자 또는 후견인이 정해질 때까지 후견인의 임무를 대행할 사람을 선임할 수 있도록 하였다.

(라) 생존하는 부 또는 모를 친권자로 지정하는 것이 미성년자의 복리를 위하여 적절하지 아니하다는 이유로 후견인이 선임된 경우라도 후견인 선임 후 양육환경이나 양육능력의 변경 등으로 생존하는 부 또는 모가 친권을 행사하는 것이 미성년자의 복리를 위하여 필요한 경우에는 가정법원이 생존하는 부 또는 모, 미성년자의 청구에 의하여 후견을 종료하고 생존하는 부 또는 모를 친권자로 지정할 수 있도록 하였다.

(마) 입양이 취소되거나 파양된 경우 또는 양부모가 모두 사망한 경우에도 친생부모 또는 그 일방, 미성년자, 미성년자의 친족이 가정법원에 친생부모 또는 그 일방을 친권자로 지정할 것을 청구할 수 있도록 하는 등 단독친권자가 사망한 경우 미성년자의 법정대리인을 선임하는 절차와 동일한 절차를 거쳐 미성년자의 법정대리인을 선임하도록 하였다.

(2) 친권자 지정의 기준

가정법원이 친권자를 지정할 때에는 자녀의 복리를 우선적으로 고려하도록 하고, 이를 위해 관련 분야의 전문가 등으로부터 자문을 받을 수 있도록 하였다(민 제912조제2항 신설).

(3) 단독친권자에게 친권 상실, 소재불명 등 친권을 행사할 수 없는 중대한 사유가 있는 경우 가정법원에 의한 미성년자 법정대리인의 선임

이혼 등으로 단독친권자로 정해진 부 또는 모가 친권을 상실하거나 소재불명이 되는 등 친권을 행사할 수 없는 중대한 사유가 있는 경우에는 단독친권자가 사망한 경우 미성년자의 법정대리인을 선임하는 절차를 준

용하여 미성년자의 법정대리인을 선임하도록 하되, 미성년자의 법정대리인이 정해진 후 단독친권자이었던 부 또는 모가 친권을 회복하거나 소재가 발견되는 등 친권을 행사할 수 있게 된 경우에는 그 부 또는 모, 미성년자, 미성년자의 친족의 청구에 의하여 친권자를 새로 정할 수 있도록 하였다(민 제927조의2 신설).

(4) 단독친권자가 유언으로 미성년자의 후견인을 지정한 경우 가정법원에 의한 친권자의 지정

단독친권자가 유언으로 지정한 미성년자의 후견인이 선임된 경우라도 가정법원이 미성년자의 복리를 위하여 필요하다고 인정하면 생존하는 부 또는 모, 미성년자의 청구에 의하여 후견을 종료하고 생존하는 부 또는 모를 친권자로 지정할 수 있도록 하였다(민 제931조제2항 신설).

3. 2012년 양자제도의 개정[4)]

가. 개정이유

종전에는 미성년자의 입양(入養)과 파양(罷養)은 시·읍·면의 장에 대한 신고만으로 가능했기 때문에 아동학대의 습벽이 있는 사람 등도 손쉽게 입양을 할 수 있었고 그 결과 미성년자의 복리에 악영향을 끼치는 사례가 자주 발생하고 있었으므로, 이를 방지하기 위하여 미성년자를 입양할 때에는 가정법원의 허가를 받도록 하고, 미성년자에 대한 파양은 재판으로만 할 수 있도록 하며, 부모의 소재를 알 수 없는 등의 경우에는 부모의 동의 없이도 입양이 가능하게 하는 등 입양제도를 개선하고, 친양자 입양이 가능한 연령을 종전 15세 미만에서 미성년자로 현실에 맞게 완화하는 한편, 중혼에 대한 취소청구권자에 직계비속을 추가하는 등 제도의 운영상 나타난 미비점을 개선·보완하려는 것이다.

나. 주요내용

(1) 미성년자 입양에 대한 가정법원의 허가제 도입 등

---

4) 2012.2.10. 법률 제11300호로 개정되어 2013.7.1.부터 시행된 **민법**을 말한다.

양부모(養父母)가 보험금을 수령할 목적으로 입양한 영아를 살해하거나 입양한 아동을 성폭행하는 등의 범죄가 연이어 발생하는 등 부적격자에 의한 입양이 심각한 사회문제가 되고 있으므로, 미성년자를 입양할 때에는 가정법원의 허가를 받도록 하고, 가정법원이 입양을 허가할 때에는 양부모가 될 사람의 양육능력, 입양의 동기 등을 심사하여 허가 여부를 결정하도록 하는 한편, 미성년자는 재판으로만 파양할 수 있도록 입양절차를 개선하였다(민 제867조 및 제898조).

이에 따라 입양과 파양에 국가기관이 후견적으로 개입할 수 있게 됨으로써 양자가 될 미성년자와 양자인 미성년자의 복리가 위태롭게 되는 것을 방지하는 데 도움이 될 것으로 기대된다.

(2) 부모의 동의 없이 양자가 될 수 있는 방안 마련

종전에는 부모의 동의를 받아야만 양자가 될 수 있었는데, 부모의 소재를 알 수 없는 경우에는 동의를 받을 수 없는 문제가 있고, 최근에는 부모가 입양 동의를 조건으로 금전적 대가를 요구하는 사례도 있었다. 따라서 부모의 소재를 알 수 없는 등의 사유로 부모의 동의를 받을 수 없는 경우에는 그 동의가 없어도 가정법원이 입양을 허가할 수 있도록 하고, 부모가 3년 이상 자녀에 대한 부양의무를 이행하지 아니한 경우 등에는 부모가 동의를 거부하더라도 가정법원이 입양을 허가할 수 있도록 제도를 개선하였다(민 제870조, 제871조 및 제908조의2제2항).

(3) 친양자 입양 가능 연령 완화

종전에는 친양자가 될 사람은 15세 미만이어야 하나, 오랜 공동생활을 통해 계부모와 계자녀 사이에 사실상의 친자관계가 형성된 재혼 가정의 경우 연령 제한으로 인하여 친양자 입양을 하지 못하는 사례가 있었으므로, 친양자 입양의 연령 제한을 완화하여 친양자가 될 사람이 미성년자이면 친양자 입양을 할 수 있도록 하였다(민 제908조의2제1항제2호).

이에 따라 재혼 가정의 현실에 맞도록 친양자 입양 요건을 개선함으로써 재혼 가정의 화합을 촉진하고 자녀들의 복리를 증진시키는 데 도움이 될 것으로 기대된다.

4. 2014년 「아동학대범죄의 처벌 등에 관한 특례법」 제정[5)]

가. 제정이유

아동의 양육은 가족구성원 차원의 과제일 뿐만 아니라 사회구성원 모두의 관심이 필요한 사안으로서, 아동에 대한 학대행위는 성장 단계에 있는 아동의 정서 및 건강에 영구적인 상처를 남길 수 있으므로 그 대상이 성인인 경우보다 엄격한 처벌과 교화가 필요한바, 아동학대범죄에 대한 처벌을 강화하고 아동학대범죄가 발생한 경우 긴급한 조치 및 보호가 가능하도록 제도를 마련함으로써, 아동학대에 대한 강력한 대처와 예방을 통해 아동이 건강한 사회 구성원으로 성장하도록 하려는 것이다.

나. 주요내용

(1) 아동학대범죄의 처벌 및 그 절차에 관한 특례와 피해아동에 대한 보호절차 및 아동학대행위자에 대한 보호처분을 규정함으로써 아동을 보호하여 아동이 건강한 사회 구성원으로 성장하도록 함을 목적으로 한다(제1조).

(2) 아동학대치사죄 및 아동학대중상해죄를 신설하여 최고 무기징역에 처하도록 아동학대범죄에 대한 처벌규정을 강화하고, 상습범 및 아동복지시설 종사자 등에 대해서는 가중처벌하도록 하였다(제4조부터 제7조까지).

(3) 아동학대행위자가 아동에게 중상해를 입히거나 상습적으로 아동학대범죄를 저지른 경우에는 검사가 법원에 친권상실을 청구할 수 있도록 하였다(제9조).

(4) 누구든지 아동학대범죄에 대해 아동보호전문기관 또는 수사기관에 신고할 수 있도록 하고, 아동복지시설 종사자 등에 대해서는 아동학대범죄에 대한 신고를 의무화하였다(제10조).

(5) 아동학대범죄 신고를 접수한 사법경찰관리나 아동보호전문기관의 직원은 지체 없이 아동학대범죄의 현장에 출동하도록 하였다(제11조).

(6) 아동보호사건의 관할은 아동학대행위자의 행위지, 거주지 또는 현

---

5) 2014.1.28. 법률 제12341호로 제정되어 2014.9.29.부터 시행되고 있다.

재지를 관할하는 가정법원으로 정하였다(제18조).

(7) 형사법원이 임시조치 결정을 하면서 시·도지사, 아동복지전담기관장 등에게 후견인의 임무를 수행하게 하거나 그 임무를 수행할 사람을 선임하도록 하였다(제23조).

(8) 사법경찰관은 아동학대범죄를 신속히 수사하여 검사에게 송치하고, 검사는 아동학대범죄에 대해 아동보호사건 송치, 공소제기 또는 기소유예 등의 처분을 결정하기 위해 필요하다고 인정하면 아동학대행위자의 주거지 또는 검찰청 소재지를 관할하는 보호관찰소의 장에게 아동학대행위자의 경력, 생활환경 등에 관한 조사를 요구할 수 있도록 하였다(제24조 및 제25조).

(9) 검사는 아동학대범죄로서 이 법에 따른 보호처분을 하는 것이 적절하다고 인정하는 경우에는 아동보호사건으로 처리할 수 있도록 하였다(제27조).

(10) 아동학대범죄의 수사 또는 아동보호사건의 조사·심리 및 그 집행을 담당하거나 이에 관여하는 공무원, 보조인, 진술조력인, 아동보호전문기관 직원 등은 그 직무상 알게 된 비밀을 누설할 수 없도록 하였다(제35조).

(11) 법원은 가정보호사건조사관, 법원공무원, 사법경찰관리 또는 보호관찰관 등으로 하여금 임시보호명령 및 피해아동보호명령의 이행실태를 조사하게 하고, 임시보호명령 및 피해아동보호명령를 받은 아동학대행위자가 그 결정을 이행하지 아니하거나 집행에 따르지 아니하는 때에는 그 사실을 관할 법원에 대응하는 검찰청 검사에게 통보할 수 있도록 하였다(제53조).

다. 시행령 및 시행규칙 등

특례법에서 위임된 사항과 그 시행에 필요한 사항을 규정함을 목적으로 동법 시행령(대통령령 제25620호)과 시행규칙(법무부령 제826호)이 각 제정되었고, 특례법에 따라 대법원규칙에 위임된 사항 등 아동보호사건, 피해아동보호명령사건 및 배상명령의 처리에 관하여 필요한 사항을 정함을 목적으로 「아동보호심판규칙(대법원규칙 제2556호)」이 제정되었다.

5. 2014년 친권제한 제도의 도입[6)]

가. 개정이유

현재는 부모의 학대나 개인적 신념 등으로 자녀의 생명·신체 등에 위해가 발생하는 경우에도 자녀의 보호를 위하여 친권의 상실 선고 외에는 활용할 수 있는 제도가 없으나, 친권을 일정한 기간 동안 제한하거나 친권의 일부만을 제한하는 제도 등을 마련함으로써 앞으로는 구체적인 사안별로 자녀의 생명 등을 보호하기 위하여 필요 최소한도의 친권 제한조치가 가능하도록 하려는 것이다.

나. 주요내용

(1) 친권자의 동의를 갈음하는 법원의 재판 제도의 도입

가정법원은 친권자의 동의가 필요한 행위에 대하여 친권자가 정당한 이유 없이 동의하지 아니하여 자녀의 생명·신체 등에 중대한 손해가 발생할 위험이 있는 경우에는 자녀 또는 검사 등의 청구에 의하여 친권자의 동의를 갈음하는 재판을 할 수 있도록 하였다(민 제922조의2 신설).

일정한 행위에 대한 친권자의 동의를 갈음하는 재판 제도를 도입함으로써 부모의 친권이 유지되도록 하면서도 자녀의 생명 등을 보호하기 위한 조치가 가능하여 질 것으로 기대된다.

(2) 친권의 일시 정지 제도의 도입

가정법원은 부모가 친권을 남용하여 자녀의 복리를 현저히 해치거나 해칠 우려가 있는 경우에는 자녀 또는 검사 등의 청구에 의하여 2년의 범위에서 친권의 일시 정지를 선고할 수 있도록 하였다(민 제924조).

친권을 일정한 기간 동안 일시적으로 제한하는 제도를 도입함으로써 친권 제한 사유가 단기간 내에 소멸할 개연성이 있는 경우에 자녀의 생명 등을 보호하기 위한 필요 최소한도의 친권 제한 조치로 친권을 일시 정지시키는 것이 가능하여 질 것으로 기대된다.

---

6) 2014.10.15. 법률 제12777호로 개정되어 2015.10.16.부터 시행되는 **민법**을 말한다.

(3) 친권의 일부 제한 제도의 도입

가정법원은 거소의 지정이나 징계, 그 밖의 신상에 관한 결정 등 특정한 사항에 관하여 친권자가 친권을 행사하는 것이 곤란하거나 부적당한 사유가 있어 자녀의 복리를 해치거나 해칠 우려가 있는 경우에는 자녀 또는 검사 등의 청구에 의하여 구체적인 범위를 정하여 친권의 제한을 선고할 수 있도록 하였다(민 제924조의2 신설).

특정한 사항에 관한 친권의 일부 제한 제도를 마련함으로써 친권자의 동의를 갈음하는 재판 제도로는 해결할 수 없는 사안이지만 친권을 전부 상실시킬 필요가 없는 경우에 자녀의 생명 등을 보호하기 위한 필요 최소한도의 친권 제한 조치로 친권 중 일부를 제한하는 것이 가능하여 질 것으로 기대된다.

다. 동시에 개정된 관련 법률

(1) 가사소송법의 일부 개정[7)]

민법의 개정으로 친권의 일시 정지, 일부 제한 등 친권 제한 제도가 새롭게 마련되면서 해당 사항에 대한 재판을 가정법원이 담당하도록 규정함에 따라, 친권의 일시 정지, 일부 제한 등 민법에 추가된 친권의 제한 제도에 대한 사항 및 그 실권 회복에 관한 선고를 가정법원의 전속관할 사항에 추가하려는 것이다[동법 제2조제1항제2호나목6) 개정 및 7)신설].

(2) 가족관계의 등록 등에 관한 법률의 일부 개정[8)]

민법의 개정으로 친권의 일시 정지, 일부 제한 등 친권 제한 제도가 새롭게 마련됨에 따라 이와 관련된 사항을 가족관계 등록부에 적을 필요가 있으므로, 친권의 일시 정지, 일부 제한 등 민법에 추가된 친권의 제한 및 그 회복에 관한 재판을 친권의 변경 신고 사항에 추가하려는 것이다(동법 제79조제2항제1호부터 제3호까지 개정 및 제4호 신설).

---

7) 2014.10.15. 법률 제12773호로 개정되어 2015.10.16.부터 시행된다.
8) 2014.10.15. 법률 제12774호로 개정되어 2015.10.16.부터 시행된다.

Ⅱ. 관련 법률의 개정 추진 상황

1. 가사소송법 전면 개정 추진[9)]

가. 개정 추진의 배경

가사소송법이 1991년 1월 1일 제정·시행된 지 24년 이상 경과함에 따라 법률사항과 규칙사항의 정비 및 복잡한 심판사항의 정리가 필요하고, 가사소송법의 낙후성을 개선하기 위한 새로운 체계 구성과 전면 개정이 불가피한 상황이다. 또한 가사사건 관계인의 절차적 권리 보장이 필요하고, 가정법원의 후견적·복지적 역할에 대한 시대적 요청 등 사회 변화를 입법에 반영할 필요가 생겼다.

이에 대법원은 학계와 실무계 권위자로 구성된 가사소송법 개정위원회를 법원행정처에 설치하여 약 2년간 심도 있는 논의를 진행한 끝에, 가사재판에 대한 국민의 기대, 사회의 변화·발진에 부응한 선진적인 가사소송법 전면 개정안을 마련하였다.

나. 주요내용

(1) 미성년 자녀, 사회적 약자, 소수자의 권익 보호

① 미성년자, 정신적 장애인(제한능력자)의 절차적 권리 보장

미성년자, 정신적 장애인과 같이 행위능력이 제한되어 민사소송을 혼자 수행할 수 없는 사람일지라도 일정한 경우 절차능력을 인정하고(안 제28조, 제52조), 제한능력자에게 소송능력·비송능력이 인정되더라도 특별대리인을 선임할 수 있도록 함으로써 절차적 권리 보호에도 충실하도록 하려는 것이다(안 제29조, 제52조).

② 미성년 자녀의 복리 보호 강화

「미성년 자녀의 복리 보호」를 가사소송법의 목적·이념에서 천명하고(안 제1조), 미성년 자녀의 의사를 정확히 파악하고 재판절차에서 미성년

9) 대법원, "대법원, 24년 만에 가사소송법 전면 개정 추진", 2015.2.6.자 보도자료 참조

자녀를 도와주는 절차보조인 제도를 도입하며(안 제16조), 모든 가사사건에서 미성년자의 복리에 영향을 미치는 재판을 할 경우 법원은 의무적으로 미성년자의 진술을 듣는 것을 원칙으로 함으로써 진술청취 절차를 강화하고(안 제20조), 미성년 자녀가 관련된 사건의 관할을 미성년 자녀 거주지의 가정법원으로 확대함으로써 미성년 자녀의 양육을 보호하려는 것이다(안 제39조, 제106조, 제123조).

③ 이행확보제도의 정비를 통한 당사자 및 미성년 자녀의 충실한 보호

사전처분의 실효성을 높이기 위하여 사전처분에 대한 집행력을 부여하고(안 제143조), 양육비 미지급 등을 이유로 한 감치요건을 완화하여 제재의 실효성을 제고하려고 한다(안 제155조).

④ 가사비송사건의 취하 제한

친권자 지정, 친권상실·정지, 성년후견개시 등의 청구 사건에서는 가정법원이 허가하는 경우에만 취하할 수 있도록 함으로써 미성년자, 장애인의 진정한 의사와 복리에 반하는 취하를 견제하려고 한다(안 제64조).

(2) 국민의 편익 증진 및 법률접근권 확대

① 알기 쉽고 직관적인 가사사건 분류

기존의 「가·나·다·라·마류 가사사건」 분류방식은 법률전문가조차 그 내용을 알기 어려우므로 국민들이 직관적으로 사건의 내용을 추론할 수 있도록 가사사건을 분류하고 그 특징을 명칭에 반영하려고 한다(안 제4조).

② 가사사건과 관련 민사사건의 일회적 해결절차 마련

가정법원에 계속된 가사소송사건 또는 상대방이 있는 가사비송사건과 밀접하게 관련되어 동시에 해결할 필요성이 있는 관련 민사사건에 대하여, 가정법원이 지방법원에 이송을 요청하거나 당사자의 소제기를 가정법원에서 허가하는 절차를 통해 가정법원에서 함께 재판할 수 있도록 하려고 한다(안 제6조).

③ 가사사건 당사자의 사생활 보호 강화

가사사건을 담당하는 자에게 당사자 등의 사생활 보호의무를 부여하는 원칙 규정을 신설하고(안 제3조), 가사사건의 경우 사생활의 비밀 노출을

방지하기 위해 비공개로 심리하는 것이 바람직한 경우가 많으므로, 사생활의 이익이 침해될 우려가 있는 경우를 가사소송에 특유한 소송공개의 예외사유로 규정하려고 한다(안 제31조).

④ 혼인관계 사건 관할의 개선

피고의 보통재판적이 국내에 없거나 이를 알 수 없는 때에는 대법원 소재지가 아니라 원고의 보통재판적이 있는 곳의 가정법원이 사건을 관할하도록 한다(안 제39조).

⑤ 찾기 쉬운 가사비송사건의 각칙 편제

가사비송사건은 매우 다양하고 그 수가 많음에도 불구하고 기존의 체제는 각 사건 유형별로 절을 나누지 않은 채 통합 규정한 바람에 필요한 조문을 찾는 데 많은 시간이 소요되므로, 가사비송사건을 유형화하여 절을 나누고 조문들을 해당 절에 위치시킴으로써 가독성을 제고함과 동시에 향후 체계적인 개정이 가능할 수 있도록 틀을 마련하려고 한다(안 제3편 제2장 및 제3장).

(3) 가정법원의 후견적 기능 강화

① 사실조사 등 촉탁의 확대를 통한 후견적 기능의 지역적 제약 개선

필요한 경우 다른 가정법원에 사실조사 및 조정조치를 촉탁할 수 있도록 함으로써 후견적 기능의 지역적 제약을 보완하려고 한다(안 제19조).

② 「면접교섭보조인 제도」 도입을 통한 이혼 가정 지원

양육친과 비양육친 모두에게 면접교섭의 중요성과 의무감을 일깨우는 한편, 자발적인 면접교섭이 원만히 진행될 수 있도록 면접교섭 절차를 전반적으로 조력하는 면접교섭보조인 제도를 신설하려고 한다(안 제147조).

(4) 가사조정제도의 정비를 통한 분쟁의 평화적인 조기 해결

민사조정에서의 상임조정위원 제도를 도입하여 조정위원의 전문성, 독립성을 강화함으로써 조정전치주의 실질화를 통해 불필요한 갈등관계를 조기에 해소하고 추가 분쟁을 방지하고자 한다(안 제133조).

(5) 가사사건 절차규정의 전면 정비

가사소송절차, 가사비송절차 및 가사조정절차에 관한 규정을 현행 87개 조문에서 161개 조문으로 2배 가까이 늘려서 전반적으로 정비하고, 재판의 형식을 「심판」에서 「결정」으로 변경하며(안 제70조), 상대방 있는 가사비송사건의 결정 중 재산분할결정, 상속재산분할결정에 대하여 기판력을 인정하고(안 제118조), 비송능력, 선정당사자, 수계, 비송대리인, 청구의 취하, 불복 등에 관한 규정을 신설하는 등 가사비송사건의 각칙 편제를 정비하려고 한다(안 제3편).

2. 민사소송법 일부 개정 입법예고[10)]

가. 개정이유

2011년 3월 민법 개정으로 행위무능력자 제도가 폐지되고 성년후견 제도가 시행됨에 따라 행위능력에 대응하는 민사소송법상 소송능력을 개정할 필요성이 생겼음. 성년후견 제도의 취지에 부합되게 피성년후견인·피한정후견인의 소송능력을 확대하고, 그들의 소송수행을 지원해 주기 위하여 진술보조제도 및 변론무능력자에 대한 제한적 국선대리인제도를 신설하고, 후견인이 피후견인의 이익을 침해하는 것을 방지하기 위하여 수소법원이 제한적으로 후견인이 주요한 소송행위를 불허하고 특별대리인의 선임 사유 및 신청권자를 확대하려는 것이다.[11)]

나. 주요내용

(1) 제한능력자의 소송능력 확대(안 제55조)

2011년 개정 민법 부칙 제3조에 따라 현재 민사소송법 제55조상 「금치산자」·「한정치산자」의 소송능력을 「피성년후견인」·「피한정후견인」의 소송능력으로 적용하고 있으나 부칙의 효력기간이 2018년 6월까지이므로 민사소송법 개정이 필요하다. 그래서 종래 소송능력이 없었던 금치산자에 대응하는 피성년후견인의 소송능력을 원칙적으로 부정하되, 예외적

---

10) 법무부, "민사소송법 일부개정법률(안) 입법예고" 2015.4.15.자 참조

11) 자세한 내용은 법무부, "소송능력 확대 및 사회적 약자 보호를 위한 민사소송법 개정안 공청회 자료집", 2015.5.27. 참조

으로 가정법원이 민법 제10조 제2항에 따라 취소할 수 없도록 범위를 정한 법률행위에 대하여는 소송능력을 인정하고(안 제55조제1항제2호 신설), 종래 원칙적으로 소송능력이 없었던 한정치산자에 대응하는 피한정후견인의 소송능력을 원칙적으로 인정하되, 예외적으로 민법 제13조 제1항에 따라 가정법원이 한정후견인의 동의를 받도록 한 행위의 범위 내에서는 소송능력을 부정하려고 한다(안 제55조제2항 신설). 이에 따라 제한능력자들의 소송능력을 확대 인정함으로써 그들의 자기결정권을 존중하면서 사법접근권 향상에 기여하고, UN 장애인권리위원회의 권고에도 부합되어 인권옹호국가로서의 국제적 위상 제고에도 기여할 것으로 기대된다.

(2) 법원에 의한 후견인의 소송행위에 대한 통제(안 제56조)

현행 민사소송법 제56조는 친족회의 특별수권을 요구하거나 요구하지 않음으로써 법정대리권의 범위를 정하고 있고 특히 제56조제2항은 후견인이 소의 취하, 화해, 청구의 포기·인낙 등 주요한 소송행위를 하는 경우 친족회의 특별수권을 받도록 하여 피후견인의 이익을 보호하고 있는데 민법이 개정되어 친족회가 폐지되고 후견감독인이 신설되었으므로 민사소송법 제56조의 개정이 필요하다. 그래서 구 민법상 후견인과 달리 현행 민법상 후견인은 소송대리권이 없는 경우도 있을 수 있는 바, 소송대리권이 있는 미성년후견인·성년후견인·한정후견인만이 동 조의 적용대상이 됨을 명확히 하고, 특별수권의 주체를 「친족회」에서 「후견감독인」으로 갈음하고(안 제56조제1항·제2항), 후견감독인이 없는 경우 법원으로 하여금 명백히 피후견인의 이익을 침해하는 후견인의 주요한 소송행위를 불허할 수 있도록 하려고 한다(안 제56조제3항 신설).

(3) 특별대리인 선임사유 및 신청권자 확대

법정대리인이 불성실한 대리권 행사 등으로 제한능력자의 이익을 충분히 대변하지 못하는 경우 현행법상으로는 법정대리인의 소송수행을 배제할 수 없으며, 현행법상 특별대리인 선임 신청권자의 범위가 협소하여 그 활용도가 저조한 실정이다. 그래서 법정대리인의 불성실하거나 미숙한 대리권 행사로 소송절차의 진행이 현저하게 방해받는 경우를 특별대리인 선임 사유로 추가하고, 특별대리인 선임 신청권자에 일상생활에서 제한능력자들을 대면하는 복지단체나 지자체의 장을 추가하며, 법원이 제한능력자들을 보호하기 위하여 필요하다고 인정하면 직권으로 특별대리인을 선임, 해임할 수 있도록 하려고 한다(안 제62조). 이에 따라 특별대리인 선임사유 및 신청권자를 확대하여 특별대리인 제도의 활용도를 높임으로써 소송에서 제한능력자의 권익보호에 기여함과 아울러 향후 후견인의 소송수행에도 경각심을 심어줄 것으로 기대된다.

(4) 의사무능력자를 위한 특별대리인

경제적 사정이나 후견에 대한 부정적 인식으로 상시적 후견이 아닌 일시적으로 소송에서만 후견을 받고 싶은 사람들의 의사를 존중하기 위하여 현재 판례상 인정되는 의사무능력자를 위한 특별대리인을 명문으로 규정하려고 한다(안 제62조의2).

(5) 진술보조제도 및 변론무능력자에 대한 제한적 국선대리인제도 도입

실질적 당사자 평등 원칙을 실현하기 위해서는 소송능력은 있으나 법정에서 제대로 된 진술을 하기 힘들거나, 소송대리인에게 소송을 맡길 경제적 능력이 없는 사람들을 위한 소송수행 지원책을 마련할 필요가 있다. 그래서 질병, 장애, 연령 등 정신적·신체적 제약으로 소송에서 필요한 진술을 하기 어려운 당사자들을 위해 법원의 허가를 조건으로 법정에서 그들의 의사소통을 도와줄 수 있도록 진술보조제도를 신설하고(안 제143조의2), 질병, 장애, 연령, 언어 등의 사유로 소송관계에 필요한 진술을 할 수 없어 법원으로부터 진술금지·변호사 선임명령을 받았으나 선임 자력이 없는 사람들에 한해 직권 또는 당사자의 신청으로 국고에서 비용을 부담하는 국선대리인제도를 신설하려고 한다(안 제144조의2). 이에 따라 법률 서비스 사각지대에 있는 사회적 약자의 소송수행능력을 보완해 주는 각종 제도적 장치를 마련함으로써, 그들의 사법접근권을 보장함과 아울러 실질적 당사자 평등을 실현하여 사법복지 증진에 크게 기여할 것으로 기대된다.

제2절 친 권

Ⅰ. 친권의 의의

1. 친권

민법은 친권의 의의를 직접 규정하지 않지만 여러 규정(제913조~제920조)을 종합하면, **친권**이란 미성년자인 자녀의 양육과 보호 및 재산관리를 적절히 함으로써 자녀의 복리를 확보하도록 하기 위한 부모의 권리이자 의무의 성격을 갖는 것으로서,[12] 부모가 어버이라는 신분에 의하여 미성년자인 자녀에 대하여 보호하고 교양할 권리와 의무의 총체를 말한다.[13]

그러므로 친권은 비록 법문상 권리의 형식을 취고 있지만, 그 기본적 본질은 권리의 성격과 의무의 성격을 동시에 갖는 권리로서, 현대에 들어서는 좀 더 의무의 성격을 강하게 띠는 특별한 권리로 이해할 수 있다. 즉 친권은 자녀에 대한 지배권이나 부모의 개인적 이익을 위한 권리가 아니라, 부모가 부모로서의 의무를 성실히 이행함에 있어서 어떠한 방해도 배제할 수 있는 권리로서, 자녀를 건전하게 양육하는 부모로서의 의무를 다하는 것이기 때문에 **의무성을 지니는 권리**라고 할 수 있다.[14]

한편, 친권은 당연히 자녀의 양육권을 포괄하는 것이므로 친권으로부터 양육권을 분리하여 양육자를 따로 정하지 아니하는 이상 친권자로 지정된 자가 자녀를 양육하게 된다. 따라서 친권자나 양육자로 지정되지 아니한 부 또는 모가 자녀를 사실상 양육하고 있는 때에는 그 부 또는 모에게 자녀의 인도를 청구할 수 있고, 제3자가 자녀를 사실상 양육하고 있는 때에는 그 제3자를 친권자 지정 또는 변경 청구의 공동상대방으로 하여 자녀의 인도를 청구할 수도 있다(가소규 제99조제2항).

---

12) 대법원 2013.6.20. 선고 2010도14328 전원합의체 판결 ; 1993.3.4.자 93스3 결정 ; 창원지방법원 1996.8.16.자 95느211 심판

13) 가족관계등록실무[Ⅱ], 법원행정처(2012.10), 51면

14) 김은아, "친권의 본질과 행사상의 문제", 법학논총 제26권 제2호(2009.6), 253면

2. 친권의 본질

부모가 미성년자인 자녀에 대하여 행사하는 친권은 혈연관계를 기초로 하여 미성년자에 대한 보호 및 교양의 의무를 부모에게 인정하는 것으로, **천부적 자연권의 성격**을 갖는 것이라고 볼 수 있다.[15] 따라서 친권은 스스로 포기할 수 없고, 영구적으로 박탈할 수도 없으며, 단지 일정한 경우에는 친권의 상실 또는 일시 정지를 하거나 친권의 일부를 제한하는 선고를 할 수 있고(민 제924조, 제924조의2), 경우에 따라서는 친권의 내용 중 일부분에 대한 권능을 상실시키는 선고를 하는 것이 가능할 뿐이다(민 제925조). 그러므로 혼인의 취소나 이혼 또는 부의 인지 등으로 인해 어느 일방을 단독친권자로 정하는 경우라 할지라도 다른 일방의 친권은 완전히 소멸되는 것이 아니라 단순히 그 행사가 정지될 뿐이라고 해석하여야 할 것이다.[16]

3. 미성년자

종전의 민법은 성년기를 만 20세로 규정하고 있었으나, 19세 이상의 국민에게 선거권을 부여하고 있는 「공직선거법」이나 만 19세 미만을 법률의 적용기준으로 삼고 있는 「청소년보호법」·「소년법」 등 여타의 법령과 충돌하는 경우가 많았다. 또한 많은 청소년들이 만 19세에 달할 즈음이면 취업을 하거나, 설령 취업을 하지 않더라도 예금통장 개설, 학자금대출, 이동통신 서비스 가입, 기호물품 구입 등 다양한 종류의 법률행위를 스스로 하게 되는 것이 사회의 현실이었다. 2011년 개정 민법[17]은 이와 같은 청소년의 사회진출시기와 신체적·정신적 성숙도를 반영하여 성년기를 만 20세에서 **만 19세**로 하향 조정하였다(민 제4조).[18]

따라서 만 19세에 이르지 아니한 사람이 **미성년자**이다. 다만 미성년자라도 혼인을 한 때에는 성년자로 본다(민 제826조의2).

---

15) 박동섭, 「친족상속법(제4판)」, 박영사(2013.7), 344면 ; 양수산, 「친족상속법 : 가족법」, 한국외국어대학교 출판부(1998.3), 423면

16) 김은아(주14), 254면 ; 「법원실무제요 : 가사(Ⅱ)」, 법원행정처(2010.7), 550면

17) 2011.3.17. 법률 제10429호로 일부 개정되어 2013.7.1.부터 시행된 민법을 말한다.

18) 윤진수·현소혜, 「2013년 개정 민법 해설」, 법무부(2013.6), 24면

Ⅱ. 친권자 및 친권행사

제909조(친권자) ① 부모는 미성년자인 자의 친권자가 된다. 양자의 경우에는 양부모가 친권자가 된다.
② 친권은 부모가 혼인중인 때에는 부모가 공동으로 이를 행사한다. 그러나 부모의 의견이 일치하지 아니하는 경우에는 당사자의 청구에 의하여 가정법원이 이를 정한다.
③ 부모의 일방이 친권을 행사할 수 없을 때에는 다른 일방이 이를 행사한다.
④ 혼인 외의 자가 인지된 경우와 부모가 이혼하는 경우에는 부모의 협의로 친권자를 정하여야 하고, 협의할 수 없거나 협의가 이루어지지 아니하는 경우에는 가정법원은 직권으로 또는 당사자의 청구에 따라 친권자를 지정하여야 한다. 다만, 부모의 협의가 자의 복리에 반하는 경우에는 가정법원은 보정을 명하거나 직권으로 친권자를 정한다. 〈개정 2007.12.21〉
⑤ 가정법원은 혼인의 취소, 재판상 이혼 또는 인지청구의 소의 경우에는 직권으로 친권자를 정한다.
⑥ 가정법원은 자의 복리를 위하여 필요하다고 인정되는 경우에는 자의 4촌 이내의 친족의 청구에 의하여 정하여진 친권자를 다른 일방으로 변경할 수 있다.

제912조(친권행사와 친권자 지정의 기준) ① 친권을 행사함에 있어서는 자의 복리를 우선적으로 고려하여야 한다. 〈개정 2011.5.19〉
② 가정법원이 친권자를 지정함에 있어서는 자의 복리를 우선적으로 고려하여야 한다. 이를 위하여 가정법원은 관련 분야의 전문가나 사회복지기관으로부터 자문을 받을 수 있다. 〈신설 2011.5.19〉

1. 친권행사와 친권자 지정의 기준

친권자가 친권을 행사함에 있어서는 **자녀의 복리**를 우선적으로 고려하여야 한다(민 제912조제1항). 더 나아가 가정법원이 친권자를 지정함에 있어서는 자녀의 복리를 우선적으로 고려하여야 한다. 이를 위하여 가정법원은 관련 분야의 전문가나 사회복지기관으로부터 자문을 받을 수 있다(동조 제2항).

특별한 사정이 없는 한 원칙적으로 자녀의 복리를 위하여 친권자와 양육자를 동일인으로 지정하여야 하지만, 당사자 사이에 협의가 이루어지거나, 친권자와 양육자가 분리하여 지정됨으로써 새로운 분쟁이 발생하거나 또는 자녀의 복리가 저해될 가능성이 그리 높지 않을 때에는 **분리 지정**도 가능하다.

2. 친생자의 친권자

가. 친생부모

미성년자인 자녀의 친권자는 친생부모이다(민 제909조제1항 전문). 부모가 혼인 중이든 혼인상태가 아니든 간에 친생의 부모가 자녀의 친권자가 되며, 부모가 이혼을 한 경우라 하더라도 친권자임에는 변함이 없다.[19)]

나. 친권의 공동행사

(1) 친권 공동행사의 원칙

부모가 혼인 중인 때에는 부모가 공동으로 친권을 행사한다(민 제909조제2항 본문). 이러한 친권 공동행사의 원칙은 1990년 민법 개정에 의해 비로소 완성된 것으로,[20)] 그 취지는 부모 일방의 경솔한 친권행사를 방지하기 위하여 그 의사결정에 신중을 기함으로써 자녀를 보호하고자 함에 있으며, 또한 남녀평등의 실현을 도모하려는 것이라 할 수 있다.[21)]

[판례] 민법 제909조에 의하면, 친권은 혼인관계가 유지되는 동안에는 부모의 의견이 일치하지 아니하거나 부모 일방이 친권을 행사할 수 없는 등 예외적인 경우를 제외하고는 부모가 공동으로 행사하는 것이 원칙이고 …… 따라서 공동친권자인 부모의 일방이 상대방의 동의나 가정법원의 결정이 없는 상태에서 유아를 데리고 공동양육의 장소를 이탈함으로써 상대방의 친권행사가 미칠 수 없도록 하였다면, 이는 특별한 사정이 없는 한 다른 공동친권자의 유아에 대한 보호·양육권을 침해한 것으로서 민법을 위반한 행위라고 할 것이다.[22)]

---

19) 현행 민법에서와 같이 부모에게 동등한 친권을 인정한 것은 1990년 민법 개정에 의하여 가능해진 것이며, 개정 전에는 혼인 중의 자녀라 하더라도 부모가 이혼을 하면 모는 자신의 친생자의 친권자가 될 수 없었으며, 부가 사망한 후 친가에 복적하거나 재혼한 모 역시 친권자가 될 수 없었다(제909조 제5항). 이처럼 과거 우리 민법은 모의 친권행사를 상당히 제약하는 입법태도를 취하였지만, 개정으로 인하여 현재는 부모의 이혼 여부나 모의 재혼 여부가 친권자의 지위에 영향을 미치지 않게 되었다. 따라서 현행 민법상 친권자는 부모이며 양자는 동등한 지위에서 어떠한 차별 없이 친권자가 된다. 김은아(주14), 255면

20) 1960년 제정 민법에서는 "미성년자인 자는 그 가에 있는 부의 친권에 복종한다."고 규정하였는데, 이 규정은 1977년에 "미성년자인 자에 대한 친권은 부모가 공동으로 행사한다. 다만, 부모의 의견이 일치하지 아니하는 경우에는 부가 행사한다."고 개정되었다. 이러한 개정은 부모공동행사의 원칙을 규정한 것이기는 하지만 여전히 부권우선주의적 색체가 남아 있었다. 그 후 1990년 개정에서 "친권은 부모가 혼인중인 때에는 부모가 공동으로 이를 행사한다. 그러나 부모의 의견이 일치하지 아니하는 경우에는 당사자의 청구에 의하여 가정법원이 이를 정한다."고 하여 부모공동행사의 원칙과 부모평등주의가 확립되었다.

21) 김은아(주14), 257면

(2) 공동행사의 의미

부모가 공동으로 친권을 행사한다는 의미에 관하여 견해가 나뉜다. **제1설**은 부모의 **공동의사**만을 의미한다는 견해로서, 친권행사에 있어서 형식상의 공동까지는 요구하지 않은 채 공동의 의사만 있으면 족하다고 보아 그 해석에 있어서 엄격성을 요하지 않는다.[23] **제2설**은 부모의 **공동의사** 뿐만 아니라 그 **행사**에 있어서 **쌍방의 명의**로 행사되어야 한다고 해석하는 견해로서, 친권행사에 있어서 부모평등주의를 규정한 취지와 그 효율성을 확보하기 위하여 보다 엄격하게 해석하여야 한다는 이유로 공동의 의사뿐 아니라 행위의 공동성까지 요구하고 있다.[24]

생각건대, 부모가 공동으로 친권을 행사한다는 의미는 친권의 행사가 부모 공동의 **의사**에 기인해야 한다는 뜻이며, 반드시 행사 자체를 부모 쌍방의 명의로 하여야 한다는 의미는 아니라고 할 것이다. 왜냐하면 미성년자인 자녀에 대한 친권은 일상생활에서 흔히 발생할 수 있는 것이며, 특별한 경우가 아닌 한 부 또는 모는 묵시적으로 친권행사에 대한 의사를 표시하는 경우가 많은데, 이러한 경우에도 항상 공동의 명의를 요구하는 것은 현실을 무시한 무리한 해석으로 생각되기 때문이다.

(3) 공동행사의 원칙을 위반한 친권행사의 효력

친권행사에 관한 부모 공동행사의 원칙에 반하여 공동의 의사가 없는 친권행사를 한 경우, 즉 다른 일방의 동의를 얻지 않고 친권을 행사한 경우에는 일방이 단독명의로 행사하였는지 아니면 공동명의로 행사하였는지에 따라 달리 해석하여야 한다.

우선, 공동친권자인 부모 중 일방이 공동의 의사 없이 **단독명의**로 한 행위는 공동행사의 원칙에 반하는 것이므로 법률효과가 생기지 않는다. 구체적으로 부모의 일방이 공동의 의사에 기하지 않고 단독으로 미성년

22) 대법원 2013.6.20. 선고 2010도14328 전원합의체 판결

23) 김은아(주14), 258면 ; 김주수·김상용, 「친족·상속법(제11판)」, 법문사(2013.8), 390면 ; 박동섭(주15), 355면 ; 양수산(주15), 443면

24) 구연창, "친권제도의 재조명", 가족법연구 제4호(1990.8), 162면 ; 박상선·황덕남. "친권에 관한 제문제", 재판자료 제62집(1993.12), 552면 ; 송덕수, 「친족상속법」, 박영사(2015.1), 191면 ; 윤용섭, "친권과 후견", 민사판례연구 제18집(1996), 555~556면

자에 대한 **대리행위**를 하였다면 이는 무권대리행위가 되어 적법한 추인이 없으면 법률효과가 발생하지 않는다. 이 경우 만일 상대방이 선의 혹은 무과실이라면 표현대리가 성립하므로 민법 제126조의 규정에 의해 상대방은 보호될 수 있을 것이다. 또한 친권자인 부 또는 모가 미성년자의 법정대리인으로서 다른 일방의 의사를 확인하지 않고 미성년자의 법률행위에 **동의** 또는 **추인**한 경우에도 역시 그 효력을 인정할 수 없으며, 이러한 경우 자녀의 행위는 민법 제5조에 의해 취소할 수 있다.

다음으로, 공동친권자인 부모 중 일방이 다른 일방의 동의 없이 **공동명의**로 친권을 행사한 경우에는 그 효력이 없는 것이 원칙이다. 다만, 제3자는 친권자들이 공동의 의사로 행사한 것으로 신뢰하는 경우가 많으므로 민법은 거래의 상대방을 보호하기 위하여 예외를 인정하고 있다. 즉, 부모가 공동으로 친권을 행사하는 경우 부모의 일방이 공동명의로 자녀를 **대리**하거나 자녀의 법률행위에 **동의**한 때에는 다른 일방의 의사에 반하는 때에도 그 효력이 있다. 그러나 상대방이 악의인 때에는 그러하지 아니한다(민 제920조의2).[25] 이 경우 상대방의 선의뿐만 아니라 무과실도 요구된다고 보아야 하며, 상대방의 악의·과실은 행위의 무효를 주장하는 자가 증명하여야 한다.[26] 이 규정은 민법 제126조의 표현대리에 대한 특례로 취급되며, 공동친권의 원칙과 거래의 안전을 조정하는 역할을 담당한다.[27] 여기서의 **대리**는 법률행위의 대리를 원칙으로 하지만, 그 뿐만 아니라 사실행위의 대리, 신분행위에 대한 대리, 그 밖에 자녀에 갈음하여 행사할 수 있는 일체의 친권에 속한 사항을 내용으로 한다. 따라서 민법 제920조에 규정된 자녀의 재산에 관한 법률행위의 대리뿐만 아니라 민법 제910조에 따라 자녀에 갈음하여 행사할 수 있는 친권행사의 내용 일체의 것을 포함한다.[28] 반면에 **동의**는 법률행위에 대한 동

---

25) 여기서 상대방의 악의란 다른 일방의 의사에 반한다는 사실을 알고 있는 경우뿐만 아니라 중과실로 알지 못한 경우도 포함된다고 해석하는 견해로는 사동천, "친권행사에 있어서의 공동대리", 홍익법학 제14권 제1호(2013.2), 92면 참조

26) 김주수·김상용(주23), 391면 ; 박동섭(주15), 356면

27) 김은아(주14), 259면 ; 사동천(주25), 88면 ; 오종근, "민법 제920조의2(공동친권자의 일방이 공동명의로 한 행위의 효력)에 대한 검토", 가족법연구 제11호(1997.12), 312면

28) 사동천(주25), 89~90면

의만을 뜻한다는 것은 법문상 명확하다.

(4) 공동친권자 사이의 의견이 일치하지 않는 경우

혼인 중의 부모는 자녀에 대하여 공동으로 친권을 행사하여야 하지만, 구체적인 사안에 따라서는 부모의 의견이 일치하지 않는 경우도 생길 수 있다. 이처럼 부모의 의견이 일치하지 아니하는 경우에는 당사자의 청구에 의하여 가정법원이 친권행사의 구체적인 방법을 정한다(민 제909조제2항 단서). 제2장 [서식 2-01] 참조

(5) 별거 중인 부부의 친권행사의 문제

부부가 이혼에 이르지 않은 채 별거 중이라도 친권행사에 있어서는 부모공동행사의 원칙은 유지되어야 할 것이다.[29] 판례도 별거 중인 부부의 친권자 지정에 관한 소송에서 부부 중 일방의 친권자 지정에 관한 소를 받아들이지 않았다.

[판례] 친권은 부모가 혼인 중인 때에는 부모가 공동으로 행사하고 부모의 의견이 일치하지 아니하는 경우에는 당사자의 청구에 의하여 법원이 이를 정하는 것인바, 부모가 별거하고 있으나 이혼에 이르지는 않은 경우 법원으로서는 친권의 행사방법을 정할 수는 있어도 부모 일방을 친권행사자로 지정할 수는 없다고 할 것이다.[30]

다. 친권의 단독행사

부모 중 일방만이 존재하는 경우에는 그 일방이 단독으로 친권을 행사함은 당연하다. 그 밖에도 부모의 일방이 친권을 행사할 수 없을 때에는 다른 일방이 단독으로 친권을 행사한다(민 제909조제3항). 여기서 「부모의 일방이 친권을 행사할 수 없을 때」란 생사불명·여행 등으로 인한 장기부재·심신상실·중병(重病) 등으로 인하여 **사실상** 친권을 행사할 수 없는 경우와 친권의 상실 또는 일시정지의 선고(민 제924조)·친권의 일부 제한의

---

29) 자녀에 대한 가장 이상적인 친권형태는 부모공동의 친권행사이겠지만, 장기간에 걸친 별거는 혼인공동체가 사실상 해체된 것과 다를 바 없다고 할 것이므로, 그럼에도 불구하고 공동친권행사로 구속한다면 자녀의 복리를 해치는 결과를 야기할 수도 있기 때문에, 부모가 별거 중인 경우에는 공동친권행사의 원칙에 대한 예외를 인정할 수 있는 길을 열어두어야 할 것이라는 견해는 김은아(주14), 260면 참조

30) 서울가정법원 1998.6.17.자 97브96 심판

선고(민 제924조의2)·성년후견개시 심판(민 제9조제1항) 등으로 인하여 **법률상** 친권을 행사할 수 없는 경우를 포함한다.

한편, 부모가 **한정후견개시 심판**을 받은 경우에 자녀의 재산관리권, 재산상 법률행위의 대리권 및 동의권 등 친권을 행사할 수 있는지 여부가 문제된다. 이에 관하여, 한정후견개시 심판을 받은 부모(피한정후견인)는 원칙적으로 행위능력을 유지하고, 한정후견인의 동의를 받아야 하는 법률행위의 범위를 가정법원이 정한 경우에 한하여 그 범위 내에서만 행위능력이 제한되므로(민 제13조제1항), 행위능력이 제한되지 않는 범위에서는 자녀의 재산관리권, 재산상 법률행위의 대리권 및 동의권을 행사할 수 있다는 견해(**긍정설**)가 있다.[31] 반면에, 부모가 한정후견개시 심판을 받았다는 사실은 질병, 장애, 노령 그 밖의 사유로 인한 정신적 제약으로 사무를 처리할 능력이 부족한 상태에 있다는 것을 의미하므로(민 제12조제1항), 자녀의 복리를 고려한다면 한정후견개시 심판을 받은 부모는 자녀의 재산관리권, 재산상 법률행위의 대리권 및 동의권을 행사할 수 없다고 보는 것이 타당하다는 견해(**부정설**)도 있을 수 있다.[32]

생각건대, 본인의 의사와 잔존능력의 존중이라는 성년후견제도의 기본이념[33]과 개정 민법의 체계를 고려하면, 피한정후견인이라도 행위능력이 제한되지 않는 범위에서는 자녀에 대한 친권을 행사할 수 있다는 **긍정설**이 타당하다고 본다. 다만, 어느 견해이든 자녀의 신분행위에 대해서는 언제나 친권을 행사할 수 있다고 해석하여야 할 것이다.

3. 혼인 외 출생자의 친권자

가. 부모가 인지한 경우(임의인지)

(1) 혼인 외의 출생자에 대한 인지와 친권자 지정

혼인 외의 출생자는 그 생부나 생모가 인지할 수 있고(민 제855조제1항 전

---

31) 김주수·김상용(주23), 391~392면 ; 송덕수(주24), 193면

32) 박동섭(주15), 347면과 387면에서는 '한정후견개시 심판'을 받은 경우를 '친권을 행사할 수 없을 때'의 예시로 들고 있으므로 부정설의 입장을 취하는 것으로 이해할 수 있다.

33) 「성년후견제도 해설」, 법원행정처(2013.12), 6면

문), 그 부모가 혼인한 때에는 그때로부터 혼인 중의 출생자로 본다(동조 제2항). 아버지가 피성년후견인인 경우에는 성년후견인의 동의를 받아 인지할 수 있다(민 제856조). 이렇게 혼인 외의 자녀가 인지된 경우에는 부모의 협의로 친권자를 정하여야 하고, 협의할 수 없거나 협의가 이루어지지 아니하는 경우에는 가정법원은 직권으로 또는 당사자의 청구에 따라 친권자를 지정하여야 한다. 다만, 부모의 협의가 자녀의 복리에 반하는 경우에는 가정법원은 보정을 명하거나 직권으로 친권자를 정한다(민 제909조제4항). 원래 친권은 부모가 혼인 중에는 이를 공동으로 행사함이 원칙이고(민 제909조제2항 본문), 이는 부모와 친권에 따르는 자녀가 공동생활을 영위함을 전제로 하는 것이라고 할 수 있는데, 혼인 외의 자녀가 인지되는 경우에는 그와 같은 전제가 유지될 수 없으므로 자녀의 복리를 위하여 부모의 협의 또는 가정법원이 직권이나 당사자의 청구에 따라 친권자를 정하도록 하는 것이다.[34] 제2장 [서식 2-02] 참조

(2) 공동친권행사지 지정의 可否

생부와 생모 사이의 협의나 법원의 심판에 의한 친권자 지정과 관련하여, 반드시 어느 일방을 단독친권자로 정해야 하는지 아니면 생부와 생모가 공동으로 친권을 행사하는 것으로 정하는 것이 가능한지 법문상 분명하지 아니하다. 이에 관하여 반드시 단독친권자의 지정을 요하지 않는다는 다수 견해[35]에 따르면, 부의 인지가 있는 혼인 외의 출생자에 대하여 공동으로 친권을 행사하도록 지정할 수 있다.

나. 부의 인지가 없는 경우

친권을 행사할 수 있는 부(父)는 법률상의 부를 의미하므로 사실상의 부라 하더라도 자녀를 인지하지 아니하면 법률상의 부자관계가 형성되지 아니하여 친권자가 될 수 없다.[36] 따라서 인지되지 아니한 혼인 외의 자

---

34) 가사실무제요(주16), 548~549면

35) 김은아(주14), 255면 ; 김주수·김상용(주23), 402면 ; 양수산(주15), 446면

36) 민법 제909조 제1항 및 제2항에서 말하는 친권을 행사할 수 있는 부는 법률상의 부를 뜻하고 생부라 하더라도 혼인외의 출생자에 대하여 인지를 한 바 없다면 그의 친권자가 될 수 없다(대법원 1982.4.13. 선고 81므85 판결).

녀에 대한 친권은 비록 명문의 규정은 없지만 생모가 단독으로 행사한다고 해석함이 타당하다.[37] 왜냐하면 생모는 분만이라는 사실관계에 의하여 명백히 친생의 확인이 가능하기 때문에, 혼인 외의 출생자라 할지라도 별도의 인지와 같은 절차가 요구되는 것은 아니므로, 생모는 자연적 혈연에 의해 부가 인지하지 않는 한 당연히 단독친권자가 된다.

판례도 "혼인외 출생자의 경우에 있어서 모자(母子)관계는 인지를 요하지 아니하고 법률상의 친자관계가 인정될 수 있……"고,[38] "혼인 외의 자로서 생부로부터 인지되지 않은 경우에 그 자는 모의 단독친권에 복종하게 되므로……"[39]라고 하여 같은 태도를 취하고 있다.

다. 부모의 혼인이 무효인 경우

부모의 혼인이 무효인 경우에도 부(父)가 미성년자인 자녀를 인지하거나 출생신고를 한 때에는 민법 제909조 제4항이 적용된다. 부모의 혼인이 무효가 되면 그 출생자는 혼인외의 출생자로 보는데(민 제855조제1항 후문), 부가 인지함으로써 친자관계가 성립하는 것이 원칙이므로 이때에는 혼인 외의 자녀가 인지된 경우에 해당한다. 또한 부모의 혼인이 무효인 경우에 그 사이의 출생자에 대하여 부가 출생신고를 함으로써 인지의 효력이 생기므로,[40] 이때에도 혼인 외의 자녀가 인지된 경우에 해당한다.

라. 그 밖의 경우

혼인이 취소된 경우, 재판상 이혼, 인지청구의 소에 따른 인지(강제인지)의 경우에는 가정법원이 직권으로 친권자를 지정한다(민 제909조제5항).

혼인외의 자와 부와의 친생자관계는 부의 인지에 의하여서만 발생하는 것이므로 혼인외의 출생자인 피청구인이 청구인의 친생자로서의 신분을 취득하려면 청구인의 인지가 있어야 하고 그 인지가 있었다는 자료가 없는 한 법률상 청구인과 피청구인 사이의 친생자관계는 생기지 않는다(대법원 1984.9.25. 선고 84므73 판결).

37) 김은아(주14), 255면 ; 김주수·김상용(주23), 402면 ; 양수산(주15), 446면

38) 대법원 1997.2.14. 선고 96므738 판결

39) 서울가정법원 1994.5.20. 선고 93드74635 판결

40) 대법원 1976.10.26. 선고 76다2189 판결 ; 대법원 1993.7.27. 선고 91므306 판결 등

4. 양자의 친권자

가. 양부모

일반 양자의 경우에는 양부모가 친권자가 되므로(민 제909조제1항 후문), 비록 친생부모가 있더라도 양부모가 공동으로 친권을 행사한다. 친양자의 경우에는 부부의 혼인 중 출생자로 보고(민 제908조의3제1항), 친양자의 입양 전의 친족관계는 친양자 입양 청구에 의한 친양자입양이 확정된 때에 종료하므로(동조 제2항 본문), 친양자의 경우에도 역시 양부모가 친권자가 된다.

나. 단독친권자

양부모 중 일방만이 존재하는 경우에는 그 일방이 단독으로 친권을 행사하고, 그 밖에도 양부모의 일방이 사실상 또는 법률상 친권을 행사할 수 없을 때에는 다른 일방이 단독으로 친권을 행사한다.

5. 부모가 이혼한 경우 등의 친권자

가. 협의이혼의 경우

미성년자인 자녀를 둔 부모가 협의이혼을 하는 경우에는 부모의 협의로 친권자를 정해야 한다. 다만, 부모의 협의가 자녀의 복리에 반하는 경우에는 가정법원은 보정을 명하거나 직권으로 친권자를 정한다(민 제909조제4항). 원래 친권은 부모가 혼인 중에는 이를 공동으로 행사함이 원칙이고(민 제909조제2항 본문), 이는 부모와 친권에 따르는 자녀가 공동생활을 영위함을 전제로 하는 것이라고 할 수 있는데, 부모가 이혼하는 경우에는 그와 같은 전제가 유지될 수 없으므로 자녀의 복리를 위하여 부모의 협의 또는 가정법원이 직권이나 당사자의 청구에 따라 친권자를 정하도록 하는 것이다.[41]

(1) 부모의 협의

41) 가사실무제요(주16), 548~549면

협의이혼을 하려는 부부는 이혼의사확인 시까지 자녀의 친권자결정에 관한 당사자의 협의서 또는 가정법원의 심판정본을 반드시 제출해야 하므로(민 제836조의2제4항), 이러한 요건을 충족하지 않으면 가정법원은 이혼의사확인을 거부할 것이고, 따라서 협의이혼은 성립할 수 없다.

(2) 가정법원의 지정

이혼하는 부모가 친권자에 관한 협의할 수 없거나 협의가 이루어지지 아니하는 경우에는 가정법원은 직권 또는 당사자의 청구에 따라 친권자를 지정하여야 한다(민 제909조제4항). 제2장 [서식 2-02] 참조

[판례] 자의 양육을 포함한 친권은 부모의 권리이자 의무로서 미성년인 자의 복지에 직접적인 영향을 미치는 것이므로 부모가 이혼하는 경우에 부모 중 누구를 미성년인 자의 친권을 행사할 자 및 양육자로 지정할 것인가를 정함에 있어서는, 미성년인 자의 성별과 연령, 그에 대한 부모의 애정과 양육의사의 유무는 물론, 양육에 필요한 경제적 능력의 유무, 부 또는 모와 미성년인 자 사이의 친밀도, 미성년인 자의 의사 등의 모든 요소를 종합적으로 고려하여 미성년인 자의 성장과 복지에 가장 도움이 되고 적합한 방향으로 판단하여야 한다.[42)]

가정법원이 친권자를 지정할 때 부모 중 일방만을 친권자로 지정할 수 있는지, 아니면 부모의 공동친권을 인정할 수 있는지에 대하여 견해대립이 있으나, 현재 법원의 실무는 부모가 공동으로 친권을 행사하는 것을 인정하고 있고,[43)] 대법원 판례도 이를 긍정한다.

[판례] 민법 제837조, 제909조 제4항, 가사소송법 제2조 제1항 제2호 나목의 3) 및 5) 등이 부부의 이혼 후 그 자의 친권자와 그 양육에 관한 사항을 각기 다른 조항에서 규정하고 있는 점 등에 비추어 보면, 이혼 후 부모와 자녀의 관계에 있어서 친권과 양육권이 항상 같은 사람에게 돌아가야 하는 것은 아니며, 이혼 후 자에 대한 양육권이 부모 중 어느 일방에, 친권이 다른 일방에 또는 부모에 공동으로 귀속되는 것으로 정하는 것은, 비록 신중한 판단이 필요하다고 하더라도, 일정한 기준을 충족하는 한 허용된다.[44)]

나. 혼인의 취소, 재판상 이혼 등의 경우

---

42) 대법원 2008.5.8. 선고 2008므380 판결 ; 대법원 2009.4.9. 선고 2008므3105 판결 : 대법원 2010.5.13. 선고 2009므1458,1465 판결 : 대법원 2012.4.13. 선고 2011므4665 판결 ; 대법원 2013.12.26. 선고 2013므3383 판결 등

43) 이동철, "친권행사자 및 양육자의 지정, 양육비 청구에 관한 몇 가지 문제", 서울가정법원 실무연구[Ⅹ](2005.7), 200면 참조

44) 대법원 2012.4.13. 선고 2011므4719 판결

혼인의 취소나 재판상 이혼의 경우에는 가정법원이 직권으로 친권자를 정한다(민 제909조제5항). 가정법원은 미성년자인 자녀가 있는 부부의 혼인의 취소나 재판상 이혼의 청구를 심리할 때에는 그 청구가 인용될 경우를 대비하여 부모에게 미성년자인 자녀의 친권자로 지정될 사람에 관하여 미리 협의하도록 권고하여야 한다(가소 제25조제1항제1호). 가정법원이 혼인무효의 청구를 심리하여 그 청구가 인용되는 경우에 남편과 부자관계가 존속되는 미성년자인 자녀가 있는 경우에도 마찬가지이다(가소 제25조제2항).

가정법원의 협의권고에 따라 부모 사이에 자녀의 친권자로 지정될 자에 대한 협의가 성립되거나 가정법원이 직권으로 이를 정한 때에는 가정법원은 이를 판결주문에 기재하여야 한다. 다만, 위 협의가 자녀의 복리에 반하는 경우에는 가정법원은 보정을 명하거나 직권으로 해당 사항을 정하여 판결주문에 기재하여야 한다(가소규 제18조제1항).

다. 친권자의 변경

당사자의 협의나 심판 등으로 친권자가 지정되었더라도 가정법원은 자의 복리를 위하여 필요하다고 인정되는 경우에는 자녀의 4촌 이내의 친족의 청구에 의하여 정하여진 친권자를 다른 일방으로 변경할 수 있다(민 제909조제6항). 2005년 민법 개정[45]으로 더 이상 협의에 의한 친권자 변경은 허용되지 않으므로 가정법원의 심판에 의해서만 친권자 변경이 가능하다. 친권자 변경은 친권자 지정의 취소와 새로운 친권자 지정으로서의 성질을 가지며, 친권은 부모의 권리이자 의무이고 자녀의 복리에 직접적인 영향을 미치는 것이므로, 친권자의 변경에도 부모보다도 자녀의 복리를 우선하여야 한다(민 제912조제2항). 또한 성별과 연령, 그에 대한 부모의 애정과 양육의사의 유무, 양육에 필요한 경제적 능력의 유무, 부 또는 모와 자녀 사이의 친밀도, 자녀의 의사 등의 모든 요소를 종합적으로 고려하여야 한다.[46] 친권자 변경의 횟수 제한은 없으나, 친권자를 자주 변경하는 것은 불가피한 사정이 없는 한 바람직하지 않다. 친권자 변경의 청구를 하지 않겠다는 합의는 강행법규에 위배되기 때문에 무효이다.[47]

---

45) 2005.3.31. 법률 제7427호로 일부 개정되어 같은 날 시행된 민법을 말한다.

46) 대법원 2008.5.8. 선고 2008므380 판결 ; 대법원 2010.5.13. 선고 2009므1458,1465 판결

Ⅲ. 친권자의 지정 등

1. 단독친권자의 사망 등에 따른 친권자 지정 등

제909조의2(친권자의 지정 등) ① 제909조제4항부터 제6항까지의 규정에 따라 단독 친권자로 정하여진 부모의 일방이 사망한 경우 생존하는 부 또는 모, 미성년자, 미성년자의 친족은 그 사실을 안 날부터 1개월, 사망한 날부터 6개월 내에 가정법원에 생존하는 부 또는 모를 친권자로 지정할 것을 청구할 수 있다.

② 입양이 취소되거나 파양된 경우 또는 양부모가 모두 사망한 경우 친생부모 일방 또는 쌍방, 미성년자, 미성년자의 친족은 그 사실을 안 날부터 1개월, 입양이 취소되거나 파양된 날 또는 양부모가 모두 사망한 날부터 6개월 내에 가정법원에 친생부모 일방 또는 쌍방을 친권자로 지정할 것을 청구할 수 있다. 다만, 친양자의 양부모가 사망한 경우에는 그러하지 아니하다.

③ 제1항 또는 제2항의 기간 내에 친권자 지정의 청구가 없을 때에는 가정법원은 직권으로 또는 미성년자, 미성년자의 친족, 이해관계인, 검사, 지방자치단체의 장의 청구에 의하여 미성년후견인을 선임할 수 있다. 이 경우 생존하는 부 또는 모, 친생부모 일방 또는 쌍방의 소재를 모르거나 그가 정당한 사유 없이 소환에 응하지 아니하는 경우를 제외하고 그에게 의견을 진술할 기회를 주어야 한다.

④ 가정법원은 제1항 또는 제2항에 따른 친권자 지정 청구나 제3항에 따른 후견인 선임 청구가 생존하는 부 또는 모, 친생부모 일방 또는 쌍방의 양육의사 및 양육능력, 청구 동기, 미성년자의 의사, 그 밖의 사정을 고려하여 미성년자의 복리를 위하여 적절하지 아니하다고 인정하면 청구를 기각할 수 있다. 이 경우 가정법원은 직권으로 미성년후견인을 선임하거나 생존하는 부 또는 모, 친생부모 일방 또는 쌍방을 친권자로 지정하여야 한다.

⑤ 가정법원은 다음 각 호의 어느 하나에 해당하는 경우에 직권으로 또는 미성년자, 미성년자의 친족, 이해관계인, 검사, 지방자치단체의 장의 청구에 의하여 제1항부터 제4항까지의 규정에 따라 친권자가 지정되거나 미성년후견인이 선임될 때까지 그 임무를 대행할 사람을 선임할 수 있다. 이 경우 그 임무를 대행할 사람에 대하여는 제25조 및 제954조를 준용한다.

1. 단독 친권자가 사망한 경우
2. 입양이 취소되거나 파양된 경우
3. 양부모가 모두 사망한 경우

⑥ 가정법원은 제3항 또는 제4항에 따라 미성년후견인이 선임된 경우라도 미성년후견인 선임 후 양육상황이나 양육능력의 변동, 미성년자의 의사, 그 밖의 사정을 고려하여 미성년자의 복리를 위하여 필요하면 생존하는 부 또는 모, 친생부모 일방 또는 쌍방, 미성년자의 청구에 의하여 후견을 종료하고 생존하는 부 또는 모, 친생부모 일방 또는 쌍방을 친권자로 지정할 수 있다.

[본조신설 2011.5.19]

---

47) 가사실무제요(주16), 551면

가. 민법 개정의 경과

2008년 10월초 유명한 여성연예인의 자살사건을 계기로 미성년자인 자녀를 둔 부모가 이혼하면서 단독친권자로 정하여진 일방이 사망한 경우 누가 그 자녀의 친권자가 되는지 여부와 관련하여, 친권자동부활론에 대한 실무와 학계의 오랜 논쟁이 수면위로 떠올랐다.

종전 판례[48], 호적예규[49], 호적선례[50] 및 가족관계등록예규[51] 등 실무의 태도는 생존하는 부 또는 모(**생존친**)에게 자동으로 친권이 부활한다고 보았다.[52] 그러나 생존친의 양육능력이나 자녀의 의사를 고려하지 않고 심지어 생존친에게 아동학대 습벽 등이 있어 친권자로서 부적합하더라도 예외 없이 자동으로 친권자가 되는 것은 자녀의 복리를 저해하는 결과를 초래한다는 비판이 그동안 꾸준히 제기되어 왔다.[53] 특히 유명한 여성 연예인의 자살 후, 생존친의 친권부활에 따른 문제를 둘러싸고 각

---

48) 1991.1.1.부터 개정된 민법이 시행되면서 이혼한 모의 친권제한에 관한 구민법(1990.1.13. 법률 제4199호로 개정되기 전의 것) 제909조제5항이 삭제되고, 부칙(1990.1.13) 제9조가 규정됨으로써 이혼으로 인하여 母가 친권을 상실하고 후견이 개시된 경우라도 개정된 민법의 시행일부터는 母의 친권이 부활되어 母가 전혼인 중의 子에 대하여 친권자로 되고 후견인의 임무는 종료된다(대법원 1994.4.29. 선고 94다1302 판결).

49) 친권자로 지정된 자가 사망·실종선고·대리권과 관리권의 상실(사퇴)로 인하여 친권을 행사할 수 없는 경우에도 다른 부 또는 모가 있는 때에는 후견이 개시되지 않으므로 후견개시신고를 할 수 없다(2008.1.1. 폐지된 호적예규 제699호 제10조).

50) 친권행사자로 지정된 자가 사망한 경우에 다른 부 또는 모가 있는 때에는 후견이 개시되지 않고 생존한 부모 일방이 친권자가 된다(1991.5.8. 호적선례 제2-230호). 사망한 父와 이혼하여 현재 동거하지 않는 생모가 있다면 그 생모는 미성년자에 대한 친권을 행사하게 되어 후견개시사유가 발생하지 아니하나…(1992.3.2. 호적선례 제2-231호). 친권행사자로 지정된 父가 사망하여 친권을 행사할 수 없는 경우에도 母가 있을 때에는 후견이 개시되지 않는다(1995.5.12. 호적선례 제3-326호).

51) 친권자의 지정 또는 변경에 관한 가족관계등록사무 처리지침 제10조(친권자가 친권을 행사할 수 없는 경우의 처리) 친권자로 지정된 사람이 사망, 실종선고, 대리권과 관리권의 상실(사퇴)로 인하여 친권을 행사할 수 없는 경우에도 다른 부 또는 모가 있는 때에는 후견이 개시되지 않으므로 후견개시신고를 할 수 없다(가족관계등록예규 제286호).

52) 친권자동부활론을 찬성하는 견해로는 김은아(주14), 266면 ; 양수산, "친권자와 친권행사자", 가족법연구 제10호(1996), 331면 이하 ; 이희배, "단독친권행사자가 사망한 경우, 생존친의 친권행사권능의 부활여부와 친권상실의 사유", 가족법연구 제10호(1996), 351면 이하 ; 조대현, "개정민법상의 친권자 : 새로운 이론정립 시급하다", 법률신문(1991.1.28), 13면 참조

53) 김상용, "소위 친권행사자론에 대한 비판적 고찰", 가족법연구 제11호(1997), 253면 이하 ; 김상용, "친권자동부활론에 대한 비판적 고찰", 법학논문집(중앙대학교 법학연구소) 제2집 제2호(2008), 60면 이하 ; 김주수, 친족상속법(제5전정판), 307면 이하

계의 관심이 고조되면서 친권자동부활의 불합리를 개선하고 아동 복리를 위한 법제 선진화가 필요하다는 여론과 국민적 공감대가 형성되기에 이르게 되었다.[54)]

이에 따라 2009년 김상희 의원이 대표발의한 민법 일부개정법률안과 손숙미 의원이 대표발의한 민법 일부개정법률안 및 정부(법무부)가 발의한 민법 일부개정법률안을 중심으로 국회 법제사법위원회에서 심사하는 과정에서 신중론과 반대론이 제기되기도 하였다.[55)]

그 후 아동복리 강화의 필요성에 대한 국민적 지지를 힘입어 정부안을 중심으로 법제사법위원회가 마련한 대안이 국회 본회의에서 가결되고 법률 제10645호(2011.5.19)로 공포되어 2013.7.1.부터 시행되기에 이르렀다.

나. 가정법원의 심판을 통한 친권자 지정(친권자동부활의 배제)

(1) 이혼으로 인한 단독친권자 사망의 경우

개정 민법은 이혼 시 단독친권자로 정하여진 부모의 일방이 사망한 경우 일정한 자(생존친, 미성년자, 미성년자의 친족)가 가정법원에 생존친을 친권자로 지정할 것을 청구할 수 있도록 함으로써(민 제909조의2제1항), 가정법원의 심판을 통한 친권자 지정 제도를 도입하였다. 따라서 생존친이라도 친권이 자동으로 부활하지 아니하므로 반드시 친권자 지정의 심판을 거쳐야만 친권자가 될 수 있다. 제2장 [서식 2-05] 참조

친권자 지정 청구는 청구권자가 단독친권자의 사망 사실을 안 날부터 1개월, 단독친권자가 사망한 날부터 6개월 내에 하여야 한다. 친권자 지정을 청구할 수 있는 기간의 의미에 관하여 의문의 여지가 있으나, 두 가지 기간 중 어느 하나라도 지나면 친권자 지정을 청구할 수 없다고 보아야 한다.[56)]

---

54) 2008.11.20. 방송된 MBC 100분토론 ; "단독친권자 사망때 다른 일방 친권부활은 문제", 한국가정법률상담소 친권법 개정 토론회, 법률신문(2009.1.12)

55) 생존친이 부적격한 경우가 예외적임에도 모든 생존친으로 하여금 재판을 받도록 하는 것은 합리적이라고 보기 어렵고, 친권의 공백기간으로 인해 자녀의 복리가 저해될 우려가 있으므로, 친권상실 및 대리권·재산관리권의 상실(사퇴) 사유를 확대하는 것으로 해결함이 상당하다는 견해이다. 「친권제도 개선 관련 민법 조문별 해설 자료」, 법무부(2011.8), 7면 참조

56) 다만, 친권자 지정을 청구할 수 있는 기간을 이처럼 제한하고 있는 것은 문제가 있으므

(2) 입양취소, 파양, 양부모 모두 사망한 경우

개정 민법은 **입양**이 **취소**되거나 **파양**된 경우 또는 **양부모**가 모두 **사망**한 경우에도 마찬가지로 당연히 친생부모의 친권이 자동으로 부활하는 것으로 하지 않고 청구에 의하여 가정법원이 친생부모의 일방 또는 쌍방을 친권자로 지정할 수 있도록 하였다(민 제909조의2제2항 본문).

다만, **친양자**의 경우에는 보통 양자의 경우와 달리 친생부모와의 친족관계가 소멸하므로(민 제908조의3제2항) 그 양부모가 모두 사망하면 부모가 사망한 경우와 동일하게 미성년후견이 개시된다. 따라서 친양자 입양을 한 양부모가 모두 사망한 경우에는 친권자 지정을 할 수 없다(민 제909조의2제2항 단서). 반면에, 친양자 입양이 취소되거나 파양된 때에는 친양자관계는 소멸하고 입양 전의 친족관계는 부활하므로(민 제908조의7제1항), 이때에는 친생부모가 친권자 지정 청구절차를 거쳐 친권자가 될 수 있다.

다. 친권자 지정 청구기간이 경과한 경우(미성년후견인 선임 청구)

친권자 지정을 청구할 수 있는 기간 내에 친권자 지정의 청구가 없으면 가정법원은 직권으로 친권자를 지정할 수 없으므로, 위 청구기간이 경과함으로써 미성년자인 자녀에게는 친권자가 없는 상태가 된다. 개정 민법은 이런 경우에 미성년자인 자녀의 보호에 공백이 없도록 하기 위해 가정법원이 직권으로 또는 일정한 자(미성년자, 미성년자의 친족, 이해관계인, 검사, 지방자치단체의 장)의 청구에 의하여 미성년후견인을 선임할 수 있도록 하였다(민 제909조의2제3항 전문). 제2장 [서식 3-01] 참조

친권자 지정을 청구할 수 있는 자가 그 사유가 있음을 안 날부터 1개월이 지나면 친권자가 사망한 날부터 6개월이 지나지 않았더라도 미성년후견인의 선임을 청구할 수 있다고 본다.[57]

가정법원이 미성년후견인을 선임할 때에는 생존친(또는 친생부모 일방 또

로, 입법론적으로는 미성년후견인이 선임되기 전이라면 기간의 제한 없이 친권자 지정 청구를 할 수 있도록 규정하는 것이 바람직하다는 견해는 윤진수·현소혜(주18), 184면 참조

57) 다만, 언제 친권자 지정의 사유가 있음을 알았는지 법원이나 제3자가 쉽게 알기 어려우므로, 입법론으로서 친권자 지정을 청구할 수 있는 사유가 있음을 언제 알았는지에 관계없이, 그 사유가 발생한 날부터 6개월이 지나면 미성년후견인 선임을 청구할 수 있도록 규정하는 것이 필요하다고 본다. 윤진수·현소혜(주18), 187면

는 쌍방)의 소재를 모르거나 그가 정당한 사유 없이 소환에 응하지 아니하는 경우를 제외하고 그에게 의견을 진술할 기회를 주어야 한다(민 제909조의2제3항 후문). 이는 미성년자인 자녀의 복리를 위한 미성년후견인 선임 결정에 신중을 기하도록 함과 아울러 그 부모의 의사가 반영될 수 있는 절차를 마련한 것이다.[58][59]

라. 친권자 지정 청구 또는 후견인 선임 청구의 기각

가정법원은 친권자 지정 청구나 후견인 선임 청구가 생존친(또는 친생부모 일방 또는 쌍방)의 양육의사 및 양육능력, 청구 동기, 미성년자의 의사, 그 밖의 사정을 고려하여 미성년자의 복리를 위하여 적절하지 아니하다고 인정하면 청구를 기각할 수 있다. 이 경우 가정법원은 직권으로 미성년후견인을 선임하거나 생존친(또는 친생부모 일방 또는 쌍방)을 친권자로 지정하여야 한다(민법 제909조의2제4항).

따라서 생존친(또는 친생부모의 일방 또는 쌍방)이 단독친권자의 사망(또는 양부모의 사망, 입양의 취소 또는 파양) 사실을 알지 못했기 때문에 친권자 지정의 청구기간 동안 청구를 하지 못하였고, 그 후 후견인 선임 청구가 있었으나, 가정법원이 생존친 등을 소환하여 의견을 들어본 결과 생존친 등의 부모가 친권자가 될 의사가 있으며, 이들을 친권자로 지정하는 것이 자녀의 복리에 반하지 않는 것으로 판단되는 경우에는 후견인 선임 청구를 기각하고 직권으로 생존친 등의 부모를 친권자로 지정할 수 있게 되었다.[60]

후견인선임을 청구한 사람이 자신을 후견인으로 선임하여 달라고 하였으나, 법원이 다른 사람을 후견인으로 선임하는 것은 후견인 선임 청구를 기각한 것이 아니므로, 이때에는 친권자를 지정할 필요가 없다.

---

58) 조문별 해설자료(주55), 21면

59) 하지만, 피후견인이 될 미성년자 본인의 의견을 반드시 듣도록 하는 규정을 두지 않은 것은 자녀의 의사존중과 이익 보호라는 측면에서 불충분하다는 것이 문제로 지적되고 있다. 윤진수·현소혜(주18), 189면

60) 김주수·김상용(주23), 400면

[친권자 지정 또는 미성년후견인 선임절차 도해]

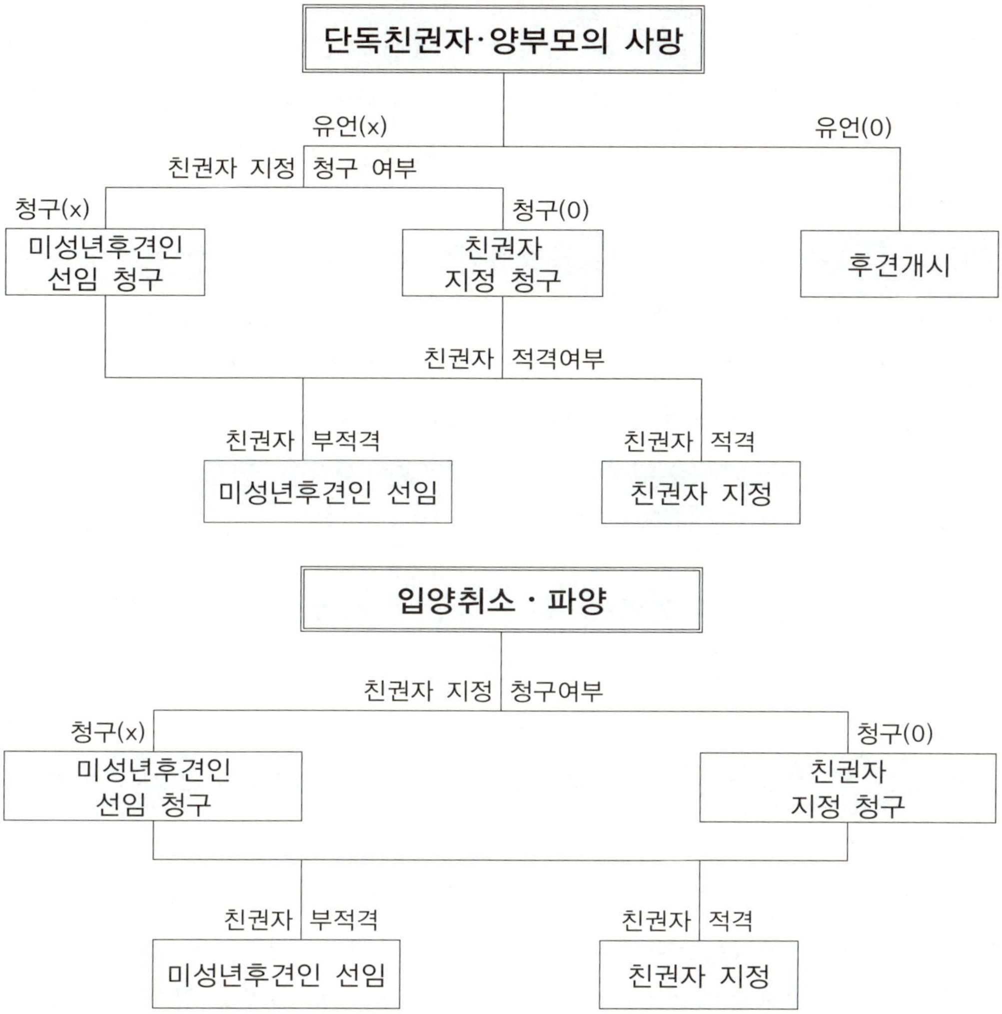

마. 임무대행자의 선임

단독친권자가 사망한 경우 등(입양취소나 파양의 경우, 양부모가 모두 사망한 경우)에는 가정법원이 친권자를 지정하거나 미성년후견인을 선임할 때까지 미성년자에게 법정대리인이 없는 공백상태가 생긴다. 이처럼 불가피하게 발생하는 공백을 최소화하기 위해 가정법원은 직권으로 또는 일정한 자(미성년자, 미성년자의 친족, 이해관계인, 검사, 지방자치단체의 장)의 청구에 의하여 친권자가 지정되거나 미성년후견임이 선임될 때까지 그 임무를 대행할 사람을 선임할 수 있도록 하였다(민 제909조의2제5항). 제2장 [서식 2-06] 참조

임무대행자에 대하여는 가정법원이 선임한 부재자 재산관리인의 권한을 넘는 행위에 관한 규정을 준용한다(민 제909조의2제5항제2문). 따라서 임무대행자는 미성년자의 재산을 관리하는 행위(보존행위, 물건이나 권리의 성질을 변하지 아니하는 범위에서 그 이용 또는 개량하는 행위)만 할 수 있을 뿐이므로, 권한을 넘는 행위를 함에는 가정법원의 허가를 얻어야 한다(민 제25조, 제118조). 제2장 [서식 2-07] 참조

또한 임무대행자에 대하여는 가정법원의 후견사무에 관한 처분의 규정을 준용한다(민 제909조의2제5항제2문, 제954조). 따라서 가정법원은 직권으로 또는 일정한 자(미성년자, 민법 제777조의 친족, 그 밖의 이해관계인, 검사, 지방자치단체의 장)의 청구에 의하여 미성년자의 재산상황을 조사하고, 임무대행자에게 재산관리 등 임무수행에 관하여 필요한 처분을 명할 수 있다(민 제954조).[61] 제2장 [서식 2-08] 참조

바. 미성년후견인이 선임된 후의 친권자 지정

친권자 지정을 청구할 수 있는 기간 내에 친권자 지정 청구가 없거나 친권자 지정 청구의 기각으로 미성년후견인이 선임된 경우라도 미성년후견인 선임 후 양육상황이나 양육능력의 변동, 미성년자의 의사, 그 밖의 사정을 고려하여 미성년자의 복리를 위하여 필요하면 생존친(또는 친생부모 일방 또는 쌍방), 미성년자의 청구에 의하여 후견을 종료하고 생존친(또는 친생부모 일방 또는 쌍방)을 친권자로 지정할 수 있다(민 제909조의2제6항).

이것은 미성년후견인이 선임된 이후라도 양육환경이나 양육능력의 변동 등으로 생존친(또는 친생부모)이 친권자가 되는 것이 더욱 바람직한 경우가 있을 수 있으므로, 생존친(또는 친생부모 일방 또는 쌍방)이 친권자가 될 수 있는 길을 지속적으로 열어두어 미성년자의 복리를 도모하려는 취지이다.

제2장 [서식 3-25] 참조

---

61) 이처럼 임무대행자는 가정법원의 감독을 받지만, 임무대행자에게 후견인의 사임(민 제939조), 보수청구(민 제955조)에 관한 규정이 준용되는지에 관하여 명문의 규정이 없는 것은 입법의 불비라는 지적이 있다. 권재문, "친권자의 공백 상황에 대처하기 위한 법정대리인의 결정", 가족법연구 제27권 제1호(2013), 131면 참조

2. 단독친권자의 친권상실 등에 따른 친권자 지정 등

제927조의2(친권의 상실, 일시 정지 또는 일부제한과 친권자의 지정 등) ① 제909조제4항부터 제6항까지의 규정에 따라 단독 친권자가 된 부 또는 모, 양부모(친양자의 양부모를 제외한다) 쌍방에게 다음 각 호의 어느 하나에 해당하는 사유가 있는 경우에는 제909조의2제1항 및 제3항부터 제5항까지의 규정을 준용한다. 다만, 제1호의3·제2호 및 제3호의 경우 새로 정하여진 친권자 또는 미성년후견인의 임무는 제한된 친권의 범위에 속하는 행위에 한정된다. 〈개정 2014.10.15〉

1. 제924조에 따른 친권상실의 선고가 있는 경우

1의2. 제924조에 따른 친권 일시 정지의 선고가 있는 경우 〈신설 2014.10.15〉

1의3. 제924조의2에 따른 친권 일부 제한의 선고가 있는 경우 〈신설 2014.10.15〉

2. 제925조에 따른 대리권과 재산관리권 상실의 선고가 있는 경우

3. 제927조제1항에 따라 대리권과 재산관리권을 사퇴한 경우

4. 소재불명 등 친권을 행사할 수 없는 중대한 사유가 있는 경우

② 가정법원은 제1항에 따라 친권자가 지정되거나 미성년후견인이 선임된 후 단독 친권자이었던 부 또는 모, 양부모 일방 또는 쌍방에게 다음 각 호의 어느 하나에 해당하는 사유가 있는 경우에는 그 부모 일방 또는 쌍방, 미성년자, 미성년자의 친족의 청구에 의하여 친권자를 새로 지정할 수 있다.

1. 제926조에 따라 실권의 회복이 선고된 경우
2. 제927조제2항에 따라 사퇴한 권리를 회복한 경우
3. 소재불명이던 부 또는 모가 발견되는 등 친권을 행사할 수 있게 된 경우

[본조신설 2011.5.19]

가. 단독친권자의 친권상실 등

(1) 의의

이혼 등으로 인하여 단독친권자가 된 부모의 일방에게 친권의 상실·일시정지·일부제한 등의 사유가 발생한 경우에도 친권자로 지정되지 않은 다른 일방이 친권자로서 적합한지와 상관없이 자동으로 친권자가 된다면, 자녀의 복리를 위태롭게 할 수 있다는 점에서 단독친권자가 사망한 경우와 유사한 문제가 생길 수 있다. 개정 민법은 이러한 경우에도 단독친권자가 사망한 경우 등을 준용하여 다른 일방의 친권이 자동으로 부활하는 것으로 하지 않고 가정법원의 심판에 의하여 새로운 친권자를 지정하거나 미성년후견인을 선임하도록 하였다(민 제927조의2제1항 본문➡제909조의2제1항, 제3항~제5항).

(2) 구체적 사유[62)]

이혼 등으로 인하여 단독친권자가 된 부모의 일방에게 ① 친권의 상실 또는 일시 정지의 선고가 있는 경우(민 제924조), ② 친권의 일부 제한의 선고가 있는 경우(민 제924조의2), ③ 법률행위의 대리권과 재산관리권 상실의 선고가 있는 경우(민 제925조), ④ 법률행위의 대리권과 재산관리권을 사퇴한 경우(민 제927조제1항), ⑤ 소재불명 등 친권을 행사할 수 없는 중대한 사유가 있는 경우 중 어느 하나에 해당하여야 한다.

(3) 친권자 지정 등의 절차

단독친권자로 정하여진 부모의 일방에게 친권상실 등의 사유가 있으면, 일정한 청구권자(친권자로 지정되지 않은 일방, 미성년자, 미성년자의 친족)는 그 사실을 안 날부터 1개월, 그 사실이 발생한 날부터 6개월 내에 가정법원에 친권자로 지정되지 않은 일방을 친권자로 지정할 것을 청구할 수 있다(민 제927조의2제1항 본문➡제909조의2제1항). 친권상실 등의 사유가 가정법원의 심판으로 생긴 경우에 「그 사실」이란 가정법원의 심판이 확정된 사실을 의미한다. 위 기간 내에 친권자 지정 청구가 없을 때에는 가정법원은 직권으로 또는 일정한 청구권자(미성년자, 미성년자의 친족, 이해관계인, 검사, 지방자치단체의 장)의 청구에 의하여 미성년후견인을 선임할 수 있다. 이 경우 친권자로 지정되지 않은 일방의 소재를 모르거나 그가 정당한 사유 없이 소환에 응하지 아니하는 경우를 제외하고 그에게 의견을 진술할 기회를 주어야 한다(민 제927조의2제1항 본문➡제909조의2제3항).

친권자 지정 청구나 후견인 선임 청구가 친권자로 지정되지 않은 일방의 양육의사 및 양육능력, 청구 동기, 미성년자의 의사, 그 밖의 사정을 고려하여 미성년자의 복리를 위하여 적절하지 아니하다고 인정하면 청구를 기각할 수 있다. 이 경우 가정법원은 직권으로 미성년후견인을 선임하거나 친권자로 지정되지 않은 일방을 친권자로 지정하여야 한다(민 제927조의2제1항 본문➡제909조의2제4항).

---

62) 2014.10.15. 개정된 민법에서 친권의 일시 정지 제도(제924조) 및 친권의 일부 제한 제도(제924조의2)가 도입됨에 따라, 친권자의 지정 등을 할 수 있는 사유로서 「친권 일시 정지의 선고가 있는 경우」와 「친권 일부 제한의 선고가 있는 경우」가 추가되었다.

가정법원은 직권으로 또는 일정한 청구권자(미성년자, 미성년자의 친족, 이해관계인, 검사, 지방자치단체의 장)의 청구에 의하여 친권자가 지정되거나 미성년후견인이 선임될 때까지 그 임무를 대행할 사람을 선임할 수 있다. 이 경우 그 임무를 대행할 사람에 대하여는 민법 제25조 및 제954조를 준용한다(민 제927조의2제1항 본문➡제909조의2제5항). 따라서 임무대행자는 미성년자의 재산을 관리하는 행위만 할 수 있을 뿐이므로, 권한을 넘는 행위를 함에는 가정법원의 허가를 얻어야 한다. 또한 가정법원은 직권으로 또는 청구권자(미성년자, 민법 제777조의 친족, 그 밖의 이해관계인, 검사, 지방자치단체의 장)의 청구에 의하여 임무대행자가 관리하는 미성년자의 재산상황을 조사하고, 임무대행자에게 재산관리 등 임무수행에 관하여 필요한 처분을 명할 수 있다.

(4) 친권의 분속

친권 일부 제한의 선고가 있는 경우(민 제924조의2), 대리권과 재산관리권 상실의 선고가 있는 경우(민 제925조) 및 대리권과 재산관리권을 사퇴한 경우(민 제927조제1항)에는 새로 정해진 친권자와 기존의 친권자가 병존하거나 또는 새로 선임된 미성년후견인과 기존의 친권자가 병존하게 된다.

이러한 경우에는 친권이 분속되어, 새로 정해진 친권자 또는 미성년후견인의 임무는 제한된 친권의 범위에 속하는 행위에 한정되고(민 제927조의2제1항 단서), 나머지 부분은 기존의 친권자가 행사하게 된다.

나. 실권회복 등

(1) 실권회복 등의 사유

이혼 등으로 단독친권자가 된 부 또는 모의 친권상실 등에 따라 미성년자의 친권자가 새로 지정되거나 미성년후견임이 선임된 후 단독친권자였던 부 또는 모에게 ① 실권의 회복이 선고된 경우, ② 사퇴한 권리를 회복한 경우, ③ 소재불명이었던 부 또는 모가 발견되는 등 친권을 행사할 수 있게 된 경우 중 어느 하나에 해당하는 사유가 있으면 가정법원은 청구권자(그 부 또는 모, 미성년자, 미성년자의 친족)의 청구에 의하여 친권자를 새로 지정할 수 있다(민 제927조의2제2항).

(2) 친권의 상실 등에 대한 실권회복이 선고된 경우

이혼 등으로 단독친권자가 된 부모의 일방이 친권의 상실, 일시정지, 또는 일부제한의 선고를 받아서 미성년후견인이 선임되었는데 그 후 실권회복의 선고를 받았다면, 실권을 회복한 부모의 일방은 당연히 친권자가 되고, 미성년후견은 종료한다고 해석된다. 이 경우 당연히 친권이 회복되므로 일정한 자의 청구에 의하여 가정법원이 친권자를 새로 지정할 수 있다는 규정(민 제927조의2제2항)은 무의미하다고 본다.

한편, 부모의 다른 일방이 친권자로 지정되어 있었던 경우에는 실권회복의 선고에 따라 권리를 회복한 일방을 새로운 단독친권자로 지정할 수 있고, 이 경우에는 다른 일방의 친권은 소멸한다. 다른 일방을 친권자로 유지하면서 추가로 친권자를 지정하는 것도 가능할 것인데, 이 경우에는 기존의 친권자와 새로운 친권자가 공동으로 친권을 행사하게 된다.[63)]

(3) 대리권과 재산관리권의 상실에 대한 실권회복이 선고된 경우

단독친권자로 지정된 부모의 일방이 친권 중 법률행위의 대리권과 재산관리권의 상실선고를 받거나 사퇴함으로써 그 부분에 관하여 미성년후견인이 선임되었는데 그 후 실권회복이 선고되거나 사퇴한 권리를 회복하면, 그 부모의 일방은 당연히 법률행위의 대리권과 재산관리권에 관하여 친권자가 되고 미성년후견은 종료한다고 해석된다.

한편, 대리권과 재산관리권에 관하여 부모의 다른 일방이 친권자로 지정된 경우에는 실권회복이 선고되거나 사퇴한 권리를 회복한 부모의 일방을 새로운 단독친권자로 지정할 수 있고, 이 경우에는 기존 친권자가 대리권과 재산관리권 부분에 대하여 가지고 있던 친권은 소멸한다. 기존의 친권자를 그대로 유지하면서 추가로 친권자를 지정하는 것도 가능할 것인데, 이 경우에는 기존의 친권자와 새로운 친권자는 대리권과 재산관리권 부분에 한하여 공동으로 친권을 행사하게 된다.

(4) 친권자의 소재불명이 해소된 경우

단독친권자에게 소재불명 등 친권을 행사할 수 없는 중대한 사유가 있

---

63) 김주수·김상용(주23), 443면

어서 미성년후견인이 선임되었는데, 그 후 소재불명이었던 부 또는 모가 나타나는 등 다시 친권을 행사할 수 있게 되었다면, 가정법원은 청구권자(그 부모의 일방 또는 쌍방, 미성년자, 미성년자의 친족)의 청구에 의하여 새로 친권자로 지정할 수 있고(민 제927조의2제2항제3호), 친권자 지정의 심판이 확정되면 미성년후견은 종료한다고 해석된다.

또한 이 경우에 부모의 다른 일방이 친권자로 지정되어 있었다면 가정법원은 다시 친권을 행사할 수 있게 된 부모의 일방을 새로운 단독친권자로 지정할 수도 있고(이 경우 기존 친권자의 친권은 소멸한다), 기존의 친권자를 그대로 유지하면서 추가로 친권자를 지정할 수도 있다(공동친권). 자녀의 복리를 위하여 필요한 경우에는 친권자지정 청구를 기각하여 기존의 단독친권을 그대로 유지하는 것도 가능할 것이다.[64)]

다. 양부모 쌍방의 친권상실 등과 실권회복

(1) 친권상실 등

양부모 쌍방이 친권의 상실, 일시정지, 일부제한의 선고 또는 법률행위의 대리권이나 재산관리권 상실의 선고를 받은 경우에는 후견개시의 사유가 되므로, 친생부모가 친권자 지정 청구를 할 수 있는 여지가 없고, 따라서 민법 제909조의2 제2항은 준용되지 않는다.[65)] 이 경우 가정법원은 미성년후견인을 선임할 필요가 있는 경우에는 직권으로 미성년후견인을 선임한다(민 제932조제2항).

(2) 실권회복 등

양부모 쌍방이 친권의 상실, 일시정지, 일부제한 또는 대리권과 재산관리권 상실의 선고를 받아서 미성년후견인이 선임되었는데, 그 후 양부모의 일방 또는 쌍방이 실권회복의 선고를 받았다면, 실권을 회복한 양부모는 당연히 친권자가 되고, 미성년후견은 종료한다고 해석된다. 따라서 이 경우 일정한 자의 청구에 의하여 가정법원이 친권자를 새로 지정

64) 김주수·김상용(주23), 444면

65) 민법 제927조의2제1항에서는 친권상실 등의 사유가 있는 경우에 제909조의2제1항 및 제3항부터 제5항까지를 준용하면서도, 입양이 취소되거나 파양된 경우 또는 양부모가 모두 사망한 경우에 친권자 지정 청구를 할 수 있도록 규정한 동조 제2항은 제외하였다.

할 수 있다는 규정(민 제927조의2제2항)은 무의미하다고 본다.

양부모 쌍방이 법률행위의 대리권과 재산관리권을 사퇴하여 미성년후견인이 선임되었는데, 그 후 양부모의 일방 또는 쌍방이 사퇴한 권리를 회복하였다면, 양부모는 회복한 대리권과 재산관리권 부분에 대하여 당연히 친권자가 되고, 미성년후견은 종료한다고 해석된다. 이 경우에도 일정한 자의 청구에 의하여 가정법원이 친권자를 새로 지정할 수 있다는 규정(민 제927조의2제2항)은 무의미하다고 본다.

양부모 쌍방에게 소재불명 등 친권을 행사할 수 없는 중대한 사유가 있어서 미성년후견인이 선임되었는데, 그 후 양부모의 일방 또는 쌍방이 다시 친권을 행사할 수 있게 되었다면, 가정법원은 청구권자(그 부모의 일방 또는 쌍방, 미성년자, 미성년자의 친족)의 청구에 의하여 양부모의 일방 또는 쌍방을 새로 친권자로 지정할 수 있고(민 제927조의2제2항제3호), 친권자 지정의 심판이 확정되면 미성년후견은 종료한다고 해석된다.

3. 유언에 의한 미성년후견의 종료와 친권자 지정

제931조(유언에 의한 미성년후견인의 지정 등) ① 〈생략〉
② 가정법원은 제1항에 따라 미성년후견인이 지정된 경우라도 미성년자의 복리를 위하여 필요하면 생존하는 부 또는 모, 미성년자의 청구에 의하여 후견을 종료하고 생존하는 부 또는 모를 친권자로 지정할 수 있다.

단독친권자의 유언으로 미성년후견인이 지정된 경우라도 가정법원은 청구에 의하여 후견을 종료시키고 생존친을 친권자로 지정할 수 있다. 단독친권자가 유언으로 지정한 미성년후견인이 부적격할 수 있고, 양육환경이나 양육능력의 변동으로 생존하는 부 또는 모가 친권자로 되는 것이 더욱 바람직한 경우가 있으므로, 생존하는 부 또는 모가 친권자로 지정될 수 있는 길을 열어두어 지속적으로 미성년자의 복리를 도모할 수 있도록 한 것이다.[66] 이 규정에 의해서 가정법원은 자녀의 복리를 고려하여 지정후견인과 생존하는 부 또는 모 중에서 자녀의 법정대리인으로서 보다 더 적합한 사람을 선택할 수 있게 되었다.[67]

---

66) 조문별 해설자료(주55), 31면
67) 김주수·김상용(주23), 451면

Ⅳ. 친권의 내용

1. 개관

친권을 행사하는 부 또는 모는 미성년자인 자녀의 법정대리인이 된다(민 제911조). 친권의 내용으로서 자녀의 **신분**에 관한 사항으로는 보호·교양의 권리의무(민 제913조), 거소지정권(민 제914조), 징계권(민 제915조), 자녀의 인도청구권 등이 있다. 자녀의 **재산**에 관한 사항으로는 자녀의 재산관리권, 법정대리권, 동의권 및 취소권 등이 있다. 이와 같은 친권의 내용은 자녀의 건강한 성장과 재산의 보전을 위하여 인정되는 것이므로, 친권자인 부모는 그러한 목적의 범위 내에서 친권을 행사하여야 한다.[68]

2. 자녀의 신분에 관한 권리·의무

제910조(자의 친권의 대행) 친권자는 그 친권에 따르는 자에 갈음하여 그 자에 대한 친권을 행사한다.

제911조(미성년자인 자의 법정대리인) 친권을 행사하는 부 또는 모는 미성년자인 자의 법정대리인이 된다.

제913조(보호, 교양의 권리의무) 친권자는 자를 보호하고 교양할 권리의무가 있다.

제914조(거소지정권) 자는 친권자의 지정한 장소에 거주하여야 한다.

제915조(징계권) 친권자는 그 자를 보호 또는 교양하기 위하여 필요한 징계를 할 수 있고 법원의 허가를 얻어 감화 또는 교정기관에 위탁할 수 있다.

가. 보호·교양의 권리의무

친권자는 자녀를 보호하고 교양할 권리의무가 있다(민 제913조). 친권자는 자녀를 신체적·정신적으로 건강하게 양육해야 할 의무와 책임이 있고, 이를 이행하는 데 있어서 방해받지 않을 권리가 있으며, 이것이 바로 친권의 본질적 내용이다. 부모의 친권행사가 자녀의 건강한 양육이라는 본래의 취지에 반하여 오히려 자녀의 복리를 침해하는 경우에는 국가에 의한 친권의 상실, 일시정지 또는 일부제한 등이 가능하다(민 제924조, 제924조의2, 제925조).

---

68) 김주수·김상용(주23), 406면

나. 거소지정권

자녀는 친권자가 지정한 장소에 거주하여야 한다(민 제914조). 친권자의 거소지정권은 자녀의 보호·교양을 위하여 필수적으로 요구되는 권리로서 자녀에 대한 보호·교양권에서 파생되는 것이다. 친권자가 지정하는 거소는 보호·교양의 목적을 달성하는 데 적당한 곳이어야 하며, 거소지정권을 남용하여 자녀의 복리를 해치는 곳에 거소를 지정하면 친권상실 등의 원인이 될 수 있다. 의사능력이 있는 자녀가 친권자의 거소지정에 따르지 않을 경우 인격에 대한 강제집행은 불가능하기 때문에 제재의 방법이 없으며 오히려 자녀의 자기결정권을 해할 수 있다. 의사능력이 없는 자녀에게 거소지정을 한다는 것은 의미가 없으며, 자녀에 대한 감호권을 통하여 이를 해결할 수 있다.[69]

다. 징계권

친권자는 그 자녀를 보호 또는 교양하기 위하여 스스로 필요한 징계를 할 수 있으나(민 제915조), 인격의 건전한 육성을 위하여 필요한 범위 안에서 상당한 방법으로 행사되어야 한다.[70] 자녀에 대한 징계권은 친권의 남용이 되지 않는 범위 내에서 행사하여야 하므로, 자녀에 대한 징계가 자녀에 대한 학대로 이어져 친권의 한계를 일탈하는 경우에는 친권상실 등의 원인이 될 수 있다.[71]

또한 친권자는 가정법원의 허가를 얻어 자녀를 감화(感化) 또는 교정기관에 위탁할 수 있다(민 제915조). 감화 또는 교정시설은 자녀에게 징계를 가하는 것을 목적으로 하는 시설을 가리킨다. 따라서 자녀를 감화 또는 교정기관에 위탁하는 것은 자녀의 신체의 자유를 제한하고 그 신체를 구속하는 조치를 수반하는 것이므로, 인권보호를 위하여 그 기관에의 위탁의 필요성, 위탁기간 등을 정함에 있어 가정법원의 허가를 받도록 한 것이다.[72] 제2장 [서식 2-09] 참조

69) 한봉희·백승흠, 「가족법」, 삼영사(2013.8), 316면~317면

70) 대법원 2002.2.8. 선고 2001도6468 판결

71) 2014년 개정 민법에서는 거소의 지정이나 징계, 그 밖의 신상에 관한 결정 등 특정한 사항에 관하여 친권의 일부를 제한하는 제도를 도입하였다(민 제924조의2). 이에 관한 상세한 설명은 후술한다.

라. 영업의 허락과 취소 또는 제한

친권자는 법정대리인으로서 미성년자인 자녀에게 특정한 영업을 허락할 수 있다. 여기서 영업이란 상업에 한하지 않고 널리 영리를 목적으로 하는 사업을 말한다. 친권자가 영업을 허락함에는 아무런 제한이 없다. 미성년자가 법정대리인으로부터 허락을 얻은 특정한 영업에 관하여는 성년자와 동일한 행위능력이 있다(민 제8조제1항). 법정대리인은 영업의 허락을 취소 또는 제한할 수 있다. 그러나 선의의 제3자에게 대항하지 못한다(동조 제2항).

마. 자녀의 인도청구권

친권자는 일정한 거소를 지정하여 자녀를 보호·교양할 의무와 권리가 있으므로, 제3자가 부당하게 자녀를 억류하여 친권행사를 방해하는 경우에는 자녀의 인도를 청구할 수 있다. 다만, 학대받는 아동을 부모로부터 격리·보호하는 경우(아동복지법 제27조)와 같이 제3자가 정당한 권한에 의하여 자녀를 보호하고 있는 때에는 친권자는 자녀의 인도를 청구할 수 없다. 이런 경우에 친권자가 자녀의 인도청구권을 행사하는 것은 친권의 남용에 해당한다.

자녀가 자신의 자유로운 의사에 따라 제3자의 거주지에 머물고 있는 경우에는 그 자녀의 복리를 기준으로 하여 인도청구의 허용여부를 결정해야 할 것이지만, 자녀 스스로 선택한 결정이라고 하더라도 장·단기적으로 보아서 자녀의 성장·발달에 부정적인 영향을 미칠 것이라고 판단되는 경우에는 친권자의 인도청구를 허용해야 할 것이다.[73]

> [판례] 친권자는 민법 제913조의 보호·교양권에 기하여 자녀를 부당하게 억류하여 친권 행사를 방해하는 자에 대하여 자녀의 인도를 청구할 수 있다고 할 것이나, 친권을 행사함에 있어서는 자녀의 복리가 우선적으로 고려되어야 하는 것이므로(민법 제912조), 주소 또는 거소에 대한 의사결정능력이 있는 자녀가 자유로운 의사에 따라 제3자의 승낙 하에 제3자의 거주지에 머물고 있는 경우에는 그와 같은 상황에 이르게 된 경위, 제3자와 자녀와의 관계, 자녀의 진정한 의사 등을 고려하여 인도청구의 당부를 결정하여야 할 것이다.[74]

---

72) 가사실무제요(주16), 310면

73) 김주수·김상용(주23), 409면

바. 근로계약 동의권, 근로계약의 취소·해지권

친권자나 후견인은 미성년자의 근로계약을 대리할 수 없다(근기 제67조제1항). 그러나 미성년자가 법률행위를 함에는 법정대리인의 동의를 얻어야 하므로(민 제5조제1항 본문), 친권자는 미성년자인 자녀의 근로계약에 대한 동의권은 있다. 미성년자가 친권자의 동의를 얻지 않고 근로계약을 체결한 경우에는 이를 취소할 수 있다(민 제5조 제2항).

한편, 친권자나 후견인은 근로계약이 미성년자에게 불리하다고 인정하는 경우에는 이를 해지할 수 있다(근기 제67조제2항).

사. 신분행위에 대한 대리권·동의권

자녀의 신분상의 행위에 대해서는 친권자라도 대리권이 없는 것이 원칙이지만, 예외적으로 법률에 특별한 규정이 있는 경우에는 대리권이나 동의권이 인정된다. 자녀의 신분행위에 대한 동의는 친권자의 자격으로 하기보다는 부모의 신분으로서 하는 경우가 대부분이다.

(1) 인지청구의 소 제기

혼인외의 출생자 또는 그의 직계비속이 미성년자인 경우에는 그 법정대리인이 부 또는 모를 상대로 하여 인지청구의 소를 제기할 수 있다(민 제863조).

(2) 미성년자가 양부모가 되는 입양의 취소 청구

입양이 성립되기 위해서는 양친은 성년자이어야 하므로(민 제866조), 이를 위반하여 미성년자가 양친이 되는 입양은 양부모, 양자와 그 법정대리인 또는 직계혈족이 그 취소를 청구할 수 있다(민 제885조).

---

74) 대구고법 2012.11.16. 선고 2012나3662 판결(미성년 자녀들의 친권자인 어머니가 특별한 이유 없이 스스로 시부모 및 자녀들과 함께 생활하던 집을 나갔고, 고등학생, 중학생, 초등학생들인 자녀들이 조부모와 생활하기를 원하며, 자녀들의 입장에서는 학교생활 및 교우관계 등 정서형성의 근간이 된 환경을 일시에 바꾸는 것이 쉽지 않은 경우에, 자녀들의 이익과 복리, 현재 자녀들을 양육하고 있는 사람이 조부모들인 점 등을 감안하면, 비록 친권자의 지위에 있는 어머니라 하더라도 자녀들의 의사에 반하여 이들을 대구를 떠나 고양시에 있는 어머니와 함께 생활하도록 하는 것은 자녀들의 이익과 복리에 반하는 결과를 초래한다고 할 것이므로, 친권자가 시부모를 상대로 자녀들의 인도를 구할 수는 없다고 하여 청구를 기각한 사례).

(3) 미성년자가 동의 없이 양자가 되었을 때의 취소 청구

양자가 될 사람이 13세 이상의 미성년자인 경우에는 법정대리인의 동을 받아 입양을 승낙하고(민 제869조제1항), 양자가 될 미성년자는 일정한 예외를 제외하고는 원칙적으로 부모의 동의를 받아야 하는데(민 제870조제1항), 미성년자가 동의권자의 동의를 얻지 않고 양자가 되었을 때에는 양자나 동의권자가 입양의 취소를 청구할 수 있다(민 제886조).

(4) 13세 미만자의 입양대락 및 파양청구

양자(친양자 포함)가 될 사람이 13세 미만인 경우에는 스스로 입양의 의사를 표시하기 어렵기 때문에 법정대리인이 그를 갈음하여 입양을 승낙하고(민 제869조제2항, 제908조의2제1항제5호), 양자가 13세 미만인 경우에는 그를 갈음하여 입양을 승낙을 한 사람이 양자를 갈음하여 파양을 청구할 수 있다(민 제906조).

(5) 상속의 승인과 포기

상속인이 미성년자인 경우에는 그의 친권자 또는 후견인이 상속이 개시된 것을 안 날부터 3월 이내에 단순승인이나 한정승인 또는 포기를 할 수 있다(민 제1019조, 제1020조).

(6) 혼인적령 미달과 부모 등의 동의를 얻지 않은 혼인의 취소 청구

만 18세가 된 사람은 혼인할 수 있고(민 제807조), 미성년자가 혼인하는 경우에는 부모의 동의를 받아야 하는데(민 제808조제1항), 혼인적령에 미달한 혼인과 부모의 동의를 받지 않은 미성년자의 혼인은 당사자 또는 그 법정대리인(혼인 당시의 친권자였던 부모)이 그 취소를 청구할 수 있다(민 제816조제1호, 제817조).

(7) 가사소송법에 따른 각종 무효의 소 제기

가사소송법상 친권자는 법정대리인으로서 언제든지 혼인무효, 이혼무효, 인지무효, 입양무효, 파양무효의 소를 제기할 수 있다(가소 제23조, 제28조, 제31조).

3. 자녀의 재산에 관한 권리·의무

第910조(자의 친권의 대행) 친권자는 그 친권에 따르는 자에 갈음하여 그 자에 대한 친권을 행사한다.

第911조(미성년자인 자의 법정대리인) 친권을 행사하는 부 또는 모는 미성년자인 자의 법정대리인이 된다.

第916조(자의 특유재산과 그 관리) 자가 자기의 명의로 취득한 재산은 그 특유재산으로 하고 법정대리인인 친권자가 이를 관리한다.

第918조(제3자가 무상으로 자에게 수여한 재산의 관리) ① 무상으로 자에게 재산을 수여한 제3자가 친권자의 관리에 반대하는 의사를 표시한 때에는 친권자는 그 재산을 관리하지 못한다.

② 전항의 경우에 제3자가 그 재산관리인을 지정하지 아니한 때에는 법원은 재산의 수여를 받은 자 또는 제777조의 규정에 의한 친족의 청구에 의하여 관리인을 선임한다.

③ 제3자의 지정한 관리인의 권한이 소멸하거나 관리인을 개임할 필요있는 경우에 제3자가 다시 관리인을 지정하지 아니한 때에도 전항과 같다.

④ 제24조제1항, 제2항, 제4항, 제25조 전단 및 제26조제1항, 제2항의 규정은 전2항의 경우에 준용한다.

第919조(위임에 관한 규정의 준용) 제691조, 제692조의 규정은 전3조의 재산관리에 준용한다.

第920조(자의 재산에 관한 친권자의 대리권) 법정대리인인 친권자는 자의 재산에 관한 법률행위에 대하여 그 자를 대리한다. 그러나 그 자의 행위를 목적으로 하는 채무를 부담할 경우에는 본인의 동의를 얻어야 한다.

第921조(친권자와 그 자간 또는 수인의 자간의 이해상반행위) ① 법정대리인인 친권자와 그 자 사이에 이해상반되는 행위를 함에는 친권자는 법원에 그 자의 특별대리인의 선임을 청구하여야 한다.

② 법정대리인인 친권자가 그 친권에 따르는 수인의 자 사이에 이해상반되는 행위를 함에는 법원에 그 자 일방의 특별대리인의 선임을 청구하여야 한다.

第922조(친권자의 주의의무) 친권자가 그 자에 대한 법률행위의 대리권 또는 재산관리권을 행사함에는 자기의 재산에 관한 행위와 동일한 주의를 하여야 한다.

第923조(재산관리의 계산) ① 법정대리인인 친권자의 권한이 소멸한 때에는 그 자의 재산에 대한 관리의 계산을 하여야 한다.

② 전항의 경우에 그 자의 재산으로부터 수취한 과실은 그 자의 양육, 재산관리의 비용과 상계한 것으로 본다. 그러나 무상으로 자에게 재산을 수여한 제삼자가 반대의 의사를 표시한 때에는 그 재산에 관하여는 그러하지 아니하다.

가. 재산관리권

미성년자도 상속이나 유증 또는 증여 등으로 재산을 취득하거나 자신이 제공한 근로의 대가로 재산을 취득하는 경우가 있다. 이와 같이 미성년자인 자녀가 자기의 명의로 취득한 재산은 그 특유재산으로 하고 법정대리인인 친권자가 이를 관리한다(민 제916조). 여기서 「재산의 관리」란 재산의 보존·이용·개량을 목적으로 하는 행위를 말하지만(민 제118조), 관리의 목적을 달성하기 위한 범위 내에서는 처분행위도 할 수 있다.

친권자가 그 자녀에 대한 재산관리권을 행사함에는 자기의 재산에 관한 행위와 동일한 주의를 하여야 한다(민 제922조).[75] 친권자가 이러한 주의의무에 위반하여 자녀에게 손해를 준 때에는 손해배상책임을 부담할 뿐만 아니라, 친권자가 부적당한 관리로 인하여 자녀의 재산을 위태롭게 한 경우에는 법률행위의 대리권과 재산관리권 상실 선고의 원인이 될 수 있다(민 제925조).

나. 대리권과 동의권

친권자는 친권행사에 수반되는 법정대리인으로서의 지위를 가지므로 미성년자인 자녀의 재산에 관한 법률행위에 대하여 그 자녀를 대리한다(민 제920조 본문). 그러나 친권상실 또는 일시정지의 선고(민 제924조), 친권의 일부제한의 선고(민 제924조의2)를 받은 부모나 재산관리권이 없는 친권자는 대리권을 갖지 못한다(민 제925조, 제927조). 여기서 「재산에 관한 법률행위」란 자녀에게 속한 재산에 대한 법률행위뿐만 아니라 널리 자녀의 재산에 영향을 미치는 법률행위를 포함한다고 해석된다.[76] 친권자의 법정대리는 재산행위에 국한되며, 신분상의 행위는 원칙적으로 포함되지 않는다.

또한 재산행위라도 친권자가 관리권을 갖지 않는 재산, 즉 ① 친권자가 범위를 정하여 자녀에게 처분을 허락한 재산(민 제6조), ② 친권자가 자

---

75) 친권자의 주의의무를 후견인의 선관주의의무보다 경감한 것은 부모의 자녀에 대한 자연스러운 애정에 근거를 두고 있으나, 이러한 근거는 합리성이 없으며 친권자의 주의의무도 후견인의 주의의무와 구별할 필요가 없다는 견해는 한봉희·백승흠(주69), 322면 참조

76) 김주수·김상용(주23), 413면

녀에게 특정한 영업을 허락한 경우의 영업재산(민 제8조제1항), ③ 제3자가 무상으로 자녀에게 수여하면서 친권자의 관리를 반대한 재산(민 제918조제1항), ④ 미성년자의 임금청구(근기 제68조) 등에 대해서는 친권자의 대리권이 인정되지 않는다.

근로계약과 같이 친권자의 대리행위가 그 자녀의 행위를 목적으로 하는 채무를 부담할 경우에는 본인인 자녀의 동의를 얻어야 한다(민 제920조 단서). 이것은 자녀의 자유를 지키기 위하여 친권자의 대리권에 제한을 가한 것이므로, 만약 동의를 얻지 않고 친권자가 법률행위를 하면 그것은 무권대리가 된다.

한편, 미성년자는 의사능력이 있으면 법정대리인인 친권자의 동의를 얻어서 스스로 재산에 관한 법률행위를 할 수 있다. 그러나 권리만을 얻거나 의무만을 면하는 행위는 단독으로 할 수 있다(민 제5조제1항). 친권자의 동의를 얻지 아니한 미성년자의 재산행위는 취소할 수 있다(동조 제2항).

다. 친권의 대행

친권자는 그 친권에 따르는 미성년자인 자녀에 갈음하여 그 자녀(미성년자인 자녀가 낳은 자녀)에 대한 친권을 행사한다(민 제910조). 이 규정은 미성년자인 자녀가 혼인하지 아니한 상태에서 혼인 외의 출생자를 낳은 경우에만 적용될 수 있다. 미성년자가 혼인한 때에는 성년자로 의제되므로(민 제826조의2) 스스로 친권을 행사할 수 있으며 친권의 대행이 필요 없기 때문이다. 미성년자인 자녀가 스스로 자신의 혼인외 출생자의 대리행위를 한 경우에는 무권대리가 되며, 경우에 따라서는 표현대리가 될 수 있다.

한편, 친권대행자가 친권을 남용하여 자녀의 복리를 현저히 해치거나 해칠 우려가 있는 경우 또는 부적당한 관리로 인하여 자녀의 재산을 위태롭게 한 경우에는 친권상실 등에 관한 규정(민 제924조, 제925조)을 준용하여 대행권의 상실이나 일시정지 또는 법률행위의 대리권·관리권의 상실선고를 청구할 수 있다고 해석된다.[77]

77) 김주수·김상용(주23), 414면

라. 제3자가 무상으로 자녀에게 수여한 재산의 관리

(1) 의의

무상으로 미성년자에게 재산을 수여한 제3자가 친권자의 관리에 반대하는 의사를 표시한 때에는 친권자는 그 재산을 관리하지 못한다(민 제918조제1항). 여기서 「제3자」란 친권자와 미성년자인 자녀 이외의 사람을 말하며, 「무상의 수여」는 증여(민 제554조)와 유증(민 제1074조)을 의미한다. 친권자의 재산관리를 반대하는 제3자의 의사표시는 미성년자 또는 친권자의 어느 쪽에 하여도 무방하지만, 재산의 수여와 동시에 하여야 한다고 해석된다. 또 친권자인 부모 중 어느 한 쪽의 재산관리만을 반대할 수도 있다.[78] 이러한 경우 그 친권자는 그 재산에 대하여 관리권(민 제1916조)과 대리권·동의권(민 제920조) 및 처분권을 갖지 못한다. 따라서 그 친권자가 미성년자인 자녀를 대리하여 그 재산의 처분행위를 하더라도 무권대리가 되므로 그 자녀에게 효력이 생기지 아니한다. 무상으로 자녀에게 재산을 수여한 제3자가 친권자의 관리에 반대하는 의사표시를 하지 아니한 경우에는 친권자가 그 재산을 관리할 수 있음은 당연하다.

(2) 재산관리인의 선임 등

미성년자에게 무상으로 재산을 수여하면서 친권자의 관리를 반대하는 의사표시를 한 제3자는 그 재산을 관리할 관리인을 지정할 수 있고, 스스로 관리인이 되는 것도 가능하다. 제3자가 그 재산관리인을 지정하지 아니한 때, 제3자가 지정한 관리인의 권한이 소멸하거나 관리인을 개임할 필요가 있는 경우에 제3자가 다시 관리인을 지정하지 아니한 때에는 재산의 수여를 받은 자녀 또는 친족(민 제777조)의 청구에 의하여 가정법원이 관리인을 **선임**한다(민 제918조제2항, 제3항). 제2장 [서식 2-13] 참조

가정법원은 언제든지 그 선임한 재산관리인을 **개임**할 수 있으므로(가소규 제69조➡제42조제1항), 개임할 것인지는 가정법원의 재량에 속하는 전권사항이고 당사자의 청구 없이도 직권으로 개임할 수 있다. 다만, 재산관리인을 바꾸어야 할 상황에 있다고 볼만한 특별한 사정이 엿보이지 않음에

---

78) 가사실무제요(주16), 313면

도 불구하고 별다른 조사과정도 없이 쉽사리 그 재산관리인을 개임한 것은 재량권을 매우 벗어난 것으로 위법하다.[79]

또한 가정법원이 선임한 재산관리인은 언제든지 **사임**할 수 있지만, 이 때에는 가정법원에 그 사유를 신고하여야 하며, 이 경우 가정법원은 다시 재산관리인을 재선임하여야 한다(가소규 제69조➡제42조제2항).

(3) 재산관리인의 직무 등

가정법원이 선임한 재산관리인의 직무권한, 담보제공의무, 보수청구권에 대하여는 부재자의 재산관리인에 관한 규정(민 제24조~제26조)이 준용된다(민 제918조제4항). 따라서 재산관리인은 관리할 **재산목록**을 **작성**하여야 하고(민 제24조제1항), 법원은 그 선임한 재산관리인에 대하여 재산을 보존하기 위하여 필요한 처분을 명할 수 있으며(동조 제2항), 그 비용은 미성년자의 재산으로부터 지급한다(동조 제3항).

가정법원은 그 선임한 재산관리인에게 **재산상황의 보고** 및 **관리의 계산**을 명할 수 있다(가소규 제69조➡제44조제1항). 법원은 그 선임한 재산관리인으로 하여금 재산의 관리 및 반환에 관하여 상당한 **담보**를 **제공**하게 할 수 있고(민 제26조제1항), 법원은 그 선임한 재산관리인에 대하여 미성년자의 재산으로 상당한 **보수**를 지급할 수 있다(동조 제2항).

(4) 재산관리인의 권한

가정법원이 선임한 재산관리인은 권한을 정하지 아니한 대리인과 동일한 행위(보존행위, 물건이나 권리의 성질을 변하지 아니하는 범위 내에서 그 이용·개량하는 행위)를 할 수 있을 뿐이고, 이를 초과하는 행위를 함에는 가정법원의 허가를 받아야 한다(민 제25조 본문, 제118조). **제2장 [서식 2-14] 참조**

가정법원의 허가 없이 한 재산관리인의 행위는 원칙적으로 무효이다.[80] 그러나 ① 재산의 점유, ② 보존·이용·개량을 위한 사실행위, ③ 관리를 위한 채무부담, ④ 관리를 위한 재산의 취득, ⑤ 의사표시의 수령, ⑥ 법률행위, ⑦ 이익이 되는 재판상 화해나 조정,[81] ⑧ 응소행위[82]

79) 대법원 1986.8.26. 선고 86프1 판결
80) 대법원 1976.12.21.자 75마551 결정

등은 재산관리인이 가정법원의 허가 없이도 할 수 있다.

(5) 위임에 관한 규정의 준용

재산관리인에 대하여는 민법의 위임에 관한 규정이 준용된다고 해석되므로 재산관리인은 선량한 관리자의 주의로써 그 사무를 처리하여야 한다(민 제681조). 또한 재산관리인의 권한이 종료하였을 때에는 위임종료시의 긴급처리의무에 관한 규정이 준용된다(민 제919조). 따라서 재산관리인의 권한이 종료한 경우라도 급박한 사정이 있는 때에는 미성년자나 친권자가 재산관리를 할 수 있을 때까지 그 사무의 처리를 계속하여야 하며, 이 경우에는 재산관리권의 존속과 동일한 효력이 있다(민 제691조). 뿐만 아니라 위임종료시의 대항요건에 관한 규정이 준용되므로(민 제919조), 재산관리권의 종료사유는 이를 상대방에게 통지하거나 상대방이 이를 안 때가 아니면 이로써 상대방에게 대항하지 못한다(민 제692조).

마. 재산관리권의 소멸과 관리의 계산

자녀가 성년자가 되거나 친권자가 친권상실의 선고를 받는 등으로 법정대리인인 친권자의 권한이 소멸한 때에는 그 자녀의 재산에 대한 관리의 계산을 하여야 한다(민 제923조제1항). 재산관리의 계산을 하는 경우에 그 자녀의 재산으로부터 수취한 과실은 그 자녀의 양육, 재산관리의 비용과 상계한 것으로 본다(동조 제2항 본문). 자녀의 재산에서 생긴 수익과 양육비용 등을 정확하게 계산하여 비교하는 것은 일반적인 친자관계에서 실제로 기대하기 어려우므로, 양자를 상계한 것으로 보아서 친자관계의 실정에 부합하도록 한 것이다.[83] 그러나 무상으로 자녀에게 재산을 수여한 제3자가 반대의 의사표시를 한 때에는 그 재산에 관하여는 상계할 수 없다(동항 단서).

재산관리권이 소멸한 때의 긴급처리 의무와 대항요건은 위임종료시의 규정을 준용한다(민 제919조➡제691조, 제692조).

---

81) 대법원 1962.11.1. 선고 62다582 판결

82) 대법원 1968.12.24. 선고 68다2021 판결

83) 김주수·김상용(주23), 416면

바. 이해상반행위에 대한 친권의 제한

(1) 의의

친권자와 친권에 따르는 자녀 사이에 이해가 충돌하는 경우에는 친권자가 자기의 이익을 위하여 자녀의 이익을 희생시킬 가능성이 있기 때문에 친권자에게 공정한 친권행사를 기대하기 어렵다. 이와 같은 이유에서 친권에 따르는 자녀들 사이에 이해가 대립하는 경우에도 친권자의 공정한 친권행사를 기대하기는 어렵다.[84] 민법은 이러한 **이해상반행위**의 경우에 자녀의 이익을 보호하기 위하여 친권자의 법정대리권을 제한하고, 친권자가 가정법원에 특별대리인의 선임을 청구하도록 하는 절차를 마련하고 있다(민 제921조). **제2장 [서식 2-15] 참조**

[판례] 민법 제921조의 특별대리인 제도는 친권자와 그 친권에 복종하는 자 사이 또는 친권에 복종하는 자들 사이에 서로 이해가 충돌하는 경우에는 친권자에게 친권의 공정한 행사를 기대하기 어려우므로 친권자의 대리권 및 동의권을 제한하여 법원이 선임한 특별대리인으로 하여금 이들 권리를 행사하게 함으로써 친권의 남용을 방지하고 미성년인 자의 이익을 보호하려는 데 그 취지가 있다.[85]

전형적인 이해상반행위는 매매나 담보권설정 등의 **계약**과 같이 법정대리인인 친권자가 법률행위의 한쪽 당사자가 되고 미성년자인 자녀가 다른 쪽 당사자가 되는 법률행위이다. 뿐만 아니라 상대방 있는 단독행위도 이해상반행위가 된다는 데에는 이론이 없고, 상속의 포기와 같은 상대방 없는 **단독행위**도 사안에 따라 이해상반행위가 될 수 있다(예컨대, 친권자인 母와 미성년자인 자녀가 공동상속인인 경우, 母 자신은 상속을 승인하면서 자녀를 대리하여서는 상속을 포기하는 행위 또는 母가 장남의 상속만을 승인하고 다른 자녀의 상속은 포기하는 경우). 그밖에도 **신분행위**(예컨대, 부모가 미성년의 자녀를 상대로 친생자관계부존재확인의 소를 제기하는 경우)나 **소송행위**도 포함되며, 자녀와 공동명의로 어음을 발행하는 행위[86]도 해당한다. 그리고 이해상반되는 행위에 대하여 **동의**를 하는 경우에도 마찬가지로 적용된다고 보아야 할 것이다.[87]

---

84) 김주수·김상용(주23), 417면

85) 대법원 1996.4.9. 선고 96다1139 판결

86) 대법원 1971.2.23. 선고 70다2916 판결

(2) 이해상반행위의 구분

㈎ **친권자와 친권에 따르는 자녀 사이의 이해상반**

법정대리인인 친권자와 그 친권에 따르는 미성년자인 자녀 사이에 이해가 충돌하는 경우이다. 이러한 경우에 이해가 상반되는 행위를 함에는 친권자가 법원에 그 자녀의 특별대리인의 선임을 청구하여야 한다(민 제921조제1항). 친권자와 미성년자인 자녀가 각각 당사자의 일방이 되어서 하는 법률행위뿐만 아니라, 친권자를 위해서는 이익이 되고 미성년자를 위해서는 불이익이 되는 행위도 여기에 해당한다.

㈏ **동일한 친권에 따르는 자녀 상호간의 이해상반**

법정대리인의 친권에 따르는 여러 명의 자녀들 상호간에 이해가 충돌하는 경우이다. 이러한 경우에도 이해가 상반되는 행위를 함에는 친권자가 법원에 그 자녀 일방의 특별대리인의 선임을 청구하여야 한다(민 제921조제2항). 친권에 따르는 자녀들이 각각 당사자의 일방이 되어서 하는 법률행위뿐만 아니라 자녀 일방을 위해서는 이익이 되고 다른 자녀에게는 불이익이 되는 경우도 여기에 포함된다. 그러나 이 경우 이해상반행위의 당사자는 모두 친권에 따르는 미성년자인 자녀이어야 한다. 따라서 이미 성년이 된 자녀와 친권에 따르는 미성년자인 자녀 사이에 이해가 상반되는 경우에는 친권자는 대리권에 제한을 받지 않고 미성년자인 자녀를 대리하여 법률행위를 할 수 있다. 예컨대, 친권자가 성년자인 자녀를 위하여 그 자녀의 명의로 타인으로부터 금전을 차용하면서 미성년자인 자녀의 법정대리인으로서 그 소유 부동산에 근저당권을 설정하였다면 이 경우는 이해상반행위에 해당하지 않는다.

[판례] 민법 제921조 제2항의 이해상반행위라 함은 친권에 복종하는 미성년인 子들 상호간에 있어서 각각 당사자 일방이 되어 하는 법률행위뿐 아니라, 친권자가 미성년자 일방을 위하여 借金함에 있어서 다른 미성년자인 子 소유 부동산에 저당권을 설정하는 행위와 같이 미성년자 일방을 위하여서는 이익이 되고 다른 미성년자에 대하여는 불이익이 되는 경우도 포함하나, 그 어느 경우에 있어서도 이해상반행위의 당사자는 모두가 친권자의 친권에 복종하는 미성년자인 子들이어야 하고, 가령 성년이 되어 친권자의 친권에 복종하지 아니하는 子와 친권에 복종하는 미성년자인 子 사이에 이해상반되는 경

87) 김주수·김상용(주23), 418면 ; 박동섭(주15), 367면

우에는 친권자는 미성년자인 子를 위한 법정대리인으로서 그 고유의 권리를 행사할 수 있을 것이므로 그러한 친권자의 법률행위는 위 법조 소정의 이해상반행위에 해당한다고 할 수 없다.[88]

[판례] 공동상속인인 친권자와 미성년인 수인의 자녀 사이에 상속재산분할협의를 하는 경우에는 미성년자 각자마다 특별대리인을 선임하여 각 특별대리인이 각 미성년자인 자녀를 대리하여 상속재산분할협의를 하여야 한다.[89]

(3) 이해상반행위의 판단기준

이해상반 여부를 판단함에 있어, 행위의 객관적 성질에 의하여야 한다는 외형설(**형식적 판단설**)과 구체적・실질적 기준에 의하여야 한다는 **실질적 판단설**이 있는데, 통설과 판례는 행위 그 자체의 외관에 따라 객관적으로 판단하여야 하고 친권자의 의도나 동기, 그 행위의 결과 실제로 이해의 대립이 생겼는지 여부 등을 고려하여서는 안 된다는 **형식적 판단설**을 취하고 있다.

[판례] 민법 제921조 제1항 소정의 '이해상반행위' 여부의 판단에 있어서 행위의 동기나 연유를 고려하여야 하는지 여부(소극) : 법정대리인인 친권자와 그 자 사이의 이해상반의 유무는 전적으로 그 행위 자체를 객관적으로 관찰하여 판단하여야 할 것이지 그 행위의 동기나 연유를 고려하여 판단하여야 할 것은 아니다.[90]

[판례] 민법 제921조의 이해상반행위란 행위의 객관적 성질상 친권자와 그 자 사이 또는 친권에 복종하는 수인의 자 사이에 이해의 대립이 생길 우려가 있는 행위를 가리키는 것으로서 친권자의 의도나 그 행위의 결과 실제로 이해의 대립이 생겼는가의 여부는 묻지 아니하는 것이라 할 것이다.[91]

형식적 판단설에 따르면, 친권자가 미성년자인 자녀의 대학입학금을 마련하기 위하여 친권자 본인 명의로 금전을 차용하는 계약을 체결하면서 자녀의 부동산에 저당권을 설정하였다면, 이는 이해상반행위에 해당된다. 반면에 친권자가 자기의 사업자금을 마련하기 위하여 미성년자인 자녀를 대리하여 자녀 소유의 부동산을 매각하였다면(즉, 미성년자인 자녀의 명의로 매매계약을 체결하였다면), 이는 이해상반행위에 해당하지 않는다. 이

88) 대법원 1976.3.9. 선고 75다2340 판결
89) 대법원 1993.4.13. 선고 92다54524 판결
90) 대법원 2002.1.11. 선고 2001다65960 판결
91) 대법원 1994.9.9. 선고 94다6680 판결

처럼 형식적 판단설이 실질적으로 이해가 상반되는가를 묻지 않고, 단지 행위의 객관적 성질에 따라 이해상반여부를 판단하는 이유는, 사정을 알지 못하는 상대방이 예측하지 못한 손해를 입지 않도록 **거래의 안전**을 위한 것이다.[92]

(4) 이해상반행위에 해당하는 사례

① 미성년자인 자녀가 친권자에게 재산을 양도하는 경우, ② 친권자가 제3자로부터 금전을 차용하면서 자기의 채무를 위하여 미성년자인 자녀를 연대보증인으로 하거나 그 자녀의 부동산을 담보로 제공하는 경우[93], ③ 친권자인 母가 자신이 연대보증한 채무의 담보로 자신과 子의 공유인 토지 중 자신의 공유지분에 관하여는 공유지분권자로서, 子의 공유지분에 관하여는 그 법정대리인의 자격으로 각각 근저당권설정계약을 체결한 경우[94], ④ 미성년자인 자녀의 재산으로 친권자의 채무에 관하여 대물변제를 하는 계약, ⑤ 친권자가 공동상속인인 미성년의 자녀를 대리하여 상속재산분할협의를 하는 경우[95], ⑥ 미성년자인 자녀와 친권자가 공동으로 상속인이 되는 경우에 자녀가 먼저 상속포기를 하는 경우 및 친권자가 상속한정승인 신고를 하면서 자녀가 상속포기신고를 하는 경우, ⑦ 친권자가 그 친권에 따르는 미성년자인 자녀 한쪽을 위하여 다른 미성년자인 자녀 소유의 부동산에 저당권을 설정하는 경우[96], ⑧ 양모가 미성년자인 양자를 상대로 소유권이전등기청구소송을 제기하는 행위[97], ⑨ 친권자가 자기의 채무에 관하여 미성년자인 자녀를 위하여 중첩적(병존적) 인수계약을 한 행위, ⑩ 친권자가 자기의 채무를 자녀에게 전가하기 위하여 자녀를 대리하여 한 경개계약, ⑪ 합명회사 사원이 자기의 친권에 따르는 미성년자를 그 회사에 새로 입사시키는 행위에 대하여 동의를 한 행위, ⑫ 미성년자인 자녀를 대리하여 자녀의 대금채권을 포기하고 그

92) 김주수·김상용(주23), 419면
93) 대법원 1971.7.27. 선고 71다1113 판결
94) 대법원 2002.1.11. 선고 2001다65960 판결
95) 대법원 2001.6.29. 선고 2001다28299 판결
96) 대법원 1976.3.9. 선고 75다2340 판결
97) 대법원 1991.4.12. 선고 90다17491 판결

채무자의 친권자에 대한 채권을 면제시킨 행위, 외국에 체류 중인 아들로부터 '국내재산의 관리에 관한 포괄적 위임'을 받은 父가 자신의 채무지급을 위하여 자신이 발행하는 어음에 아들을 공동발행인으로 기명날인한 경우 등은 이해상반행위에 해당한다.

(5) 이해상반행위에 해당하지 않는 사례

① 친권자인 母가 자기 오빠의 제3자에 대한 채무를 담보하기 위해 미성년자인 자녀를 대리하여 자신과 자녀의 공동소유인 부동산에 근저당권을 설정한 행위[98], ② 친권자가 미성년자인 자녀의 재산을 친권자의 처에게 증여하는 행위, ③ 친권자인 母가 자신이 대표이사로 있는 주식회사의 채무보증을 위하여 자신과 미성년자인 자녀의 공유재산을 담보로 제공한 행위[99], ④ 미성년자인 자녀가 단순히 친권자로부터 증여를 받는 행위, ⑤ 친권자와 미성년자인 자녀가 공동으로 경매신청을 한 행위, ⑥ 친권자가 미성년자인 자녀에게 부동산을 명의신탁하는 행위[100], ⑦ 친권자가 성년인 자녀의 채무를 담보하기 위하여 미성년자인 자녀의 부동산에 근저당권을 설정한 행위[101], ⑧ 공동상속인인 친권자가 자신의 상속을 포기함과 동시에 공동상속인인 미성년자인 자녀를 대리하여 상속포기신고를 함으로써 결과적으로 성년인 다른 자녀가 단독상속을 하도록 한 경우[102], ⑨ 미성년자인 자녀와 친권자를 포함하여 공동상속인 전원이 함께 상속포기신고를 하는 경우, ⑩ 친권자가 자녀보다 먼저 상속포기신고를 하는 경우, ⑪ 이혼하여 공동상속인이 아닌 친권자가 미성년자인 자녀 전원의 법정대리인으로서 상속포기신고를 하는 경우, ⑫ 친권자가 미성년자인 자녀의 상속한정승인신고를 하는 경우, ⑬ 친권자가 미성년자인 자녀 소유의 부동산을 성년인 다른 자녀에게 증여한 경우[103] 등은 이해상반행위에 해당하지 않는다.

---

98) 대법원 1991.11.26. 선고 91다32466 판결
99) 대법원 1996.11.22. 선고 96다10270 판결
100) 대법원 1998.4.10. 선고 97다4005 판결
101) 대법원 1976.3.9. 선고 75다2340 판결
102) 대법원 1989.9.12. 선고 88다카28044 판결
103) 대법원 1981.10.13. 선고 81다649 판결

[선례] 근저당권이 설정되어 있는 부동산을 母(甲)와 미성년자인 子(乙·丙)가 공동상속한 후, 근저당권의 피담보채무에 대하여 근저당권자(채권자)와 甲이 채무자를 甲 단독으로 하는 채무인수계약을 맺고 이에 따라 甲을 채무자로 하는 변경등기를 신청하는 경우, 이러한 채무자변경등기신청은 母와 子 사이의 이해상반행위에 해당되지 않으므로 특별대리인을 선임할 필요가 없다(2007.7.4. 등기선례 제8-14호).

(6) 위반의 효력

친권자와 자녀 사이의 이해상반행위를 특별대리인에 의하지 않고 친권자가 스스로 대리한 경우에는 **무권대리행위**로서 무효가 되지만,[104] 본인의 **추인**이 있으면 유효로 된다.[105] 추인은 성년에 달한 자녀 본인이 하는 것이 원칙이며, 무권대리행위를 한 친권자 또는 상대방에 대하여 하여야 하지만, 그 방식에는 제한이 없다.

한편, 미성년자인 자녀가 이해상반되는 친권자의 동의를 얻어서 스스로 행한 법률행위는 동의를 얻지 않은 행위와 마찬가지이므로, 취소할 수 있다고 해석된다.[106]

(7) 특별대리인의 권한과 의무 등

특별대리인은 해당 이해상반행위에 관하여 미성년자인 자녀를 대리하거나 동의를 하는 권한을 가진다. 직무의 성질상 특별대리인에게는 후견인에 관한 민법 제956조가 적용되므로 선량한 관리자의 주의로서 사무처리를 하여야 한다고 본다. 또한 가정법원의 심판에 의하여 특정된 행위가 종료하면 특별대리인의 임무도 종료되며, 사무처리에 필요한 비용은 위임의 경우에 준하여 상환받을 수 있다.

미성년자의 대리인에 의한 등기신청에 관한 업무처리지침

제정 2004.11.16. 등기예규 제1088호

1. 친권자에 의한 등기신청

가. 공동친권자가 있는 경우

미성년자인 자의 부모가 공동친권자인 경우로서 친권자가 그 미성년자를 대리하

104) 대법원 1994.9.9. 선고 94다6680 판결 ; 대법원 2001.6.29. 선고 2001다28299 판결

105) 대법원 2001.6.29. 선고 2001다28299 판결

106) 김주수·김상용(주23), 422면

여 등기신청을 할 때에는 부모가 공동으로 하여야 한다. 다만 공동친권자 중 한 사람이 법률상 또는 사실상 친권을 행사할 수 없는 경우(친권행사금지가처분결정을 받은 경우나 장기부재 등)에는 다른 친권자가 그 사실을 증명하는 서면(가처분결정문 등)을 첨부하여 단독으로 미성년자인 자를 대리하여 등기신청을 할 수 있다.

나. 친권행사자로 지정된 자가 친권을 행사할 수 없는 경우

친권행사자로 지정된 자가 사망, 실종선고 등으로 친권을 행사할 수 없는 경우에 다른 부 또는 모가 있는 때에는 그 부 또는 모가 미성년자인 자를 대리하여 등기신청을 할 수 있다.

2. 미성년자의 특별대리인의 선임 여부

가. 원칙

⑴ 친권자와 그 친권에 복종하는 미성년자인 자 사이에 이해상반되는 행위 또는 동일한 친권에 복종하는 수인의 미성년자인 자 사이에 이해상반되는 행위를 하는 경우, 그 미성년자 또는 그 미성년자 일방의 대리는 법원에서 선임한 특별대리인(이하 "특별대리인"이라 한다)이 하여야 한다.

⑵ 공동친권자 중 한 사람만이 미성년자인 자와 이해가 상반되는 경우 이해가 상반되는 그 친권자는 미성년자인 자를 대리할 수 없고, 이 경우 특별대리인이 이해가 상반되지 않는 다른 일방의 친권자와 공동하여 그 미성년자를 대리하여야 한다.

나. 이해관계가 상반되는 예

⑴ 미성년자인 자가 그 소유 부동산을 친권자에게 매매 또는 증여하는 경우

⑵ 상속재산협의분할서를 작성하는데 있어서 친권자와 미성년자인 자 1인이 공동상속인인 경우(친권자가 당해 부동산에 관하여 권리를 취득하지 않는 경우를 포함한다).

⑶ 친권자와 미성년자인 자의 공유부동산을 친권자의 채무에 대한 담보로 제공하고 그에 따른 근저당권설정등기를 신청하는 경우

⑷ 미성년자인 자 2인의 공유부동산에 관하여 공유물분할계약을 하는 경우(미성년자인 자 1인에 관한 특별대리인의 선임이 필요하다)

다. 이해관계가 상반되지 않는 예

⑴ 친권자가 그 소유 부동산을 미성년자인 자에게 증여하는 경우

⑵ 친권자가 미성년자인 자 소유의 부동산을 제3자에게 증여하는 경우

⑶ 친권자가 미성년자인 자 소유의 부동산을 채무자인 그 미성년자를 위하여 담보로 제공하거나 제3자에게 처분하는 경우

⑷ 친권자와 미성년자인 자의 공유부동산에 관하여 친권자와 그 미성년자를 공동채무자로 하거나 그 미성년자만을 채무자로 하여 저당권설정등기를 신청하는 경우

⑸ 친권자와 미성년자인 자가 근저당권을 준공유하는 관계로서 근저당권설정등기의 말소를 신청하는 경우

⑹ 미성년자인 자 1인의 친권자가 민법 제1041조의 규정에 의하여 상속포기를 하고 그 미성년자를 위하여 상속재산분할협의를 하는 경우

⑺ 이혼하여 상속권이 없는 피상속인의 전처가 자기가 낳은 미성년자 1인을 대리하여 상속재산분할협의를 하는 경우

3. 미성년자와 후견인의 관계에 준용

위 1. 2.의 규정은 그 성질에 반하지 아니하는 한 미성년자와 후견인의 관계에 준용한다.

4. 친권자의 동의를 갈음하는 재판

제922조의2(친권자의 동의를 갈음하는 재판) 가정법원은 친권자의 동의가 필요한 행위에 대하여 친권자가 정당한 이유 없이 동의하지 아니함으로써 자녀의 생명, 신체 또는 재산에 중대한 손해가 발생할 위험이 있는 경우에는 자녀, 자녀의 친족, 검사 또는 지방자치단체의 장의 청구에 의하여 친권자의 동의를 갈음하는 재판을 할 수 있다. [본조신설 2014.10.15. 시행 2015.10.16]

가. 의의

가정법원은 친권자의 동의가 필요한 행위에 대하여 친권자가 정당한 이유 없이 동의하지 아니함으로써 자녀의 생명, 신체 또는 재산에 중대한 손해가 발생할 위험이 있는 경우에는 자녀, 자녀의 친족, 검사 또는 지방자치단체의 장의 청구에 의하여 친권자의 동의를 갈음하는 재판을 할 수 있다(민 제922조의2). **제2장 [서식 2-16] 참조**

나. 신설의 배경

친권 행사에 해당하는 행위의 유형은 매우 다양하지만 이를 크게 법률행위와 사실행위로 나누어 볼 수 있으며, 법률행위는 다시 대리행위와 **동의**로 나눌 수 있다. 그 가운데 친권자의 동의가 필요한 사안에서 친권자가 정당한 이유 없이 동의를 하지 않아 자녀의 생명, 신체 또는 재산에 중대한 위해가 발생할 위험이 있는 경우에 대하여 사회적 이슈가 된 적이 있다.

[사례] ① 만 11세의 딸에 대한 수혈을 거부함으로써 그 딸로 하여금 의학상의 적정한 치료를 받지 못하도록 하여 결국 과다출혈로 사망하게 만든 생모를 유기치사죄로 처벌

한 사례[107], ② 보호자가 치료를 요하는 환자의 퇴원을 간청하여 인공호흡 보조장치를 제거한 지 5분 만에 환자가 사망한 사건에서 담당 전문의와 주치의를 살인방조죄로 처벌한 사례[108], ③ 여호와의 증인 신도인 부모가 종교적인 이유로 자녀에 대한 수혈을 거부하여 자녀의 생명에 위험을 발생시킨 사안에서, 부모의 친권남용을 인정하여 부모에게 자녀에 대한 수혈을 방해해서는 안 된다는 내용의 가처분 신청을 인용한 사례[109], ④ 다운증후군 미숙아로 태어난 여자 아이의 부모가 치료를 거부하자 병원 측에서 부모를 상대로 수술 동의 및 진료업무 방해금지 가처분을 신청한 사례[110] 등 친권행사라는 이유로 부모가 자녀에 대한 치료, 교육 등을 방치·거부하는 사례 등

이와 같은 문제에 대처하기 위하여, 2014년 개정 민법에서는 자녀나 일정한 범위의 청구권자의 청구에 의하여 법원이 친권자의 동의를 갈음하는 재판을 할 수 있도록 하는 제도를 도입하였다. 이와 같은 친권자의 동의를 갈음하는 재판 제도는 부당한 친권행사에 대해 아동의 복리를 예방적·적극적으로 보호할 수 있다는 점에서, 부모의 친권이 유지되도록 하면서도 자녀의 생명 등을 보호하기 위한 조치가 가능하여 질 것으로 기대된다(2015.10.16. 시행).

다. 관련 문제

친권자의 동의에 갈음하는 재판은 특정한 사안을 대상으로 하는 조치이기 때문에 그 후의 친권 행사로 인하여 재판 대상이었던 일시적 조치의 효과를 무력하게 만들 수 있다. 예를 들어, 법원에 의해 자녀의 치료를 강제하는 조치가 취해지더라도 부모가 법정대리인으로서 이미 체결한 의료계약을 해지하거나 자녀의 인도청구권 등을 주장함으로써 법원의 심판을 무력화시킬 가능성이 있는 것이다. 이에 따라 2014년 개정 민법은 이러한 우려가 있는 경우에 친권의 행사를 일부 또는 일시적으로 제한하는 제도를 함께 도입하였다(민 제924조 개정 및 제924조의2 신설).

107) 대법원 1980.9.24. 선고 79도1387 판결

108) 대법원 2004.6.24. 선고 2002도995 판결

109) 서울동부지방법원 2010.10.21.자 2010카합2341 결정 ; 이에 대한 평석으로는 이봉민, "자녀에 대한 의료행위에 관한 친권남용 통제", 법조 통권 668호(2012.5), 223면 이하 참조

110) 2014.1.14. 연합뉴스

4. 미성년자의 불법행위에 대한 친권자의 책임

제753조(미성년자의 책임능력) 미성년자가 타인에게 손해를 가한 경우에 그 행위의 책임을 변식할 지능이 없는 때에는 배상의 책임이 없다.

제755조(감독자의 책임) ① 다른 자에게 손해를 가한 사람이 제753조 …에 따라 책임이 없는 경우에는 그를 감독할 법정의무가 있는 자가 그 손해를 배상할 책임이 있다. 다만, 감독의무를 게을리 하지 아니한 경우에는 그러하지 아니하다.
② 감독의무자를 갈음하여 제753조 …에 따라 책임이 없는 사람을 감독하는 자도 제1항의 책임이 있다.
[전문개정 2011.3.7.]

가. 문제의 제기

오늘날 사회현상 및 생활양식의 변화 등에 따라 미성년자의 활동범위가 늘어나면서 미성년자가 각종 사고와 관련한 불법행위의 가해자가 되는 사례가 증가하고 있다. 이러한 가해행위로 인하여 손해를 입은 피해자가 가해자인 미성년자에게 그 배상을 청구할 수 있으려면 가해자에게 고의 또는 과실이 있어야 하고, 고의 또는 과실이 인정되기 위해서는 가해자가 책임능력을 가지고 있어야 한다.

민법은 미성년자가 책임무능력자인 경우에는 그의 위법한 가해행위에 대하여 배상책임을 부담하지 않도록 하였다(제753조). 이에 따라 피해자는 손해배상을 청구할 상대방을 잃게 되어 불이익을 받게 되므로 미성년자를 감독할 법정의무가 있는 자로 하여금 일정한 요건 하에 책임을 부담하도록 규정하고 있다(제755조 제1항).

그런데, 이를 반대로 해석하면 가해자가 미성년자라도 책임능력이 있는 경우에는 그가 직접 책임을 부담하여야 하는 것이다. 하지만 책임능력이 있는 미성년자라도 대부분은 배상능력이 없으므로 피해자는 현실적으로 아무런 배상을 받지 못하는 결과가 된다.

따라서 피해자가 책임능력 있는 미성년자로부터 직접 손해를 배상받는 것이 불가능한 경우에 그를 감독할 법정의무가 있는 자(친권자, 후견인 등)에게 손해배상을 구할 수 있도록 하는 해석론이 필요하다, 즉 책임능력이 있는 미성년자가 불법행위를 한 경우에 어떤 논거로 그 미성년자의 감독자에게 책임을 부담시킬 것인지가 문제로 제기된다.

나. 미성년자의 책임능력

(1) 책임능력의 의의

책임능력이란 책임을 변식할 수 있는 능력을 말하고, 여기서의 책임은 도덕적 책임이 아니라 법률적 책임을 가리키며, 법적 책임에 관한 인식은 손해배상 채무가 생긴다는 것과 같이 구체적일 필요는 없다. 그리고 가해행위를 할 때 위와 같은 책임을 변식할 능력을 갖추고 있었는지 여부가 문제인 것이고, 실제로 그 책임을 변식 내지 인식하였는지 여부는 묻지 않는다. 즉, 현실적으로 책임을 인식하지 않았더라도 일반적으로 그것을 인식할 수 있는 지능만 있었으면 책임능력이 있었던 것이 된다.

이러한 책임능력은 보통 일반인이 가지고 있는 것이므로 손해배상을 청구하는 피해자가 가해자의 책임능력을 입증할 필요는 없고, 오히려 가해자가 책임을 면하기 위하여 스스로 책임무능력자라는 사실을 입증하여야 한다.

(2) 책임능력의 판단기준

민법 제753조는 「행위의 책임을 변식할 지능」이라는 표현을 사용하고 있을 뿐 구체적으로 어느 정도의 능력이 필요한지에 대하여 별다른 언급이 없다. 따라서 다수의 견해는 미성년자의 책임능력 유무는 나이에 따라 획일적으로 판단하는 것이 아니라 구체적 행위 당시를 기준으로 행위자의 나이, 지능, 발육정도, 교육정도, 환경, 평소의 행동, 행위의 태양 등을 고려하여 개별적으로 판단하여야 한다는 입장이다. 물론 그 가운데 나이가 가장 중요한 판단기준인 것은 틀림없다.

판례는 대체로 초등학교 졸업연령인 12세까지는 책임능력을 부정하고,[111] 15세 이상은 책임능력을 인정하는 것으로 보인다.[112] 다만, 13세부터 14세까지의 미성년자에 대하여는 일관되어 있지 않은데,[113] 그 이유는 가해자인

---

111) 대법원 1971.4.6. 선고 71다59 판결

112) 대법원 1989.5.9. 선고 88다카2745 판결

113) 책임능력을 인정한 것으로는 대법원 1969.2.25. 선고 68다1822 판결(14세 3개월) ; 대법원 1969.7.8. 선고 68다2406 판결(13세 3개월) ; 대법원 1971.4.6. 선고 71다187 판결(13세 6개월) ; 대법원 1992.5.22. 선고 91다37690 판결(14세 8개월) 등이 있고, 책임능력을 부정한 것으로는 대법원 1977.5.24. 선고 77다354 판결(13세 5개월의 중학생) ; 대법원 1978.7.11. 선고 78다729 판결(13세 5개월의 중학생) ; 대법원 1978.11.28. 선고

미성년자에게 책임능력이 없다고 해야 그 감독의무자에게 배상책임을 물을 수 있기 때문에 구체적인 사안에서 피해자를 보호하기 위한 측면으로 이해할 수 있다.

다. 미성년자의 불법행위에 대한 감독의무자의 책임

(1) 미성년자가 책임무능력자인 경우

민법 제755조에 따르면, 책임무능력자인 미성년자를 감독할 법정의무가 있는 자는 그 감독의무를 게을리 하지 않았음을 스스로 증명하지 못하는 한 미성년자가 제3자에게 가한 손해를 배상할 책임이 있다. 이 규정은 가해자가 책임무능력자라서 그로부터 손해배상을 받을 수 없게 된 피해자에게 새로운 손해배상 의무자를 부여해 줌으로써 그를 보호하고자 하는 취지이다.

미성년자를 감독할 법정의무를 부담하는 자는 친권자나 미성년후견인 등을 말한다. 그리고 감독의무자에 갈음하여 미성년자를 감독하는 자도 법정감독의무자와 마찬가지의 책임을 지는데, 어린이 집이나 유치원 또는 초등학교의 교사 등이 이에 해당한다.

민법 제755조에 따라 미성년자를 감독할 법정의무가 있는 자에게 손해배상책임을 묻는 경우에는 일반적인 경우와는 달리 피해자는 가해행위를 한 미성년자가 책임무능력자라는 사실을 주장·입증하여야 한다. 이 규정은 미성년자에게 책임능력이 없는 것을 전제로 한 것이기 때문이다. 반면에 감독의무자가 감독의무를 게을리 하였다는 것을 피해자가 증명해야 하는 것이 아니라 감독의무자가 스스로 감독의무를 게을리 하지 않았음을 증명하지 않으면 그 책임을 면할 수 없다. 실제로 감독의무자가 이를 스스로 증명하는 것은 거의 불가능한 것이 현실이다.

(2) 미성년자가 책임능력자인 경우

민법 제755조의 반대해석상 미성년자에게 책임능력이 있는 경우에는 감독의무자에게 감독의무를 게을리 한 잘못이 있더라도 감독의무자는 전혀 책임을 지지 않는다고 볼 여지도 있다. 그러나 미성년자는 대체로 손해를 배상할 경제적 자력이 없는 경우가 대부분이므로, 미성년자의 가해행위로 인

78다1805 판결(14세 2개월의 중학생) ; 대법원 1997.6.13. 선고 96다44433 판결(13세 4개월) ; 대법원 2007.4.26. 선고 2005다24318 판결(12세 전후) 등이 있다.

하여 피해를 입은 자는 그 배상을 받지 못하게 될 우려가 있다. 따라서 피해자를 구제하기 위해서는 미성년자에게 책임능력이 있더라도 감독의무자에게 책임을 지워야 할 필요가 있다. 그 책임의 근거에 관하여 민법 제755조를 적용하는 견해도 있으나, 민법 제750조를 적용하는 견해가 다수의 입장이다.

친권자는 미성년자인 자녀를 보호하고 교양할 의무가 있으므로(제913조), 이러한 보호·교양의무의 일환으로서 미성년자가 타인에게 손해를 가하지 않도록 감독해야 할 의무를 부담하고, 따라서 친권자가 이러한 의무에 위반하여 미성년자로 하여금 제3자에게 손해를 가하게 한 경우에는 민법 제750조에 의한 일반불법행위책임을 인정하여야 할 것이다.

따라서 친권자가 위와 같은 보호·교양의무를 위반하여 미성년자로 하여금 제3자에게 손해를 가하게 하였다면 가사 그 미성년자에게 책임능력이 인정된다고 하더라도 친권자는 민법 제750조에 의하여 독자적으로 불법행위책임을 부담하여야 한다.

라. 판례의 동향

책임능력이 있는 미성년자의 불법행위에 대하여 친권자 등의 감독자책임을 인정할 것인지에 관하여 판례는 그동안 다음과 같은 변화를 거쳐 왔다.

(1) 감독자책임을 부정한 판례

초기에 대법원 판례는 민법 제755조의 감독자책임을 보충적 책임으로 판단하여 미성년자에게 책임능력이 인정되는 경우에는, 설령 감독의무의 해태가 있더라도 감독의무자의 배상책임을 부정하였다.[114)]

(2) 민법 제750조에 의한 책임을 인정한 판례

1975년에 이르러 대법원은 민법 제750조를 적용하여 감독자의 책임을 인정하는 판결을 내 놓았다.[115)] 즉, 15세인 미성년자가 외조부로부터 산탄공기총을 빌려와서 친구들과 함께 산에 새를 잡으러 올라갔다가 오발사고를 일으킨 사안에서, 대법원은 미성년자의 총기사용을 제지·감독하지 아니하여

114) 대법원 1959.2.19. 선고 4290민상674 판결 ; 1971.4.6. 선고 71다187 판결 등
115) 대법원 1975.1.14. 선고 74다1795 판결

사고를 미연에 방지할 주의의무를 다하지 못한 감독의무자는 자기 고유의 입장에서 불법행위로 인한 손해배상책임을 면할 수 없다고 판시하여, 감독의무자에 대하여 민법 제750조에 근거한 일반불법행위책임을 인정하였다.

(3) 민법 제755조에 의한 책임을 인정한 판례

1984년에 이르러 대법원은 민법 제755조를 책임능력 있는 미성년자의 불법행위에까지 확대적용하여 감독자책임을 인정하는 판결을 내렸다.[116]

[판례] 민법 제755조는 무능력자가 책임능력이 없다는 이유로 그의 불법행위에 관하여 배상책임을 지지 않는 경우에는 부모 등 법정의 감독의무가 있는 사람은 그 감독의무를 게을리하지 않았다는 것을 입증하지 않는 한 스스로 손해배상책임을 진다고 규정하고 있는바, 이 배상책임은 가족적 생활협동체의 단체주의적 책임을 근대적 개인책임형태로 수정한 것으로 행위자 자신에 책임능력이 있었는지의 여부가 명백하지 않고 행위자에게 책임능력이 있는 경우라고 하더라도 자신의 재산을 가지고 있지 않은 때가 많아 소송상의 어려움과 그 실효를 기대하기 어렵다는 점에서 피해자 보호를 위하여 불법행위자에게 그 행위당시에 책임능력이 있었느냐의 여부에 불구하고 감독책임자는 그 배상책임을 지는 것이며, 감독의무자의 책임은 피감독자의 책임을 보충하는 것이 아니라 감독의무자의 책임과 피감독자의 책임은 병존하는 것이라고 풀이함이 상당하다 할 것이다. 따라서 이 감독의무자의 책임은 그 불법행위자체에 관한 과실이 아니라 피감독자에 대한 일반적 감독 및 교육을 게을리한 과실로서 실질적으로는 위험책임과 같은 성질을 가지고 있어 이 과실은 추정되므로 감독의무자가 그 감독을 게을리하지 않았다는 것을 증명하지 않는 한 배상책임을 면할 수 없는 것이다.

(4) 민법 제750조에 의한 책임을 인정한 판례의 정착

위 1984년의 판례에도 불구하고 그 이후의 판례들은 책임능력 있는 미성년자의 불법행위에 대하여 감독의무자의 일반불법행위책임을 인정하는 것이 일반적인 추세였다.[117] 그러다가 대법원은 1994년에 전원합의체 판결을 통하여, 민법 제755조를 확대적용하였던 1984년의 대법원 판결을 폐기하고, 민법 제750조에 근거하여 감독의무자의 일반불법행위책임을 인정하는 이론적 근거를 정립하면서 감독의무위반 사실 및 손해발생과의 인과관계는 이를 주장하는 피해자가 입증하도록 하였다. 이러한 대법원의 태도는 현재까지 확고하게 유지되고 있다.

---

116) 대법원 1984.7.10. 선고 84다카474 판결

117) 대법원 1989.5.9. 선고 88다카2745 판결 ; 대법원 1991.4.9. 선고 90다18500 판결 ; 대법원 1991.11.8. 선고 91다32473 판결 ; 대법원 1992.5.22. 선고 91다37690 판결 ; 대법원 1993.8.27. 선고 93다22357 판결

[판례] 민법 제750조에 대한 특별규정인 민법 제755조 제1항에 의하여 책임능력 없는 미성년자를 감독할 법정의 의무 있는 자가 지는 손해배상책임은 그 미성년자에게 책임이 없음을 전제로 하여 이를 보충하는 책임이고, 그 경우에 감독의무자 자신이 감독의무를 해태하지 아니하였음을 입증하지 아니하는 한 책임을 면할 수 없는 것이나, 반면에 미성년자가 책임능력이 있어 그 스스로 불법행위책임을 지는 경우에도 그 손해가 당해 미성년자의 감독의무자의 의무위반과 상당인과관계가 있으면 감독의무자는 일반불법행위자로서 손해배상책임이 있다 할 것이므로, 이 경우에 그러한 감독의무위반사실 및 손해발생과의 상당인과관계의 존재는 이를 주장하는 자가 입증하여야 할 것이다(가해자는 오토바이를 운전하던 중 일으킨 교통사고 당시 만 17세 9개월 남짓된 고등학교 3학년생으로서 자기 행위에 대한 책임을 변식할 지능이 있었으므로 그 부모들은 피해자와 그 가족들에 대하여 민법 제755조 제1항에 의한 손해배상책임이 없고, 가해자는 사고를 일으키기 8개월여 전에 원동기장치자전거운전면허를 취득하였는데, 피해자들의 입증만으로는 가해자의 부모들이 가해자에 대한 감독을 게을리 한 과실이 있고 그로 말미암아 위 사고가 발생하였다고 인정하기에 부족하고 달리 증거가 없으므로, 가해자의 부모들에게는 민법 제750조에 의한 손해배상책임이 없다고 판시하여 피해자들의 청구를 모두 기각한 원심의 인정 및 판단은 정당하다고 한 사례).[118]

[판례] 사고 당시 18세 남짓한 미성년자가 운전면허가 없음에도 가끔 숙부 소유의 화물차를 운전한 경우, 부모로서는 미성년의 아들이 무면허운전을 하지 못하도록 보호감독하여야 할 주의의무가 있음에도 이를 게을리하여 화물차를 운전하도록 방치한 과실이 있고, 부모의 보호감독상의 과실이 사고 발생의 원인이 되었으므로, 부모들이 피해자가 입은 손해를 배상할 책임이 있다고 판단한 원심판결을 수긍한 사례.[119]

[판례] 경제적인 면에서 전적으로 부모에게 의존하며 부모의 보호·감독을 받고 있었고 이미 두 차례에 걸친 범죄로 집행유예기간 중에 있던 만 19세 10개월 된 전문대학 1학년 재학 중의 아들이 폭력행위로 타인에게 손해를 가한 경우, 부모로서는 아들이 다시 범죄를 저지르지 않고 정상적으로 사회에 적응할 수 있도록 일상적인 지도 및 조언을 계속하여야 할 보호·감독의무가 있음에도 불구하고 이를 게을리 한 과실이 있다는 이유로, 부모의 손해배상책임을 인정한 사례.[120]

[판례] 재수생으로서 학원에 다니며 수학능력평가시험을 준비하던 책임능력 있는 미성년자가 타인을 폭행한 사안에서, 미성년자가 타인을 폭행하거나 비행을 저지르는 등 평소 행실에 문제가 있었다는 것도 아니고, 미성년자가 감독의무자인 父와 동거를 하면서 경제적인 면에서 전적으로 의존하고 있다거나 폭행사고를 일으켰다는 사정만으로 父에게 당해 미성년자에 대한 감독의무를 게을리 한 과실을 인정할 수 없다고 한 사례.[121]

---

118) 대법원은 1994.2.8. 선고 93다13605 전원합의체 판결

119) 대법원 1997.3.28. 선고 96다15374 판결

120) 대법원 1998.6.9. 선고 97다49404 판결

121) 대법원 2003.3.28. 선고 2003다5061 판결

[판례] 중학생들이 같은 반의 학생을 집단적으로 괴롭혀 상처를 입히고 우울증 등의 증상을 겪게 한 경우, 가해학생들이 모두 집단따돌림 당시 12세 5개월부터 13세 2개월 남짓된 중학교 1학년생들로서 경제적인 면에서 전적으로 부모들에게 의존하면서 부모들의 보호·감독을 받고 있었고, 우리 사회에서 학교 내 폭력과 집단따돌림 등이 이미 사회문제화되어 있었으므로 가해학생의 부모들로서는 나이가 어려서 변별력이 부족한 가해학생들이 다른 학생을 폭행하거나 집단적으로 괴롭히는 등의 행위를 하지 않도록 교육하고 보호·감독하여야 할 주의의무가 있음에도 이를 게을리한 과실로 가해학생들이 피해학생에게 집단따돌림을 가하는 것을 방치하였으므로, 가해학생들의 부모들은 민법 제750조에 따라 집단폭행으로 인하여 피해학생 및 그 부모가 입은 손해를 배상할 책임이 있다고 한 사례.[122)]

마. 개정논의(입법론)

대법원이 1994년 전원합의체 판결로서 민법 제750조를 통한 피해자 구제의 길을 여는 해석론을 정착시켰다. 하지만, 피해자는 감독의무자가 감독의무를 위반한 것은 물론이고 감독의무 위반과 손해발생 사이의 인과관계를 입증하여야 하는데, 사실상 그 입증이 대단히 어렵기 때문에 피해자의 구제가 그리 만족스러운 것으로 보기는 어렵다. 이 때문에 책임능력 있는 미성년자의 감독자를 제755조의 책임 주체로 편입시켜 감독의무자에게 손해배상책임을 인정하고자 하는 입법적 시도가 계속되고 있다.

[2004년 법무부 민법 개정안] 제755조(감독자의 책임) ① 제753조 및 제754조의 규정에 의하여 무능력자에게 책임이 없는 경우에는 이를 감독할 법정의무 있는 자가 그 무능력자의 제3자에게 가한 손해를 배상할 책임이 있다. 그러나 감독의무를 해태하지 아니한 때에는 그러하지 아니하다. ② 미성년자를 감독할 법정의무 있는 자는 미성년자에게 책임능력이 있는 경우에도 제1항의 책임이 있다. 그러나 그 미성년자에게 변제자력이 있는 경우에는 그러하지 아니하다. ③ 감독의무자에 갈음하여 책임무능력자 또는 책임능력 있는 미성년자를 감독하는 자도 제1항 및 제2항의 책임이 있다.

[2013년 법무부 민법 개정시안] 제755조(감독의무자의 책임) ① 미성년자나 심신상실자를 감독할 법정의무 있는 자는 미성년자나 심신상실자가 제3자에게 가한 손해를 배상할 책임이 있다. 그러나 감독의무자가 감독의무를 다한 때 또는 감독의무를 다하였더라도 손해가 있을 경우에는 그러하지 아니하다. ② 감독의무자에 갈음하여 미성년자나 심신상실자를 감독하는 자도 제1항의 책임이 있다.

---

122) 울산지방법원 2006.12.21. 선고 2005가단35270 판결

Ⅴ. 친권의 소멸·정지·제한과 회복 등

1. 친권의 소멸

친권의 소멸에는 자연적 사실에 의한 소멸(사망, 성년 등), 친권자의 의사에 의한 소멸(대리권·관리권의 사퇴 등) 및 친권자의 의사에 의하지 않은 소멸(친권상실의 선고 등)이 모두 포함된다. 친권의 소멸은 친권이 절대적으로 소멸하는 경우와 상대적으로 소멸하는 경우로 나눌 수 있다.

가. 절대적 소멸 사유

① 미성년자인 자녀가 사망(실종선고 포함)하거나, ② 만 19세로 성년이 된 때(민 제4조), ③ 자녀가 혼인하여 성년으로 의제된 때(민 제826조의2) 등을 들 수 있다.

나. 상대적 소멸 사유

① 친권자가 사망(실종선고 포함)한 때, ② 자녀가 다른 사람의 양자가 되어 친생부모의 친권이 소멸한 때(민 909조제1항), ③ 부모의 이혼(혼인 무효와 취소 포함) 후 부모 중 일방만이 친권자가 되어 다른 일방의 친권이 소멸한 때, ④ 생모의 친권에 따르고 있던 혼인 외의 출생자가 생부의 인지를 받은 후 생부가 친권자가 되어(민 제909조제4항) 생모의 친권이 소멸한 때, ⑤ 입양이 무효·취소되거나 또는 양자가 파양되어 양부모의 친권이 소멸한 때, ⑥ 친권자가 심판으로 변경된 때(민 제909조제6항), ⑦ 친권자가 친권을 행사할 수 없게 된 때, ⑧ 친권자가 친권의 상실 또는 일시정지의 선고를 받은 때(민 제924조), ⑨ 친권자가 친권의 일부 제한의 선고를 받은 때(민 제924조의2), ⑩ 친권자가 법률행위의 대리권과 재산관리권 상실의 선고를 받았을 때(민 제925조), ⑪ 친권자가 대리권 또는 관리권을 사퇴함으로써 친권 중에서 재산에 관한 부분만 소멸한 때(민 제927조제1항) 등을 들 수 있다.

이하에서는 친권의 상대적 소멸 사유 중에서 친권의 상실·일시정지·일부제한, 법률행위 대리권·재산관리권의 상실과 실권회복의 선고, 법률행위 대리권·재산관리권의 사퇴와 회복 등을 중심으로 살펴본다.

2. 친권의 상실 또는 일시 정지의 선고

제924조(친권의 상실 또는 일시 정지의 선고) ① 가정법원은 부 또는 모가 친권을 남용하여 자녀의 복리를 현저히 해치거나 해칠 우려가 있는 경우에는 자녀, 자녀의 친족, 검사 또는 지방자치단체의 장의 청구에 의하여 그 친권의 상실 또는 일시 정지를 선고할 수 있다.
② 가정법원은 친권의 일시 정지를 선고할 때에는 자녀의 상태, 양육상황, 그 밖의 사정을 고려하여 그 기간을 정하여야 한다. 이 경우 그 기간은 2년을 넘을 수 없다.
③ 가정법원은 자녀의 복리를 위하여 친권의 일시 정지 기간의 연장이 필요하다고 인정하는 경우에는 자녀, 자녀의 친족, 검사, 지방자치단체의 장, 미성년후견인 또는 미성년후견감독인의 청구에 의하여 2년의 범위에서 그 기간을 한 차례만 연장할 수 있다.
[전문개정 2014.10.15. 시행 2015.10.16]

가. 의의

친권은 부모의 자녀에 대한 권리일 뿐만 아니라 자녀의 복리를 위한 의무이기도 하므로, 친권을 행사함에 있어서는 자녀의 복리를 우선적으로 고려하여야 한다(민 제912조제1항). 따라서 부모는 자녀의 복리에 적합하도록 친권을 행사할 의무를 부담하며, 이러한 의무에 위반하는 때에는 국가권력이 개입하여 부모로부터 친권 그 자체를 박탈하거나 정지시키는 조치를 취할 필요가 있다. 따라서 부 또는 모가 친권을 남용하여 자녀의 복리를 현저히 해치거나 해칠 우려가 있는 경우에는 청구권자(자녀, 자녀의 친족, 검사 또는 지방자치단체의 장)의 청구에 의하여 가정법원이 「친권의 상실 선고」 이외에 일시 정지를 선고할 수 있는 「친권의 일시정지 제도」가 도입되었다(민 제924조). 제2장 [서식 2-17] [서식 2-18] 참조

종전에는 부 또는 모가 친권을 남용하거나 현저한 비행 기타 친권을 행사시킬 수 없는 중대한 사유가 있는 때에는 법원은 자녀의 친족(민 제777조) 또는 검사의 청구에 의하여 그 친권의 상실을 선고할 수 있었다.

한편, 민법뿐만 아니라 「아동·청소년의 성보호에 관한 법률」[123] · 「아

---

123) **「아동 · 청소년의 성보호에 관한 법률」** 제14조(친권상실청구 등) ① 아동 · 청소년대상 성범죄 사건을 수사하는 검사는 그 사건의 가해자가 피해아동 · 청소년의 친권자나 후견인인 경우에 법원에 민법 제924조의 친권상실선고 또는 같은 법 제940조의 후견인 변경 결정을 청구하여야 한다. 다만, 친권상실선고 또는 후견인 변경 결정을 하여서는 아니

동복지법」[124] 등 특별법에서도 친권상실청구 등을 규정하고 있다. 특히, 최근 아동학대범죄에 대한 처벌을 강화하고 아동학대범죄가 발생한 경우 긴급한 조치 및 보호가 가능하도록 제도를 마련함으로써 아동학대에 대한 강력한 대처와 예방을 통해 아동이 건강한 사회 구성원으로 성장하도록 하려는 목적으로 2014년 1월 28일 제정되고 2014년 9월 29일부터 시행된 「아동학대범죄의 처벌 등에 관한 특례법」에서도 친권상실청구 등에 관한 규정을 두고 있다.[125]

될 특별한 사정이 있는 경우에는 그러하지 아니하다.

② 다음 각 호의 기관·시설 또는 단체의 장은 검사에게 제1항의 청구를 하도록 요청할 수 있다. 이 경우 청구를 요청받은 검사는 요청받은 날부터 30일 내에 해당 기관·시설 또는 단체의 장에게 그 처리 결과를 통보하여야 한다.

1. 「아동복지법」 제45조에 따른 아동보호전문기관
2. 「성폭력방지 및 피해자보호 등에 관한 법률」 제10조의 성폭력피해상담소 및 같은 법 제12조의 성폭력피해자보호시설
4. 「청소년복지 지원법」 제29조제1항에 따른 청소년상담복지센터 및 같은 법 제31조제1호에 따른 청소년쉼터

③ 제2항 후단에 따라 처리결과를 통보받은 기관·시설 또는 단체의 장은 그 처리결과에 대하여 이의가 있을 경우 통보받은 날부터 30일 내에 직접 법원에 제1항의 청구를 할 수 있다.

124) **「아동복지법」** 제18조(친권상실 선고의 청구 등) ① 시·도지사, 시장·군수·구청장 또는 검사는 아동의 친권자가 그 친권을 남용하거나 현저한 비행이나 아동학대, 그 밖에 친권을 행사할 수 없는 중대한 사유가 있는 것을 발견한 경우 아동의 복지를 위하여 필요하다고 인정할 때에는 법원에 친권행사의 제한 또는 친권상실의 선고를 청구하여야 한다.
② 아동복지전담기관의 장, 아동복지시설의 장 및 「초·중등교육법」에 따른 학교의 장(이하 "학교의 장"이라 한다)은 제1항의 사유에 해당하는 경우 시·도지사, 시장·군수·구청장 또는 검사에게 법원에 친권행사의 제한 또는 친권상실의 선고를 청구하도록 요청할 수 있다.
③ 시·도지사, 시장·군수·구청장 또는 검사는 제1항 및 제2항에 따라 친권행사의 제한 또는 친권상실의 선고 청구를 할 경우 해당 아동의 의견을 존중하여야 한다.
④ 시·도지사, 시장·군수·구청장 또는 검사는 제2항에 따라 친권행사의 제한 또는 친권상실의 선고 청구를 요청받은 경우에는 요청받은 날부터 30일 내에 청구 여부를 결정한 후 해당 요청기관에 청구 또는 미청구 요지 및 이유를 서면으로 알려야 한다.
⑤ 제4항에 따라 처리결과를 통보받은 아동복지전담기관의 장, 아동복지시설의 장 및 학교의 장은 그 처리결과에 대하여 이의가 있을 경우 통보받은 날부터 30일 내에 직접 법원에 친권상실의 제한 또는 친권상실의 선고를 청구할 수 있다.

125) **「아동학대범죄의 처벌 등에 관한 특례법」** 제9조(친권상실청구 등) ① 아동학대행위자가 제5조 또는 제6조의 범죄를 저지른 때에는 검사는 그 사건의 아동학대행위자가 피해아동의 친권자나 후견인인 경우에 법원에 「민법」 제924조의 친권상실의 선고 또는 같은 법 제940조의 후견인의 변경 심판을 청구하여야 한다. 다만, 친권상실의 선고 또는 후견인의 변경 심판을 하여서는 아니 될 특별한 사정이 있는 경우에는 그러하지 아니하다.
② 검사가 제1항에 따른 청구를 하지 아니한 때에는 아동보호전문기관의 장은 검사에게 제1항의 청구를 하도록 요청할 수 있다. 이 경우 청구를 요청받은 검사는 요청받은 날부터 30일 내에 그 처리 결과를 아동보호전문기관의 장에게 통보하여야 한다.

나. 친권의 상실 또는 일시정지 선고의 사유

종전에는 친권상실 선고의 사유로 「친권을 남용하거나 현저한 비행 기타 친권을 행사시킬 수 없는 중대한 사유가 있는 때」로 규정하여, 자녀의 복리 실현보다는 친권자의 비행에 대한 제재라는 측면이 더 강하게 반영되어 있었다. 2014년 개정 민법에서는 「친권을 남용하여 자녀의 복리를 현저히 해치거나 해칠 우려가 있는 경우」로 개정하여 자녀의 복리 원칙을 명시하였다.

친권의 남용이란 자녀의 양육이나 재산관리 등의 권리를 행사함에 있어서 그 본래의 취지 및 목적을 일탈하여 부당하게 행사하거나(적극적 남용), 혹은 의도적으로 이를 행사하지 않음으로써(소극적 남용) 자녀의 복리를 현저하게 해하는 것을 말한다.[126] **적극적 남용**의 예로는, 자녀의 재산을 친권자의 이익을 위하여 처분하는 것, 사회통념상 허용되는 범위를 넘어 미성년자인 자녀에게 가혹한 징계를 가하는 것, 부적당한 거소를 지정하는 것, 자녀의 재산을 무상 또는 매우 싼 값으로 부당히 처분하거나 자녀에게 부당한 채무를 부담시키는 것 등을 들 수 있다. **소극적 남용**의 예로는 친권자로서의 의무를 게을리 하여 자녀에게 의식주를 제공하지 아니하거나 자녀를 장기간 방치하는 것 등을 들 수 있다.

[판례] 친권자인 생부가 계속 생모와 혼인외의 출생자인 유아를 유기하다가 생모가 생부를 상대로 양육비 청구를 하자 이에 대항하기 위하여 생부가 유아인도 청구를 하는 것은 친권남용에 해당한다.[127]

친권의 남용으로 인정되기 위해서는 친권자의 고의 또는 과실이 요구된다고 보며,[128] 부모로서의 의무를 게을리 하여 자녀의 복리를 위태롭게 한 때에는 당연히 과실이 인정되는 것으로 보아야 할 것이다.

다만, 친권의 내용 중 **재산관리권을 남용**한 경우에는 그러한 남용행위

---

③ 제2항 후단에 따라 처리 결과를 통보받은 아동보호전문기관의 장은 그 처리 결과에 대하여 이의가 있을 경우 통보받은 날부터 30일 내에 직접 법원에 제1항의 청구를 할 수 있다.

126) 가사실무제요(주16), 559면

127) 대법원 1979.7.10. 선고 79므5 판결

128) 김주수·김상용(주23), 427면 ; 반대견해 최신섭, "친권상실에 관한 비교법적 연구", 가족법연구 제10호(1996), 385면

가 있다는 이유만으로 곧바로 친권의 상실이나 일시 정지를 선고할 수 있는 것은 아니고, 더 나아가서 재산관리권을 남용함으로써 자녀의 복리를 현저히 해치거나 해칠 우려가 있는 경우에 한하여 비로소 친권의 상실이나 일시정지의 선고를 할 수 있다고 보아야 할 것이다. 따라서 사회의 일반관념상 정당한 재산 처분의 경우, 예컨대 자신과 자녀의 생존을 위하여 부득이 부동산을 시가보다 헐값에 매각한 경우[129]에는 이를 친권남용이라고는 할 수 없고, 외관상 친권의 부당한 행사에 해당하는 행위라도 그 동기나 목적이 자녀의 복리를 향상시키는 데 있고 결과 또한 그러할 때에는 친권의 남용에 해당하지 않는다고 보아야 할 것이다. 최근 판례도 자녀 소유 재산에 대한 친권자의 처분행위에 관하여 친권남용 여부를 상당히 엄격하게 적용하고 있다.

[판례] 친권자가 子를 대리하는 법률행위는 친권자와 子 사이의 이해상반행위에 해당하지 않는 한, 그것을 할 것인가 아닌가는 子를 위하여 친권을 행사하는 친권자가 子를 둘러싼 여러 사정을 고려하여 행할 수 있는 재량에 맡겨진 것으로 보아야 하므로, 이와 같이 친권자가 子를 대리하여 행한 子 소유의 재산에 대한 처분행위에 대해서는 그것이 사실상 子의 이익을 무시하고 친권자 본인 혹은 제3자의 이익을 도모하는 것만을 목적으로 하여 이루어졌다고 하는 등 친권자에게 子를 대리할 권한을 수여한 법의 취지에 현저히 반한다고 인정되는 사정이 존재하지 않는 한 친권자에 의한 대리권의 남용에 해당한다고 쉽게 단정할 수 없다.[130]

다. 친권의 상실 또는 일시정지 선고의 청구권자

종전 민법상 친권상실 선고의 청구권자는 자녀의 **친족**과 **검사**뿐이었다. 그런데 자녀의 친족은 통상 자녀를 학대하고 친권을 부당하게 행사하는 부모의 친족이기도 하고, 검사는 형사사건에 이르지 않는 한 친권남용 사실을 인지하기 어려워 법의 보호가 이루어지기가 사실상 매우 어려웠다. 이에 따라 2014년 개정 민법에서는 친권의 일시정지 제도를 도입하면서 자녀의 권익 보호가 좀 더 원활하고 신속하게 이루어질 수 있도록 청구권자를 확대하여 자녀 **본인**과 **지방자치단체의 장**도 친권상실이나 일시정지의 선고를 청구할 수 있도록 하였다.

---

129) 대법원 1963.8.31. 선고 63다363 판결

130) 대법원 2009.01.30. 선고 2008다73731 판결

라. 친권의 정지 기간 및 연장

가정법원은 친권의 일시 정지를 선고할 때에는 자녀의 상태, 양육상황, 그 밖의 사정을 고려하여 그 기간을 정하여야 한다. 이 경우 그 기간은 **2년**을 넘을 수 없다(민 제924조제2항). 가정법원은 자녀의 복리를 위하여 친권의 일시 정지 기간의 연장이 필요하다고 인정하는 경우에는 자녀, 자녀의 친족, 검사, 지방자치단체의 장, 미성년후견인 또는 미성년후견감독인의 청구에 의하여 2년의 범위에서 그 기간을 한 차례만 연장할 수 있다(동조 제3항).

따라서 친권정지의 기간은 **최장 4년**까지만 가능하도록 하고 있는데, 친권 정지의 기간이 지나치게 길어질 경우 사실상 친권 상실과 다름없는 결과를 초래하여 친권에 대한 과도한 제한이 될 수 있다는 점에서 친권 정지 기간 연장에 대하여는 신중하게 접근한 것이다.[131]

마. 친권상실 선고의 보충성·최후성

친권상실의 선고는 친권의 일시정지, 친권의 일부제한, 대리권·재산관리권의 상실 선고 또는 그 밖의 다른 조치에 의해서는 자녀의 복리를 충분히 보호할 수 없는 경우에만 할 수 있다(민 제925조의2제1항). 또한 친권의 **일시정지**의 선고는 친권자의 동의를 갈음하는 재판 또는 그 밖의 다른 조치에 의해서는 자녀의 복리를 충분히 보호할 수 없는 경우에만 할 수 있다(동조 제2항). 이것은 친권남용의 정도에 부합하는 친권제한조치가 이루어져야 한다는 비례의 원칙을 명확히 규정한 것이다.

바. 친권상실 또는 일시정지 선고의 효력

친권상실을 선고한 심판이 확정되면 해당 친권자의 친권은 소멸하고, 친권의 일시정지를 선고한 심판이 확정되면 해당 친권자는 그 기간 동안에는 친권을 행사할 수 없다.

공동친권자 중 일방이 친권상실 또는 일시정지의 선고를 받으면 다른

---

131) 참고로 **일본**의 경우 2011.6.3. 민법 개정으로 가정재판소의 심판으로 2년 이내의 기간에 한하여 친권을 행사할 수 없도록 하는 친권정지제도를 신설하였으나, 기간을 연장할 수 있는 규정은 두고 있지 아니하다(일본 민법 제834조의2).

일방이 단독친권자가 된다. 공동친권자인 부모 모두가 친권상실 또는 일시정지의 선고를 받으면 미성년후견이 개시된다(민 제928조). 가정법원은 친권의 상실, 일시정지의 선고에 따라 미성년후견인을 선임할 필요가 있는 경우에는 직권으로 미성년후견인을 선임하여 자녀의 보호에 공백이 생기지 않도록 하여야 한다(민 제932조제2항).

다만, 친권의 상실 또는 일시정지가 선고된 경우에도 부모의 자녀에 대한 그 밖의 권리와 의무는 변경되지 아니한다(민 제925조의3). 이는 친권 행사에 제한이 있더라도 친권자로서의 나머지 의무를 다하여야 한다는 것을 주의적으로 규정한 것으로, 권리가 제한된 사람이 의무도 없음을 주장함으로 인해 발생할 수 있는 불필요한 분쟁을 예방하려는 취지이다.

한편, 이혼 등으로 인하여 **단독친권자**가 부 또는 모에게 친권의 상실 또는 일시정지의 선고가 있는 경우에 다른 생존친이 있다면, 생존친·미성년자·미성년자의 친족은 그 사실을 안 날부터 1개월, 친권의 상실 또는 일시정지의 선고가 확정된 날부터 6개월 내에 가정법원에 생존친을 친권자로 지정할 것을 청구할 수 있다(민 제927조의2제1항제1호, 제1의2호➡제909조의2제1항).[132)]

3. 친권의 일부 제한의 선고

제924조의2(친권의 일부 제한의 선고) 가정법원은 거소의 지정이나 징계, 그 밖의 신상에 관한 결정 등 특정한 사항에 관하여 친권자가 친권을 행사하는 것이 곤란하거나 부적당한 사유가 있어 자녀의 복리를 해치거나 해칠 우려가 있는 경우에는 자녀, 자녀의 친족, 검사 또는 지방자치단체의 장의 청구에 의하여 구체적인 범위를 정하여 친권의 일부 제한을 선고할 수 있다.
[본조신설 2014.10.15. 시행 2015.10.16]

가. 의의

가정법원은 거소의 지정이나 징계, 그 밖의 신상에 관한 결정 등 특정한 사항에 관하여 친권자가 친권을 행사하는 것이 곤란하거나 부적당한 사유가 있어 자녀의 복리를 해치거나 해칠 우려가 있는 경우에는 일정한

132) 이 경우 청구기간 도과에 따른 미성년후견인 선임, 청구의 기각과 직권 선임, 임무대행자의 선임 등에 관하여는 본절 Ⅲ. 1. 참조

청구권자(자녀, 자녀의 친족, 검사 또는 지방자치단체의 장)의 청구에 의하여 구체적인 범위를 정하여 친권의 제한을 선고할 수 있다(제924조의2).

기존에도 아동학대와 관련한 특별법[133]에 친권제한에 대한 규정이 있으나, 친권제한 시 친권자 지정, 후견개시, 공시방법, 소송유형 등에 대한 규정이 불비하여 활용되기 어려운 상황이었다. 이에 따라 2014년 개정 민법에서는 특정한 사항에 관한 친권의 일부 제한 제도를 마련함으로써, 친권자의 동의를 갈음하는 재판 제도로는 해결할 수 없는 사안이지만 친권을 전부 상실시킬 필요가 없는 경우에 자녀의 생명 등을 보호하기 위한 필요 최소한도의 친권 제한 조치로 친권 중 일부를 제한하는 것이 가능하게 되었다. 제2장 [서식 2-19] 참조

나. 친권 일부제한 선고의 사유와 심판

거소의 지정이나 징계, 그 밖의 신상에 관한 결정 등 특정한 사항에 관하여 친권자가 친권을 행사하는 것이 곤란하거나 부적당한 사유가 있어 자녀의 복리를 해치거나 해칠 우려가 있는 경우이어야 한다.

친권의 일부제한은 자녀, 자녀의 친족, 검사 또는 지방자치단체의 장의 청구에 의하여 가정법원이 가사비송 마류사건으로 심판하며[가소 제2조 제1항제2호나목7)], 친권의 일부 제한을 선고할 때에는 구체적인 범위를 정하여야 한다.

다. 친권 일부제한 선고의 보충성

친권의 일시정지의 선고는 친권자의 동의를 갈음하는 재판(민 제922조의2) 또는 그 밖의 다른 조치에 의해서는 자녀의 복리를 충분히 보호할 수 없는 경우에만 할 수 있다(민 제925조제2항). 또한 친권의 일시정지, 친권의 일부제한, 대리권·재산관리권의 상실 선고 또는 그 밖의 다른 조치에 의해서는 자녀의 복리를 충분히 보호할 수 없는 경우에는 친권상실의 선고를 할 수 있다(동조 제1항).

133) 가정폭력범죄의 처벌 등에 관한 특례법 제40조, 아동복지법 제18조, 아동학대범죄의 처벌 등에 관한 특례법 제19조

라. 친권 일부제한 선고의 효력

친권의 일부제한 선고한 심판이 확정되면 해당 친권자는 거소의 지정이나 징계, 그 밖의 신상에 관한 결정 등 특정한 사항에 관하여 친권을 행사할 수 없다.

공동친권자 중 일방이 친권 일부제한의 선고를 받으면 특정한 사항에 관하여 다른 일방이 단독친권자가 된다. 공동친권자인 부모 모두가 친권 일부제한의 선고를 받으면 특정한 사항에 관하여 미성년후견이 개시된다(민 제928조). 가정법원은 친권의 일부제한의 선고에 따라 미성년후견인을 선임할 필요가 있는 경우에는 직권으로 미성년후견인을 선임하여 자녀의 보호에 공백이 생기지 않도록 한다(민 제932조제2항).

다만, 친권의 일부제한이 선고된 경우에도 부모의 자녀에 대한 그 밖의 권리와 의무는 변경되지 아니한다(민 제925조의3). 이는 친권 행사에 제한이 있더라도 친권자로서의 나머지 의무를 다하여야 한다는 것을 주의적으로 규정한 것으로, 권리가 제한된 사람이 의무도 없음을 주장함으로 인해 발생할 수 있는 불필요한 분쟁을 예방하려는 취지이다.

한편, 이혼 등으로 인하여 단독친권자가 부 또는 모에게 친권의 일부제한의 선고가 있는 경우에 다른 생존친이 있다면, 생존친·미성년자·미성년자의 친족은 그 사실을 안 날부터 1개월, 친권의 일부제한의 선고가 확정된 날부터 6개월 내에 가정법원에 생존친을 친권자로 지정할 것을 청구할 수 있다(민 제927조의2제1항제1호, 제1의2호➡제909조의2제1항). 기간 내에 친권자 지정의 청구가 없으면 가정법원은 직권 또는 청구에 의하여 미성년후견인을 선임할 수 있다(민 제909조의2제3항). 친권자 지정 청구나 미성년후견인 선임 청구가 미성년자의 복리를 위하여 적절하지 아니하다고 인정하면 가정법원은 그 청구를 기각할 수 있고, 이 경우 직권으로 미성년후견인을 선임하거나 생존친을 친권자로 지정하여야 한다(동조 제4항). 다만, 친권 일부제한의 선고가 있는 경우 새로 정하여진 친권자 또는 미성년후견인의 임무는 제한된 친권의 범위에 속하는 행위에 한정된다(민 제927조의2제1항 단서).

4. 법률행위의 대리권과 재산관리권 상실의 선고

제925조(대리권, 재산관리권 상실의 선고) 가정법원은 법정대리인인 친권자가 부적당한 관리로 인하여 자녀의 재산을 위태롭게 한 경우에는 자녀의 친족, 검사 또는 지방자치단체의 장의 청구에 의하여 그 법률행위의 대리권과 재산관리권의 상실을 선고할 수 있다. [전문개정 2012.2.10, 개정 2014.10.15. 시행 2015.10.16]

가. 의의

가정법원은 법정대리인인 친권자가 부적당한 관리로 인하여 자녀의 재산을 위태롭게 한 경우에는 일정한 청구권자(자녀의 친족, 검사 또는 지방자치단체의 장)의 청구에 의하여 그 법률행위의 대리권과 재산관리권의 상실을 선고할 수 있다(민 제925조). 친권의 일부상실은 원칙적으로 허용되지 않지만, 법률행위의 대리권과 재산관리권에 한하여 예외적으로 상실을 허용한 것이다. 제2장 [서식 2-20] 참조

나. 대리권과 재산관리권 상실 선고의 사유

상실선고의 사유는 친권자의 부적당한 관리로 인하여 자녀의 재산을 위태롭게 한 경우이다. 따라서 친권자의 법률행위 대리권과 재산관리권만을 상실시키려면 친권자가 자녀의 재산을 제대로 관리하지 못하여 위태롭게 만든 사실이 있거나 그럴 우려가 있어야 한다. 예컨대, 친권자가 자기의 이익을 위하여 자녀의 재산을 소비하거나 자녀의 재산으로 투기를 하는 경우 등을 들 수 있다. 적극적으로 부당한 행위를 한 경우는 물론 소극적으로 적당한 조치를 취하지 아니하여 자녀의 재산을 멸실 또는 감소시켰거나 그러한 위험이 있는 경우도 포함된다. 친권자가 자녀를 보호·교양하는 데에는 문제가 없더라도 재산관리능력이 부족하여 자녀의 재산을 위태롭게 할 가능성이 있는 때에는 대리권 및 관리권을 상실시킬 수 있다. 그러나 생활능력이 없는 친권자가 자신과 자녀의 생활에 필요한 비용을 마련하기 위하여 자녀의 재산을 처분한 경우라면 대리권과 관리권 상실의 원인이 된다고 보기 어렵다.[134] 단순히 친권자가 행방불명이더라도 그것만으로는 직접 자녀의 재산의 멸실이나 감소가 초래되는

134) 대법원 1962.9.20. 선고 62다287 판결

것은 아니므로 부적당한 관리에 해당한다고 보기 어렵다.[135] 자녀의 재산에 대한 부적당한 관리가 자녀의 복리를 현저히 해하는 정도에 이를 경우에는 동시에 친권상실선고의 사유가 될 수도 있다.[136]

다. 대리권과 재산관리권 상실 선고의 청구권자

종전 민법상 대리권·재산관리권 상실 선고의 청구권자는 자녀의 친족과 검사뿐이었으나, 2014년 개정 민법에서는 청구권자를 확대하여 지방자치단체의 장도 청구할 수 있도록 하였다.

라. 대리권과 재산관리권 상실 선고의 보충성

법률행위의 대리권과 재산관리권의 상실 선고는 친권자의 동의를 갈음하는 재판(민 제922조의2) 또는 그 밖의 다른 조치에 의해서는 자녀의 복리를 충분히 보호할 수 없는 경우에만 할 수 있다(민 제925조제2항).

마. 대리권·재산관리권 상실선고의 효력

법률행위의 대리권과 재산관리권의 상실 선고 심판의 확정에 의하여 친권자는 법률행위의 대리권과 재산관리권을 상실한다. 하지만 부모의 자녀에 대한 그 밖의 권리와 의무는 변경되지 아니한다(민 제925조의3). 따라서 자녀의 신분에 관한 사항에 대해서는 계속하여 친권자의 신분을 유지하므로, 자녀를 보호·교양할 의무와 권리가 있다.

공동친권자인 부모의 일방이 대리권·관리권을 상실한 경우에는 신분에 관한 사항에 대해서는 부모가 공동으로 친권을 행사하고, 재산에 관한 사항에 대해서는 다른 일방이 단독으로 친권을 행사하게 된다.

부모 쌍방 또는 단독친권자가 대리권·관리권을 상실한 경우에는 그 부분에 대하여 후견이 개시되어 미성년후견인이 자녀의 재산을 관리하게 된다(민 제928조).

---

135) 대법원 1960.7.14. 선고 4292민상430 판결
136) 가사실무제요(주16), 562면

5. 실권회복의 선고

제926조(실권회복의 선고) 가정법원은 제924조, 제924조의2 또는 제925조에 따른 선고의 원인이 소멸된 경우에는 본인, 자녀, 자녀의 친족, 검사 또는 지방자치단체의 장의 청구에 의하여 실권(失權)의 회복을 선고할 수 있다.

가. 의의

실권회복이란 친권의 상실 또는 일시정지의 선고(민 제924조), 친권의 일부제한의 선고(민 제924조의2) 또는 법률행위의 대리권 및 재산관리권 상실선고(민 제925조)로 상실된 친권자로서의 권한을 회복시키는 것을 말한다. 가정법원은 이러한 선고의 원인이 소멸된 경우에는 일정한 청구권자(본인, 자녀, 자녀의 친족, 검사 또는 지방자치단체의 장)의 청구에 의하여 실권의 회복을 선고할 수 있다(민 제926조). 제2장 [서식 2-22] 참조

나. 실권회복 선고의 요건

실권회복을 선고하기 위해서는 친권 등의 상실 선고의 원인이 소멸되었을 것을 요건으로 한다. 여기서 그 원인이 소멸하였다는 것은 단순히 현재의 사정만을 가리키는 것이 아니라 다시 친권 등을 행사하게 하더라도 향후에는 상실 선고의 원인이 발생하지 않을 것으로 인정되는 경우를 뜻한다.[137]

다. 실권회복 선고의 효력 등

친권 등의 상실 선고의 심판으로 상실된 친권자로서의 권리의무는 그 실권회복선고의 심판에 의하지 아니하고는 회복될 수 없다. 실권회복선고의 심판이 확정되면 실권자는 그 때부터 친권 또는 대리권·재산관리권을 회복하며, 후견이 개시되어 있는 경우에는 후견이 종료된다.

단독친권자에 대한 친권 등의 상실 선고에 따라 새로 친권자가 지정되거나 미성년후견인이 선임된 후 단독친권자이었던 부 또는 모에게 실권의 회복이 선고된 경우에는, 가정법원은 일정한 청구권자의 청구에 의하여 친권자를 새로 지정할 수 있다(민 제927조의2제2항제1호).

---

137) 가사실무제요(주16), 569면

6. 법률행위 대리권 및 재산관리권의 사퇴와 회복

제927조(대리권, 관리권의 사퇴와 회복) ① 법정대리인인 친권자는 정당한 사유가 있는 때에는 법원의 허가를 얻어 그 법률행위의 대리권과 재산관리권을 사퇴할 수 있다.
② 전항의 사유가 소멸한 때에는 그 친권자는 법원의 허가를 얻어 사퇴한 권리를 회복할 수 있다.

가. 법률행위의 대리권 및 재산관리권의 사퇴

친권은 미성년자인 자녀에 대한 부모의 고유한 권리이자 의무이기 때문에 당사자의 협의로 이를 소멸시키거나 당사자가 임의로 포기할 수 있는 성질의 것이 아니다. 또한 친권자는 함부로 사퇴하여 친권자로서의 의무를 태만히 하거나 타인으로부터 사퇴를 강요당하는 일이 있어서는 안 된다. 다만, 법정대리인인 친권자는 정당한 사유가 있는 때에는 법원의 허가를 얻어 그 법률행위의 대리권과 재산관리권을 사퇴할 수 있을 뿐이다(민 제927조제1항). 제2장 [서식 2-23] 참조

여기서 정당한 사유란 친권자의 장기간에 걸친 국외 체류, 전지요양(轉地療養), 중병, 재산관리능력의 상실 등 친권자가 자녀의 재산을 적절하게 관리할 수 없는 경우를 예로 들 수 있다.

친권자가 가정법원의 허가를 얻어 사퇴할 수 있는 부분은 법률행위의 대리권과 재산관리권에 한정되므로, 친권의 다른 내용인 신분상의 사항에 대한 권리의무에 관해서는 사퇴가 허용되지 않는다.

친권자의 일방이 법률행위의 대리권과 재산관리권을 사퇴한 경우에는 다른 일방이 단독으로 재산에 관한 친권을 행사하게 된다. 공동친권자 전부가 사퇴하거나 또는 단독친권자가 사퇴한 경우에는 친권자가 법률행위의 대리권과 재산관리권을 행사할 수 없는 경우에 해당하므로 미성년후견이 개시되고(민 제928조), 미성년후견인이 자녀의 재산을 관리한다.

나. 법률행위의 대리권 및 재산관리권의 회복

법률행위의 대리권과 재산관리권 사퇴의 사유가 소멸한 때에는 그 친권자는 법원의 허가를 얻어 사퇴한 권리를 회복할 수 있다(민 제927조제2

항). 예컨대, 법률행위의 대리권과 재산관리권을 사퇴한 친권자가 다시 자녀의 재산에 관하여 친권을 행사할 수 있게 된 때 등을 들 수 있다.

제2장 [서식 2-24] 참조

가정법원의 회복 허가 심판이 확정되면 친권자는 법률행위의 대리권과 재산관리권을 행사할 수 있게 되고, 후견이 개시되어 있었던 경우에는 후견이 종료된다.

이혼 등으로 단독친권자가 된 자가 대리권·재산관리권을 사퇴함에 따라 새로 친권자가 지정되거나 미성년후견인이 선임된 후 단독친권자이었던 부 또는 모가 사퇴한 권리를 회복한 경우에는, 가정법원은 일정한 청구권자의 청구에 의하여 친권자를 새로 지정할 수 있다(민 제927조의2제2항 제2호).

7. 아동학대행위자에 대한 임시조치

가. 의의

2014.9.29. 시행된 「아동학대범죄의 처벌 등에 관한 특례법」에서는 아동보호사건의 일종으로 친권 또는 후견인 권한 행사의 제한 또는 정지가 포함된 임시조치 제도가 마련되었다. 따라서 가정법원 또는 지방법원(지원 포함)의 판사는 아동학대범죄의 원활한 조사·심리 또는 피해아동 보호를 위하여 필요하다고 인정하는 경우에는 결정으로 아동학대행위자에게 **임시조치**를 할 수 있다(동법 제19조제1항).

나. 임시조치의 유형

임시조치의 유형으로는 ① 피해아동 또는 가정구성원의 주거로부터 퇴거 등 격리, ② 피해아동 또는 가정구성원의 주거, 학교 또는 보호시설 등에서 100미터 이내의 접근 금지, ③ 피해아동 또는 가정구성원에 대한 전기통신을 이용한 접근 금지, ④ **친권 또는 후견인 권한 행사의 제한 또는 정지**, ⑤ 아동보호전문기관 등에의 상담 및 교육 위탁, ⑥ 의료기관이나 그 밖의 요양시설에의 위탁, ⑦ 경찰관서의 유치장 또는 구치소에의 유치가 있다. 이러한 임시조치의 처분은 병과할 수 있다(동조 제2항).

다. 임시조치의 기간

임시조치의 기간은 원칙적으로 2개월을 초과할 수 없으나, 피해아동의 보호를 위하여 그 기간을 연장할 필요가 있다고 인정되는 경우에는 결정으로 ①부터 ③까지의 임시조치는 두 차례만, ④부터 ⑦까지의 임시조치는 한 차례만 각 기간의 범위에서 연장할 수 있다(동조 제4항).

라. 임시로 후견인의 임무를 수행할 사람

친권 또는 후견인 권한의 행사를 제한 또는 정지하는 임시조치로 인하여 피해아동에게 친권을 행사하거나 후견인의 임무를 수행할 사람이 없는 경우 판사는 그 임시조치의 기간 동안 지방자치단체의 장(특별시장·광역시장·특별자치시장·도지사·특별자치도지사·시장·군수·구청장) 및 아동복지전담기관의 장으로 하여금 임시로 후견인의 임무를 수행하게 하거나 그 임무를 수행할 사람을 선임하여야 한다(동법 제23조제1항). 이에 따라 임시로 후견인의 임무를 수행하는 사람은 피해아동 소유 재산의 보존 및 피해아동의 보호를 위한 범위에서만 후견인의 임무를 수행할 수 있다(동조 제4항). 또한 임시로 후견인의 임무를 수행하는 사람에 대하여는 후견인의 재산관리권과 대리권에 관한 규정(민 제949조)을 준용한다(동조 제5항).

마. 세부사항의 위임

아동학대행위자에 대한 임시조치 및 임시로 후견인의 임무를 수행하는 사람에 대한 선임, 사임 및 변경의 절차 등에 필요한 세부적인 사항은 「아동보호심판규칙」[138]에서 정한다.

138) 2014.9.1. 제정 대법원규칙 제2556호

제3절 미성년후견

Ⅰ. 미성년후견의 의의

1. 미성년자를 위한 후견제도

미성년자가 만 19세에 이르러 성년자가 될 때(민 제4조)까지는 타인의 보호와 양육을 받으며 생활하게 되는데, 이러한 보호·양육의 책임은 일차적으로 부모인 친권자에게 맡겨져 있다. 그런데 만일 친권자인 부모가 모두 사망하거나 친권을 상실하게 된다면 그 자녀는 보호와 양육의 공백 상태에 처하게 되어 복리가 위태롭게 된다. 민법은 이런 경우에 대처하기 위하여 「미성년자를 위한 후견제도」를 마련하고 있다. 즉, 친권자인 부모가 모두 사망하거나 친권을 행사할 수 없는 경우에는 미성년자를 위한 후견이 개시되어 미성년후견인이 친권자의 역할을 대신하게 된다.[139)]

이처럼 **미성년후견**이란 친권자에 갈음하여 미성년후견인이 미성년자를 위해 충분한 보호와 교양이 제공될 수 있도록 도움으로써 미성년자의 원만한 성장을 도모하기 위한 제도이다.[140)]

2. 친권과 미성년후견의 관계

미성년자에게는 친권자의 포괄적인 보호와 교양이 필요하므로 친권자가 더 이상 친권을 행사할 수 없는 경우에 미성년후견이 개시되며, 미성년후견인은 민법 제913조부터 제915조까지에 규정한 사항에 관하여는 친권자와 동일한 권리와 의무가 있다(민 제945조 본문). 이처럼 미성년후견은 친권자가 없거나 친권자가 친권의 전부 또는 일부를 행사할 수 없을 때 친권의 공백을 보완하는 것을 주된 목적으로 하는 제도로서, **친권의 보충 또는 연장**이라고 할 수 있다.[141)]

---

139) 김주수·김상용(주23), 445면

140) 윤진수·현소혜(주18), 77면

다만, **친권자**는 사람의 혈연관계에 기초하고 있으므로 미성년자를 보호함에 있어서 친권을 남용하지 않는 한 타인이 함부로 간섭하는 것을 배제할 필요성이 있으나, **미성년후견인**은 친권자를 대신하는 위치에 있기 때문에 폭넓은 국가(또는 감독법원)의 관여가 필요하게 되는 **차이**가 있다.

법문상 미성년자의 신분에 관한 미성년후견인의 「권리·의무」라고 규정하고 있지만, 미성년후견인에게는 「권리」적인 측면보다는 친권자를 대신하여 보호의 공백상태에 있는 미성년자를 보호하는 「**의무**」적인 측면이 강조된다. 따라서 친권의 개념을 「자녀를 건강하게 양육해야 할 부모의 책임이자 의무」라고 이해하면 후견은 친권과 다르지 않은 것으로 파악할 수 있다.[142] 친권의 본질을 자녀의 보호·교양을 위한 부모의 의무라고 이해하고, 친권의 권리성을 최대한 부인하면서 미성년자인 자녀에 대한 감호문제를 친족의 자치에 방임하여서는 안 되는 국가·사회의 중요임무라고 한다면 결국 친권은 근본적으로 후견과 다를 바 없다는 것으로까지 나아가게 된다.[143]

결국 친권의 본질이 권리가 아니라 자녀를 건전하게 양육하는 부모로서의 의무를 다하는 것이라면 그 연장선에서 미성년후견과 닿아있다고 할 것이다.[144]

3. 미성년후견을 규율하는 법률

미성년자를 위한 후견사무에는 미성년자의 신분에 관한 사무와 재산에 관한 사무가 있다. 이를 규율하는 법률로는 「민법」을 비롯하여 「가사소송법」, 「가족관계의 등록 등에 관한 법률」, 「보호시설에 있는 미성년자의 후견 직무에 관한 법률」, 「보호소년 등의 처우에 관한 법률」, 「아동복지법」, 「아동·청소년의 성보호에 관한 법률」, 「청소년보호법」, 「아동학대범죄의 처벌 등에 관한 특례법」 등이 있다.

---

141) 백승흠, 「성년후견제도론」, 푸른세상(2005.10), 12면, 28면 ; 윤진수(편집대표), 「주해친족법(제2권)」, 박영사(2015.4), 1172면

142) 김현수·김원태, 「미성년후견제도에 관한 입법평가」, 한국법제연구원(2013.10), 19면

143) 배인구, "미성년후견제도의 현황 : 실무상 문제점을 중심으로", 「미성년후견제도의 현황과 쟁점」, 한국법제연구원(2013.10), 12면

144) 배인구(주143), 22면

4. 종전 미성년후견제도의 문제점

가. 법정후견인제도의 문제점

미성년자에게 친권을 행사하는 부모는 유언으로 미성년후견인을 지정할 수 있는데(지정후견인, 민 제931조), 2011년 개정[145] 전의 민법에서는 유언에 의한 미성년후견인의 지정이 없는 때에는 일정한 범위의 친족관계에 있는 사람이 민법이 정한 순서에 따라서 후견인이 되었다(법정후견인).[146] 하지만 이 경우 후견인이 될 사람의 자질과 능력이 전혀 고려되지 않는다는 등의 문제가 있었다. 또한 법정후견인이 될 수 있는 사람이 없는 때에는 피후견인의 친족 등의 청구에 의하여 법원이 후견인을 선임하였는데(선임후견인),[147] 이 경우에도 미성년자를 책임지고 보호·교양할 수 있는 적절한 사람을 찾아서 후견인으로 선임하는 것은 사실상 기대하기 어려웠다. 결국 종전에는 민법상 미성년후견제도가 있어도 친권자가 없는 미성년자인 자녀는 보호의 공백상태에 처하게 될 가능성이 매우 높았다.

나. 후견감독기관으로서의 친족회의 문제점

종전의 민법은 친족회로 하여금 후견인에 대한 감독기능을 담당하도록 하였으나, 친족회는 피후견인의 친족들로 구성되므로 후견인과 친밀한 경우가 많아서 실질적인 후견감독기능을 수행하지 못하였다. 또한 친족회란 사회생활상의 친족단체와는 구별되는 관념적 존재였으므로 그 기관 자체가 유명무실한 경우가 대부분이었다.

---

145) 2011.3.7. 일부 개정되어 2013.7.1.부터 시행된 법률 제10429호를 말한다. 이하 같음.

146) 제932조(미성년자의 후견인의 순위) 제931조의 규정에 의한 후견인의 지정이 없는 때에는 미성년자의 직계혈족, 3촌 이내의 방계혈족의 순위로 후견인이 된다.
제935조(후견인의 순위) ① 제932조 내지 제934조의 규정에 의한 직계혈족 또는 방계혈족이 수인인 때에는 최근친을 선순위로 하고, 동순위자가 수인인 때에는 연장자를 선순위로 한다. ② 제1항의 규정에 불구하고 양자의 친생부모와 양부모가 구존(俱存)한 때에는 양부모를 선순위로, 기타 생가혈족과 양가혈족의 촌수가 동순위인 때에는 양가혈족을 선순위로 한다.

147) 제936조(법원에 의한 후견인의 선임) ① 전4조의 규정에 의하여 후견인이 될 자가 없는 경우에는 법원은 제777조의 규정에 의한 피후견인의 친족 기타 이해관계인의 청구에 의하여 후견인을 선임하여야 한다. ② 후견인이 사망, 결격 기타 사유로 인하여 결격된 때에 전4조의 규정에 의하여 후견인이 될 자가 없는 경우에도 전항과 같다.

5. 미성년후견제도에 관한 민법의 개정

가. 미성년후견과 성년후견의 구분

2011년 개정 민법은 후견제도를 미성년후견과 (넓은 의미의) 성년후견으로 대별하는 구조를 채택하였다. 성년후견과 미성년후견은 이념과 성격 및 특성 면에서도 다르고 공시방법에서도 차이가 있기 때문이다.

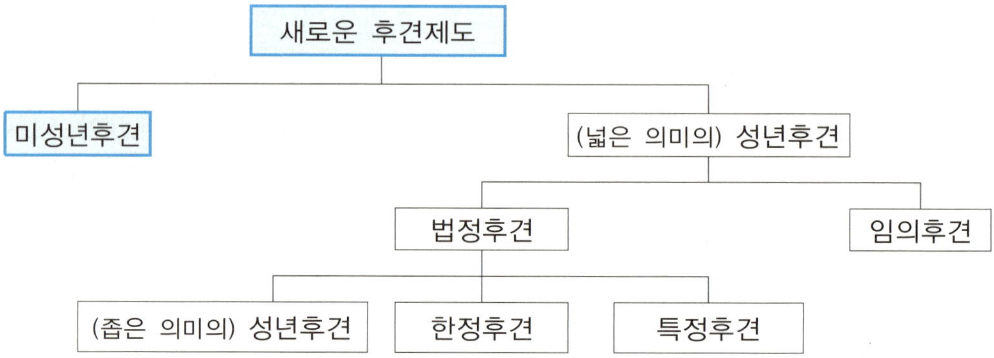

나. 법정후견인제도의 폐지 등

2011년 개정 민법에서는 미성년자에 대한 법정후견인제도를 폐지하고 가정법원이 미성년후견인을 선임하는 「선임후견인제도」를 전면적으로 채택하였다(민 제932조, 제936조). 법정후견인제도에서는 후견인으로서 적합하지 않은 사람이 자동으로 후견인이 되어 피후견인의 복리를 해칠 우려가 있었으므로, 가정법원이 처음부터 개입하여 미성년후견인으로서 적합한 사람을 선임하려는 취지이다. 또한 친권자가 유언으로 미성년후견인을 지정한 경우에도 가정법원은 미성년자의 복리를 위하여 필요하면 생존친이나 미성년자의 청구에 의하여 후견을 종료하고 생존친을 친권자로 지정할 수 있도록 하였다(민 제931조제2항).

다. 친족회의 폐지와 후견감독인제도 도입

2011년 개정 민법에서는 후견감독기관인 친족회를 폐지하고 그 대신 가정법원이 사안에 따라 후견감독인을 개별적으로 선임할 수 있도록 하는 「후견감독인제도」를 도입함으로써 후견인의 임무 해태, 권한 남용에 대한 실질적인 견제가 가능하도록 하였다(민 제940조의2~제940조의7).

6. 성년후견과 미성년후견의 관계

가. 문제의 제기

행위능력의 제한이라는 관점에서 본다면 성년후견이 미성년후견보다 그 정도가 강하므로, "질병, 장애, … 그 밖의 사유로 인한 정신적 제약으로 사무를 처리할 능력이 지속적으로 결여"된 미성년자에게 성년후견을 개시하여 민법 제5조부터 제8조까지의 적용을 배제할 수 있는지 여부가 문제된다.

참고로, 2011년 민법 개정 전의 다수 견해는, 미성년자의 능력 범위는 금치산자보다 넓으므로 그 보호를 위하여 미성년자를 금치산자로 할 필요성이 있기 때문에, 미성년자에게 금치산선고가 가능하다고 보았다.[148] 반면에 미성년자에게 한정치산선고가 가능한지에 관해서는, 미성년자와 한정치산자는 그 능력에 차이가 없고 또 한정치산선고의 청구가 있으면 법원이 사전처분으로서 본인의 요양이나 감호 또는 재산관리에 필요한 처분을 할 수 있으므로(가소 제62조) 미리 한정치산선고를 받게 할 필요가 없다는 견해[149]와 성년을 앞둔 미성년자에게 한정치산의 원인이 있는 경우에는 미리 한정치산선고를 받게 함으로써 보호상의 공백을 메울 수 있다는 점을 들어 미성년자에 대한 한정치산선고를 긍정하는 견해[150]가 있었다.

나. 미성년자에 대한 성년후견 개시의 可否

(1) 부정설

미성년자에게는 친권자나 미성년후견인이 있으므로 미성년자에 대한 성년후견개시는 필요하지 않다는 견해이다.[151]

(2) 제한적 허용설

2011년 개정 민법의 해석에서도, 성년후견인에게는 신상감호의 권한(민 제913조~제915조, 제945조)이 인정되지 않아 미성년자 복리의 관점에서 불합리하므로 미성년자에 대한 보호는 친권이나 미성년후견의 범위 내에서

148) 곽윤직(편집대표), 「민법주해(Ⅰ)」, 박영사(1999), 309면
149) 곽윤직, 「민법총칙」, 박영사(2005), 95면
150) 김준호, 「민법총칙」, 법문사(1999.10), 116면 ; 민법주해(주148), 300면
151) 김주수·김상용(주23), 471~472면; 박동섭, 「가사소송실무(하)」, 법률문화원(2013.5), 105면

시도해야 하고, 미성년자에 대한 성년후견개시 청구는 미성년자의 성년기가 임박한 때 보호의 공백을 막기 위한 경우로 제한하여야 한다는 견해가 있다.[152] 미성년자에게 성년후견이 개시된다면, 친권이나 미성년후견은 종료하는 것인지, 아니면 친권 또는 미성년후견과 성년후견이 병존하는 것인지, 또 친권자가 존재하는 미성년자에 대해 제3자를 성년후견인으로 선임하는 경우에 친권자와 성년후견인의 업무를 어떻게 분장할 것인지 문제될 수 있다는 점도 위 견해의 한 근거이다.[153]

(3) 전면적 허용설

성년후견개시의 필요가 있는데 미성년자라는 이유로 성년후견을 개시할 수 없다는 것은 수긍할 수 없으므로, 미성년자에 대하여도 성년후견개시를 허용하여야 한다는 주장도 제기될 수 있다. 성년후견의 대상자를 성년자로 제한할 근거가 없으며, 오히려 개정 민법은 미성년후견인과 미성년후견감독인을 성년후견개시의 심판청구권자에 포함시키고 있다는 점에서(민 제9조제1항), 미성년자에 대한 성년후견개시가 제한 없이 가능함을 전제로 한 것이라고 볼 수 있기 때문이다.

(4) 소결

미성년후견은 미성년자의 성장 과정에서 온전한 인격체로 완성되어갈 수 있도록 돌보는 것이라는 특성을 가지므로, 미성년자에 대한 성년후견개시 심판에는 신중을 기하여야 한다. 미성년자에 대하여 성년후견개시 심판을 할 경우 보충성의 원칙을 고려하여 당사자에게 성년후견의 필요성을 충분히 소명하게 한 후 성년이 임박하거나 기존의 제도(친권 또는 미성년후견)로 본인의 보호가 충분하지 않다고 인정되는 예외적인 경우에만 성년후견을 개시하도록 함이 타당하다.[154]

---

152) 김형석, “민법 개정안에 따른 성년후견법제”, 가족법연구 제24권 제2호(2010.7), 127면

153) 입법례로서 프랑스의 경우 미성년자를 사건본인으로 하는 성년후견신청에 대하여는 미성년기 마지막 해에 신청·심판할 수 있으나, 후견개시 심판 등의 효과는 성년기 첫날부터 효력을 가진다고 규정하고 있다(프랑스 민법 제429조제2항).

154) 구상엽, “개정민법상 성년후견제도에 대한 연구 : 입법 배경, 입법자의 의사 및 향후 과제를 중심으로”, 서울대학교 대학원 법학석사학위논문(2012.2), 56~58면 ; 성년후견제도 해설(주33), 13면

다. 관련 문제

(1) 미성년자에 대한 성년후견인 선임

성년후견인은 피성년후견인의 신상과 재산에 관한 모든 사정을 고려하여 여러 명을 둘 수 있으므로(민 제930조제1항), 미성년자에 대하여 성년후견이 개시된 경우 친권자인 부모가 모두 성년후견인으로 선임될 수 있다. 이미 미성년후견이 개시된 상태라도 그동안 후견인 임무를 성실히 수행해 온 미성년후견인을 성년후견인으로 선임하는 것도 가능하다.

(2) 친권 또는 미성년후견의 종료 여부

2011년 개정 민법에서는 미성년후견인과 미성년후견감독인을 성년후견 개시 청구권자로 규정하면서도 미성년자에 대하여 성년후견이 개시되었을 때 친권이나 미성년후견의 종료 여부에 대하여는 명시적인 규정을 두지 않았다. 하지만 미성년자에게 성년후견이 개시된다고 하더라도 친권이나 미성년후견이 종료되는 것은 아니라고 해석하여야 할 것이다. 친권자나 미성년후견인에게 성년후견인으로 선임되는 데 아무런 문제가 없는 경우에는 미성년자에 대한 성년후견이 개시되어도 친권 또는 미성년후견과 충돌하는 경우를 예상하기는 어렵다. 또 미성년자의 법정대리인으로 친권자 또는 미성년후견인이 병존한다고 하더라도 신상감호의 권한(민 제913조~제915조, 제945조)이 성년후견개시를 어렵게 한다고 하기 어렵다. 민법 제913조 내지 제915조의 내용은 친권자 또는 미성년후견인으로서 행사하면 될 것이다. 그리고 친권자 또는 미성년후견인에게 성년후견인 선임에 문제가 있는 경우에는 친권상실 또는 미성년후견인의 변경으로 그 문제를 해결할 수 있을 것이다. 따라서 미성년자에게 성년후견이 개시되는 경우 친권자나 미성년후견인에게 성년후견인으로 선임될 자격에 문제가 없는 경우 친권이나 미성년후견이 종료되는지 여부는 실질적으로 문제되지 않는다.[155] 근본적인 방안으로는 예외적으로 미성년자에 대한 성년후견을 개시하더라도 그 효력은 성년이 되는 시점부터 발생하는 것으로 개시심판서에 효력발생시기를 분명하게 기재하는 것이 바람직하다.

155) 배인구, “성년후견제도에 관한 연구 : 시행과 관련된 이론적·실무적 쟁점을 중심으로”, 고려대학교 대학원 석사학위논문(2013.6), 22면

Ⅱ. 미성년후견의 개시

제928조(미성년자에 대한 후견의 개시) 미성년자에게 친권자가 없거나 친권자가 제924조, 제924조의2, 제925조 또는 제927조제1항에 따라 친권의 전부 또는 일부를 행사할 수 없는 경우에는 미성년후견인을 두어야 한다.
[전문개정 2011.3.7] 〈개정 2014.10.15. 시행 2015.10.16〉

1. 후견개시의 원인

미성년후견이 개시되는 원인은 미성년자에게 친권자가 없거나 친권자가 친권의 전부 또는 일부를 행사할 수 없는 경우이다.

가. 친권자가 없는 경우

친권은 부모가 혼인 중인 때에는 부모가 공동으로 행사하고, 일방이 친권을 행사할 수 없는 때에는 다른 일방이 이를 행사한다(민 제909조제2항, 제3항). 따라서 부모 중 어느 일방이 사망하더라도 친권을 행사할 수 있는 다른 일방이 생존하는 경우에는 미성년후견이 개시되지 않는다. 하지만 친권자인 부모 쌍방이 모두 사망(실종선고 포함)하거나 성년후견개시[156] 심판을 받은 경우에는 미성년자에게 친권자가 없는 때에 해당하여 후견이 개시된다. 제2장 [서식 3-02] 참조

(1) 단독친권자가 사망한 경우

협의이혼 과정에서 단독친권자로 정해진 부모의 일방이 사망하여도 다른 일방이 생존해 있을 때에는 일정한 기간(그 사실을 안 날부터 1개월, 사망한 날부터 6개월) 내에 가정법원에 친권자 지정을 청구할 수 있으므로(민 제909조의2제1항) 당연히 후견이 개시되는 것은 아니다. 다만, 일정한 기간 내에 친권자 지정 청구가 없는 경우에 비로소 가정법원은 직권으로 또는 일정한 자의 청구에 의하여 미성년후견인을 선임할 수 있다(동조 제3항 전문).

혼인 외 자녀에 대한 인지, 혼인 취소, 재판상 이혼 또는 인지청구의 소에 따라 단독친권자로 정하여진 부모의 일방이 사망한 경우에도 같다.
제2장 [서식 3-01] 참조

---

156) 부모가 **한정후견개시** 심판을 받은 경우에 관하여는 제2장 제1절 2. 나. (3) 부분 참조.

(2) 양부모 모두가 사망한 경우

(일반)**양자**의 경우에는 양부모가 친권자가 되고(민 제909조제1항 후문) 친생부모의 친권은 소멸하므로 양부모가 모두 사망한 경우에는 일단 친권자가 없는 상태가 된다. 하지만, 곧바로 후견이 개시되는 것이 아니라 친생부모 등이 일정한 기간 내에 친권자 지정 청구를 하지 아니한 경우에 비로소 가정법원은 미성년후견인을 선임할 수 있다. 입양이 취소되거나 파양된 경우에도 마찬가지이다(민 제909조의2제2항).

반면에, **친양자**는 혼인 중의 출생자로 보고(민 제908조의3제1항) 친양자의 입양 전의 친족관계는 가정법원의 심판에 의해 친양자 입양이 확정된 때에 종료하므로(동조 제2항), 친양자의 양부모가 모두 사망하면 미성년자에게 친권자가 없는 경우에 해당하여 미성년후견이 개시된다. 이 경우에는 비록 친생부모가 생존하고 있더라도 친권자 지정 청구를 할 수 없다(민 제909조의2제2항단서).

나. 친권자가 친권의 전부 또는 일부를 행사할 수 없는 경우

부모 중 어느 일방이 친권의 상실 또는 일시정지의 선고(민 제924조), 친권의 일부 제한의 선고(민 제924조의2), 대리권 및 재산관리권 상실의 선고(민 제925조) 또는 대리권 및 재산관리권의 사퇴(민 제927조제1항)의 심판을 받아 친권을 행사할 수 없더라도 친권을 행사할 수 있는 다른 일방이 생존하는 경우에는 미성년후견이 개시되지 않는다. 하지만 친권자인 부모 쌍방이 친권의 전부 또는 일부를 행사할 수 없는 경우에는 미성년후견이 개시된다. 이하에서 이혼 등으로 인한 **단독친권자**가 친권의 전부 또는 일부를 행사할 수 없는 경우에 관하여 좀 더 자세히 살펴본다.

(1) 친권상실 또는 일시정지의 경우

단독친권자가 된 부 또는 모(일반양자의 경우에는 양부모)가 친권상실 또는 일시정지의 선고를 받은 경우라도 다른 일방(일반양자의 경우에는 친생부모)이 생존해 있을 때에는 일정한 기간 내에 친권자 지정 청구를 할 수 있다(민 제909조의2제1항, 제927조의2제1항제1호, 제1의2호). 따라서 이러한 경우는 곧바로 미성년후견이 개시되는 것은 아니고, 일정한 기간 내에 친권자 지정 청구가 없는 경우에 비로소 가정법원은 미성년후견인을 선임할 수 있다(민 제909조의2제3항).

(2) 친권 일부 제한의 경우

단독친권자가 된 부 또는 모(일반양자의 경우에는 양부모)가 친권의 일부 제한의 선고를 받은 경우라도 다른 일방(양자의 경우에는 친생부모)이 생존해 있을 때에는 일정한 기간 내에 친권자 지정 청구를 할 수 있다(민 제909조의2제1항, 제927조의2제1항제1의3호). 따라서 이 경우에는 곧바로 미성년후견이 개시되는 것은 아니고, 일정한 기간 내에 친권자 지정 청구가 없는 경우에 비로소 가정법원은 미성년후견인을 선임할 수 있다(민 제909조의2 제3항).

(3) 대리권·재산관리권의 상실 또는 사퇴의 경우

단독친권자가 된 부 또는 모(일반양자의 경우에는 양부모)가 법률행위의 대리권 및 재산관리권을 상실하거나 법원의 허가를 얻어 이를 사퇴하더라도 다른 일방(양자의 경우에는 친생부모)이 생존해 있을 때에는 일정한 기간 내에 대리권 및 재산관리권 부분에 대해서 친권자 지정 청구를 할 수 있다(민 제909조의2 제1항, 제927조의2제1항제2호·제3호). 따라서 이러한 경우는 곧바로 미성년후견이 개시되는 것은 아니고, 일정한 기간 내에 친권자 지정 청구를 하지 아니한 경우에 비로소 가정법원은 미성년후견인을 선임할 수 있다(민 제909조의2 제3항). 다만, 이러한 경우에 개시된 후견에 있어서 미성년후견인의 임무는 제한된 친권의 범위(법률행위 대리권 및 재산관리권)에 속하는 행위에 한정되고, 신분에 관한 권한은 계속하여 친권자가 가지게 된다(민 제927조의2제1항 단서, 제946조). 따라서 친권은 자녀의 신분에 관한 것과 재산에 관한 것이 친권자와 후견인에게 각각 나누어 속하게 되는 결과가 된다(친권의 분속).[157]

(4) 사실상 친권을 행사할 수 없는 경우

단독친권자가 된 부 또는 모(일반양자의 경우에는 양부모)에게 소재불명·심신상실·장기부재 등 사실상 친권을 행사할 수 없는 중대한 사유가 있는

157) 박상호·예철희, "미성년자후견제도의 문제점과 개선방안", 법정리뷰(동의대학교 지방자치연구소) 제27집 제2호(2010.12), 289면

경우라도 다른 일방(양자의 경우에는 친생부모)이 생존해 있을 때에는 일정한 기간 내에 친권자 지정 청구를 할 수 있다(민 제909조의2 제1항, 제927조의2 제1항 제4호). 따라서 이러한 경우는 곧바로 미성년후견이 개시되는 것은 아니고, 일정한 기간 내에 친권자 지정 청구가 없는 경우에 비로소 가정법원은 미성년후견인을 선임할 수 있다(민 제909조의2 제3항).

(5) 친권대행의 경우

친권자는 그 친권에 따르는 미성년자인 자녀에 갈음하여 혼인하지 않은 그 미성년자가 낳은 자녀에 대한 친권을 대행한다(민 제910조). 따라서 미성년자의 친권자가 친권을 행사할 수 없는 경우라도 친권대행자가 있는 때에는 미성년후견이 개시되지 않는다.

2. 후견개시의 시기 및 신고

가. 후견개시의 시기

미성년후견은 그 원인인 사실이 발생한 때부터 개시한다. 따라서 유언에 의한 지정후견인(민 제931조)이 있는 경우에는 친권자가 **사망**한 때에 후견이 개시한다. 반면에 지정후견인이 없는 경우에는 가정법원이 직권 또는 일정한 청구권자의 청구에 의하여 미성년후견인을 **선임**한 때(엄밀하게는 후견인 선임 심판이 확정된 때)부터 후견이 개시한다(민 제932조).

나. 후견개시의 신고

(1) 의의

미성년후견 개시의 신고는 **보고적 신고**이므로, 신고 전의 후견인으로서의 행위는 무효가 아니다. 즉 후견인의 직무집행은 신고를 기다려 효력이 발생하는 것은 아니므로, 신고 여하에 상관없이 후견인으로 취임한 때부터 직무집행이 가능하고 후견인으로서의 권한을 행사할 수 있다.

(2) 신고의무자

지정후견인이든 선임후견인이든 불문하고 모두 미성년후견인이 된 자는 미성년후견 개시신고를 하여야 한다.

(3) 신고기간

미성년후견 개시의 신고는 미성년후견인이 그 취임일부터 1개월 이내에 하여야 한다(가등 제80조제1항). 취임일은, 유언에 의한 지정후견인의 경우에는 후견개시의 원인이 발생한 날(친권자의 사망, 친권상실 등)을, 가정법원의 선임에 의한 후견인의 경우에는 후견인선임 심판일을 뜻한다.

(4) 신고서 기재사항

후견개시 신고서에는 ① 미성년자와 미성년후견인의 성명·출생연월일·주민등록번호 및 등록기준지(당사자가 외국인인 때에는 그 성명·출생연월일·국적 및 외국인등록번호), ② 미성년후견 개시의 원인 및 연월일, ③ 미성년후견인이 취임한 연월일을 적어야 한다(가등 제80조제2항).

부록 [미성년①후견 · ②후견감독 개시신고서] 참조

(5) 신고서 첨부서면

유언으로 미성년후견인을 지정한 경우에는 가정법원의 검인을 마친 미성년후견인 지정에 관한 유언서, 그 등본 또는 유언녹음을 기재한 서면을 신고서에 첨부하여야 하고, 미성년후견인 선임의 재판이 있는 경우에는 재판서의 등본 및 확정증명서를 신고서에 첨부하여야 한다(가등 제82조).

3. 가족관계등록부의 기록

지정에 의한 미성년후견 개시는 **신고**에 의하여, 선임에 의한 미성년후견 개시는 **신고** 및 **촉탁**에 의하여 가족관계등록부에 기록한다. 이 점에서 성년·한정·특정·임의후견에 관한 사항은 「후견등기에 관한 법률」에 따라 가정법원에서 후견등기부에 별도로 기록·공시하는 것과 대비된다. 즉 성년후견 등과 임의후견에 관한 사항은 새로 창설된 후견등기부에 등기하고, 미성년후견에 관한 사항은 종전과 마찬가지로 가족관계등록부에 기록함으로써 후견에 관한 기록은 **이분화**가 된 것이다.

미성년후견의 개시에 관한 사항은 미성년자의 가족관계등록부의 일반등록사항란에만 기록하고, 후견인의 가족관계등록부에는 아무런 기록을 하지 않는다(가등규 제53조). 부록 [가족관계등록부 기재례 : 미성년후견에 관한 부분] 참조

Ⅲ. 미성년후견인

1. 미성년후견인의 수와 자격

제930조(후견인의 수와 자격) ① 미성년후견인의 수(數)는 한 명으로 한다.
[전문개정 2011.3.7]

가. 미성년후견인의 수

미성년자를 위하여 후견사무를 수행하는 미성년후견인의 수는 **한 명**으로 제한한다(민 제930조제1항). 미성년후견은 후견인과 미성년자 본인 사이의 개인적인 접촉 및 인적 유대관계 형성이 더욱 중요한 의미를 갖는 것이고,[158] 미성년후견인을 여러 명 두게 되면 책임이 분산되고 사무처리가 지체될 우려가 있기 때문에 책임소재를 분명히 하고 사무의 신속한 처리를 도모하기 위한 것이다. 그러나 한 명의 후견인이 여러 명의 미성년자를 위하여 후견인이 되는 것은 상관없다.[159] 이 점에서 성년후견인의 경우에는 피성년후견인의 신상과 재산에 관한 모든 사정을 고려하여 여러 명을 둘 수 있는 것(동조 제2항)과 대비된다.

나. 미성년후견인의 자격

미성년후견인은 **자연인**만 될 수 있으므로 법인은 미성년후견인이 될 수 없다. 그 이유는 미성년자의 원만한 인격형성을 위해서는 인적인 접촉이 불가결하므로, 법인이 미성년후견인의 업무를 담당하는 것은 부적절하기 때문이다.[160] 이 점에서 성년후견인의 경우에는 법인도 성년후견인이 될 수 있는 것(민 제930조제3항)과 대비된다.

미성년후견인의 자격은 결격사유(민 제937조)에 해당하지 않는 한 피후견인(미성년자)의 친족이든 제3자이든 제한이 없다. 다만, 복잡한 재산관리나 법률분쟁이 예상되는 경우, 친족 사이의 대립이 있는 경우에는 법무사·변호사·세무사 등 전문직 후견인이 보다 적합할 것이다.

---

158) 백승흠, “성년후견제도의 도입과 과제”, 법학논총 제27집 제1호(2010), 31면 ; 윤진수·한소혜(주18), 77면

159) 박동섭(주15), 388면 ; 주해친족법(주141), 1188면

160) 김형석(주152), 130~131면 ; 백승흠(주158), 33면 ; 주해친족법(주141), 1188면

2. 지정후견인(유언에 의한 미성년후견인의 지정)

> **제931조(유언에 의한 미성년후견인의 지정 등)** ① 미성년자에게 친권을 행사하는 부모는 유언으로 미성년후견인을 지정할 수 있다. 다만, 법률행위의 대리권과 재산관리권이 없는 친권자는 그러하지 아니하다.
> ② 가정법원은 제1항에 따라 미성년후견인이 지정된 경우라도 미성년자의 복리를 위하여 필요하면 생존하는 부 또는 모, 미성년자의 청구에 의하여 후견을 종료하고 생존하는 부 또는 모를 친권자로 지정할 수 있다.
> [전문개정 2011.5.19]

가. 의의

미성년자에게 친권을 행사하는 부모는 유언으로 미성년후견인을 지정할 수 있는데(민 제931조제1항 본문) 이를 **지정후견인**이라고 한다. 지정후견인은 미성년자(피후견인)와의 특별한 신분관계를 요하지 않는다. 후견인의 지정은 유언으로만 할 수 있게 되어 있어 친권자의 생존 중에 후견이 개시되는 때에는 지정후견인이 있을 수 없다. 이처럼 친권자에게 우선적으로 후견인 지정권한을 부여한 것은 2011년 개정 민법에서도 변함이 없다.

나. 지정권자

(1) 친권을 행사하는 부모

유언에 의한 친권자 지정은 미성년자에게 친권을 행사하는 **부모**만이 할 수 있으므로, 친권대행자는 제외된다. 친권의 상실이나 일시정지의 선고 등을 받았거나 성년후견개시 심판을 받은 경우에는 비록 부모라도 유언으로 미성년후견인을 지정할 수 없다. 친권을 행사하는 부모가 생전에 유언으로 미성년후견인을 지정할 수 있는 경우는 마지막으로 친권을 행사하는 부 또는 모가 사망함으로써 친권자가 없게 되는 때이다.

(2) 이혼 등으로 인한 단독친권자

2011년 개정 민법에 따르면 이혼 등으로 인하여 단독친권자로 지정된 부모의 일방이 사망하면 다른 일방이 생존해 있는 경우에도 그에게 자동으로 친권이 부활하는 것은 아니므로, 일단 친권자가 없는 상태가 된다. 따라서 단독친권자는 생전에 유언으로 미성년후견인을 지정할 수 있다.

(3) 미성년후견인을 지정한 유언이 뒤늦게 발견된 경우

친권자가 미성년후견인을 지정한 유언이 있었음에도 불구하고 그 존재를 알지 못하였다면 가정법원은 직권 또는 일정한 자의 청구에 따라 미성년후견인을 선임하게 될 것이다(민 제932조제1항). 그 이후 유언이 뒤늦게 발견된 경우에 이미 후견사무를 수행하고 있는 미성년후견인의 지위가 문제가 될 수 있다. 민법은 「제931조에 따라 지정된 미성년후견인이 없는 경우」에 가정법원이 미성년후견인을 선임하도록 규정하고 있으므로(민 제932조제1항), 지정후견인이 있음이 뒤늦게 확인된 경우라면 가정법원은 선임후견인의 직무를 중지시키고 지정후견인으로 하여금 후견사무를 개시하도록 조치하여야 하는 것이 아닌가 생각할 수 있다.[161] 그러나 2011년 개정 민법은 가정법원은 피후견인의 복리를 위하여 후견인을 변경할 필요가 있다고 인정하면 직권으로 또는 일정한 자(피후견인, 친족, 후견감독인, 검사, 지방자치단체의 장)의 청구에 의하여 후견인을 변경할 수 있도록 규정하고 있다(민 제940조). 즉 피후견인의 복리를 위해서는 법원이 선임한 미성년후견인보다 유언으로 지정한 미성년후견인이 적절하지 않다고 가정법원이 판단한다면 여전히 선임후견인이 후견인의 지위를 계속할 수 있는 길을 열어두고 있다. 따라서 미성년후견인을 지정한 유언이 뒤늦게 발견된다고 해도 미성년자에게 뜻하지 않은 불이익을 가져올 위험은 현실적으로 발생하지 않는다고 평가할 수 있을 것이다.[162]

다. 지정권자의 제한(법률행위 대리권 및 재산관리권이 없는 친권자)

법률행위 대리권과 재산관리권이 없는 친권자는 유언으로 미성년후견인을 지정할 수 없다(민 제931조제1항 단서). 이 경우에는 친권 중 법률행위 대리권과 재산관리권 부분에 관하여 이미 후견이 개시되어 있을 것이고, 친권자가 사망하면 법률행위 대리권과 재산관리권에 관한 미성년후견인은 피후견인의 신분에 대해서도 임무를 수행하게 되기 때문이다. 그러나

161) 이 경우 선임후견인은 소급하여 후견인 자격을 상실한다고 하는 견해는 주해친족법(주 141), 1199면 참조

162) 오병철, "유언을 뒤늦게 발견한 경우의 법률관계", 가족법연구 제28권 제1호(2014.3), 9~10면

부모 중 어느 일방이 법률행위 대리권과 재산관리권을 상실하거나 사퇴한 경우에도 다른 일방은 후견인 지정에 관한 유언을 할 수 있다.

라. 유언의 요식성

미성년후견인의 지정은 후견인의 확정을 목적으로 하는 단독행위로서 반드시 유언으로 하여야 한다. 유언은 민법이 규정한 방식에 따르지 아니하면 효력이 생기지 아니하며(민 제1060조), 유언의 방식은 자필증서, 녹음, 공정증서, 비밀증서와 구수증서의 5종으로 한다(민 제1065조). 특히, 자필증서에 의한 유언은 유언자가 그 전문과 연월일, 주소, 성명을 자서하고 날인하여야 하는데(민 제1066조제1항), 자서가 필요한 **주소**는 반드시 주민등록법에 의해 등록된 곳일 필요는 없지만 적어도 생활의 근거가 되는 곳으로서 다른 장소와 구별되는 정도의 표시를 갖추어야 한다. 따라서 유언장에 명확한 주소를 쓰지 않고 동까지만 썼다면(예컨대, '암사동에서') 법정된 요건과 방식에 어긋나므로 유언의 효력이 없다.[163)]

마. 유언의 효력발생

유언은 유언자가 사망한 때부터 그 효력이 발생하므로(민 제1073조제1항), 후견인으로 지정된 사람은 유언자가 사망한 때 후견인에 취임한다.

바. 후견종료 및 친권자 지정

유언으로 미성년후견인을 지정한 경우라도 가정법원은 미성년자의 복리를 위하여 필요하면 생존친, 미성년자의 청구에 의하여 후견을 종료하고 생존친을 친권자로 지정할 수 있다(민 제931조제2항). 미성년자인 자녀의 보호와 양육의 책임은 1차적으로 부모에게 있으므로, 생존친이 친권자가 되기를 원하고 또 그에 적합한 능력과 자질을 갖추고 있는 경우에는 생존친이 친권자로 될 수 있는 가능성을 열어 둔 것이다. 이를 통해 가정법원은 구체적인 사정에 따라 자녀의 복리를 고려하여 지정후견인과 생존친 중에서 자녀의 법정대리인으로서 보다 적합한 사람을 선택할 수 있게 되었다.[164)]

---

163) 대법원 2014.9.26. 선고 2012다71688 판결

사. 보호시설에 있는 미성년자의 후견인 지정

「보호시설에 있는 미성년자의 후견직무에 관한 법률」165)에 따르면, 국가나 지방자치단체가 설치·운영하는 공설(公設)의 보호시설에 있는 미성년자인 고아에 대하여는 그 **보호시설의 장**이 후견인이 된다(동법 제3조제1항). 국가 또는 지방자치단체 외의 자가 설치·운영하는 사설(私設)의 보호시설에 있는 미성년자인 고아에 대하여는 그 보호시설의 소재지를 관할하는 특별자치시장·시장·군수·구청장이 후견인을 **지정**한다(동조 제2항).

보호시설에 있는 고아가 아닌 미성년자에 대한 후견인이 되기 위해서는 법원의 **허가**를 받아야 한다(동조 제3항).

제2장 [서식 3-06] [서식 3-07] 참조

3. **선임후견인**(가정법원의 미성년후견인 선임)

제932조(미성년후견인의 선임) ① 가정법원은 제931조에 따라 지정된 미성년후견인이 없는 경우에는 직권으로 또는 미성년자, 친족, 이해관계인, 검사, 지방자치단체의 장의 청구에 의하여 미성년후견인을 선임한다. 미성년후견인이 없게 된 경우에도 또한 같다.
② 가정법원은 제924조, 제924조의2 및 제925조에 따른 친권의 상실, 일시 정지, 일부 제한의 선고 또는 법률행위 대리권이나 재산관리권 상실의 선고에 따라 미성년후견인을 선임할 필요가 있는 경우에는 직권으로 미성년후견인을 선임한다. 〈개정 2014.10.15, 시행 2015.10.16〉
③ 친권자가 대리권 및 재산관리권을 사퇴한 경우에는 지체 없이 가정법원에 미성년후견인의 선임을 청구하여야 한다.
[전문개정 2011.3.7]

가. 유언에 의해 지정된 미성년후견인이 없는 경우

(1) 법정후견인제도의 폐지

종전 민법에서는 유언에 의한 후견인 지정이 없는 때에는 일정한 범위 내의 친족에게 획일적으로 후견인으로서의 지위를 부여하는 「법정후견인제도」를 유지하고 있었으나, 2011년 개정 민법에서는 이를 폐지하였다.

---

164) 김주수·김상용(주23), 451면 ; 주해친족법(주141), 1196면
165) 최근개정 2012.10.22. 법률 제11517호(공포한 날부터 시행)

그 이유는, 법률의 규정에 따라 후견인의 지위를 당연히 취득하는 최근 친자 또는 최연장자가 미성년자를 위해 필요한 보호를 제공하기에 가장 적절한 사람이라는 점을 담보할 수 없을 뿐만 아니라, 실제로 미성년자를 위해 양육환경을 제공하는 사람과 후견인이 일치하지 않는다거나, 후견인이 자신의 법적 지위를 남용하여 오히려 미성년자의 복리를 해하는 등의 사태가 발생하였기 때문이다.[166]

(2) 선임후견인제도의 확대

2011년 개정 민법에서는, 친권자가 유언에 의해 지정한 미성년후견인이 없을 경우 바로 가정법원이 미성년후견인을 선임할 수 있도록 「선임후견인제도」를 확대하였다. 즉, 미성년자에 대하여 후견개시사유가 발생하였으나 유언으로 지정된 미성년후견인이 없는 경우에는 가정법원은 직권으로 또는 일정한 자(미성년자, 친족, 이해관계인, 검사, 지방자치단체의 장)의 청구에 의하여 미성년후견인을 선임한다(민 제932조제1항). 청구권자인 이해관계인으로는 피후견인의 재산이 관리되는 데에 법률상 이해관계를 가지는 채권자, 채무자 등의 사람이나 아동복지전담기관의 장 등을 들 수 있다. 2011년 개정 민법은 미성년자의 복리를 위해 미성년후견인 선임 청구를 해 줄 사람이 없는 경우를 대비하여 **검사** 또는 **지방자치단체의 장**에게도 청구권을 부여하였을 뿐만 아니라, 가정법원이 직권으로도 미성년후견인을 선임할 수 있도록 하였다. 제2장 [서식 3-02] 참조

나. 미성년후견인이 없게 된 경우

친권자가 유언으로 지정하였거나 법원에 의해 선임된 미성년후견인이 있었으나 그 후 사망, 결격, 사임 그 밖의 사정으로 인해 더 이상 후견인으로서의 직무를 수행할 수 없게 된 경우처럼, 미성년후견인이 없게 된 경우에도 가정법원은 직권으로 또는 일정한 자의 청구에 의하여 미성년후견인을 선임한다(민 제932조제1항 후문).

미성년후견감독인은 청구권자로 열거되어 있지 않지만, 후견감독인은 후견인이 없는 경우 지체 없이 가정법원에 후견인의 선임을 청구하여야 할 의무가 있으므로(민 제940조의6제1항), 미성년후견감독인도 미성년후견인 선임을 청구할 수 있다고 해석된다.

---

166) 윤진수·현소혜(주18), 79면

다. 친권상실 등의 선고를 하는 경우

(1) 의의

가정법원은 친권의 상실, 일시 정지, 일부 제한의 선고 또는 법률행위의 대리권이나 재산관리권 상실의 선고에 따라 미성년후견인을 선임할 필요가 있는 경우에는 직권으로 미성년후견인을 선임한다(민 제932조제2항). 친권자가 친권의 상실 등으로 친권의 전부 또는 일부를 행사할 수 없게 되면 미성년후견의 개시원인이 되므로(민 제928조), 미성년자의 보호에 공백이 생기지 않도록 한 것이다.

(2) 직권에 의한 선임

가정법원은 친권의 상실, 일시 정지, 일부 제한의 선고 또는 법률행위의 대리권이나 재산관리권 상실의 선고와 동시에 직권으로 미성년후견인을 선임하므로, 친족이나 이해관계인 등의 청구가 필요한 것은 아니다.

(3) 선임할 필요가 있는 경우

공동으로 친권을 행사하는 부모 중 어느 일방에게만 친권상실 등의 선고가 있더라도 다른 일방이 여전히 친권을 행사할 수 있고, 미성년자의 보호에 공백이 생길 우려가 없다면 미성년후견이 개시되지 않는다.[167] 단독친권자에 대하여 친권상실 등의 선고가 있더라도 다른 일방이 친권자로 지정될 수 있는 경우에도 마찬가지이다. 따라서 민법은 미성년후견인을 선임할 필요가 있는 경우에만 미성년후견인을 선임하도록 하였다(민 제932조제2항).

(4) 유언에 의한 미성년후견인 지정 불가

친권상실 등을 선고한 경우에는 유언에 의한 미성년후견인 지정이 인정되지 않는다. 친권자가 친권 등을 전부 또는 일부 상실한 것일 뿐 아직 사망한 것은 아니고, 미성년자의 복리 또는 재산을 위태롭게 한 친권자에게 후견인 지정권한을 인정하는 것이 미성년자 본인을 위해 바람직하지 않기 때문이다.[168]

167) 윤진수·현소혜(주18), 81면 ; 주해친족법(주141), 1200면

라. 친권자가 법률행위 대리권과 재산관리권을 사퇴한 경우

(1) 사퇴한 친권자의 미성년후견인 선임 청구의무

법정대리인인 친권자는 정당한 사유가 있는 때에는 법원의 허가를 얻어 그 법률행위의 대리권과 재산관리권을 사퇴할 수 있다(민 제927조제1항). 그러면 친권자가 법률행위의 대리권과 재산관리권을 행사할 수 없게 되어 미성년후견의 개시원인이 된다(민 제928조). 따라서 친권자가 법률행위의 대리권과 재산관리권을 사퇴한 경우에는 미성년자의 보호를 위해 지체 없이 가정법원에 미성년후견인의 선임을 청구하여야 한다(민 제932조제3항).

(2) 친권자가 미성년후견인 선임청구를 하지 않은 경우

친권자가 법률행위의 대리권과 재산관리권을 사퇴하였음에도 불구하고 스스로 가정법원에 미성년후견인 선임 청구를 하지 아니하는 경우에는, 가정법원이 직권으로 또는 일정한 청구권자의 청구에 의해 미성년후견인을 선임할 수 있다고 본다(민 제932조제1항).[169]

마. 아동복지법[170]에 따른 미성년후견인 선임

시·도지사, 시장·군수·구청장, 아동복지전담기관의 장, 아동복지시시설의 장 및 학교의 장은 친권자 또는 후견인이 없는 아동을 발견한 경우 그 복지를 위하여 필요하다고 인정할 때에는 법원에 후견인의 선임을 청구하여야 하고(동법 제19조제1항), 이때에는 해당 아동의 의견을 존중하여야 한다(동조 제2항). 아동복지시설에 입소 중인 보호대상아동에 대하여는 「보호시설에 있는 미성년자의 후견 직무에 관한 법률」을 적용한다(동조 제4항). 법원이 후견인을 선임할 경우 해당 아동의 후견에 적합한 사람을 후견인으로 선임할 수 있다(동법 제20조제1항). 법원은 후견인이 없는 아동에 대하여 후견인을 선임하기 전까지 시·도지사, 시장·군수·구청장 및 아동복지전담기관의 장으로 하여금 임시로 그 아동의 후견인 역할을 하게 할 수 있다. 이 경우 해당 아동의 의견을 존중하여야 한다(동조 제2항).

---

168) 윤진수·현소혜(주18), 81면

169) 윤진수·현소혜(주18), 82면

170) 최근개정 2014.01.28. 법률 제12361호(2014.09.29.부터 시행)

4. 미성년후견인의 결격

제937조(후견인의 결격사유) 다음 각 호의 어느 하나에 해당하는 자는 후견인이 되지 못한다.

1. 미성년자
2. 피성년후견인, 피한정후견인, 피특정후견인, 피임의후견인
3. 회생절차개시결정 또는 파산선고를 받은 자
4. 자격정지 이상의 형의 선고를 받고 그 형기(刑期) 중에 있는 사람
5. 법원에서 해임된 법정대리인
6. 법원에서 해임된 성년후견인, 한정후견인, 특정후견인, 임의후견인과 그 감독인
7. 행방이 불분명한 사람
8. 피후견인을 상대로 소송을 하였거나 하고 있는 자 또는 그 배우자와 직계혈족

[전문개정 2011.3.7]

가. 의의

미성년후견인은 피후견인의 보호·교양 및 법률행위의 대리·재산관리 등 중요한 임무를 수행하여야 하므로 이에 적합한 자질과 능력을 갖추고 있어야 한다. 이를 위해 민법 제937조는 객관적으로 보아서 후견인에게 요구되는 조건을 갖추지 못한 사람에 대해서는 일률적으로 후견인이 될 수 있는 자격을 부정하고 있다. 따라서 후견인의 결격사유가 있는 자는 미성년후견인이 되지 못한다.

나. 구체적 결격사유

미성년후견인 결격사유를 좀 더 구체적으로 살펴보면, ㈎ **미성년자**는 후견인이 되지 못한다. 미성년자 스스로 친권 또는 후견에 복속하고 있는 상태에서 타인을 위해 후견인이 되는 것은 적절하지 않기 때문이다.[171] 다만, 혼인에 의하여 성년으로 의제(민 제826조의2)되는 미성년자는 후견인이 될 수 있으나, 성년으로 의제된 미성년자가 실제로 다른 미성년자의 후견인으로 선임되는 경우는 거의 찾아보기 힘들 것이다. 만 19세가 되기 전에 혼인이 해소되더라도 후견인 결격자로 되지 않는다고 해석함이 타당하다.

---

171) 주해친족법(주141), 1217면

㈏ 종전에는 금치산자와 한정치산자를 후견인 결격자로 규정하였으나, 2011년 개정 민법은 **피성년후견인**과 **피한정후견인**뿐만 아니라 **피특정후견인**과 **피임의후견인**도 정신적 제약으로 인해 타인을 위한 후견사무를 수행하기 어려울 것임을 전제로 후견인 결격사유로 열거하였다.

㈐ **파산선고를 받은 자**뿐만 아니라 「채무자 회생 및 파산에 관한 법률」에 따라 **회생절차개시결정을 받은 자**는 변제계획에 따른 변제를 수행하기에 급급할 것이므로 이러한 사람이 후견사무를 수행하도록 하는 것은 후견제도의 취지에 어긋나기 때문에 후견인이 될 수 없다.

㈑ 자격정지 이상(사형, 징역, 금고, 자격상실 및 자격정지)의 형의 선고를 받고 그 **형기 중에 있는 사람**은 후견인이 될 수 없다. 형집행이 종료된 후에는 더 이상 후견인 결격사유에 해당하지 않는다.

㈒ 법원에서 **해임된 법정대리인**의 예로는 친권의 상실 또는 일시정지의 선고(민 제924조), 친권의 일부 제한의 선고(민 제924조의2) 또는 법률행위의 대리권 및 재산관리권의 상실선고(민 제925조)를 받은 친권자, 후견인이었다가 변경된 자(민 제940조), 유언집행자였다가 해임당한 자(민 제1106조) 등을 들 수 있다.

㈓ 법원에서 **해임된 성년후견인·한정후견인·특정후견인·임의후견인**과 그 감독인은 후견인이 될 수 없다. 성년후견인은 피성년후견인의 법정대리인이므로(민 제938조제1항) 법원에서 해임된 성년후견인은 법원에서 해임된 법정대리인에도 해당하여 중복입법으로 보인다.[172] 법원에서 해임된 한정후견인 또는 특정후견인이 가정법원으로부터 대리권을 수여받은 때(민 제959조의4 및 제959조의11)에는 법정대리인으로서 역시 제5호의 법원에서 해임된 법정대리인에도 해당한다. 그러나 대리권을 수여받지 않은 한정후견인 또는 특정후견인은 본 호에만 해당한다. 임의후견인은 법정대리인으로서의 지위를 갖지 않으므로 본 호에 의해서만 후견인 결격사유에 해당할 수 있다.

㈔ **행방이 불분명한 사람**이란 종래의 주소나 거소를 떠나 그 소재가 분명하지 아니한 상태가 계속되고 있는 사람을 말한다. 이러한 사람이

172) 윤진수·현소혜(주18), 89면

피후견인의 이익을 보호하는 것은 불가능하므로 후견인이 될 수 없다.

㈎ 피후견인을 상대로 **소송**을 하였거나 하고 있는 자 또는 그 배우자와 직계혈족은 후견인이 될 수 없다. 피후견인을 상대방으로 하여 과거에 소송을 한 일이 있거나 현재 소송을 하고 있는 자 또는 그 배우자와 직계혈족과 같은 사람들은 피후견인과 이해관계가 대립될 가능성이 높으므로 후견인으로서 공정한 임무수행을 기대하기 어렵다고 보아 후견인이 될 수 없도록 하였다. 나아가 피후견인에 대하여 원고로서 소송을 한 경우뿐만 아니라 피고로서 피후견인으로부터 소송을 당한 경우도 포함된다고 해석해야 할 것이다. 여기서 말하는 소송은 피후견인과 실질적으로 이해관계가 대립되는 것이어야 하며, 재산상·신분상의 소송이 모두 포함된다. 후견인 또는 그 배우자나 직계혈족이 피후견인에 대하여 이와 같은 소송을 하는 경우에는 후견인은 당연히 그 지위를 잃게 된다. 그러나 피후견인의 배우자 또는 직계혈족을 상대로 소송을 하는 것은 결격사유에 해당하지 않는다.[173]

다. 결격의 효과

위와 같은 결격사유가 있으면 미성년후견인의 지정 또는 선임의 효력이 발생하지 아니한다. 따라서 결격사유가 있는 사람을 미성년후견인으로 지정한 유언은 무효이고, 가정법원이 결격사유를 간과하고 미성년후견인을 선임하는 심판을 하더라도 그 심판은 무효이다.[174] 이러한 상황이 확인되면 새로운 후견인을 선임하여야 할 것이다(민 제932조제1항 후문).

또한 미성년후견인의 지정 또는 선임 후 위와 같은 결격사유가 발생하면 그 사유가 발생한 때부터 당연히 미성년후견인으로서의 지위를 상실하게 된다.[175] 그 후 결격사유가 소멸하더라도 후견인의 지위는 부활하지 않는다.

---

173) 김주수·김상용(주23), 454면 ; 주해친족법(주141), 1221면

174) 김주수·김상용(주23), 453면 ; 박동섭(주15), 394면 ; 주해친족법(주141), 1222면

175) 박동섭(주15), 394면

5. 미성년후견인의 사임

제939조(후견인의 사임) 후견인은 정당한 사유가 있는 경우에는 가정법원의 허가를 받아 사임할 수 있다. 이 경우 그 후견인은 사임청구와 동시에 가정법원에 새로운 후견인의 선임을 청구하여야 한다. [전문개정 2011.3.7]

가. 의의

후견인의 지위는 권리임과 동시에 사회적·공익적 의무이므로, 미성년 후견인은 마음대로 사임할 수 없는 것이 원칙이지만, 후견인으로서의 임무를 수행할 수 없는 정당한 사유가 있는 경우에는 가정법원의 허가를 받아 사임할 수 있다(민 제939조 전문). 여기서 말하는 「정당한 사유」의 구체적인 내용은 규정되어 있지 않지만, 객관적으로 보아서 후견인의 임무를 수행할 수 없는 사정이 있는 경우를 말한다. 예컨대, 후견인의 고령·질병, 피후견인과의 관계악화, 장기간의 후견기간 경과, 업무부담의 과중 등으로 인하여 후견임무를 수행할 수 없거나 먼 거리나 외국으로 이주하는 경우, 피후견인이 주소나 생활근거지를 먼 곳으로 옮긴 경우 등을 예로 들 수 있다. 제2장 [서식 3-08] 참조

나. 후임 후견인의 선임청구 의무

사임하고자 하는 후견인은 사임허가 청구와 동시에 가정법원에 새로운 후견인의 선임을 청구하여야 한다(민 제939조 후문). 사임을 원하는 후견인에게 후임 후견인의 선임청구 의무를 부과한 것은 가정법원이 후견인 사임허가 심판을 하면서 동시에 후임 후견인을 선임할 수 있도록 함으로써 미성년후견 상태의 중단이나 공백을 방지하려는 취지이다.[176]

만약 사임 허가를 청구하는 미성년후견인이 가정법원에 새로운 미성년후견인 선임 청구를 하지 아니하는 경우에는, 가정법원이 직권으로 또는 일정한 청구권자의 청구에 의해 새로운 미성년후견인을 선임할 수 있다고 본다(민 제932조제1항 후문).[177]

---

176) 성년후견제도 해설(주33), 51면

177) 윤진수·현소혜(주18), 82면 ; 주해친족법(주141), 1235면

6. 미성년후견인의 변경

제940조(후견인의 변경) 가정법원은 피후견인의 복리를 위하여 후견인을 변경할 필요가 있다고 인정하면 직권으로 또는 피후견인, 친족, 후견감독인, 검사, 지방자치단체의 장의 청구에 의하여 후견인을 변경할 수 있다. [전문개정 2011.3.7]

가. 의의

가정법원은 피후견인의 복리를 위하여 후견인을 변경할 필요가 있다고 인정하면 직권으로 또는 피후견인, 친족, 후견감독인, 검사, 지방자치단체의 장의 청구에 의하여 후견인을 변경할 수 있다(민 제940조). 지정후견인이든 선임후견인이든 불문한다. 이러한 후견인의 변경은 후견인을 위한 것이 아니라 피후견인의 복리 실현에 가장 적합한 사람으로 하여금 후견임무를 수행하도록 하려는 데 목적이 있다. 제2장 [서식 3-09] 참조

[연혁] 2005년 개정 전의 민법 제940조는 **후견인의 해임**에 관하여 규정하고 있었는데, 후견인이 현저한 비행이 있거나 그 임무에 관하여 부정행위 그밖에 후견인의 임무를 감당할 수 없는 사유가 있는 때에는 법원은 피후견인 또는 제777조의 규정에 의한 친족의 청구에 의하여 후견인을 해임할 수 있도록 하고 있었다.

나. 변경의 필요성

후견인의 변경이 필요한지 여부는, 현재의 후견인을 유지하는 것과 새로운 후견인으로 변경하는 것 중에서 어느 쪽이 피후견인의 복리 실현에 보다 유리한가를 비교·형량하여 결정하여야 한다. 따라서 현저한 비행, 부정행위, 그 밖에 후견인으로서 임무를 수행하는 데 적당하지 않은 사유가 있는 경우뿐만 아니라 후견인 이외의 제3자가 후견인으로서 보다 적합한 경우도 후견인의 변경 사유가 된다. 그런 면에서 후견인의 변경 사유는 2005년 개정 전의 후견인 해임사유보다 넓은 것으로 이해된다.

다. 사전처분

후견인변경 청구가 있는 경우 가정법원은 사전처분으로 미성년후견인의 임무수행을 정지시킬 수 있으며(가소 제62조제1항), 이때에는 심판확정시까지 미성년후견인의 임무를 수행할 대행자를 선임하여야 한다(가소규 제5조제1항제4호). 제2장 [서식 3-10] 참조

라. 미성년후견인의 절차 참여

가정법원은 미성년후견인을 변경할 때에는 그 변경이 청구된 미성년후견인을 절차에 참가하게 하여야 한다(가소규 제65조제1항).

마. 미성년자의 의견 청취

가정법원이 미성년후견인의 변경심판을 하는 경우 그 미성년자가 13세 이상인 때에는 그 미성년자의 의견을 들어야 한다. 다만, 미성년자의 의견을 들을 수 없거나 미성년자의 의견을 듣는 것이 오히려 미성년자의 복지를 해할만한 특별한 사정이 있다고 인정되는 때에는 그러하지 아니하다(가소규 제65조제4항).

바. 특별법에 의한 미성년후견인의 변경

(1) 아동복지법

시·도지사, 시장·군수·구청장, 아동복지전담기관의 장, 아동복지시설의 장, 학교의 장 또는 검사는 후견인이 해당 아동을 학대하는 등 현저한 비행을 저지른 경우에는 후견인 변경을 법원에 청구하여야 하는데(동법 제10조제2항), 이 경우에는 해당 아동의 의견을 존중하여야 한다(동조 제3항). 법원은 이 법에 따른 청구에 따라 후견인을 변경할 경우 민법 제932조에도 불구하고 해당 아동의 후견에 적합한 사람을 후견인으로 선임할 수 있다(동법 제20조제1항).

(2) 아동학대범죄의 처벌 등에 관한 특례법

후견인이 아동의 생명에 대한 위험을 발생하게 하거나 불구 또는 난치의 질병에 이르게 한 범죄를 저지르거나 또는 상습범인 때에는 검사는 법원에 후견인의 변경 심판(민법 제940조)을 청구하여야 한다. 다만, 후견인의 변경 심판을 하여서는 아니 될 특별한 사정이 있는 경우에는 그러하지 아니하다(동법 제9조제1항).

검사가 후견인 변경을 청구하지 아니한 때에는 아동보호전문기관의 장은 검사에게 그 청구를 하도록 요청할 수 있고, 그 청구를 요청받은 검사는 요청받은 날부터 30일 내에 그 처리 결과를 아동보호전문기관의 장에게 통보하여야 한다(동조 제2항).

처리 결과를 통보받은 아동보호전문기관의 장은 그 처리 결과에 대하여 이의가 있을 경우 통보받은 날부터 30일 내에 직접 법원에 후견인 변경을 청구를 할 수 있다(동조 제3항).

(3) 아동·청소년의 성보호에 관한 법률

아동·청소년대상 성범죄 사건을 수사하는 검사는 그 사건의 가해자가 피해아동·청소년의 후견인인 경우에 법원에 민법 제940조의 후견인 변경 결정을 청구하여야 한다. 다만, 후견인 변경 결정을 하여서는 아니될 특별한 사정이 있는 경우에는 그러하지 아니하다(동법 제23조제1항).

아동보호전문기관, 성폭력피해상담소 및 성폭력피해자보호시설, 청소년상담복지센터 및 청소년쉼터의 장은 검사에게 후견인 변경의 청구를 하도록 요청할 수 있고, 그 청구를 요청받은 검사는 요청받은 날부터 30일 내에 해당 기관·시설 또는 단체의 장에게 그 처리 결과를 통보하여야 한다(동조 제2항).

처리결과를 통보받은 기관·시설 또는 단체의 장은 그 처리결과에 대하여 이의가 있을 경우 통보받은 날부터 30일 내에 직접 법원에 후견인 변경의 청구를 할 수 있다(동조 제3항).

사. 후견인변경 심판의 효력 등

후견인변경 심판이 확정된 때에는 변경되기 전의 후견인은 그 지위를 상실하고, 변경된 후의 후견인은 피후견인에 대한 후견인의 지위를 취득한다. 따라서 후견인변경 심판은 후견인해임 심판으로서의 성격과 후견인선임 심판으로서의 성격을 겸유한다.[178]

후견인변경 심판에 의하여 선임된 미성년후견인은 심판의 확정일부터 1개월 이내에 심판서의 등본 및 확정증명서를 첨부하여 그 내용을 신고하여야 한다(가등 제81조제3항➡제79조제2항➡제58조).

---

178) 주해친족법(주141), 1241면

Ⅳ. 미성년후견인의 지위

제938조(후견인의 대리권 등) ① 후견인은 피후견인의 법정대리인이 된다.
[전문개정 2011.3.7]

1. 의의

미성년후견인은 피후견인인 미성년자의 **법정대리인**이 되므로, 피후견인의 법률행위 전반에 대하여 포괄적인 법정대리권을 갖는다. 미성년후견인은 친권자에 갈음하여 미성년자를 보호하는 사람이라는 점을 고려하여 미성년자를 위한 사무처리 전반이 원활하게 이루어질 수 있도록 포괄적인 대리권을 인정한 것이다. 따라서 후견인은 피후견인의 재산을 관리하고 그 재산에 관한 법률행위에 대하여 피후견인을 대리한다.

다만, 친권은 친자간의 자연적인 혈연을 바탕으로 하는데 비하여 미성년후견은 친권자로서의 혈연관계가 없는 것이 보통이므로, 같은 법정대리인이라도 미성년후견인의 대리권은 미성년후견감독인의 동의를 얻어야 하는 등의 제한을 받는다. 이에 관해서는 후술한다.

2. 취임 초기에 해야 할 일

제941조(재산조사와 목록작성) ① 후견인은 지체 없이 피후견인의 재산을 조사하여 2개월 내에 그 목록을 작성하여야 한다. 다만, 정당한 사유가 있는 경우에는 법원의 허가를 받아 그 기간을 연장할 수 있다.
② 후견감독인이 있는 경우 제1항에 따른 재산조사와 목록작성은 후견감독인의 참여가 없으면 효력이 없다.
[전문개정 2011.3.7]

제942조(후견인의 채권·채무의 제시) ① 후견인과 피후견인 사이에 채권·채무의 관계가 있고 후견감독인이 있는 경우에는 후견인은 재산목록의 작성을 완료하기 전에 그 내용을 후견감독인에게 제시하여야 한다.
② 후견인이 피후견인에 대한 채권이 있음을 알고도 제1항에 따른 제시를 게을리한 경우에는 그 채권을 포기한 것으로 본다.
[전문개정 2011.3.7]

제943조(목록작성 전의 권한) 후견인은 재산조사와 목록작성을 완료하기까지는 긴급 필요한 경우가 아니면 그 재산에 관한 권한을 행사하지 못한다. 그러나 이로써 선의의 제3자에게 대항하지 못한다.

제944조(피후견인이 취득한 포괄적 재산의 조사 등) 전3조의 규정은 후견인의 취임 후에 피후견인이 포괄적 재산을 취득한 경우에 준용한다.

가. 재산조사와 재산목록의 작성

(1) 의의

미성년후견인은 취임 후 지체 없이 피후견인의 재산을 조사하여 2개월 내에 그 목록을 작성하여야 한다. 다만, 정당한 사유가 있는 경우에는 가정법원의 허가를 받아 그 기간을 연장할 수 있다(민 제941조제1항). 피후견인의 재산이 너무 많거나 복잡하고 여러 곳에 산재해 있는 등의 사정이 있어 2개월 내에 조사를 완료하여 재산목록을 작성하는 것이 불가능한 경우를 대비한 것이다. 연장의 「정당한 사유」는 객관적인 사정뿐만 아니라 미성년후견인의 다망(多忙) 등 주관적인 사정도 고려할 수 있다고 해석된다. 「2개월 내」는 미성년후견인이 취임한 날이 아니라 재산조사에 착수한 날을 기산일로 한다. 실무상 재산목록 제출기간을 2개월이라는 기간에 구애받지 않고 더 길게 정하는 심판사례도 가끔 볼 수 있다.

제2장 [서식 3-11] 참조

(2) 후견감독인의 참여

미성년후견감독인이 지정 또는 선임된 경우에는 이러한 재산조사와 목록작성은 후견감독인의 참여가 없으면 효력이 없다(동조 제2항). 다만, 후견감독인은 임의기관이므로 미성년후견감독인이 지정 또는 선임되어 있지 않을 때에는 미성년후견인이 단독으로 재산조사 및 목록작성을 할 수밖에 없다.[179] 더구나 재산조사와 목록작성을 하기 위해 가정법원에 미성년후견감독인의 선임을 청구해야 하는 것도 아니다.

(3) 재산목록의 형식

미성년후견인이 작성하여야 하는 재산목록의 형식에 관하여는 후견감독인의 참여가 있어야 한다는 점을 제외하고는 특별한 제한이 없으므로

---

179) 성년후견제도 해실(주33), 53면 ; 윤진수·현소혜(주182), 105면 ; 주해친족법(주141), 1268면

적극재산과 소극재산이 분명히 나타나도록 기재하여 작성하면 된다. 실무상 가정법원은 후견인을 선임함과 동시에 또는 선임심판이 확정되면 재산목록 양식을 보내주는 경우도 있고, 대법원 홈페이지에도 내려 받아서 사용하도록 필요한 서식을 제공하고 있다. 부록 [재산목록 보고서] 참조

(4) 재산목록작성 전의 권한 행사 제한

미성년후견인은 재산조사와 목록작성을 완료하기까지는 긴급 필요한 경우가 아니면 그 재산에 관한 권한을 행사하지 못한다(민 제943조 본문). 여기서 「긴급 필요한 경우」란 재산목록 작성 전에 이를 하지 않으면 피후견인의 신상 또는 재산에 관하여 후일 이를 회복하기 어려운 불이익을 가져오게 되는 경우를 말한다.[180] 그 예로는 소멸시효의 중단, 채권자대위, 긴급히 필요한 건물의 수선, 채무자의 재산에 대한 가압류 등을 들 수 있다.

이에 위반하여 미성년후견인이 재산목록의 작성 전에 긴급히 필요하지 않는 행위를 한 경우에는 무권대리 행위가 된다. 따라서 피후견인이 성년자가 된 후에 미성년후견인의 행위를 추인하지 않는 한 피후견인에 대하여 효력이 생기지 아니한다. 그러나 미성년후견인의 행위가 재산목록 작성 전의 긴급히 필요한 경우인지 여부는 제3자에게 반드시 분명한 것은 아니다. 그래서 선의의 제3자를 보호하고 거래의 안전을 도모하기 위해 재산목록 작성 전의 권한 행사에 대한 제한은 선의의 제3자에게 대항하지 못하도록 규정하고 있다(민 제943조 단서).

미성년후견인이 한 행위가 선의의 제3자에게 대항할 수 없는 결과 미성년후견인이 한 행위는 피후견인에게 미친다. 이 경우 피후견인에게 불이익이 생긴 때에는 미성년후견인은 피후견인에 대하여 선관의무위반을 이유로 불법행위책임을 부담할 가능성이 있다. 제3자가 악의인 경우에는 미성년후견인의 행위는 무권대리가 되므로 제3자가 미성년후견인으로부터 수령한 금전 등의 급부는 부당이득으로서 이를 피후견인에게 반환하여야 한다.

180) 대법원 1997.11.28. 선고 97도1368 판결

나. 채권·채무의 제시

미성년후견인과 미성년자인 피후견인 사이에 채권·채무의 관계가 있고 미성년후견감독인이 있는 경우에는 미성년후견인은 재산목록 작성을 완료하기 전에 그 내용을 후견감독인에게 제시하여야 한다(민 제942조제1항). 미성년후견인이 피후견인에 대한 자기의 채권을 과대하게 또는 채무를 과소하게 평가하여 재산목록을 작성할 가능성이 있기 때문이다. 미성년후견인이 피후견인에 대한 채권이 있음을 알고도 이러한 제시를 게을리 한 경우에는 그 채권을 포기한 것으로 본다(동조 제2항). 포기한 채권은 후견사무가 종료하더라도 부활하지 않는다.

이러한 제시의무는 미성년후견감독인이 지정 또는 선임되어 있지 아니한 때에는 면제되며, 해당 채권·채무의 내용을 재산목록에 기재하면 충분하다. 따라서 채권·채무의 제시를 하지 않더라도 채권을 포기한 것으로 간주되지 않는다.[181] 더구나 미성년후견감독인이 없다고 하여 채권·채무의 제시를 가정법원에 해야 하는 것도 아니다.

다. 피후견인이 취득한 포괄적 재산의 조사 등

미성년후견인이 취임한 후에 피후견인이 포괄적 재산을 취득한 경우(상속, 포괄적 수증)에도 미성년후견인은 재산조사와 2개월 내에 목록 작성, 채권·채무의 제시, 목록 작성 전의 권한 행사 제한 등 취임 당시와 동일한 의무를 진다(민 제944조).

라. 지출금액의 예정

2011년 개정 민법 제955조의2의 제목은 「지출금액의 예정…」으로 되어 있지만 정작 조문에는 후견인이 취임 초기에 지출금액을 예정하도록 하는 내용이 누락되었다. 실무상 재산목록 보고서의 일부로서 수입 및 지출내역을 기재하여 제출하도록 처리하고 있다. 부록 [재산목록 보고서] 참조

일본 민법 제861조 제1항은 "후견인은 취임 초기에 피후견인의 생활, 교육 또는 요양감호 및 재산관리를 위하여 매년 지출할 금액을 예정하여야 한다."고 규정하고 있다.

---

181) 윤진수·현소혜(주18), 106면

3. 미성년자의 신분에 관한 권리·의무

제945조(미성년자의 신분에 관한 후견인의 권리·의무) 미성년후견인은 제913조부터 제915조까지에 규정한 사항에 관하여는 친권자와 동일한 권리와 의무가 있다. 다만, 다음 각 호의 어느 하나에 해당하는 경우에는 미성년후견감독인이 있으면 그의 동의를 받아야 한다.

1. 친권자가 정한 교육방법, 양육방법 또는 거소를 변경하는 경우
2. 미성년자를 감화기관이나 교정기관에 위탁하는 경우
3. 친권자가 허락한 영업을 취소하거나 제한하는 경우

[전문개정 2011.3.7]

제946조(친권 중 일부에 한정된 후견) 미성년자의 친권자가 제924조의2, 제925조 또는 제927조제1항에 따라 친권 중 일부에 한정하여 행사할 수 없는 경우에 미성년후견인의 임무는 제한된 친권의 범위에 속하는 행위에 한정된다.

[전문개정 2011.3.7] 〈개정 2014.10.15. 시행 2015.10.16〉

제948조(미성년자의 친권의 대행) ① 미성년후견인은 미성년자를 갈음하여 미성년자의 자녀에 대한 친권을 행사한다.

② 제1항의 친권행사에는 미성년후견인의 임무에 관한 규정을 준용한다.

[전문개정 2011.3.7]

가. 친권자와 동일한 권리·의무

(1) 의의

미성년후견은 친권의 보충 내지 연장이라고 할 수 있고, 미성년후견인은 피후견인인의 신분에 관한 사항에 대하여 친권자의 역할을 대신하게 되므로, 그 당연한 결과로서 친권자와 동일한 권리·의무가 있다. 다만 친권자와 달리 그 임무 수행에 관하여 일정한 제한을 받는다.

(2) 보호·교양에 관한 권리·의무

미성년후견인은 피후견인을 보호·교양할 권리·의무가 있다(민 제945조➡제913조). 다만, 친권자가 정한 교육방법·양육방법을 변경하는 경우에는 미성년후견감독인이 있으면 그의 동의를 받아야 한다(민 제945조제1호). 미성년후견감독인은 임의기관이므로 후견감독인이 선임되어 있지 않을 때에는 후견인의 자유로운 판단으로 변경할 수 있다고 해석된다.

(3) 거소 지정 및 변경에 관한 권리

미성년후견인은 피후견인의 거소를 지정할 수 있지만(민 제945조➡제914조), 친권자가 정한 거소를 변경하는 경우에는 미성년후견감독인이 있으면 그의 동의를 받아야 한다(민 제945조제1호). 미성년후견감독인이 선임되어 있지 않을 때에는 후견인의 판단으로 변경할 수 있다고 해석된다.

(4) 징계에 관한 권리

미성년후견인은 피후견인을 보호·교양하기 위하여 필요한 징계를 할 수 있다(민 제945조➡제915조). 다만, 징계의 일환으로서 피후견인을 감화(感化)·교정기관에 위탁하기 위해서는 미성년후견감독인이 있으면 그의 동의를 받아야 한다(민 제945조제2호). 뿐만 아니라 피후견인을 감화 또는 교정기관에 위탁하는 것은 신체의 자유를 제한하고 신체를 구속하는 조치를 수반하는 것이므로, 가정법원의 허가도 받아야 한다.[182] 미성년후견감독인이 선임되어 있지 않을 때에는 가정법원의 허가만 받으면 된다.

제2장 [서식 3-12] 참조

(5) 영업의 취소·제한

친권자가 미성년자에게 허락한 영업을 미성년후견인이 취소하거나 제한하는 경우에는 미성년후견감독인이 있으면 그의 동의를 받아야 한다(민 제945조제3호). 미성년후견감독인이 선임되어 있지 않을 때에는 후견인의 자유로운 판단으로 결정할 수 있다고 해석된다.

(6) 선관주의의무

후견인에 대하여 수임인의 선관의무가 준용되므로(민 제956조➡제681조), 미성년후견인은 피후견인의 신상에 관하여 선량한 관리자의 주의로써 후견사무를 처리하여야 한다.

(7) 비용부담

미성년후견인은 미성년자를 보호·교양하기 위하여 비용을 들일 수 있

---

182) 가사실무제요(주16), 310면

으나, 그 비용은 후견인이 스스로 부담하는 것은 아니고 미성년자의 재산에서 지출하거나 부양의무자가 부담하여야 한다.

나. 신분행위의 대리권과 동의권

(1) 대리권을 가지는 경우

① 미성년후견인은 법정대리인으로서 혼인적령(18세)을 위반하거나 미성년자가 부모의 동의를 얻지 않고 한 혼인에 대하여 그 취소를 청구할 수 있다(민 제817조). ② 미성년후견인은 피후견인인 미성년자의 부 또는 모를 상대로 하여 인지청구의 소를 제기할 수 있다(민 제863조). ③ 양자가 될 사람이 13세 미만인 일반입양과 친양자 입양에 대하여 미성년후견인은 법정대리인으로서 피후견인을 갈음하여 입양을 승낙한다(민 제869조제2항, 제908조의2제1항제5호). ④ 양부모가 될 사람은 성년이 된 사람이어야 하는데(민 제866조), 미성년후견인은 법정대리인으로서 미성년자가 양부모가 된 입양의 취소를 청구할 수 있다(민 제885조). ⑤ 미성년자가 동의권자의 동의를 얻지 않고 양자가 되었을 때의 동의권자인 미성년후견인은 입양의 취소를 청구할 수 있다(민 제886조). ⑥ 상속인이 미성년자인 경우에는 미성년후견인은 상속이 개시된 것을 안 날부터 3월내에 피후견인의 상속승인 또는 포기를 할 수 있다(민 제1019조, 제1020조). ⑦ 그 밖에 미성년후견인은 법정대리인으로서 혼인무효 및 이혼무효의 소(가소 제23조), 인지무효의 소(가소 제28조), 입양무효 및 파양무효의 소(가소 제31조) 등 신분관계의 소송을 제기할 수 있다.

(2) 동의권을 가지는 경우

① 미성년자가 약혼이나 혼인을 하는 경우에는 부모의 동의를 받아야 하며, 부모 중 한쪽이 동의권을 행사할 수 없을 때에는 다른 한쪽의 동의를 받아야 하고, 부모가 모두 동의권을 행사할 수 없을 때에는 미성년후견인의 동의를 받아야 한다(민 제801조, 제808조제1항). ② 일반양자 또는 친양자가 될 사람이 13세 이상의 미성년자인 경우에는 미성년후견인은 법정대리인으로서 일반입양 또는 친양자 입양에 동의를 할 수 있다(민 제869조제1항, 제908조의2제1항제4호).

다. 의료행위에 대한 동의권 및 그 제한

(1) 문제의 소재

성년후견의 경우 피성년후견인은 자신의 신상에 관하여 그의 상태가 허락하는 범위에서 단독으로 결정함이 원칙이다(민 제947조의2제1항). 다만, 피성년후견인의 신체를 침해하는 의료행위에 대하여 피성년후견인이 동의할 수 없는 경우에는 성년후견인은 그를 대신하여 동의할 수 있다(동조 제3항). 더 나아가 피성년후견인이 의료행위의 직접적인 결과로 사망하거나 상당한 장애를 입을 위험이 있을 때에는 원칙적으로 가정법원의 사전허가를 받아야 한다(동조 제4항 본문). 그런데 미성년후견의 경우에는 이를 준용하는 명문의 규정은 없다. 따라서 명시적으로 성년후견에 한정하여 규정한 민법 제947조의2(제959조의6에 의해 한정후견에 준용되는 경우도 포함)를 미성년후견의 경우에도 유추적용할 수 있는지 여부가 문제된다.[183)]

(2) 의료행위의 동의

의료행위에는 원칙적으로 환자 본인의 동의가 필요하지만, 환자가 미성년자인 경우 누가 의료행위에 동의를 하여야 하는지 의문이다. 만약, 일정한 연령에 도달한 미성년자가 자신에 대한 의료행위에 관하여 친권자나 미성년후견인을 배제하고 단독으로 동의할 수 있다고 해석하면, 그것은 미성년자인 자녀를 보호하고 교양할 권리의무에 관한 규정(민 제913조, 제945조)과 정면으로 충돌한다는 점에서 쉽게 수긍하기 어렵다. 따라서 미성년자의 연령이나 구체적 사안에 따라 미성년자에게 의료행위에 대한 동의능력을 인정하더라도 친권자나 미성년후견인의 권한을 배제하고 단독으로 동의권을 행사할 수는 없다고 할 것이다. 다만, 친권자가 친권을 행사할 때나 미성년후견인이 후견사무를 수행할 때 미성년자의 의사를 존중하여 그에게 최대한 이익이 되는 방향으로 처리를 하여야 할 것이다.

(3) 동의에 대한 허가 여부

친권자 또는 미성년후견인이 침습적 의료행위에 동의를 할 경우 아무런 제한을 받지 않는지 문제될 수 있다. 이에 관하여 가사소송법은 미성

183) 김형석, "피후견인의 신상결정과 그 대행", 가족법연구 제28권 제2호(2014.7), 269면

년자의 신체를 침해하는 중요한 의료행위의 동의에 대한 허가를 가정법원이 관장하는 라류 가사비송사건의 한 유형으로 규정하고 있다[가소 제2조제1항제2호가목21)]. 또한 의료행위의 동의에 대한 허가심판을 하는 경우에는 미성년자인 피후견인(피후견인이 될 사람을 포함)의 진술을 들어야 하고(가소 제45조의3제1항제9호), 그러한 허가심판에 대하여 미성년자·미성년자의 부모와 친족·미성년후견인·미성년후견감독인·검사·지방자치단체의 장이 즉시항고를 할 수 있다(가소규 제67조제1항제3호)고 규정한 것은 미성년후견인이 미성년자를 위해 의료행위에 동의할 때 민법 제947조의2 제4항에 따른 가정법원의 허가를 받아야 한다는 것을 전제로 하고 있다고 볼 수 있다.

따라서 명문의 준용규정은 없지만, 미성년자가 의료행위의 직접적인 결과로 사망하거나 상당한 장애를 입을 위험이 있을 때에는 미성년후견인은 의료행위에 동의를 함에 있어서 가정법원의 허가를 받아야 하는 것으로 민법 제947조의2 제4항 본문을 유추적용할 수 있다고 본다.

제2장 [서식 3-13] 참조

라. 친권 중 일부에 한정된 미성년후견

가정법원은 거소의 지정이나 징계, 그 밖의 신상에 관한 결정 등 특정한 사항에 관하여 친권자가 친권을 행사하는 것이 곤란하거나 부적당한 사유가 있어 자녀의 복리를 해치거나 해칠 우려가 있는 경우에는 일정한 범위의 청구권자의 청구에 의하여 구체적인 범위를 정하여 친권의 일부 제한을 선고할 수 있다(민 제924조의2). 이에 따라 친권자가 친권 중 일부에 한정하여 행사할 수 없는 경우에 미성년후견인의 임무는 제한된 친권의 범위에 속하는 행위에 한정된다(민 제946조).

마. 친권의 대행

혼인하지 않은 미성년자가 자녀를 출산한 경우에 미성년자는 그 자녀에 대하여 친권을 행사할 수 없다. 이 경우에는 미성년후견인이 미성년자를 갈음하여 혼인하지 아니한 미성년자가 낳은 자녀에 대한 친권을 행사한다. 이러한 친권행사에는 미성년후견인의 임무에 관한 규정을 준용한다(민 제948조).

4. 미성년자의 재산에 관한 권리·의무

제949조(재산관리권과 대리권) ① 후견인은 피후견인의 재산을 관리하고 그 재산에 관한 법률행위에 대하여 피후견인을 대리한다.
② 제920조 단서의 규정은 전항의 법률행위에 준용한다.

제949조의3(이해상반행위) 후견인에 대하여는 제921조를 준용한다. 다만, 후견감독인이 있는 경우에는 그러하지 아니하다. [본조신설 2011.3.7]

제950조(후견감독인의 동의를 필요로 하는 행위) ① 후견인이 피후견인을 대리하여 다음 각 호의 어느 하나에 해당하는 행위를 하거나 미성년자의 다음 각 호의 어느 하나에 해당하는 행위에 동의를 할 때는 후견감독인이 있으면 그의 동의를 받아야 한다.

1. 영업에 관한 행위
2. 금전을 빌리는 행위
3. 의무만을 부담하는 행위
4. 부동산 또는 중요한 재산에 관한 권리의 득실변경을 목적으로 하는 행위
5. 소송행위
6. 상속의 승인, 한정승인 또는 포기 및 상속재산의 분할에 관한 협의

② 후견감독인의 동의가 필요한 행위에 대하여 후견감독인이 피후견인의 이익이 침해될 우려가 있음에도 동의를 하지 아니하는 경우에는 가정법원은 후견인의 청구에 의하여 후견감독인의 동의를 갈음하는 허가를 할 수 있다.
③ 후견감독인의 동의가 필요한 법률행위를 후견인이 후견감독인의 동의 없이 하였을 때에는 피후견인 또는 후견감독인이 그 행위를 취소할 수 있다.
[전문개정 2011.3.7]

제951조(피후견인의 재산 등의 양수에 대한 취소) ① 후견인이 피후견인에 대한 제3자의 권리를 양수(讓受)하는 경우에는 피후견인은 이를 취소할 수 있다.
② 제1항에 따른 권리의 양수의 경우 후견감독인이 있으면 후견인은 후견감독인의 동의를 받아야 하고, 후견감독인의 동의가 없는 경우에는 피후견인 또는 후견감독인이 이를 취소할 수 있다.
[전문개정 2011.3.7]

제952조(상대방의 추인 여부 최고) 제950조 및 제951조의 경우에는 제15조를 준용한다. [전문개정 2011.3.7]

제955조의2(지출금액의 예정과 사무비용) 후견인이 후견사무를 수행하는 데 필요한 비용은 피후견인의 재산 중에서 지출한다. [본조신설 2011.3.7]

제956조(위임과 친권의 규정의 준용) 제681조 및 제918조의 규정은 후견인에게 이를 준용한다.

가. 법률행위 대리권과 재산관리권

(1) 의의

미성년후견인은 피후견인의 법정대리인이 되어(민 제938조제1항) 피후견인의 재산을 관리하고 그 재산에 관한 법률행위에 관하여 피후견인을 대리한다(민 제949조제1항). 여기서 「재산의 관리」라 함은 목적물의 보존·개량 또는 이용을 목적으로 하는 사실상 또는 법률상의 행위를 뜻하며, 관리의 목적을 달성하기 위한 범위 내에서는 처분행위도 할 수 있다. 다만, 중요한 행위에 대하여는 후견감독인의 동의를 받아야 하는 제한이 있다(민 제950조제1항). 미성년후견인이 피후견인을 위하여 피후견인의 재산에 관한 법률행위나 소송행위를 할 때에는 피후견인의 명의로 하여야 한다.[184]

(2) 제3자가 피후견인에게 무상으로 수여한 재산의 관리

제3자가 피후견인에게 무상으로 재산을 수여하면서 미성년후견인의 재산관리를 반대하는 의사표시를 한 때에는 그 재산에 대한 미성년후견인의 법정대리인으로서의 재산관리권은 배제된다(민 제956조➡제918조제1항). 이 경우 제3자는 그 수여재산의 관리인을 지정할 수 있으나, 그 관리권이 소멸하거나 개임할 필요가 있는 경우에 제3자가 다시 관리인을 지정하지 아니한 때 또는 당초부터 재산관리인을 지정하지 아니한 때에는 피후견인 또는 그 친족의 청구에 따라 가정법원이 재산관리인을 선임하거나 개임하며(민 제918조제2항, 제3항), 그 재산관리인에 대하여는 부재자의 재산관리에 관한 규정이 준용된다(동조 제4항).[185] 제2장 [서식 3-15] [3-16] 참조

(3) 선관주의의무

친권자의 경우에는 그 자녀에 대한 법률행위의 대리권 또는 재산관리권을 행사함에는 자기의 재산에 관한 행위와 동일한 주의를 하면 족하지만(민 제922조), 미성년후견인은 피후견인의 재산을 선량한 관리자의 주의로써 관리하여야 한다(민 제956조➡제681조).

---

184) 대법원 1965.7.6. 선고 65다919 판결

185) 상세한 설명은 친권자에 관한 부분[본장 제2절 Ⅳ. 3. 라.] 참조

(4) 재산관리비용

후견인은 피후견인의 재산으로부터 재산관리비용을 지급받을 수 있으나(민 제955조의2), 그 재산으로부터 수익할 권한은 인정되지 않는다.

(5) 피후견인의 법률행위에 대한 동의권

피후견인에게 의사능력이 있을 때에는 미성년후견인은 동의를 하여 피후견인이 유효한 법률행위를 하게 할 수도 있다.

(6) 그 밖의 사항

미성년후견인이 피후견인의 행위를 목적으로 하는 채무를 부담할 경우에는 피후견인의 동의를 얻어야 한다(동조 제2항➡제920조 단서). 미성년후견인은 피후견인을 대리하여 근로계약을 체결하거나 임금청구를 할 수 없지만(근기 제9조, 제67조제1항), 근로계약이 미성년자에게 불리하면 이를 해지할 수 있다(동조 제2항).

나. 중요한 행위에 대한 제한

(1) 의의

미성년후견인은 미성년자의 법률행위에 대한 동의권 및 대리권을 갖지만, 이를 남용할 경우에는 피후견인의 재산에 심각한 손해가 발생할 우려가 있으므로, 일정한 유형의 법률행위에 대하여 미성년후견감독인의 동의를 받도록 제한을 하고 있다.

(2) 행위의 제한

미성년후견인이 미성년자를 대리하여 ① 영업에 관한 행위, ② 금전을 빌리는 행위, ③ 의무만을 부담하는 행위, ④ 부동산 또는 중요한 재산에 관한 권리의 득실변경을 목적으로 하는 행위, ⑤ 소송행위, ⑥ 상속의 승인, 한정승인 또는 포기 및 상속재산의 분할에 관한 협의를 하거나, 미성년자의 이러한 행위에 동의를 할 때에는 미성년후견감독인이 있으면 그의 동의를 받아야 한다(민 제950조제1항).

미성년후견감독인의 동의를 받아야 하는 중요한 행위에 관하여 좀 더 상세히 살펴보면, ① **영업**이란 널리 영리를 목적으로 하는 계속적이고 독립적인 업무를 경영하는 것을 말하고, ② **금전**을 빌리는 행위란 소비대차뿐만 아니라 준소비대차도 포함하며, 약속어음의 발행·배서 등도 여기에 포함된다. ③ **의무**만을 부담하는 행위란 채무인수, 연대채무의 부담, 보증, 담보제공계약, 증여를 하는 것과 같이 권리는 취득하지 않고 의무만을 부담하는 행위를 말한다. ④ **부동산** 또는 중요한 재산에 관한 권리의 득실변경을 목적으로 하는 행위에는 증여, 매매 등 직접 권리의 득실을 목적으로 하는 행위뿐만 아니라 권리상실의 위험을 수반하는 소비대차, 소비임치, 저당권설정 등도 포함된다. 저작권·특허권·상표권과 같은 무채재산권 등의 득실을 목적으로 하는 행위도 여기에 포함된다. ⑤ **소송행위**란 민사소송의 원고로서 소송을 하는 것을 말하고, 가사소송의 제기도 포함되며, 심급마다 동의를 얻을 필요는 없다. 그러나 피고로서 응소하는 것, 증인·감정인으로서 법원에 출석하여 진술하는 것, 형사소송행위나 비송사건의 신청은 여기서 말하는 소송행위에 포함되지 않는다. ⑥ 미성년후견인은 미성년자를 대리하여 **상속**의 승인, 한정승인 또는 포기를 할 수 있으나, 미성년후견인이 피후견인 이외의 다른 공동상속과 통모하여 피후견인에게 불리한 결정을 할 수 있으므로 미성년후견감독인의 동의를 받도록 한 것이다. 또한 미성년후견인이 피후견인을 대리하여 상속재산의 분할에 관한 협의를 하는 경우에도 사실상 상속을 포기하면 피후견인은 불리한 상황에 처하게 되므로 사전에 미성년후견감독인의 동의를 받도록 한 것이다.

(3) 미성년후견감독인이 동의하지 않는 경우

미성년후견감독인의 동의가 필요한 행위에 대하여 후견감독인이 피후견인의 이익이 침해될 우려가 있음에도 동의를 하지 아니하는 경우에는 가정법원은 미성년후견인의 청구에 의하여 후견감독인의 동의를 갈음하는 허가를 청구할 수 있다(민 제950조제2항). 후견감독인의 동의권한 남용으로부터 피후견인을 보호하기 위한 것이다. 제2장 [서식 3-23] 참조

(4) 동의 없이 행한 법률행위의 효력

미성년후견감독인의 동의가 필요한 법률행위를 미성년후견인이 후견감독인의 동의 없이 하였을 때에는 피후견인 또는 후견감독인이 그 행위를 취소할 수 있다(민 제950조제3항). 이러한 취소권은 형성권으로서 민법 제146조에 규정된 취소권의 존속기간은 제척기간이라고 보아야 할 것이지만, 그 제척기간 내에 소를 제기하는 방법으로 권리를 재판상 행사하여야만 되는 것은 아니고, 재판 외에서 의사표시를 하는 방법으로도 권리를 행사할 수 있다.[186] 이러한 경우에 상대방의 미성년후견감독인에 대한 추인여부의 최고에는 상대방의 확답을 촉구할 권리(민 제15조)에 관한 규정이 준용된다(민 제952조). 미성년후견감독인의 동의를 필요로 함에도 미성년후견인이 그 동의를 받지 않고 대리행위를 하였는데, 행위의 상대방이 과실 없이 동의를 얻은 것으로 믿고, 그렇게 믿을 만한 정당한 이유가 있으면 민법 제126조의 표현대리가 성립한다.[187]

한편, 법률행위와는 달리 미성년후견인이 후견감독인의 동의를 얻지 아니한 소송행위의 경우에는 절차적 안정이 요구되는 성격상 취소할 수 있는 것이 아니라 무효로 된다. 다만, 미성년후견인의 소송행위에 필요한 후견감독인의 동의는 보정되면 행위시에 소급하여 그의 효력이 생기고 그 보정은 상고심에서도 할 수 있다.[188]

(5) 미성년후견감독인이 없는 경우

2011년 개정 민법은 후견감독인을 임의기관으로 규정했으므로, 후견감독인이 선임되지 않은 상태에서 미성년후견인이 민법 제950조에서 정한 법률행위를 하거나 미성년자의 법률행위에 동의할 때에는 미성년후견인이 단독으로 할 수 있다고 해석된다.[189] 만약 미성년후견인의 권한남용이 의심된다면 먼저 미성년후견인에 대한 직무집행정지의 사전처분을 받은 후, 가정법원의 직권 또는 일정한 자의 청구에 의하여 미성년후견감

---

186) 대법원 1993.7.27. 선고 92다52795 판결

187) 대법원 1997.6.27. 선고 97다3828 판결

188) 대법원 2001.7.27. 선고 2001다5937 판결

189) 백승흠(주158), 36면 ; 주해친족법(주141), 1322면

독인을 선임하는 수밖에 없을 것이다.[190)]

다. 미성년후견인과 피후견인 사이의 이해상반행위[191)]

(1) 의의

미성년후견인과 피후견인 사이에 이해상반되는 행위를 함에는 미성년후견인은 법원에 피후견인의 특별대리인의 선임을 청구하여야 한다. 또한 미성년후견인이 수인의 피후견인 사이에 이해상반되는 행위를 함에는 법원에 그 피후견인 일방의 특별대리인의 선임을 법원에 청구하여야 한다(민 제949조의3 전단➡제921조).[192)]

제2장 [서식 3-17] 참조

(2) 미성년후견감독인이 있는 경우

미성년후견감독인이 선임되어 있는 경우에는 미성년후견인과 피후견인 사이에 이해가 상반되는 행위에 관하여는 미성년후견감독인이 피후견인을 대리하므로(민 제940조의6제3항), 특별대리인의 선임을 청구할 필요가 없다(민 제949조의3 후단).

라. 피후견인에 대한 제3자의 권리양수에 대한 제한

미성년후견인은 피후견인에 대한 제3자의 권리를 양수할 수 있다. 다만, 이러한 행위는 피후견인의 이익을 침해할 수 있으므로, 피후견인은 이를 취소할 수 있다(민 제951조제1항).

미성년후견인이 피후견인에 대한 제3자의 권리를 양수하는 경우 미성년후견감독인이 있으면 후견인은 후견감독인의 동의를 받아야 하고, 후견감독인의 동의가 없는 경우에는 피후견인 또는 미성년후견감독인이 이를 취소할 수 있다(민 제951조제2항). 이러한 행위는 피후견인과 후견인 사

---

190) 윤진수·현소혜(주18), 124면

191) 이해상반행위의 판단기준, 위반의 효력 등에 관하여는 친권자와 미성년자인 자녀 사이의 이해상반행위에 관한 설명 부분[본장 제2절 Ⅳ. 3. 바.] 참조

192) 종전에는 이에 관하여 민법에 아무런 규정이 없음에도 가사소송법에서는 라류 가사비송사건으로 규정하고 있었으나, 2011년 개정 민법에서 제949조의3을 신설하여 실체법적인 근거를 마련하였다.

이의 이익을 충돌시킬 우려가 있기 때문이다. 이러한 경우에 상대방의 피후견인 또는 미성년후견감독인에 대한 추인여부의 최고에는 상대방의 확답을 촉구할 권리(민 제15조)에 관한 규정이 준용된다(민 제952조).

마. 친권 중 일부에 한정된 미성년후견

미성년자의 친권자가 친권의 일부 제한의 선고(민 제924조의2) 또는 법률행위의 대리권·재산관리권 상실의 선고(민 제925조)를 받았거나 법률행위의 대리권·재산관리권을 사퇴(민 제927조제1항)함으로써 친권 중 일부에 한정하여 행사할 수 없는 경우에 미성년후견인의 임무는 제한된 친권의 범위에 속하는 행위에 한정된다(민 제946조).

바. 후견인의 보수

미성년후견인은 후견임무를 수행하는 데에 상당한 시간과 노력을 들여야 하기 때문에, 가정법원은 후견인의 청구에 의하여 피후견인의 재산상태 기타 사정을 참작하여 피후견인의 재산 중에서 상당한 보수를 후견인에게 수여할 수 있다(민 제955조). 제2장 [서식 3-19] 참조

타인을 위한 후견사무를 수행한다는 것은 후견인 자신의 입장에서 볼 때에는 타인을 위해서 일을 해주는 것을 의미하므로 보수청구를 할 수 있도록 하는 것은 당연하지만, 반드시 보수를 주어야 한다는 것도 피후견인에게 가혹한 경우도 있을 것이다.[193]

보수청구의 시기에는 아무런 제한이 없다. 통상적으로는 후견임무를 완료한 때이지만, 후견이 장기화되는 경우에는 아직 임무수행 중에도 정기급(1년 단위)으로 보수를 청구할 수 있다.[194] 후견인이 후견임무 수행 중 사망하거나 아직 보수청구를 하지 않은 상태에서 사망한 경우에는 그 상속인이 보수를 청구할 수 있다.

---

193) 박상호·예철희(주157), 293면

194) 박동섭(주15), 399면 ; 주해친족법(주141), 1335면

Ⅴ. 미성년후견사무의 감독

1. 미성년후견감독인

제940조의2(미성년후견감독인의 지정) 미성년후견인을 지정할 수 있는 사람은 유언으로 미성년후견감독인을 지정할 수 있다. [본조신설 2011.3.7]

제940조의3(미성년후견감독인의 선임) ① 가정법원은 제940조의2에 따라 지정된 미성년후견감독인이 없는 경우에 필요하다고 인정하면 직권으로 또는 미성년자, 친족, 미성년후견인, 검사, 지방자치단체의 장의 청구에 의하여 미성년후견감독인을 선임할 수 있다.
② 가정법원은 미성년후견감독인이 사망, 결격, 그 밖의 사유로 없게 된 경우에는 직권으로 또는 미성년자, 친족, 미성년후견인, 검사, 지방자치단체의 장의 청구에 의하여 미성년후견감독인을 선임한다.
[본조신설 2011.3.7]

제940조의5(후견감독인의 결격사유) 제779조에 따른 후견인의 가족은 후견감독인이 될 수 없다. [본조신설 2011.3.7]

제940조의6(후견감독인의 직무) ① 후견감독인은 후견인의 사무를 감독하며, 후견인이 없는 경우 지체 없이 가정법원에 후견인의 선임을 청구하여야 한다.
② 후견감독인은 피후견인의 신상이나 재산에 대하여 급박한 사정이 있는 경우 그의 보호를 위하여 필요한 행위 또는 처분을 할 수 있다.
③ 후견인과 피후견인 사이에 이해가 상반되는 행위에 관하여는 후견감독인이 피후견인을 대리한다.
[본조신설 2011.3.7]

제940조의7(위임 및 후견인 규정의 준용) 후견감독인에 대하여는 제681조, 제691조, 제692조, 제930조제2항·제3항, 제936조제3항·제4항, 제937조, 제939조, 제940조, 제947조의2제3항부터 제5항까지, 제949조의2, 제955조 및 제955조의2를 준용한다. [본조신설 2011.3.7]

제953조(후견감독인의 후견사무의 감독) 후견감독인은 언제든지 후견인에게 그의 임무 수행에 관한 보고와 재산목록의 제출을 요구할 수 있고 피후견인의 재산상황을 조사할 수 있다. [전문개정 2011.3.7]

가. 친족회의 폐지와 후견감독인제도의 도입

2011년 개정 민법에서는 그동안 후견인에 대한 실질적인 감독기능을 수행하지 못했던 친족회가 전면 폐지되고 그 대신 후견감독인제도가 도입되었으므로, 종전에 친족회가 수행하였던 기능과 역할은 대부분 후견감독인이 맡게 되었다. 하지만 후견감독인은 필수기관이 아니라 가정법원이 재량으로 선임할 수 있는 임의기관이므로 후견감독인이 없는 경우도 있을 수 있고, 실제로 후견감독인을 선임하는 것은 예외적이다.

나. 미성년후견감독인의 지정 또는 선임

(1) 친권자가 유언으로 지정한 미성년후견감독인

미성년후견인을 지정할 수 있는 사람은 유언으로 미성년후견감독인을 지정할 수 있다(민 제940조의2). 이는 친권자의 의사를 최대한 존중하기 위하여 미성년자에게 친권을 행사하던 사람이 자신의 사망 후에 미성년자를 보호할 후견인뿐만 아니라 그를 감독할 기관인 미성년후견감독인도 미리 유언으로 지정할 수 있도록 한 것이다.

(2) 가정법원이 선임한 미성년후견감독인

친권자가 유언으로 미성년후견감독인을 지정하지 않은 경우에 가정법원은 필요하다고 인정하면 직권으로 또는 미성년자, 친족, 미성년후견인, 검사, 지방자치단체의 장의 청구에 의하여 미성년후견감독인을 선임할 수 있다(민 제940조의3제1항). 필요하지 않다고 인정하면 선임하지 않을 수도 있으므로 반드시 미성년후견감독인을 선임하여야 하는 것은 아니며, 나중이라도 필요하다고 판단하면 가정법원은 언제든지 직권으로 또는 일정한 자의 청구에 의하여 미성년후견감독인을 선임할 수 있다.

제2장 [서식 3-20] 참조

이처럼 후견감독인을 **임의기관**으로 한 것에 대하여 입법과정에서 상당한 비판이 있었다.[195] 그러나 2011년 개정 민법은 후견업무에 대한 전문성·객관성을 가진 직업적 후견인을 선임하는 방향으로 제도가 정착될 것으로 예정하고 있으므로 감독의 필요성이 감소할 뿐만 아니라, 후견감독인을 필수기관으로 할 경우 그에 대한 보수를 지급해야 하는 피후견인의 부담이 과도해 질 것을 염려하여 이를 임의기관으로 설계한 것이다.[196]

---

195) 김상용, “성년후견법안의 문제점”, 법률신문 제3787호(2009.10.22), 15면 ; 김은효, “민법(성년후견)일부 개정안에 대한 소론”, 법률신문 제3793호(2009.11.16), 15면 ; 박인환, “새로운 성년후견제 도입을 위한 민법개정안의 검토”, 가족법연구 제24권 제1호(2010.3), 50~51면 ; 김명엽, “성년후견제도 도입을 위한 법무부 입법안의 개선에 관한 연구”, 법과 정책 제16집 제2호(2010.8), 35~36면

한편, 친권자가 유언에 의해 지정한 미성년후견감독인 또는 가정법원이 선임한 미성년후견감독인이 사망, 결격, 그 밖의 사유로 없게 된 경우에는 가정법원은 직권으로 또는 미성년자, 친족, 미성년후견인, 검사, 지방자치단체의 장의 청구에 의하여 미성년후견감독인을 선임한다(민 제940조의3제2항). 이 경우에도 반드시 미성년후견감독인을 선임해야만 하는 것은 아니므로, 가정법원은 더 이상 미성년후견감독인이 필요하지 않다고 인정하면 그 청구를 기각할 수도 있다는 견해가 있다.[197] 그러나 법문상 「선임할 수 있다」가 아니라 「선임한다」라고 규정하고 있으므로, 가정법원이 반드시 미성년후견감독인을 선임하여야 한다고 본다.[198]

다. 미성년후견감독인의 결격사유

미성년후견인의 결격사유에 해당하는 사람은 미성년후견감독인도 될 수 없다(민 제940조의7➡제937조).[199] 또한 후견인의 가족은 후견감독인이 될 수 없다(민 제940조의5). 여기서 후견인의 가족이란 ① 후견인의 배우자, 직계혈족 및 형제자매, ② 후견인과 생계를 같이하는 직계혈족의 배우자, 배우자의 직계혈족 및 배우자의 형제자매를 말한다(민 제779조). 사실혼 배우자는 이에 해당하지 않는다. 이러한 가족관계에 있는 사람은 그 친밀성으로 인하여 미성년후견인에 대한 공정한 감독업무 수행이 어렵다는 점을 고려한 것이다.[200]

라. 미성년후견감독인의 권한과 직무

(1) 미성년후견사무의 감독

후견감독인은 임의기관이지만 일단 선임된 후에는 후견인의 사무 전반에 대한 포괄적인 감독권한 및 감독의무를 지게 된다(민 제940조의6제1항). 감독의무를 소홀히 한 때에는 후견감독인 변경사유가 될 수 있다.

---

196) 김형석(주152), 132면 ; 백승흠(주158), 34면 ; 윤진수·현소혜(주18), 96면

197) 윤진수·현소혜(주18), 96면

198) 주해친족법(주141), 1245면

199) 상세한 설명은 미성년후견인의 결격[본절 Ⅲ. 4.] 참조

200) 김형석(주152), 132면 ; 윤진수·현소혜(주18), 98면 ; 주해친족법(주141), 1253면

(2) 미성년후견인 선임청구권

미성년후견감독인은 미성년후견인이 없는 경우 지체 없이 가정법원에 후견인의 선임을 청구하여야 한다(민 제940조의6제1항). 미성년후견의 개시심판에도 불구하고 후견인선임이 이루어지지 않은 경우나 친권상실선고에도 불구하고 미성년후견인의 선임이 동시에 이루어지지 않은 경우 등 미성년후견인이 없게 되어 피후견인의 보호에 공백이 생기지 않도록 후견감독인에게 후견인의 선임을 청구하여야 할 의무를 부과한 것이다.

(3) 피후견인의 신상·재산에 관한 권한

후견감독인은 피후견인의 신상이나 재산에 대하여 급박한 사정이 있는 경우 그의 보호를 위하여 필요한 행위 또는 처분을 할 수 있다(민 제940조의6제2항). 피후견인의 신상보호와 재산관리는 원래 후견인의 직무와 권한에 속하는 것이지만, 시간적으로 급박하여 후견인이 직접 대리권이나 대행권 또는 동의권을 행사하거나 가정법원의 후견사무에 관한 처분(민 제954조)이 내려지기를 기다린다면 피후견인의 신상이나 재산에 회복하기 어려운 손해가 발생할 우려가 있는 경우, 피후견인의 보호를 위해 후견감독인이 직접 필요한 행위 또는 처분을 할 수 있도록 규정한 것이다.[201] 후견감독인은 그러한 한도 내에서 피후견인을 대리할 법정대리권도 갖지만,[202] 이는 어디까지나 임시적인 조치에 불과하므로, 적극적인 처분이나 개량행위보다는 응급한 수선, 보전처분, 시효중단 등 현상을 보전하거나 피해를 막는데 치중하는 것이 바람직하다.[203]

(4) 이해상반행위에 관한 대리권(특별대리인으로서의 지위)

후견인과 피후견인 사이에 이해상반되는 행위를 하는 경우 또는 후견인이 수인의 피후견인 사이에 이해상반되는 행위를 하는 경우에는 가정법원에 피후견인을 위한 특별대리인의 선임을 청구하여야 함이 원칙이다(민 제949조의3➡제921조 본문). 다만, 후견감독인이 선임되어 있는 경우에는

201) 주해친족법(주141), 1257면
202) 김형석(주152), 133면 ; 윤진수·현소혜(주18), 100면 ; 주해친족법(주141), 1258면
203) 구상엽(주154), 104면 ; 주해친족법(주141), 1258면

그가 특별대리인으로서의 역할을 담당할 수 있으므로 굳이 특별대리인 선임절차를 거칠 필요가 없다(민 제921조 단서). 이 경우 후견인과 피후견인 사이에 이해가 상반되는 행위에 관하여는 후견감독인이 피후견인을 대리한다(민 제940조의6제3항).

(5) 그 밖의 직무와 권한

그 밖에도 후견감독인은 ① 후견인의 재산조사 및 목록작성에 참여할 권한(민 제941조, 제944조), ② 후견인과 피후견인 사이의 채권·채무관계를 제시받을 권한(민 제942조제1항), ③ 미성년자의 신분에 관한 후견인의 권리·의무 중 일정한 사항에 대하여 동의할 권한(민 제945조 단서), ④ 일정한 범위 내의 후견인의 대리행위에 동의할 권한(민 제950조제1항), ⑤ 후견인이 제3자의 피후견인에 대한 권리를 양수할 경우 이에 동의할 권한(민 제951조제2항), ⑥ 후견인에게 임무수행보고와 재산목록 제출을 요구하고 재산상황을 조사할 수 있는 권한(민 제953조), ⑦ 후견사무 종료 시 재산관리계산에 참여할 권한(민 제957조제2항) 등이 있다.

마. 위임 및 후견인 규정의 준용

(1) 위임 관련 규정의 준용

후견감독인에 대하여 위임에 관한 일부 규정이 준용된다. 즉 ① 후견감독인은 그 감독업무의 본지에 따라 선량한 관리자의 주의로써 후견감독업무를 처리하여야 한다(민 제940조의7➡제681조). 미성년후견감독인이 선관의무를 위반하여 피후견인에게 손해가 발생한 경우에는 그 손해를 배상할 책임이 있다. 또한 ② 후견감독이 종료된 경우라도 급박한 사정이 있는 때에는 피후견인, 그 상속인이나 법정대리인이 위임사무를 처리할 수 있을 때까지 그 사무의 처리를 계속하여야 하며(민 제940조의7➡제691조), ③ 후견감독이 종료되었다는 사유는 이를 상대방에게 통지하거나 상대방이 이를 안 때가 아니면 이로써 상대방에게 대항하지 못한다(민 제940조의7➡제692조).

(2) 후견인 관련 규정의 준용

① 미성년후견감독인의 **자격**에 대하여 후견인에 관한 일부 규정이 준용된다. 따라서 미성년후견감독인은 여러 명을 둘 수 있다(민 제940조의7➡제930조제2항). 미성년후견감독인은 미성년후견인과는 달리 피후견인과의 대면접촉 등이 중요한 의미를 갖지 않으므로, 1인에 한정할 필요가 없고, 감독사무의 범위가 넓어 한 사람의 후견감독인으로는 충실한 감독이 어려운 경우가 있을 수 있기 때문이다.[204] 또 법인도 미성년후견감독인이 될 수 있으므로(민 제940조의7➡제930조제3항), 신뢰성 높은 법인으로 하여금 미성년후견감독사무를 조직적·전문적으로 수행하도록 할 수 있다.

② 가정법원은 미성년후견감독인이 **선임**된 경우에도 필요하다고 인정하면 직권으로 또는 일정한 자(피후견인, 후견인, 친족, 이해관계인, 검사, 지방자치단체의 장)의 청구에 의하여 추가로 미성년후견감독인을 선임할 수 있다. 가정법원이 미성년후견감독인을 선임할 때에는 피후견인의 의사를 존중하여야 하며, 그 밖에 피후견인의 건강, 생활관계, 재산상황, 후견감독인이 될 사람의 직업과 경험, 피후견인과의 이해관계의 유무(법인이 후견감독인이 될 때에는 사업의 종류와 내용, 법인이나 그 대표자와 피후견인 사이의 이해관계의 유무) 등의 사정도 고려하여야 한다(민 제940조의7➡제936조제3항·제4항).

③ 미성년후견감독인은 정당한 사유가 있는 경우 가정법원의 허가를 받아 **사임**할 수 있으나, 이 경우 후견감독인은 사임청구와 동시에 가정법원에 새로운 미성년후견감독인의 선임을 청구하여야 한다(민 제940조의7➡제939조). 또한 가정법원은 피후견인의 복리를 위하여 미성년후견감독인을 **변경**할 필요가 있다고 인정하면 직권으로 또는 피후견인, 친족, 검사, 지방자치단체의 장의 청구에 의하여 미성년후견감독인을 변경할 수 있다(민 제940조의7➡제940조). 미성년후견인도 미성년후견감독인의 변경을 청구할 수 있다고 본다.[205] 제2장 [서식 3-21] [서식 3-22] 참조

④ 가정법원은 후견감독인의 청구에 의하여 피후견인의 재산상태 기타 사정을 참작하여 피후견인의 재산 중에서 상당한 **보수**를 후견감독인에게 수여할 수 있다(민 제940조의7➡제955조). 또 후견감독인이 후견감독사무를

---

204) 주해친족법(주3), 1261면

205) 김주수·김상용(주1), 498면 ; 윤진수·현소혜(주2), 103면

수행하는 데 필요한 **비용**은 피후견인의 재산 중에서 지출한다(민 제940조의 7➡제955조의2). 제2장 [서식 3-24] 참조

2. 가정법원에 의한 감독

가. 의의

미성년후견인에게는 피후견인의 재산 및 신상에 관하여 친권자에 버금가는 정도의 광범위한 권한이 부여되어 있으므로 그에 대한 적절한 지도·감독이 필요하다.[206] 더구나 종전에는 친족회가 필수기관이었던 것과 달리 이를 대신하는 미성년후견감독인은 임의기관이므로 가정법원의 역할은 무엇보다 중요해졌다. 이에 따라 가사소송법은 가정법원의 후견적 지위와 역할을 강조하면서 특히 후견인의 감독에 관한 많은 권한을 법원에게 부여하고 있다. 대법원도 본격적인 후견감독을 위해 2014.4.10. 후견감독절차 등에 관하여 규정한 「후견사건의 처리에 관한 예규(대법원재판예규 제1467호)」를 제정하여 2014.7.1.부터 시행하고 있고, 후견감독전산시스템 구축을 완료하였다.

나. 후견사무에 관한 처분

> **제954조(가정법원의 후견사무에 관한 처분)** 가정법원은 직권으로 또는 피후견인, 후견감독인, 제777조에 따른 친족, 그 밖의 이해관계인, 검사, 지방자치단체의 장의 청구에 의하여 피후견인의 재산상황을 조사하고, 후견인에게 재산관리 등 후견임무 수행에 관하여 필요한 처분을 명할 수 있다. [전문개정 2011.3.7]

(1) 의의

가정법원은 직권으로 또는 피후견인, 후견감독인, 친족, 그 밖의 이해관계인, 검사, 지방자치단체의 장의 청구에 의하여 피후견인의 재산상황을 조사하고, 후견인에게 재산관리 등 후견임무 수행에 관하여 필요한 처분을 명할 수 있다(민 제954조). 가정법원은 최종적인 후견사무 감독기관으로 후견임무수행에 관하여 필요한 처분을 명함으로써 그 지도감독 역

206) 가사실무제요(주44), 347면

할을 하게 된다. 개정 전 민법에서는 청구권자의 청구에 의하여 후견인에 관한 처분을 할 수 있도록 규정하고 있었으나, 개정 민법에서는 가정법원의 감독역할을 강화하기 위하여 직권에 의해서도 후견사무에 관한 처분을 할 수 있게 되었다.[207] 제2장 [서식 3-18] 참조

(2) 처분의 내용

가정법원의 후견사무에 관한 처분의 내용은 제한이 없다. 재산상황의 조사와 보고 이외에, 재산관리에 관하여는 피후견인의 재산의 개축(改築) 등과 같은 사실행위, 등기 그 밖의 보존행위 및 매각, 임대, 담보권의 설정 등과 같은 처분행위는 물론 그에 관한 지도·지시 등이, 신상보호에 관하여는 피후견인의 교육·요양 등에 관한 지시·감독 등이 포함되는 등 후견사무 전반에 걸친다. 그러나 제3자가 피후견인에게 무상으로 수여한 재산의 관리에는 후견인의 권한이 미치지 아니하므로(민 제956조➡제918조), 이에 관한 사항은 처분의 내용에 포함될 수 없다. 또한 후견감독인의 동의 없이 금전을 빌리는 것을 허가하거나(민 제950조제1항제2호) 후견감독인의 참여 없이 재산목록을 작성하도록 하는 것(민 제941조제2항)과 같이 후견감독인의 동의권이나 감독권을 침해하는 내용의 처분을 할 수 없음은 성질상 당연하다.[208]

한편, 후견사무에 관한 처분으로서 후견인의 직무집행을 임시로 정지시키고 그 대행자를 선임하는 것에 관하여는, 이를 허용하여도 무방하다는 견해도 있으나, 후견인의 권한 그 자체를 일시적으로나마 박탈하는 것을 가리켜 후견사무에 관한 처분이라고는 할 수 없고, 그와 같은 필요가 있을 때에는 후견인의 변경을 청구하고 그 사전처분으로서 직무집행을 정지시키는 것이 타당하다고 할 것이다.[209]

다. 후견사무의 실태조사 등

후견감독인을 선임하였다고 가정법원의 후견사무 감독의무가 종결되는

---

207) 성년후견제도 해설(주16), 69면

208) 가사실무제요(주44), 347~348면

209) 가사실무제요(주44), 348면

것은 아니며, 가정법원은 후견감독인이 감독업무를 충실히 이행하고 있는지 여부까지도 감독할 필요성이 있다.

따라서 가정법원은 전문성과 공정성을 갖추었다고 인정할 수 있는 사람에게 후견사무의 실태 또는 피후견인의 재산상황을 조사하게 하거나 임시로 재산관리를 하게 할 수 있고, 이 경우 가정법원은 법원사무관 등이나 가사조사관에게 사무의 상태나 재산상황을 조사하게 하거나 임시로 재산관리를 하게 할 수 있다(가소 제45조의4제1항).

가정법원으로부터 위와 같은 권한을 부여받은 사람은 그 업무 처리를 위하여 가정법원의 허가를 얻어 그 후견인 또는 후견감독인에게 그 후견사무 또는 후견감독사무에 관한 자료의 제출을 요구하거나 제출한 자료에 대한 설명을 요구할 수 있고(가소규 제69조의2➡제38조의6제1항), 업무를 수행함에 있어 그 후견인 또는 후견감독인을 변경할 필요가 있거나 후견사무에 관한 조사 또는 처분(민 제954조)의 필요가 있다고 판단한 때에는 즉시 이를 가정법원에 보고하여야 한다(동조 제2항). 또한 가정법원은 임시로 재산관리를 하는 사람에 대하여 그 재산관리에 필요하다고 인정되는 사항을 지시할 수 있다(동조 제4항).

라. 전문직 후견인에 대한 보증보험 가입 권고

서울가정법원은 전문직 후견인 선임을 활성화하고 피후견인의 재산을 보호함을 목적으로 하는 「**후견인 보증보험**」을 2014.10.경부터 후견인을 선임할 때 활용하기로 했다.

후견인 보증보험은 후견인이 후견사무를 이행함에 있어 고의 또는 과실로 피후견인에게 입힌 재산상의 손해를 담보하기 위한 보증보험의 성격을 갖고 있으며, 후견개시심판 확정 전(또는 후견인변경심판 확정 전)에 「보정권고」의 형식으로 보험가입을 권유하게 된다. 이에 따라 후견인 보증보험 가입을 권유하는 취지의 보정권고를 받게 되는 전문직 후견인 후보자는 서울보증보험과 보정권고 내용에 합치하는 후견인보증보험계약을 체결하고, 그 보험가입 증명서류(보험증권)를 서울가정법원에 제출하여야 한다. 보험가입금액은 보정권고에서 정하는 금액(최대 3억원 한도)이고, 기본요율은 보험가입금액에 대하여 연 0.093%이며, 최저보험료는 증권 1건당 15,000원이다.

후견인 보증보험의 가입 권고 역시 미성년후견사무의 감독방안 중 하나로서, 미성년후견인에 대하여 후견업무로 인한 피후견인의 손해를 대비한 담보제공을 사실상 강제하는 의미가 있다고 할 것이다.

마. 그 밖에 가정법원이 관여하는 사항

가정법원은 ① 미성년후견인의 선임(민 제932조)·사임허가(민 제939조)·변경(민 제940조) ② 미성년후견감독인의 선임(민 제940조의3)·사임허가(민 제940조의7➡제939조)·변경(민 제940조의7➡제940조), ③ 임무대행자 선임 및 권한을 넘는 행위의 허가(민 제909조의2제5항), ④ 미성년자의 재산상황에 대한 조사 및 그 재산관리 등 임무대행자의 임무 수행에 관하여 필요한 처분명령(민 제909조의2제5항➡제954조), ⑤ 재산목록 작성기간의 연장허가(민 제941조제1항 단서), ⑥ 미성년자를 감화·교정기관에 위탁하는 것에 대한 허가(민 제945조➡제915조), ⑦ 미성년자에 대한 의료행위의 동의에 대한 허가, ⑧ 미성년자가 거주하는 건물 또는 그 대지에 대한 매도 등의 허가, ⑨ 이해상반행위에 관한 특별대리인 선임(민 제949조의3➡제921조), ⑩ 제3자가 무상으로 미성년자에게 수여한 재산의 관리인의 선임 등(민 제956조➡제918조), ⑪ 후견감독인의 동의에 갈음하는 허가(민 제950조제2항), ⑫ 후견인 및 후견감독인에 대한 보수 수여(민 제966조), ⑫ 후견사무 종료시 관리계산 기간의 연장허가(민 제957조제1항 단서) 등을 통해 미성년후견의 감독에 관여한다.

바. 가정법원의 후견사무 감독소홀에 대한 책임

미성년후견인에 대한 감독기관으로서의 가정법원은 그 지위와 역할이 중요한 만큼 감독소홀에 대한 책임문제도 존재한다. 개정 민법에 따른 미성년후견제도에 있어서도 종전과 마찬가지로 미성년후견인의 불법적 행위(횡령, 배임 등)나 선관의무 위반 등이 문제될 수 있기 때문이다.

참고로 미성년후견인의 횡령사고에 대한 국가의 손해배상책임을 인정한 최근 일본 하급심 판결의 요지를 소개한다.

[사례] 교통사고로 어머니를 잃었던 여자 아이가 미성년후견인이었던 할머니로부터 막

대한 보험금을 횡령당한 피해를 입었는데, 이것은 가정재판소의 가사심판관이 미성년후견인을 적절히 감독하지 않은 것이 그 원인이었다는 이유로 국가 등에 손해배상을 청구한 사안에서 미야자키 지방재판소는 미성년후견인인 할머니를 감독해야 할 입장에 있었던 가정재판소의 가사심판관이 횡령의 가능성을 인식할 수 있었던 점을 인정할 수 있다고 지적하고, 국가에게 2,500여 만엔의 배상을 명하는 판결을 선고하였다.[210)]

1. 사안의 개요

⑴ 甲(원고)은 2001.6. B女의 혼외자로 출생하였고, 같은 달 생부 A男은 甲을 인지하였으며, A·B·甲은 모 시내에서 생활하였는데, 2007.2. B가 교통사고로 사망하였다.

⑵ 그 후 亡 B의 母인 C가 甲에 대한 미성년후견인선임 심판을 청구하였고, 2008.2. 宮崎(미야자키)가정재판소는 C를 甲의 미성년후견인으로 선임하였다.

⑶ 2008.3. A는 위 가정재판소에 대하여 甲의 친권자로 A를 지정하고, C를 甲의 미성년후견인에서 해임하는 각 청구를 하였다. 後者의 해임청구사건에서 A의 대리인 변호사는 C가 과거에 두 번 자기파산을 한 사실을 지적하여 C의 미성년후견인으로서의 적격에 의문을 나타내었다(판결문에서는 분명하지 않으나, 그 후의 추이를 보면 A의 친권자 지정도 C의 미성년후견인 해임도 결국 진행되지 아니한 것으로 보인다).

⑷ 2008.7. B의 사망사고의 보험금으로서 자동차배상책임보험금 2,400만 엔(본건 자배책보험금)이 C명의의 예금계좌에 입금되었고, 2009.6. B의 사망사고의 보험금으로서 임의보험금 4,150만 엔(본건 임의보험금)이 甲명의의 예금계좌에 입금되었다.

⑸ 위 가정재판소는 2010.6. C의 미성년후견인으로서의 직무를 정지하고 E변호사를 미성년후견인 직무대행자로 선임하였고, 같은 해 9월 미성년후견인 C를 해임하고 미성년후견인으로서 F변호사를 선임하였다.

⑹ 2011.6. 宮崎(미야자키)지방재판소는 C가 본건 자배책보험금과 본건 임의보험금 중 합계 3,863여만 엔을 횡령하였다고 하여 업무상횡령죄에 따라 C에게 징역 3년 6월의 실형을 선고하였다.

⑺ 甲은 가사심판관의 위법한 행위에 의해 손해를 입었다고 하여 국가 乙(피고)에 대하여 국가배상을 청구하였다.

2. 판결 요지

재판소는 아래와 같이 판시하여, 乙이 甲에 대하여 2,511만 엔을 지급하도록 명하였다.

210) 宮崎(미야자키) 지방재판소 2014.10.15. 판결 ; 本山 敦, “未成年後見と國家賠償”, 月報司法書士(2015.1), 72~77면 참조

「민법이 규정하는 미성년후견인 제도는 친권을 행사하는 자가 없는 경우 또는 친권을 행사하는 자가 관리권을 가지지 않은 경우에 미성년자를 보호하기 위한 제도이다. 미성년후견인은 미성년자의 신상감호와 함께 재산관리를 하는 것에서부터 미성년자의 재산에 대하여 재산관리권과 그 재산에 관한 법률행위에 대하여 미성년자를 대리하는 권한(민법 859조1항)이 주어지고 있다. 미성년자와 미성년후견인의 관계는 위임의 일종으로 생각되므로 미성년후견인은 이러한 권한의 행사에 대하여 미성년자에 대한 선량한 관리자로서의 주의의무를 부담하고, 이 주의의무에 반하여 미성년자의 재산을 횡령하는 등의 부정행위를 한 경우에는 미성년자에 대하여 손해배상의무를 부담하는 것이다.

한편, 가정재판소는 미성년후견인의 직무를 감독할 수 있지만(민법 863조), 이것은 미성년후견인의 권한이 광범위하기 때문에 일단 부정행위가 행해지면 미성년자에게 회복하기 어려운 손해가 발생할 우려가 있으므로, 가정재판소에게 일정한 범위에서 미성년후견인에 의한 후견사무가 적정하게 행하져지고 있는지 여부를 확인하는 것을 가능하게 하는 것이라고 해야 할 것이다.

위와 같은 미성년후견제도의 취지, 목적, 후견감독의 성질에 비추어보면, 가사심판관에 의한 후견감독에 대하여 위법한 행위로서 국가배상법 1조 1항이 석용되려면, 구체적 사정 하에서 가사심판관에게 부여된 권한이 일탈되거나 또는 합리성을 잃었다고 인정되는 경우, 즉 가사심판관에 의한 후견감독에 어떠한 미비점이 있었다는 것만으로는 부족하고, 가사심판관이 미성년후견인의 횡령행위를 인식했는지, 횡령행위를 하고 있는 것을 쉽게 인식할 수 있었음에도 불구하고 추가적인 피해의 발생을 방지하지 아니한 경우, 위법한 행위로서 국가배상법 1조 1항이 적용된다고 할 수 있다.」

「이상의 사실에 비추어보면, 가사심판관은 C가 본건 자배책보험금은 지급받지 않았다고 진술했더라도 늦어도 2009.9.11. 시점에서 미성년후견인인 C가 甲의 재산을 횡령하고 있을 가능성을 쉽게 인식할 수 있었다고 인정된다.」

「그런데 가사심판관은 2008.7.1.부터 같은 해 12월 말일까지의 收支에 대하여 C에게 통장 사본의 제출을 요구하거나 C에게 보고하도록 하는 등의 조치를 취하지 않고, 또 G변호사에게 보험금청구의 진척상황에 대하여 조회하는 등의 방법으로 본건 자배책보험금의 지급 유무 및 그 액수에 대하여 파악하는 조치를 취하지 않았기 때문에 추가적인 피해를 방지하는 조치를 게을리 했다고 하지 않을 수 없다.

따라서 위 가사심판의 대응은 가사심판관에게 부여된 권한이 일탈되거나 또는 합리성을 잃었다고 인정되어 국가배상법 1조 1항이 적용되는 위법한 행위라고 하지 않을 수 없다.」

Ⅵ. 미성년후견의 종료

제957조(후견사무의 종료와 관리의 계산) ① 후견인의 임무가 종료된 때에는 후견인 또는 그 상속인은 1개월 내에 피후견인의 재산에 관한 계산을 하여야 한다. 다만, 정당한 사유가 있는 경우에는 법원의 허가를 받아 그 기간을 연장할 수 있다.
② 제1항의 계산은 후견감독인이 있는 경우에는 그가 참여하지 아니하면 효력이 없다.
[전문개정 2011.3.7]

제958조(이자의 부가와 금전소비에 대한 책임) ① 후견인이 피후견인에게 지급할 금액이나 피후견인이 후견인에게 지급할 금액에는 계산종료의 날로부터 이자를 부가하여야 한다.
② 후견인이 자기를 위하여 피후견인의 금전을 소비한 때에는 그 소비한 날로부터 이자를 부가하고 피후견인에게 손해가 있으면 이를 배상하여야 한다.

제959조(위임규정의 준용) 제691조, 제692조의 규정은 후견의 종료에 이를 준용한다.

1. 후견사무 종료의 원인

가. 의의

후견사무의 종료란 종료 원인의 발생에 의하여 종래 후견인이었던 자가 이후 후견인의 임무를 수행할 수 없게 되는 것을 말한다. 미성년후견의 종료 원인은 미성년후견 그 자체가 종료하는 경우(절대적 종료)와 미성년후견 그 자체는 종료하지 않지만 현재 후견임무를 수행하는 미성년후견인의 임무가 종료하는 경우(상대적 종료)로 나눌 수 있다.

나. 절대적 종료 원인

미성년자에게 후견인이 있더라도 절대적으로 종료하는 경우는 ① 미성년자 보호의 필요성이 없어진 경우, ② 종전의 친권으로 이행하는 경우, ③ 새로이 친권자가 생기는 경우이다.

(1) 미성년자 보호의 필요성이 없어진 경우

① 미성년자인 피후견인이 만 19세로 **성년자**가 된 경우에는 완전한 행위능력을 가지고 단독으로 유효한 법률행위를 할 수 있으므로 미성년후

견은 종료한다. 미성년후견이 종료하는 대부분의 원인이다. ② 미성년자인 피후견인이 **사망**한 경우에는 보호를 받아야 할 피후견인이 없게 되므로 당연히 미성년후견이 종료한다. ③ 미성년자가 혼인을 한 때에는 성년자로 보므로(민 제826조의2), 피후견인이 **혼인**을 한 때에는 미성년후견은 종료한다.

(2) 종전의 친권으로 이행하는 경우

① 친권자에 대한 성년후견종료 심판이 확정된 경우(민 제11조), ② 친권의 상실 또는 일시정지 선고, 친권의 일부 제한의 선고 또는 법률행위의 대리권·재산관리권 상실 선고의 원인이 소멸하여 해당 친권자에 대한 실권회복이 선고된 경우(민 제926조), ③ 친권자가 사퇴한 법률행위 대리권과 재산관리권을 회복한 경우(민 제927조제2항) 등이다.

(3) 새로이 친권자가 생기는 경우

① 미성년자인 피후견인이 양자가 되어서 양친의 친권에 따르는 경우, ② 부모를 알지 못하여 미성년후견이 개시되었던 피후견인의 母가 판명되거나 父가 인지한 경우, ③ 단독친권자의 사망 등으로 인하여 미성년후견인이 선임된 후 가정법원이 생존친을 친권자로 지정한 경우(민 제909조의2제6항), ④ 양부모의 사망으로 미성년후견인이 선임된 후 가정법원이 친생부모를 친권자로 지정한 경우(민 제909조의2제6항), ⑤ 단독친권자에게 소재불명 등 친권을 행사할 수 없는 중대한 사유가 있어서 미성년후견인이 선임된 후 그 친권자가 다시 친권을 행사할 수 있게 되어 가정법원에서 새로 친권자로 지정한 경우(민 제927조의2제2항제3호), ⑥ 유언에 의해 미성년후견인이 지정되었으나 미성년자의 복리를 위하여 필요한 경우 가정법원이 생존하는 부 또는 모, 미성년자의 청구에 의하여 후견을 종료하고 생존하는 부 또는 모를 친권자로 지정한 경우(민 제931조제2항) 등이다.

다. 상대적 종료 원인

미성년자에게 현재 후견인이 있더라도 ① 미성년후견인이 사망(실종선고 포함)하거나, ② 미성년후견인이 법원의 허가를 얻어 사임한 경우, ③ 미성년후견인이 변경된 경우, ④ 미성년후견인에게 결격사유가 발생한 경우 등에는 종전 후견인의 임무는 종료한다. 이러한 경우에는 미성년후견 그 자체는 종료하지 않으므로 가정법원은 직권으로 또는 일정한 자의 청구에 의하여 새로운 미성년후견인을 선임하여야 한다(민 제932조).

실제로 현안이 되고 있는 법률문제의 해결을 위해 일시적으로 법률전문직 미성년후견인을 선임하였다가 그 문제를 해결한 후 전문직 미성년후견인이 사임하면 미성년자의 친족을 새로운 후견인으로 선임하는 것도 전문직 후견인을 활용하는 하나의 방법으로 고려할 수 있다.

라. 미성년후견 종료의 대항요건

후견이 종료한 경우에는 위임종료의 대항요건에 관한 규정을 준용한다(민 제959조➡제692조). 따라서 후견종료의 원인은 이를 상대방에게 통지하거나 상대방이 이를 안 때가 아니면 이로써 상대방에게 대항하지 못한다(민 제959조➡제692조). 후견종료의 원인을 당사자 일방(피후견인)만이 알고 상대방(미성년후견인)은 모르는 경우가 있을 수 있고, 그에 따라 상대방이 불측의 손해를 입을 소지가 있기 때문이다. 예컨대 미성년자인 피후견인이 혼인을 하여 성년자로 의제되었는데도 이를 미성년후견인에게 통지하지 않은 때에는, 그 사실을 모르고 후견사무를 계속한 미성년후견인은 사무처리 비용이나 보수를 청구할 수 있다는 취지이다.

2. 후견종료 후의 미성년후견인의 임무

절대적 원인이든 상대적 원인이든 관계없이 후견종료 원인이 발생하면 미성년후견인의 임무는 원칙적으로 종료하지만, 그렇다고 모든 사무가 끝나는 것은 아니고, 후견종료 후에도 몇 가지 후속임무가 남아 있다.

가. 재산에 관한 계산

(1) 의의

후견인의 임무가 종료된 때에는 후견인 또는 그 상속인은 1개월 내에 피후견인의 재산에 관한 계산을 하여야 한다. 다만, 가정법원의 허가를

받아 그 기간을 연장할 수 있다(민 제957조제1항). 제2장 [서식 3-26] 참조

그리고 이러한 계산에 관한 부정을 방지하고 정확성을 확보하기 위하여 미성년후견감독인이 있는 경우에는 그가 참여하지 아니하면 효력이 없다(동조 제2항). 미성년후견감독인이 선임되지 아니한 경우에는 미성년후견인 또는 그 상속인이 단독으로 재산에 관한 계산을 할 수밖에 없다.

(2) 계산의 보고

재산에 관한 계산을 종료한 후 누구에게 보고해야 하는지에 관하여 명문의 규정이 없다. 해석상 ① 상대적 종료의 경우에는 후임 미성년후견인에게 보고하여야 할 것이다. ② 절대적 종료의 경우 중에서, 친권으로 이행하였을 때에는 친권자에게, 피후견인이 성년에 달하였을 때에는 본인에게, 피후견인이 사망한 때에는 그 상속인에게 각각 보고하여야 할 것이다.[211]

(3) 이자의 부가와 금전소비에 대한 책임

후견종료에 따른 계산 결과 후견인이 피후견인에게 지급할 금액이나 피후견인이 후견인에게 지급할 금액이 있는 때에는 실제로 계산이 종료된 날부터 이자를 부가하여야 한다(민 제958조제1항). 또 후견인이 자기를 위하여 피후견인의 금전을 소비한 것이 있으면 그 소비한 날부터 이자를 부가하고 피후견인에게 손해가 있으면 이를 배상하여야 한다(동조 제2항).

나. 재산의 인계

성년후견의 경우 본인의 사망에 따라 후견은 종료하고 후견인이 관리하고 있던 재산은 상속인에게 인계하면 되지만, 미성년후견에서는 본인이 성년에 도달하여 후견이 종료하면 그동안 후견인이 관리하고 있던 재산을 본인에게 인계하여야 한다. 그런데 재산이 많은 경우 과연 이제 막 성년이 된 본인이 재산침해와 소비자피해를 입지 않고 소중한 재산을 적절히 관리할 수 있을지 장담하기 어렵다. 따라서 미성년후견인은 평소부터 계획적인 생활비 지출방법, 돈을 버는 어려움과 소중함 등 금전교육

211) 김주수·김상용(주1), 466면 ; 박동섭(주21), 417면 ; 주해친족법(주3), 1342면

을 통해 본인 스스로 재산을 관리할 수 있는 능력을 키워주는 역할도 게을리 하여서는 안 된다. 또한 종전의 미성년후견인이 후견종료 후에도 성년이 된 본인과 재산관리계약을 체결하여 일정기간 동안 재산관리를 계속하는 방안도 고려할 수 있다.

다. 후견종료 후의 긴급처리

후견이 종료한 경우에는 위임종료시의 긴급처리에 관한 규정을 준용한다(민 제959조➡제691조). 따라서 후견종료의 경우에 급박한 사정이 있는 때에는 미성년후견인, 그 상속인이나 법정대리인은 피후견인, 그 상속인이나 법정대리인이 그 사무를 처리할 수 있을 때까지 그 사무의 처리를 계속하여야 한다. 이 경우에는 후견의 존속과 동일한 효력이 있다(민 제959조➡제691조).

라. 후견종료의 신고

미성년후견 종료의 신고(보고적 신고)는 미성년후견인이 신고서에 미성년자와 미성년후견인의 성명·등록기준지 및 주민등록번호(당사자가 외국인인 때에는 그 성명·국적 및 외국인등록번호), 미성년후견 종료의 원인 및 연월일을 적어서 1월 이내에 하여야 한다(가등 제83조제1항 본문, 제2항).

부록 [미성년①후견 · ②후견감독 종료신고서] 참조

다만, 미성년자가 성년이 되어 미성년후견이 종료된 경우에는 신고를 할 필요가 없으며(가등 제83조제1항 단서), 가족관계등록사무를 처리하는 자가 직권으로 미성년자의 등록부의 일반등록사항란에 후견종료사유를 기록하여야 한다.

부록 [가족관계등록부 기재례 : 미성년후견에 관한 부분] 참조

제 2 장 친권과 미성년후견에 관한 실무

제1절 총 설

Ⅰ. 가사비송사건

1. 의의

가. 비송사건의 의의

일반적으로 비송사건은 사권관계의 형성·변경·소멸에 법원이 관여하는 사건이라고 설명되고 있다. 원래 사인간의 법률관계는 사적자치의 원칙이 지배하며 국가기관이 관여하지 아니하는 것이 원칙이나 공익상 이를 방임하는 것이 적당하지 않을 때에는 후견적인 입장에서 예외적으로 관여하게 되는데, 이것이 「**비송사건**」이라는 것이다.[1]

좁은 의미의 비송사건은 「비송사건절차법」에서 규정하고 있는 사건만을 뜻하지만, 넓은 의미로는 그 외에 「가사소송법」상의 **가사비송사건**, 「채무자 회생 및 파산에 관한 법률」상의 회생사건, 파산사건, 경매사건, 「부동산등기법」상의 가등기가처분사건 등과 이른바 형식적 형성소송이라고 하는 공유물 분할사건, 토지경계 확정사건 등도 모두 비송사건에 해당된다.

나. 가사비송사건의 의의[2]

가사비송(家事非訟)이란 법령에 의하여 가사비송사건으로 규정되어 가정법원의 권한에 속하는 사건을 가정법원이 후견적 입장에서 합목적인 재량에 의하여 처리하는 재판절차를 말한다.

가사비송에는 ① 당사자 사이의 법적 분쟁을 전제로 하지 아니하고 단순히 사인(私人)의 사법행위(私法行爲)에 대하여 가정법원이 후견적 또는 감독적 입장에서 허가 또는 처분을 하는 것과, ② 당사자 사이의 법적 분

---

1) 「법원실무제요 : 비송」, 법원행정처(2014.7), 1면

2) 「법원실무제요 : 가사(Ⅱ)」, 법원행정처(2010.7), 161~162면 참조.

쟁을 대상으로 하여 대심적(對審的) 구조를 가지지만 가정법원이 후견적 입장에서 폭넓은 재량에 의하여 실체법을 적용·판단하는 것이 포함된다. 어느 것이나 반드시 변론을 요하는 것은 아니고 자유로운 증명으로 충분하다는 점에서 가사소송과 구별된다.

가사비송과 가사소송은 신분관계 및 그에서 비롯된 재산관계의 분쟁을 대상으로 하는 것이라는 점에서는 동일하지만, **가사소송**이 엄격하게 실체법상의 판단기준을 적용하여 당사자의 주장의 당부(當否)를 판단하는 것임에 비하여, **가사비송**은 그것에 적용될 실체법상의 판단기준 그 자체가 가정법원의 재량을 전제로 하고 있어 가정법원이 후견적 입장에서 합목적적으로 일정한 법률관계를 창설·형성하는 것이라는 점에서 차이가 있다고 할 수 있다.

다. 가사비송사건의 분류

가사소송법에서 규정하는 가사비송사건은 그 심판사항의 성질, 즉 대심적 구조의 유무에 따라 「라류 사건」과 「마류 사건」으로 나뉜다. **라류 사건**은 상대방의 존재를 전제로 하지 아니하는 비쟁송적인 것으로서 조정의 대상이 되지 아니하고 당사자 한쪽의 청구에 의한 가정법원의 후견적 허가나 감독처분이 요구되는 사건이다. 반면에, **마류 사건**은 상대방의 존재를 전제로 하는 쟁송적인 것으로서 조정의 대상이 되고 가정법원의 합목적적인 재량에 의한 판단이 요구되는 사건이다.

라. 적용법규

가사비송사건의 재판절차에 관하여는 가사소송법 및 가사소송규칙에 특별한 규정이 없으면 「비송사건절차법」 제1편(총칙)을 준용한다. 다만, 비송사건절차법 제15조(검사의 의견진술 및 심문 참여)는 준용하지 아니한다(가소 제34조). 비송사건에는 다시 기일·기간·소명방법·인증과 감정에 관한 「민사소송법」의 규정을 준용한다(비송 제10조).

한편, 가사비송절차에 적용 또는 준용되는 특별한 규정이 없는 경우에는 비송사건의 성질에 반하지 않는 한도에서 민사소송법 등과 같은 일반규정을 유추적용하는 것이 타당하다고 본다.[3]

3) 가사실무제요(주2), 164면

2. 친권·미성년후견에 관한 가사비송사건

친권·미성년후견에 관한 각종 심판사건은 가사소송법이 규정하는 가사비송사건 가운데 라류 사건에 속하는 것이 대부분이지만, 일부는 마류 사건에 해당하는 것도 있다.

가. 친권에 관한 가사비송사건

사건의 종류	민법조항	비송분류
친권 행사 방법의 결정	§909②단서	라류 13
친권자의 지정(혼인 외의 자녀 인지, 부모 이혼 등)	§909④	마류 5
친권자의 변경	§909⑥	마류 5
친권자의 지정(단독친권자 사망, 입양취소, 파양 등)	§909의2①②	라류 13의2
친권자의 지정(친권상실 등)	§927의2①	라류 13의2
친권자의 임무대행자 선임	§909의2⑤, §927의2①	라류 13의2
임무대행자의 권한을 넘는 행위의 허가	§909의2⑤,§25	라류 2의2
미성년자의 재산상황에 대한 조사 및 그 재산관리 등 임무대행자의 임무 수행에 관하여 필요한 처분명령	§909의2⑤,§954	라류 22의2
후견의 종료 및 친권자 지정	§909의2⑥	라류 13의3
감화 또는 교정기관에 위탁하는 것에 대한 허가	§915,§945,§948	라류 14
재산관리인의 선임 또는 개임과 재산관리에 관한 처분	§918	라류 15
특별대리인의 선임	§921	라류 16
친권자의 동의를 갈음하는 재판	§922의2	마류 6
친권상실 또는 일시정지의 선고	§924①	마류 7
친권 일시정지 기간의 연장	§924②	마류
친권의 일부제한의 선고	§924의2	마류 7
법률행위 대리권, 재산관리권 상실의 선고	§925	마류 7
실권회복 선고	§926	마류 7
법률행위 대리권 및 재산관리권의 사퇴에 대한 허가	§927	라류 17
법률행위 대리권 및 재산관리권의 회복에 대한 허가	§927	라류 17
친권자의 지정(실권회복 등)	§927의2②	라류 17의2

나. 미성년후견에 관한 가사비송사건

사건의 종류	민법조항	비송분류
후견의 종료 및 친권자의 지정	§931의2②	라류 17의3
미성년후견인의 선임	§909의2③④(§927의2① 각호 외의 부분 본문에 따라 준용되는 경우 포함)	라류 13의2
임무대행자의 선임	§909의2⑤(§927의2① 각호 외의 부분 본문에 따라 준용되는 경우 포함)	라류 13의2
미성년후견인의 선임	§932	라류 18
미성년후견인의 변경	§940	라류 18
미성년후견감독인의 선임	§940의3	라류 18의3
미성년후견감독인의 변경	§940의7,§940	라류 18의3
재산관리인의 선임 또는 개임과 재산관리에 관한 처분	§918,§956	라류 15
특별대리인의 선임	§921,§949의3	라류 16
미성년후견인의 사임에 대한 허가	§939	라류 19
미성년후견감독인의 사임에 대한 허가	§939,§940의7	라류 19
미성년후견인의 재산목록 작성을 위한 기간연장 허가	§941①단서,§948	라류 20
피미성년후견인에 대한 의료행위의 동의에 대한 허가	§947의2④,§940의7	라류 21
피미성년후견인이 거주하는 건물 또는 그 대지에 대한 매도 등에 대한 허가	§947의2⑤,§940의7	라류 21의2
미성년후견감독인의 동의를 갈음하는 허가	§950②,§948	라류 21의4
피미성년후견인의 재산상황에 대한 조사 및 그 재산관리 등 후견임무 수행에 관하여 필요한 처분명령	§954,§948	라류 22
미성년후견인에 대한 보수의 수여	§955	라류 23
미성년후견감독인에 대한 보수의 수여	§955,§940의7,§948	라류 23
후견종료 시 관리계산기간의 연장허가	§957①단서	라류 24

3. 가사비송사건의 관할

가. 가정법원의 전속관할

가사사건에 대한 심리와 재판은 **가정법원**의 **전속관할**로 한다(가소 제2조 제1항). 가정법원의 사무의 일부를 처리하기 위하여 그 관할구역 안에 (가정법원)**지원**을 둘 수 있으며(법조 제3조제2항), 가정법원이 설치되지 아니한 지역에서는 **지방법원**(의정부·인천·수원·춘천·청주·울산·창원·전주·제주) 또는 그 (지방법원)**지원**에서 그 업무를 취급한다.

[가정법원·지방법원과 그 지원의 관할구역]

(2015.6.30.현재 ; ★표시는 가정법원)

<table>
<tr><th>고등법원</th><th>가정(지방)법원</th><th>지원</th><th colspan="2">관할구역</th></tr>
<tr><td rowspan="17">서울</td><td rowspan="2">서울★</td><td rowspan="2"></td><td>가사·소년보호·가정보호</td><td>가족관계등록</td></tr>
<tr><td>서울특별시</td><td>서울특별시 종로구·중구·성북구·강남구·서초구·관악구·동작구</td></tr>
<tr><td rowspan="2">의정부</td><td></td><td colspan="2">의정부시·동두천시·구리시·남양주시·양주시·연천군·포천시·가평군, 강원도 철원군. 다만, 소년보호사건은 앞의 시·군 외에 고양시·파주시</td></tr>
<tr><td>고양</td><td colspan="2">고양시·파주시</td></tr>
<tr><td rowspan="2">인천</td><td></td><td colspan="2">인천광역시,
다만, 소년보호사건은 앞의 광역시 외에 부천시·김포시</td></tr>
<tr><td>부천</td><td colspan="2">부천시·김포시</td></tr>
<tr><td rowspan="6">수원</td><td></td><td colspan="2">수원시·오산시·용인시·화성시. 다만, 소년보호사건은 앞의 시 외에 성남시·하남시·평택시·이천시·안산시·광명시·시흥시·안성시·광주시·안양시·과천시·의왕시·군포시·여주군·양평군</td></tr>
<tr><td>성남</td><td colspan="2">성남시·하남시·광주시</td></tr>
<tr><td>여주</td><td colspan="2">이천시·여주군·양평군</td></tr>
<tr><td>평택</td><td colspan="2">평택시·안성시</td></tr>
<tr><td>안산</td><td colspan="2">안산시·광명시·시흥시</td></tr>
<tr><td>안양</td><td colspan="2">안양시·과천시·의왕시·군포시</td></tr>
<tr><td rowspan="5">춘천</td><td></td><td colspan="2">춘천시·화천군·양구군·인제군·홍천군.
다만, 소년보호사건은 철원군을 제외한 강원도</td></tr>
<tr><td>강릉</td><td colspan="2">강릉시·동해시·삼척시</td></tr>
<tr><td>원주</td><td colspan="2">원주시·횡성군</td></tr>
<tr><td>속초</td><td colspan="2">속초시·양양군·고성군</td></tr>
<tr><td>영월</td><td colspan="2">대백시·영월군·정선군·평창군</td></tr>
</table>

고등법원	가정(지방)법원	지원	관할구역
대전	대전★		대전광역시, 세종특별자치시·금산군. 다만, 소년보호사건은 대전광역시·세종특별자치시·충청남도
		홍성	보령시·홍성군·예산군·서천군
		공주	공주시·청양군
		논산	논산시·계룡시·부여군
		서산	서산시·당진시·태안군
		천안	천안시·아산시
	청주		청주시·청원군·진천군·보은군·괴산군·증평군. 다만, 소년보호사건은 충청북도
		충주	충주시·음성군
		제천	제천시·단양군
		영동	영동군·옥천군
대구	대구★		대구광역시, 영천시·경산시·칠곡군·성주군·고령군·청도군. 다만, 소년보호사건은 대구광역시·경상북도
		안동	안동시·영주시·봉화군
		경주	경주시
		포항	포항시·울릉군
		김천	김천시·구미시
		상주	상주시·문경시·예천군
		의성	의성군·군위군·청송군
		영덕	영덕군·영양군·울진군
부산	부산★		부산광역시. 다만, 소년보호사건은 부산광역시·울산광역시·양산시
	울산		울산광역시·양산시
	창원		창원시 의창구·성산구·진해구, 김해시. 다만, 소년보호사건은 양산시를 제외한 경상남도
		마산	창원시 마산합포구·마산회원구, 함안군·의령군
		진주	진주시·사천시·남해군·하동군·산청군
		통영	통영시·거제시·고성군
		밀양	밀양시·창녕군
		거창	거창군·함양군·합천군
광주	광주★		광주광역시, 나주시·화순군·장성군·담양군·곡성군·영광군. 다만, 소년보호사건은 광주광역시·전라남도
		목포	목포시·무안군·신안군·함평군·영암군
		장흥	장흥군·강진군
		순천	순천시·여수시·광양시·구례군·고흥군·보성군
		해남	해남군·완도군·진도군

고등법원	가정(지방)법원	지원	관할구역
광주	전주		전주시·김제시·완주군·임실군·진안군·무주군. 다만, 소년보호사건은 전라북도
		군산	군산시·익산시
		정읍	정읍시·부안군·고창군
		남원	남원시·장수군·순창군
	제주		제주시·서귀포시

나. 토지관할과 사물관할

(1) 라류 가사비송사건

㈎ **라류** 가사비송사건 중 **친권**에 관한 사건은 미성년자인 자녀의 **주소지**의 가정법원이 관할한다(가소 제44조제5호). 다만, 부부 사이의 공동의 자녀에 대한 친권 행사방법의 결정사건은 혼인관계소송의 관할에 따른다(가소 제44조제3호). 따라서 ① 부모가 같은 가정법원의 관할구역 내에 보통재판적이 있을 때에는 그 가정법원이, ② 부모가 마지막으로 같은 주소지를 가졌던 가정법원의 관할구역 내에 부모 중 어느 한쪽의 보통재판적이 있을 때에는 그 가정법원이, ③ 위의 어느 경우에도 해당되지 않는 경우에는 청구인이 아닌 다른 한쪽의 친권자의 보통재판적이 있는 곳의 가정법원이 관할한다(가소 제22조제1호~3호).

㈏ **라류** 가사비송사건 중 **미성년후견**에 관한 사건은 피후견인(피후견인이 될 사람을 포함)의 주소지의 가정법원이 관할한다(가소 제44조제1의2호). 주소지를 기준으로 관할을 정한 것은 사건본인의 접근성과 편의를 고려한 것이다.

㈐ 라류 가사비송사건은 가정법원(또는 가정지원)의 단독판사가 담당하므로 사건부호는 모두 「**느단**」으로 표시한다.

(2) 마류 가사비송사건

마류 가사비송사건은 상대방의 보통재판적이 있는 곳의 가정법원이 관할한다(가소 제46조). 마류 가사비송사건의 사물관할은 대부분 단독사건이지만, 친권자의 동의를 갈음하는 재판, 친권의 상실, 일시정지, 일부제한 및 그 실권회복의 선고 또는 법률행위의 대리권과 재산관리권의 상실 및 실권회복의 선고 사건은 합의관할에 속한다. 이 경우 사건부호는 「**느합**」으로 표시한다.

다. 관할의 지정

사건이 가정법원과 지방법원 중 어느 법원의 관할에 속하는지 명백하지 아니한 경우에는 관계 법원의 공통되는 고등법원이 관할법원을 지정한다. 이러한 지정에 관하여는 민사소송법(제28조)을 준용한다. 따라서 가정법원의 관할로 정하여진 사건은 가사소송법에서 정하는 절차에 따라 처리한다(가소 제3조).

라. 사건의 이송

가정법원은 사건의 전부 또는 일부에 대하여 관할권이 없음을 인정한 경우에는 결정으로 관할법원에 이송하여야 한다(가소 제35조제2항➡제13조제3항). 또한 가정법원은 그 관할에 속하는 사건에 관하여 현저한 손해 또는 지연을 피하기 위하여 필요한 경우에는 직권으로 또는 당사자의 신청에 의하여 다른 관할가정법원에 이송할 수 있다(가소 제35조제2항➡제13조제4항). 이송결정과 이송신청의 기각결정에 대하여는 즉시항고를 할 수 있다(가소 제35조제2항➡제13조제5항).

한편, 가정법원이 설치된 지역에서 가사사건을 지방법원에 잘못 접수한 경우에는 지방법원은 결정으로 사건을 관할 가정법원으로 이송하여야 한다. 그러나 가정법원이 설치되지 아니한 지역에서는 가정법원의 권한에 속하는 사건을 해당 지방법원에서 처리한다. 따라서 가사사건을 민사사건으로 잘못 접수한 경우에도 관할이 없는 것이 아니므로 이송 결정으로 처리해서는 안 되고 재배당의 방법으로 처리하여야 한다.

Ⅱ. 친권·미성년후견에 관한 심판절차

1. 개관

라류 가사비송사건에서는 당사자의 심판청구 또는 가정법원의 직권에 따라 절차가 개시되고, 사건본인은 있더라도 상대방은 존재하지 아니하며, 조정의 대상이 되지 않으므로 조정전치주의도 적용되지 아니한다(가소 제50조제1항의 반대해석). 또한 특별한 규정이 있는 경우 외에는 사건관계인을 심문하지 아니하고 심판할 수 있고(가소 제45조), 당사자의 심판청구에 따라 심판대상이 특정되기는 하지만 당사자의 청구취지에 가정법원이 엄격히 구속되는 것도 아니다.

이에 비하여 **마류** 가사비송사건에서는 당사자의 심판청구 또는 가사조정사건이 가사비송사건으로 이행됨에 따라 절차가 개시되고, 대심적 구조이므로 심판청구에서 상대방을 지정하여야 하며(가소규 제91조), 조정전치주의가 적용되고(가소 제50조제1항), 심판은 특별한 사정이 없으면 사건관계인을 심문하여야 한다(가소 제48조).

2. 절차의 개시

친권·미성년후견에 관한 가사비송사건은 대부분 청구인의 **심판청구**에 의하여 절차가 개시된다. 다만, 재판상 이혼으로 인한 친권자 지정과 같이 가정법원이 **직권**으로 심판하는 경우가 있고(민 제936조제1항), 또한 부모가 협의이혼을 하면서 친권자 지정에 관하여 협의할 수 없거나 협의가 이루어지지 아니하는 경우의 친권자 지정과 같이 가정법원의 **직권** 또는 당사자의 **청구**에 의하여 절차가 개시되는 경우도 있다(민 제909조제4항).

3. 심판청구

가. 청구권자

친권·미성년후견에 관한 사건의 청구권자는 대부분 민법 또는 관련 법령이 해당 조문에 직접 규정되어 있다. 예컨대 단독친권자의 사망으로 인한 친권자의 지정은 생존하는 부 또는 모, 미성년자, 미성년자의 친족이 청구할 수 있고(민 제909조의2제1항), 친권자 지정 청구기간이 도과한 후의 미성년후견인 선임 심판 청구권자는 미성년자, 미성년자의 친족, 이해관계인, 검사, 지방자치단체의 장이다(동조 제3항). 또 미성년자에게 친권을 행사하는 부모가 유언으로 지정한 미성년후견인이 없는 경우에는 미성년자, 친족, 이해관계인, 검사, 지방자치단체의 장이 미성년후견인 선임 심판의 청구권자이다(민 제932조제1항).[4)]

나. 청구의 방식

친권·미성년후견에 관한 가사비송사건의 청구는 가정법원에 심판청구를 함으로써 하고(가소 제36조제1항), 심판청구는 **서면** 또는 **구술**로 할 수 있다(동조 제2항).

(1) 서면에 의한 심판청구(심판청구서의 제출)

심판을 청구하는 서면(심판청구서)에는 필수적 기재사항을 적고 청구인이나 대리인이 기명날인을 하여야 한다(가소 제36조제3항). 이는 가사소송에서의 소장에 해당하는 것으로서, 날인이 없더라도 유효하고, 직접 지참하여 제출하지 아니하고 우편으로 제출하더라도 무방하다.[5)]

㈎ **당사자의 등록기준지, 주소, 성명, 생년월일, 대리인이 청구할 때에는 대리인의 주소와 성명** : 이는 당사자를 특정하기 위한 기재사항이다. 당사자는 일반적으로 **청구인**과 마류 가사비송사건에서의 **상대방**(가소규 제91조)을 가리키는 것이지만, 가사비송사건의 심판이 당사자 이외에 사건본인의 신분관계, 그 밖의 권리·의무에 관계된 것인 때에는 심판서에 그 **사건본인**의 성명, 생년월일, 등록기준지 및 주소를 기재하여야 하므로(가소규 제20조), 결국 여기서 말하는 당사자는 사건본인을 포함하는 의미로 보아야 할 것이다.[6)] 법정대리인이 당사자를 대리하는 경우에는 그 자격을 적어야 한다.

---

4) 개별 사건의 심판 청구권자는 본장 제2절(친권에 관한 실무)과 제3절(미성년후견에 관한 실무)의 각 서식 해설 참조.

5) 가사실무제요(주2), 170면

6) 가사실무제요(주2), 170면

㈏ **청구취지** : 청구취지는 심판의 목적인 권리 또는 법률관계에 관한 요구사항을 법률적으로 구성한 결론에 해당하는 것으로서, 어떤 내용의 심판을 구하는 것인지를 분명히 하여야 한다. 다만, 대부분의 가사비송사건에 있어서는 가사소송과는 달리, 가정법원이 폭넓은 재량권을 가져 심판의 청구취지에 반드시 구속되는 것은 아니므로, 단순히 「사건본인의 친권자의 지정을 구한다.」거나, 「미성년후견인에게 지급할 보수의 액수를 결정하여 줄 것을 구한다.」는 등으로 청구취지를 적더라도 무방하다. 그러나 어떤 사항에 대한 허가를 구하는 것인지를 특정하지 아니한 채 막연히 「자녀의 징계에 관한 처분의 허가를 구한다.」는 등으로 기재하는 것은 부적법하다.[7)]

㈐ **청구원인** : 청구원인은 청구취지를 이유 있게 하는 권리 또는 법률관계에 관한 법률적 구성 그 자체를 가리키지만, 청구에 이르게 된 동기나 경위 등의 주변 사정을 가급적 상세히 적는 것이 바람직하다.[8)]

㈑ **청구의 연월일** : 이는 청구의 시기를 특정하기 위한 것이다. 심판청구서의 작성일자와 가정법원에 제출한 일자가 다를 수도 있는바, 그 중 어느 일자를 적더라도 무방하고, 연월만 적고 일자를 적지 않더라도 무방하다고 할 것이다. 어느 경우에나 심판청구로 인한 법적 요과는 실제로 심판청구서를 가정법원에 제출한 날을 기준으로 하여 발생한다.[9)]

㈒ **가정법원의 표시** : 이는 심판청구서를 제출할 가정법원을 뜻한다. 심판청구서에 기재한 가정법원이 아닌 다른 가정법원에 심판청구서를 제출하더라도 그 자체로 접수를 거부하여서는 안 된다. 청구의 내용에 따라 관할의 유무를 판단하여 관할이 있는 경우에는 그대로 접수하고, 관할이 없는 경우에는 관할 가정법원에 제출할 것을 권유하되, 제출을 고집하는 경우에는 일단 접수하여 이송 여부를 결정하는 것이 바람직하다.

(2) 구술에 의한 심판청구

구술로 심판청구를 할 때에는 가정법원의 법원사무관 등의 앞에서 진

7) 가사실무제요(주2), 170~171면

8) 가사실무제요(주2), 172면

9) 가사실무제요(주2), 172면

술하여야 한다(가소 제36조제4항). 이 경우에 법원사무관 등은 심판청구서의 기재사항을 적은 조서를 작성하고 기명날인하여야 한다(동조 제5항).

실무상 가사비송사건은 대부분 서면을 제출하는 방식으로 심판청구를 하는 것이 관행이고, 심판청구 절차를 잘 모르는 민원인을 위해 법원의 접수창구 근처에 각종 심판청구서 빈양식을 비치하고 있으므로, 구술청구에 따라 심판청구조서를 작성하는 경우는 매우 드물다.

다. 절차비용

(1) 의의

절차비용이란 가사비송사건의 심판청구에서부터 심판의 확정에 이르기까지 소요되는 비용으로서 가정법원 또는 당사자가 부담·지출하여야 하는 모든 비용을 말한다. 이러한 절차비용은 재판비용과 당사자비용으로 나눌 수 있는데, **재판비용**은 당사자가 가사비송사건의 절차를 개시·수행하기 위하여 가정법원에 납부하여야 하는 비용으로 수수료(이른바 인지대)와 송달료, 증거조사비용 등을 말한다. **당사자비용**이란 당사자가 가사비송사건 절차의 준비·수행을 위하여 법원 외의 제3자에게 직접 지출하는 비용으로서 서류 작성 및 제출 관련 비용, 가정법원에 제출할 서류를 발급받기 위한 비용, 당사자 또는 대리인의 기일출석비용, 법무사(또는 변호사)의 보수 등을 말한다.

(2) 수수료(인지대)

심판의 청구에는 「가사소송수수료규칙」으로 정하는 바에 따라 **수수료**를 내야 한다(가소 제5조). 심판청구 수수료는 라류 가사비송사건의 경우 1건당 5,000원이고, 마류 가사비송사건의 경우 1건당 10,000원으로 하며(가수규 제3조제1항), 사건본인마다 각 1개의 청구로 한다(가수규 제5조제3항제2호·제3호). 따라서 사건본인 1인당 5,000원(라류 사건) 또는 10,000원(마류 사건)에 해당하는 수입인지를 심판청구서에 붙이거나 대법원규칙으로 정하는 바에 따라 현금으로 납부하여야 한다(가수규 제7조제1항). 여러 개의 가사비송사건의 청구를 한 개의 심판청구로 병합하여 제기하는 경우(가소 제14조제1항, 가소규 제20조의2)에는 각 수수료를 합산한다(가수규 제5조제2항).

한편, 항고제기의 수수료는 심판청구 수수료의 배액으로 하고, 재항고제기의 수수료는 그 3배액으로 한다(가수규 제3조제2항).

(3) 송달료

라류 가사비송사건의 당사자 1인당 송달료 납부기준은 4회분이 원칙이지만, 친권자 지정 청구사건과 미성년후견에 관한 사건은 각 **8회분**이고, 마류 가사비송사건은 **12회분**이다. 1회분 송달료는 2014.2.1.부터 종전 3,250원에서 3,550원으로 증액되었다.

[당사자 1인당 송달료 납부기준[10]]

적용대상사건	당사자 1인당 납부기준	수송달자
가사항고사건	3회	항고인, 상대방
가사재항고사건	5회	재항고인,상대방
가사신청사건	3회[단,가압류·가처분에 대한 이의, 취소(집행취소는 제외)사건은 8회]	신청인, 상대방
가사조정사선	5회	신청인,피신청인
가사비송사건	**라류 4회**(단, 자의 종전의 성과 본의 계속사용허가, 자의 성과 본의 변경허가, 친양자 입양허가, 미성년자 입양허가 및 피성년후견인의 입양허가 청구사건, **친권자 지정 청구사건, 미성년후견에 관한 사건은 각 8회**, 성년후견·한정후견·특정후견·임의후견에 관한 사건은 각 10회)	청구인 등
	마류 12회	

라. 첨부서류

심판청구서에는 증거방법을 겸하여 당사자 및 사건본인의 신분관계를 확인할 수 있는 가족관계증명서와 기본증명서(또는 제적등본 등)와 주민등록표등(초)본을 첨부한다. 이들 서류는 관할의 유무를 정하는 자료도 된다. 대심적 구조의 마류 가사비송사건에서는 상대방용 심판청구서 부본을 첨부하여야 한다. 또한 청구인이 제출하는 서면에 의한 사실조사만으로 심리되는 경우도 있으므로 가능한 증거방법을 모두 첨부하는 것이 바람직하다. 그 밖에 대리인이 심판청구를 하는 경우에는 위임장 등 대리권을 증명하는 서면을 함께 제출하여야 한다.

10) 송달료규칙의 시행에 따른 업무처리요령[2015.3.23. 재판예규 제1522호, 시행 2015.3.30]

마. 심판청구의 효과 등

(1) 심판청구의 효과

심판청구가 있으면 그 사건에 관하여 가정법원이 청구의 범위 내에서 일정한 심판을 해야 할 의무를 지게 된다. 또 심판청구의 기간이 법정되어 있는 경우에는 그 기간준수의 효과가 발생한다.

(2) 심판청구의 변경

심판청구에 의하여 심리의 범위와 대상이 특정되고, 일정한 사건에 있어서는 가정법원이 심판의 청구취지에 구속되어 다른 내용의 심판을 할 수 없는 경우도 있다. 다만, 기본적인 법률관계나 사실관계에 변함이 없는 범위 내에서는 심판청구의 변경이 허용되며, 청구취지 등을 변경한 다음 변경된 청구에 대한 심리를 하여야 한다.[11]

(3) 관련 사건의 병합

여러 개의 가사비송사건의 청구가 가사소송법 제14조 제1항의 요건을 갖춘 때에는 이를 1개의 심판청구로 제기할 수 있다(가소규 제20조의2). 즉, 동일한 사실관계에 기초하여 여러 명이 청구인으로 되거나 여러 명의 사건본인에 대한 심판청구를 1개의 심판청구서로 병합청구하는 것이 가능하다. 처음부터 여러 개의 가사비송청구를 병합청구하는 경우에는 하나의 사건번호가 부여되지만, 각 수수료는 합산한다(가수규 제5조 제2항).

바. 조정 전치(마류 가사비송사건)

마류 가사비송사건에 대하여 가정법원에 심판을 청구하려는 사람은 먼저 조정을 신청하여야 한다(가소 제50조제1항). 당사자가 조정을 신청하지 아니하고 심판을 청구한 경우에는 가정법원은 그 사건을 조정에 회부하여야 한다. 다만, 공시송달의 방법이 아니면 당사자의 어느 한쪽 또는 양쪽을 소환할 수 없거나 그 사건을 조정에 회부하더라도 조정이 성립될 수 없다고 인정하는 경우에는 그러하지 아니하다(동조 제2항).

---

11) 가사실무제요(주2), 177면

4. 심리와 심판

가. 심리·심판의 원칙

(1) 직권탐지주의

가사비송사건은 직권탐지주의의 지배를 받는다. 즉, 가정법원은 직권으로 사실의 탐지와 필요하다고 인정하는 증거의 조사를 하여야 한다(가소 제34조➡비송 제11조). 직권탐지는 두 가지 의미를 가지는데, 하나는 재판자료의 수집과 제출을 당사자에게 맡겨두지 아니하고 가정법원이 주도적으로 할 책무를 진다는 것이고, 다른 하나는 당사자의 신청을 기다리지 아니하고 가정법원이 스스로 심판절차를 개시할 수도 있다는 것을 의미한다. 라류 가사비송사건에는 두 가지 의미의 직권탐지가 모두 적용될 수 있지만, 마류 가사비송사건에는 前者의 의미에서의 직권탐지만 적용된다.[12)]

(2) 가정법원의 재량에 의한 심판의 허용

가사비송사건 중에는 실체법상의 요건을 갖추었는지에 관하여 소송에서와 같은 정도의 엄격한 심리와 판단이 필요한 것(친권이나 법률행위 대리권·재산관리권의 상실선고 등)이 있고, 실체법상의 형식적인 요건을 갖추고 있는 이상 그 청구를 받아들이는 것 외에는 다른 재판을 하는 것이 성질상 허용되지 않는 것도 있다. 그러나 대부분의 마류 가사비송사건을 포함한 여러 사건들에 있어서는 당사자가 구하는 법률관계의 형성·변경에 관하여 실체법이나 절차법에 분명한 기준이 규정되어 있지 아니한 관계로 가정법원이 후견적 입장에서 폭넓은 재량을 가지고 당사자가 희망하는 것과는 관계없이 당사자의 법률관계를 형성하고 그에 따른 의무의 이행을 명하는 것이 허용된다. 이러한 의미에서 가정법원이 가사비송사건의 청구를 기각하지 아니하고 이를 받아들여 당사자의 법률관계를 일정한 내용으로 형성·처분하는 이상, 심판의 주문에 표시된 내용이 당사자의 청구취지와는 다소 차이가 있더라도 그 차이가 있는 부분에 대한 청

12) 가사실무제요(주2), 181면

구를 기각하는 것으로는 되지 아니하며, 따라서 원칙적으로 하나의 청구에 대한 심판에서 청구의 일부인용, 일부기각은 있을 수 없고, 심판의 주문에 이를 표시할 것도 아니다.[13)]

(3) 법률관계의 합리적 조정의 원칙

가사비송사건의 심판에서 가정법원의 재량에는 일정한 한계가 있다. 즉, 상대방의 존재를 전제로 하는 대심적 구조의 쟁송사건인 마류 가사비송사건에서는, 가정법원은 가정의 평화와 사회정의를 위하여 가장 합리적인 방법으로 청구의 목적이 된 법률관계를 조정할 수 있는 내용의 심판을 하여야 한다(가소규 제93조제1항). 이를 위해서는 당사자 및 관계인의 가정생활을 포함한 주변 사정에 관한 폭넓은 자료수집이 요망된다.[14)]

나. 심리

(1) 심문

가정법원은 필요하다고 인정할 경우에는 당사자 또는 법정대리인을 당사자 신문의 방식으로 심문할 수 있고, 그 밖의 관계인을 증인신문 방식으로 심문할 수 있다(가소 제38조).

가사비송사건에 대한 제1심 종국재판은 심판으로 하는 것이 원칙이다(가소 제39조제1항). 따라서 그 심리에 변론을 요하지 아니하며, 일반적인 심리 방법은 당사자를 포함하여 사건관계인의 심문이다. 다만, 라류 가사비송사건의 심판은 가사소송법과 다른 법률 또는 가사소송규칙에 특별한 규정이 있는 경우를 제외하고는 사건관계인을 심문하지 아니하고 할 수 있다(가소 제45조). 반면에 마류 가사비송사건의 심판은 특별한 사정이 없으면 사건관계인을 심문하여야 한다(가소 제48조). 이러한 가사비송사건의 심문에는 비송사건절차법의 규정이 준용되므로(가소 제34조) 그 심문은 공개하지 아니함이 원칙이다(비송 제13조).

(2) 심리의 방법

---

13) 가사실무제요(주2), 181~183면

14) 가사실무제요(주2), 183면

가정법원은 가사비송사건을 심리함에 있어 직권으로 사실을 조사하고 필요한 증거조사를 하여야 한다(가소규 제23조제1항). 또 가정법원은 사실조사 또는 증거조사를 다른 가정법원에 촉탁할 수 있고(동조 제2항), 촉탁을 받은 가정법원은 가사조사관으로 하여금 그 촉탁받은 사실조사를 하게 할 수 있다(동조 제3항). 증거조사에 관하여는 가사소송의 예에 의하고(동조 제4항), 가사소송에서는 민사소송법의 규정이 적용되므로(가소 제12조), 결국 가사비송사건에서의 증거조사는 민사소송의 예에 의하는 셈이다.[15)]

당사자심문이 임의적인 것(가소 제45조)으로 되어 있는 라류 가사비송사건에 있어서는 그 심리방법이 특별히 규정되어 있는 것을 제외하고는 당사자가 제출한 서면만으로도 심증을 얻을 수 있는 때에는 다른 증거조사를 하지 아니하고 서면심리만으로 사실조사를 하고 심판을 하는 것이 원칙이다.[16)] 그러나 일반입양이나 친양자 입양의 허가 심판을 하는 경우에는 일정한 사람의 의견을 들어야 하고(가소규 제62조제1항, 제62조의3), 미성년후견인과 미성년후견감독인의 신임과 변경 심판을 하는 경우(가소규 제65조제4항), 친권자의 지정 또는 미성년후견의 종료 및 친권자의 지정에 관한 심판을 하는 경우(가소규 제65조의2) 등에는 그 미성년자가 13세 이상인 때에는 원칙적으로 그 미성년자의 의견을 들어야 한다. 마류 가사비송사건 중 자녀의 양육에 관한 처분과 변경, 면접교섭권의 제한과 배제 및 친권자의 지정과 변경에 관한 심판의 청구가 있는 경우에, 자녀가 13세 이상인 때에는 가정법원은 심판에 앞서 그 자녀의 의견을 들어야 한다.다만, 자녀의 의견을 들을 수 없거나 자녀의 의견을 듣는 것이 오히려 자녀의 복지를 해할만한 특별한 사정이 있다고 인정되는 때에는 그러하지 아니하다(가소규 제100조).

(3) 이해관계인의 참가

가사비송사건의 심판청구에 관하여 이해관계가 있는 자는 재판장의 허가를 받아 절차에 참가할 수 있고(가소 제37조제1항), 재판장은 상당하다고 인정하는 경우에는 심판청구에 관하여 이해관계가 있는 자를 절차에 참

15) 가사실무제요(주2), 188면
16) 가사실무제요(주2), 185면

가하게 할 수 있다(동조 제2항). 예를 들면, ① 혼인 중인 부모의 의견이 일치하지 아니하여 가정법원이 친권 행사 방법을 결정하여야 할 경우에는 청구인이 아닌 친권자를 절차에 참가하게 하여야 하고(민 제909조제2항 단서, 가소규 제64조), ② 미성년후견인·미성년후견감독인을 변경할 때에는 그 변경이 청구된 미성년후견인·미성년후견감독인을 절차에 참가하게 하여야 하며(가소규 제65조제2항), ③ 제3자가 자녀 또는 피후견인에게 무상으로 수여한 재산의 관리인을 개임할 때에는 그 재산관리인을 절차에 참가하게 하여야 한다(가소규 제69조➡제41조제2항).

【서식 1-01】 참가명령

○○가정법원

결 정

사 건 2014느단***** 미성년후견인변경

청 구 인 ○○○ (******-*******)

주소

사건본인 ○○○ (******-*******)

주소

주 문 다음의 사람에게 이 사건에 참가인으로 참가할 것을 명한다.

다 음

참가인 1. ○○○ (******-*******)

주소

이 유

이 사건의 공평·적절한 해결을 위하여 위의 사람을 절차에 참가시킬 필요가 있다고 인정되므로 주문과 같이 결정한다.

2014. ○. ○.

판사 ○ ○ ○ (인)

이해관계인의 참가신청은 참가의 취지와 이유를 기재한 서면으로 하여야 하며(가소규 제21조제1항), 참가신청인은 참가의 이유를 소명하여야 한다

(동조 제2항). 재판장은 이해관계인의 참가신청이 있는 때에는 그 허부의 결정을 하여야 하고(가소규 제22조제1항), 참가허가의 결정과 참가명령은 당사자 및 참가신청인 또는 참가명령을 고지받은 자에게 고지하여야 하며(동조 제2항), 참가허부의 결정과 강제참가명령에 대하여는 불복하지 못한다(동조 제3항). 가사비송사건의 심판은 당사자 이외에 절차에 참가한 이해관계인에게도 고지하여야 한다(가소규 제25조).

다. 가사비송절차의 중단과 수계[17]

당사자 등의 지위 또는 권리가 일신전속적인 것으로서 상속의 대상이 되지 아니하고 달리 당사자적격을 가지는 자도 없는 사건은 당사자 또는 사건본인 등의 사망·자격상실, 그 밖의 사유가 발생하면 심판절차도 당연히 종료된다.

예를 들면, 친권자의 지정·변경 등의 사건에서 청구인 또는 상대방이 사망한 경우, 미성년후견인의 선임·변경사건에서의 후견인 또는 피후견인, 친권·법률행위 대리권·재산관리권의 상실 또는 회복 청구사건에서의 친권자 또는 미성년자인 자녀 등이 사망한 경우에는 사건 자체가 목적을 잃어 절차는 종료되는 것이 원칙이다.

반면에, 당사자 등이 사망하더라도 절차의 목적이 상속의 대상인 경우에는 원칙적으로 당사자의 상속인을 위하여 또는 상속인에 대하여 절차가 속행되어야 하고 절차의 중단은 생기지 않는다.

예를 들면, 미성년후견인에 대한 보수사건에서 청구인이 사망한 경우에는 보수청구권은 상속되는 것이므로 그 상속인으로 하여금 절차를 수계하게 하여야 하고, 같은 내용의 사건에서 피후견인이 사망한 경우에는 그 보수는 피후견인의 재산으로 지급하는 것이므로 그 상속인으로 하여금 사건본인으로서의 지위를 수계하게 하여야 할 것이다.

한편, 절차의 목적이 일신전속적인 것으로서 상속의 대상이 아니고 청구권자의 사망으로 사건 자체가 해결되었다고 볼 수 없는 경우에 청구인으로서의 당사자적격을 가지는 자가 여러 사람이라면, 가사소송법 제16조(소송절차의 승계)를 유추적용하여 절차의 승계를 인정하여야 할 것이다.

예를 들면, 제3자가 무상으로 자녀에게 수여한 재산에 대한 관리인의 선임·개임 등(민 제918조), 후견인의 변경(민 제940조), 후견사무에 관한 처분(민 제954조), 친권·법률행위 대리권·재산관리권의 상실선고(민 제924조, 제925조) 등이다.

---

17) 「법원실무제요 : 가사(Ⅰ)」, 법원행정처(2010.7), 85~88면

라. 심판

(1) 심판을 하여야 하는 경우

가사비송사건의 심판청구에 대하여 실체상의 이유로 종국재판을 하는 경우에는 「심판」으로써 하여야 한다(가소 제39조제1항 본문). 그러나 심판청구서의 각하 등과 같이, 절차상의 이유로 종국재판을 하는 경우에는 심판으로 하지 아니하고 「결정」이나 「명령」으로 한다(동조 제1항 단서). 따라서 가사비송사건의 청구의 당부를 실질적으로 판단하는 경우 심판으로 종국재판을 하여야 한다. 심판의 본질은 「결정」이다.[18]

(2) 심판서

심판을 할 때에는 심판서를 작성하여야 하는데, 심판서에는 ① 당사자와 법정대리인, ② 주문(主文), ③ 이유, ④ 법원을 적고, 심판한 법관이 기명날인하여야 한다. 심판한 법관이 기명날인하는 데 지장이 있는 경우에는 다른 법관이 그 사유를 적고 기명날인하여야 한다(동조 제2항). 다만, 라류 가사비송사건의 심판서에는 이유를 적지 아니할 수 있다(동조 제3항). 심판이 당사자 이외에 사건본인의 신분관계 기타 권리, 의무에 관계된 것인 때에는 심판서에 그 사건본인의 성명, 생년월일, 등록기준지 및 주소를 기재하여야 한다(가소규 제20조).

그 밖에 심판서에는 위와 같은 필수적 기재사항 이외에 어느 사건에 대한 것인지를 명백히 하기 위하여 사건번호와 사건명을 적고, 심판의 연월일을 적어야 한다.

【서식 1-02】 미성년후견인을 선임한 심판서

○○가정법원

심 판

사 건 2014느단***** 미성년후견인선임

청 구 인 ○○○ (******-*******)

주소

18) 가사실무제요(주2), 191~192면

사건본인 1. ○○○ (******-*******)
2. ○○○ (******-*******)
사건본인들 주소
사건본인들 등록기준지

주 문

1. 사건본인들의 미성년후견인으로 청구인을 선임한다.
2. 미성년후견인은 이 사건 심판 확정일로부터 2월 이내에 사건본인들의 재산목록을 작성하여 이 법원에 제출하여야 한다.
3. 미성년후견인은 이 사건 심판 확정일로부터 1년이 경과한 날을 기준으로 하여 매년 후견사무에 관한 보고서를 이 법원에 제출하여야 한다.
4. 미성년후견인이 사건본인들을 대리하여 사건본인들 명의의 부동산 또는 중요한 재산에 관한 권리의 득실변경을 목적으로 하는 행위를 하는 경우에는 가정법원의 허가를 받아야 한다.

이 유

이 사건 청구는 이유 있으므로 주문과 같이 심판한다.

2014. ○. ○.

판사 ○ ○ ○ (인)

(3) 심판의 고지 및 효력발생 시기

심판은 당사자와 절차에 참가한 이해관계인에게 고지하여야 한다(가소규 제25조). 심판의 효력은 심판을 받을 사람이 심판을 고지받음으로써 발생하고(가소 제40조 본문), 선고를 요하지 아니한다. 다만, 즉시항고를 할 수 있는 심판은 확정되어야 효력이 있다(동조 단서).

(4) 심판의 효력[19)]

㈎ 가사비송사건의 심판에는 **형식적 확정력**이 있다. 따라서 즉시항고에 의한 불복이 허용되는 심판은 그 심판을 한 가정법원이 그 심판이 위법 또는 부당하다고 인정하더라도 이를 스스로 취소 또는 변경할 수 없다(비송 제19조제3항).

19) 가사실무제요(주2), 195-199면 참조

㈏ 가사비송사건의 심판은 가정법원이 후견적 입장에서 합목적적인 재량에 의하여 당사자의 법률관계의 형성에 관여함을 본질로 하는 것이므로 **기판력**이 인정되지 아니한다.

㈐ 일반적으로 청구를 인용한 심판에는 당사자의 권리 또는 법률관계를 창설 또는 변경하거나 소멸시키는 **형성력**이 있다. 예컨대, 제3자가 자녀에게 무상으로 수여한 재산의 관리인 선임의 심판에 의하여 선임된 자가 미성년자의 재산을 관리할 권리와 의무를 지게 되고, 친권상실선고의 심판에 의하여 친권자가 친권을 상실하게 되는 효력 등은 바로 법률상태의 발생, 변경, 소멸을 포함하는 것이고, 그 자체가 형성력을 가진다. 당사자 이외의 제3자도 그 형성의 결과를 승인할 수밖에 없다는 점에서 심판의 형성력에는 대세효(對世效)가 있다고 할 수 있다.

㈑ 심판에 잘못된 계산이나 기재, 그 밖에 이와 비슷한 잘못이 있음이 분명한 때에는 법원은 직권으로 또는 당사자의 신청에 따라 **경정심판**을 할 수 있다(민소 제211조 참조). 그 절차는 판결의 경정에 준한다. 청구의 일부에 대하여 심판을 누락한 경우에는 그 누락된 부분에 대하여 **추가심판**을 할 수 있다. 그 절차는 추가판결에 준한다.

㈒ 사건에 따라서는 심판이 고지 또는 확정에 의하여 효력이 발생된 후 **사정변경**에 따라 그 심판의 효력을 그대로 유지하는 것이 적당하지 않게 된 때에는 심판을 한 가정법원 스스로 이를 **취소·변경**하는 것이 허용되는 경우가 있다. 예컨대, 친권자 또는 후견인이 사건본인을 감화 또는 교정기관에 위탁하는 것에 대한 허가나 지시는 언제든지 취소하거나 변경할 수 있다(가소규 제66조제2항).

(5) 심판에 의하지 아니한 절차의 종료

㈎ 심판청구서에 필수적 기재사항을 누락하거나 수수료를 내지 않은 것 등과 같은 형식적 요건의 흠이 있고 이를 보정하지 아니한 때에는 재판장의 「명령」으로 그 심판청구서를 각하한다(민소 제254조 유추적용). 절차상의 이유, 즉 관할위반으로 인한 이송결정, 손해나 지연을 피하기 위한 이송결정, 사전처분 등은 「결정」으로 종국재판을 한다(가소 제35조제2항➡제13조제3항·제4항, 제62조).

㈏ 심판청구의 목적인 당사자 또는 사건본인의 지위 내지 권리가 일신전속적인 것으로서 상속의 대상으로 되지 아니하는 경우(예컨대, 친권자의 지정·변경사건에서 사건본인이 사망한 경우 등)에는 절차가 종료된다.

㈐ 가사비송사건에 따라서는 청구의 취하나 포기가 허용되지 않는다고 해석되는 경우도 있으나, 일반적으로는 청구인이 자유로이 그 청구를 취하하거나 포기할 수 있다. 소송에서와 달리, 심판청구의 취하에 상대방의 동의가 필요한 것은 아니다. 마류 가사비송사건의 청구인이 심문기일에 2회 불출석하더라도 청구취하로 간주되지는 않는다. 다만 정당한 이유 없이 출석하지 아니하면 그 제재로서 과태료가 부과될 수 있고 구인될 수 있다(가소 제66조).

㈑ 라류 가사비송사건은 대심적 구조를 가지지 아니하므로 재판상 화해의 여지가 있을 수 없다. 대심적 구조의 쟁송사건인 마류 가사비송사건 중 친권·법률행위 대리권·재산관리권의 상실선고 또는 실권회복의 선고 등과 같이 성질상 당사자의 임의처분이 허용되지 않는 것은 재판상 화해가 허용되지 않는다.

5. 심판에 대한 불복

가. 즉시항고

(1) 의의

가사비송사건의 제1심 심판에 대하여는 가사소송규칙에서 따로 정하는 경우에 한정하여 즉시항고만을 할 수 있다(가소 제43조제1항).

(2) 즉시항고를 할 수 있는 심판

청구에 의해서만 심판해야 할 경우에 그 청구를 **기각**한 심판에 대하여는 특별한 규정이 있는 경우를 제외하고는 청구인에 한하여 즉시항고를 할 수 있다(가소규 제27조). 다만, 미성년후견인·미성년후견감독인의 변경청구를 기각한 심판에 대하여는 청구인 이외에 피후견인, 친족, 후견감독인, 검사, 지방자치단체의 장도 즉시항고를 할 수 있다(가소규 제67조제2항).

청구를 인용하거나 직권으로 한 심판 중 라류 비송사건에 있어서 즉시항고의 대상이 되는 것은 가사소송규칙에 개별적으로 규정되어 있다.

예컨대, 친양자 입양을 허가하는 심판(가소규 제62조의5), 미성년자 입양을 허가하는 심판(제62조의8제2항), 미성년후견인의 선임(제67조제1항제1호), 미성년후견인·미성년후견감독인의 변경(동항 제2호), 감화 또는 교정기관에 위탁하는 것에 대한 허가, 피미성년후견인에 대한 의료행위의 동의에 대한 허가 및 피미성년후견인이 거주하는 부동산에 대한 매도 등에 대한 허가 심판(동항 제3호), 친권자의 지정 심판(동항 제4호), 미성년후견 종료 및 친권자 지정 심판(동항 제5호) 등이다.

마류 가사비송사건에 있어서는 그 청구를 인용한 모든 심판에 대하여 즉시항고가 허용된다(가소규 제94조제1항).

(3) 즉시항고권자

일반적으로 청구인과 상대방이 즉시항고권자이지만, 사건에 따라서는 사건본인이나 제3자가 즉시항고권자로 규정된 경우도 있다. 개별 가사비송사건의 즉시항고권자는 해당 서식의 해설 부분에서 서술한다.

마류 가사비송사건의 심판에 대하여는 청구인과 상대방이 즉시항고를 할 수 있고, 청구인과 상대방 이외의 제3자는 특별한 규정이 있는 경우에 한하여 즉시항고를 할 수 있다고 명문으로 규정하고 있다(가소규 제94조제1항·제2항).

(4) 즉시항고의 기간

즉시항고는 가소소송규칙으로 정하는 날부터 14일 이내에 하여야 한다(가소 제43조제5항). 이것은 민사소송법(제444조)에서 정한 즉시항고기간(1주일)과 다른 점이다. 이러한 즉시항고기간은 불변기간이므로 그 기간을 단축하거나 부가기간을 정할 수는 없으나, 추후보완은 허용된다고 본다(비송 제23조, 민소 제172조, 제173조 참조).[20]

라류 가사비송사건에서 즉시항고의 기간은, 특별한 규정이 있는 경우를 제외하고는, 즉시항고를 할 수 있는 자가 심판을 고지 받는 경우에는 그 고지를 받은 날부터, 심판을 고지 받지 아니하는 경우에는 청구인(청구인이 수인일 때에는 최후로 심판을 고지받은 청구인)이 심판을 고지받은 날부터 진행한다(가소규 제31조). 마류 가사비송사건에서 즉시항고의 기간은, 특별

20) 대법원 2007.6.15.자 2007스30 결정 참조.

한 규정이 있는 경우를 제외하고는, 즉시항고를 할 수 있는 자가 심판을 고지 받는 경우에는 그 고지를 받은 날부터, 심판을 고지받지 아니하는 경우에는 당사자에게 심판이 최후로 고지된 날부터 진행한다(가소규 제94조 제3항).

한편, 판결과 달리 선고가 필요하지 않는 결정이나 심판과 같은 재판은 당사자에게 고지되어야 효력이 발생하는데, 아직 당사자에게 고지되지 아니하여 효력이 발생하지는 않았지만 그러한 재판이 있는 사실을 알게 된 당사자는 그 재판이 자기에게 고지되기 전에도 즉시항고를 제기할 수 있다.[21]

(5) 즉시항고 제기의 방식과 효력

즉시항고는 원심가정법원에 즉시항고장을 제출함으로써 한다(가소규 제28조). 말로 즉시항고를 하는 것은 허용되지 않는다.

【서식 1-03】 청구 기각 심판에 대한 즉시항고장

즉 시 항 고 장

사　　건　　2014느단***** 친권자지정

항 고 인　　○○○(******-*******)
주소

사건본인　　◇◇◇(******-*******)
주소
등록기준지

귀원 위 사건에 관하여 항고인은 2015.○.○. 동 법원에서 선고한 심판에 불복하므로 다음과 같이 항고를 제기합니다.

원 심판의 표시

청구인의 청구를 기각한다.
(원 심판 정본은 2015.○.○. 송달받았음)

21) 대법원 2014.10.8.자 2014마667 전원합의체 결정

항 고 취 지

1. 원 심판을 취소한다.
2. 사건본인의 친권자로 청구인을 지정한다.

라는 심판을 구합니다.

항 고 이 유

추후 제출하겠습니다.

첨 부 서 류

1. 원 심판서 사본 1통
1. 위임장 1통
1. 납부서 1통

2015. ○. ○.

위 항고인 ○○○ (인)

○○가정법원 귀중

즉시항고장을 제출받은 제1심 가정법원의 재판장은 즉시항고장을 심사하여 흠이 있는 때에는 보정을 명하여야 하고, 흠을 보정하지 아니하거나 즉시항고의 기간을 넘긴 것이 분명한 때에는 명령으로 즉시항고장을 각하하여야 한다. 즉시항고장에 구체적인 항고이유가 기재되어 있지 않아 항고장만으로는 구체적인 불복의 이유를 알 수 없는 경우에는 항고법원은 항고인에게 2주 정도의 기간을 정하여 상세한 항고이유를 제출하도록 석명준비명령을 보낸다.

적법한 즉시항고장이 제출되면 사건이 항고심으로 이심된다. 항고장이 적법하거나 흠의 보정에 의하여 적법하게 된 때에는 원심 가정법원의 법원사무관 등은 사건기록을 항고법원에 송부하여야 한다. 심판에 대한 즉시항고에 집행정지의 효력이 있는 것은 아니다.

나. 항고심의 절차

(1) 항고장 부본의 송달

㈎ 라류 가사비송사건의 항고는 편면적 불복절차이므로 상대방이 있어

야 하는 것은 아니고 항고장 부본을 반드시 송달하여야 하는 것도 아님이 원칙이다.[22] 다만, 가사비송청구를 인용한 심판에 대하여 이해관계인이 즉시항고한 경우 항고심 법원은 상당하다고 인정하는 때에는 제1심 청구인에게 사건이 계속된 사실을 통지하거나 제1심 청구인을 심문할 수 있다(가소규 제29조의2). 따라서 라류 가사비송청구를 인용한 심판에 대하여 이해관계인이 항고한 경우에는 제1심 청구인에게 그 사건이 계속된 사실을 통지하는 방법으로 항고장 부본을 송달하면 된다.[23]

㈏ 마류 가사비송사건에 있어서는, 항고심의 재판절차에는 제1심의 재판절차가 준용되므로(가소 제43조제2항), 당사자가 즉시항고를 한 경우에는 그 반대의 당사자가 상대방으로 되므로 항고장 부본을 송달하여야 한다(비송 제23조, 민소 제443조제1항, 제401조). 마류 가사비송청구를 인용한 심판에 대하여 이해관계인(사건본인 또는 제3자)이 즉시항고를 한 경우에도 항고심 법원은 상당하다고 인정하는 때에는 제1심 청구인에게 사건이 계속된 사실을 통지하거나 제1심 청구인을 심문할 수 있으므로(가소규 제29조의2), 제1심 청구인 및 상대방에게 사건이 계속된 사실을 통지하는 방법으로 항고장 부본을 송달하면 될 것이다.[24]

(2) 항고심의 심리 및 재판

항고법원의 재판 절차에는 제1심의 재판절차에 관한 규정을 준용한다(가소 제43조제2항, 가소규 제29조). 가사비송청구를 인용한 심판에 대하여 이해관계인이 즉시항고한 경우 항고심 법원은 상당하다고 인정하는 때에는 제1심 청구인에게 사건이 계속된 사실을 통지하거나 제1심 청구인을 심문할 수 있다(가소규 제29조의2).

---

22) 대법원 1966.8.12.자 65마473 결정(항고는 편면적 불복절차이므로 항고장에 반드시 피항고인의 표시가 있어야 하는 것은 아니고, 또 항고장을 반드시 상대방에게 송달하여야 하는 것은 아니다). 대법원 1997.11.27.자 97스4 결정(항고는 원칙적으로 두 당사자의 대립을 예상하지 않는 편면적인 불복절차로서 항고인과 이해가 상반되는 자가 있는 경우라도 판결절차에 있어서와 같이 엄격한 의미의 대립을 인정할 수 있는 것이 아니므로, 항고장에 반드시 상대방의 표시가 있어야 하는 것도 아니고, 항고장을 상대방에게 송달하여야 하는 것도 아니다).

23) 가사실무제요(주2), 215면

24) 가사실무제요(주2), 215면

항고법원은 항고가 이유 있다고 인정하는 경우에는 원심판을 취소하고 스스로 적당한 결정을 하여야 한다. 다만, 항고법원이 스스로 결정하기에 적당하지 아니하다고 인정하는 경우에는 사건을 원심법원으로 환송하여야 한다(가소 제43조제3항).

다. 재항고

항고법원의 결정에 대하여는 재판에 영향을 미친 헌법, 법률, 명령 또는 규칙 위반이 있음을 이유로 하는 경우에 한정하여 대법원에 재항고할 수 있다(가소 제43조제4항). 여기서 말하는 「항고법원의 결정」은 제1심의 심판에 대응하는 것, 즉 가사비송사건의 청구에 대하여 항고법원이 원심판을 취소하고 자판하거나 환송하거나 또는 항고를 기각한 결정을 가리킨다. 또 이때의 재항고는 즉시항고의 성질을 가지는 것이므로 그 기간은 항고법원의 결정을 고지받은 날부터 14일이다. 재항고심의 재판절차에는 그 성질에 반하지 아니하는 한 민사소송법 및 민사소송규칙 중 재항고에 관한 규정을 준용한다(가소규 제30조). 심판에 대응하는 항고법원의 결정 이외의 결정(예컨대, 관할위반 또는 심리편의에 의한 이송결정, 원심재판장의 심판청구서 각하명령, 원심재판장의 즉시항고장 각하명령 등)에 대한 불복에 대하여 항고심이 한 결정에 대하여는 민사소송법의 규정에 의한 재항고를 할 수 있다(비송 제23조, 민소 제442조). 이들 결정에 대한 재항고 기간은 모두 1주일이다.

한편, 가사비송사건의 청구에 대한 심판 중 즉시항고를 할 수 있는 것을 제외한 나머지는 불복을 신청할 수 없는 재판에 해당하므로 **특별항고**의 대상이 된다(비송 제23조, 민소 제449조제1항). 그 밖에 관할지정의 결정(가소 제3조제2항, 민소 제28조제2항) 등에 대하여도 특별항고를 할 수 있다.

또한, 가사비송사건의 심판에는 민사소송법 중 결정에 관한 규정이 준용되므로(가소 제39조제4항), 즉시항고로 불복을 신청할 수 있는 심판이 확정된 때에는 **준재심**을 제기할 수 있다(민소 제461조). 심판청구서의 각하명령, 절차비용부담에 관한 결정 등과 같이 가사비송사건의 절차에서 이루어지는 결정·명령으로서 즉시항고로 불복할 수 있는 것이 확정된 경우에도 준재심을 제기할 수 있음은 성질상 당연하다.[25]

25) 가사실무제요(주2), 219면

6. 심판확정 후의 절차

가. 가족관계등록부 기록의 촉탁

(1) 촉탁대상인 심판

가정법원의 법원사무관 등은 가사비송사건의 심판 중 ① 친권, 법률행위대리권, 재산관리권의 상실선고의 심판 또는 그 실권회복선고의 심판, ② 친권자의 지정과 변경의 심판, ③ 미성년후견의 종료 및 친권자의 지정의 심판, ④ 친권자·미성년후견인의 임무대행자 선임의 심판, ⑤ 미성년후견인·미성년후견감독인의 선임, 변경 또는 사임허가의 심판, ⑥ 사전처분(가소 제62조)에 의하여 친권자의 친권, 법률행위대리권, 재산관리권의 전부 또는 일부의 행사를 정지하거나 미성년후견인·미성년후견감독인의 임무수행을 정지하는 재판과 그 대행자를 선임하는 재판 등이 확정되거나 효력을 발생한 경우에는 재판장의 명을 받아 지체 없이 가족관계등록 사무를 처리하는 사람에게 가족관계등록부에 등록할 것을 촉탁하여야 한다(가소 제9조, 가소규 제5조제1항, 가소규 제6조제1항). 사전처분의 재판이 본안심판의 확정, 심판청구의 취하 기타의 사유로 효력을 상실하게 된 때에는 가정법원의 법원사무관 등은 가족관계등록부 기록을 촉탁하여야 한다(가소규 제5조제2항).

(2) 촉탁서 기재사항 및 첨부서면

촉탁서에는 ① 당사자 및 사건본인의 성명, 등록기준지(외국인의 경우에는 국적), 주소, 주민등록번호(주민등록번호가 없는 재외국민의 경우에는 국내거소신고번호, 외국인의 경우에는 외국인등록번호, 외국인등록을 하지 아니한 외국국적동포의 경우에는 국내거소신고번호), ② 가족관계등록부 기록의 원인 및 그 원인일자, ③ 촉탁 연월일, ④ 법원사무관 등의 관직과 성명 및 소속법원의 표시를 기재하고 법원사무관등이 기명날인하여야 한다(가소규 제6조제2항).

촉탁서에는 효력을 발생한 심판서의 등본 기타 가족관계등록부 기록의 원인을 증명하는 서면을 첨부하여야 한다. 이러한 촉탁 및 서면 첨부는 전산정보처리조직을 이용하여 「민사소송 등에서의 전자문서 이용 등에 관한 법률」 제2조제1호의 전자문서로 할 수 있다(가소규 제6조제3항, 제4항).

나. 가족관계등록사무를 처리하는 사람에 대한 통지

가사비송사건의 심판 중 일정한 경우(예컨대, 친양자 입양 허가의 심판, 친권자의 법률행위대리권, 재산관리권의 사퇴 또는 회복허가의 심판 등)에는 심판의 효력을 발생한 때에는 법원사무관 등은 지체 없이 당사자 또는 사건본인의 등록기준지의 가족관계등록사무를 처리하는 자에게 그 뜻을 통지하여야 한다(가소규 제7조제1항). 이러한 통지에는 촉탁의 방식(가소규 제6조)에 관한 규정을 준용한다. 다만, 심판서의 등본에 확정일자 또는 효력발생일자를 부기하여 송부함으로써 통지에 갈음할 수 있다(가소규 제7조제2항).

다. 사회복지법인 등에 대한 통지

가사비송사건의 심판 중 친양자 입양에 관한 심판이 확정된 때 법원사무관 등은 지체 없이 해당 친양자 입양을 알선한 사회복지법인에 대하여 그 내용을 통지하여야 한다. 해당 친양자 입양에 대해서 가정법원으로부터의 촉탁에 응하여 조사를 한 보장시설에 대하여도 마찬가지이다(가소규 제62조의6, 제62조의2).

7. 사전처분

가. 의의

가사사건의 심판청구가 있는 경우에 가정법원은 사건의 해결을 위하여 특히 필요하다고 인정하면 직권 또는 당사자의 신청에 의하여 상대방이나 그 밖의 관계인에게 현상을 변경하거나 물건을 처분하는 행위의 금지를 명할 수 있고, 사건에 관련된 재산의 보존을 위한 처분, 관계인의 감호와 양육을 위한 처분 등 적당하다고 인정되는 처분을 할 수 있다(가소 62조제1항). 이를 **사전처분**이라고 한다.

사전처분제도의 본래의 취지는 가사비송에 속하는 사항을 피보전권리로 하여 민사집행법상의 가압류·가처분과 동일하게 임시적인 처분을 할 수 있게 하려는 데 있다.[26] 또 사전처분제도는 구체적인 사건이 가정법원에 계속되어 있음을 전제로 하여 가정법원이 폭넓은 재량을 가지고 그 사건의 해결에 필요하다고 인정되는 범위 내에서 적절한 처분을 하게 하려는 것으로, 이행확보를 위한 가사소송법상의 특수한 처분이다.[27]

나. 친권·미성년후견과 관련한 사전처분

이러한 사전처분은 친권·미성년후견 등의 사건에 있어서도 매우 다양하게 활용될 수 있다. 대표적인 것으로는 미성년후견인·미성년후견감독인의 변경사건(라류 18호, 18의3호)에서 변경이 청구된 후견인·후견감독인의 직무집행을 정지시키고 심판확정시까지 그 임무를 수행할 대행자를 지정하는 사전처분, 친권·법률행위 대리권·재산관리권의 상실선고 사건(마류 7호 사건)에서 친권자의 친권·법률행위 대리권·재산관리권의 전부 또는 일부의 행사를 정지시키고 대행자를 선임하여 그 대행자로 하여금 권한을 행사하게 하는 사전처분(가소규 제102조)을 들 수 있다.

한편, 단독친권자의 사망 등에 따라 친권자가 지정되거나 미성년후견인이 선임될 때까지 그 임무를 대행할 사람을 선임하는 경우(라류 13의2호 사건), 제3자가 무상으로 자녀 또는 피후견인에게 수여한 재산의 관리에 관한 처분(라류 15호 사건), 후견사무에 관한 처분(라류 22호 사건) 등은 가사비송사건 자체가 사전처분적 성질을 가지는 경우이다.

다. 사전처분의 신청

(1) 관할

사전처분은 가사비송사건이 계속되어 있는 가정법원의 관할에 속한다. 본안사건이 즉시항고에 의하여 항고심에 계속되어 있는 때에는 그 항고심법원에서도 사전처분을 할 수 있으나, 본안이 재항고심에 계속 중일 때에는 재항고심은 사실심리를 하기에 적당하지 아니하고, 의무불이행에 대한 제재(가소 제67조)를 가하거나 집행법원이 되기에도 적당하지 아니하므로, 제1심 가정법원이 관할법원이 된다.[28]

---

26) 가사실무제요(주2), 265면

27) 가사실무제요(주2), 266면

28) 대법원 2002.4.24.자 2002즈합4 결정(상고 또는 재항고로 인하여 본안기록이 상고심 또는 재항고심에 송부되고 본안이 상고심 또는 재항고심에 계속 중일 때에는, 상고심 또는

(2) 신청인 및 피신청인

사전처분은 직권 또는 당사자의 신청으로 절차를 개시한다. 라류·마류 가사비송사건의 경우 청구인이 신청인이고 그 상대방이 피신청인이다.

(3) 신청서 기재사항

사전처분 신청서에는 ① 당사자의 등록기준지, 주소, 성명, 생년월일, 대리인이 신청할 때에는 대리인의 주소와 성명, ② 신청취지와 신청원인, ③ 신청 연월일, ④ 가정법원의 표시를 적고 신청인이나 대리인이 기명날인하여야 한다. 또한 사전처분은 당사자 이외에 사건본인의 신분관계 기타 권리, 의무에 관계되는 것이므로 사건본인의 성명, 생년월일, 등록기준지 및 주소를 기재하여야 한다.

(4) 신청비용

신청서에는 1,000원의 수입인지를 붙이고(재판예규 제1444호), 3회분의 송달료(재판예규 제1445호)를 송달료취급은행에 예납하고 납부서를 신청서에 붙여야 한다.

(5) 첨부서류

사전처분 신청서에는 신청인, 피신청인, 사건본인 및 대행자후보자의 가족관계증명서, 기본증명서 및 주민등록표등본 각 1통 등을 첨부하여야 한다. 또한 위 첨부서류 이외에도 사전처분의 필요성을 소명하는 추가서류가 필요할 수 있다.

라. 심리 및 재판

(1) 심리

심리에는 변론을 요하지 아니하지만 당사자, 이해관계인, 그 밖의 참고인을 심문할 수 있다. 사전처분의 필요성에 관하여는 성질상 증명을

재항고심은 사실심리를 하기에 적당하지 아니하고 가사소송법 제67조 소정의 의무불이행에 대한 제재를 가하거나 집행법원이 되기도 적당하지 아니하므로 제1심 가정법원이 가사소송법에 의한 사전처분사건이나 가압류·가처분사건의 관할법원이 된다).

요하는 것은 아니고 진술서 등의 소명으로 족하다. 원칙적으로 담보의 제공을 명함이 없이 사전처분을 할 수 있다.

(2) 심판

사전처분은 본안 심판을 담당하는 가정법원이 사건의 해결에 필요한지 여부를 심리한 후 **결정**의 형식으로 재판하고, 당사자 및 그 상대방에게 고지하여야 한다. 사전처분에는 집행력을 갖지 아니하며(가소 제62조제5항), 사전처분의 결정 자체에서 효력의 종기를 명시한 경우(예컨대, 본안심판의 확정시까지)에는 그에 따른다.

(3) 제재의 고지

당사자 또는 관계인이 정당한 이유 없이 이러한 사전처분을 위반한 경우에는 가정법원은 직권 또는 권리자의 신청에 의하여 결정으로 1천만원 이하의 과태료를 부과할 수 있고(가소 제67조제1항), 사전처분을 할 때에는 이와 같은 제재를 고지하여야 한다(가소 제62조제2항).

【서식 1-04】 사전처분의 결정

○○가정법원

결 정

사 건 2015즈기**** 사전처분

신 청 인 ○○○ (******-*******)
주소

피신청인 ○○○ (******-*******)
주소

사건본인 ○○○ (******-*******)
주소
등록기준지

주 문

1. 이 법원 2015느단****호 미성년후견인 변경 사건의 심판이 확정될 때까지 피신청인의 임무수행을 정지한다.

2. 임무대행자로 법무사 ○○○(주민등록번호, 주소)를 선임한다.

이 유

이 사건의 해결을 위하여 필요하다고 인정되므로 가사소송법 제62조 제1항에 의하여 주문과 같이 결정한다.

2015. ○. ○.

판사 ○ ○ ○ (인)

주의 : 이 결정에 대하여는 고지 받은 날부터 1주일 이내에 즉시항고를 할 수 있고, 이 결정이 확정되어 효력이 생긴 후에 이 결정에서 정한 처분을 위반한 때에는 결정으로 1,000만원 이하의 과태료에 처할 수 있다.

마. 불복

사전처분을 한 재판에 대하여는 **즉시항고**를 할 수 있고(가소 제62조제4항), 즉시항고기간은 민사소송법의 규정에 따라 고지받은 날부터 **1주일**이다(민소 제444조제1항). 다만, 사전처분의 신청을 기각하거나 각하한 결정에 대하여는 즉시항고를 할 수 없고, 이에 대한 불복은 특별항고로 처리한다.[29]

29) 대법원 2008.12.24.자 2006으2 결정 ; 대법원 2008.12.24.자 2008으3 결정 등 참조

제2절 친권에 관한 실무

Ⅰ. 친권 행사 방법의 결정

【서식 2-01】 친권 행사 방법의 결정 심판청구서

친권 행사 방법의 결정 심판 청구

청 구 인 □ □ □ (☎)
주민등록번호 : 6*****-2******
주소 : 서울특별시 ○○구 ○○길 **(○○동)
등록기준지 : 서울특별시 ○○구 ○○동 **번지
사건본인과의 관계 : 모(母)

사건본인 ○ ○ ○
(미성년자) 주민등록번호 : 9*****-1******
주소 : 서울특별시 ○○구 ○○길 **(○○동)
등록기준지 : 서울특별시 ○○구 ○○동 **번지

참 가 인 ◇ ◇ ◇ (☎)
주민등록번호 : 6*****-1******
주소 : 서울특별시 ○○구 ○○길 **(○○동)
등록기준지 : 서울특별시 ○○구 ○○동 **번지
사건본인과의 관계 : 부(父)

청 구 취 지

청구인과 참가인은 사건본인이 서울특별시 서초구 서초대로48길 **, 101호 (서초동)에서 커피전문점 영업을 하는 것을 허락한다.
라는 심판을 구합니다.

청 구 원 인

1. 사건본인은 청구인(母)과 참가인(父) 사이에서 19○.○.○. 출생한 미성년자입니다.

2. 사건본인은 서울특별시 ○○구 소재 ○○고등학교를 졸업한 후 대학진학을 포기하고 서울특별시 서초구 서초대로48길 **, 101호(서초동)에 점포를 임차하여 커피전문점 영업을 하고자 합니다.
3. 그러나 청구인은 이에 동의하고 있으나, 참가인은 사건본인이 나이도 어리고 경험도 없으며, 오히려 사건본인의 장래를 생각하면 대학입시 공부를 해야 한다는 이유로 완강히 반대하고 있습니다.
4. 따라서 사건본인의 커피전문점 영업의 동의에 관하여 친권행사자인 청구인과 참가인의 의견이 일치하지 아니하므로 청구인은 민법 제909조 제2항 단서에 의하여 청구취지와 같은 심판을 구합니다.

첨 부 서 류

1. 가족관계증명서 1통
1. 주민등록표등(초)본(친권자, 사건본인) 각 1통
1. 점포임대차계약서 1통
1. 기타(소명자료) 1통

2015. ○. ○.

위 청구인 □ □ □ ㊞

○○가정법원 귀중

【해 설】

가. 의의

미성년자인 자녀에 대한 친권은 부모가 혼인 중인 때에는 부모가 공동으로 행사하여야 하지만, 부모의 의견이 일치하지 아니하는 경우에는 당사자의 청구에 의하여 가정법원이 이를 정한다(민 909조제2항 단서). 자녀의 복리를 위해서는 친권행사의 불가능 상태를 방치할 수 없으므로 가정법원이 후견적으로 개입하여 친권의 행사방법을 결정하도록 한 것이다.

나. 심판청구

(1) 관할

친권 행사 방법의 결정 사건은 **라류** 가사비송사건으로서 이에 대한 심리와 재판은 가정법원의 전속관할로 하며[가소 제2조제1항제2호가목13)], 단독판사의 사물관할에 속한다. 토지관할은 부모가 같은 가정법원의 관할구역 내에 보통재판적이 있을 때에는 그 가정법원이, 부모가 마지막으로 같은 주소지를 가졌던 가정법원의 관할구역 내에 부모 중 어느 한쪽의 보통재판적이 있을 때에는 그 가정법원이, 위의 어느 경우에도 해당되지 않는 경우에는 청구인이 아닌 다른 한쪽의 친권자의 보통재판적이 있는 곳의 가정법원이 관할한다(가소 제44조제3호➡제22조제1~3호).

(2) 청구권자

청구권자는 친권자인 부모 중의 어느 한쪽이다.

(3) 청구서 기재사항

심판청구서에는 ① 당사자의 등록기준지, 주소, 성명, 생년월일, 대리인이 청구할 때에는 대리인의 주소와 성명, ② 청구취지와 청구원인, ③ 청구 연월일, ④ 가정법원의 표시를 적고 청구인이나 대리인이 기명날인하여야 한다(가소 제36조제3항). 또한 심판이 당사자 이외에 사건본인의 신분관계 기타 권리, 의무에 관계된 것이므로 사건본인의 성명, 생년월일, 등록기준지 및 주소를 기재하여야 한다(가소규 제20조). 그 외에도 청구인이 아닌 친권자를 절차에 참가하게 하도록 직권발동을 촉구하는 의미에서 참가인의 표시를 기재하는 것이 바람직하다.

또한 심판청구서에는 어떤 개별적 사항에 대하여 친권 행사 방법의 결정을 구하는지 청구취지를 구체적으로 특정하여야 하지만, 당사자가 희망하는 내용은 특정하지 않아도 무방하다. 청구원인에는 부모의 의견이 일치하지 아니하게 된 사정이나 원인을 구체적으로 기재한다.

(4) 청구비용

심판청구의 수수료로서 사건본인 1인당 5,000원의 **수입인지**를 붙이고(가수규 제3조제1항), 4회분의 **송달료**(재판예규 제1522호)를 송달료취급은행에 예납하고 납부서를 심판청구서에 붙여야 한다.

(5) 첨부서류

심판청구서에는 친권자와 사건본인의 가족관계증명서 및 주민등록표등(초)본 각 1통, 그 밖의 소명자료를 첨부하여야 한다.

다. 심리와 심판

(1) 심리

심판청구에 관하여 이해관계가 있는 자는 재판장의 허가를 받아 절차에 참가할 수 있고(가소 제37조제1항), 재판장은 상당하다고 인정하는 경우에는 심판청구에 관하여 이해관계가 있는 자를 절차에 참가하게 할 수 있다(동조 제2항). 특히, 사건의 완전한 해결을 위해서는 청구인이 아닌 친권자의 참가가 필요하기 때문에 친권 행사 방법을 결정함에는 청구인이 아닌 친권자를 절차에 참가하게 하여야 한다(가소규 제64조).

(2) 심판

구체적인 친권 행사 방법의 결정에 관하여는 가정법원의 재량에 맡겨져 있지만, 자녀의 복리를 최우선적으로 고려하여 결정하여야 한다. 가정법원은 특정한 개별 사안에 대하여 친권 행사 방법을 결정할 수 있을 뿐이고, 전반적인 영역에 대하여 포괄적인 결정을 할 수는 없다.[30)]

(3) 심판의 고지 등

심판은 당사자와 절차에 참가한 이해관계인에게 고지하여야 하고(가소규 제25조), 심판을 받을 사람이 심판을 고지받음으로써 효력이 발생한다. 다만, 즉시항고를 할 수 있는 심판은 확정되어야 효력이 있다(가소 제40조).

라. 불복

청구를 기각한 심판에 대하여는 청구인이 즉시항고를 할 수 있으나(가소규 제27조), 청구를 인용한 심판에 대하여는 불복이 허용되지 않는다. 즉시항고기간은 심판을 고지받은 날부터 14일 이내이다(가소 제43조제5항, 가소규 제31조).

30) 가사실무제요(주2), 552면; 윤진수(편집대표), 「주해친족법(제2권)」, 박영사(2015), 1014면

Ⅱ. 친권자 지정·변경

【서식 2-02】 협의이혼에 따른 친권자 지정 심판청구서

협의이혼에 따른 친권자 지정 심판 청구

청 구 인 □ □ □ (☎)
주민등록번호 :
주소 :
송달장소 :
등록기준지 :

상 대 방 ▣ ▣ ▣ (☎)
주민등록번호 :
주소 :
송달장소 :
등록기준지 :

사건본인 ○ ○ ○
(미성년자) 주민등록번호 :
주소 :
등록기준지 :

청 구 취 지

1. 사건본인의 친권자로 청구인을 지정한다.
2. 재판비용은 상대방의 부담으로 한다.

라는 심판을 구합니다.

청 구 원 인

1. 청구인과 상대방은 20○.○.○. 혼인신고를 마친 법률상의 부부로서 그 사이에 미성년자인 사건본인을 두고 있습니다.
2. (청구인과 상대방이 협의이혼에 이르게 된 사정, 사건본인에 대한 친권자 지정에 관하여 협의가 이루어지지 않는 사정을 구체적으로 기재함.)
3. 따라서 청구인은 사건본인에 대한 친권자로 지정받기 위하여 이 건 심판청구에 이른 것입니다.

첨 부 서 류	
1. 기본증명서(사건본인)	1통
1. 가족관계증명서(청구인, 상대방, 사건본인)	각 1통
1. 혼인관계증명서 또는 제적등본(청구인)	1통
1. 주민등록표등(초)본(청구인, 상대방, 사건본인)	각 1통
1. 기타 소명자료(확인서 등)	1통
1. 청구서 부본	1통

2015. ○. ○.

위 청구인 □ □ □ ㊞

○○가정법원 귀중

【해 설】

가. 의의

미성년자인 자녀를 둔 부모가 협의이혼을 하는 경우에는 부모의 협의로 친권자를 정하여야 하는데, 협의할 수 없거나 협의가 이루어지지 아니하는 경우에는 가정법원은 직권으로 또는 당사자의 청구에 따라 친권자를 지정하여야 한다. 다만, 부모의 협의가 자녀의 복리에 반하는 경우에는 가정법원은 보정을 명하거나 직권으로 친권자를 정한다(민 제909조제4항).[31] 그러나 부모가 별거하고 있는 상태에서 부모 중 일방을 단독친권자로 정하는 내용의 합의를 하는 경우에는 법적인 구속력을 가지는 것이라고 볼 수 없고, 법원이 일방 당사자를 친권자로 지정할 수도 없다.[32]

원래 친권은 부모가 혼인 중에는 공동으로 행사함이 원칙이고(민 제909조제2항), 이는 부모와 친권에 따르는 자녀가 공동생활을 영위함을 전제로 하는 것이라고 할 수 있는데, 부모가 이혼하거나 혼인외의 자녀가 인지되는 등의 경우에는 그와 같은 전제가 유지될 수 없으므로 자녀의 복리를 위하여 부모의 협의 또는 가정법원이 직권이나 당사자의 청구에 따라 친권자를 정하도록 한 것이다.[33]

---

31) 이러한 절차는 혼인 외의 자녀가 인지된 경우(부모의 혼인이 무효인 경우에 아버지가 인지하거나 출생신고를 한 경우도 포함)에도 마찬가지로 적용된다.

32) 가사실무제요(주2), 552면

나. 심판청구

(1) 관할

부모의 협의이혼에 따른 친권자 지정 사건은 **마류** 가사비송사건으로서 이에 대한 심리와 재판은 가정법원의 전속관할로 한다[가소 제2조제1항제2호 나목5)]. 토지관할은 **상대방**의 보통재판적이 있는 곳의 가정법원이며(가소 제46조), 가정법원 단독판사의 사물관할에 속한다(관할규 제3조).

(2) 청구권자 및 상대방

친권자의 지정에 관한 심판은 부모 중 일방이 다른 일방을 상대방으로 하여 청구하여야 한다(가소규 제99조제1항). 친권자 지정의 심판을 청구함에 있어 부모 아닌 자가 자녀를 양육하고 있을 때에는 그 자를 공동상대방으로 하여 자녀의 인도를 청구할 수 있다(동조 제2항).

친권자지정은 혼인 외의 자녀가 인지된 경우, 부모가 이혼한 경우, 혼인이 취소된 경우, 인지청구의 소 등에 인정되는 것이므로, 이에 해당하는 부모가 당사자적격자이다. 부모의 혼인이 무효인 경우에 부가 자녀를 인지하거나 자녀의 출생신고를 한 경우에는 그 부모도 당사자적격이 있다.

(3) 청구서 기재사항

심판청구서에는 ① 당사자(사건본인 포함)의 등록기준지, 주소, 성명, 생년월일, 대리인이 청구할 때에는 대리인의 주소와 성명, ② 청구취지와 청구원인, ③ 청구 연월일, ④ 가정법원의 표시를 적고 청구인이나 대리인이 기명날인하여야 한다(가소 제36조제3항, 가소규 제20조). 마류 가사비송사건의 심판청구서에는 상대방의 성명, 생년월일, 등록기준지 및 주소를 기재하여야 한다(가소규 제91조).

(4) 청구비용

심판청구의 수수료로서 사건본인 1인당 10,000원의 **수입인지**를 붙이고(가수규 제3조제1항), 12회분의 **송달료**(재판예규 제1522호)를 송달료취급은행에 예납하고 납부서를 심판청구서에 붙여야 한다.

---

33) 가사실무제요(주2), 548~549면

(5) 첨부서류

심판청구서에는 사건본인의 기본증명서 1통, 사건본인과 청구인 및 상대방의 가족관계증명서 각 1통, 청구인의 혼인관계증명서(혼인사유의 기재가 없으면 제적등본) 1통, 사건본인과 청구인 및 상대방의 주민등록표등(초)본 각 1통, 그 밖의 소명자료를 첨부하여야 한다.

가정법원은 자녀의 성별과 연령, 그에 대한 부모의 애정과 양육의사의 유무, 양육에 필요한 경제적 능력의 유무, 부 또는 모와 자녀 사이의 친밀도, 자녀의 의사 등의 모든 요소를 종합적으로 고려하여 심판하므로 청구인은 그에 관한 자료를 제출하여야 한다.

다. 심리와 심판

(1) 심리

㈎ **조정 전치** : 친권자 지정을 청구하는 사건은 마류 가사비송사건 중 당사자가 임의로 처분할 수 있는 사항이므로 조정 전치주의가 적용된다(가소 제50조).

㈏ **친권자 지정의 기준** : 자녀의 양육을 포함한 친권은 부모의 권리이자 의무로서 자녀의 복지에 직접적인 영향을 미치는 것이므로, 가정법원이 친권자를 지정함에 있어서는 자녀의 복리를 우선적으로 고려하여야 하며, 이를 위하여 가정법원은 관련 분야의 전문가나 사회복지기관으로부터 자문을 받을 수 있다(민 제912조제2항). 특히 자녀의 성별과 연령, 그에 대한 부모의 애정과 양육의사의 유무는 물론, 양육에 필요한 경제적 능력의 유무, 부 또는 모와 자녀 사이의 친밀도, 자녀의 의사 등의 모든 요소를 종합적으로 고려하여 자녀의 성장과 복지에 가장 도움이 되고 적합한 방향으로 판단하여야 한다.[34)]

㈐ **자녀의 의견청취** : 친권자 지정의 청구가 있는 경우에 그 자녀가 13세 이상인 때에는, 가정법원은 심판에 앞서 그 자녀의 의견을 들어야 한다. 다만, 자녀의 의견을 들을 수 없거나 자녀의 의견을 듣는 것이 오히려 자녀의 복지를 해할만한 특별한 사정이 있다고 인정되는 때에는 그러하지 아니하다(가소규 제100조). 이와 같은 13세 이상인 자녀에 대한 의견

---

34) 대법원 2008.5.8. 선고 2008므380 판결; 대법원 2010.5.13. 선고 2009므1458,1465 판결

청취는 필수적인 것이므로, 자녀의 의견을 청취하고 조서에 기재하거나 가사조사관으로 하여금 조사하여 조사보고서를 작성·제출하게 하는 등의 방법으로 기록에 근거를 남겨 두어야 한다.

㈑ **기한부·조건부 지정의 가부** : 현행법상 친권자의 지정에 관하여 기한이나 조건을 붙이는 것은 허용되지 않으므로, 만일 기한부·조건부 지정을 하는 경우 그 조건·기한에 관한 부분만이 무효가 된다고 봄이 상당하다.[35]

(2) 심판

가정법원은 가정의 평화와 사회정의를 위하여 가장 합리적인 방법으로 청구의 목적이 된 법률관계를 조정할 수 있는 내용의 심판을 하여야 한다(가소규 제93조제1항).

친권자의 지정은 부모의 한쪽을 **단독친권자**로 지정하거나 부모 양쪽을 **공동친권자**로 지정할 수 있다. 즉, 단독친권자로 하든 공동친권자로 하는 자유로이 결정할 수 있다.[36]

친권자 지정 청구를 인용하는 심판의 주문례는 다음과 같다.

- 사건본인의 친권자로 청구인(또는 상대방)을 지정한다.
- 사건본인의 친권자로 청구인과 상대방을 공동으로 지정한다.

(3) 심판의 고지 등

심판은 당사자와 절차에 참가한 이해관계인에게 고지하여야 한다(가소규 제25조). 심판의 효력은 심판을 받을 사람이 심판을 고지받음으로써 발생한다. 다만, 심판은 확정되어야 효력이 있다(가소 제40조).

---

35) 가사실무제요(주2), 554면

36) 민법 제837조, 제909조 제4항, 가사소송법 제2조 제1항 제2호 나목의 3) 및 5) 등이 부부의 이혼 후 그 자의 친권자와 그 양육에 관한 사항을 각기 다른 조항에서 규정하고 있는 점 등에 비추어 보면, 이혼 후 부모와 자녀의 관계에 있어서 친권과 양육권이 항상 같은 사람에게 돌아가야 하는 것은 아니며, 이혼 후 자에 대한 양육권이 부모 중 어느 일방에, 친권이 다른 일방에 또는 부모에 공동으로 귀속되는 것으로 정하는 것은, 비록 신중한 판단이 필요하다고 하더라도, 일정한 기준을 충족하는 한 허용된다고 할 것이다(대법원 2012.4.13. 선고 2011므4719 판결).

라. 불복

심판에 대하여는 청구인과 상대방이 즉시항고를 할 수 있다(가소규 제94조제1항). 즉시항고기간은 심판을 고지받은 날부터 14일 이내이다(가소 제43조제5항, 가소규 제94조제3항).

마. 심판확정 후의 절차

(1) 친권자 지정의 신고

친권자를 지정하는 심판이 확정된 경우에는 그 심판을 청구한 사람이나 그 심판으로 친권자로 정하여진 사람은 1개월 이내에 심판서의 등본 및 확정증명서를 첨부하여 시(구)·읍·면의 장에게 그 내용을 신고하여야 하고, 신고서에는 심판확정일을 기재하여야 한다(가등 제79조제2항제1호➡제58조제1항, 제2항). 부록 [이혼(친권자지정) 신고서] 또는 [친권자(①지정 ②변경) 신고서] 참조

(2) 가족관계등록부 기록의 촉탁

가정법원의 법원사무관 등은 친권자 지정의 심판이 확정되거나 효력을 발생한 경우에는 재판장의 명을 받아 지체 없이 가족관계등록 사무를 처리하는 사람에게 가족관계등록부에 기록할 것을 촉탁하여야 한다(가소 제9조, 가소규 제5조제1항제2호, 제6조제1항).

(3) 가족관계등록부의 기록

가정법원이 친권자 지정에 관한 가족관계등록부기록을 촉탁한 경우에는 그 촉탁서에 의하여 가족관계등록부에 기록을 하여야 한다(가등예규 제374호 제6조제1항). 가정법원으로부터 친권에 관한 사항의 가족관계등록부기록 촉탁이 있는 경우에는 그 촉탁서를 신고서류(가등규 제40조)로 보아 접수하여 처리하고 해당 미성년자의 가족관계등록부의 일반등록사항란에 기록하여야 한다(가등예규 제368호).

부록 [가족관계등록부 기재례 : 친권에 관한 부분] 참조

【서식 2-03】 친권자의 변경 심판청구서

친권자 변경 심판 청구

청 구 인 ■ ■ ■ (☎)
주민등록번호 :
주소 :
등록기준지 :

상 대 방 □ □ □ (☎)
주민등록번호 :
주소 :
등록기준지 :

사건본인 ○ ○ ○
(자 녀) 주민등록번호 :
주소 :
등록기준지 :

청 구 취 지

1. 사건본인의 친권자를 상대방에서 청구인으로 변경한다.
2. 심판비용은 상대방이 부담한다.

라는 심판을 구합니다.

청 구 원 인

1. 청구인과 상대방은 20○.○.○. 혼인신고를 마친 법률상의 부부로서 그 사이에 미성년자인 사건본인을 두었으나, 20○.○.○. 청구인과 상대방이 협의이혼을 하면서 상대방이 사건본인에 대한 친권자로서 사건본인을 양육하기로 협의하였습니다.
2. 그런데 최근 청구인이 사건본인에 대하여 면접교섭을 시도하던 중 상대방이 사건본인을 제대로 돌보지 않아 몇 개월 전부터 사건본인은 아동보호센터에서 보호받고 있는 사실을 알게 되었습니다.
3. 이에 청구인은 사건본인을 당장 데려다 키우겠다고 하였으나, 상대방은 형편상 어쩔 수 없이 사건본인을 맡기게 되었다면서, 형편이 되는 대로 사건본인을 데려다 키울 것이라고만 얘기할 뿐 언제 다시 사건본인을

직접 양육할 수 있을 지에 관하여 구체적으로 대답하지 않고 있을 뿐 아니라, 다른 사람과의 사이에 출생한 자녀들도 양육하지 못하고 있는 상태여서 쉽게 양육환경이 좋아지리라고 기대하기 어렵습니다.

4. 그렇다면, 상대방의 자녀에 대한 태도나 양육의지, 경제적 능력 등 제반 상황으로 보아 양육환경이 쉽게 개선되기 어려운 것이 현실인바, 사건본인의 복리를 위하여 친권자를 상대방에서 청구인으로 변경할 필요성이 있으므로 청구인은 이 건 심판청구에 이른 것입니다.

첨 부 서 류

1. 기본증명서(사건본인) 1통
1. 가족관계증명서(사건본인, 청구인, 상대방) 각 1통
1. 혼인관계증명서 또는 제적등본(청구인) 1통
1. 주민등록표등(초)본(사건본인, 청구인, 상대방) 각 1통
1. 기타 소명자료 1통

2015. ○. ○.

위 청구인 ■ ■ ■ ㊞

○○가정법원 귀중

【서식 2-04】 친권행사자 및 양육자 변경 심판청구서

친권행사자 및 양육자 변경 심판 청구

청 구 인 ■ ■ ■ (☎)
주민등록번호 :
주소 :
등록기준지 :

상 대 방 □ □ □ (☎)
주민등록번호 :
주소 :
등록기준지 :

사건본인 ○ ○ ○
(자 녀) 주민등록번호 :
주소 :
등록기준지 :

청 구 취 지

1. 사건본인에 대한 친권행사자 및 양육자를 청구인으로 변경한다.
2. 심판비용은 상대방의 부담으로 한다.

라는 심판을 구합니다.

청 구 원 인

1. 청구인과 상대방은 20○.○.○. 혼인을 하여 그 사이에 미성년자인 사건본인을 두었으나, 상대방이 도박에 빠져 처자식을 부양하지 않음에 따라 20○.○.○. 협의이혼을 하였습니다.
2. 협의이혼 당시 청구인은 경제적 능력이 전혀 없어 사건본인에 대한 친권행사자 및 양육자를 상대방으로 하기로 상대방과 합의하였습니다.
3. 그러나 이혼 후 약 2개월 정도 상대방의 모친이 사건본인을 양육하다가 힘들다는 이유로 양육을 포기하는 바람에 그 후부터 지금까지 약 5년 동안 계속하여 청구인이 친정 부모의 도움을 받아 사건본인을 양육하고 있습니다. 반면에 상대방은 이혼 후 일정한 식업도 없이 전국을 떠돌아 다니면서 사건본인의 양육에는 아무런 관심도 기울이지 않고 장기간 소재조차 파악되지 않는 등 사건본인의 친권행사자 및 양육자로서 매우 부적합한 상황입니다. 다행히 청구인은 현재 직장을 구하여 사건본인을 양육할 수 있는 경제적 능력도 어느 정도 가지게 되었습니다.
4. 따라서 사건본인의 복리를 위하여 친권행사자 및 양육자를 상대방에서 청구인으로 변경할 필요성이 있으므로 청구인은 이 건 심판청구에 이른 것입니다.

첨 부 서 류

1. 기본증명서(사건본인)	1통
1. 가족관계증명서(사건본인, 청구인, 상대방)	각 1통
1. 혼인관계증명서 또는 제적등본(청구인)	1통
1. 주민등록표등(초)본(사건본인, 청구인, 상대방)	각 1통
1. 기타 소명자료	1통

2015. ○. ○.

위 청구인 ■ ■ ■ ㊞

○○가정법원 귀중

【해 설】

가. 의의

친권자의 변경이란 당사자의 협의나 심판 등으로 일단 친권자가 지정되었더라도(민 제909조제4항·제5항) 조정 또는 심판에 의하여 다른 일방으로 변경하는 것을 말한다. 가정법원은 자녀의 복리를 위하여 필요하다고 인정되는 경우에는 자녀의 4촌 이내의 친족의 청구에 의하여 정하여진 친권자를 다른 일방으로 변경할 수 있다(동조 제6항).

나. 심판청구

(1) 관할

친권자 변경 사건은 **마류** 가사비송사건으로서 이에 대한 심리와 재판은 가정법원의 전속관할로 한다[가소 제2조제1항제2호나목5)]. 토지관할은 상대방의 보통재판적이 있는 곳의 가정법원이며(가소 제46조), 가정법원 단독판사의 사물관할에 속한다(관할규 제3조).

(2) 청구권자 및 상대방

친권자의 변경에 관한 심판은 부모 중 일방이 다른 일방을 상대방으로 하여 청구하거나(가소규 제99조제1항), 자녀의 4촌 이내의 친족이 부모 중 친권자로 정해진 일방을 상대로 청구하여야 한다(민 제909조제6항). 친권자 변경의 심판을 청구함에 있어 부모 아닌 자가 자녀를 양육하고 있을 때에는 그 자를 공동상대방으로 하여 자녀의 인도를 청구할 수 있다(가소규 제99조제2항).

친권자변경은 혼인 외의 자녀가 인지된 경우, 부모가 이혼한 경우, 혼인이 취소된 경우, 인지청구의 소 등에 인정되는 것이므로, 이에 해당하는 부모가 당사자적격자이다. 부모의 혼인이 무효인 경우에 부가 자녀를 인지하거나 자녀의 출생신고를 한 경우에는 그 부모도 당사자적격이 있다.

(3) 청구서 기재사항

심판청구서에는 ① 당사자(사건본인 포함)의 등록기준지, 주소, 성명, 생년월일, 대리인이 청구할 때에는 대리인의 주소와 성명, ② 청구취지와 청구원인, ③ 청구 연월일, ④ 가정법원의 표시를 적고 청구인이나 대리인이 기명날인하여야 한다(가소 제36조제3항, 가소규 제20조). 또한 마류 가사비송사건의 심판청구서에는 상대방의 성명, 생년월일, 등록기준지 및 주소를 기재하여야 한다(가소규 제91조).

특히, **청구원인**으로서 자녀에 대한 임의인지 또는 강제인지, 청구인과 상대방의 협의이혼 또는 재판상 이혼, 혼인취소에 따라 협의 또는 심판으로 사건본인에 대한 친권자를 지정하게 된 경위를 기재하고, 사건본인의 복리에 비추어 볼 때 이미 친권자로 지정된 상대방이 친권자로서 부적당하여 친권자를 변경할 필요성이 인정되는 구체적인 사정을 상세히 기재한다.

(4) 청구비용

심판청구에 대한 수수료로서 사건본인 1인당 10,000원(양육자 변경과 병합청구하면 20,000원)의 **수입인지**를 붙이고(가수규 제3조제1항), 12회분의 **송달료**(재판예규 제1522호)를 송달료취급은행에 예납하고 납부서를 심판청구서에 붙여야 한다.

(5) 첨부서류

심판청구서에는 사건본인의 기본증명서 1통, 사건본인과 청구인 및 상대방의 가족관계증명서 각 1통, 청구인의 혼인관계증명서(혼인사유의 기재가 없으면 제적등본) 1통, 사건본인과 청구인 및 상대방의 주민등록표등(초)본 각 1통, 그 밖에 친권자 변경의 필요성을 소명하는 자료를 첨부하여야 한다.

한편, 협의에 의한 친권자 변경은 허용되지 않지만 당사자의 의사는 존중되는 것이 바람직하므로, 부모가 친권자 변경에 관한 협의를 한 때에는 그 내용을 제출하여 충분히 고려할 수 있도록 하는 것이 필요하다.

다. 심리와 심판

(1) 심리

㈎ **조정 전치** : 친권자 변경을 구하는 사건은 마류 비송사건 중 당사자가 임의로 처분할 수 있는 사항이므로 조정 전치주의가 적용된다(가소 제50조).

(나) **친권자 변경의 기준 및 고려할 사항** : 자녀의 양육을 포함한 친권은 부모의 권리이자 의무로서 자녀의 복지에 직접적인 영향을 미치는 것이므로, 친권자를 변경함에 있어서는 부모보다도 자녀의 복리를 우선적으로 고려하여야 한다(민 제912조제2항).

가정법원은 자녀의 성별과 연령, 양육환경, 자녀에 대한 부모의 애정과 양육의사의 유무, 양육에 필요한 경제적 능력의 유무, 부 또는 모와 자녀 사이의 친밀도, 자녀의 의사, 친권자의 재혼 여부, 친권자에 대한 합의, 친권과 양육권의 분리에 따른 불편, 친권자의 소재불명, 양육의 포기 등 모든 요소를 종합적으로 고려하여야 할 것이다.

친권자의 일시적 양육 불가능 상태가 친권자변경 사유인지 여부 : 부모의 일방이 친권자로서 자녀를 양육하는 경우 직장생활과의 병행 등 직접 양육이 어려운 경우가 대부분이어서 자녀를 조부모 등 친척집에 맡기거나 어린이집 등 보육시설에 24시간 맡기는 경우 친권자로서 양육을 게을리 하였다거나 포기하였다고는 보기 어려울 것이나, 친권자의 자녀에 대한 태도나 양육의지, 경제적 능력 등 제반 사정으로 보아 양육환경이 쉽게 개선되기 어려운 반면, 타방 부모의 양육에 대한 의사와 능력이 확고한 경우에는 친권자를 변경할 수 있다.

(다) **자녀의 의견청취** : 친권자 변경의 청구가 있는 경우에 그 자녀가 13세 이상인 때에는, 자녀의 의견을 들을 수 없거나 자녀의 의견을 듣는 것이 오히려 자녀의 복지를 해할만한 특별한 사정이 있다고 인정되는 때를 제외하고, 가정법원은 심판에 앞서 그 자녀의 의견을 들어야 한다(가소규 제100조).

(라) **기한부·조건부 지정의 가부** : 현행법상 친권자의 변경에 관하여 기한이나 조건을 붙이는 것은 허용되지 않으므로, 만일 기한부·조건부 지정을 하는 경우 그 조건·기한에 관한 부분만이 무효가 된다고 봄이 상당하다.[37]

(2) 심판

친권자를 부모의 어느 일방에서 다른 일방으로 변경하거나 부모 양쪽을 공동친권자로 변경할 수 있다.

---

37) 가사실무제요(주2), 554면

친권자 변경 청구를 인용하는 심판의 주문례는 다음과 같다.

- 사건본인의 친권자를 상대방에서 청구인으로 변경한다.
- 사건본인의 친권자를 청구인에서 청구인과 상대방이 공동친권자로 되는 것으로 변경한다.

(3) 심판의 고지 등

심판은 당사자와 절차에 참가한 이해관계인에게 고지하여야 한다(가소규 제25조). 심판의 효력은 심판을 받을 사람이 심판을 고지받음으로써 발생한다. 다만, 즉시항고를 할 수 있는 심판은 확정되어야 효력이 있다(가소 제40조).

(4) 심판 사례(친권자 변경 청구를 각하한 사례)[38]

미성년자에 대한 친권자를 미성년자의 母에서 미성년자의 외할아버지로 변경해 줄 것으로 구하는 외할아버지의 친권자변경청구에 대하여, 친권은 부모의 권리·의무여서 부모만이 친권자가 될 수 있고 청구인과 같이 부모가 아닌 자는 친권자가 될 수 없으므로, 친권자를 부모 중 일방에서 부모가 아닌 자로 변경하는 청구는 법률상의 근거가 없다는 이유로 청구를 각하한 사례

[이 유]

친권자변경청구와 같이 기존 법률관계의 변동 형성의 효과를 발생함을 목적으로 하는 형성청구는 법률에 명문의 규정이 있는 경우에 한하여 인정되는 것이고 법률상의 근거가 없는 경우에는 허용될 수 없다.

청구인은 자신의 외손녀인 사건본인의 친권자를 청구인의 딸이자 사건본인의 어머니인 상대방에서 청구인으로 변경하는 것을 구하고 있다. 그러나 친권은 부모의 권리·의무여서 부모만이 친권자가 될 수 있고 청구인과 같이 부모가 아닌 자는 친권자가 될 수 없으므로(그러한 자는 사건본인의 친권자가 없는 경우 후견인이 될 수 있을 뿐이다), 이에 따라 친권자를 부모 중 일방에서 타방으로 변경하는 것은 민법 제909조 제6항이 정하고 있지만, 이 사건 청구와 같이 친권자를 부모 중 일방에서 부모가 아닌 자로 변경하는 청구는 법률상의 근거가 없다.

38) 울산지방법원 2011.10.17.자 2011느단924 심판

라. 불복

심판에 대하여는 청구인과 상대방이 즉시항고를 할 수 있다(가소규 제94조제1항). 즉시항고기간은 심판을 고지받은 날부터 14일 이내이다(가소 제43조제5항, 가소규 제94조제3항).

마. 심판확정 후의 절차

(1) 친권자 변경의 신고

친권자를 변경하는 심판이 확정된 경우에는 그 심판을 청구한 사람이나 그 심판으로 친권자로 정하여진 사람은 1개월 이내에 심판서등본 및 확정증명서를 첨부하여 시(구)·읍·면의 장에게 그 내용을 신고하여야 한다(가등 제79조제2항제1호➡제58조).[39]

부록 [친권자(1지정 2변경) 신고서] 참조

(2) 가족관계등록부 기록의 촉탁

가정법원의 법원사무관 등은 친권자 변경의 심판이 확정되거나 효력을 발생한 경우에는 재판장의 명을 받아 지체 없이 가족관계등록 사무를 처리하는 사람에게 가족관계등록부에 기록할 것을 촉탁하여야 한다(가소 제9조, 가소규 제5조제1항제2호, 가소규 제6조제1항).

(3) 가족관계등록부의 기록

가정법원이 친권자 변경에 관한 가족관계등록부기록을 촉탁한 경우에는 그 촉탁서에 의하여 가족관계등록부에 기록을 하여야 한다(가등예규 제374호 제6조제1항). 가정법원으로부터 친권에 관한 사항의 가족관계등록부기록 촉탁이 있는 경우에는 그 촉탁서를 신고서류(가등규 제40조)로 보아 접수하여 처리하고 해당 미성년자의 가족관계등록부의 일반등록사항란에 기록하여야 한다(가등예규 제368호).

부록 [가족관계등록부 기재례 : 친권에 관한 부분] 참조

---

39) 민법 제909조제4항 및 제5항에 따라 지정된 친권자를 변경하고자 하는 경우에는, 민법 제909조제6항에 따른 가정법원의 친권자변경심판서의 등본과 확정증명서를 첨부하여 신고해야 하며, 협의에 의한 친권자변경신고를 수리해서는 안 된다[친권자의 지정 또는 변경에 관한 가족관계등록사무 처리지침(가등예규 제374호) 제12조].

Ⅲ. 친권자 등의 지정·선임 등

【서식 2-05】 단독친권자의 사망에 따른 친권자 지정 심판청구서

친권자 지정 심판 청구

청 구 인 　□ □ □ (☎ 　　　　　)
주민등록번호 :
주소 :
등록기준지 :
사건본인과의 관계 : 모(母)

사건본인 　○ ○ ○
(미성년자) 　주민등록번호 :
주소 :
등록기준지 :

청 구 취 지

사건본인의 친권자로 청구인을 지정한다.
라는 심판을 구합니다.

청 구 원 인

1. 청구인은 2000.○.○. 청구외 ■■■과 혼인하여 그 사이에 사건본인을 두었으나, (　　　　　　등의 사유로) 20○.○.○. 협의이혼을 하였고, 그 당시 사건본인의 아버지인 ■■■이 사건본인에 대한 친권자로 지정되었습니다.

2. 그런데 청구외 ■■■는 사건본인을 양육하던 중 2014.○.○. 교통사고로 인하여 갑자기 사망하였습니다.

3. 따라서 사건본인의 복리를 위하여 사건본인의 어머니인 청구인을 사건본인의 친권자로 지정하여 줄 것을 청구합니다.

첨 부 서 류

1. 기본증명서, 가족관계증명서(청구인, 사건본인, 단독친권자) 　　각 1통

1. 주민등록표등본(청구인, 사건본인) 1통
1. 기타(소명자료) 1통

2015. ○. ○.

위 청구인 □ □ □ ㊞

○○가정법원 귀중

【해 설】

가. 의의

미성년자인 자녀를 둔 부모가 이혼하면서 단독친권자로 정하여진 부모의 일방이 사망한 경우 생존친, 미성년자, 미성년자의 친족은 그 사실을 안 날부터 1개월, 사망한 날부터 6개월 내에 가정법원에 생존친을 친권자로 지정할 것을 청구할 수 있다(민 제909조의2제1항).

단독친권자의 사망 이외에도 친생부모가 생존한 상태에서 친권의 공백이 발생하는 모든 경우(입양취소·파양, 양부모 모두 사망, 친권의 상실·일시정지·일부제한, 대리권·재산관리권의 상실·사퇴, 소재불명 등)에도 마찬가지로 적용된다(민 제909조의2제3항, 제927조의2제1항).[40)]

종전에는 단독친권자로 지정된 부모의 일방이 사망하면 친권자로 지정되지 못하였던 다른 일방의 친권이 당연히 부활하는 것으로 해석하였으나, 개정 민법에 따라 2013.7.1.부터는 생존친이라는 이유로 당연히 친권자가 되는 것이 아니고 반드시 법원의 심판을 거쳐야만 친권자로 지정된다.

나. 심판청구

(1) 관할

단독친권자의 사망 등에 따른 친권자 지정 사건은 **라류** 가사비송사건으로서 이에 대한 심리와 재판은 가정법원의 전속관할로 한다[가소 제2조제1항제2호가목13의2), 가소규 제2조제1항제9호]. 토지관할은 미성년자의 주소지 가정법원이며(가소 제44조), 단독판사의 사물관할에 속한다(관할규 제3조제).

40) 청구 기간 내에 청구가 없을 때에는 가정법원은 직권으로 또는 미성년자, 미성년자의 친족, 이해관계인, 검사, 지방자치단체의 장의 청구에 의하여 미성년후견인을 선임할 수 있다(민 제909조의2제3항).

(2) 청구권자 및 청구기간

가정법원에 친권자 지정을 청구할 수 있는 자는 생존친(양자의 경우에는 친생부모), 미성년자 본인, 미성년자의 친족이다. 청구할 수 있는 기간은 사유를 안 날부터 1개월, 사망한 날(입양이 취소되거나 파양된 날 또는 양부모 모두가 사망한 날)부터 6개월 이내이다.

(3) 청구서 기재사항

심판청구서에는 ① 당사자(사건본인 포함)의 등록기준지, 주소, 성명, 생년월일, 대리인이 청구할 때에는 대리인의 주소와 성명, ② 청구취지와 청구원인, ③ 청구 연월일, ④ 가정법원의 표시를 적고 청구인이나 대리인이 기명날인하여야 한다(가소 제36조제3항, 가소규 제20조).

(4) 청구비용

심판청구의 수수료로서 사건본인 1인당 5,000원의 **수입인지**를 붙이고(가수규 제3조제1항), 8회분의 **송달료**(재판예규 제1522호)를 송달료취급은행에 예납하고 납부서를 심판청구서에 붙여야 한다.

(5) 첨부서류

심판청구서에는 청구인과 사건본인 및 단독 친권자의 기본증명서와 가족관계증명서 각 1통, 청구인 및 사건본인의 주민등록표등본 각 1통, 그 밖의 소명자료를 첨부하여야 한다. 위 서류 외에도 절차진행에 따라 추가서류가 필요할 수 있다.

다. 심리와 심판

(1) 심리

가정법원이 친권자를 지정함에 있어서는 자녀의 복리를 우선적으로 고려하여야 하며, 이를 위하여 가정법원은 관련 분야의 전문가나 사회복지기관으로부터 자문을 받을 수 있다(민 제912조제2항).

가정법원이 친권자의 지정에 관한 심판을 하는 경우 그 미성년자가 13세 이상인 때에는, 미성년자의 의견을 들을 수 없거나 미성년자의 의견을 듣는 것이 오히려 미성년자의 복지를 해할만한 특별한 사정이 있다고 인정되는 경우를 제외하고는 그 미성년자의 의견을 들어야 한다(가소규 제65조의2➡제65조제4항).

(2) 심판

가정법원은 생존친을 친권자로 지정하는 것이 일반적이지만, 생존친의 양육의사 및 양육능력, 청구 동기, 미성년자의 의사, 그 밖의 사정을 고려하여 미성년자의 복리를 위하여 적절하지 아니하다고 인정하면 청구를 기각할 수 있다. 이 경우 가정법원은 직권으로 미성년후견인을 선임하여야 한다(민 제909조의2제4항).

(3) 임무대행자의 선임

가정법원은 미성년자에게 법정대리인이 없는 공백기간이 생기지 않도록 직권으로 또는 미성년자, 미성년자의 친족, 이해관계인, 검사, 지방자치단체의 장의 청구에 의하여 친권자가 지정되거나 미성년후견인이 선임될 때까지 그 임무를 대행할 사람을 선임할 수 있다(민 제909조의2 제5항).

(4) 심판의 고지 등

심판은 당사자와 절차에 참가한 이해관계인에게 고지하여야 한다(가소규 제25조). 심판의 효력은 심판을 받을 사람이 심판을 고지받음으로써 발생한다. 다만, 즉시항고를 할 수 있는 심판은 확정되어야 효력이 있다(가소 제40조).

라. 불복

청구를 기각한 심판에 대하여는 청구인이 즉시항고를 할 수 있고(가소규 제27조), 청구를 인용한 심판에 대하여는 미성년자, 미성년자의 부모와 친족이 즉시항고를 할 수 있다(가소규 제67조제1항제4호).

즉시항고기간은 심판을 고지받은 날부터 14일 이내이다(가소 제43조제5항, 가소규 제31조).

마. 심판확정 후의 절차

(1) 친권자 지정의 신고

친권자를 지정하는 심판이 확정된 경우에는 그 심판을 청구한 사람이나 그 심판에 따라 친권자로 정하여진 사람은 1개월 이내에 심판서등본 및 확정증명서를 첨부하여 시(구)·읍·면의 장에게 그 내용을 신고하여야 한다(가등 제79조제2항제2호➡제58조).

부록 [친권자(①지정 ②변경) 신고서] 참조

(2) 가족관계등록부 기록의 촉탁

친권자 지정의 심판이 확정된 경우에는 가정법원의 법원사무관 등은 재판장의 명을 받아 가족관계등록 사무를 처리하는 사람에게 가족관계등록부에 등록할 것을 촉탁하여야 한다(가소 제9조, 가소규 제5조제1항제2호, 가소규 제6조).

(3) 가족관계등록부의 기록

가정법원이 친권 지정에 관한 가족관계등록부기록을 촉탁한 경우에는 그 촉탁서에 의하여 가족관계등록부에 기록을 하여야 한다(가등예규 제374호 제6조제1항). 가정법원으로부터 친권에 관한 사항의 가족관계등록부 기록촉탁이 있는 경우에는 그 촉탁서를 신고서류(가등규 제40조)로 보아 접수하여 처리하고 해당 미성년자의 가족관계등록부의 일반등록사항란에 기록하여야 한다(가등예규 제368호).

부록 [가족관계등록부 기재례 : 친권에 관한 부분] 참조

【서식 2-06】 친권자의 임무대행자 선임 심판청구서

친권자의 임무대행자 선임 심판 청구

청 구 인 □ □ □ (☎)
주민등록번호 :
주소 :
등록기준지 :
사건본인과의 관계 : 모(母)

사건본인 ○ ○ ○
(미성년자) 주민등록번호 :
주소 :
등록기준지 :

청 구 취 지

이 법원 2014느단○○○호 친권자 지정 청구 사건의 심판 확정시까지 □□□(주민등록번호, 주소)를 사건본인의 친권자의 임무대행자로 선임한다.
라는 심판을 구합니다.

청 구 원 인

1. 청구인은 2000.○.○. 청구외 ■■■과 혼인하여 그 사이에 사건본인을 두었으나 2013.○.○. 협의이혼을 하였고, 그 당시 사건본인에 대한 친권자로 사건본인의 아버지인 ■■■이 지정되었습니다.

2. 그런데 친권자로 지정된 청구외 위 ■■■은 사건본인을 양육하던 중 2014.○.○. 교통사고로 인하여 갑자기 사망하였습니다.

3. 이에 따라 사건본인의 어머니인 청구인이 귀 법원 2014느단○○○호로 친권자 지정 청구를 하였으나, 이 사건 심판이 확정되어 친권자가 지정되기까지는 상당한 시일이 걸릴 것으로 예상되어 사건본인에 대한 보호의 공백이 우려됩니다.

4. 따라서 친권자가 지정될 때까지 청구인을 사건본인에 대한 친권자의 임무를 대행할 임무대행자로 선임하여 줄 것을 청구합니다.

첨 부 서 류

1. 기본증명서, 가족관계증명서(청구인, 사건본인)	각 1통
1. 주민등록표등본(사건본인)	1통
1. 기타(소명자료)	1통

2015. ○. ○.

위 청구인 □ □ □ ㊞

○○가정법원 귀중

【해 설】

가. 의의

이혼으로 인한 단독친권자가 사망한 경우, 입양이 취소되거나 파양된 경우, 양부모가 모두 사망한 경우에 미성년자에게 법정대리인이 없는 공백기간이 생기시 않도록 가정법원은 직권으로 또는 미성년자, 미성년자의 친족, 이해관계인, 검사, 지방자치단체의 장의 청구에 의하여 친권자가 지정되거나 미성년후견인이 선임될 때까지 그 임무를 대행할 사람을 선임할 수 있다(민 제909조의2제5항).

나. 심판청구

(1) 관할

임무대행자 선임 청구 사건은 **라류** 가사비송사건으로서 이에 대한 심리와 재판은 가정법원의 전속관할로 한다[가소 제2조제1항제2호가목13의2), 가소규 제2조제1항제9호]. 토지관할은 사건본인(미성년자)의 주소지 가정법원이며(가소 제44조), 가정법원 단독판사의 사물관할에 속한다(관할규 제3조).

(2) 청구권자

가정법원에 임무대행자 선임을 청구할 수 있는 자는 미성년자, 미성년자의 친족, 이해관계인, 검사, 지방자치단체의 장이다. 이해관계인으로는 미성년자인 자녀를 실제 보호하는 아동보호시설의 장을 들 수 있다.

(3) 청구서 기재사항

심판청구서에는 ① 당사자의 등록기준지, 주소, 성명, 생년월일, 대리인이 청구할 때에는 대리인의 주소와 성명, ② 청구취지와 청구원인, ③ 청구 연월일, ④ 가정법원의 표시를 적고 청구인이나 대리인이 기명날인하여야 한다(가소 제36조제3항). 또한 심판이 당사자 이외에 사건본인의 신분관계 기타 권리, 의무에 관계된 것이므로 사건본인의 성명, 생년월일, 등록기준지 및 주소를 기재하여야 한다(가소규 제20조).

(4) 청구비용

심판청구의 수수료로서 사건본인 1인당 5,000원의 **수입인지**를 붙이고(가수규 제3조제1항), 8회분의 **송달료**(재판예규 제1522호)를 송달료취급은행에 예납하고 납부서를 심판청구서에 붙여야 한다.

(5) 첨부서류

심판청구서에는 청구인과 사건본인의 기본증명서와 가족관계증명서 각 1통, 사건본인의 주민등록표등(초)본 1통, 그 밖의 소명자료를 첨부하여야 한다. 위 서류 외에도 절차진행에 따라 추가서류가 필요할 수 있다.

다. 심리와 심판

심리를 거쳐 필요가 있다고 판단되면, 친권자가 지정되거나 미성년후견인이 선임될 때까지 그 임무를 대행할 사람을 선임하는 심판을 한다. 심판은 당사자와 절차에 참가한 이해관계인에게 고지하여야 한다(가소규 제25조).

심판의 효력은 심판을 받을 사람이 심판을 고지받음으로써 발생한다. 다만, 즉시항고를 할 수 있는 심판은 확정되어야 효력이 있다(가소 제40조).

라. 불복

청구를 기각한 심판에 대하여는 청구인이 즉시항고를 할 수 있으나(가소규 제27조), 임무대행자를 선임하는 심판에 대하여는 불복할 수 없다. 즉시항고는 심판을 고지받은 날부터 14일 이내에 하여야 한다.

마. 심판확정 후의 절차

(1) 임무대행자 선임의 신고

임무대행자를 선임하는 심판이 확정된 경우에는 그 심판을 청구한 사람이나 그 심판에 따라 임무대행자로 정하여진 사람은 1개월 이내에 심판서등본 및 확정증명서를 첨부하여 시(구)·읍·면의 장에게 그 내용을 신고하여야 한다(가등 제79조제2항제2호➡제58조).

부록 [친권자(①지정 ②변경) 신고서] 참조

(2) 가족관계등록부 기록의 촉탁

임무대행자 선임의 심판이 확정된 경우에는 가정법원의 법원사무관 등은 재판장의 명을 받아 가족관계등록 사무를 처리하는 사람에게 가족관계등록부에 등록할 것을 촉탁하여야 한다(가소 제9조, 가소규 제5조제1항제2의3호, 가소규 제6조).

(3) 가족관계등록부의 기록

가정법원이 임무대행자 선임에 관한 가족관계등록부기록을 촉탁한 경우에는 그 촉탁서에 의하여 가족관계등록부에 기록을 하여야 한다(가등예규 제374호). 가정법원으로부터 친권에 관한 사항의 가족관계등록부 기록 촉탁이 있는 경우에는 그 촉탁서를 신고서류(가등규 제40조)로 보아 접수하여 처리하고 해당 미성년자의 가족관계등록부의 일반등록사항란에 기록하여야 한다(가등예규 제368호).

부록 [가족관계등록부 기재례 : 친권에 관한 부분] 참조

【서식 2-07】 임무대행자의 권한초과행위 허가 심판청구서

임무대행자의 권한초과행위 허가 심판 청구

청 구 인 □ □ □ (☎)
주민등록번호 :
주소 :
사건본인과의 관계 : 임무대행자

사건본인 ○ ○ ○
주민등록번호 :
주소 :
등록기준지 :

청 구 취 지

청구인이 사건본인을 대리하여 사건본인 소유의 별지 목록 기재 부동산을 담보로 주식회사 ○○은행과 사이에 채권최고액 ○○○원, 채무자 ○○○로 된 근저당권설정계약을 체결함을 허가한다.
라는 심판을 구합니다.

청 구 원 인

1. 청구인은 2014.○.○. 귀 법원 2014느단○○○호로 사건본인의 친권자가 지정될 때까지 친권자의 임무대행자로 선임되었습니다.

2. 귀 법원 2014느단○○○호 친권자 지정 청구 사건은 현재 심리 계속 중이고 위 심판이 확정되기까지 상당한 시일이 소요될 것으로 보이는바, 사건본인의 교육비 및 생활비로 총 ○○○원이 필요하고 사건본인에게는 현금재산이 없으므로, 부득이 사건본인 소유의 부동산 중 일부를 담보로 제공하고 금융기관으로부터 대출을 받아 위 교육비 및 생활비로 충당할 수밖에 없는 상황입니다.

3. 그런데 청구인은 사건본인의 친권자가 선임될 때까지 임시로 친권자의 임무를 대행하는 자로서 사건본인 소유의 부동산에 관한 담보권설정 등 처분행위를 하기 위해서는 법원의 허가를 얻어야 하도록 규정되어 있습니다(민법 제909조의2 제5항 제2문, 제25조, 제118조).

3. 따라서 청구인이 사건본인을 대리하여 청구취지 기재와 같이 담보권설정 행위를 할 수 있도록 허가하여 줄 것을 청구합니다.

첨 부 서 류

1. 기본증명서(청구인, 사건본인) 각 1통
1. 주민등록표등(초)본(청구인, 사건본인) 각 1통
1. 기타(소명자료) 각 1통

2015. ○. ○.

위 청구인 □□□ ㊞

○○가정법원 귀중

【해 설】

가. 의의

미성년자의 친권자가 지정될 때까지 그 임무를 대행할 사람으로 선임된 임무대행자에 대하여는 법원이 선임한 부재자 재산관리인의 권한을 넘는 행위에 관한 규정을 준용한다(민 제909조의2제5항제2문). 따라서 임무대행자는 미성년자의 재산을 관리하는 행위(보존행위, 물건이나 권리의 성질을 변하지 아니하는 범위에서 그 이용 또는 개량하는 행위)만 할 수 있을 뿐이며, 권한을 넘는 행위를 함에는 법원의 허가를 얻어야 한다(민 제25조).

나. 심판청구

(1) 관할

임무대행자의 권한을 넘는 행위의 허가 청구 사건은 **라류** 가사비송사건으로서 이에 대한 심리와 재판은 가정법원의 전속관할로 한다[가소 제2조제1항제2호가목2의2), 가소규 제2조제1항제4호]. 토지관할은 사건본인(미성년자)의 주소지 가정법원이며(가소 제44조), 가정법원 단독판사의 사물관할에 속한다(관할규 제3조).

(2) 청구권자

가정법원에 권한을 넘는 행위의 허가를 청구할 수 있는 자는 미성년자에 대한 친권자의 임무를 대행하는 임무대행자이다.

(3) 청구서 기재사항

심판청구서에는 ① 당사자(사건본인 포함)의 등록기준지, 주소, 성명, 생년월일, 대리인이 청구할 때에는 대리인의 주소와 성명, ② 청구취지와 청구원인, ③ 청구 연월일, ④ 가정법원의 표시를 적고 청구인이나 대리인이 기명날인하여야 한다(가소 제36조제3항, 가소규 제20조).

(4) 청구비용

심판청구의 수수료로서 사건본인 1인당 5,000원의 **수입인지**를 붙이고(가수규 제3조제1항), 8회분의 **송달료**(재판예규 제1522호)를 송달료취급은행에 예납하고 납부서를 심판청구서에 붙여야 한다.

(5) 첨부서류

심판청구서에는 청구인과 사건본인의 기본증명서와 가족관계증명서 각 1통, 사건본인의 주민등록표등(초)본 1통, 그 밖의 소명자료를 첨부하여야 한다. 위 서류 외에도 절차진행에 따라 추가서류가 필요할 수 있다.

다. 심리 및 심판

심리를 거쳐 필요가 있다고 판단되면, 권한을 넘는 행위에 대하여 허가하는 심판을 한다. 심판은 당사자와 절차에 참가한 이해관계인에게 고지하여야 한다(가소규 제25조). 심판의 효력은 심판을 받을 사람이 심판을 고지받음으로써 발생한다. 다만, 즉시항고를 할 수 있는 심판은 확정되어야 효력이 있다(가소 제40조).

라. 불복

청구를 기각한 심판에 대하여는 청구인이 즉시항고를 할 수 있으나(가소규 제27조), 권한을 넘는 행위에 대하여 허가하는 심판에 대하여는 불복할 수 없다. 즉시항고는 심판을 고지받은 날부터 14일 이내에 하여야 한다.

【서식 2-08】 임무대행자의 임무수행에 관한 처분명령 심판청구서

(미성년자의 재산상황조사 및 재산관리 등)
임무대행자의 임무수행에 관하여 필요한 처분명령 청구

청 구 인 □ □ □ (☎)
주민등록번호 :
주소 :
사건본인과의 관계 : 친족

사건본인 ○ ○ ○
주민등록번호 :
주소 :
등록기준지 :

청 구 취 지

사건본인의 임무대행자인 ▣▣▣에 대하여 사건본인의 재산목록을 가정법원 및 청구인에게 제출할 것을 명한다.
라는 심판을 구합니다.

청 구 원 인

1. 사건본인에 대하여 2014.○.○. 귀원 2014느단○○○○호로 ▣▣▣가 임무대행자로 선임되었습니다.

2. 청구인은 사건본인의 친족으로 임무대행자인 ▣▣▣에게 사건본인의 재산목록 제출을 요구하였지만 수개월이 지나도록 이를 이행하지 않고 있습니다.

3. 따라서 상당기간을 정하여 임무대행자 ▣▣▣로 하여금 가정법원 및 청구인에게 사건본인의 재산목록을 제출할 것을 명하는 심판을 받고자 이 사건 청구에 이르렀습니다.

첨 부 서 류

1. 기본증명서 및 가족관계증명서(청구인, 사건본인) 각 1통
1. 주민등록등(초)본(청구인, 사건본인) 각 1통

1. 기타(소명자료) 각 1통

2015. ○. ○.

위 청구인 □ □ □ (인)

○○가정법원 귀중

【해 설】

가. 의의

미성년자의 친권자가 지정될 때까지 그 임무를 대행할 사람으로 선임된 임무대행자에 대하여는 가정법원의 후견사무에 관한 처분(민 제954조)의 규정을 준용한다(민 제909조의2제5한 후문). 따라서 가정법원은 직권으로 또는 미성년자, 친족(민 제777조), 그 밖의 이해관계인, 검사, 지방자치단체의 장의 청구에 의하여 미성년자의 재산상황을 조사하고, 임무대행자에게 재산관리 등 임무수행에 관하여 필요한 처분을 명할 수 있다(민 제954조).

나. 심판청구

(1) 관할

미성년자의 재산상황에 대한 조사 및 그 재산관리 등 임무대행자의 임무수행에 관하여 필요한 처분명령 청구 사건은 **라류** 가사비송사건으로서 이에 대한 심리와 재판은 가정법원의 전속관할로 한다[가소 제2조제1항제2호 가목22의2), 가소규 제2조제1항제13호]. 토지관할은 사건본인(미성년자)의 주소지 가정법원이며(가소 제44조), 가정법원 단독판사의 사물관할에 속한다(관할규 제3조).

(2) 청구권자

미성년자의 재산상황에 대한 조사 및 그 재산관리 등 임무대행자의 임무 수행에 관하여 필요한 처분명령 사건은 미성년자, 친족, 그 밖의 이해관계인, 검사, 지방자치단체의 장이 청구할 수 있다.

(3) 청구서 기재사항

심판청구서에는 ① 당사자(사건본인 포함)의 등록기준지, 주소, 성명, 생년월일, 대리인이 청구할 때에는 대리인의 주소와 성명, ② 청구취지와 청구원인, ③ 청구 연월일, ④ 가정법원의 표시를 적고 청구인이나 대리인이 기명날인하여야 한다(가소 제36조제3항, 가소규 제20조).

(4) 청구비용

심판청구의 수수료로서 사건본인 1인당 5,000원의 수입인지를 붙이고(가수규 제3조제1항), 8회분의 송달료(재판예규 제1522호)를 송달료취급은행에 예납하고 납부서를 심판청구서에 붙여야 한다.

(5) 첨부서류

심판청구서에는 청구인과 사건본인의 기본증명서와 가족관계증명서 각 1통, 사건본인의 주민등록표등(초)본 1통, 그 밖의 소명자료를 첨부하여야 한다. 위 서류 외에도 절차진행에 따라 추가서류가 필요할 수 있다.

다. 심리 및 심판

심리를 거쳐 필요가 있다고 판단되면, 후견임무 수행에 관하여 필요한 처분을 한다. 심판은 당사자와 절차에 참가한 이해관계인에게 고지하여야 한다(가소규 제25조). 심판의 효력은 심판을 받을 사람이 심판을 고지받음으로써 발생한다. 다만, 즉시항고를 할 수 있는 심판은 확정되어야 효력이 있다(가소 제40조).

라. 불복

청구를 기각한 심판에 대하여는 청구인이 즉시항고를 할 수 있으나(가소규 제27조), 후견임무 수행에 관하여 필요한 처분을 하는 심판에 대하여는 불복할 수 없다. 즉시항고는 심판을 고지받은 날부터 14일 이내에 하여야 한다.

Ⅳ. 감화·교정기관 위탁에 대한 허가

【서식 2-09】 자녀의 교정기관 위탁에 대한 허가 심판청구서

자녀의 교정기관 위탁에 대한 허가 심판 청구

청 구 인 1. □ □ □ (☎)
주민등록번호 :
사건본인과의 관계 : 父

2. ▣ ▣ ▣ (☎)
주민등록번호 :
사건본인과의 관계 : 母

청구인들의 주소 :
청구인들의 등록기준지 :

사건본인 ○ ○ ○
(미성년자) 주민등록번호 :
주소 :
등록기준지 :

청 구 취 지

1. 청구인들이 사건본인을 경기도 ○○시 ○○구 ○○대로 ***(○○동) ○○교정기관에 위탁하는 것을 허가한다.
2. 위탁기간은 ○개월로 한다.

라는 심판을 구합니다.

청 구 원 인

1. 사건본인은 청구인들의 장남인바, 20○.○.○. ◇◇중학교를 졸업하고 고등학교 진학을 포기한 후 하는 일 없이 허송세월을 보내고 있습니다.

2. 사건본인은 약 1년 전부터 거의 매일 저녁마다 친구들과 어울려 술을 마시고 밤늦게 귀가하거나 무단외박을 반복하고 있으며, 술에 취해 다른 사람들에게 시비를 걸거나 행패를 부려 파출소로 연행되었다가 청구인들이 사태를 수습하여 훈방조치로 풀려난 적이 여러 차례 반복되고 있습니다.

3. 청구인들이 친권자로서 수시로 야단을 치기도 했으나, 사건본인은 오히려 청구인 ▣▣▣(어머니)에게 대들면서 폭행까지 행사하는 등 행패가 심하여 청구인들로서는 도저히 교정이 불가능한 상황입니다.

3. 따라서 청구인은 사건본인을 청소년 감화 및 교정을 전문으로 하는 ○○교정기관에 위탁하여 교정을 받게 할 필요가 있다고 판단되므로 그 허가를 구하기 위하여 이 사건 청구에 이른 것입니다.

첨 부 서 류

1. 기본증명서, 가족관계증명서(청구인, 사건본인) 각 1통
1. 주민등록표등(초)본(청구인, 사건본인) 1통
1. 기타(소명자료) 1통

2015. ○. ○.

위 청구인 1. □□□ ㉷

2. ▣▣▣ ㉷

○○가정법원 귀중

【해 설】

가. 의의

친권자는 그 자녀를 보호 또는 교양하기 위하여 스스로 필요한 징계를 할 수 있으나, 가정법원의 허가를 얻어 자녀를 감화(感化) 또는 교정기관에 위탁할 수 있다(민 제915조). 자녀를 감화 또는 교정기관에 위탁하는 것은 자녀의 신체의 자유를 제한하고 그 신체를 구속하는 조치를 수반하는 것이므로, 자녀의 인권보호를 위하여 그 기관에 대한 위탁의 필요성, 위탁기간 등을 정함에 있어 가정법원의 허가를 받도록 한 것이다. 다만, 감화 또는 교정기관은 가정법원의 허가가 있더라도 미성년자인 자녀를 위탁받아야 하는 것은 아니므로, 친권자로서는 미성년자인 자녀를 감화 또는 교정기관에 위탁하려면 가정법원의 허가 외에 감화 또는 교정기관의 동의까지 받아야 할 것이다.[41]

나. 심판청구

(1) 관할

자녀를 감화·교정기관에 위탁하는 것에 대한 허가 청구 사건은 **라류** 가사비송사건으로서[가소 제2조제1항제2호가목14)], 토지관할은 미성년자인 자녀의 주소지 가정법원(지방법원, 지원)이며(가소 제44조제5호), 단독판사의 사물관할에 속한다(관할규 제3조).

(2) 청구권자

가정법원에 허가를 청구할 수 있는 자는 친권자이다. 부모가 친권을 공동으로 행사할 때에는 부모가 공동으로 청구하여야 한다.

(3) 청구서 기재사항

심판청구서에는 당사자(사건본인 포함)의 등록기준지, 주소, 성명, 생년월일, 대리인이 청구할 때에는 대리인의 주소와 성명, 청구취지와 청구원인, 청구 연월일, 가정법원의 표시를 적고 청구인이나 대리인이 기명날인하여야 한다(가소 제36조제3항, 가소규 제20조). 특히, 청구원인으로서 자녀의 보호 또는 교양을 위하여 감화 또는 교정기관에 위탁하여야 할 필요성에 대하여 구체적으로 기재하여야 한다.

(4) 청구비용

심판청구의 수수료로서 사건본인 1인당 5,000원의 **수입인지**를 붙이고(가수규 제3조제1항), 4회분의 **송달료**(재판예규 제1522호)를 송달료취급은행에 예납하고 납부서를 심판청구서에 붙여야 한다.

(5) 첨부서류

심판청구서에는 청구인과 사건본인의 기본증명서와 가족관계증명서 각 1통, 청구인 및 사건본인의 주민등록표등(초)본 각 1통, 그 밖의 감화·교정기관에 위탁이 필요한 사정에 관한 소명자료를 첨부하여야 한다. 위 서류 외에도 절차진행에 따라 추가서류가 필요할 수 있다.

---

41) 가사실무제요(주2), 310면

다. 심리와 심판

(1) 심리

가정법원이 심판을 함에 있어서는 미성년자에 대한 징계로서 감화 또는 교정기관에 위탁하는 것이 필요한지, 위탁시설이 감화 또는 교정에 적절한지, 위탁기간 등에 관하여 세심하게 심리하여 그 허부를 정하여야 한다.[42]

(2) 심판

허가 심판의 주문에는 교정기관에 위탁을 허가하는 취지뿐만 아니라 **위탁기간**도 명시하여야 한다. 위탁기간에 관하여는 특별한 규정이 없으나, 자녀에 대한 징계로서 이루어지는 것임을 고려하여 지나치게 오랜 기간이 되지 않도록 배려하여야 할 것이고, 가급적 허가심판에서 그 기간을 특정하는 것이 바람직하다.[43]

또한 가정법원이 감화 또는 교정기관에의 위탁에 대한 허가를 하는 때에는 친권자에 대하여 미성년자의 교육과 신상보호 및 재산관리에 필요하다고 인정되는 사항, 예컨대 매월 몇 회 이상 사건본인을 면접하고 그 결과를 보고할 것 등을 **부수처분**의 형식으로 지시할 수 있다(가소규 제66조 제1항제1호). 이와 같은 지시는 위탁의 허가와 동시에 하는 것이 보통이지만, 그 위탁이 계속되는 동안에는 언제든지 할 수 있다고 해석된다.

청구를 인용하는 심판의 주문례는 다음과 같다.

1. 청구인이 사건본인을 ○○시설에 위탁하는 것을 허가한다. 2. 위탁기간은 ○개월로 한다. 3. 청구인은 매월 2회 이상 사건본인을 면접하고 그 결과를 이 법원에 보고하여야 한다.

(3) 심판의 고지 등

심판은 당사자와 절차에 참가한 이해관계인에게 고지하여야 한다(가소규

42) 가사실무제요(주2), 311면
43) 가사실무제요(주2), 311면

제25조). 심판의 효력은 심판을 받을 사람이 심판을 고지받음으로써 발생하지만, 즉시항고를 할 수 있는 심판은 확정되어야 효력이 있다(가소 제40조).

라. 불복 등

(1) 불복

청구를 기각한 심판에 대하여는 청구인이 즉시항고를 할 수 있고(가소규 제27조), 청구를 인용한 심판에 대하여는 미성년자, 미성년자의 부모와 친족이 즉시항고를 할 수 있다(가소규 제67조제1항제3호). 즉시항고기간은 심판을 고지받은 날부터 14일 이내이다(가소 제43조제5항, 가소규 제31조).

(2) 심판의 취소·변경

가정법원은 필요하다고 인정한 때에는 언제든지 허가 또는 기타 지시를 취소하거나 변경할 수 있다(가소규 제66조제2항). 이는 가정법원이 직권으로 하는 것이므로 별도로 사건기록을 만들 것은 아니고 원래의 허가청구사건의 사건번호를 사용하여 심판하고 그 기록을 가철한다.[44)]

[메모]

44) 가사실무제요(주2), 312면

V. 미성년자 입양·친양자 입양

【서식 2-10】 미성년자 입양에 대한 허가 심판청구서

미성년자 입양허가 심판 청구

청 구 인 1. 박 ○ ○ (☎)
주민등록번호 :
주소 :
송달장소 :
등록기준지 :

2. 이 ○ ○ (☎)
주민등록번호 :
주소, 송달장소 및 등록기준지 : 위와 같음

사건본인 ○ ○ ○
주민등록번호 :
주소 :
등록기준지 :

청 구 취 지

청구인들이 사건본인을 양자로 하는 것을 허가한다.
라는 심판을 구합니다.

청 구 원 인

1. 청구인들은 부부로서 공동으로 사건본인을 양자로 입양하고자 합니다.
2. 청구인들과 사건본인의 법정대리인인 부모는 사건본인의 복리를 위하여 사건본인을 청구인들에게 입양시키기로 협의하였고, 이 사건 청구를 하게 되었으니, 입양을 허가하여 주시기 바랍니다.

[또는] 청구인 박○○와 사건본인은 먼 친족 사이로서 사건본인의 부모가 20○.○.○. 사고로 모두 사망한 이후 현재까지 청구인들이 사건본인을 잘 양육하고 있으므로, 사건본인이 더 행복하고 구김살 없게 자랄 수 있도록 하기 위하여 이 사선 청구를 히게 되었습니다.

첨 부 서 류

1. 청구 관련 사항 목록 1통
1. 가족관계증명서 및 기본증명서(사건본인) 각 1통
1. 주민등록등본(청구인들 및 사건본인) 각 1통
1. 가족관계증명서 및 혼인관계증명서(청구인들) 각 1통
1. 입양동의서(친생부모) 및 인감증명서 각 1통
1. 법정대리인의 동의를 받은 사건본인의 입양승낙서(13세 이상) 및 인감증명서 각 1통
1. 법정대리인의 입양승낙서(13세 미만) 및 인감증명서 각 1통
1. 기타(소명자료) ○통

2015. ○. ○.

위 청구인 1. 박 ○ ○ (인)

2. 이 ○ ○ (인)

○○가정법원 귀중

[메모]

[청구 관련 사항 목록]

<table>
<tr><th>구 분</th><th colspan="3">내 용 (□에 √ 표시를 하거나 해당 사항을 기재하십시오.)</th></tr>
<tr><td rowspan="6">1. 양자로 될 자의 친생부모가 입양에 동의하였는지 여부</td><td rowspan="3">부(父)</td><td>□ 동의함
□ 동의하지 아니함</td><td>동의할 수 없는 사정(민법 제870조 제1항 각호, 제2항 각호 참조)</td></tr>
<tr><td>이 름</td><td>주 소</td></tr>
<tr><td></td><td></td></tr>
<tr><td rowspan="3">모(母)</td><td>□ 동의함
□ 동의하지 아니함</td><td>동의할 수 없는 사정(민법 제870조 제1항 각호, 제2항 각호 참조)</td></tr>
<tr><td>이 름</td><td>주 소</td></tr>
<tr><td></td><td></td></tr>
<tr><td rowspan="4">2. 양자로 될 자에 대하여 친권을 행사하는 자로서 부모 이외의 자의 이름과 주소</td><td rowspan="3">□ 있음</td><td>이 름</td><td>주 소</td></tr>
<tr><td></td><td></td></tr>
<tr><td></td><td></td></tr>
<tr><td colspan="3">□ 해당 없음</td></tr>
<tr><td rowspan="3">3. 양자로 될 자의 부모의 후견인의 이름과 주소</td><td rowspan="2">□ 있음</td><td>이 름</td><td>주 소</td></tr>
<tr><td></td><td></td></tr>
<tr><td colspan="3">□ 해당 없음</td></tr>
<tr><td>4. 민법 제869조 제1항 및 제2항에 의한 법정대리인의 동의 또는 입양승낙</td><td colspan="2">□ 동의함
□ 승낙함
□ 동의 또는 승낙하지 아니함</td><td>동의 또는 승낙할 수 없는 사정(민법 제869조 제3항 각호 참조)</td></tr>
</table>

☞ **유의사항**

1. '친생부모가 동의를 할 수 없는 사정'은 민법 제870조 제1항 제2호 '친권상실', 제3호 '소재불명', 제2항 제1호 '부양의무 불이행', 제2호 '학대, 유기 등'입니다.
2. '양자로 될 자에 대하여 친권을 행사하는 자로서 부모 이외의 자'는, 사건본인의 부 또는 모가 결혼하지 아니한 미성년자인 경우(즉 혼인하지 않은 미성년자가 자를 출산한 경우)에 이에 대신하여 친권을 대행하는 그 미성년자의 친권자(민법 제910조) 또는 후견인(민법 제948조) 등입니다.

미성년자 입양 동의서

1. 미성년자 입양 청구 관계인

1. 구분		2. 성명	3. 주민등록번호
미성년자 입양 청구인	양부로 될 자	박○○	-
	양모로 될 자	이○○	-
양자로 될 자		김○○	-
양자로 될 자의 친생부모	친생부	김△△	-
	친생모	윤□□	-

2. 미성년자 입양에 대한 동의

위 양자로 될 자 김○○의 친생부(親生父) 김○○와 친생모(親生母) 윤□□는, 민법 제870조 제1항에 따라 미성년자 입양 청구인들이 김○○를 <u>양자로 입양함에 동의합니다</u>.

20 . . .

구분	동의인 성명	미성년자 입양에 대한 동의 여부	서명 또는 날인
친생부	김○○	동의함	
친생모	윤□□	동의함	

☞ **유의사항**

○ 이 서류의 제출자가 작성명의인이 아닌 경우에는 작성명의인의 인감도장을 날인하고 작성명의인의 인감증명서를 첨부하여야 합니다.

○ 단독입양인 경우, 친생부 또는 친생모 1명인 경우에는 위 내용을 적절하게 수정하여 사용하시기 바랍니다.

미성년자 입양 승낙서(13세 이상)

1. 미성년자 입양 청구 관계인

1. 구분		2. 성명	3. 주민등록번호
미성년자 입양 청구인	양부로 될 자	박○○	–
	양모로 될 자	이○○	–
양자로 될 자		김○○	–
양자로 될 자의 친생부모	친생부	김△△	–
	친생모	윤□□	–

2. 미성년자 입양에 대한 승낙

위 양자로 될 자인 사건본인 김○○는 13세 이상이므로 민법 제869조 제1항에 따라 법정대리인인 친권자 부 김○○, 친권자 모 이□□의 동의를 받아 미성년자 입양 청구인들이 사건본인을 양자로 입양하는 것을 승낙합니다.

20 . . .

구분	입양승낙(동의)인 성명	미성년자 입양에 대한 승낙(동의) 여부	서명 또는 날인
양자로 될 자	김○○	승낙함	
법정대리인 친권자 부	김○○	동의함	
법정대리인 친권자 모	이□□	동의함	

☞ 유의사항

○ 이 서류의 제출자가 작성명의인이 아닌 경우에는 작성명의인의 인감도장을 날인하고 작성명의인의 인감증명서를 첨부하여야 합니다(단, 미성년자 입양 동의서에 작성명의인의 인감증명서가 이미 첨부된 경우에는 인감증명서를 첨부할 필요가 없습니다).

○ 단독입양인 경우, 법정대리인인 친권자가 부 또는 모 1명인 경우에는 위 내용을 적절하게 수정하여 사용하시기 바랍니다.

미성년자 입양 승낙서(13세 미만)

1. 미성년자 입양 청구 관계인

1. 구분		2. 성명	3. 주민등록번호
미성년자 입양 청구인	양부로 될 자	박○○	-
	양모로 될 자	이○○	-
양자로 될 자		김○○	-
양자로 될 자의 친생부모	친생부	김△△	-
	친생모	윤□□	-

2. 미성년자 입양에 대한 승낙

위 양자로 될 자 김○○의 법정대리인 친권자 부 김○○, 친권자 모 이□□는, 양자로 될 자가 13세 미만이므로 민법 제869조 제2항에 따라 양자로 될 자에 갈음하여 미성년자 입양 청구인들이 양자로 될 자를 **양자로 입양하는 것을 승낙합니다**.

20 . . .

구분	입양승낙인 성명	미성년자 입양에 대한 승낙 여부	서명 또는 날인
법정대리인 친권자 부	김○○	승낙함	
법정대리인 친권자 모	이□□	승낙함	

☞ **유의사항**

○ 이 서류의 제출자가 작성명의인이 아닌 경우에는 작성명의인의 인감도장을 날인하고 작성명의인의 인감증명서를 첨부하여야 합니다(단, 미성년자 입양 동의서에 작성명의인의 인감증명서가 이미 첨부된 경우에는 인감증명서를 첨부할 필요가 없습니다).

○ 단독입양인 경우, 법정대리인인 친권자가 부 또는 모 1명인 경우에는 위 내용을 적절하게 수정하여 사용하시기 바랍니다.

【해 설】

가. 의의

미성년자의 입양은 혈연적으로 친자관계가 없음에도 불구하고 법률적 친자관계를 인정하여 혼인 중의 출생자와 같은 신분을 취득하게 하는 신분행위인 입양 중 미성년자에 대하여 가정법원의 허가를 받아 입양하게 하는 제도이다(민 제867조제1항).

종전에는 당사자 쌍방이 시(구)·읍·면의 장에게 신고함으로써 입양의 효력이 발생하였으나, 2012년 개정 민법은 양자보호와 입양촉진을 위해 미성년자 입양문제를 당사자들에게만 맡겨놓지 않고 가정법원이 적극적으로 개입하도록 개정하여 이른바 「**계약형 양자제도**」를 「**선고형 양자제도**」로 변경하였다. 따라서 2013.7.1.부터 미성년자 입양은 가정법원의 허가를 받아 가족관계등록법에 따라 신고함으로써 입양의 효력이 발생한다.

이처럼 미성년자 입양에 관하여 가정법원의 허가를 받도록 한 것은 미성년자를 입양하려는 사람이 양자가 될 사람을 제대로 양육할 수 있는지를 사전에 심사함으로써 자녀의 복리를 보호하려는 취지이다.[45]

[미성년자 입양의 요건] ① 양부모가 될 사람은 성년자이고 양자가 될 사람은 미성년자일 것, ② 양자가 될 사람이 13세 이상인 경우에는 법정대리인의 동의를 받아 입양을 승낙할 것, ③ 양자가될 사람이 13세 미만인 경우에는 법정대리인이 그를 갈음하여 입양을 승낙할 것. ④ 양자가 될 미성년자는 부모의 동의를 받을 것.

나. 심판청구

(1) 관할

미성년자 입양에 대한 허가 사건은 **라류** 가사비송사건으로서 이에 대한 심리와 재판은 가정법원의 전속관할로 한다[가소 제2조제1항제2호가목8), 가소규 제2조제1항제5호]. 토지관할은 양자가 될 사람(미성년자)의 주소지 가정법원이며(가소 제44조제4호), 단독판사의 사물관할에 속한다(관할규 제3조).

(2) 청구권자

미성년자 입양허가 청구권자는 미성년자를 입양하려는 사람, 즉 **양부모**가 되려는 사람이다. 미성년자 입양을 하기 위해서는 양부모가 기혼자

45) 윤진수·현소혜, 「2013년 개정 민법 해설」, 법무부(2013.6), 198면

일 필요는 없으나 **성년자**이어야 한다. 배우자가 있는 사람은 배우자와 **공동**으로 입양하여야 하므로(민 제874조제1항), 이 경우 허가청구도 부부가 공동으로 하여야 한다. 여기서 부부란 법률상의 부부만을 의미한다.

그런데 부부의 일방에게 공동입양을 할 수 없는 사정이 있는 경우(예컨대, 부부의 일방이 의사능력을 상실하거나 장기간 행방불명인 경우 등)에는 다른 일방이 단독으로 입양을 할 수 있는지에 대하여 부정적인 견해도 있을 수 있으나 긍정하는 것이 타당하다고 본다.[46)]

[판례] 입양이 개인간의 법률행위임에 비추어 보면 부부의 공동입양이라고 하여도 부부 각자에 대하여 별개의 입양행위가 존재하여 부부 각자와 양자 사이에 각각 양친자관계가 성립한다고 할 것이므로, 부부의 공동입양에 있어서도 부부 각자가 양자와의 사이에 민법이 규정한 입양의 일반 요건을 갖추는 외에 나아가 위와 같은 부부 공동입양의 요건을 갖추어야 하는 것으로 풀이함이 상당하므로, 처가 있는 자가 입양을 함에 있어서 혼자만의 의사로 부부 쌍방 명의의 입양신고를 하여 수리된 경우, 처의 부재 기타 사유로 인하여 공동으로 할 수 없는 때에 해당하는 경우를 제외하고는, 처와 양자가 될 자 사이에서는 입양의 일반요건 중 하나인 당사자 간의 입양합의가 없으므로 입양이 무효가 되고, 한편 처가 있는 자와 양자가 될 자 사이에서는 입양의 일반 요건을 모두 갖추었어도 부부 공동입양의 요건을 갖추지 못하였으므로 처가 그 입양의 취소를 청구할 수 있으나, 그 취소가 이루어지지 않는 한 그들 사이의 입양은 유효하게 존속한다.[47)]

한편, 부부가 입양을 하는 경우에는 부부가 모두 성년에 달해 있어야 하는데, 혼인에 의하여 성년에 달한 것으로 의제되는 경우(민 제826조의2)에 입양능력을 긍정하는 견해도 있다.[48)] 그러나 양부모가 될 사람이 만 19세가 되지 않은 경우에는 부모로서의 양육능력을 갖추었다고 보기 어렵기 때문에 입양능력이 없다고 해석하는 것이 타당하다.[49)]

(3) 청구서 기재사항

심판청구서에는 당사자(사건본인 포함)의 등록기준지, 주소, 성명, 생년월일, 대리인이 청구할 때에는 대리인의 주소와 성명, 청구취지와 청구원인, 청구 연월일, 가정법원의 표시를 적고 청구인이나 대리인이 기명날

---

46) 김주수·김상용, 「친족·상속법(제11판)」, 법문사(2013.8), 339면 ; 박동섭, 「친족상속법(제4판)」, 박영사(2013.7), 305면

47) 대법원 1998.5.26. 선고 97므25 판결

48) 박동섭(주46), 303면 ; 송덕수, 「친족상속법」, 박영사(2015.1), 164면

49) 김주수·김상용(주46), 328면

인하여야 한다(가소 제36조제3항, 가소규 제20조).

특히, 미성년자 입양의 청구에는 ① 양자가 될 사람의 부모가 입양에 동의한 사실 또는 그 동의가 없는 경우에는 민법 제870조제1항 각 호 및 같은 조 제2항 각 호에 해당된다는 것을 나타내는 사정, ② 양자가 될 사람에 대하여 친권을 행사하는 사람으로서 부모 이외의 사람의 이름과 주소와 양자가 될 사람의 부모의 후견인의 이름과 주소, ③ 민법 제869조제1항에 따른 법정대리인의 동의 또는 같은 조 제2항에 따른 법정대리인의 입양승낙, 그 동의 또는 승낙이 없는 경우에는 민법 제869조제3항 각 호에 해당된다는 것을 나타내는 사정, ④ 사회복지사업법에 의한 사회복지법인의 입양 알선에 의한 청구인 경우에는 해당 사회복지법인의 명칭 및 소재지와 양자가 될 사람이 보호되고 있는 보장시설의 명칭 및 소재지를 명백히 하여야 한다(가소규 제62조의7제1항).

(4) 청구비용

심판청구의 수수료로서 사건본인 1인당 5,000원의 **수입인지**를 붙이고(가수규 제3조제1항), 청구인 수마다 8회분의 **송달료**(재판예규 제1522호)를 송달료취급은행에 예납하고 납부서를 심판청구서에 붙여야 한다.

(5) 첨부서류

심판청구서에는 사건본인의 가족관계증명서와 기본증명서 각 1통, 청구인 및 사건본인의 주민등록표등(초)본 각 1통, 청구인의 혼인관계증명서 각 1통, 친생부모의 입양동의서 및 인감증명서 각 1통, 법정대리인의 동의를 받은 사건본인의 입양승낙서(사건본인이 13세 이상인 경우) 및 인감증명서(단, 인감증명서는 작성자가 직접 제출하지 않는 경우에만 필요하다. 이하 같다) 각 1통, 법정대리인의 입양승낙서(사건본인이 13세 미만인 경우) 및 인감증명서 각 1통, 그 밖에 소명자료를 첨부하여야 한다. 위 서류 외에도 절차진행에 따라 추가서류가 필요할 수 있다.

다. 심리와 심판

(1) 심리

㈎ **양자가 될 사람의 요건**

가정법원의 허가를 받아야 하는 입양에서 양자가 될 사람은 **미성년자**이어야 한다.

(나) 법정대리인의 입양동의, 입양승낙

양자가 될 사람이 **13세 이상**의 미성년자인 경우에는 법정대리인의 동의를 받아 입양을 승낙한다(민 제869조제1항). 개정 민법은 입양당사자가 되어 스스로 입양의 의사표시를 할 수 있는 연령을 15세에서 13세로 낮추었다. 따라서 13세가 되면 스스로 입양의 의사표시를 할 수 있으나, 성년자가 되기 전까지는 부족한 판단능력을 보충하는 의미에서 법정대리인의 동의를 받도록 한 것이다.[50)]

양자가 될 사람이 **13세 미만**인 경우에는 법정대리인이 그를 갈음하여 입양을 승낙한다(동조 제2항). 이를 강학상 「입양의 대락(代諾)」이라고 한다. 양자가 될 사람이 의사능력이 없는 어린 아이라면 스스로 입양의 의사표시를 하는 것이 불가능하므로, 신분행위의 일반원칙에 대한 예외로서 양자가 될 사람이 13세 미만인 경우에는 법정대리인의 입양의 대락을 허용한 것이다.[51)] 입양의 대락을 할 수 있는 법정대리인은 친권자와 미성년후견인이다.

부모가 공동친권자인 경우에는 부모 쌍방이 공동으로 대락하여야 하며, 부모의 일방이 다른 일방의 의사에 반하여 공동명의로 대락을 한 경우에는 그 입양은 무효가 된다.[52)] 친권을 상실한 부모는 더 이상 법정대리인이 아니므로 대락권자가 아니지만, 친권 중에서 재산관리권만 상실한 부모에게는 대락권이 인정된다. 입양의 대락은 자녀의 신분사항에 관한 것이기 때문이다. 같은 이유에서 재산관리권만을 가지는 미성년후견인은 입양을 대락할 수 없다.

2012년 민법 개정 전에는 후견인이 법정대리인으로서 대락을 할 때에는 가정법원의 허가를 받아야 한다는 규정이 있었으나, 개정 민법에서는 미성년자를 입양하는 경우에는 항상 가정법원의 허가를 받아야 하기 때문에, 그 규정은 삭제되었다.

이러한 법정대리인의 동의 또는 승낙은 가정법원의 입양 허가가 있기 전까지 철회할 수 있다(동조 제5항).

한편, **예외**적으로 가정법원은 ① 법정대리인이 정당한 이유 없이 동의

---

50) 김주수·김상용(주46), 329면

51) 김주수·김상용(주46), 330면 ; 한봉희·백승흠, 「가족법」, 삼영사(2013.8), 269면

52) 민법 제920조의2는 부모가 공동으로 친권을 행사하는 경우 부모의 일방이 공동명의로 자를 대리하거나 자의 법률행위에 동의한 때에는 다른 일방의 의사에 반하는 때에도 선의의 상대방에게는 그 효력이 있다고 규정하고 있으나, 이는 재산행위에 대한 규정이며, 입양의 경우에는 적용되지 않는다고 보아야 한다는 견해는 김주수·김상용(주46), 330면 참조

또는 승낙을 거부하는 경우에는 그 동의 또는 승낙이 없더라도 입양의 허가를 할 수 있다(동조 제3항제1호 본문). 다만, 법정대리인이 친권자인 경우에는 부모가 3년 이상 자녀에 대한 부양의무를 이행하지 아니하거나 부모가 자녀를 학대 또는 유기(遺棄)하거나 그 밖에 자녀의 복리를 현저히 해치는 사유가 있어야 한다(동호 단서). 경우 가정법원은 법정대리인을 심문하여야 한다(동조 제4항). 또한 ② 법정대리인의 소재를 알 수 없는 등의 사유로 동의 또는 승낙을 받을 수 없는 경우에는 동의 또는 승낙이 없더라도 입양의 허가를 할 수 있다(동조 제3항).

㈐ **부모의 입양동의**

양자가 될 미성년자는 부모의 동의를 받아야 한다. 다만, ① 양자가 될 사람이 13세 이상인 경우 부모가 법정대리인으로서 동의를 하거나(민 제869조제1항) 양자가 될 사람이 13세 미만인 경우 부모가 법정대리인으로서 그를 갈음한 승낙을 한 경우(동조 제2항), ② 부모가 친권상실의 선고를 받은 경우, ③ 부모의 소재를 알 수 없는 등의 사유로 동의를 받을 수 없는 경우 중 어느 하나에 해당하는 경우에는 동의가 필요하지 아니하다(민 제870조제1항). 이러한 부모의 동의는 가정법원의 입양 허가가 있기 전까지 철회할 수 있다(동조 제3항).

한편, **예외**적으로 가정법원은 ① 부모가 3년 이상 자녀에 대한 부양의무를 이행하지 아니하거나 ② 부모가 자녀를 학대 또는 유기(遺棄)하거나 그 밖에 자녀의 복리를 현저히 해친 경우에는 부모가 동의를 거부하더라도 입양의 허가를 할 수 있다. 이 경우 가정법원은 부모를 심문하여야 한다(동조 제2항).

㈑ **관계자의 의견청취**

가정법원은 입양의 허가 심판을 하는 경우에 ① 양자가 될 사람(양자가 될 사람이 13세 이상인 경우만 해당), ② 양자가 될 사람의 법정대리인 및 후견인, ③ 양자가 될 사람의 부모(민 제870조에 따라 부모의 동의가 필요한 경우를 말한다), ④ 양자가 될 사람의 부모의 후견인, ⑤ 양부모가 될 사람, ⑥ 양부모가 될 사람의 성년후견인 ⑦ 양자가 될 사람에 대하여 친권을 행사하는 사람으로서 부모 이외의 사람의 의견을 들어야 한다. 다만, 그 사람이 의식불명, 그 밖의 사유로 자신의 의사를 표명할 수 없는 경우(의견을 들을 수 없거나 그 밖의 특별한 사정이 있다고 인정되는 경우를 포함)에는 그러하지 아니하다(가소 제45조의8제1항, 가소규 제62조제1항).

㈒ 관계기관에 대한 자료제공 요청 등

가정법원은 양자가 될 사람의 복리를 위하여 필요하다고 인정하는 경우에는 관계기관에 대하여 해당 자료를 제공할 것을 요청할 수 있다. 이 경우 자료 제공을 요청받은 기관은 정당한 사유가 없으면 이에 따라야 한다(가소 제45조의8제2항).

요청의 범위와 해당기관 및 자료의 종류는 ① 양부모가 될 사람의 주소지 및 가족관계 등을 확인하기 위한 범위에서 시장·군수·구청장에 대하여 주민등록표 등본·초본, ② 양부모가 될 사람의 소득을 확인하기 위한 범위에서 국세청장에 대하여 근로소득자료 및 사업소득자료, ③ 양부모가 될 사람의 범죄경력을 확인하기 위한 범위에서 경찰청장에 대하여 범죄경력자료, ④ 양부모가 될 사람이 양육능력과 관련된 질병이나 심신장애를 가지고 있는지 확인하기 위하여 특히 필요하다고 인정되는 범위에서 의료법에 따른 의료기관의 장 또는 국민건강보험법에 따른 국민건강보험공단의 장에 대하여 진료기록자료이다.

가정법원은 양자가 될 사람의 복리를 위하여 필요하다고 인정되는 경우에는 양부모가 될 사람의 주소지를 관할하는 시장·군수·구청장에게 그 소득, 재산, 생활실태, 동거가족의 구성과 현황, 입양의 동기 및 그 밖의 사정에 대한 조사를 촉탁할 수 있고(가소규 제62조제2항), 국가경찰관서의 장에게 양부모가 될 사람의 범죄경력에 대한 조회를 요청할 수 있다(동조 제3항). 또한 가정법원은 양부모가 될 사람의 양육능력과 관련한 질병이나 심신장애의 확인을 위하여 특히 필요하다고 인정하는 경우에는 「의료법」에 따른 의료기관의 장 또는 「국민건강보험법」에 따른 국민건강보험공단의 장에게 양부모가 될 사람의 진료기록 또는 치료 관련 기록의 제출을 요구할 수 있다(동조 제4항). 위와 같은 양육환경의 조사 촉탁, 범죄경력의 조회 요청 및 진료기록 등의 제출 요구를 받은 자는 정당한 이유가 없으면 이에 따라야 한다(동조 제5항).

(2) 심판

가정법원은 입양의 실질적 요건이 구비되어 있는지를 심리하고 양자가 될 사람의 복리를 기준으로 문제가 없다고 판단되는 경우에만 입양의 허가를 한다. 따라서 가정법원은 양자가 될 미성년자의 양육 상황, 입양의 동기, 양부모(養父母)의 양육능력, 그 밖의 사정을 고려하여 심리한 결과 미성년자의 복리를 해치거나 복리증진에 도움이 되지 아니할 경우에는 입양의 허가를 하지 아니할 수 있다(민 제867조제2항).

(3) 심판의 고지 등

미성년자 입양을 허가하는 심판은 제25조에서 정한 자(당사자와 절차에 참가한 이해관계인) 이외에 양자가 될 사람의 친생부모와 양자가 될 사람의 법정대리인에게도 고지하여야 한다(가소규 제62조의8제1항➡제62조의4). 심판의 효력은 심판을 받을 사람이 심판을 고지받음으로써 발생하지만, 즉시항고를 할 수 있는 심판은 확정되어야 효력이 있다(가소 제40조).

라. 불복

미성년자 입양 허가청구를 기각한 심판에 대하여는 청구인이 즉시항고를 할 수 있다(가소규 제27조). 미성년자 입양을 허가하는 심판에 대하여는 ① 양자가 될 사람이 13세 이상인 경우에는 양자가 될 사람, ② 양자가 될 사람의 친생부모, ③ 양자가 될 사람의 후견인, ④ 양자가 될 사람에 대하여 친권을 행사하는 사람으로서 부모 이외의 사람, ⑤ 양자가 될 사람의 부모의 후견인, ⑥ 양부모가 될 사람의 성년후견인이 즉시항고를 할 수 있다(가소규 제62조의8제2항➡제62조의5➡제62조제1항). 즉시항고기간은 심판을 고지받은 날부터 14일 이내이다(가소 제43조제5항, 가소규 제31조).

마. 심판확정 후의 절차

(1) 입양의 신고

입양은 가족관계등록법에서 정한 바에 따라 신고함으로써 그 효력이 생긴다(민 제878조). 양자가 13세 미만인 경우에는 그를 갈음하여 입양을 승낙한 법정대리인이 신고하여야 한다(가등 제62조제1항). 부록 [입양신고서] 참조

미성년자 입양허가의 심판이 확정된 후 1개월 이내에 심판서 등본 및 확정증명서를 첨부하여 시(구)·읍·면의 장에게 그 내용을 신고하여야 한다(가등 제79조제2항제2호➡제58조). 입양의 신고서에는 당사자의 성명·본·출생연월일·수빈등록번호·등록기준지(당사자

가 외국인인 때에는 그 성명·출생연월일·국적 및 외국인등록번호) 및 양자의 성별, 양자의 친생부모의 성명·주민등록번호 및 등록기준지를 기재하여야 한다(가등 제61조). 미성년자를 입양하는 경우에는 가정법원의 허가서를 첨부하여야 한다(가등 제62조제2항). 2012년 개정 전의 민법에는 입양신고서에 성년자인 증인 2인의 연서가 필요했지만, 개정 민법에서는 미성년자 입양의 경우 가정법원의 허가를 받아야 하므로 굳이 증인이 필요하지 않다고 보아 이를 요건으로 하지 않았다.

입양신고를 심사하여 입양을 할 능력(민 제866조), 가정법원의 허가(민 제867조), 입양의 요건(민 제869조~제871조), 부부의 공동입양(민 제874조), 그 밖의 법령을 위반하지 아니한 입양 신고는 수리하여야 한다(민 제881조).

(2) 사회복지법인 등에 대한 통지

미성년자의 입양에 관한 심판이 확정된 때 법원사무관 등은 지체 없이 해당 입양을 알선한 사회복지법인에 대하여 그 내용을 통지하여야 한다. 해당 입양에 대해서 가정법원으로부터의 촉탁에 응하여 조사를 한 보장시설에 대하여도 마찬가지이다(가소규 제62조의8제3항➡제62조의6).

바. 입양의 효력

양자는 입양된 때(입양신고일)부터 양부모의 친생자와 같은 지위를 가지므로(민 제882조의2제1항), 혼인 중의 출생자로서의 지위를 취득하여 친자관계가 형성된다. 다만, 이성양자(異姓養子)의 경우 양자의 성이 변경되지 않고, 양자의 입양 전의 친족관계는 단절되지 않고 존속한다(동조 제2항)는 점은 후술하는 친양자와 다른 점이다. 따라서 양자는 친생부모에 대하여 상속관계와 부양관계가 그대로 계속된다.

양자와 양부모 및 그 혈족, 인척 사이의 친계와 촌수는 입양한 때로부터 혼인 중의 출생자와 동일한 것으로 본다(민 제772조제1항). 입양으로 인한 친족관계는 입양의 취소 또는 파양으로 인하여 종료한다(민 제776조).

【서식 2-11】 친양자 입양에 대한 심판청구서(단독입양)

친양자 입양의 심판 청구

청 구 인 박 ○ ○ (☎)
주민등록번호 :
주소 :
등록기준지

사건본인 김 ○ ○
주민등록번호 :
주소 :
등록기준지 :

청 구 취 지

사건본인을 청구인의 친양자로 한다.
라는 심판을 구합니다.

청 구 원 인

1. 청구인은 사건본인을 친양자로 입양하고자 합니다.
2. 청구인은 사건본인의 모인 청구외 □□□와 20○.○.○. 혼인한 이후로 현재까지 사건본인을 친자식으로 여기며 잘 양육하고 있습니다.
3. 청구인은 사건본인이 더 행복하고 구김살 없게 자랄 수 있도록 하기 위하여, 사건본인을 친양자로 입양하는 것이 좋겠다고 생각하여 이 사건 청구를 하게 되었습니다.
4. 이 사건 청구와 관련된 사항(해당 □안에 √표시, 내용 추가)
   가. 친양자로 될 자의 친생부가 친양자 입양에 동의□, 부동의□
   나. 친양자로 될 자의 친생모가 친양자 입양에 동의□, 부동의□
   다. 친생부 또는 친생모가 동의할 수 없는 경우
      (1) 동의할 수 없는 이유
         □ 사망
         □ 친권상실
         □ 행방불명
         □ 심신상실

□ 정당한 이유 없이 동의거부(   )

(2) 동의할 수 없는 친생부 또는 친생모의 최근친 직계존속(여러 명인 경우는 연장자)은,

□ (   )이고, 그의 주소는 (   )입니다.

□ 없습니다.

첨 부 서 류

1. 가족관계증명서 및 기본증명서(사건본인) 각 1통
1. 혼인관계증명서(청구인) 1통
1. 주민등록등본(청구인 및 사건본인) 각 1통
1. 친양자 입양 동의서(친생부모) 및 인감증명서 각 1통
1. 법정대리인의 동의를 받은 사건본인의 입양승낙서(13세 이상) 각 1통
1. 법정대리인의 입양승낙서(13세 미만) 및 인감증명서 각 1통

2015. ○. ○.

위 청구인 박 ○ ○ (인)

○○가정법원[○○지방법원(지원)] 귀중

【서식 2-12】 친양자 입양에 대한 심판청구서(공동입양)

친양자 입양의 심판 청구

청 구 인 1. 박 ○ ○ (☎   )
주민등록번호 :
주소 :
송달장소 :
등록기준지 :
2. 이 ○ ○ (☎   )
주민등록번호 :
주소, 송달장소 및 등록기준지 : 위와 같음

사건본인 김 ○ ○
주민등록번호 :
주소 :
등록기준지 :

청 구 취 지

사건본인을 청구인들의 친양자로 한다.
라는 심판을 구합니다.

청 구 원 인

1. 청구인들은 3년 이상 혼인 중인 부부로서 공동으로 사건본인 친양자로 입양하고자 합니다.
2. 청구인 박○○와 사건본인은 먼 친족 사이로서 사건본인의 부모가 20○○년 ○월 ○일 사고로 모두 사망한 이후 현재까지 청구인들이 사건본인을 잘 양육하고 있습니다.
3. 청구인들은, 사건본인이 더 행복하고 구김살 없게 자랄 수 있도록 하기 위하여, 사건본인을 친양자로 입양하는 것이 좋겠다고 생각하여 이 사건 청구를 하게 되었습니다.
4. 이 사건 청구와 관련된 사항(가사소송규칙 제62조의2 규정 사항)은 별지 목록 기재와 같습니다.

첨 부 서 류

1. 청구 관련 사항 목록 1통
1. 가족관계증명서 및 기본증명서(사건본인) 각 1통
1. 혼인관계증명서(청구인) 1통
1. 주민등록등표등(초)본(청구인들 및 사건본인) 각 1통
1. 친양자 입양 동의서(친생부모) 및 인감증명서 각 1통
1. 법정대리인의 동의를 받은 사건본인의 입양승낙서(13세 이상) 및 인감증명서 각 1통
1. 법정대리인의 입양승낙서(13세 미만) 및 인감증명서 각 1통
1. 기타(소명자료) 각 1통

2015. ○. ○.

위 청구인 1. 박 ○ ○ (인)
2. 이 ○ ○ (인)

○○가정법원[○○지방법원(지원)] 귀중

[청구 관련 사항 목록]

<table>
<tr><th>구 분</th><th colspan="3">내 용 (□에 √ 표시를 하거나 해당 사항을 기재하십시오.)</th></tr>
<tr><td rowspan="6">1. 친양자로 될 자의 친생부모가 친양자 입양에 동의하였는지 여부</td><td rowspan="3">부(父)</td><td>□ 동의함
□ 동의하지 아니함</td><td>동의할 수 없는 사정(민법 제908조의2 제1항 제3호 단서, 제2항 각호 참조)</td></tr>
<tr><td>이 름</td><td>주 소</td></tr>
<tr><td></td><td></td></tr>
<tr><td rowspan="3">모(母)</td><td>□ 동의함
□ 동의하지 아니함</td><td>동의할 수 없는 사정(민법 제908조의2 제1항 제3호 단서, 제2항 각호 참조)</td></tr>
<tr><td>이 름</td><td>주 소</td></tr>
<tr><td></td><td></td></tr>
<tr><td rowspan="4">2. 친양자로 될 자에 대하여 친권을 행사하는 자로서 부모 이외의 자의 이름과 주소</td><td rowspan="3">□ 있음</td><td>이 름</td><td>주 소</td></tr>
<tr><td></td><td></td></tr>
<tr><td></td><td></td></tr>
<tr><td colspan="3">□ 해당 없음</td></tr>
<tr><td rowspan="3">3. 친양자로 될 자의 부모의 후견인의 이름과 주소</td><td rowspan="2">□ 있음</td><td>이 름</td><td>주 소</td></tr>
<tr><td></td><td></td></tr>
<tr><td colspan="3">□ 해당 없음</td></tr>
<tr><td>4. 민법 제908조의2 제1항 제4호 및 제5호에 의한 법정대리인의 동의 또는 입양승낙</td><td colspan="2">□ 동의함
□ 승낙함
□ 동의 또는 승낙하지 아니함</td><td>동의 또는 승낙할 수 없는 사정(민법 제908조의2 제2항 각호 참조)</td></tr>
</table>

☞ **유의사항**

1. '친생부모가 동의를 할 수 없는 사정'은 민법 제908조의2 제1항 제3호 단서의 '친권상실, 소재불명, 기타'이고, 제2항 각호의 '부양의무불이행, 면접교섭불이행, 학대, 유기 등'입니다.
2. '친양자로 될 자에 대하여 친권을 행사하는 자로서 부모 이외의 자'는, 사건본인의 부 또는 모가 결혼하지 아니한 미성년자인 경우(즉 혼인하지 않은 미성년자가 자를 출산한 경우)에 이에 대신하여 친권을 대행하는 그 미성년자의 친권자(민법 제910조) 또는 후견인(민법 제948조) 등입니다.

친양자 입양 동의서

1. 친양자 입양 청구 관계인

1. 구분		2. 성명	3. 주민등록번호
친양자 입양 청구인	양부로 될 자	박○○	−
	양모로 될 자	이○○	−
친양자로 될 자		김○○	−
친양자로 될 자의 친생부모	친생부	김△△	−
	친생모	윤□□	−

2. 친양자 입양에 대한 동의

위 친양자로 될 자 김○○의 친생부(親生父) 김○○와 친생모(親生母) 윤□□는, 친양자 입양의 심판이 확정된 때에 **친생부모와 친양자의 친족관계는 종료한다**는 것을 잘 알면서, 민법 제908조의2 제1항 제3호에 따라 친양자 입양 청구인들이 김○○를 **친양자로 입양함에 동의합니다**.

20 . . .

구분	동의인 성명	친양자 입양에 대한 동의 여부	서명 또는 날인
친생부	김○○	동의함	
친생모	윤□□	동의함	

☞ **유의사항**

○ 이 서류의 제출자가 작성명의인이 아닌 경우에는 작성명의인의 인감도장을 날인하고 작성명의인의 인감증명서를 첨부하여야 합니다.

○ 단독입양인 경우, 친생부 또는 친생모 1명인 경우에는 위 내용을 적절하게 수정하여 사용하시기 바랍니다.

친양자 입양 승낙서(13세 이상)

1. 친양자 입양 청구 관계인

1. 구분		2. 성명	3. 주민등록번호
친양자 입양 청구인	양부로 될 자	박○○	–
	양모로 될 자	이○○	–
친양자로 될 자		김○○	–
친양자로 될 자의 친생부모	친생부	김△△	–
	친생모	윤□□	–

2. 친양자 입양에 대한 승낙

위 친양자로 될 자인 사건본인 김○○는 13세 이상이므로 민법 제908조의2 제1항 제4호에 따라 법정대리인인 친권자 부 김○○, 친권자 모 이□□의 동의를 받아 친양자 입양 청구인들이 사건본인을 친양자로 입양하는 것을 승낙합니다.

20 . . .

구분	입양승낙(동의)인 성명	친양자 입양에 대한 승낙(동의) 여부	서명 또는 날인
친양자로 될 자	김○○	승낙함	
법정대리인 친권자 부	김○○	동의함	
법정대리인 친권자 모	이□□	동의함	

☞ **유의사항**

○ 이 서류의 제출자가 작성명의인이 아닌 경우에는 작성명의인의 인감도장을 날인하고 작성명의인의 인감증명서를 첨부하여야 합니다(단, 친양자 입양 동의서에 작성명의인의 인감증명서가 이미 첨부된 경우에는 인감증명서를 첨부할 필요가 없습니다).

○ 단독입양인 경우, 법정대리인인 친권자가 부 또는 모 1명인 경우에는 위 내용을 적절하게 수정하여 사용하시기 바랍니다.

친양자 입양 승낙서(13세 미만)

1. 친양자 입양 청구 관계인

1. 구분		2. 성명	3. 주민등록번호
친양자 입양 청구인	양부로 될 자	박○○	−
	양모로 될 자	이○○	−
친양자로 될 자		김○○	−
친양자로 될 자의 친생부모	친생부	김△△	−
	친생모	윤□□	−

2. 친양자 입양에 대한 승낙

위 친양자로 될 자 김○○의 법정대리인 친권자 부 김○○, 친권자 모 이□□는, 친양자로 될 자가 13세 미만이므로 민법 제908조의2 제1항 제5호에 따라 친양자로 될 자에 갈음하여 친양자 입양 청구인들이 친양자로 될 자를 친양자로 입양하는 것을 승낙합니다.

20 . . .

구분	입양승낙인 성명	친양자 입양에 대한 승낙 여부	서명 또는 날인
법정대리인 친권자 부	김○○	승낙함	
법정대리인 친권자 모	이□□	승낙함	

☞ **유의사항**

○ 이 서류의 제출자가 작성명의인이 아닌 경우에는 작성명의인의 인감도장을 날인하고 작성명의인의 인감증명서를 첨부하여야 합니다(단, 친양자 입양 동의서에 작성명의인의 인감증명서가 이미 첨부된 경우에는 인감증명서를 첨부할 필요가 없습니다).

○ 단독입양인 경우, 법정대리인인 친권자가 부 또는 모 1명인 경우에는 위 내용을 적절하게 수정하여 사용하시기 바랍니다.

【해 설】

가. 의의

2005.3.31. 개정된 민법에서 **친양자제도**가 신설되었다(민 제908조의2~제908조의8). 이에 따라 친양자를 입양하려는 사람은 혼인기간 등의 일정한 요건을 갖추어 가정법원에 친양자 입양을 청구하여야 하고, 가정법원의 심판을 거쳐 친양자로 입양되는 사람은 친생부모 및 그 혈족과의 친족관계가 종료되고 양부모와의 친족관계만을 가지게 되었다.

[친양자 입양의 요건] ① 3년 이상 혼인 중인 부부로서 공동으로 입양할 것, ② 친양자가 될 사람이 미성년자일 것, ③ 친양자가 될 사람의 친생부모가 친양자 입양에 동의할 것, ④ 친양자가 될 사람이 13세 이상인 경우에는 법정대리인의 동의를 받아 입양을 승낙할 것, ⑤ 친양자가 될 사람이 13세 미만인 경우에는 법정대리인이 그를 갈음하여 입양을 승낙할 것(민 제908조의2제1항).

친양자에 관하여 특별한 규정이 있는 경우를 제외하고는 그 성질에 반하지 아니하는 범위 안에서 (일반)양자에 관한 규정을 준용한다(민 제908조의8).

나. 심판청구

(1) 관할

친양자 입양에 대한 사건은 **라류** 가사비송사건으로서 이에 대한 심리와 재판은 가정법원의 전속관할로 한다[가소 제2조제1항제2호가목12)]. 토지관할은 친양자가 될 사람(사건본인)의 주소지 가정법원(지방법원, 지원)이며(가소 제44조제4호), 가정법원 단독판사의 사물관할에 속한다(관할규 제3조).

(2) 청구권자

㈎ 친양자 입양의 청구권자는 친양자를 입양하려는 사람, 즉 **양부모가 되려는 사람**이다.

㈏ 양부모가 되려는 사람은 원칙적으로 3년 이상 혼인 중의 부부이어야 한다(민 제908조의2제1항제1호 본문). 양자가 건강하게 성장하기 위해서는 입양가정의 안정이 필수적으로 요구되는데, 혼인기간이 3년 이상 지속된

경우에는 그 가정이 비교적 안정되어 있을 것으로 보는 것이다.[53] 친양자 입양의 효력으로서 친양자는 부부의 혼인 중 출생자로 보므로(민 제908조의3제1항), 법률상의 혼인 중인 사람에 한하며, 사실혼관계에 있는 사람은 해당하지 않는다.[54]

(다) 양부모가 되려는 사람은 부부로서 공동으로 친양자 입양을 청구하여야 한다. 「공동으로」 입양하여야 한다는 것은 양부모가 되려는 부부는 가정법원에 친양자 입양을 청구할 때 공동으로 하지 않으면 안 된다는 의미이다.[55] 그런데 부부 중의 어느 한쪽이 행방불명이거나 의사표시를 할 수 없는 상태에 있는 경우에는 다른 한쪽의 의사만으로 친양자 입양을 청구할 수 있는지 의문이다. 자녀에게 안정된 양육환경을 제공해야 한다는 친양자 제도의 취지에 비추어 보면 일단 부정적으로 해석하는 것이 타당하겠지만, 구체적인 경우에 따라서는 입양을 허용하는 편이 자녀의 복리에 기여할 가능성도 있으므로, 가정법원이 구체적인 사정을 고려하여 결정하는 것이 합리적이라고 할 것이다.[56]

(라) 혼인 중인 부부의 한쪽이 그 배우자의 친생자를 친양자로 입양하려는 경우, 예컨대, 배우자가 전혼에서 출생한 자녀 또는 혼인 외의 출생자를 친양자로 입양하려는 경우에는 1년 이상 혼인 중이면 된다(민 제908조의2제1항제1호 단서). 또 배우자의 친생자를 친양자로 입양하는 경우 그 배우자와는 이미 친생자 관계가 있으므로 공동입양의 필요가 없고 단독으로 입양할 수 있으며, 이 경우는 청구권자도 배우자의 친생자를 친양자로 입양하려는 부부 한쪽이 된다.[57]

한편, 청구인에게 요구되는 혼인지속기간(3년 또는 1년)은 입양청구 시점을 기준으로 할 것인지 심판시점을 기준으로 할 것인지 의문이다. 친양자 입양을 장려하고 제도의 활성화를 위해서는 **심판시점**을 기준으로 한다고 해석하여야 할 것이다. 따라서 입양청구 시점에 혼인지속기간의 요건을 충족하지 못하였다고 하더라도 요건 불비를 이유로 청구를 각하할 것은 아니고, 심판시점에서 혼인지속기간을 충족하면 무방하다고 할 것

---

53) 김주수·김상용(주46), 369면
54) 가사실무제요(주2), 297면 ; 박동섭(주46), 304면
55) 가사실무제요(주2), 297면
56) 김주수·김상용(주46), 369면
57) 가사실무제요(주2), 297면 ; 송덕수(주48), 184면

이다(반대 견해 있음). 또한 친양자 입양청구 당시에는 부부였으나 그 심리 도중에 이혼이나 사별 등으로 청구인에 관한 요건이 흠결된 경우, 청구인에 관한 형식적 요건을 갖추었다고 볼 수 있는지 의문이 있으나, 부정하는 것이 타당할 것이다.[58]

(3) 청구서 기재사항

심판청구서에는 당사자(사건본인 포함)의 등록기준지, 주소, 성명, 생년월일, 대리인이 청구할 때에는 대리인의 주소와 성명, 청구취지와 청구원인, 청구 연월일, 가정법원의 표시를 적고 청구인이나 대리인이 기명날인하여야 한다(가소 제36조제3항, 가소규 제20조).

특히, 친양자 입양의 청구에는 ① 친양자가 될 사람의 친생부모가 친양자 입양에 동의한 사실 또는 그 동의가 없는 경우에 민법 제908조의2제1항제3호 단서[59] 및 같은 조 제2항 각 호[60]에 해당된다는 것을 나타내는 사정, ② 친양자가 될 사람에 대하여 친권을 행사하는 사람으로서 부모 이외의 사람의 이름과 주소와 친양자가 될 사람의 부모의 후견인의 이름과 주소, ③ 민법 제908조의2제1항제4호에 따른 법정대리인의 동의 또는 같은 항 제5호에 따른 법정대리인의 입양승낙,[61] 그 동의 또는 승낙이 없는 경우에는 민법 제908조의2제2항 각 호에 해당된다는 것을 나타내는 사정, ④ 사회복지사업법에 의한 사회복지법인의 입양 알선에 의한 청구인 경우에는 해당 사회복지법인의 명칭 및 소재지와 친양자가 될 사람이 보호되고 있는 보장시설의 명칭 및 소재지를 명백히 하여야 한다(가소규 제62조의2).

(4) 청구비용

심판청구의 수수료로서 사건본인 1인당 5,000원의 **수입인지**를 붙이고(가수규 제3조제1항), 청구인 수마다 8회분의 **송달료**(재판예규 제1522호)를 송달료취급은행에 예납하고 납부서를 심판청구서에 붙여야 한다.

(5) 첨부서류

---

58) 가사실무제요(주2), 297면 ; 송덕수(주48), 184면

59) 다만, 1년 이상 혼인 중인 부부의 한쪽이 그 배우자의 친생자를 친양자로 하는 경우

60) 1. 법정대리인이 정당한 이유 없이 동의 또는 승낙을 거부하는 경우. 다만, 법정대리인이 친권자인 경우에는 제2호 또는 제3호의 사유가 있어야 한다.
2. 친생부모가 자신에게 책임이 있는 사유로 3년 이상 자녀에 대한 부양의무를 이행하지 아니하고 면접교섭을 하지 아니한 경우
3. 친생부모가 자녀를 학대 또는 유기하거나 그 밖에 자녀의 복리를 현저히 해친 경우

61) 4. 친양자가 될 사람이 13세 이상인 경우에는 법정대리인의 동의를 받아 입양을 승낙할 것
5. 친양자가 될 사람이 13세 미만인 경우에는 법정대리인이 그를 갈음하여 입양을 승낙할 것

심판청구서에는 사건본인의 가족관계증명서와 기본증명서 각 1통, 청구인 및 사건본인의 주민등록표등(초)본 각 1통(다만, 청구인과 사건본인이 함께 주민등록이 되어 있는 경우는 1통만 제출), 청구인의 혼인관계증명서 각 1통, 친생부모의 친양자 입양동의서 및 인감증명서(단, 인감증명서는 작성자가 직접 제출하지 않는 경우에만 필요하다. 이하 같다) 각 1통, 법정대리인의 동의를 받은 사건본인(13세 이상인 경우)의 입양승낙서 및 인감증명서 각 1통, 법정대리인의 입양승낙서(13세 미만인 경우) 및 인감증명서 각 1통, 친생부모가 사망한 경우에는 망인의 기본증명서와 가족관계증명서(또는 제적등본), 친생부모의 최근친을 알 수 있는 가족관계증명서(또는 제적등본) 및 주민등록표등(초)본 각 1통, 그 밖의 소명자료를 첨부하여야 한다.

위 서류 외에도 절차진행에 따라 추가서류(청구인의 진술서, 범죄경력·수사경력조회 회보서, 신용정보 입증자료 등)가 필요할 수 있다. 특히 사건본인의 양육상황, 친양자 입양의 동기, 양육능력에 관한 사항 등을 기재한 **청구인의 진술서**에는 양육능력에 관한 자료로 재직증명서 또는 사업자등록증, 본인 소유의 부동산등기사항증명서나 전세계약서, 월소득 입증자료 등을 첨부하여야 한다.

다. 심리와 심판

(1) 심리

(가) 친양자로 될 사람의 요건

친양자가 될 사람은 **미성년자**라야 한다(민 제908조의2제1항제2호). 미성년자라는 요건은 입양청구 시점을 기준으로 할 것인지 입양청구를 인용하는 심판시점을 기준으로 할 것인지 의문이다. 친양자 입양을 장려하고 제도의 활성화를 위해서는 입양청구 시점을 기준으로 미성년자이면 되고,[62] 입양청구를 인용하는 심판시점에는 19세가 넘더라도 무방하다고 해석하여야 할 것이다.[63]

2013.6.30.까지는 친양자가 될 사람은 15세 미만이어야 했으나, 2013.7.1.부터는 친양자 입양의 연령 제한을 완화하여 친양자가 될 사람이 미성년자이면 친양자 입양을 할 수 있도록 개정되었다(2012.2.10. 개정).

---

62) 가사실무제요(주2), 298면 ; 송덕수(주48), 184면

63) 박동섭, 「가사소송실무(하)」, 법률문화원(2013.5), 167면

(나) 친생부모의 동의

① 친양자가 될 사람의 친생부모가 친양자 입양에 동의하여야 한다(민 제908조의2제1항제3호 본문). 친양자 입양이 확정된 때에 양친자의 입양 전의 친족관계는 종료하므로(민 제908조의3제2항 본문) 친생부모의 동의는 매우 중요하다. 따라서 친생부모의 동의 요건을 심리할 때에는 특히 신중하여야 한다. 예를 들어, 가족관계등록부에 기록된 친생부모와의 친자관계를 다투는 소송이 제기되는 등 친생자관계를 의심할 만한 사정이 엿보이는 경우에는 그 소송의 결과를 기다려서 심판을 하는 등 신중한 심리가 필요하다.[64]

예컨대, 부모가 이혼하여 父가 친권자로 정해진 상태에서 자녀를 양육하고 있다가 친양자 입양을 승낙하거나 동의하는 경우에는, 母는 친권자가 아니므로 후술하는 법정대리인으로서의 승낙권이나 동의권은 없다고 해도, 자녀가 친양자 입양이 되는 것에 대하여 부모로서 의사를 표시할 수 있는 기회는 있어야 할 것이므로 母에게 동의권을 인정한 것이다.[65]

② 인지되지 아니한 혼인 외의 자녀와 생부 사이에는 법률상 친족관계가 없으므로, 이 경우의 생부는 친양자가 될 사람의 친생부모에 포함되지 않는다. 따라서 인지되지 아니한 혼인 외의 자녀가 친양자로 입양될 경우에는 친권자인 母의 동의만 있으면 되고, 생부의 동의는 필요하지 않다고 볼 것이다.[66]

③ 동의의 **방식**에 대한 명문 규정은 없으나, 친양자 입양의 청구에는 친양자가 될 사람의 친생부모가 친양자 입양에 동의한 사실을 명백히 하여야 하므로(가소규 제62조의2제1호). 실무상 서면의 방식으로 동의서를 작성하여 친양자 입양 청구서에 첨부한다.

이른바 **백지동의**(친생부모가 입양의 동의를 할 때 양부모가 될 사람이 누구인지 알지 못하는 상태에서 하는 동의)도 유효한지 의문이 있으나, 입양알선기관을 통한 입양의 경우는 대부분 이러한 방식을 이용하고 있고, 또 가정법원의 심판에 의하여 입양이 결정되므로 이를 긍정하여도 무방하다고 할 것이다.[67]

---

64) 가사실무제요(주2), 299면
65) 김주수·김상용(주46), 371면
66) 가사실무제요(주2), 299면 ; 김주수·김상용(주46), 373면 ; 송덕수(주48), 185면
67) 가사실무제요(주2), 299면

④ 친생부모의 동의는 친양자 입양청구를 인용하는 가정법원의 심판이 확정될 때까지는 **철회**할 수 있다고 보아야 한다(민 제908조의8 준용), 친양자 입양에 의하여 친생부모와 사이의 친자관계가 종료하므로, 친양자 입양에 대한 친생부모의 동의는 완전한 자유의사에 기초하지 않으면 안 되기 때문이다.[68]

⑤ 친양자 입양 당시 부모가 친권상실의 선고를 받거나 소재를 알 수 없거나 그 밖의 사유로 동의할 수 없는 경우에는 친생부모의 동의 없이 친양자 입양이 가능하다(민 제908조의2제1항제3호 단서). 「그 밖의 사유로 동의할 수 없는 경우」에는 친생부모가 장기간 의사표시를 할 수 없는 상태에 있는 경우(심신상실 등), 장기간 행방불명인 경우가 주로 해당할 것이다.

2012년 민법 개정 전에는 부모의 **사망**으로 동의할 수 없는 경우에도 친생부모의 동의 없이 친양자 입양을 청구할 수 있다고 규정하고 있었으나, 사망에 의하여 권리능력이 소멸하므로 동의와 같은 의사표시를 할 수 없는 것은 당연하기 때문에, 개정법에서는 친생부모의 동의를 요하지 않는 사유에서 삭제하였다.[69]

⑥ 친생부모가 정당한 이유 없이 동의를 거부하였으나, 「친생부모가 자신에게 책임이 있는 사유로 3년 이상 자녀에 대한 부양의무를 이행하지 아니하고 면접교섭을 하지 아니한 경우」 또는 「친생부모가 자녀를 학대 또는 유기하거나 그 밖에 자녀의 복리를 현저히 해친 경우」에는 가정법원은 친생부모의 동의가 없어도 친양자 입양의 청구를 인용할 수 있다. 이 경우 가정법원은 친생부모를 심문하여야 한다(민 제908조의2제2항). 이것은 법정대리인이 친권자인 경우에는 그의 동의 또는 승낙 없이 친양자 입양청구가 인용될 수 있는 경우를 보다 엄격하게 제한하고 명확하게 하려는 취지로 풀이된다.[70]

(다) 법정대리인의 입양승낙, 입양동의

① 친양자가 될 사람이 13세 이상인 경우에는 스스로 입양당사자가 되어 입양의 의사표시를 할 수 있다. 다만, 법정대리인의 동의를 받아 입양을 승낙하여야 한다.

---

68) 가사실무제요(주2), 299면

69) 김주수·김상용(주46), 371~372면

70) 김주수·김상용(주46), 375면

② 친양자가 될 사람이 13세 미만인 경우에는 법정대리인이 그를 갈음하여 입양을 승낙하여야 한다(민법 제908조의2제1항제4호·제5호). 원래 입양은 신분행위이므로 당사자가 의사표시를 하는 것이 원칙이지만, 자녀가 13세 미만인 경우에는 스스로 의사표시를 할 수 있는 능력이 부족한 것으로 보아서 법정대리인이 자녀를 갈음하여 입양의 의사표시를 하도록 한 것이다.[71]

③ 친양자 입양에 있어서 친생부모가 법정대리인인 때에는 부모로서의 동의 이외에 법정대리인으로서 동의 또는 승낙을 하여야 하는지 의문이다. 이에 관하여 친양자가 될 사람의 친생부모가 친권자인 경우에는 법정대리인으로서 입양의 동의나 승낙을 하게 될 것이므로, 이와 별도로 부모의 동의를 할 필요는 없다고 해석하는 견해가 있다.[72] 그러나 법문상 친생부모의 동의와 법정대리인의 동의 또는 승낙을 별도의 요건으로 규정하고 있으므로 부모로서의 동의 이외에 법정대리인으로서 동의 또는 승낙이 필요하다고 할 것이다.[73] 실무도 별도의 양식을 요구하고 있다.

④ 친양자가 될 사람의 친생부모가 친권을 상실하거나 그 밖의 사유로 미성년후견인이 법정대리인인 때에는 후견인이 동의 또는 승낙을 하여야 한다. 또 법정대리인의 입양 동의 또는 승낙도 친생부모의 동의와 마찬가지로 심판이 확정되기 전에는 철회할 수 있다고 본다.

⑤ 한편, 법정대리인이 정당한 이유 없이 동의 또는 승낙을 거부하는 경우에 가정법원은 그 동의나 승낙이 없어도 친양자 입양의 청구를 인용할 수 있다. 이 경우 가정법원은 법정대리인인 동의권자 또는 승낙권자를 심문하여야 한다(민 제908조의2제2항).

㈑ 관계자의 의견청취

① 가정법원은 친양자 입양에 관한 심판을 하기 전에, 친양자가 될 사람이 13세 이상인 경우에는 친양자가 될 사람, 양부모가 될 사람, 친양자가 될 사람의 친생부모, 친양자가 될 사람의 후견인, 친양자가 될 사

---

71) 김주수·김상용(주46), 374면

72) 김주수·김상용(주46), 371면

73) 가사실무제요(주2), 300면

람에 대하여 친권을 행사하는 사람으로서 부모 이외의 사람, 친양자가 될 사람의 부모의 후견인의 의견을 들어야 한다(가소규 제62조의3제1항). 이 경우에 친양자가 될 사람의 친생부모의 사망 그 밖의 사유로 의견을 들을 수 없는 경우에는 최근친 직계존속(동순위가 수인일 때에는 연장자)의 의견을 들어야 한다(동조 제2항). 의견청취는 반드시 거쳐야할 뿐만 아니라 친양자가 될 사람의 친생부모나 법정대리인 등이 친양자 입양에 대한 동의나 입양승낙을 철회하는 경우에는 친양자 입양청구를 인용할 수 없으므로 중요한 의미를 갖는다. 그러나 친양자 입양에 대한 동의권자나 대락권자가 아닌 관계자의 의견에 대하여는 가정법원은 구속되지 아니한다.[74] 친양자 입양은 오로지 친양자가 될 사람의 복리라는 관점에서 결정되어야 하므로, 직계존속의 의견은 단지 하나의 참고자료로서 고려되어야 하며, 절대적인 비중을 두어서는 안 될 것이다.[75] 이러한 의견청취를 위하여 친양자 입양의 청구에는 친양자가 될 사람에 대하여 친권을 행사하는 사람으로서 부모 이외의 사람의 이름과 주소와 친양자가 될 사람의 부모의 후견인의 이름과 주소를 명백히 하여야 한다(가소규 제62조의2 제2호).

② 사회복지사업법에 의한 사회복지법인의 입양 알선에 의한 청구인 경우에는, 입양을 알선한 사회복지법인과 친양자가 될 사람이 보호되고 있는 보장시설이 친양자가 될 사람의 양육상황과 친생부모들에 대하여 잘 알고 있을 것이므로, 그에 대하여 조사의 촉탁 등을 할 수도 있다. 이를 위하여 친양자 입양의 청구에는 해당 사회복지법인의 명칭 및 소재지와 친양자가 될 사람이 보호되고 있는 보장시설의 명칭 및 소재지를 명백히 하여야 한다(가소규 제62조의2).

③ 의견을 듣는 방식에는 제한이 없으므로 당사자나 참고인으로 심문할 수도 있고, 증인으로 신문할 수도 있으며, 가사조사관으로 하여금 조사하여 보고하게 할 수도 있다. 의견청취서를 발송하여 그 회신을 받거나 진술서를 제출받는 방법으로도 가능하다.[76]

74) 가사실무제요(주2), 302면
75) 김주수·김상용(주46), 373면
76) 가사실무제요(주2), 302면

㈒ 친양자가 될 사람의 복리의 최우선적 고려

친양자 입양의 요건을 갖추었다 하더라도 가정법원은 친양자가 될 사람의 복리를 위하여 그 양육상황, 친양자 입양의 동기, 양부모의 양육능력, 그 밖의 사정을 고려하여 친양자 입양이 적당하지 아니하다고 인정하는 경우에는 친양자 입양의 청구를 기각할 수 있다(민 제908조의2 제3항). 이것은 친양자가 될 사람의 복리를 최우선적으로 고려하여 그의 이익에 반하는 입양을 막기 위한 것이다. 친양자가 될 사람의 복리에 부합되는지 여부는 양육상황, 친양자 입양의 동기, 양부모의 양육능력, 그 밖의 사정을 고려하는데, 여기서 「그 밖의 사정」으로는 양부모가 될 사람의 혼인생활의 안정성, 경제력, 입양의 목적, 양부모로서의 적합성, 양부모와 양자 사이의 화합가능성, 가정환경, 건강상태, 연령차이 등을 종합적으로 고려하여야 할 것이다.[77)]

친양자 입양을 하려는 사람이 필요한 적격을 갖추었는지 여부는 친양자가 될 사람의 복리와 밀접한 관계가 있으므로, 가정법원은 친양자 입양사건을 심리함에 있어 이 점을 신중하게 고려하여야 한다. 실무에서는 친양자 입양을 하려는 사람을 심문하거나 사건본인의 양육상황, 친양자 입양의 동기, 양육능력에 관한 사항을 적은 진술서를 제출받고 있고, 또 양육능력에 관한 소명자료로 본인 소유의 부동산등기사항증명서나 전세계약서, 소득증명자료, 재직증명서 등을 제출받기도 한다. 필요한 경우에는 친양자를 입양하려는 사람에 대하여 범죄경력·수사경력조회나 신용정보조회 등을 할 수도 있다.[78)]

(2) 심판

가정법원은 일정한 경우 친생부모나 법정대리인의 동의나 승낙이 없어도 친양자 입양의 청구를 **인용**할 수 있다(민 제908조의2제2항). 또 친양자 입양의 요건이 구비되었더라도 가정법원은 친양자가 될 사람의 복리를 위하여 친양자 입양이 적당하지 아니하다고 인정하는 경우에는 친양자 입양의 청구를 **기각**할 수 있다(동조 제3항). 결국 가정법원은 친양자 입양이 자녀의 복리에 기여할 것이라고 판단하는 경우에는 친양자 입양의 청구를 인용하는 심판을 하며, 그러한 확신에 이르지 못한 경우에는 청구를 기각하여야 한다.

---

77) 가사실무제요(주2), 304면

78) 가사실무제요(주2), 304면

(3) 심판의 고지 등

친양자 입양청구를 인용하는 심판은 당사자와 절차에 참가한 이해관계인 이외에 친양자가 될 사람의 친생부모와 친양자가 될 사람의 법정대리인에게도 고지하여야 한다(가소규 제25조, 제62조의4). 청구를 각하하거나 기각한 심판은 청구인에게만 고지하면 된다(가소규 제25조 참조). 심판의 효력은 심판을 받을 사람이 심판을 고지받음으로써 발생하지만, 즉시항고를 할 수 있는 심판은 확정되어야 효력이 있다(가소 제40조).

라. 불복

청구를 기각한 심판에 대하여는 청구인이 즉시항고를 할 수 있고(가소규 제27조), 청구를 인용한 심판에 대하여는 가사소송규칙 제62조의3에 규정한 자(친양자가 될 사람과 그의 친생부모, 후견인, 친권을 행사하는 사람으로서 부모 이외의 사람, 부모의 후견인)가 즉시항고를 할 수 있다(가소규 제62조의5). 즉시항고 기간은 심판을 고지받은 날부터 14일 이내이다(가소 제43조제5항, 가소규 제31조).

마. 심판확정 후의 절차

(1) 친양자 입양의 신고

친양자 입양청구를 인용하는 심판이 확정되면 친양자를 입양하고자 하는 사람은 재판확정일부터 1개월 이내에 재판서의 등본 및 확정증명서를 첨부하여 친양자 입양의 신고(보고적 신고)를 하여야 한다(가등 제67조제1항).

부록 [친양자입양신고서] 참조

(2) 가족관계등록부 기록을 위한 통지

친양자 입양청구의 인용심판이 확정되면 법원사무관 등은 지체 없이 사건본인의 등록기준지의 가족관계등록사무를 처리하는 사람에게 그 뜻을 통지하여야 한다(가소규 제7조제1항 제3의2호).

(3) 가족관계등록부의 폐쇄 및 재작성

친양자 입양신고가 있는 경우 시(구)·읍·면의 장은 친양자의 종전 가족관계등록부를 폐쇄하고 친양자의 가족관계등록부를 재작성하여야 한다(가등예규 제373호 제3조제1항). 친양자의 가족관계등록부를 재작성함에 있어서 친양자는 양부의 성과 본을 따른다(동 예규 제4조). 다만, 양부모가 혼인신고 시 자녀가 모의 성과 본을 따르기로 합의한 경우에는 모의 성과 본을 따른다(민 제781조제1항 단서).

(4) 사회복지법인 등에 대한 통지

친양자 입양에 관한 심판이 확정된 때 법원사무관 등은 지체 없이 해당 친양자 입양을 알선한 사회복지법인에 대하여 그 내용을 통지하여야 한다. 해당 친양자 입양에 대해서 가정법원으로부터의 촉탁에 응하여 조사를 한 보장시설에 대하여도 마찬가지이다(가소규 제62조의6).

바. 친양자 입양의 효력

가정법원의 입양청구 인용심판의 확정만으로 친양자로 입양되는 사람과 친생부모 및 그 혈족 사이의 친족관계가 단절되는 등의 법률효과가 발생하고, 친생부모를 비롯한 이해관계자들이 별도로 신분행위를 해야만 비로소 친양자 입양의 효과가 발생하는 것은 아니다. 이처럼 친양자 입양청구 인용심판의 형성적 효력은 매우 강력하다.[79]

(1) 혼인 중 출생자의 신분 취득

친양자 입양청구를 인용하는 심판이 확정되면 친양자는 부부의 혼인 중 출생자로 본다(민 제908조의3 제1항). 이것이 종전의 (일반)양자와 근본적으로 다른 점이다.

(2) 입양 전의 친족관계의 종료

친양자의 입양 전의 친족관계는 친양자 입양이 확정된 때에 종료한다(민 제908조의3 제2항 본문). 다만, 부부 일방이 그 배우자의 친생자를 단독으로 입양한 경우에 있어서의 배우자 및 그 친족과 친생자간의 친족관계는 종료하지 아니한다(동항 단서). 예를 들면 남편이 처의 친생자를 친양자로

79) 가사실무제요(주2), 296면

입양한 경우 친양자로 입양된 자와 생부 및 생부의 친족 사이의 친족관계는 종료하지만, 모자관계 및 모의 친족에 대한 자의 친족관계는 종료하지 않는다는 뜻이다.

친족관계 종료의 효과는 친양자 입양이 확정된 때부터 장래를 향하여 생기며, 따라서 그 효과가 출생 시에 소급하지 않는다. 그러므로 입양 전에 생겼던 부양, 상속 등의 권리의무관계에는 영향이 없다. 친족관계의 종료에 의하여 상속권과 부양의 권리의무, 그 밖의 친족관계의 존재를 전제로 하여 친생부모와 그 친족에게 생기는 법률효과는 인정되지 않는다.[80] 따라서 친양자는 친생부모의 사망 시 그 재산을 상속할 수 없다.

친양자 입양에 의하여 종료되는 것은 법률상의 친족관계 뿐이며, 자연적·생물학적 혈족관계는 종료하지 않는다. 따라서 친양자 입양 전의 혼인 장애가 있었던 자 사이에서는 친양자 입양에 의한 친족관계의 종료 후에도 혼인할 수 없다(민 제809조제1항).

[메모]

80) 가사실무제요(주2), 305면

Ⅵ. 재산관리인 선임 등

【서식 2-13】 제3자가 무상 수여한 재산의 관리인 선임 심판청구서

미성년자의 재산관리인 선임 심판 청구

청 구 인　　□ □ □ (☎　　　　　　)
　　　　　　주민등록번호 :
　　　　　　주소 :
　　　　　　사건본인과의 관계 : 부(父)

사건본인　　○ ○ ○
(미성년자)　주민등록번호 :
　　　　　　주소 :
　　　　　　등록기준지 :

청 구 취 지

사건본인 소유인 별지 목록 기재 부동산의 재산관리인으로 법무사 김○석 [6*****-1******, 서울특별시 서초구 서초대로48길 20, 201호(서초동)]을 선임한다.
라는 심판을 구합니다.

청 구 원 인

1. 청구인은 사건본인의 아버지로서 2013.○.○. 사건본인의 어머니 △△△와 협의이혼을 하였는바, 당시 사건본인의 친권자로 어머니인 △△△가 지정되었습니다.

2. 그런데 최근 사건본인의 할아버지 ◇◇◇가 별지 목록 기재 부동산을 사건본인에게 증여하면서 친권자인 △△△의 재산관리에 반대하는 의사표시를 하였습니다.

3. 그럼에도 불구하고 증여자인 사건본인의 할아버지 ◇◇◇는 재산관리인을 지정하지 아니하였으므로, 청구인은 별지 목록 기재 부동산의 관리인을 선임받고자 본 청구에 이른 것입니다.

4. 아울러 청구인은 재산관리인 후보자로 다음 사람을 추천합니다.

재산관리인 후보자	성 명	김 ○ 석
	주 소	서울특별시 서초구 서초대로48길 20, 201호
	주민등록번호	6*****-1******
	직 업	법무사(한국성년후견지원본부 상임이사)
	사건본인과의 관계	친인척관계 없음

첨 부 서 류

1. 가족관계증명서 및 기본증명서(청구인, 사건본인, 재산관리인후보자) 각 1통
1. 주민등록표등(초)본(사건본인) 1통
1. 증여계약서 사본 1통
1. 부동산등기사항전부증명서 1통
1. 재산목록 1통

2015. ○. ○.

청구인 □ □ □ (인)

○○가정법원 귀중

【해 설】

가. 의의

제3자가 미성년자에게 무상으로 재산을 수여하면서 친권자의 재산관리에 반대하는 의사표시를 한 때에는 그 재산에 대한 친권자의 법정대리인으로서의 재산관리권은 배제된다(민 제918조제1항). 이 경우 제3자는 그 수여재산의 관리인을 지정할 수 있으나, 그 관리인의 권한이 소멸하거나 개임할 필요가 있는 경우에 제3자가 다시 재산관리인을 지정하지 아니한 때 또는 처음부터 재산관리인을 지정하지 아니한 때에는 자녀 또는 그 친족의 청구에 따라 가정법원이 재산관리인을 **선임**하거나 개임하며(동조 제2항, 제3항), 그 재산관리인에 대하여는 부재자 재산관리에 관한 규정을 준용한다(동조 제4항).[81]

81) 다만, 재산관리에 관한 처분을 함에 있어서는 재산관리인의 선임이 반드시 선행되어야 한다는 점, 미성년자가 성년이 되면 친권의 행사가 당연히 종료되므로 재산관리인의 권한도 당연히 소멸된다는 점에서 차이가 있다.

한편, 가정법원은 당사자의 청구 없이도 언제든지 직권으로 그 선임한 재산관리인을 **개임**할 수 있다(가소규 제69조➡제42조제1항). 가정법원이 선임한 재산관리인에 대한 당사자의 개임청구는 직권발동을 촉구하는 것에 불과하다. 또한 가정법원이 선임 또는 개임한 재산관리인은 가정법원에 사유를 신고함으로써 언제든지 그 직을 **사임**할 수 있으며, 이 경우 가정법원은 재산관리인을 **재선임**하여야 한다(가소규 제69조➡제42조제2항).

나. 심판청구

(1) 관할

제3자가 미성년자에게 무상으로 수여한 재산의 관리인 선임 사건은 **라류** 가사비송사건으로서 이에 대한 심리와 재판은 가정법원의 전속관할로 한다[가소 제2조제1항제2호가목15)]. 토지관할은 미성년자인 자녀의 주소지 가정법원(지방법원, 지원)이며(가소 제44조제5호), 단독판사의 사물관할에 속한다(관할규 제3조).

(2) 청구권자

청구권자는 무상으로 재산을 수여받은 미성년자인 자녀 또는 그의 친족(민 제777조)이다. 미성년자인 자녀 본인도 의사능력이 있는 경우에는 스스로 청구권자가 될 수 있다. 재산관리권이 배제되는 친권자라도 자녀의 친족인 이상 청구인적격을 가진다.

(3) 청구서 기재사항

심판청구서에는 당사자(사건본인 포함)의 등록기준지, 주소, 성명, 생년월일, 대리인이 청구할 때에는 대리인의 주소와 성명, 청구취지와 청구원인, 청구 연월일, 가정법원의 표시를 적고 청구인이나 대리인이 기명날인하여야 한다(가소 제36조제3항). 실무상 심판청구서에는 재산관리인 후보자를 기재하지만, 반드시 그 사람이 재산관리인으로 선임되는 것은 아니다.

(4) 청구비용

심판청구의 수수료로서 사건본인 1인당 5,000원의 **수입인지**를 붙이고(가수규 제3조제1항), 4회분의 **송달료**(재판예규 제1522호)를 송달료취급은행에 예납하고 납부서를 심판청구서에 붙여야 한다.

(5) 첨부서류

심판청구서에는 청구인과 사건본인 및 재산관리인 후보자의 기본증명서와 가족관계증명서 각 1통, 사건본인의 주민등록표등(초)본 1통, 부동산등기사항증명서 1통, 재산목록, 그 밖에 증여계약서 등 소명자료를 첨부하여야 한다. 위 서류 외에도 절차진행에 따라 추가서류가 필요할 수 있다.

한편, 재산관리인 후보자의 취임승낙서 또는 동의서를 첨부하는 것이 보통이나 이를 첨부하지 않더라도 심판청구가 부적법한 것은 아니다. 재산관리인 후보자로 추천된 사람이 청구인 또는 사건본인과의 밀접한 관계 때문에 보수 등을 포기하는 의사가 있는 경우에는 미리 보수포기서를 제출할 수 있다.

다. 심리와 심판

(1) 심리

재산관리인 선임에 관하여는 부재자 재산관리에 관한 규정이 준용된다(민 제918조제4항, 가소규 제69조). 심리의 대상은 사건본인이 미성년자인지 여부, 청구인의 당사자적격 유무, 미성년자의 재산상태 및 재산관리인 선임의 필요성, 재산관리인의 적절성 등이다. 가정법원이 재산관리인을 선임할 경우에는 이해관계인의 의견을 들을 수 있다(가소규 제41조제1항).

(2) 심판

재산관리인의 선정은 가정법원의 재량에 속하므로 청구인의 희망에 구속되는 것은 아니다. 그러나 현실적으로 법원이 적절한 재산관리인을 찾아내는 것이 쉽지 않기 때문에 통상 청구인으로부터 추천된 사람을 재산관리인으로 선임하는 경우가 많다. 다만, 가정법원이 재산관리인을 선임할 때에는 재산을 수여한 제3자가 친권자의 재산관리에 반대하는 이유를 고려하여 재산관리권이 배제되는 친권자와 이해관계를 같이하는 자를 선임하지 않도록 유의하여야 할 것이다.[82] 청구인이 재산관리인으로 추천한 사람이 부적절하다고 판단되는 경우에는 다른 사람을 추천하도록 보정명령을 하거나 직권으로 법무사·변호사 등 중립적인 제3자를 재산관리인으로 선임할 수 있다. 법인을 재산관리인으로 선임하여도 무방하고 복수로 선임할 수도 있으나, 복잡한 사안이 아닌 한 자연인 한 명을 선임하는 경우가 대부분이다.

법원이 선임한 재산관리인은 관리할 재산목록을 작성하여야 하고(민 제24조제1항), 법원은 그 선임한 재산관리인에 대하여 재산을 보존하기 위하여 필요한 처분을 명할 수 있으므로(동조 제2항), 재산관리인을 선임하는 심판에는 동시에 일정기간 내에 재산목록을 제출하고 정기적으로 재산관리상황을 보고할 것을 명하는 등의 **부수처분**을 덧붙이는 것이 보통이다.

청구를 인용하는 심판의 주문례는 다음과 같다.

1. 사건본인의 재산관리인으로 법무사 ▣▣▣(주민등록번호, 주소)를 선임한다.
2. 재산관리인은 이 심판정본 송달일부터 1개월 이내에 사건본인의 재산목록과 그 점유자 및 관리자의 이름 및 수익상황에 관하여 보고서를 제출하여야 한다.
3. 재산관리인은 매년 1회 그 재산관리상황을 보고하여야 한다.

그 밖에도 가정법원은 재산보존에 필요한 처분의 명령으로서 재산관리인에게 ① 관리의 계산을 명할 수 있고(가소규 제44조제1항), ② 재산을 매각하여 대금을 보관하게 할 수 있다. 가정법원이 재산을 매각하게 할 경우에 여러 가지 방법 가운데 민사집행법 및 민사집행규칙에서 규정한 담보권 실행 등을 위한 경매의 방법으로 매각하게 할 수 있다(가소규 제49조). 또한 ③ 가정법원은 그 선임한 재산관리인으로 하여금 재산의 관리 및 반환에 관하여 상당한 담보를 제공하게 할 수 있고(민 제26조제1항), 재산관리인이 제공한 담보의 증감·변경 또는 면제를 명할 수 있다(가소규 제45조). 가정법원이 재산관리인의 담보제공방법으로서 그 소유의 부동산 또는 선박에 저당권을 설정할 것을 명한 때에는 그 설정등기를 촉탁하여야 하며, 그 촉탁에는 저당권의 설정을 명한 심판서의 등본을 첨부하여야 한다. 설정한 저당권의 변경 또는 해제를 명하는 경우에도 마찬가지이다(가

82) 가사실무제요(주2), 314면

소규 제46조). 아울러 ④ 가정법원은 그 선임한 재산관리인에 대하여 피후견인의 재산으로 상당한 보수를 지급할 수 있다(민 제26조제2항).

한편, 가정법원이 재산관리인을 **개임**하는 경우에는 추가선임으로 오해하지 않도록 개임의 취지를 명백히 하여야 한다. 개임 심판의 주문례는 다음과 같다.

사건본인의 재산관리인을 박○○(주민등록번호, 주소)에서 김◇◇(주민등록번호, 주소)로 개임한다.

가정법원이 선임 또는 개임한 재산관리인은 그 직에 취임하여야 할 사법상의 의무가 있는 것은 아니므로 언제든지 그 직을 **사임**할 수 있다. 다만, 사임은 반드시 가정법원에 그 사유를 신고함으로써 하여야 하고(가소규 제42조제2항 전문), 가정법원이 이를 수리함으로써 효력이 발생하여 재산관리인이 그 지위를 면하게 된다. 그러나 가정법원이 하는 사임신고의 수리는 사실상의 행위로서 족하고 별도로 심판을 하여야 하는 것은 아니며, 그 수리를 거절할 수 있는 것도 아니라고 할 것이다. 재산관리인의 사임신고서에는 인지를 붙이지 않아도 된다.[83)]

재산관리인이 사임하면 가정법원은 재산관리인을 다시 선임하여야 한다(가소규 제42조제2항 후문). 재선임은 반드시 하여야 하고, 가정법원이 직권으로 한다. 개임의 경우와 마찬가지로, 독립된 사건번호 등을 부여할 필요가 없고, 선임의 여건과 자격 등을 심리하여 심판하게 된다.

심판의 주문은 종전의 선임심판에서와 같지만, 이유란에는 다음과 같이 재선임이라는 취지를 분명히 기재하는 것이 바람직하다.[84)]

이 사건에 관하여 이 법원이 선임한 재산관리인 ○○○가 20**.**.**.에 사임하였으므로 주문과 같이 심판한다.

(3) 심판의 고지 등

재산관리인의 선임 심판은 당사자 및 절차에 참가한 이해관계인외에 그 재산관리인에게도 고지하여야 한다(가소규 제43조). 개임은 종전 재산관

83) 가사실무제요(주2), 245~246면

84) 가사실무제요(주2), 246면

리인의 해임과 새로운 재산관리인의 선임으로서의 성질을 가지는 것이므로 해임되는 종전의 재산관리인과 선임되는 재산관리인 모두에게 그 심판을 고지하여야 한다. 심판의 효력은 심판을 받을 사람이 심판을 고지받음으로써 발생한다. 다만, 즉시항고를 할 수 있는 심판은 확정되어야 효력이 있다(가소 제40조).

(4) 심판비용 등의 부담

심판전의 절차와 심판의 고지비용, 가정법원이 명한 처분에 필요한 비용, 항고절차의 비용과 항고인의 부담이 된 제1심의 비용 등 심판에 필요한 비용은 제3자가 자녀에게 수여한 재산에서 부담한다(가소규 제69조→제52조).

라. 불복

선임 청구를 기각한 심판에 대하여는 청구인이 즉시항고를 할 수 있으나(가소규 제27조), 청구를 인용한 심판에 대하여는 즉시항고로써 불복할 수 없고, 보통항고(비송 제20조제1항)도 허용되지 않으며, 특별항고(민소 제449조)를 할 수 있을 뿐이다.[85] 즉시항고기간은 심판을 고지받은 날부터 14일 이내이다(가소 제43조제5항, 가소규 제31조).

한편, 재산관리인 개임청구는 그 법적 성격이 직권발동을 촉구하는 것이기 때문에 이를 기각한 심판에 대하여는 즉시항고는 물론 특별항고도 할 수 없다.

85) 대법원 1973.11.30.자 73스4 결정

【서식 2-14】 재산관리인의 권한초과행위 허가 심판청구서

미성년자 재산관리인의 권한초과행위 허가 심판 청구

청 구 인 □ □ □ (☎)
주민등록번호 :
주소 :
사건본인과의 관계 : 재산관리인

사건본인 ○ ○ ○
(미성년자) 주민등록번호 :
주소 :
등록기준지 :

청 구 취 지

청구인이 사건본인의 소유인 별지 목록 기재 부동산을 별지 계약서 초안과 같은 내용으로 매각, 처분하는 행위를 허가한다.
라는 심판을 구합니다.

청 구 원 인

1. 청구인의 지위

청구인은 사건본인의 삼촌으로서, 사건본인의 할아버지인 ◇◇◇가 별지 목록 기재 부동산을 사건본인에게 증여하면서 친권자인 母 △△△의 재산관리에 반대하는 의사표시를 하는 바람에 귀원 2014느단○○호 재산관리인 선임 청구 사건에서 2014.○.○. 재산관리인으로 선임되어 사건본인의 재산을 관리하여 왔습니다.

2. 부동산 처분의 필요성

사건본인은 현재 서울 강남구 소재 ○○고등학교 2학년에 재학중인바, 사건본인에 대한 교육비 및 생활비로 매월 금○○원이 필요하지만 사건본인 및 친권자에게는 현금재산이 없으므로, 부득이 사건본인 소유의 부동산 중 일부를 처분하여 그 매각대금으로 교육비 및 생활비로 충당할 수밖에 없는 상황입니다.

3. 가정법원의 허가를 청구하는 이유

그런데 청구인은 사건본인의 재산관리인으로서 사건본인 소유의 부동산에 관한 처분행위를 하기 위해서는 가정법원의 허가를 얻도록 규정되어 있습니다(민법 제918조 제4항, 제25조, 제118조).

4. 결론

따라서 청구인은 청구취지 기재와 같은 허가를 구하기 위해 본 청구에 이른 것입니다.

첨 부 서 류

1. 가족관계증명서 및 기본증명서(청구인, 사건본인)	각 1통
1. 재산관리인선임심판서 사본	1통
1. 주민등록표등(초)본(사건본인)	1통
1. 부동산등기사항전부증명서	1통
1. 부동산목록	5통
1. 계약서 초안	1통

2015. ○. ○.

청구인 □ □ □ (인)

○○가정법원 귀중

【해 설】

가. 의의

가정법원이 선임한 재산관리인은 권한을 정하지 아니한 대리인과 동일한 권한(민 제118조), 즉 재산의 보존행위, 물건이나 권리의 성질을 변하지 아니하는 범위에서 그 이용 또는 개량하는 행위만을 할 수 있으므로, 권한을 넘는 행위를 하려면 가정법원의 허가를 얻어야 한다(민 제918조제4항➡제25조 전문). 예컨대, 재산관리인이 권한초과행위로서 스스로 미성년자의 재산을 매각, 처분하기 위해서는 가정법원의 허가를 받아야 한다. 이것은 가정법원이 재산보존을 위해 필요하다고 인정할 때 직권으로 재산관리인에게 매각을 명하는 처분과는 구별된다.

나. 심판청구

(1) 관할

재산관리인의 권한초과행위에 대한 허가 사건은 **라류** 가사비송사건으로서 이에 대한 심리와 재판은 가정법원의 전속관할로 한다[가소 제2조제1항제2호가목15)]. 토지관할은 미성년자인 자녀의 주소지 가정법원(지방법원, 지원)이며(가소 제44조제5호), 단독판사의 사물관할에 속한다(관할규 제3조).

(2) 청구권자

권한초과행위에 대한 허가 심판은 미성년자의 재산관리인이 청구한다.

(3) 청구서 기재사항

심판청구서에는 당사자(사건본인 포함)의 등록기준지, 주소, 성명, 생년월일, 대리인이 청구할 때에는 대리인의 주소와 성명, 청구취지와 청구원인, 청구 연월일, 가정법원의 표시를 적고 청구인이나 대리인이 기명날인하여야 한다(가소 제36조제3항). 특히, 청구원인에는 부동산 등의 매각이나 담보제공 등 청구인이 권한초과행위를 하여야 할 필요성을 구체적으로 기재하여야 한다.

(4) 청구비용

심판청구의 수수료로서 사건본인 1인당 5,000원의 **수입인지**를 붙이고(가수규 제3조제1항), 4회분의 **송달료**(재판예규 제1522호)를 송달료취급은행에 예납하고 납부서를 심판청구서에 붙여야 한다.

(5) 첨부서류

심판청구서에는 청구인과 사건본인의 기본증명서와 가족관계증명서 각 1통, 사건본인의 주민등록표등(초)본 1통, 부동산등기사항증명서 1통, 재산목록, 그 밖의 소명자료(매매계약서 초안 등)를 첨부하여야 한다.

다. 심리와 심판

(1) 심리

재산관리인의 권한초과행위 허가에 관하여는 부재자 재산관리에 관한 규정이 준용된다(민 제918조제4항, 가소규 제69조). 심리의 대상은 주로 법원의 허가가 필요한 권한초과행위에 해당하는지 여부에 집중된다.

적극적으로 소를 제기하는 것은 원칙적으로 권한초과행위에 해당하지만, 관리행위의 부수절차로서 하는 제소행위, 즉 시효중단을 위한 소송상의 청구, 사건본인의 재산에 대한 차임 또는 불법행위로 인한 손해배상청구, 사건본인 소유이던 부동산에 관한 소유권이전등기의 말소등기절차이행의 청구[86]나 그 토지의 인도청구 등은 보존행위로서 재산관리인에게 당연히 그 권한이 있으므로 법원의 허가를 요하지 아니한다. 재판상 화해나 조정은 원칙적으로 권한초과행위이므로 법원의 허가를 받아야 하지만,[87] 이익이 되는 재판상 화해나 조정은 법원의 허가가 불필요하다.[88]

권한초과행위를 허가하거나 이를 취소 또는 변경함은 자유재량에 속하는 사항이므로 그 결정을 함에 있어서 법원은 재산관리인 등을 반드시 심문할 필요는 없다. 다만, 실무에서는 재산관리인이 부동산을 담보로 제공하고 금원을 차용하는 방안보다 부동산을 매각하는 방안으로 허가청구를 하는 경우에는 그 구체적인 이유, 사건본인의 재산관리를 위하여 사용된 금액의 내역, 사건본인의 재산 중 매각하려고 하는 부동산의 비중 등 여러 가지를 심리하고, 그 근거자료 및 부동산의 시세를 알 수 있는 자료를 제출하도록 하는 등 사건본인의 재산을 보존할 수 있는 방향으로 심리를 하고 있다.[89]

(2) 심판

권한초과행위에 대한 허가는 장래의 권한초과행위를 위한 경우뿐만 아니라 기왕의 행위를 추인하는 형태로도 할 수 있다.[90] 허가에 있어서는 재산관리인의 권한초과행위를 구체적으로 특정하여야 한다.

부동산의 매각에 대하여 허가하는 경우에도 허가 주문에 계약 상대방, 대금 등을 적거나, 재산관리인으로부터 매매계약서 초안을 제출받아 그 매매계약서 초안을 심판서에 별지로 첨부하고 주문에도 제출받은 매매계

86) 대법원 1964.7.23. 선고 64다108 판결
87) 대법원 1968.4.30. 선고 67다2117 판결
88) 대법원 1962.11.1. 선고 62다582 판결
89) 가사실무제요(주2), 253~254면
90) 대법원 2000.12.26. 선고 99다19278 판결

약서 초안의 내용으로만 매각을 허가한다는 점을 분명히 하는 것도 사건본인의 재산을 보존할 수 있는 방법일 것이다.[91]

청구를 인용하는 심판의 주문례는 다음과 같다.

- **매각, 처분 등에 대하여 허가를 할 경우**
  - 재산관리인이 사건본인 소유의 별지 목록 기재 부동산을 매각, 처분하는 행위를 허가한다.
  - 재산관리인이 사건본인 소유의 별지 목록 기재 부동산을 별지 계약서 초안과 같은 내용으로 매각, 처분하는 행위를 허가한다.
  - 재산관리인이 사건본인 소유의 별지 목록 기재 부동산을 담보로 제공하고 금원을 차용하는 것을 허가한다.
- **부동산의 매각을 허가하면서 조건이나 제한, 부수처분 등을 덧붙이는 경우**
  1. 재산관리인은 별지 목록 기재 부동산의 매각대금에서 제세공과금과 매각비용을 공제한 나머지 잔액을 사건본인의 재산관리인 ○○○ 명의로 은행 그 밖의 금융기관에 예탁하여야 한다.
  2. 재산관리인이 위 금융기관에 예탁한 금원을 인출하고자 할 때에는 법원의 허가를 받아야 한다.
  3. 재산관리인은 위 매각대금 잔액을 금융기관에 예탁한 결과를 이 심판정본 송달일로부터 6월 이내에 이 법원에 보고하여야 한다.

(3) 심판의 고지 등

심판은 당사자와 절차에 참가한 이해관계인에게 고지하여야 한다(가소규 제25조). 심판의 효력은 심판을 받을 사람이 심판을 고지받음으로써 발생하지만, 즉시항고를 할 수 있는 심판은 확정되어야 효력이 있다(가소 제40조).

라. 불복 등

(1) 즉시항고

청구를 기각하는 심판에 대하여는 청구인 즉, 재산관리인이 즉시항고를 할 수 있다. 그러나 권한초과행위 허가 청구에 대한 인용심판이나 재산관리에 관한 개별적인 처분에 대하여는 즉시항고로써 불복할 수 없고,

91) 가사실무제요(주2), 254면

보통항고도 허용되지 않으며, 특별항고(민소 제449조, 제450조)만을 할 수 있을 뿐이다. 즉시항고기간은 심판을 고지받은 날부터 14일이다.

(2) 허가의 효력

법원의 허가가 필요한 행위임에도 허가 없이 권한을 초과하여 한 재산관리인의 행위는 원칙적으로 무효이다.[92] 다만, 재산관리인이 그 본래의 관리권한을 초과하는 경우나 법원의 권한초과행위 허가심판을 받고 그 처분권한의 범위를 넘은 경우에 이를 믿은 상대방에게 표현대리가 성립될 수 있다. 가정법원이 권한초과행위에 대한 허가심판을 한 경우에도 그 행위는 반드시 사건본인의 이익을 위하여서만 행해져야 하며, 사건본인을 위한 것이 아닌 처분행위는 그 허용된 권한을 넘은 무효의 처분행위가 된다.

(3) 허가의 취소 또는 변경

가정법원은 권한초과행위를 허가한 후 그 허가가 위법 또는 부당하다고 인정한 때에는 이를 취소 또는 변경할 수 있다(가소 제34조➡비송 제19조). 그러나 그 취소 또는 변경 전에 재산관리인이 한 행위의 효력에는 영향이 없다.[93]

[메모]

92) 대법원 1976.12.21.자 75마551 결정
93) 대법원 1962.11.29. 선고 62다613 판결

Ⅶ. 특별대리인 선임

【서식 2-15】 미성년자를 위한 특별대리인 선임 심판청구서

미성년자를 위한 특별대리인 선임 심판 청구

청 구 인 □ □ □ (☎)
주민등록번호 :
주소 :
등록기준지 :
사건본인과의 관계 : 친권자(母)

사건본인 ○ ○ ○
(미성년자) 주민등록번호 :
주소 :
등록기준지 :

청 구 취 지

청구인이 채무자가 되어 청구인과 사건본인 공유인 별지 목록 기재 부동산을 담보로 제공하고 주식회사 △△은행과 채권최고액 금 ○○원으로 하는 근저당권설정계약을 체결함에 있어 사건본인의 특별대리인으로 법무사 김○석[6*****-1******, 서울특별시 서초구 서초대로48길 20, 201호(서초동)]을 선임한다.
라는 심판을 구합니다.

청 구 원 인

1. 당사자의 지위

청구인은 망 ◇◇◇의 처로서 미성년자인 사건본인의 母입니다.

2. 특별대리인 선임의 필요성

별지 목록 기재 부동산은 청구인과 사건본인의 공동소유인 바, 위 부동산을 담보로 청구인이 채무자가 되어 △△은행으로부터 금 ○○원을 대출받고자 하나, 이는 청구인과 사건본인의 이해가 상반되는 행위에 해당합니다.

3. 결론

따라서 청구인은 다음 사람을 사건본인을 위한 특별대리인으로 선임받고자 본 청구에 이른 것입니다.

특별대리인 후보자	성 명	김 ○ 석
	주 소	서울특별시 서초구 서초대로48길 20, 201호
	주민등록번호	6*****-1******
	직 업	법무사(사단법인 한국성년후견지원본부 상임이사)
	사건본인과의 관계	친인척관계 없음

첨 부 서 류

1. 가족관계증명서(청구인, 사건본인, 특별대리인후보자) 각 1통
1. 기본증명서(사건본인) 1통
1. 사건본인과 특별대리인후보자와의 관계 소명자료(제적등본 등) 각 1통
1. 주민등록표등(초)본(청구인, 사건본인, 특별대리인후보자) 각 1통
1. 부동산등기사항전부증명서 ○통
1. 부동산목록 2통

2015. ○. ○.

청구인 □ □ □ (인)

○○가정법원 귀중

【해설】

가. 의의

법정대리인인 친권자와 미성년자인 자녀 사이에 이해가 상반되는 행위를 함에는 친권자는 가정법원에 그 자녀의 특별대리인의 선임을 청구하여야 하고(민 제921조제1항), 법정대리인인 친권자가 그 친권에 따르는 여러 명의 미성년자인 자녀들 사이에 이해가 상반되는 행위를 함에는 가정법원에 그 자녀 일방의 특별대리인의 선임을 청구하여야 한다(동조 제2항).

한편, 민법 제921조의 이해상반행위에 따른 특별대리인과 민사소송법 제62조에 따른 특별대리인의 구별이 분명한 것은 아니다. 일반적으로는 대리할 행위가 소송행위인 때

에는 민사소송법 제62조의 특별대리인 선임 청구로, 대리할 행위가 소송행위 외의 법률행위인 때에는 민법 제921조의 특별대리인 선임 청구로 취급하여야 할 것이다. 이에 따라 실무는 법정 외에서 상속재산분할협의를 하고자 하는 경우에는 민법 제921조에 따른 특별대리인 선임을 하고, 법원에 상속재산분할심판청구를 하는 경우에는 민사소송법 제62조에 따른 특별대리인 선임을 하고 있다.[94]

나. 심판청구

(1) 관할

특별대리인 선임 심판사건은 **라류** 가사비송사건으로서 이에 대한 심리와 재판은 가정법원의 전속관할로 한다[가소 제2조제1항제2호가목16)]. 토지관할은 미성년자인 자녀의 주소지 가정법원(지방법원, 지원)이고(가소 제44조제5호), 가정법원 단독판사의 사물관할에 속한다(관할규 제3조). 여러 명의 자녀 사이의 이해상반행위를 위한 특별대리인의 선임은 그 특별대리인이 대리할 미성년자의 주소지 가정법원이 관할법원이 된다.[95]

(2) 청구권자

이해상반행위에 따른 특별대리인 선임 심판의 청구권자는 **친권자**이고, 미성년자인 자녀 본인은 청구적격이 없다. 부모가 공동으로 친권을 행사하는 경우라도 그 중 일방이 단독으로 특별대리인 선임 청구를 할 수 있다. 친권자가 그 청구를 하지 않는 경우도 있을 수 있으므로 친족이나 그 밖의 이해관계인도 특별대리인 선임을 청구할 수 있다는 견해[96]가 있으나 명문 규정에 반한다.

한편, 친권을 공동으로 행사하는 부모 중 한쪽과 미성년자인 자녀의 이해가 상반하는 경우의 취급에 관하여, ① 다른 친권자가 단독으로 대리한다는 견해, ② 특별대리인을 선임하여 그 특별대리인이 단독으로 대리한다는 견해, ③ 이해상반되는 친권자를 대신하여 특별대리인을 선임하되 그 특별대리인과 나머지 친권자가 공동으로 대리해야 한다는 견해[97]가 있다. 실무는 父가 자녀를 상대로 한 친생자관계 존부 확인소송에서 이해관계가 상반되지 아니하는 다른 쪽 친권자(母)가 미성년자의 단독대리인으로 소송행

---

94) 가사실무제요(주2), 316면
95) 가사실무제요(주2), 317면
96) 가사실무제요(주2), 316면 ; 「가사비송재판실무편람」, 법원행정처((2008.2), 70면
97) 김주수·김상용(주46), 423면 ; 박동섭(주46) 366면, 370면 ; 한봉희·백승흠(주51), 325면

위를 하는 것을 허용하여 ①의 견해에 따르는 한편, 이해상반의 실체법상 법률행위를 하려는 친권자가 민법 제921조에 따른 특별대리인선임청구를 하는 경우에는 ②의 견해에 따라 위 청구를 받아들이고 있다. 다만, 후자의 경우 재판부가 직권으로 다른 친권자를 절차에 참가하게 하거나(가소 제37조제2항, 가소규 제22조제2항) 다른 일방 친권자의 진술서 등을 제출하도록 함으로써 다른 친권자가 절차에 관여할 수 있도록 하고 있다.[98]

(3) 청구서 기재사항

심판청구서에는 ① 당사자(사건본인 포함)의 등록기준지, 주소, 성명, 생년월일, 대리인이 청구할 때에는 대리인의 주소와 성명, ② 청구취지와 청구원인, ③ 청구 연월일, ④ 가정법원의 표시를 적고 청구인이나 대리인이 기명날인하여야 한다(가소 제36조제3항).

특히, 청구취지에서는 특별대리인이 대리할 이해상반행위의 내용을 구체적으로 특정하여야 하고, 청구원인에서는 친권자와 미성년자 사이에 이해상반되는 행위를 하게 된 경위와 특별대리인 선임의 필요성을 기재하여야 한다.

아울러 심판청구서에는 사건본인의 수만큼의 특별대리인 후보자를 기재하되, 실무상 父가 신청할 때에는 母의 친족을, 母가 신청할 때에는 父의 친족을 선임 청구한다. 다만, 반드시 그 사람이 특별대리인으로 선임되는 것은 아니다.

유형별 청구취지 작성례는 다음과 같다.

- 상속재산 협의분할의 경우

  청구인과 사건본인이 피상속인 망 ○○○ 소유의 별지 목록 기재 부동산을 협의분할함에 있어 사건본인의 특별대리인으로 □□□(주민등록번호, 주소)를 선임한다.

  청구인과 사건본인들의 공유인 별지 목록 기재 부동산을 협의분할함에 있어 사건본인 甲의 특별대리인으로 □□□(주민등록번호, 주소)를, 사건본인 乙의 특별대리인으로 ◇◇◇(주민등록번호, 주소)를 각 선임한다.

- 상속포기의 경우

  사건본인이 피상속인 망 ○○○에 대한 상속포기신고를 함에 있어 특별대리인으로 □□□(주민등록번호, 주소)를 선임한다.

98) 가사실무제요(주2), 322~323면

- **근저당권설정등기의 경우**

  사건본인 소유의 별지 목록 기재 부동산에 관하여 채무자 청구인, 채권자 주식회사 ◇◇은행, 채권최고액 ○○원으로 하는 근저당권설정계약을 체결하고 그 등기를 마침에 있어 특별대리인으로 □□□(주민등록번호, 주소)를 선임한다.

  청구인이 ◇◇ 주식회사를 위한 연대보증인이 되어 청구인과 사건본인의 공유인 별지 목록 기재 부동산에 관하여 채권최고액 ○○원의 근저당권을 설정함에 있어 사건본인의 특별대리인으로 □□□(주민등록번호, 주소)를 선임한다.

- **근저당권설정등기의 채무자 변경의 경우**

  청구인이 사건본인 소유의 별지 목록 기재 부동산에 관하여 20○.○.○. 서울○○지방법원 접수 제○호로 마친 채권자 주식회사 ◇◇은행, 채무자 △△△, 채권최고액 ○○원으로 된 근저당권설정등기의 채무자를 청구인으로 교체하는 계약을 주식회사 ◇◇은행과 체결함에 있어 사건본인의 특별대리인으로 □□□(주민등록번호, 주소)를 선임한다.

- **부동산 매도의 경우**

  청구인이 사건본인으로부터 그 소유인 별지 목록 기재 부동산을 매수함에 있어 사건본인의 특별대리인으로 □□□(주민등록번호, 주소)를 선임한다.

- **예금채권 양도의 경우**

  사건본인이 청구인과 사건본인의 준공유인 별지 목록 기재 예금채권 중 사건본인의 지분을 청구인에게 양도함에 있어 사건본인의 특별대리인으로 □□□(주민등록번호, 주소)를 선임한다.

- **예금통장 명의변경의 경우**

  청구인이 청구외 망 △△△의 ◇◇은행 ○○저축증서(계좌번호) 명의를 변경함에 있어 사건본인의 특별대리인으로 □□□(주민등록번호, 주소)를 선임한다.

(4) 청구비용

심판청구의 수수료로서 사건본인 1인당 5,000원의 수입인지를 붙이고(가수규 제3조제1항), 4회분의 **송달료**(재판예규 제1522호)를 송달료취급은행에 예납하고 납부서를 심판청구서에 붙여야 한다.

(5) 첨부서류

심판청구서에는 청구인, 사건본인 및 특별대리인 후보자의 가족관계증명서 및 주민등록표등(초)본 각 1통, 사건본인의 기본증명서 1통, 사건본인과 특별대리인 후보자의 관계를 소명하는 제적등본 등 각 1통, 부동산 등기사항증명서 각 1통, 부동산목록 2통, 기타 소명자료 등을 첨부하여야 한다.

다. 심리와 심판

(1) 심리

심리의 대상은 이해상반행위에 해당하는지 여부와 특별대리인 후보자가 특별대리인으로 선임하기에 적합한 사람인지 여부이다. 이해상반행위에 해당하는지는 행위 그 자체의 외관에 따라 객관적으로 판단하여야 하고 친권자의 의도나 동기, 그 행위의 결과 실제로 이해의 대립이 생겼는지 여부 등을 고려하여서는 안 된다(형식적·외형적 판단설).

특별대리인의 **자격**에 관하여 후견인의 결격사유와 같은 명시적인 제한이 없으므로 누구를 특별대리인으로 선임할 것인지는 가정법원의 재량에 맡겨져 있으며, 청구인의 희망에 구속되는 것은 아니다. 일반적으로는 미성년자인 자녀의 재산상황, 가정환경, 친권자와의 관계 등에 관하여 정통한 자로서 미성년자인 자녀의 이익을 위하여 행동할 것으로 기대되는 자를 특별대리인으로 선임함이 바람직할 것이다. 그러나 실무에서는 가정법원이 적임자를 찾아낸다는 것은 불가능에 가까우므로 청구인이 희망하거나 추천하는 사람을 특별대리인으로 선임하고 있다. 청구인이 희망하거나 추천하는 자를 심문하거나 특별히 중립적인 특별대리인이 필요한 경우 변호사 등을 특별대리인으로 선임하는 등의 방법으로 선정에 신중을 기할 필요가 있다.[99)]

실무에서는 친권자 父가 사망하여 공동상속인인 친권자 母가 미성년자인 자녀와 함께 상속재산분할협의를 하고자 할 경우에는 원칙적으로 父系 친족 중에서 특별대리인을 선임하고, 그 반대의 경우에는 母系 친족 중에서 특별대리인을 선임하고 있다. 또한, 상속인 A, B, C 중 A가 사망하고 A의 배우자 및 자녀가 그 지분을 다시 상속한 상태에서 상속재산분할협의를 할 경우 A의 子를 위한 특별대리인으로 B를 선임하지 않는 것이 실무례이다.[100)]

---

99) 가사실무제요(주2), 323~324면

100) 가사실무제요(주2), 324면

(2) 심판

사건본인이 심판청구 당시 성년자였거나 심판 당시 성년이 된 경우, 미성년자인 자녀 본인이 청구한 경우 등과 같이 청구적격이 없어 청구가 부적합하면 **각하**한다. 이해상반행위에 해당하지 않는 경우와 같이 청구가 이유 없으면 **기**각하고, 청구가 이유 있으면 미성년자의 특별대리인을 선임하는 심판을 한다.

이해상반행위에는 해당하지만 청구인이 희망하는 사람이 특별대리인으로 부적절한 경우에는 적절한 제3자를 추천하도록 하거나 중립적인 법률 전문가를 특별대리인으로 선임하기 위하여 특별대리인에게 지급할 보수를 미리 내도록 하는 것이 바람직하다.[101]

이해상반행위인지가 분명하지 않더라도 친권자가 특별대리인의 선임을 청구하면 이를 이유로 기각하기보다는 인용하는 것이 바람직하다. 나중에 이해상반행위가 아닌 것으로 판명되는 경우 친권자에게 적법한 대리권이 있을 것이므로 친권자의 청구와 이에 따른 법원의 선임심판이라는 일련의 행위를 복대리인 선임행위로 볼 여지가 있기 때문이다. 따라서 그에 따라 선임된 특별대리인이 한 행위는 후에 이해상반행위가 아닌 것으로 판명되더라도 무권대리행위로 되는 것이라고는 할 수 없다.[102]

특별대리인은 이해가 상반되는 특정의 법률행위에 관하여 개별적으로 선임되어야 하며, 특별대리인의 권한은 그 선임심판의 취지에 따라 정하여 진다. 다만, 특별대리인은 특정의 행위를 위한 일시적인 것이므로 심판에서는 특별대리인이 대리할 이해상반행위의 내용을 구체적으로 **특정**하는 것이 바람직하다. 따라서 이해상반행위를 위한 특별대리인의 대리권은 그 선임심판에서 정한 사항에 한정되지만, 예컨대 심판에서 친권자의 채무담보를 위하여 미성년자인 자녀 소유의 부동산을 담보로 제공한다고 하였을 뿐 담보의 내용을 구체적으로 특정하지 아니하는 등의 경우에는 특별대리인이 적당하다고 인정되는 범위 안에서 근저당권설정계약을 체결하고 그 등기를 마치는 것이 허용된다고 볼 수밖에 없고, 이 점에서 특별대리인은 어느 정도 재량권을 가진다고 할 수 있다.[103]

---

101) 가사실무제요(주2), 324면
102) 가사실무제요(주2), 318면
103) 가사실무제요(주2), 325면

[판례] 특별대리인선임신청서에는 선임되는 특별대리인이 처리할 법률행위를 특정하여 적시하여야 하고 법원도 그 선임 심판시에 특별대리인이 처리할 법률행위를 특정하여 이를 심판의 주문에 표시하는 것이 원칙이며, 특별대리인에게 미성년자가 하여야 할 법률행위를 무엇이든지 처리할 수 있도록 포괄적으로 권한을 수여하는 심판을 할 수는 없다. 법원이 특별대리인 선임 심판을 함에 있어서 그 주문에 특별대리인이 처리할 법률행위를 적시하지 아니한 채 단지 특정인을 미성년자를 위한 특별대리인으로 선임한다는 내용만 기재하는 것은 바람직하지 아니한 것이나, 이러한 내용의 심판이 있는 경우에도 그 특별대리인의 권한은 그 사건 선임신청서에서 신청의 원인으로 적시한 특정의 법률행위에 한정되는 것이며 그 밖의 다른 법률행위에 대하여는 그 처리 권한이 없다.[104]

가정법원이 특별대리인을 선임할 때에는 그 특별대리인의 대리권행사에 관하여 필요한 제한을 가할 수 있는데(가소규 제68조), 특별대리인이 대리할 행위의 내용을 구체적으로 특정하는 것도 대리권 제한의 한 유형이라고 할 수 있다.

한편, 친권에 따르는 여러 명의 자녀 사이가 이해상반되는 경우 여러 명의 미성년자인 자녀를 위한 각각의 특별대리인을 선임하여야 한다는 견해가 있으나, 친권자가 대리하는 임의의 자녀 1인을 제외한 나머지 자녀에 대하여만 특별대리인을 선임하면 된다.[105] 다만, 공동상속인인 친권자와 미성년인 수인의 자녀 사이에 상속재산분할협의를 하는 경우에는 미성년자 각자마다 특별대리인을 선임하여 각 특별대리인이 각 미성년자인 자녀를 대리하여 상속재산분할협의를 하여야 한다.[106]

(3) 심판의 고지 등

심판은 당사자와 절차에 참가한 이해관계인에게 고지하여야 한다(가소규 제25조). 심판의 효력은 심판을 받을 사람이 심판을 고지받음으로써 발생하지만, 즉시항고를 할 수 있는 심판은 확정되어야 효력이 있다(가소 제40조).

라. 불복 등

(1) 즉시항고

---

104) 대법원 1996.4.9. 선고 96다1139 판결

105) 가사실무제요(주2), 323면

106) 대법원 1993.4.13. 선고 92다54524 판결

청구를 기각한 심판에 대하여는 청구인이 즉시항고를 할 수 있으나(가소규 제27조), 청구를 인용하여 특별대리인을 선임한 심판에 대하여는 불복할 수 없다. 즉시항고기간은 심판을 고지받은 날부터 14일 이내이다(가소 제43조제5항, 가소규 제31조).

(2) 심판의 효력

특별대리인을 선임한 심판에는 형성력이 있고, 선임된 특별대리인의 임무는 선임의 목적으로 된 법률행위 등을 완료함으로써 종료된다.

(3) 특별대리인의 사임 및 개임

특별대리인은 그 임무를 완료하기 전에는 언제든지 사임할 수 있고, 사임에는 가정법원의 허가를 요하지 아니한다. 또한 가정법원은 언제든지 특별대리인을 개임할 수 있다(가소규 제38조의4➡제68조의2).

(4) 비용 및 보수

특별대리인은 사무처리에 필요한 비용의 상환을 청구할 수 있고(민 제688조 유추적용), 명문의 규정은 없으나 보수청구권도 인정된다고 할 것이다. 따라서 가정법원은 필요한 경우 특별대리인의 보수를 위하여 청구인에게 적절한 보수를 미리 내게 하는 명령을 할 수 있다고 할 것이나, 친족 등이 특별대리인으로 선임된 경우 실제로 보수를 청구하는 경우는 거의 찾아보기 어렵다.[107]

[메모]

107) 가사실무제요(주2), 326~327면

Ⅷ. 친권, 대리권·재산관리권에 관한 재판

【서식 2-16】 친권자의 동의를 갈음하는 재판 청구서

친권자의 동의를 갈음하는 재판 청구

청 구 인　□ □ □ (☎)
주민등록번호 :
주소 :
사건본인과의 관계 : 친족(삼촌)

상 대 방　◇ ◇ ◇ (☎)
주민등록번호 :
주소 :
사건본인과의 관계 : 친권자(母)

사건본인　○ ○ ○
(미성년자)　주민등록번호 :
주소 :
등록기준지 :

청 구 취 지

1. 사건본인의 친권자는 사건본인에 대하여 별지 기재와 같은 내용의 의료행위를 함에 있어 이에 동의하는 것으로 갈음한다.
2. 심판비용은 상대방의 부담으로 한다.

라는 재판을 구합니다.

청 구 원 인

1. 청구인은 사건본인의 삼촌이고, 상대방은 사건본인의 홀어머니입니다.
2. 사건본인은 ___________의 질환으로 인하여 시급히 수술이 필요함에도 불구하고 상대방은 ____________라는 종교에 심취하여 정당한 이유 없이 사건본인의 치료에 수반되는 수혈을 거부하고 있습니다.
3. 이로 인하여 사건본인의 생명과 신체에 중대한 위험이 발생할 우려가 있으므로 친권자인 상대방의 동의에 갈음하는 재판을 구합니다.

첨 부 서 류

1. 가족관계증명서(청구인, 상대방, 사건본인)	각 1통
1. 기본증명서(사건본인)	1통
1. 주민등록표등(초)본(청구인, 상대방, 사건본인)	각 1통
1. 신청서 부본	1통
1. 진단서 및 소견서	각 1통
1. 기타(소명자료)	1통

2015. ○. ○.

청구인 □ □ □ (인)

○○가정법원 귀중

【해 설】

가. 의의

친권자의 동의가 필요한 행위에 대하여 친권자가 정당한 이유 없이 동의하지 아니함으로써 자녀의 생명, 신체 또는 재산에 중대한 손해가 발생할 위험이 있는 경우에는 가정법원은 일정한 청구권자(자녀, 자녀의 친족, 검사 또는 지방자치단체의 장)의 청구에 의하여 친권자의 동의를 갈음하는 재판을 할 수 있다(민 제922조의2). 이것은 자녀의 생명 등을 보호하기 위한 조치로서 친권자의 동의권을 전면적으로 제한하는 것이 아니라 특정한 문제 사안에 대해서만 법원의 재판으로 친권자의 동의를 갈음할 수 있도록 2014년 개정 민법에서 새로 도입된 제도이다(2015.10.16. 시행).

나. 심판청구

(1) 관할

친권자의 동의를 갈음하는 재판 사건은 **마류** 가사비송사건으로서 이에 대한 심리와 재판은 가정법원의 전속관할로 한다[가소 제2조제1항제2호나목6)], 토지관할은 상대방의 주소지(보통재판적이 있는 곳)의 가정법원(지방법원, 지원)이고(가소 제46조), 가정법원 단독판사의 사물관할에 속한다(관할규 제3조).

(2) 청구권자 및 상대방

친권자의 동의를 갈음하는 재판은 자녀, 자녀의 친족, 검사 또는 지방자치단체의 장이 동의를 하지 않고 있는 현재의 친권자를 상대방으로 하여 청구하여야 한다(민 제924조). 따라서 사건본인인 자녀 자신도 청구권자가 될 수 있다. 부모가 공동으로 친권을 행사하는 경우에도 동의 갈음 재판은 개별적으로 하여야 하므로, 부모 모두의 동의를 갈음하는 재판을 청구하는 것은 두 개의 사건이 병합된 것으로 본다.

(3) 청구서 기재사항

심판청구서에는 당사자(사건본인 포함)의 등록기준지, 주소, 성명, 생년월일, 대리인이 청구할 때에는 대리인의 주소와 성명, 청구취지와 청구원인, 청구 연월일, 가정법원의 표시를 적고 청구인이나 대리인이 기명날인하여야 한다(가소 제36조제3항, 가소규 제20조). 또한 마류 가사비송사건의 심판청구서에는 상대방의 성명, 생년월일, 등록기준지 및 주소를 기재하여야 한다(가소규 제91조). 특히 청구원인에는 친권자의 동의가 필요한 행위에 대하여 친권자가 정당한 이유 없이 동의를 하지 아니하여 자녀의 생명·신체 등해 중대한 손해가 발생하였거나 발생할 우려가 있다는 등의 사정을 구체적으로 기재하는 것이 바람직하다.

(4) 청구비용

심판청구의 수수료로서 사건본인 1인당 10,000원의 **수입인지**를 붙이고(가수규 제3조제1항), 12회분의 **송달료**(재판예규 제1522호)를 송달료취급은행에 예납하고 납부서를 심판청구서에 붙여야 한다.

(5) 첨부서류

심판청구서에는 청구인과 상대방 및 사건본인의 가족관계증명서 각 1통, 청구인과 상대방 및 사건본인의 주민등록표등(초)본 각 1통, 사건본인의 기본증명서 1통, 그 밖에 동의 갈음 재판이 필요한 사유를 소명할 수 있는 자료를 첨부하여야 한다. 그 밖에도 절차진행에 따라 추가서류가 필요할 수 있다. 또한 상대방용 신청서 부본도 함께 제출하여야 한다.

다. 심리와 심판

(1) 심리

㈎ **조정전치** : 가정법원에 친권자의 동의를 갈음하는 재판을 청구하려는 사람은 먼저 조정을 신청하여야 하고(가소 제50조제1항), 조정을 신청하지 아니하고 심판을 청구한 경우에는 가정법원은 그 사건을 조정에 회부하여야 함이 원칙이다(동조 제2항 본문).

㈏ **심리의 대상** : 청구인적격이 있는지, 친권자가 동의를 하지 아니하는 정당한 이유가 있는지, 자녀의 생명·신체 등에 중대한 손해가 발생할 위험이 있는지 여부 등이 주된 심리의 대상이다.

㈐ **관계인의 심문** : 마류 가사비송사건의 심판은 특별한 사정이 없으면 사건관계인을 심문하여야 한다(가소 제48조).

(2) 심판 및 고지

가정법원은 가정의 평화와 사회정의를 위하여 가장 합리적인 방법으로 청구의 목적이 된 법률관계를 조정할 수 있는 내용의 심판을 하여야 한다(가소규 제93조제1항). 심리를 거쳐 필요가 있다고 판단되면 친권자가 동의하는 것으로 갈음하는 재판을 한다.

심판은 당사자와 절차에 참가한 이해관계인에게 고지하여야 한다(가소규 제25조). 심판의 효력은 심판을 받을 사람이 심판을 고지받음으로써 발생한다. 다만, 즉시항고를 할 수 있는 심판은 확정되어야 효력이 있다(가소 제40조).

라. 불복

청구를 기각한 심판에 대하여는 청구인이 즉시항고를 할 수 있고(가소규 제27조), 청구를 인용한 심판에 대하여는 상대방이 즉시항고를 할 수 있다(가소규 제94조제1항). 즉시항고는 즉시항고를 할 수 있는 자가 심판을 고지받은 경우에는 그 고지를 받은 날부터, 심판을 고지받지 아니한 경우에는 당사자에게 심판이 최후로 고지된 날부터 진행한다(가소 제43조제5항, 가소규 제94조제3항).

【서식 2-17】 친권의 상실 선고 심판청구서

친권의 상실 선고 심판 청구

청 구 인 □ □ □ (☎)
주민등록번호 :
주소 :
등록기준지 :
사건본인과의 관계 : 친족(祖父)

상 대 방 △ △ △ (☎)
주민등록번호 :
주소 :
등록기준지 :
사건본인과의 관계 : 친권자(母)

사건본인 ○ ○ ○
(미성년자) 주민등록번호 :
주소 :
등록기준지 :

청 구 취 지

1. 상대방의 사건본인에 대한 친권을 상실한다.
2. 심판비용은 상대방이 부담한다.

라는 심판을 구합니다.

청 구 원 인

1. 청구인은 사건본인의 할아버지로서 친권상실 선고의 청구권자입니다.
2. 상대방은 1998.○.○. 청구외 망 ◇◇◇과 혼인신고를 마치고 1999.○.○. 그와의 사이에서 사건본인을 출산하였는데, 상대방과 ◇◇◇이 2004.○.○. 협의이혼을 하면서 사건본인의 친권자 및 양육자를 아버지인 ◇◇◇로 지정하였습니다.

3. 그 후 ◇◇◇은 2011.○.○. 교통사고로 인하여 갑자기 사망함에 따라 사건본인의 어머니인 상대방이 사건본인에 대한 친권을 행사하게 되었습니다.

4. 그러나 상대방은 ◇◇◇과 이혼한 후 2005.8.○. 청구외 ▷▷▷과 혼인신고를 마치고 2005.9.경 호주로 이주하였는데, ◇◇◇과 이혼한 이후 그의 사망시까지는 물론 현재까지도 사건본인에게 전혀 연락을 취하지 아니하고 자신의 행방도 알려주지 하는 등 사실상 사건본인에 대하여 친권을 행사할 수 없는 상태에 있습니다.

5. 그렇다면, 상대방에게 사건본인에 대한 친권자로서의 지위를 부여하는 것은 사건본인의 복리를 현저히 해하는 것이므로, 상대방의 사건본인에 대한 친권상실의 선고를 받고자 이 청구에 이른 것입니다.

첨 부 서 류

1. 가족관계증명서(청구인, 상대방, 사건본인) 각 1통
1. 기본증명서(사건본인) 1통
1. 주민등록표등(초)본(청구인, 상대방, 사건본인) 각 1통
1. 청구서 부본 1통
1. 기타(소명자료) 1통

2015. ○. ○.

청구인 □ □ □ (인)

○○가정법원 귀중

【해 설】

가. 의의

친권은 부모의 자녀에 대한 권리일 뿐만 아니라 자녀의 복리를 위한 의무이기도 하므로, 친권자가 친권을 행사함에 있어서는 자녀의 복리를 우선적으로 고려하여야 한다(민 제912조). 따라서 이와 같은 의무에 위반하는 때에는 국가권력의 후견적 개입에 의한 친권 그 자체의 배제가 허용된다.

민법은 제924조에서 부 또는 모가 친권을 남용하여 자녀의 복리를 현저히 해치거나 해칠 우려가 있는 경우에는 일정한 자의 청구에 의하여 그 친권의 상실을 선고할 수 있도록 규정하고 있다.[108)]

민법 제924조 내지 제926조에서 규정한 친권·법률행위 대리권과 재산관리권의 상실선고 및 실권회복의 선고 사건은 친권자의 지정·변경이나 양육자의 지정과 마찬가지로 부모의 친권을 둘러싼 분쟁이기는 하나, 부모 이외에 친족이나 검사 등 제3자의 개입이 전제되어 있고, 부모의 혼인이 계속 중인지가 문제되지 않으며, 당사자의 협의에 따른 처리가 허용되지 않고 반드시 심판에 따라야만 한다는 등의 점에서 차이가 있다. 또한 이들 사건은 친권자인 부모의 의사에 불구하고 그 친권 전부 또는 일부의 배제나 회복을 선고하는 것임에 비하여, 라류 가사비송사건인 친권자의 법률행위 대리권·재산관리권의 사퇴와 회복은 친권자가 그의 자유로운 의사에 기하여 자발적으로 하는 것이라는 점에서 다르다.[109)]

나. 심판청구

(1) 관할

친권상실선고 사건은 **마류** 가사비송사건으로서 이에 대한 심리와 재판은 가정법원의 전속관할로 한다[가소 제2조제1항제2호나7)]. 토지관할은 상대방의 주소지(보통재판적이 있는 곳)의 가정법원(지방법원, 지원)이고(가소 제46조), 가정법원 **합의부**의 사물관할에 속한다(관할규 제3조).

(2) 청구권자

친권상실선고 심판은 사건본인인 자녀, 자녀의 친족, 검사 또는 지방자치단체의 장이 청구하여야 한다(민 제924조, 가소규 제101조제1항). 친권상실선고의 청구권을 포기하는 계약은 무효이므로[110)] 자녀의 친족이 청구권을 포기하였다 하더라도 청구인적격에는 영향을 미치지 아니한다.

종전에는 사건본인인 자녀 자신은 청구권자가 될 수 없었으나, 2014년 개정에서는 자녀의 권익 보호가 좀 더 원활하고 신속하게 이루어 질 수 있도록 자녀 본인과 지방자치단체의 장도 친권상실의 선고를 청구할 수 있도록 청구권자의 범위를 확대하였다.

---

108) 2014년 개정 민법 제924조에는 종전의 친권상실의 선고 이외에 일정한 기간 동안 친권의 정지를 선고할 수 있는 「친권의 일시정지 제도」가 도입되었다.

109) 가사실무제요(주2), 556면

110) 대법원 1977.6.7. 선고 76므34 판결

한편, 일정한 경우 검사는 「아동학대범죄의 처벌 등에 관한 특례법」 또는 「아동·청소년의 성보호에 관한 법률」에 의하여, 시·도지사 또는 시장·군수·구청장은 「아동복지법」에 의하여 친권상실선고의 청구권을 가진다.

(3) 상대방

친권상실선고의 심판은 문제가 된 당해 친권자를 상대방으로 하여 청구하여야 하므로(가소규 제101조제1항), 청구의 상대방은 현재의 친권자이다. 부모가 공동으로 친권을 행사하는 경우에도 친권의 상실은 개별적으로 하여야 하므로, 부모 모두의 친권상실선고를 청구하는 것은 두 개의 사건이 병합된 것으로 본다.

부모 모두를 상대방으로 하여 친권상실선고를 청구하는 경우에는 가사비송사건의 주관적 병합청구로서 민사소송법 중 공동소송에 관한 규정을 준용하며(가소 제47조), 상대방으로 되는 부모의 보통재판적이 다를 때에는 관련재판적(민소 제25조)의 규정에 따라 그 중 1명의 보통재판적이 있는 곳의 가정법원에 심판청구를 할 수 있다.

(4) 청구서 기재사항

심판청구서에는 당사자(사건본인 포함)의 등록기준지, 주소, 성명, 생년월일, 대리인이 청구할 때에는 대리인의 주소와 성명, 청구취지와 청구원인, 청구 연월일, 가정법원의 표시를 적고 청구인이나 대리인이 기명날인하여야 한다(가소 제36조제3항, 가소규 제20조). 특히 청구원인에는 친권상실의 사유 등을 상세히 기재하는 것이 바람직하다. 심판청구서에는 상대방의 성명, 생년월일, 등록기준지 및 주소도 기재하여야 한다(가소규 제91조).

(5) 청구비용

심판청구의 수수료로서 사건본인 1인당 10,000원의 **수입인지**를 붙이고(가수규 제3조제1항), 12회분의 **송달료**(재판예규 제1522호)를 송달료취급은행에 예납하고 납부서를 심판청구서에 붙여야 한다.

(6) 첨부서류

심판청구서에는 청구인과 상대방 및 사건본인의 가족관계증명서 각 1통, 청구인과 상대방 및 사건본인의 주민등록표등(초)본 각 1통, 사건본인의 기본증명서 1통, 그 밖에 친권상실의 사유를 소명할 수 있는 자료를 첨부하여야 한다. 위 서류 외에도 절차진행에 따라 추가서류가 필요할 수 있다. 또한 상대방용 청구서 부본도 함께 제출하여야 한다.

다. 심리와 심판

(1) 심리

㈎ 조정전치

가정법원에 친권상실 선고의 심판을 청구하려는 사람은 먼저 조정을 신청하여야 하고(가소 제50조제1항), 조정을 신청하지 아니하고 심판을 청구한 경우에는 가정법원은 그 사건을 조정에 회부하여야 함이 원칙이다(동조 제2항 본문). 그러나 친권상실선고청구권의 포기는 성질상 허용되지 아니하는 것[111)]이어서 친권의 상실선고는 당사자가 임의로 처분할 수 없는 사항에 해당하므로, 친권상실선고청구권의 포기를 내용으로 하는 조정은 허용되지 아니한다.[112)] 따라서 친권상실선고 사건에 대한 조정절차는 친권자의 친권 행사의 적정성을 확보하기 위한 간접적이고 우회적인 수단을 찾을 수밖에 없다.

예컨대, 보험금청구권 등 사건본인 명의의 재산을 둘러싼 분쟁이 발생한 경우, 상대방의 친권을 상실시키지 않는 대신 상대방이 법정대리인으로서 보험금을 수령하여 이를 청구인측에 지급하도록 하고, 청구인측에서 친권자인 상대방의 위임을 받아서 현실적으로 사건본인의 양육을 계속하도록 한 다음, 청구인은 그 심판청구를 취하하는 조정안 등을 생각할 수 있다.[113)] 다만, 이 경우에도 자녀의 주요재산을 자녀가 성년에 달할 때까지 친권자가 아닌 제3자로 하여금 관리하게 하는 내용의 조정은 친권이나 법률행위대리권·재산관리권의 상실선고가 있는 것과 동일한 효과를 가져오는 것이어서 허용되지 않는다.

㈏ 심리의 대상

청구인적격이 있는지, 친권상실의 사유에 해당하는지, 자녀의 복리에 적합한지 여부 등이 심리의 주된 대상이다.

종전에는 친권상실 선고의 사유로 「친권을 남용하거나 현저한 비행 기타 친권을 행사

---

111) 대법원 1977.6.7. 선고 76므34 판결

112) 가사실무제요(주2), 563면

113) 가사재판실무편람(주96), 139면

시킬 수 없는 중대한 사유가 있는 때」로 규정하여, 자녀의 복리 실현보다는 친권자의 비행에 대한 제재라는 측면이 더 강하게 반영되어 있었으나, 2014년에 개정된 민법에서는 「**친권을 남용하여 자녀의 복리를 현저히 해치거나 해칠 우려가 있는 경우**」로 개정하여 자녀의 복리 원칙을 명시하고 있다.

㈐ 관계인의 심문

마류 가사비송사건의 심판은 특별한 사정이 없으면 사건관계인을 심문하여야 한다(가소 제48조).

㈑ 관계인의 사망 등

상대방이 사망하면 절차는 목적을 상실하여 종료된다. 미성년자인 자녀가 사망하거나 성년이 된 경우에도 같다. 청구인이 사망한 경우, 다른 청구인적격자에 의한 절차의 수계를 인정할 것인지에 대하여는 반대의 견해도 있을 수 있으나, 실무는 이를 긍정하는 입장이다.[114]

(2) 심판

㈎ 심판의 원칙

가정법원은 가정의 평화와 사회정의를 위하여 가장 합리적인 방법으로 청구의 목적이 된 법률관계를 조정할 수 있는 내용의 심판을 하여야 한다(가소규 제93조제1항).

㈏ 친권상실선고의 보충성·최후성

친권상실의 선고는 친권의 일시정지, 친권의 일부제한, 대리권·재산관리권의 상실 선고 또는 그 밖의 다른 조치에 의해서는 자녀의 복리를 충분히 보호할 수 없는 경우에만 할 수 있다(민 제925조의2제1항). 이것은 친권남용의 정도에 부합하는 친권제한조치가 이루어져야 한다는 비례의 원칙을 명확히 규정한 것으로 2014년 개정 민법에서 신설되었다.

㈐ 후견인 변경 청구의 병합 여부

친권상실선고 청구와 친권상실을 전제로 한 후견인변경 청구를 병합하여 처리할 수 있는지가 문제된다. 이에 관하여 친권상실을 선고한 심판

114) 가사실무제요(주2), 567면

이 확정된 후 후견이 개시되어야만 후견인변경 심판이 가능하므로 친권상실선고 청구사건과 후견인변경 청구사건은 병합하여 처리할 수 없다는 견해(병합불가설)와 가정법원의 후견적 역할을 생각할 때 미성년자인 자녀의 친권에 공백이 있으면 안 되고, 친권상실선고 청구의 당부가 후견인변경 청구의 당부의 전제가 되므로 가사소송법 제14조 제1항의 요건을 충족시킨다고 볼 수 있어 이를 허용하여야 한다는 견해(병합허용설)가 있다.[115] 실무에서는 친권상실선고와 후견인변경 심판을 함께 해 주고 있다.[116]

㈑ 사전처분

친권상실의 선고와 관련하여 청구인이 미리 자녀의 재산에 대한 관리·처분권 등을 확보하기를 원하는 경우에는 친권행사 정지 및 친권대행자 지정과 같은 사전처분을 활용하도록 한다. [서식 2-16] 해설 참조

㈒ 청구취지의 구속력 여부

법원이 청구인의 청구취지에 구속되는지와 관련하여, 법률행위 대리권·재산관리권은 친권의 권능의 일부인 관계로 친권상실선고 청구사건에서 법률행위 대리권·재산관리권의 상실선고 사유만 인정되는 경우에 친권상실선고를 하지 아니하고 법률행위 대리권·재산관리권의 상실선고를 할 수 있는지, 반대로 법률행위 대리권·재산관리권의 상실선고 청구사건에서 그 사유가 친권상실선고의 사유에도 해당한다고 인정되는 경우에 친권상실선고를 할 수 있는지 여부가 문제된다.

이에 관하여 ① 청구취지의 구속력을 인정하여 위 두 가지의 어느 것도 허용되지 않는다는 견해, ② 가정법원의 후견적 역할을 중시하여 위 두 가지의 어느 것도 가능하다는 견해, ③ 전자의 경우에는 청구의 일부를 인용하는 셈이어서 허용됨에 반하여 후자의 경우에는 청구를 넘어서는 것이어서 당사자로 하여금 청구취지를 변경하게 하지 아니하고서는 친권상실선고를 할 수 없다는 견해 등이 있으나, 통설과 실무는 ③의 견해에 따르고 있다.[117] 요컨대, 친권상실선고 청구사건에서 법률행위 대리

115) 가사실무제요(주2), 562~563면

116) 서울가정법원 2009.12.4. 선고 2009느합108 판결 등

권·재산관리권 상실의 사유만 인정되는 경우에는 친권상실선고를 하지 아니하고 법률행위 대리권·재산관리권의 상실선고를 하더라도 허용된다고 보아야 할 것이다.

한편, 친권에 따르는 미성년자인 자녀가 여러 명인 경우에 일부 자녀에 대한 친권상실을 선고하고 나머지 자녀에 대한 관계에서는 친권을 유지하게 할 수도 있다고 할 것이다.

㈓ **심판의 주문례**

친권상실의 청구를 인용하는 심판의 주문례는 다음과 같다.

- **청구를 전부 인용하는 경우**

  상대방의 사건본인 ○○○에 대한 친권을 상실한다.

- **친권상실선고 청구에 대하여 법률행위 대리권·재산관리권의 상실만을 선고하는 경우**

  1. 상대방의 사건본인 ○○○에 대한 법률행위 대리권과 재산관리권을 상실한다.
  2. 청구인의 나머지 청구를 기각한다.
  3. 심판비용은 상대방이 부담한다.

(3) 심판의 고지 등

심판은 당사자와 절차에 참가한 이해관계인에게 고지하여야 한다(가소규 제25조). 심판의 효력은 심판을 받을 사람이 심판을 고지받음으로써 발생한다. 즉시항고를 할 수 있는 심판은 확정되어야 효력이 있다(가소 제40조).

(4) 심판 사례

㈎ **친권상실을 선고한 사례**[118]

[심판의 요지]

입양아 甲에 대한 양모 乙의 친권상실이 문제된 사안에서, 乙이 자신이 양육하던 또 다른 입양아 丙을 별다른 이유 없이 심하게 구타하여 사망에까지 이르게 하는 등 학대한 점, 그러한 행위 등으로 乙이 유죄판결을 받아 앞으로 장기간 수감생활을 하여야 하는 점, 특히 甲이 향후 지속적인

117) 가사실무제요(주2), 563~564면 ; 김주수·김상용(주46), 430면

118) 서울가정법원 2012.10.12.자 2012느합5 심판

재활치료를 받아야 하는 중증의 장애를 가지고 있는 데 乙은 甲의 치료를 위하여 노력을 기울일 수 없는 형편인 점 등에 비추어 보면 乙이 甲의 건전한 성장을 위하여 적정하게 친권을 행사하리라 기대할 수 없다고 봄이 타당하다는 이유로, 乙에게 甲에 대한 친권을 행사시킬 수 없는 중대한 사유가 있다고 한 사례.

[주 문]

1. 상대방의 사건본인에 대한 친권을 상실한다.
2. 심판비용은 상대방이 부담한다.

[청구취지]

주문과 같다.

[이 유]

1. 인정 사실

가. 상대방은 소외 1과 교제하던 중 2008.6.경 소외 1과의 사이에서 자녀를 임신하였다가 2009.1.경 유산하게 되자, 그 무렵부터 다른 사람의 자녀를 입양할 것을 결심하고 인터넷 사이트 등을 통하여 입양 상대를 물색하던 중 2009.8.1.경 성명불상자로부터 사건본인을 건네받았다. 상대방은 소외 1에게 유산이 되지 않고 사건본인을 출산하였다고 속여 그로 하여금 2009.8.18.경 사건본인을 상대방과의 사이에서 출산한 친생자인 것처럼 출생신고를 하게 한 다음 사건본인을 양육하여 왔다.

나. 상대방은 2010.5.31. 소외 2를 출산하였다. 그 후 상대방은 인터넷 사이트에 “입양을 원한다. 아들이든 딸이든 상관없으니 연락을 주세요.”라는 등의 글을 게시함으로써 입양 상대를 물색하던 중 2011.8.22.경 성명불상자로부터 생후 3개월의 여아인 소외 3을 건네받아 소외 1과의 사이에 자신이 출산한 친생자인 것처럼 출생신고를 마치고 위 영아를 양육하였다.

다. 상대방은 위와 같이 소외 3을 입양한 직후부터 소외 3의 이마와 무릎, 등과 하반신 등 온 몸을 수차례 구타하여 소외 3에게 허혈성 뇌부종 및 뇌손상(뇌탈출) 등의 상해를 가하였고, 그 결과 소외 3은 구토를 하는 등 숨을 잘 쉬지 못하며 의식이 없게 되었다. 이에 상대방은 2011.9.13. 소외 3을 데리고 병원 응급실을 방문하였다가, 아동학대를 의심한 병원 측의 보호요청에 따라 ○○○아동보호전문기관이 상대방을 고발함으로써 상대방에 대한 수사가 시작되었다. 소외 3은 병원 내원 후 혼수상태에 빠져 중환자실에 입원하여 있다가 2011.12.22. 사망에 이르렀다. 상대방은 위와 같은 소외 3에 대한 상해치사 등의 범죄사실로 인하여 구속 기소되어 재판을 받았고, 징역 6년의 확정판결을 받았다[대법원 2012.9.27. 선고 2012도9474 중상해(인정된 죄명 상해치사) 등 판결].

라. 사건본인은 위 수사과정 중 유전자검사에 의하여 소외 1과 상대방 사이의 친자가 아니라 입양된 자임이 밝혀졌다.

마. 사건본인은 뇌병변장애 1급의 장애를 가지고 있어 지속적인 재활치료가 필요한 상황인데, 상대방은 구속 전 사건본인을 소외 2, 3과 함께 어린이집에 맡겨 양육하였다. 상대방이 구속된 후 소외 1은 ○○○아동보호전문기관에 사건본인과 소외 2에 대한 시설보호요청을 하면서 소외 2에 대해서는 자신의 친자이므로 나중에 자신이 꼭 양육을 하겠다고 하였다. 한편 상대방의 여동생 등 가족들은 사건본인을 양육하겠다고 주장하였으나 사건본인을 어린이집에 등하원시키는 외에는 별도의 의료적 처치를 하지 아니하였다.

바. ○○○아동보호전문기관은 ○○○구청으로부터 보호조치의뢰요청을 승인받아 2011.12.29. 사건본인에 대한 긴급격리보호조치를 하였다. 그에 따라 사건본인은 현재 경기도 ○○시 소재 ○○○장애영아원에 시설보호되어 있는 상태이다.

2. 판단

위 인정 사실에서 알 수 있는 다음과 같은 점, 즉 ① 상대방이 자신이 양육하던 영아인 소외 3을 별다른 이유 없이 심하게 구타하여 사망에까지 이르게 하는 등 학대한 점, ② 그러한 행위 등으로 인하여 상대방이 유죄판결을 받아 앞으로 장기간 수감생활을 하여야 하게 된 점, 특히 사건본인이 향후 지속적인 재활치료를 받아야 하는 중증의 장애를 가지고 있는 데 반하여 상대방은 사건본인의 치료를 위하여 노력을 기울일 수 없는 형편에 이른 점 등에 비추어 보면, <u>상대방이 사건본인의 건전한 성장을 위하여 적정하게 친권을 행사하리라 기대할 수 없다고 봄이 상당하여, 상대방에게는 사건본인에 대한 친권을 행사시킬 수 없는 중대한 사유가 있다</u>고 판단된다.

3. 결론

그렇다면 이 사건 심판청구는 이유 있으므로 받아들이기로 하여 주문과 같이 심판한다.

㈏ 친권상실선고 청구를 기각한 사례[119)]

[심판의 요지]

상속재산을 처분하였다는 사정만으로는 친권상실 사유가 될 수 없다고 판단한 사례

[주 문]

1. 청구인의 청구를 기각한다.
2. 심판비용은 청구인이 부담한다.

[청구취지]

상대방은 사건본인들에 대한 친권을 상실한다.

[이 유]

1. 인정사실

기록 및 심문결과에 의하면, 상대방은 청구인의 아들 망 ○○○과 1999. 11월경 혼인하여 사건본인들을 낳은 뒤 2007. 5월경 망 ○○○과 협의이혼을 하면서 사건본인들에 대한 친권자를 ○○○로 협의한 사실, 망 ○○○은 2011. 3월경 사망하였고, 사건본인들이 경기 ○○군 대 430m²와 그 지상 공장건물(이하 '이 사건 상속재산'이라 한다)을 상속받은 사실, 상대방은 2011. 5월경 미성년자인 사건본인들을 대리하여 이 사건 상속재산을 △△△에게 6,000만 원에 매도하였고, 2011. 7월경 이 사건 상속재산에 관하여 상속등기와 함께 △△△ 명의의 소유권이전등기가 마쳐진 사실, 상대방은 2011. 7월경 사건본인들에게 위 매매대금 중 일부인 3,000만 원을 송금한 사실이 인정된다.

2. 판단

청구인은, 상대방이 사건본인들 몰래 이 사건 상속재산을 처분하여 부당한 이득을 취하였고, 사건본인들에게는 이 사건 상속재산 외에 다른 상속재산도 있는바 상대방이 계속 친권을 행사하게 되면 사건본인들의 재산을 위태롭게 만들 우려가 있다고 주장하면서 상대방의 사건본인들에 대한 친권상실을 구하고 있다.

살피건대, 민법 제924조는 친권상실의 사유를 '친권을 남용하거나 현저

119) 부산가정법원 2012.5.21.15.자 2011느합** 심판

한 비행 기타 친권을 행사시킬 수 없는 중대한 사유가 있는 때'라고 규정하고 있고, 친권이 미성년인 자녀의 양육과 감호 및 재산관리를 적절히 함으로써 그의 복리를 확보하도록 하기 위한 부모의 권리이자 의무인 점에 비추어, 친권자가 사건본인의 신상에 현저하게 나쁜 영향을 미치거나 당해 친권자에게 계속 친권을 유지하는 것보다 다른 자에게 그 책임을 귀속시키는 것이 자의 복리를 위하여 훨씬 바람직하다는 등의 특별한 사정이 있지 않은 이상, 섣불리 친권상실을 선고할 수는 없다.

이 사건에 관하여 보건대, ① 상대방이 친권을 성실하게 행사할 것이라고 다짐하고 있는 점, ② 상대방이 이 사건 상속재산 처분 후 매매대금의 일부를 사건본인들에게 지급한 점, ③ 청구인은 상대방이 임의로 이 사건 상속재산을 처분하였고, 이 사건 상속재산 외 다른 상속재산이 있어 향후 사건본인들에게 재산상 손해를 끼칠 우려가 있다고 주장하나, 이를 인정할 아무런 증거가 없는 점 등을 종합하여 보면, 상대방이 이 사건 상속재산을 처분하였다는 사정만으로는 친권을 상실시킬 정도로 상대방이 친권을 남용하였다거나, 상대방이 현저한 비행 기타 친권을 행사시킬 수 없는 중대한 사유가 있다고 볼 수는 없다.

3. 결론

그렇다면 이 사건 청구는 이유 없으므로 이를 기각하기로 하여 주문과 같이 심판한다.

㈐ **친권상실을 선고한 사례**120)

[심판의 요지]

甲이 미혼모자가족복지시설에 입소한 후 입양관계자 등을 통해 출생 전인 乙의 입양을 추진하여 乙은 출생 후 곧바로 미국 국적의 부부 丙 등에게 인도되었는데, 丙 등이 입양 목적의 이민비자 없이 비자면제프로그램을 이용하여 乙을 미국으로 입국시키려다 미국 출입국관리소에 의해 乙의 입국이 불허되었고, 이에 서울특별시장이 아동복지법에 근거하여 甲을 상대로 甲의 乙에 대한 친권상실 및 乙의 후견인 선임을 청구한 사안에서, 국제사법이 입양은 입양 당시 양친의 본국법에 의하고(제43조), 입양에 의한 친자관계의 성립에 관하여 자의 본국법이 자 또는 제3자의 승낙이나 동의 등을 요건으로 할 때에는 그 요건도 갖추어야 한다(제44조)고 정하고 있으므

120) 서울가정법원 2013.2.22.자 2012느합356 심판

로, 아동복지법상 보호대상아동으로서 어머니인 甲이 입양에 동의하여 국민기초생활보장법에 의한 보장시설인 미혼모자가족복지시설에 보호의뢰된 乙의 입양에 관한 절차는 구 입양촉진 및 절차에 관한 특례법(2011.8.4. 법률 제11007호 입양특례법으로 전부 개정되기 전의 것)에 따라야 하는데도, 외국인으로서 45세가 넘은 丙 등이 위 특례법에 따른 해외입양기관 허가를 받지 않은 시설을 통하여 보건복지부장관에게서 乙의 해외이주에 관한 허가도 받지 아니한 채 입양관계자에게 금전을 지급하면서 입양을 시도하고 비자면제프로그램을 이용하여 乙을 미국에 입국시키는 방법으로 乙을 입양하려고 한 점, 甲은 위 특례법상 요건·절차 등을 위반하여 입양을 시도하는 丙 등에게 협조하고 금전을 받았으며, 현재도 乙을 양육할 능력이 없다고 진술하면서 丙 등이 乙을 양육하는 것에 대하여 아무런 이의를 제기하지 아니하는 점 등에 비추어, 甲에게 친권을 행사할 수 없는 중대한 사유가 있고 甲의 乙에 대한 친권을 상실시키는 것이 乙의 복지를 위하여 필요하다고 한 사례.

[주　문]

1. 상대방의 사건본인에 대한 친권을 상실한다.
2. 사건본인의 후견인으로 소외 1(주민등록번호 생략, 주소 생략)을 선임한다.
3. 심판비용은 각자 부담한다.

[청구취지]

주위적 청구취지 : 주문 제1항 및 사건본인의 후견인으로 소외 1 또는 이 법원이 지정하는 후견인을 선임한다.
예비적 청구취지 : 상대방의 사건본인에 대한 입양동의권 및 거소지정권을 제한한다. 사건본인의 후견인으로 소외 1 또는 이 법원이 지정하는 후견인을 선임한다.

㈑ **친권상실을 선고한 사례**[121)]

[심판의 요지]

사건본인의 친권자 및 양육자였던 아들이 죽자 며느리를 상대로 사건본인의 조부가 친권상실을 청구한 사안에서, 사건본인의 양육 현황, 면접교섭 여부, 상대방인 며느리의 의사, 재혼 여부 등을 고려하여 친권상실을 인정한 사례

121) 부산가정법원 2011.9.9.자 2011느합* 심판

[주 문]

1. 상대방은 사건본인에 대한 친권을 상실한다.
2. 심판비용은 상대방이 부담한다.

[청구취지]

주문과 같다.

[이 유]

이 사건 기록과 심문 전체의 취지를 종합하면, 청구인의 아들인 망 최○○은 1992.8.27. 상대방과 혼인하여 사건본인을 자녀로 두었는데, 2003.2.25. 조정에 갈음하는 결정이 확정됨으로써 재판상 이혼을 하게 되었고 사건본인에 대한 친권자 및 양육자로 망 최○○을 지정한 사실, 이혼 이후 청구인은 사건본인의 조부로서 사건본인의 고모 최□□과 함께 사건본인을 양육해 온 사실, 상대방은 이혼 이후 청구인 및 사건본인과 거의 연락을 하지 않았고 2006.경 재혼하였으며 청구인의 이 사건 청구에 이의가 없다고 진술하고 있는 사실, 망 최○○은 2010.12.19. 사망한 사실을 각 인정할 수 있다.

위 인정사실에 의하면, 상대방이 사건본인을 위해 적절하게 친권을 행사하리라고 기대하기 어려우므로 상대방에게 사건본인에 대한 친권을 행사시킬 수 없는 중대한 사유가 있다고 할 것이다.

따라서 이 사건 심판청구는 이유 있으므로 이를 받아들이기로 하여 주문과 같이 심판한다.

(마) **검사의 청구에 의하여 친권상실을 선고한 사례**[122)]

[심판의 요지]

친권자인 아버지가 10세가 되지 아니한 친딸을 강제추행 및 강간을 하였다는 범죄사실로 유죄판결을 선고받고 술에 취해 친딸을 폭행하기도 한 사안에서, 검사가 친딸을 성폭행한 아버지에 대하여 친권상실의 심판을 청구하였고, 법원은 아버지가 친딸을 위하여 적절하게 친권을 행사할 것을 기대할 수 없다고 보아 친권상실을 선고한 사례

[주 문]

122) 대전가정법원 2012.10.10.자 2012느합6 심판

1. 상대방은 사건본인에 대한 친권을 상실한다.
2. 심판비용은 상대방이 부담한다.

[청구취지]

주문과 같다.

[이 유]

1. 인정사실

기록과 심문 전체의 취지에 의하면 다음 각 사실이 인정된다.

가. 상대방은 망 ○○○와 사이에 자녀로 ◇◇◇과 사건본인을 두었다.

나. 상대방은 2006. 여름 무렵 당시 만 8세인 사건본인을 강제추행하고, 2008. 겨울 무렵 및 2012.2.12. 사건본인을 강간하였다는 범죄사실로 2012.8.24. 징역 8년을 선고받고(○○지방법원 2012고합***호), 위 판결에 항소하였다(이후 유죄가 확정되었음).

다. 상대방은 술에 취해 사건본인에게 폭행을 휘두르기도 하였다.

2. 판단

위 인정사실에 의하면, 상대방이 사건본인을 위하여 적절하게 친권을 행사하리라고 기대하기 어려우므로 상대방에게는 사건본인에 대한 친권을 행사시킬 수 없는 중대한 사유가 있다.

3. 결론

그렇다면, 이 사건 친권상실청구는 이유 있으므로 이를 받아들이기로 하여 주문과 같이 심판한다.

라. 불복 등

(1) 즉시항고

친권상실선고 청구를 기각한 심판에 대하여는 청구인이(가소규 제94조제1항), 청구를 인용한 심판에 대하여는 상대방, 자녀의 친족, 검사 또는 지방자치단체의 장이 즉시항고를 할 수 있다(가소규 제103조, 민 제925조). 즉시항고는 심판을 고지받은 날부터 14일 이내에 하여야 하나, 심판이 고지되지 아니하는 자녀의 친족이 하는 즉시항고는 당사자(청구인 또는 상대방)에게 심판이 최후로 고지된 날부터 14일 이내에 하여야 한다(가소 제43조제5항, 가소규 제94조제3항).

(2) 심판의 효력

친권의 상실을 선고한 심판이 확정되면 당해 친권자는 그 권한이나 의무를 상실한다. 친권을 상실한 부모는 미성년자인 자녀가 혼인할 때 동의권을 행사할 수 없는 경우(민 제808조)에 해당한다고 볼 것이므로, 그 부모에게는 혼인동의권을 인정하지 않는 것이 타당하다.[123] 공동친권자 중 일방이 친권상실선고를 받으면 다른 일방이 단독친권자가 된다. 공동친권자인 부모 모두가 친권상실선고를 받으면 미성년후견이 개시된다. 이 경우 가정법원은 직권으로 미성년후견인을 선임하여 자녀의 보호에 공백이 생기지 않도록 하여야 한다(민 제932조제2항).

한편, 인지・이혼・혼인의 취소 등으로 단독친권자가 된 부 또는 모가 친권상실선고를 받은 경우에 다른 생존친이 있다면, 생존친・미성년자・미성년자의 친족은 그 사실을 안 날부터 1개월, 친권상실선고를 받은 날부터 6개월 내에 가정법원에 생존친을 친권자로 지정할 것을 청구할 수 있다(민 제927조의2제1항제1호➡제909조의2제1항).

다만, 친권의 상실이 선고된 경우에도 부모의 자녀에 대한 그 밖의 권리와 의무는 변경되지 아니한다(민 제925조의3). 이는 친권 행사에 제한이 있더라도 친권자로서의 나머지 의무를 다하여야 한다는 것을 주의적으로 규정한 것으로, 권리가 제한된 사람이 의무도 없음을 주장함으로 인해 발생할 수 있는 불필요한 분쟁을 예방하려는 취지이다.

마. 심판확정 후의 절차

(1) 친권상실의 신고

친권상실선고의 청구를 인용한 심판이 확정된 경우에는 청구인은 심판확정일부터 1개월 이내에 심판서의 등본 및 확정증명서를 첨부하여 그 취지를 시(구)・읍・면장에게 신고를 하여야 한다(가등 제79조제2항제1호➡제58조).

부록 [1]친권상실 [2]법률행위대리권 · 재산관리권([가]상실 [나]사퇴) 신고서] 참조

(2) 가족관계등록부 기록의 촉탁

친권상실선고의 청구를 인용한 심판이 확정되어 효력을 발생한 때에는 가정법원의 법원사무관 등은 재판장의 명을 받아 지체 없이 사건본인의

---

123) 가사실무제요(주2), 568면

등록기준지 관할 가족관계등록사무를 처리하는 자에게 가족관계등록부의 기록을 촉탁하여야 한다(가소 제9조, 가소규 제5조제1항, 제6조제1항).

(3) 가족관계등록부의 기록

친권이 상실된 경우에는 신고 또는 가정법원의 촉탁에 따라 가족관계등록부에 기록을 한다. 친권에 관한 사항은 미성년자의 등록부의 일반등록사항란에 기록한다(가등규 제53조).

부록 〔가족관계등록부 기재례 : 친권에 관한 부분〕 참조

[메모]

【서식 2-18】 친권의 일시정지 선고 심판청구서

친권의 일시정지 선고 심판 청구

청 구 인 □ □ □ (☎)
주민등록번호 :
주소 :
등록기준지 :
사건본인과의 관계 : 친족(할머니)

상 대 방 △ △ △ (☎)
주민등록번호 :
주소 :
등록기준지 :
사건본인과의 관계 : 친권자(어머니)

사건본인 ○ ○ ○
(미성년자) 주민등록번호 :
주소 :
등록기준지 :

청 구 취 지

1. 상대방의 사건본인에 대한 친권의 전부를 일시 정지한다.
2. 친권의 정지기간은 이 사건 심판 확정일로부터 2년으로 한다.
3. 심판비용은 상대방이 부담한다.

라는 심판을 구합니다.

청 구 원 인

1. 당사자의 관계

청구인은 사건본인의 할머니로서 친권 일시정지 선고의 청구적격자이고, 상대방은 사건본인의 어머니로서 현재 단독으로 친권을 행사하고 있는 자입니다.

2. 친권 일시정지 선고의 사유

가. 상대방은 20○.○.○. 청구외 망 ◇◇◇과 혼인신고를 마치고 20○.○.○. 그와의 사이에서 사건본인을 출산하였는데, 상대방과 ◇◇◇이 20○.○.○. 협의이혼을 하면서 사건본인의 친권자 및 양육자를 아버지인 ◇◇◇로 지정하였습니다.

나. 그 후 ◇◇◇은 20○.○.○. 교통사고로 인하여 갑자기 사망함에 따라 사건본인의 어머니인 상대방이 사건본인에 대한 친권을 행사하게 되었습니다.

다. 그러나 상대방은 그동안 사건본인에 대하여 ____________________ ____________________________________하는 등 친권을 부당하게 행사하고 있음이 최근 확인되었습니다.

3. 친권 일시정지 선고의 필요성

위와 같은 사유에도 불구하고 사건본인에 대한 상대방의 친권을 상실시켜 부모와 자녀의 관계를 완전히 단절시키는 것보다는 친권을 일시적으로 정지시킴으로써 가족관계를 유지하도록 하는 것이 사건본인의 복리를 위해 보다 적절하다고 할 것입니다.

4. 결론

그렇다면, 상대방에게 사건본인에 대한 친권자로서의 지위를 계속하여 부여하는 것은 사건본인의 복리를 현저히 해하는 것이므로, 상대방의 사건본인에 대한 친권을 일시 정지하는 선고를 받고자 이 청구에 이른 것입니다.

첨 부 서 류

1. 가족관계증명서(청구인, 상대방, 사건본인) 각 1통
1. 기본증명서(사건본인) 1통
1. 주민등록표등(초)본(청구인, 상대방, 사건본인) 각 1통
1. 청구서 부본 1통
1. 기타(소명자료) 1통

2015. ○. ○.

청구인 □ □ □ (인)

○○가정법원 귀중

【해 설】

가. 의의

부모가 자녀에게 신체적·성적 학대를 가하거나, 부양의무를 전혀 이행하지 아니하여 부모의 친권을 포괄적으로 정지시킬 필요가 있을 때 부모의 친권을 일시 정지할 수 있는 제도가 2014년 개정 민법에서 도입되었다. 즉, 가정법원은 부 또는 모가 친권을 남용하여 자녀의 복리를 현저히 해치거나 해칠 우려가 있는 경우에 일정한 자(자녀, 자녀의 친족, 검사 또는 지방자치단체의 장)의 청구에 의하여 친권의 일시정지를 선고할 수 있다(민 제924조제1항).

가정법원이 친권자의 동의를 갈음하는 재판(민 제922조의2)을 하더라도 부모가 법정대리인으로서 권리를 주장하여 법원의 조치를 무력화할 수 있다. 이러한 경우에 미성년자인 자녀를 보호하기 위하여 2014년 개정 민법은 친권의 일시정지와 일부제한 제도를 도입하였다. 그 중 일시정지 제도는 굳이 친권자의 친권을 영원히 박탈할 필요는 없고 일시적으로 친권을 행사하게 하면 충분한 경우에 이용할 수 있는 제도이다.[124)]

나. 심판청구

(1) 관할

친권의 일시정지 선고 사건은 **마류** 가사비송사건으로서 이에 대한 심리와 재판은 가정법원의 전속관할로 한다[가소 제2조제1항제2호나7)]. 토지관할은 상대방의 주소지(보통재판적이 있는 곳)의 가정법원(지방법원, 지원)이고(가소 제46조), 가정법원 **합의부**의 사물관할에 속한다(관할규 제3조).

(2) 청구권자 및 상대방

친권의 일시정지 선고 심판은 사건본인인 자녀, 자녀의 친족, 검사 또는 지방자치단체의 장이 청구하여야 한다(민 제924조제1항). 친권 일시정지 선고의 심판은 문제가 된 해당 친권자를 상대방으로 하여 청구하여야 하므로(가소규 제101조제1항), 청구의 상대방은 현재의 친권자이다.

(3) 청구서 기재사항

---

124) 송덕수(주48), 215면

심판청구서에는 당사자(사건본인 포함)의 등록기준지, 주소, 성명, 생년월일, 대리인이 청구할 때에는 대리인의 주소와 성명, 청구취지와 청구원인, 청구 연월일, 가정법원의 표시를 적고 청구인이나 대리인이 기명날인하여야 한다(가소 제36조제3항, 가소규 제20조). 특히 청구원인에는 친권 일시정지의 사유 및 필요성 등을 상세히 기재하는 것이 바람직하다. 심판청구서에는 상대방의 성명, 생년월일, 등록기준지 및 주소도 기재하여야 한다(가소규 제91조).

(4) 청구비용

심판청구의 수수료로서 사건본인 1인당 10,000원의 **수입인지**를 붙이고(가수규 제3조제1항), 12회분의 **송달료**(재판예규 제1522호)를 송달료취급은행에 예납하고 납부서를 심판청구서에 붙여야 한다.

(5) 첨부서류

심판청구서에는 청구인과 상대방 및 사건본인의 가족관계증명서 각 1통, 청구인과 상대방 및 사건본인의 주민등록표등(초)본 각 1통, 사건본인의 기본증명서 1통, 그 밖에 친권의 일시정지가 필요한 사유를 소명할 수 있는 자료를 첨부하여야 한다. 그 외에도 절차진행에 따라 추가서류가 필요할 수 있다. 또한 상대방용 청구서 부본도 함께 제출하여야 한다.

다. 심리와 심판

(1) 심리

(가) **조정전치** : 가정법원에 친권 일시정지 선고의 심판을 청구하려는 사람은 먼저 조정을 신청하여야 하고(가소 제50조제1항), 조정을 신청하지 아니하고 심판을 청구한 경우에는 가정법원은 그 사건을 조정에 회부하여야 함이 원칙이다(동조 제2항 본문).

(나) **심리의 대상** : 심리의 주된 대상은 청구인적격이 있는지, 친권의 일시정지를 선고할 사유에 해당하는지, 자녀의 복리에 적합한지 여부 등이다. 친권 일시정지의 사유는 부 또는 모가 친권을 남용하여 자녀의 복리를 현저히 해치거나 해칠 우려가 있는 경우이다.

㈐ **관계인의 심문** : 마류 가사비송사건의 심판은 특별한 사정이 없으면 사건관계인을 심문하여야 한다(가소 제48조).

(2) 심판

㈎ **심판의 원칙** : 가정법원은 가정의 평화와 사회정의를 위하여 가장 합리적인 방법으로 청구의 목적이 된 법률관계를 조정할 수 있는 내용의 심판을 하여야 한다(가소규 제93조제1항).

㈏ **친권 일시정지 선고의 보충성** : 친권의 일시정지 선고는 친권자의 동의를 갈음하는 재판(민 제922조의2) 또는 그 밖의 다른 조치에 의해서는 자녀의 복리를 충분히 보호할 수 없는 경우에만 할 수 있다(민 제925조의2 제2항). 이것은 친권남용의 정도에 부합하는 친권제한조치가 이루어져야 한다는 비례의 원칙을 명확히 규정한 것으로 2014년 개정 민법에서 신설되었다.

㈐ **친권의 일부에 대한 일시정지의** 可否 : 친권의 일부에 대하여 일시정지를 선고할 수 있는지 의문이다. 민법 제924조 제1항의 문리해석에 의하면 친권 전부에 대한 일시정지 선고만 가능한 것처럼 보이기 때문이다. 그러나 민법 제925조의3에 반영된 비례의 원칙을 감안한다면 친권의 일부에 대한 일시정지, 즉 친권의 일부제한과 일시정지를 결합한 형태의 선고도 당연히 허용된다는 견해[125]가 유력하다.

㈑ **친권의 정지 기간** : 가정법원은 친권의 일시정지를 선고할 때에는 자녀의 상태, 양육상황, 그 밖의 사정을 고려하여 그 기간을 정하여야 한다. 이 경우 그 기간은 2년을 넘을 수 없다(민 제924조제2항). 가정법원은 자녀의 복리를 위하여 친권의 일시정지 기간의 연장이 필요하다고 인정하는 경우에는 자녀, 자녀의 친족, 검사, 지방자치단체의 장, 미성년후견인 또는 미성년후견감독인의 청구에 의하여 2년의 범위에서 그 기간을 한 차례만 연장할 수 있다(동조 제3항). 가정법원이 직권으로 기간을 연장할 수는 없는데, 그 이유는 법원이 기간만료를 알 수 있는 제도적 장치가 없기 때문이다. 그 대신 미성년후견인이나 미성년후견감독인이 기간

125) 권재문, "친권의 제한·정지 제도 도입을 위한 검토사항", 가족법연구 제28권 제1호(2014.3), 38면 ; 송덕수(주13), 216면 ; 주해친족법(주130), 1134면

연장 청구를 할 수 있도록 하여 기간의 공백을 메울 수 있게 하였다.[126)]

(3) 심판의 고지 등

심판은 당사자와 절차에 참가한 이해관계인에게 고지하여야 한다(가소규 제25조). 심판의 효력은 심판을 받을 사람이 심판을 고지받음으로써 발생한다. 즉시항고를 할 수 있는 심판은 확정되어야 효력이 있다(가소 제40조).

라. 불복 등

(1) 즉시항고

친권 일시정지 선고의 청구를 기각한 심판에 대하여는 청구인이(가소규 제94조제1항), 청구를 인용한 심판에 대하여는 상대방, 자녀의 친족, 검사 또는 지방자치단체의 장이 즉시항고를 할 수 있다(가소규 제103조, 민 제925조). 즉시항고는 심판을 고지받은 날부터 14일 이내에 하여야 하나, 심판이 고지되지 아니하는 자녀의 친족이 하는 즉시항고는 당사자(청구인 또는 상대방)에게 심판이 최후로 고지된 날부터 14일 이내에 하여야 한다(가소 제43조제5항, 가소규 제94조제3항).

(2) 심판의 효과

친권의 일시정지를 선고한 심판이 확정되면 당해 친권자는 그 기간 동안에는 친권을 행사할 수 없다. 공동친권자 중 일방이 친권의 일시정지를 선고받으면 다른 일방이 단독친권자가 된다. 공동친권자인 부모 모두가 친권의 일시정지를 선고받으면 미성년후견이 개시된다(민 제928조). 이 경우 가정법원은 직권으로 미성년후견인을 선임하여 자녀의 보호에 공백이 생기지 않도록 하여야 한다(민 제932조제2항).

한편, 인지 · 이혼 · 혼인의 취소 등으로 단독친권자가 된 부 또는 모가 친권의 일시정지 선고를 받은 경우에 다른 생존친이 있다면, 생존친·미성년자·미성년자의 친족은 그 사실을 안 날부터 1개월, 친권의 일시정지 선고를 받은 날부터 6개월 내에 가정법원에 생존친을 친권자로 지정할 것을 청구할 수 있다(민 제927조의2제1항제1의2호➡제909조의2 제1항).

---

126) 송덕수(주48), 215면

다만, 친권의 일시정지가 선고된 경우에도 부모의 자녀에 대한 그 밖의 권리와 의무는 변경되지 아니한다(민 제925조의3). 이는 친권 행사에 제한이 있더라도 친권자로서의 나머지 의무를 다하여야 한다는 것을 주의적으로 규정한 것으로, 권리가 제한된 사람이 의무도 없음을 주장함으로 인해 발생할 수 있는 불필요한 분쟁을 예방하려는 취지이다.

마. 심판확정 후의 절차

(1) 친권 일시정지의 신고

친권의 일시정지를 선고한 심판이 확정된 경우에는 청구인은 심판확정일부터 1개월 이내에 심판서의 등본 및 확정증명서를 첨부하여 그 취지를 시(구)·읍·면장에게 신고를 하여야 한다(가등 제79조제2항제3호➡제58조).

부록 [①친권상실 ②법률행위대리권 · 재산관리권(㉮상실 ㉯사퇴) 신고서] 참조

(2) 가족관계등록부 기록의 촉탁

친권의 일시정지를 선고한 심판이 확정되어 효력을 발생한 때에는 가정법원의 법원사무관 등은 재판장의 명을 받아 지체 없이 사건본인의 등록기준지 관할 가족관계등록사무를 처리하는 자에게 가족관계등록부의 기록을 촉탁하여야 한다(가소 제9조, 가소규 제5조제1항제1호, 제6조제1항).

(3) 가족관계등록부의 기록

친권이 일시정지된 경우에는 신고 또는 가정법원의 촉탁에 따라 가족관계등록부에 기록을 한다. 친권에 관한 사항은 미성년자의 등록부의 일반등록사항란에 기록한다(가등규 제53조).

부록 [가족관계등록부 기재례 : 친권에 관한 부분] 참조

【서식 2-19】 친권의 일부제한 선고 심판청구서

친권의 일부제한 선고 심판 청구

청 구 인 □ □ □ (☎)
주민등록번호 :
주소 :
등록기준지 :
사건본인과의 관계 : 친족(할아버지)

상 대 방 △ △ △ (☎)
주민등록번호 :
주소 :
등록기준지 :
사건본인과의 관계 : 친권자(어머니)

사건본인 ○ ○ ○
(미성년자) 주민등록번호 :
주소 :
등록기준지 :

청 구 취 지

1. 상대방의 사건본인에 대한 친권 중 일부를 제한한다.
2. 친권이 제한되는 범위는 별지 목록 기재와 같다.
3. 심판비용은 상대방이 부담한다.

라는 심판을 구합니다.

청 구 원 인

1. 당사자의 관계

청구인은 사건본인의 할아버지로서 친권 일부제한 선고의 청구적격자이고, 상대방은 사건본인의 어머니로서 현재 단독으로 친권을 행사하고 있는 자입니다.

2. 친권의 일부를 제한해야 할 사유

가. 상대방은 20○.○.○. 청구외 망 ◇◇◇과 혼인신고를 마치고 20○.○.○. 그와의 사이에서 사건본인을 출산하였는데, ◇◇◇은 20○.○.○. 교통사고로 인하여 사망함에 따라 사건본인의 어머니인 상대방이 사건본인에 대하여 단독으로 친권을 행사하게 되었습니다.

나. 그러나 위급한 수술과 수혈이 필요한 사건본인에 대하여 상대방은 개인적·종교적 신념으로 치료를 거부함으로써 사건본인의 생명에 위험을 초래하고 있는바, 이것은 친권행사라는 미명 하에 사건본인의 신상에 관한 결정권을 부당하게 행사하는 것입니다.

3. 친권 일부제한 선고의 필요성

가. 지속적인 치료가 필요한 사건본인의 질병은 수술동의 등 단 1회의 행위에 대하여 친권자의 동의에 갈음하는 재판(민법 제922조의2)만으로는 사건본인의 복리를 충분히 보호할 수 없다고 할 것입니다.

나. 또한 상대방의 친권을 완전히 상실시켜 부모와 자녀의 관계를 단절시키는 것보다는 별지 목록 기재와 같은 특정한 범위에서 친권의 일부를 제한하는 것이 사건본인의 복리를 위해 적절하다고 할 것입니다.

4. 결론

그렇다면, 사건본인의 신상결정에 관하여 상대방에게 친권자로서의 지위를 부여하는 것은 사건본인의 복리를 해치는 것이므로, 상대방의 사건본인에 대한 친권 중 신상결정권을 일시 제한하는 선고를 받고자 이 청구에 이른 것입니다.

첨 부 서 류

1. 가족관계증명서(청구인, 상대방, 사건본인) 각 1통
1. 기본증명서(사건본인) 1통
1. 주민등록표등(초)본(청구인, 상대방, 사건본인) 각 1통
1. 청구서 부본 1통
1. 기타(소명자료) 1통

2015. ○. ○.

청구인 □ □ □ (인)

○○가정법원 귀중

【해 설】

가. 의의

가정법원은 거소의 지정이나 징계, 그 밖의 신상에 관한 결정 등 특정한 사항에 관하여 친권자가 친권을 행사하는 것이 곤란하거나 부적당한 사유가 있어 자녀의 복리를 해치거나 해칠 우려가 있는 경우에는 일정한 청구권자(자녀, 자녀의 친족, 검사 또는 지방자치단체의 장)의 청구에 의하여 구체적인 범위를 정하여 친권의 제한을 선고할 수 있다(제924조의2).

친권자가 친권을 부당하게 행사하는 사정에 따라서는 친권의 일부만 행사하지 못하도록 제한하면 충분한 경우가 있다. 가령 부모가 다른 부분에서는 문제가 없는데 교육에 관하여만 학교교육에 반대하여 취학연령이 된 자녀를 학교에 보내지 않는 경우, 또는 자녀의 치료에는 동의하나 수혈만은 절대로 못하게 하는 경우에는, 해당하는 사항에 관하여만 친권을 제한하는 것이 바람직하다. 그러한 경우에 친권의 일부제한 제도를 이용할 수 있다.[127)]

나. 심판청구

(1) 관할

친권의 일부제한 선고 사건은 **마류** 가사비송사건으로서 이에 대한 심리와 재판은 가정법원의 전속관할로 한다[가소 제2조제1항제2호나7)]. 토지관할은 상대방의 주소지(보통재판적이 있는 곳)의 가정법원(지방법원, 지원)이고(가소 제46조), 가정법원 **합의부**의 사물관할에 속한다(관할규 제3조).

(2) 청구권자 및 상대방

친권의 일부제한 선고 심판은 사건본인인 자녀, 자녀의 친족, 검사 또는 지방자치단체의 장이 청구할 수 있다(민 제924조의2). 친권의 일부제한 선고의 심판은 문제가 된 해당 친권자를 상대방으로 하여 청구하여야 하므로(가소규 제101조제1항), 청구의 상대방은 현재의 친권자이다.

(3) 청구서 기재사항

심판청구서에는 당사자(사건본인 포함)의 등록기준지, 주소, 성명, 생년월

---

127) 송덕수(주48), 216면

일, 대리인이 청구할 때에는 대리인의 주소와 성명, 청구취지와 청구원인, 청구 연월일, 가정법원의 표시를 적고 청구인이나 대리인이 기명날인하여야 한다(가소 제36조제3항, 가소규 제20조). 특히 청구원인에는 친권 일부제한의 사유 및 필요성 등을 상세히 기재하는 것이 바람직하다. 심판청구서에는 상대방의 성명, 생년월일, 등록기준지 및 주소도 기재하여야 한다(가소규 제91조).

(4) 청구비용

심판청구의 수수료로서 사건본인 1인당 10,000원의 **수입인지**를 붙이고(가수규 제3조제1항), 12회분의 **송달료**(재판예규 제1522호)를 송달료취급은행에 예납하고 납부서를 심판청구서에 붙여야 한다.

(5) 첨부서류

심판청구서에는 청구인과 상대방 및 사건본인의 가족관계증명서 각 1통, 청구인과 상대방 및 사건본인의 주민등록표등(초)본 각 1통, 사건본인의 기본증명서 1통, 그 밖에 친권 일부제한의 사유를 소명할 수 있는 자료를 첨부하여야 한다. 위 서류 외에도 절차진행에 따라 추가서류가 필요할 수 있다. 또한 상대방용 청구서 부본도 함께 제출하여야 한다.

다. 심리와 심판

(1) 심리

㈎ **조정전치** : 가정법원에 친권 일부제한 선고의 심판을 청구하려는 사람은 먼저 조정을 신청하여야 하고(가소 제50조제1항), 조정을 신청하지 아니하고 심판을 청구한 경우에는 가정법원은 그 사건을 조정에 회부하여야 함이 원칙이다(동조 제2항 본문). 그러나 조정의 성립만으로 친권의 일시정지의 효과가 생기지는 않는다.

㈏ **심리의 대상** : 심리의 주된 대상은 청구인적격이 있는지, 친권 일부제한 선고의 사유에 해당하는지, 자녀의 복리에 적합한지 여부 등이다. 친권의 일부제한 선고는 거소의 지정이나 징계, 그 밖의 신상에 관한 결정 등 특정한 사항에 관하여 친권자가 친권을 행사하는 것이 곤란

하거나 부적당한 사유가 있어 자녀의 복리를 해치거나 해칠 우려가 있는 경우이어야 한다.

㈐ **관계인의 심문** : 마류 가사비송사건의 심판은 특별한 사정이 없으면 사건관계인을 심문하여야 한다(가소 제48조).

(2) 심판

㈎ **심판의 원칙** : 가정법원은 가정의 평화와 사회정의를 위하여 가장 합리적인 방법으로 청구의 목적이 된 법률관계를 조정할 수 있는 내용의 심판을 하여야 한다(가소규 제93조제1항).

㈏ **친권 일부제한 선고의 보충성** : 친권의 일부제한 선고는 친권자의 동의를 갈음하는 재판(민 제922조의2) 또는 그 밖의 다른 조치에 의해서는 자녀의 복리를 충분히 보호할 수 없는 경우에만 할 수 있다(민 제925조제2항). 이것은 친권남용의 정도에 부합하는 친권제한조치가 이루어져야 한다는 비례의 원칙을 명확히 규정한 것으로 2014년 개정 민법에서 신설되었다.

㈐ **친권 일부제한의 범위 결정** : 친권의 일부제한을 선고할 때에는 거소의 지정이나 징계, 그 밖의 신상에 관한 결정 등 특정한 사항에 관하여 구체적인 범위를 정하여야 한다.

(3) 심판의 고지 등

심판은 당사자와 절차에 참가한 이해관계인에게 고지하여야 한다(가소규 제25조). 심판의 효력은 심판을 받을 사람이 심판을 고지받음으로써 발생한다. 즉시항고를 할 수 있는 심판은 확정되어야 효력이 있다(가소 제40조).

라. 불복 등

(1) 즉시항고

친권 일부제한 선고의 청구를 기각한 심판에 대하여는 청구인이(가소규 제94조제1항), 청구를 인용한 심판에 대하여는 상대방, 자녀의 친족, 검사 또는 지방자치단체의 장이 즉시항고를 할 수 있다(가소규 제103조, 민 제925

조). 즉시항고는 심판을 고지받은 날부터 14일 이내에 하여야 하나, 심판이 고지되지 아니하는 자녀의 친족이 하는 즉시항고는 당사자(청구인 또는 상대방)에게 심판이 최후로 고지된 날부터 14일 이내에 하여야 한다(가소 제43조제5항, 가소규 제94조제3항).

(2) 심판의 효과

친권의 일부제한을 선고한 심판이 확정되면 해당 친권자는 거소의 지정이나 징계, 그 밖의 신상에 관한 결정 등 특정한 사항에 관하여 친권을 행사할 수 없다. 공동친권자 중 일방이 친권의 일부제한을 선고받으면 특정한 사항에 관하여 다른 일방이 단독친권자가 된다. 공동친권자인 부모 모두가 친권의 일부제한을 선고받으면 특정한 사항에 관하여 미성년후견이 개시된다(민 제928조). 가정법원은 친권의 일부제한의 선고에 따라 미성년후견인을 선임할 필요가 있는 경우에는 직권으로 미성년후견인을 선임하여 자녀의 보호에 공백이 생기지 않도록 하여야 한다(민 제932조제2항).

한편, 인지·이혼·혼인의 취소 등으로 인하여 단독친권자가 된 부 또는 모가 친권의 일부제한 선고를 받은 경우에 다른 생존친이 있다면, 생존친·미성년자·미성년자의 친족은 그 사실을 안 날부터 1개월, 친권의 일부제한 선고가 확정된 날부터 6개월 내에 가정법원에 생존친을 친권자로 지정할 것을 청구할 수 있다(민 제927조의2제1항제1의2호➡제909조의2제1항). 이 기간 내에 친권자 지정의 청구가 없으면 가정법원은 직권 또는 청구에 의하여 미성년후견인을 선임할 수 있다(민 제909조의2제3항). 친권자 지정 청구나 미성년후견인 선임 청구가 미성년자의 복리를 위하여 적절하지 아니하다고 인정하면 가정법원은 그 청구를 기각할 수 있고, 이 경우 직권으로 미성년후견인을 선임하거나 생존친을 친권자로 지정하여야 한다(민 제909조의2제4항). 다만, 친권 일부제한의 선고가 있는 경우 새로 정하여진 친권자 또는 미성년후견인의 임무는 제한된 친권의 범위에 속하는 행위에 한정된다(민 제927조의2제1항 단서, 제1의3호).

다만, 친권의 일부제한이 선고된 경우에도 부모의 자녀에 대한 그 밖의 권리와 의무는 변경되지 아니한다(민 제925조의3). 이는 친권 행사에 제한이 있더라도 친권자로서의 나머지 의무를 다하여야 한다는 것을 주의적으로 규정한 것으로, 권리가 제한된 사람이 의무도 없음을 주장함으로 인해 발생할 수 있는 불필요한 분쟁을 예방하려는 취지이다.

라. 심판확정 후의 절차

(1) 친권 일부제한의 신고

친권의 일부제한을 선고한 심판이 확정된 경우에는 청구인은 심판확정일부터 1개월 이내에 심판서의 등본 및 확정증명서를 첨부하여 그 취지를 시(구)·읍·면장에게 신고를 하여야 한다(가등 제79조제2항제3호➡제58조).

부록 (①친권상실 ②법률행위대리권 · 재산관리권(㉮상실 ㉯사퇴) 신고서) 참조

(2) 가족관계등록부 기록의 촉탁

친권의 일부제한을 선고한 심판이 확정되어 효력을 발생한 때에는 가정법원의 법원사무관 등은 재판장의 명을 받아 지체 없이 사건본인의 등록기준지 관할 가족관계등록사무를 처리하는 자에게 가족관계등록부의 기록을 촉탁하여야 한다(가소 제9조, 가소규 제5조제1항제1호, 제6조제1항).

(3) 가족관계등록부의 기록

친권이 일부제한된 경우에는 신고 또는 가정법원의 촉탁에 따라 가족관계등록부에 기록을 한다. 친권에 관한 사항은 미성년자의 등록부의 일반등록사항란에 기록한다(가등규 제53조).

부록 (가족관계등록부 기재례 : 친권에 관한 부분) 참조

[메모]

【서식 2-20】 법률행위 대리권·재산관리권의 상실선고 심판청구서

친권자의 법률행위 대리권 및 재산관리권 상실선고 심판 청구

청 구 인　□ □ □ (☎)
주민등록번호 :
주소 :
등록기준지 :
사건본인과의 관계 : 친족(조부)

상 대 방　◇ ◇ ◇ (☎)
주민등록번호 :
주소 :
등록기준지 :
사건본인과의 관계 : 친권자(母)

사건본인 (자 녀)　○ ○ ○
주민등록번호 :
주소 :
등록기준지 :

청 구 취 지

1. 상대방의 사건본인에 대한 친권 중 법률행위 대리권 및 재산관리권을 상실한다.
2. 심판비용은 상대방의 부담으로 한다.

라는 심판을 구합니다.

청 구 원 인

1. 당사자들의 신분관계

가. 청구인은 사건본인의 조부(祖父)이고, 상대방은 사건본인의 법률상 모(母)입니다.

나. 상대방은 1998.○.○. 청구외 망 △△△과 혼인신고를 마치고 그와의 사이에서 2000.○.○. 사건본인을 출산하였는데, 상대방과 △△△이 2004.○.○. 협의이혼을 하면서 사건본인의 친권자를 부(父) △△△로 지정하였습니다.

다. 그 후 △△△은 사건본인을 양육하여 오다가 2011.○.○. 갑자기 사망함에 따라 상대방이 사건본인에 대한 친권을 행사하게 되었습니다.

2. 법률행위 대리권 및 재산관리권 상실선고의 원인

상대방은 사건본인에 대한 친권을 행사하게 된 것을 기화로 수시로 사건본인 명의의 통장에서 현금을 인출한 후 상습적으로 도박을 하거나 다른 남자와 동거하면서 생활비로 탕진한 사실이 있으며, 사건본인이 △△△로부터 상속받은 별지 목록 기재 부동산의 매각을 시도하는 등 호시탐탐 기회를 엿보고 있습니다.

3. 결론

그렇다면, 위와 같은 상대방의 행위는 부적당한 관리로 인하여 자녀인 사건본인의 재산을 위태롭게 한 경우에 해당한다고 할 것이므로, 상대방의 친권 중 법률행위의 대리권과 재산관리권 상실의 선고를 받고자 이 청구에 이른 것입니다.

첨 부 서 류

1. 가족관계증명서(청구인, 상대방, 사건본인)	각 1통
1. 기본증명서(사건본인)	1통
1. 주민등록표등(초)본(청구인, 상대방, 사건본인)	각 1통
1. 부동산등기사항증명서	1통
1. 청구서 부본	1통
1. 기타(소명자료)	1통

2015. ○. ○.

청구인 □ □ □ (인)

○○가정법원 귀중

【해 설】

가. 의의

친권은 부모의 자녀에 대한 권리일 뿐만 아니라 자녀의 복리를 위한 의무이기도 하므로, 친권을 행사함에 있어서는 자녀의 복리를 우선적으로 고려하여야 한다(민 제912조). 따라서 이와 같은 의무에 위반하는 때에는 국가권력의 후견적 개입에 의하여 친권의 권능 중 일부인 법률행위

대리권과 재산관리권을 배제하는 것이 허용된다.

민법은 법정대리인인 친권자가 **부적당한 관리**로 인하여 자녀의 재산을 위태롭게 한 경우에는 가정법원은 자녀의 친족, 검사 또는 지방자치단체의 장의 청구에 의하여 그 법률행위의 대리권과 재산관리권의 상실을 선고할 수 있도록 규정하고 있다(민 제925조).

민법 제925조에서 규정한 법률행위 대리권·재산관리권의 상실선고 사건은 친권자의 지정·변경이나 양육자의 지정과 마찬가지로 부모의 친권을 둘러싼 분쟁이기는 하나, 부모 이외에 친족이나 검사 등 제3자의 개입이 전제되어 있고, 부모의 혼인이 계속 중인지가 문제되지 않으며, 당사자의 협의에 따른 처리가 허용되지 않고 반드시 심판에 따라야만 한다는 등의 점에서 차이가 있다. 또한 이 사건은 친권자인 부모의 의사에 불구하고 그 친권 일부의 배제를 선고하는 것임에 비하여, 라류 가사비송사건인 친권자의 법률행위 대리권·재산관리권의 사퇴는 친권자가 그의 자유로운 의사에 기하여 자발적으로 하는 것이라는 점에서 다르다.[128]

나. 심판청구

(1) 관할

법률행위 대리권·재산관리권의 상실선고 사건은 **마류** 가사비송사건으로서 이에 대한 심리와 재판은 가정법원의 전속관할로 한다[가소 제2조제1항제2호 나7)]. 토지관할은 상대방의 주소지(보통재판적이 있는 곳)의 가정법원(지방법원, 지원)이고(가소 제46조), 가정법원 **합의부**의 사물관할에 속한다(관할규 제3조).

부모 모두를 상대방으로 하여 법률행위의 대리권·재산관리권 상실선고를 청구하는 경우에는 가사비송사건의 주관적 병합청구로서 민사소송법 중 공동소송에 관한 규정을 준용하며(가소 제47조), 상대방으로 되는 부모의 보통재판적이 다를 때에는 관련재판적(민소 제25조)의 규정에 따라 그 중 1명의 보통재판적이 있는 곳의 가정법원에 심판청구를 할 수 있다.[129]

(2) 청구권자

법률행위의 대리권과 재산관리권의 상실선고 심판은 자녀의 친족, 검사 또는 지방자치단체의 장이 청구할 수 있다(민 제925조). 사건본인인 자녀 자신은 청구권자가 될 수 없다.

---

128) 가사실무제요(주2), 556면
129) 가사실무제요(주2), 559면

(3) 상대방

법률행위의 대리권과 재산관리권의 상실선고 심판은 법정대리인인 친권자를 상대방으로 하여야 하므로(민 제925조, 가소규 제101조제1항), 청구의 상대방은 문제가 된 현재의 친권자이다. 부모가 공동으로 친권을 행사하는 경우에도 대리권·재산관리권의 상실은 개별적으로 하여야 하므로, 부모 모두의 대리권·재산관리권의 상실선고를 청구하는 것은 두 개의 사건이 병합된 것으로 본다.

(4) 청구서 기재사항

심판청구서에는 당사자(사건본인 포함)의 등록기준지, 주소, 성명, 생년월일, 대리인이 청구할 때에는 대리인의 주소와 성명, 청구 취지와 청구 원인, 청구 연월일, 가정법원의 표시를 적고 청구인이나 대리인이 기명날인하여야 한다(가소 제36조제3항, 가소규 제20조). 특히 청구원인에는 법률행위 대리권·재산관리권 상실의 원인이 된 사정 등을 상세히 기재하는 것이 바람직하다. 또한 심판청구서에는 상대방의 성명, 생년월일, 등록기준지 및 주소도 기재하여야 한다(가소규 제91조).

(5) 청구비용

심판청구의 수수료로서 사건본인 1인당 10,000원의 **수입인지**를 붙이고(가수규 제3조제1항), 12회분의 **송달료**(재판예규 제1522호)를 송달료취급은행에 예납하고 납부서를 심판청구서에 붙여야 한다.

(6) 첨부서류

심판청구서에는 청구인과 상대방 및 사건본인의 가족관계증명서 각 1통, 청구인과 상대방 및 사건본인의 주민등록표등(초)본 각 1통, 사건본인의 기본증명서 1통, 그 밖에 법률행위 대리권ㆍ재산관리권 상실 원인을 소명할 수 있는 자료를 첨부하여야 한다. 위 서류 외에도 절차진행에 따라 추가서류가 필요할 수도 있다. 또한 상대방용 청구서 부본도 함께 제출하여야 한다.

다. 심리와 심판

(1) 심리

㈎ **조정전치** : 가정법원에 법률행위의 대리권·재산관리권 상실 선고의 심판을 청구하려는 사람은 먼저 조정을 신청하여야 하고(가소 제50조제1항), 조정을 신청하지 아니하고 심판을 청구한 경우에는 가정법원은 그 사건을 조정에 회부하여야 함이 원칙이다(동조 제2항 본문).

그러나 법률행위 대리권·재산관리권의 상실선고청구권의 포기는 성질상 허용되지 아니하는 것이어서 대리권·재산관리권의 상실선고는 당사자가 임의로 처분할 수 없는 사항에 해당하므로, 대리권·재산관리권 상실선고청구권의 포기를 내용으로 하는 조정은 허용되지 아니한다. 따라서 조정은 친권자의 친권 행사의 적정을 확보하기 위한 수단의 마련을 중심으로 한 간접적이고 우회적인 것이 될 수밖에 없다. 다만, 이 경우에도 자녀의 주요재산을 자녀가 성년에 달할 때까지 친권자가 아닌 제3자로 하여금 관리하게 하는 내용의 조정은 법률행위 대리권·재산관리권의 상실선고가 있는 것과 동일한 효과를 가져오는 것이어서 허용되지 않는다.[130]

㈏ **심리의 대상** : 청구인적격이 있는지, 대리권·재산관리권 상실의 사유에 해당하는지, 자녀의 복리에 적합한지 여부 등이 심리의 주된 대상이다. 법률행위의 대리권·재산관리권 상실선고의 사유는 친권자의 부적당한 관리로 인하여 자녀의 재산을 위태롭게 한 경우이다. 따라서 친권자의 법률행위 대리권과 재산관리권만을 상실시키려면 친권자가 자녀의 재산을 제대로 관리하지 못하여 위태롭게 만든 사실이 있거나 그럴 우려가 있어야 한다. 적극적으로 부당한 행위를 한 경우는 물론 소극적으로 적당한 조치를 취하지 아니하여 자녀의 재산을 멸실 또는 감소시켰거나 그러한 위험이 있는 경우도 포함된다. 친권자가 자녀를 보호·교양하는 데에는 문제가 없더라도 재산관리능력이 부족하여 자녀의 재산을 위태롭게 할 가능성이 있는 때에는 대리권 및 관리권을 상실시킬 수 있다. 그러나 생활능력이 없는 친권자가 자신과 자녀의 생활에 필요한 비용을 마련하기 위하여 자녀의 재산을 처분한 경우라면 대리권과 관리권 상실의 원인이 된다고 보기 어렵다.[131] 단순히 친권자가 행방불명이더라도 그것

---

130) 가사실무제요(주2), 563면

131) 대법원 1962.9.20. 선고 62다287 판결

만으로는 부적당한 관리에 해당한다고 보기 어렵다.[132] 자녀의 재산에 대한 부적당한 관리가 자녀의 복리를 현저히 해하는 정도에 이를 경우에는 동시에 친권상실선고의 사유가 될 수도 있다.[133]

㈐ **관계인의 심문** : 마류 가사비송사건의 심판은 특별한 사정이 없으면 사건관계인을 심문하여야 한다(가소 제48조).

(2) 심판

㈎ **심판의 원칙** : 가정법원은 가정의 평화와 사회정의를 위하여 가장 합리적인 방법으로 청구의 목적이 된 법률관계를 조정할 수 있는 내용의 심판을 하여야 한다(가소규 제93조제1항).

㈏ **법률행위 대리권·재산관리권 상실 선고의 보충성** : 법률행위의 대리권과 재산관리권의 상실 선고는 친권자의 동의를 갈음하는 재판(민 제922조의2) 또는 그 밖의 다른 조치에 의해서는 자녀의 복리를 충분히 보호할 수 없는 경우에만 할 수 있다(민 제925조제2항).

㈐ **사전처분** : 법률행위 대리권·재산관리권의 상실 선고와 관련하여, 청구인이 미리 자녀의 재산에 대한 관리·처분권 등을 확보하기를 원하는 경우에는 법률행위 대리권·재산관리권의 행사 정지 및 그 대행자 지정과 같은 사전처분을 활용하도록 한다.

㈑ **청구취지의 구속력** : 법률행위 대리권·재산관리권의 상실선고 청구사건에서 그 사유가 친권상실의 사유에 해당한다고 인정되는 경우에도 친권상실을 선고하는 것은 청구를 넘어서는 것이어서 당사자로 하여금 청구취지를 변경하게 하지 아니하고서는 친권상실선고를 할 수 없다.[134]

㈒ **자녀가 여러 명인 경우** : 한편, 친권에 따르는 미성년자인 자녀가 여러 명인 경우에 일부 자녀에 대한 법률행위 대리권·재산관리권의 상실을 선고하고 나머지 자녀에 대한 관계에서는 법률행위 대리권·재산관리권을 유지하게 할 수도 있다고 할 것이다.

---

132) 대법원 1960.7.14. 선고 4292민상430 판결

133) 가사실무제요(주2), 562면

134) 가사실무제요(주2), 171면, 563~564면 ; 김주수·김상용(주46), 430면

(3) 심판의 고지

심판은 당사자와 절차에 참가한 이해관계인에게 고지하여야 한다(가소규 제25조). 심판의 효력은 심판을 받을 사람이 심판을 고지받음으로써 발생한다. 즉시항고를 할 수 있는 심판은 확정되어야 효력이 있다(가소 제40조).

라. 불복 등

(1) 즉시항고

법률행위 대리권·재산관리권의 상실선고 청구를 기각한 심판에 대하여는 청구인이(가소규 제94조제1항), 청구를 인용한 심판에 대하여는 상대방, 자녀의 친족, 검사 또는 지방자치단체의 장이 즉시항고를 할 수 있다(가소규 제103조, 민 제925조). 즉시항고는 심판을 고지받은 날부터 14일 이내에 하여야 하나, 심판이 고지되지 아니하는 자녀의 친족이 하는 즉시항고는 당사자(청구인 또는 상대방)에게 심판이 최후로 고지된 날부터 14일 이내에 하여야 한다(가소 제43조제5항, 가소규 제94조제3항).

(2) 심판의 효력

상실선고 심판의 확정에 의하여 친권자는 법률행위의 대리권과 재산관리권을 상실한다. 하지만 부모의 자녀에 대한 그 밖의 권리와 의무는 변경되지 아니한다(민 제925조의3). 따라서 자녀의 신분에 관한 사항에 대해서는 계속하여 친권자의 신분을 유지하므로, 자녀를 보호·교양할 의무와 권리가 있다.

공동친권자인 부모의 일방이 대리권·관리권을 상실한 경우에는 신분에 관한 사항에 대해서는 부모가 공동으로 친권을 행사하고, 재산에 관한 사항에 대해서는 다른 일방이 단독으로 친권을 행사하게 된다.

한편, 부모 쌍방 또는 단독친권자가 법률행위 대리권·관리권을 상실한 경우에는 그 부분에 대하여 후견이 개시되어 미성년후견인이 자녀의 재산을 관리하게 된다(민 제928조).

마. 심판확정 후의 절차

(1) 법률행위 대리권·재산관리권 상실의 신고

법률행위 대리권·재산관리권 상실선고의 청구를 인용한 심판이 확정된 경우에는 청구인은 심판확정일부터 1개월 이내에 심판서의 등본 및 확정증명서를 첨부하여 그 취지를 시(구)·읍·면장에게 신고를 하여야 한다(가등 제79조제2항제1호➡제58조).

부록 (①친권상실 ②법률행위대리권 · 재산관리권(㉮상실 ㉯사퇴) 신고서) 참조

(2) 가족관계등록부 기록의 촉탁

법률행위 대리권·재산관리권 상실선고의 청구를 인용한 심판이 확정되어 효력을 발생한 때에는 가정법원의 법원사무관 등은 재판장의 명을 받아 지체 없이 사건본인의 등록기준지 관할 가족관계등록사무를 처리하는 자에게 가족관계등록부의 기록을 촉탁하여야 한다(가소 제9조, 가소규 제5조제1항, 제6조제1항).

(3) 가족관계등록부의 기록

법률행위 대리권·재산관리권이 상실된 경우에는 신고 또는 가정법원의 촉탁에 따라 가족관계등록부에 기록을 한다. 친권에 관한 사항은 미성년자의 등록부의 일반등록사항란에 기록한다(가등규 제53조).

부록 (가족관계등록부 기재례 : 친권에 관한 부분) 참조

[메모]

【서식 2-21】 친권행사 정지 및 친권대행자 선임 사전처분 신청서

친권 등 행사 정지 및 대행자 선임 사전처분 신청

신 청 인 □ □ □ (☎)
주민등록번호 :
주소 :
등록기준지 :
사건본인과의 관계 : 친족

피신청인 △ △ △ (☎)
(상대방) 주민등록번호 :
주소 :
등록기준지 :
사건본인과의 관계 : 친권자(母)

사건본인 ○ ○ ○
(자 녀) 주민등록번호 :
주소 :
등록기준지 :

신 청 취 지

1. 귀원 2014느합○○호 친권(또는 법률행위 대리권 · 재산관리권)상실선고 사건의 심판 확정시까지 피신청인의 사건본인에 대한 친권(또는 법률행위 대리권 · 재산관리권)행사를 정지한다.
2. 사건본인의 친권(또는 법률행위 대리권 · 재산관리권) 대행자로 ○○○(주민등록번호, 주소)를 선임한다.
3. 신청비용은 피신청인의 부담으로 한다.

라는 결정을 구합니다.

신 청 원 인

1. 신청인은 피신청인을 상대로 귀원에 2014느합○○호로 친권(또는 법률행위 대리권 · 재산관리권)상실선고의 심판을 청구하여 계속 중에 있습니다.

2. 그런데 사건본인의 친권자인 피신청인은 (친권을 남용하여 자녀의 복리를 현저히 해치거나 해칠 우려가 있는 사유 또는 부적당한 관리로 인하여 자녀의 재산을 위태롭게 하는 사유를 구체적으로 기재) 등의 행위를 계속하고 있습니다.

3. 따라서 친권(또는 법률행위 대리권·재산관리권) 상실선고의 심판이 효력을 발생하기까지 피신청인이 사건본인에 대한 친권(또는 법률행위 대리권·재산관리권)을 계속하여 행사한다면, 친권에 따르는 사건본인의 보호에 공백이 생길 뿐만 아니라 사건본인에게 회복하기 어려운 불이익을 초래할 우려가 있습니다.

4. 이에 본안 심판의 확정시까지 피신청인의 친권(또는 법률행위 대리권·재산관리권) 행사를 전부(또는 일부) 정지하고, 동시에 그 권한을 대행할 대행자를 선임해 줄 것을 신청합니다.

5. 아울러, 사건본인의 친권(또는 법률행위 대리권·재산관리권) 대행자로는 아래와 같이 적임자를 ◇◇◇를 추천합니다(또는 가정법원이 적임자를 선임해 주시기 바랍니다).

친권 등 대행자 후보자	성 명	
	주 소	
	주민등록번호	
	직 업	
	사건본인과의 관계	

첨 부 서 류

1. 가족관계증명서 및 기본증명서(신청인, 사건본인, 친권대행자후보자) 각 1통
1. 주민등록표등(초)본(신청인, 상대방, 사건본인) 각 1통
1. 신청서 부본 1통
1. 기타(소명자료) 1통

2015. ○. ○.

신청인 □ □ □ (인)

○○가정법원 귀중

【해 설】

가. 의의

가사사건의 심판청구가 있는 경우에 가정법원은 사건을 해결하기 위하여 특히 필요하다고 인정하면 직권으로 또는 당사자의 신청에 의하여 적당하다고 인정되는 **사전처분**을 할 수 있다(가소 제62조제1항).

따라서 친권상실선고나 법률행위 대리권·재산관리권 상실선고의 심판청구가 있는 경우에, 친권에 따르는 자녀의 보호에 공백이 생기지 않도록 하기 위하여, 가정법원은 직권으로 또는 당사자의 신청에 의하여 사전처분으로 친권자의 친권 또는 법률행위 대리권·재산관리권의 전부 또는 일부의 행사를 정지시킬 수 있다. 이로 인해 친권 등을 행사할 자가 없게 된 때에는 심판의 확정시까지 친권 또는 법률행위 대리권·재산관리권을 행사할 대행자를 사전처분에서 동시에 지정하여야 한다(가소규 제102조제1항).

나. 사전처분의 신청

(1) 관할

사전처분의 신청은 친권(또는 법률행위 대리권·재산관리권)의 상실선고 심판사건이 계속 중인 가정법원에 신청하여야 한다. 본안이 항고심에 계속 중인 때에는 그 항고심 법원이 관할한다.

(2) 신청인 및 피신청인

친권(또는 법률행위 대리권·재산관리권)의 상실선고 심판의 청구인이 사전처분의 신청인이고, 그 상대방이 사전처분의 피신청인이다.

(3) 신청서 기재사항

사전처분 신청서에는 ① 당사자의 등록기준지, 주소, 성명, 생년월일, 대리인이 신청할 때에는 대리인의 주소와 성명, ② 신청취지와 신청원인, ③ 신청 연월일, ④ 가정법원의 표시를 적고 신청인이나 대리인이 기명날인하여야 한다. 또한 사전처분은 당사자 이외에 사건본인의 신분관계 기타 권리, 의무에 관계되는 것이므로 사건본인의 성명, 생년월일, 등록기준지 및 주소를 기재하여야 한다.

(4) 신청비용

신청서에는 1,000원의 수입인지를 붙이고(재판예규 제1444호), 3회분의 송달료(재판예규 제1522호)를 송달료취급은행에 예납하고 납부서를 신청서에 붙여야 한다.

(5) 첨부서류

사전처분 신청서에는 신청인, 피신청인, 사건본인 및 대행자후보자의 가족관계증명서, 기본증명서 및 주민등록표등본 각 1통 등을 첨부하여야 한다. 또한 위 첨부서류 이외에도 사전처분의 필요성을 소명하는 추가서류가 필요할 수 있다.

다. 심리 및 재판

친권자의 권한행사 정지 및 대행자를 선임하는 사전처분은 친권(또는 법률행위 대리권·재산관리권)의 상실선고 심판을 담당하는 가정법원이 직권으로 또는 당사자의 신청에 따라 심판사건의 해결에 필요한지 여부를 심리한 후 **결정**의 형식으로 재판한다.

실무에서는 친권상실선고 사건의 청구인이 당해 사건의 심판이 확정될 때까지 상대방의 자녀에 대한 친권행사를 정지함과 동시에 청구인을 그 대행자로 선임해 달라는 취지의 사전처분을 신청하는 경우가 많다. 상대방이 행방불명이어서 공시송달로 사건이 진행되거나 상대방이 사건본인에 대한 친권을 사실상 포기하여 실질적으로 다툼이 없는 사건의 경우에는 청구인을 대행자로 선임하여도 무방하다. 하지만 청구인과 상대방이 친권상실사유에 대하여 실질적으로 다투는 사건에서 상대방의 친권 행사를 일시적으로 정지하는 경우에는 중립적인 위치에 있는 자를 대행자로 선임하는 것이 바람직하다.

친권(또는 법률행위 대리권·재산관리권) 대행자가 친권자의 통상적인 사무범위를 넘는 행위를 하거나 재산의 유지·관리의 범위를 넘는 처분행위를 하고자 할 때에는 법원의 허가가 필요하다.

서울가정법원은, 한정승인신고 심판청구가 통상의 사무를 넘는 행에 해당한다고 판단하고, 그 사건의 사전처분사건의 결정에서 친권자의 친권행사를 정지하고 청구인을 그 대행자로 선임함과 동시에 「청구인이 친권대행자로서 사건본인들의 상속한정승인신고 심판청구를 대리함을 허가한다.」는 주문을 내기도 하였다.[135]

사전처분 신청을 인용하는 재판의 **주문례**는 다음과 같다.

1. 이 법원 2014느합○○호 친권(또는 법률행위 대리권 및 재산관리권) 상실선고 사건의 심판이 확정될 때까지 피신청인의 사건본인에 대한 친권(또는 법률행위 대리권 및 재산관리권) 행사를 정지한다.
2. 사건본인의 친권(또는 법률행위 대리권 및 재산관리권) 대행자로 ◇◇◇(주민등록번호, 주소)를 선임한다.

라. 불복 등

(1) 즉시항고

사전처분의 신청을 기각 또는 각하한 재판에 대하여는 불복할 수 없다. 사전처분을 인용한 재판에 대하여는 즉시항고를 할 수 있고(가소 제62조제4항), 즉시항고기간은 재판을 고지받은 날부터 1주일 이내이다(민소 제444조제1항).

(2) 재판의 효력

사전처분에는 집행력을 갖지 아니한다(가소 제62조제5항). 사전처분의 결정 자체에서 효력의 종기를 명시한 경우(예컨대, 본안심판의 확정시까지)에는 그에 따른다.

(3) 위반에 대한 제재

가정법원이 사전처분을 할 때에는 처분을 위반한 경우의 제재(1천만원 이하의 과태료)를 고지하여야 한다(가소 제62조제2항). 당사자 또는 관계인이 정당한 이유 없이 사전처분을 위반한 경우에는 가정법원은 직권 또는 권리자의 신청에 의하여 결정으로 1,000만원 이하의 과태료를 부과할 수 있다(가소 제67조제1항).

---

135) 가사재판실무편람(주96), 143면

(4) 보수

친권 등의 대행자에 대하여는 미성년자인 자녀의 재산 중에서 상당한 보수를 지급할 것을 명할 수 있다(가소규 제102조제2항).

마. 가족관계등록부의 기록 등

(1) 기록의 촉탁

사전처분으로서 친권자의 친권(또는 법률행위 대리권·재산관리권)의 전부 또는 일부의 행사를 정지하거나 그 대행자를 선임하는 재판은 대외적으로 공시할 필요가 있으므로 가족관계기록부에 기록할 것을 촉탁하여야 한다(가소규 제5조제1항제4호). 또한 사전처분이 본안심판의 확정, 심판청구의 취하 기타의 사유로 효력을 상실하게 된 때에도 가정법원의 법원사무관 등은 가족관계기록부에 기록할 것을 촉탁하여야 한다(동조 제2항).

(2) 기록 및 공시

친권(또는 법률행위 대리권·재산관리권)의 정지 및 그 대행자의 선임 또는 실효는 법원의 촉탁에 의하여만 기록을 하되, 미성년자의 가족관계등록부 일반사항란에 기록한다. 이러한 사항은 해당 미성년자의 기본증명서를 통해 공시된다.

부록 [가족관계등록부 기재례 : 친권에 관한 부분] 참조

[메모]

【서식 2-22】 실권회복의 선고 심판청구서

친권(법률행위 대리권·재산관리권) 회복의 선고 심판 청구

청 구 인 □ □ □ (☎)
주민등록번호 :
주소 :
등록기준지 :
사건본인과의 관계 : 母

상 대 방 △ △ △ (☎)
주민등록번호 :
주소 :
등록기준지 :
사건본인과의 관계 :

사건본인 ○ ○ ○
(자 녀) 주민등록번호 :
주소 :
등록기준지 :

청 구 취 지

1. 청구인의 사건본인에 대한 친권(또는 법률행위 대리권 · 재산관리권)을 회복한다.
2. 심판비용은 상대방의 부담으로 한다.

라는 심판을 구합니다.

청 구 원 인

1. 당사자의 신분관계
(생략)
2. 친권(또는 법률행위 대리권 · 재산관리권) 상실선고의 심판을 받은 경위
(생략)
3. 친권(또는 법률행위 대리권 · 재산관리권) 상실선고의 원인이 소멸된 사정
(친권회복의 경우에는 친권자가 친권을 남용하여 자녀의 복리를 현저히 해치거나 해칠 우려가 소멸된 사정을 구체적으로 기재함)

(법률행위의 대리권과 재산관리권 회복의 경우에는 친권자가 부적당한 관리로 인하여 자녀의 재산을 위태롭게 한 원인이 소멸된 사정을 구체적으로 기재함)

4. 결론

그렇다면, 청구인에 대한 친권(또는 법률행위 대리권·재산관리권)상실선고의 원인이 소멸하였다고 할 것이므로, 상실된 친권(또는 법률행위 대리권·재산관리권)의 회복선고를 받고자 이 청구에 이른 것입니다.

첨 부 서 류

1. 가족관계증명서(청구인, 상대방, 사건본인)	각 1통
1. 기본증명서(사건본인)	1통
1. 주민등록표등(초)본(청구인, 상대방, 사건본인)	각 1통
1. 청구서 부본	1통
1. 기타(소명자료)	1통

2015. ○. ○.

청구인 □ □ □ (인)

○○가정법원 귀중

【해 설】

가. 의의

실권회복이란 친권의 상실 또는 일시정지의 선고(민 제924조), 친권의 일부제한의 선고(민 제924조의2) 또는 법률행위의 대리권 및 재산관리권 상실의 선고(민 제925조)로 상실된 친권자로서의 권한을 회복시키는 것을 말하며, 그 선고를 한 원인이 소멸된 것을 요건으로 한다(민 제926조). 친권 등의 상실·일시정지·일부제한 선고의 심판으로 상실·정지·제한된 친권자로서의 권리의무는 그 실권회복의 선고 심판에 의하지 아니하고는 회복될 수 없다.

실권회복선고 사건은 친권자인 부모의 의사에 불구하고 그 친권의 전부 또는 일부의 회복을 선고하는 것으로서, 부모 이외에 친족 등 제3자의 개입이 전제되어 있고, 부모의 혼인이 계속 중인지가 문제되지 않으며, 당사자의 협의에 따른 처리가 허용되지 않고 반드시 심판에 따라야만 한다는 점이 특징이다.

나. 심판청구

(1) 관할

실권회복의 선고 사건은 **마류** 가사비송사건으로서 이에 대한 심리와 재판은 가정법원의 전속관할로 한다[가소 제2조제1항제2호나7)]. 토지관할은 상대방의 주소지(보통재판적이 있는 곳)의 가정법원(지방법원, 지원)이고(가소 제46조), 가정법원 **합의부**의 사물관할에 속한다(관할규 제3조).

(2) 청구권자 및 상대방

실권회복선고 심판의 청구권자는 친권 등이 상실·정지·제한된 본인, 자녀, 자녀의 친족, 검사 또는 지방자치단체의 장이며(민 제926조), 그 청구 당시 친권이나 법률행위 대리권·재산관리권을 행사하거나 이를 대행하고 있는 자를 상대방으로 하여 청구하여야 한다(가소규 제101조제2항).

부모가 공동으로 친권을 행사하다가 일방의 친권이나 법률행위 대리권·재산관리권이 상실되어 다른 일방이 그 권한을 행사하고 있는 때에는 그 다른 일방이 상대방으로 되고, 친권자의 친권상실에 따라 후견이 개시된 경우에는 그 후견인이 상대방으로 된다.

(3) 청구서 기재사항

심판청구서에는 당사자(사건본인 포함)의 등록기준지, 주소, 성명, 생년월일, 대리인이 청구할 때에는 대리인의 주소와 성명, 청구취지와 청구원인, 청구 연월일, 가정법원의 표시를 적고 청구인이나 대리인이 기명날인하여야 한다(가소 제36조제3항, 가소규 제20조). 청구원인으로 친권 등의 상실·일시정지·일부제한 등의 선고를 한 원인이 소멸된 사정을 구체적으로 적어야 한다. 또한 심판청구서에는 상대방의 성명, 생년월일, 등록기준지 및 주소도 기재하여야 한다(가소규 제91조).

(4) 청구비용

심판청구의 수수료로서 사건본인 1인당 10,000원의 **수입인지**를 붙이고(가수규 제3조제1항), 12회분의 **송달료**(재판예규 제1522호)를 송달료취급은행에 예납하고 납부서를 심판청구서에 붙여야 한다.

(5) 첨부서류

심판청구서에는 청구인과 상대방 및 사건본인의 가족관계증명서 각 1통, 청구인과 상대방 및 사건본인의 주민등록표등(초)본 각 1통, 사건본인의 기본증명서 1통, 그 밖에 친권 등의 상실·일시정지·일부제한의 선고를 한 원인이 소멸된 사유를 소명할 수 있는 자료를 첨부하여야 한다. 또한 상대방용 청구서 부본도 함께 제출하여야 한다.

다. 심리와 심판

(1) 심리

㈎ **조정전치 여부**

마류 가사비송사건에 대하여 가정법원에 심판을 청구하려는 사람은 먼저 조정을 신청하여야 함이 원칙이나(가소 제50조제1항), 실권회복의 선고는 당사자가 임의로 처분할 수 없는 사항에 해당하므로 조정은 허용되지 아니한다.[136]

㈏ **심리의 대상**

당사자적격이 있는지, 친권 등의 상실·일시정지·일부제한의 원인이 소멸하였는지 여부, 자녀의 복리에 적합한지 여부 등이 심리의 대상이다. 여기서 **원인이 소멸**하였다는 것은 단순히 현재의 사정만을 가리키는 것이 아니라 다시 친권 등을 행사하게 하더라도 향후에는 친권을 남용하지 아니하고 자녀의 재산을 위태롭게 하지도 않을 것으로 인정되는 경우를 뜻한다.[137]

㈐ **관계인의 심문**

마류 가사비송사건의 심판은 특별한 사정이 없으면 사건관계인을 심문하여야 한다(가소 제48조).

㈑ **관계인의 사망에 따른 절차의 종료**

친권 등의 상실·일시정지·일부제한의 선고를 받은 사람이 사망하면 절

136) 가사실무제요(주2), 570면

137) 가사실무제요(주2), 569면

차는 그 목적을 상실하여 종료한다. 그 친권 등에 따르는 미성년자인 자녀가 사망한 때에도 같다.

(2) 심판

㈎ **심판의 원칙**

가정법원은 가정의 평화와 사회정의를 위하여 가장 합리적인 방법으로 청구의 목적이 된 법률관계를 조정할 수 있는 내용의 심판을 하여야 한다(가소규 제93조제1항).

㈏ **청구취지의 구속력**

실권회복 선고의 심판에서도 청구취지의 구속력 인정 여부에 관하여 견해가 나뉠 수 있으나, 친권회복 선고의 심판청구에 대하여 법률행위 대리권·재산관리권만의 회복을 선고할 수 있다고 긍정하는 것이 타당하다고 본다.[138] 또한 친권 전부의 회복을 청구한 것에 대하여 심리한 결과 필요하다고 인정된 경우에는 법률행위 대리권과 재산관리권은 회복하지 않고 나머지 친권만을 회복시킬 수도 있다고 본다.

㈐ **심판 주문례**

청구를 인용하는 심판의 주문례는 다음과 같다.

- 친권회복선고 청구를 전부 인용하는 경우

  청구인의 사건본인에 대한 친권을 회복한다.

- 법률행위 대리권 · 재산관리권의 회복선고 청구를 전부 인용하는 경우

  청구인 ◇◇◇(실권자)의 사건본인 ○○○(미성년자)에 대한 법률행위 대리권·재산관리권을 회복한다.

- 친권회복선고 청구에 대하여 법률행위 대리권·재산관리권의 회복만을 선고하는 경우

  1. 청구인의 사건본인 ○○○에 대한 법률행위 대리권과 재산관리권을 회복한다.
  2. 청구인의 나머지 청구를 기각한다.
  3. 심판비용은 상대방이 부담한다.

---

138) 가사실무세요(수2), 571면

- 친권회복선고 청구에 대하여 법률행위 대리권·재산관리권을 제외한 나머지 친권만의 회복을 선고하는 경우

1. 청구인의 사건본인 ○○○에 대한 친권을 회복한다. 다만 법률행위 대리권과 재산관리권은 회복하지 아니한다.
2. 청구인의 나머지 청구를 기각한다.
3. 심판비용은 상대방이 부담한다.

(3) 심판의 고지 등

심판은 당사자와 절차에 참가한 이해관계인에게 고지하여야 한다(가소규 第25조). 심판의 효력은 심판을 받을 사람이 심판을 고지받음으로써 발생한다. 즉시항고를 할 수 있는 심판은 확정되어야 효력이 있다(가소 제40조).

(4) 심판 사례(친권회복 청구를 기각한 사례)[139]

[심판의 요지]

친권회복을 청구한 어머니가 사건본인들의 건전한 성장을 위하여 적절하게 친권을 행사하리라 기대하기 어려우므로 청구인에게 사건본인들에 대한 친권을 행사시킬 수 없는 중대한 사유가 여전히 있다고 보아 친권상실선고의 원인이 소멸되었음을 전제로 한 청구인의 친권회복 청구를 기각한 사례

[이 유]

1. 인정 사실

기록 및 심문결과에 의하면 다음의 각 사실이 인정된다.

가. 친권상실까지의 사정

1) 청구인은 2000.4.29. 망 □□□과 혼인신고를 마치고 슬하에 사건본인들을 두었다. 망 □□□은 2004.5.9. 사망하였는데 청구인은 망 □□□의 상속재산(부산 ○○구 ○○동 ***-* ○○빌리지 ***호, 이하 '이 사건 건물'이라 한다)에서 사건본인들과 함께 거주하다가 2006.8.경 가출하였다.

2) 청구인은 망 □□□의 국민연금 8백만 원과 사망보험배상금 1,000만 원을 일시금으로 수령하여 모두 소비하였고, 가출 이후인 2007.8.10. 사건본인들의 법정대리인 및 본인 자격으로 이 사건 건물을 7,300만 원에 매도한 뒤 그 매매대금을 대부분 소비하였다.

139) 부산가정법원 2012.5.29.자 2011느합** 심판

3) 청구인은 2010.4.12. ◇◇◇과 재혼하였고, 가출 이후부터 현재까지 사건본인들과 교류가 단절되었다. 망 □□□의 부친인 상대방은 그의 처와 딸 □△△과 함께 청구인의 가출 이후부터 현재까지 사건본인들을 양육하고 있다.

4) 상대방은 2010.9.1. 청구인을 상대로 ○○지방법원 ○○지원 2010느합**호로 사건본인들에 대한 친권상실을 청구하였다. 위 법원은 2011.1. 4. 청구인이 가출 이후 당시까지 사건본인들의 양육에 전혀 관여하지 않았고, 심문기일에 출석해서 양육권을 행사하지 않겠다는 의사를 표시하였는바, 적정한 친권의 행사를 기대할 수 없다는 이유로 사건본인들에 대한 친권을 상실하고, 사건본인들에 대한 후견인을 상대방으로 변경하는 내용의 결정을 하였고, 위 결정은 2011.1.22. 확정되었다.

나. 친권상실 이후의 사정

1) 상대방은 청구인을 상대로, ① 2011.3.9. 사건본인들의 법정대리인으로 청구인이 상속재산인 이 사건 건물의 매매대금을 혼자 소비하여 사건본인들의 상속지분 해당액만큼 부당이득하였다고 주장하면서 부당이득금반환청구소송(○○지방법원 2011가단*****호)을 제기하였고, ② 2011.6.22. 과거 양육비 및 장래 양육비의 지급을 구하는 양육비청구(○○지방법원 ○○지원 2011느단***호)를 하였다.

2) 양육비청구 사건에서 청구인과 상대방은 2011.9.6. 청구인이 상대방에게 과거 양육비로 2,160만 원을 지급하고, 장래양육비로 2011.6.1.부터 사건본인들이 성년에 이르기 전 날까지 1인당 매월 30만 원씩을 지급하기로 조정하였는데, 청구인은 현재까지 위 조정조항에 따른 양육비를 전혀 지급하지 않고 있다.

3) 부당이득금반환청구 사건에서 1심 법원은 2012.1.11. 청구인은 사건본인들에게 각 20,857,142원과 지연손해금을 지급하라는 판결을 선고하였는데, 청구인이 위 판결에 항소하여 현재 ○○고등법원 2012나****호로 항소심이 계속중이다.

4) 한편 상대방은 2011.5.27. ○○가정법원 2011느단****호로 상대방의 딸 □△△이 사건본인들을 입양하는 것에 대해 후견인의 입양동의 허가 심판 청구를 하였다.

2. 주장 및 판단

가. 주장

청구인은, ① 사건본인들을 부양할 능력이 부족한 차에 상대방이 사건본인들을 잘 양육하겠다고 하여 친권상실 사건의 심문기일에서 양육권을 행사하지 않겠다는 의사를 표시하였는데, 상대방이 위 약속을 어기고 사건본인들을 □△△에게 입양하려고 하고 있고, ② 현재 배우자 ◇◇◇이 사건본인들을 부양할만한 충분한 자력이 있고, 사건본인들을 양육하는데 동의하고 있으므로 친권상실 선고의 원인이 소멸되었다고 주장하면서 사건본인들에 대한 친권의 회복을 구한다.

나. 판단

위 인정사실 및 심문결과에 의하여 인정되는 다음과 같은 사정, 즉 ① 청구인의 현재 경제적 능력은 경제적 능력 부족을 이유로 사건본인들에 대한 양육권을 행사하지 않겠다고 한 친권상실 사건의 심문기일 당시와 비슷해 보이는 점, ② 청구인의 배우자 ◇◇◇이 사건본인들을 부양할 경제적 능력이 있고, 사건본인들을 양육하는데 동의하였다고 하나 이 사건의 진행과정에 비추어 그 진정성과 향후 사건본인들 양육의 적정성에 의문이 있어 보이는 점, ③ 사건본인들은 청구인이 가출한 이래 상대방의 집에서 상대방의 딸 □△△과 함께 거주하였고, □△△은 상대방 부부와 함께 사건본인들을 양육하였는바, 상대방 부부가 노쇠함을 이유로 사건본인들을 □△△에게 입양하려고 하는 취지가 사건본인들의 복리에 반하는 것으로 보이지는 않는 점 등을 종합해보면 <u>청구인이 사건본인들의 건전한 성장을 위하여 적절하게 친권을 행사하리라 기대하기 어려우므로 청구인에게 사건본인들에 대한 친권을 행사시킬 수 없는 중대한 사유가 여전히 있다고 할 것이므로, 친권상실선고의 원인이 소멸되었음을 전제로 한 청구인의 이 사건 청구는 이유 없다</u>.

3. 결론

그렇다면 청구인의 이 사건 청구는 이유 없어 이를 기각하기로 하여 주문과 같이 결정한다.

라. 불복 등

(1) 즉시항고

청구를 기각한 심판에 대하여는 청구인이(가소규 제94조제1항), 청구를 인용한 심판에 대하여는 상대방, 자녀, 자녀의 친족, 검사 또는 지방자치단체의 장이 즉시항고를 할 수 있다(가소규 제103조, 민 제925조). 즉시항고는 심판을 고지받은 날부터 14일 이내에 하여야 하나, 심판이 고지되지 아니하는 자녀의 친족이 하는 즉시항고는 당사자(청구인 또는 상대방)에게 심판이 최후로 고지된 날부터 14일 이내에 하여야 한다(가소 제43조제5항, 가소규 제94조제3항).

(2) 심판의 효력

실권회복선고의 심판이 확정되면 실권자는 그때부터 친권 또는 법률행위 대리권·재산관리권을 회복하며, 후견이 개시되어 있는 경우에는 후견이 종료된다.

마. 심판확정 후의 절차

(1) 실권회복의 신고

실권회복의 청구를 인용한 심판이 확정된 경우에는 청구인은 심판확정일부터 1개월 이내에 심판서의 등본 및 확정증명서를 첨부하여 그 취지를 시(구)·읍·면장에게 신고를 하여야 한다(가등 제79조제2항제1호➡제58조).

부록 [①친권상실회복 ②법률행위대리권 · 재산관리권(㉮상실 ㉯사퇴) 회복신고서] 참조

(2) 가족관계등록부 기록의 촉탁

실권회복선고의 청구를 인용한 심판이 확정되어 효력을 발생한 때에는 가정법원의 법원사무관 등은 재판장의 명을 받아 지체 없이 사건본인의 등록기준지 관할 가족관계등록사무를 처리하는 자에게 가족관계등록부의 기록을 촉탁하여야 한다(가소 제9조, 가소규 제5조제1항제1호, 제6조제1항).

(3) 가족관계등록부의 기록

친권 등의 실권이 회복된 경우에는 신고 또는 가정법원의 촉탁에 따라 가족관계등록부에 기록을 한다. 친권에 관한 사항은 미성년자의 등록부의 일반등록사항란에 기록한다(가등규 제53조).

부록 [가족관계등록부 기재례 : 친권에 관한 부분] 참조

【서식 2-23】 법률행위 대리권·재산관리권의 사퇴 허가 심판청구서

법률행위 대리권·재산관리권 사퇴허가 심판 청구

청 구 인 □ □ □ (☎)
주민등록번호 :
주소 :
등록기준지 :
사건본인과의 관계 : 母

사건본인 ○ ○ ○
(자 녀) 주민등록번호 :
주소 :
등록기준지 :

청 구 취 지

청구인이 사건본인에 대한 법률행위 대리권 및 재산관리권을 사퇴함을 허가한다.
라는 심판을 구합니다.

청 구 원 인

1. 청구인은 사건본인에 대한 친권을 행사하는 모(母)이고, 사건본인은 청구인과 청구외 ◇◇◇와의 사이에 출생한 자입니다.

2. 청구인의 전 남편인 ◇◇◇이 2010.○.○. 갑자기 사망하는 바람에 청구인은 2011.○.○. 재혼을 하였으며, 그 무렵부터 사건본인의 할아버지인 △△△가 사건본인을 양육하고 있습니다.

3. 그런데 청구인의 현재 남편인 ▽▽▽가 최근 호주에 취업을 하게 되어 부득이 청구인도 남편을 따라 해외생활을 할 예정입니다.

4. 따라서 청구인이 장기간 해외에 체류할 동안에는 친권행사가 사실상 효과적으로 이루어질 수 없으므로 사건본인에 대한 법률행위 대리권 및 재산관리권을 사퇴하고자 이 청구에 이른 것입니다.

<table>
<tr><td colspan="2" align="center">첨 부 서 류</td></tr>
<tr><td>1. 가족관계증명서(청구인, 사건본인)</td><td>각 1통</td></tr>
<tr><td>1. 기본증명서(사건본인)</td><td>1통</td></tr>
<tr><td>1. 주민등록표등(초)본(청구인, 사건본인)</td><td>각 1통</td></tr>
<tr><td>1. 기타(소명자료)</td><td>1통</td></tr>
<tr><td colspan="2" align="center">2015. ○. ○.</td></tr>
<tr><td colspan="2" align="center">청구인 □ □ □ (인)</td></tr>
<tr><td colspan="2">○○가정법원 귀중</td></tr>
</table>

【해 설】

가. 의의

친권은 미성년자인 자녀에 대한 친권자의 권리이자 의무이기 때문에 함부로 사퇴하여 의무를 태만히 하거나 타인으로부터 사퇴를 강요당하는 일이 있어서는 안 된다. 다만, 친권자가 장기간의 해외 체류, 중병 등으로 인하여 자녀의 재산을 적당하게 관리할 수 없는 경우 등 정당한 사유가 있는 때에 한하여 가정법원의 허가를 받아 법률행위 대리권과 재산관리권을 사퇴할 수 있을 뿐이다(민 제927조제1항). 친권의 다른 내용인 신분상의 사항에 대한 권리의무에 관하여는 사퇴가 허용되지 아니한다.

법률행위 대리권 · 재산관리권의 사퇴 허가 사건은 친권자가 그의 자유로운 의사에 기하여 자발적으로 하는 것이라는 점에서, 친권자인 부모의 의사에 불구하고 그 친권 일부의 배제를 선고하는 친권 · 법률행위 대리권 · 재산관리권의 상실선고 사건(마류 사건)과 구별된다.

다. 심판청구

(1) 관할

친권자의 법률행위 대리권·재산관리권 사퇴허가 사건은 **라류** 가사비송사건으로서 이에 대한 심리와 재판은 가정법원의 전속관할로 한다[가소 제2조제1항제2호가목17)]. 토지관할은 사퇴하고자 하는 친권에 따르는 미성년자의 주소지 가정법원(지방법원, 지원)이다(가소 제44조제5호).

(2) 청구권자

사퇴허가의 심판을 청구할 수 있는 자는 법률행위 대리권 및 재산관리권을 사퇴하고자 하는 친권자이다. 제3자는 친권상실 또는 법률행위 대리권·재산관리권의 상실선고(마류 사건)를 청구할 수 있을 뿐이다.

(3) 청구서 기재사항

심판청구서에는 당사자(사건본인 포함)의 등록기준지, 주소, 성명, 생년월일, 대리인이 청구할 때에는 대리인의 주소와 성명, 청구취지와 청구원인, 청구 연월일, 가정법원의 표시를 적고 청구인이나 대리인이 기명날인하여야 한다(가소 제36조제3항, 가소규 제20조).

(4) 청구비용

심판청구의 수수료로서 사건본인 1인당 5,000원의 **수입인지**를 붙이고(가수규 제3조제1항), 4회분의 **송달료**(재판예규 제1522호)를 송달료취급은행에 예납하고 납부서를 심판청구서에 붙여야 한다.

(5) 첨부서류

심판청구서에는 청구인과 사건본인의 가족관계증명서 각 1통, 청구인과 사건본인의 주민등록표등(초)본 각 1통, 사건본인의 기본증명서 1통, 그 밖에 사퇴의 정당한 사유를 소명할 수 있는 자료를 첨부하여야 한다.

다. 심리와 심판

(1) 심리 및 심판

사퇴에 가정법원의 허가를 요하도록 한 것은 친권자가 그의 의무이기도 한 법률행위 대리권과 재산관리권을 함부로 면하거나, 친권자의 진의에 의하지 않고 사퇴하는 것을 방지하기 위한 것이다. 따라서 사퇴허가의 심판에서는 법률행위 대리권과 재산관리권을 사퇴할 **정당한 사유**가 있는지, 청구권자의 진의에 기한 청구인지 여부가 심리의 주요대상이다.

사퇴의 정당한 사유로는 친권자의 장기간에 걸친 국외체류, 전지요양(轉地療養), 질병으로 인한 장기입원, 교도소 안에서의 장기간 복역, 재산관리능력의 상실 등을 들 수 있다. 정당한 사유의 여부는 법원의 재량에 의하여 판단하고, 그 사유가 있다고 인정되면 허가심판을 한다.

(2) 심판의 고지

심판은 당사자와 절차에 참가한 이해관계인에게 고지하여야 한다(가소규 제25조). 심판의 효력은 심판을 받을 사람이 심판을 고지받아야 발생한다. 다만, 즉시항고를 할 수 있는 심판은 확정되어야 효력이 있다(가소 제40조).

라. 불복 등

(1) 즉시항고

청구기각의 심판에 대하여는 청구인이 즉시항고를 할 수 있으나(가소규 제27조), 청구를 인용한 심판에 대하여는 불복할 수 없다. 즉시항고는 심판을 고지받은 날부터 14일 이내에 하여야 한다.

(2) 심판의 효력

사퇴허가의 심판이 있으면 그 친권자의 법률행위 대리권·재산관리권은 상실된다. 따라서 공동친권자 중 일방의 사퇴가 허가되면 다른 일방의 친권자가 단독으로 법률행위 대리권·재산관리권을 행사하게 된다. 공동친권자의 전부 또는 단독친권자의 사퇴가 허가된 때에는 후견이 개시되어(민 제928조) 미성년후견인이 자녀의 재산을 관리한다.

마. 심판확정 후의 절차

(1) 법률행위 대리권·재산관리권 사퇴의 신고

법률행위 대리권·재산관리권 사퇴의 허가 청구를 인용한 심판이 확정된 경우에는 청구인은 심판확정일부터 1개월 이내에 심판서의 등본 및 확정증명서를 첨부하여 그 취지를 시(구)·읍·면장에게 신고를 하여야 한다(가등 제79조제2항제1호➡제58조).

부록 [1친권상실 2법률행위대리권 · 재산관리권(가상실 나사퇴) 신고서] 참조

(2) 가족관계등록부 기록을 위한 통지

친권자의 법률행위 대리권 및 재산관리권의 사퇴는 가족관계등록부에 기록하여야 한다. 이를 위하여 가정법원의 법원사무관 등은 그 허가의 심판이 효력을 발생한 때에는 지체 없이 사건본인의 등록기준지의 가족관계등록사무를 처리하는 사람에게 그 뜻을 **통지**하여야 한다(가소규 제7조 제1항제4호).

(3) 가족관계등록부의 기록

법률행위 대리권 및 재산관리권을 사퇴한 경우에는 신고 또는 가정법원의 통지에 따라 가족관계등록부에 기록을 한다. 친권에 관한 사항은 미성년자의 등록부의 일반등록사항란에 기록한다(가등규 제53조).

부록 [가족관계등록부 기재례 : 친권에 관한 부분] 참조

[메모]

【서식 2-24】 법률행위 대리권·재산관리권의 회복 허가 심판청구서

법률행위 대리권·재산관리권 회복 허가 심판 청구

청 구 인 □ □ □ (☎)
주민등록번호 :
주소 :
등록기준지 :
사건본인과의 관계 : 모(母)

사건본인 ○ ○ ○
(자 녀) 주민등록번호 :
주소 :
등록기준지 :

청 구 취 지

청구인이 사건본인에 대한 법률행위 대리권 및 재산관리권을 회복함을 허가한다.
라는 심판을 구합니다.

청 구 원 인

1. 당사자의 신분관계

청구인은 사건본인의 모(母)이고, 사건본인은 청구인과 청구외 ◇◇◇와의 사이에 출생한 자입니다.

2. 법률행위 대리권·재산관리권을 사퇴하게 된 경위
(생략)

3. 법률행위 대리권·재산관리권 사퇴의 원인이 소멸한 사정
(생략)

4. 결론

그렇다면, 청구인이 사퇴하였던 사건본인에 대한 법률행위 대리권·재산관리권을 속히 회복하여 친권자로서 완전한 권리의무를 행사하는 것이 사건본인의 복리에 적합하다고 할 것인바, 이를 위해 이 사건 심판청구에 이른 것입니다.

첨 부 서 류

1. 가족관계증명서(청구인, 사건본인)	각 1통
1. 기본증명서(사건본인)	1통
1. 주민등록표등(초)본(청구인, 사건본인)	각 1통
1. 기타(소명자료)	1통

2015. ○. ○.

청구인 □ □ □ (인)

○○가정법원 귀중

【해 설】

가. 의의

친권자가 정당한 사유로 법률행위 대리권과 재산관리권을 사퇴하였더라도 그 사퇴의 원인이 된 사유가 소멸하여 친권자가 다시 대리권과 재산관리권을 행사할 수 있게 된 때에는 그 친권자는 가정법원의 허가를 얻어 사퇴한 권리를 회복할 수 있다(민 제927조제2항).

법률행위 대리권·재산관리권의 회복 허가 사건은 친권자가 그의 자유로운 의사에 기하여 자발적으로 하는 것이라는 점에서, 친권자인 부모의 의사에 불구하고 그 친권 일부의 회복을 선고하는 친권·법률행위 대리권·재산관리권의 회복선고 사건(마류 사건)과 구별된다.

나. 심판청구

(1) 관할

회복 허가 사건은 **라류** 가사비송사건으로서 이에 대한 심리와 재판은 가정법원의 전속관할로 한다[가소 제2조제1항제2호가목17)]. 토지관할은 미성년자인 자녀의 주소지 가정법원(지방법원, 지원)이다(가소 제44조제5호).

(2) 청구권자

회복허가의 심판을 청구할 수 있는 자는 법률행위 대리권 및 재산관리권을 사퇴하였던 친권자이다.

(3) 청구서 기재사항

심판청구서에는 당사자(사건본인 포함)의 등록기준지, 주소, 성명, 생년월일, 대리인이 청구할 때에는 대리인의 주소와 성명, 청구취지와 청구원인, 청구 연월일, 가정법원의 표시를 적고 청구인이나 대리인이 기명날인하여야 한다(가소 제36조제3항, 가소규 제20조).

(4) 청구비용

심판청구의 수수료로서 사건본인 1인당 5,000원의 **수입인지**를 붙이고(가수규 제3조제1항), 4회분의 **송달료**(재판예규 제1522호)를 송달료취급은행에 예납하고 납부서를 심판청구서에 붙여야 한다.

(5) 첨부서류

심판청구서에는 청구인과 사건본인의 가족관계증명서 각 1통, 청구인과 사건본인의 주민등록표등(초)본 각 1통, 사건본인의 기본증명서 1통, 그 밖에 사퇴의 원인이 된 사유가 소멸되었음을 소명할 수 있는 자료를 첨부하여야 한다.

다. 심리와 심판

(1) 심리 및 심판

심리의 대상은 법률행위 대리권 및 재산관리권 사퇴의 원인이 된 정당한 사유가 소멸하였는지, 친권자가 이러한 권리를 회복하여 행사하는 것이 자녀의 복지에 적합한지 여부이다. 사퇴의 원인이 소멸하였는지 여부는 법원의 재량에 의하여 판단하고, 그 사유가 있다고 인정되면 회복허가 심판을 한다.

(2) 심판의 고지

심판은 당사자와 절차에 참가한 이해관계인에게 고지하여야 한다(가소규 제25조). 심판의 효력은 심판을 받을 사람이 심판을 고지받아야 발생한다. 다만, 즉시항고를 할 수 있는 심판은 확정되어야 효력이 있다(가소 제40조).

라. 불복 등

(1) 즉시항고

청구기각의 심판에 대하여는 청구인이 즉시항고를 할 수 있으나(가소규 제27조), 청구를 인용한 심판에 대하여는 불복할 수 없다. 즉시항고는 심판을 고지받은 날부터 14일 이내에 하여야 한다.

(2) 심판의 효력

심판이 확정되면 친권자는 법률행위의 대리권·재산관리권을 행사할 수 있게 되고, 후견이 개시되어 있었던 경우에는 후견이 종료된다.

마. 심판확정 후의 절차

(1) 법률행위 대리권·재산관리권 회복의 신고

법률행위 대리권·재산관리권 회복의 허가 청구를 인용한 심판이 확정된 경우에는 청구인은 심판확정일부터 1개월 이내에 심판서의 등본 및 확정증명서를 첨부하여 그 취지를 시(구)·읍·면장에게 신고를 하여야 한다(가등 제79조제2항제1호➡제58조).

부록 〔①친권상실회복 ②법률행위대리권 · 재산관리권(㉮상실 ㉯사퇴) 회복신고서〕 참조

(2) 가족관계등록부 기록을 위한 통지

친권자의 법률행위 대리권 및 재산관리권의 회복은 가족관계등록부에 기록하여야 한다(가등 제79조제2항). 이를 위하여 가정법원의 법원사무관 등은 그 허가의 심판이 효력을 발생한 때에는 바로 사건본인의 등록기준지의 가족관계등록사무를 처리하는 사람에게 그 뜻을 **통지**하여야 한다(가소규 제7조제1항제4호).

(3) 가족관계등록부의 기록

법률행위 대리권 및 재산관리권을 회복한 경우에는 신고 또는 가정법원의 통지에 따라 가족관계등록부에 기록을 한다. 친권에 관한 사항은 미성년자의 등록부의 일반등록사항란에 기록한다(가등규 제53조).

부록 〔가족관계등록부 기재례 : 친권에 관한 부분〕 참조

제3절 미성년후견에 관한 실무

Ⅰ. 미성년후견인의 선임·사임·변경 등

【서식 3-01】 미성년후견인 선임 심판청구서(이혼 후 단독친권자 사망)

미성년후견인 선임 심판청구

청 구 인 □ □ □ (☎)
주민등록번호 :
주소 :
등록기준지 :
사건본인과의 관계 : 어머니(母)

사건본인 ○ ○ ○
주민등록번호 :
주소 :
등록기준지 :

청 구 취 지

사건본인의 미성년후견인으로 ◇◇◇(주민등록번호, 주소)를 선임한다.
라는 심판을 구합니다.

청 구 원 인

1. 청구인은 19○.○.○. ◈◈◈와 혼인하여 그 사이에 사건본인을 두었으나 20○.○.○. 협의이혼을 하였는바, 협의이혼 당시 사건본인에 대한 친권자로 사건본인의 아버지인 ◈◈◈이 지정되었습니다.
2. 그런데, 위 ◈◈◈는 사건본인을 양육하던 중 2013.7.5. 사망하였는바, 생전에 유언으로 미성년후견인을 지정해두지도 아니하였을 뿐만 아니라 사망 후 6개월이 지나도록 사건본인의 어머니인 청구인을 친권자로 지정하여 달라는 청구도 없습니다.
3. 청구인은 민법 제909조의2 제3항에 의하여 사건본인의 미성년후견인 선임을 청구하며, 아울러 미성년후견인 후보자로는 ◇◇◇를 추천합니다.

미성년 후견인 후보자	성 명	
	주 소	
	주민등록번호	
	직 업	
	사건본인과의 관계	

첨 부 서 류

1. 가족관계증명서(청구인, 사건본인, 후견인후보자) 각 1통
1. 주민등록표등(초)본(사건본인) 1통
1. 기본증명서(청구인, 단독친권자, 후견인후보자) 각 1통
1. 청구인과 후견인후보자 및 사건본인과의 관계를 소명하는 서류(가족관계증명서, 제적등본 등) 각 1통
1. 기타(소명자료) 각 1통

2014.○.○.

위 청구인 □ □ □ (인)

○○가정법원 귀중

【서식 3-02】 미성년후견인 선임 심판청구서(친권자 모두 사망)

미성년후견인 선임 심판청구

청 구 인 □ □ □ (☎)
주민등록번호 : 93****-2******
주소 : 서울특별시 ○○구 ○○로**길 **(○○동)
사건본인과의 관계 : 언니 겸 누나

사건본인 1. □ ○ ○ (96****-2******)
2. □ ◇ ◇ (98****-1******)
사건본인들 주소 : 서울특별시 ○○구 ○○로**길 **(○○동)
사건본인들 등록기준지 : 서울특별시 ○○구 ○○로**길 **

청 구 취 지

사건본인 □○○, □◇◇의 미성년후견인으로 청구인을 선임한다.
라는 심판을 구합니다.

청 구 원 인

1. 당사자의 관계

청구인과 사건본인들은 부 ○○○, 모 △△△의 자녀들입니다.

2. 미성년후견 개시의 원인

사건본인들의 부모는 2008.○.○. 이혼하면서 친권자로 모 △△△가 지정되어 친권을 행사하다가 2010.○.○. 사망하였고, 부 ○○○는 2014.○.○. 사망함으로써, 미성년자인 사건본인들에게 친권자가 없는 상황이 되었으며, 유언으로 미성년후견인을 지정한 바도 없습니다.

3. 미성년후견인 선임의 필요성

가. 청구인은 사선본인들의 언니 겸 누나로서 사건본인들의 보호자 역할을 하면서 사건본인들과 함께 거주·생활하고 있으며, 현재 거주하는 주택은 청구인의 소유로서 생활주거는 안정적입니다.

나. 사건본인들은 현재 고등학교 1학년(□◇◇)과 3학년(□○○)으로 재학 중이어서 학업에 열중하여야 할 시기입니다. 그런데 사건본인들과 잘 알지 못하고 생활도 같이 하지 않는 제3자 또는 친척들 중에서 사건본인들의 후견인으로 선임된다면 사건본인들에게 정서적인 혼란과 생활의 어려움이 있을 것으로 보이며, 또한 사춘기에 접어 든 사건본인들이 방황하게 될 염려도 있습니다.

다. 사건본인들의 심리적 안정과 복리를 위해서는 청구인이 사건본인들의 후견인이 되어 동생들을 곁에서 돌보아야 할 필요성이 있으며, 또한 사건본인인 동생들도 청구인이 자신들의 후견인으로 선임되어 곁에서 부모 역할을 대신해 주기를 원하고 있습니다.

4. 결론

따라서 사건본인들의 복리와 심리적 안정을 위하여 사건본인들의 언니 겸 누나인 청구인이 사건본인들의 미성년후견인으로 선임되기를 원하여, 청구인은 이 사건 심판청구에 이르게 되었습니다.

미성년 후견인 후보자	성 명	□□□
	주 소	서울특별시 ○○구 ○○로**길 **(○○동)
	주민등록번호	93****-2******
	직 업	○○○○사
	사건본인과의 관계	언니 겸 누나

첨 부 서 류

1. 가족관계증명서(청구인, 사건본인, 후견인후보자) 각 1통
1. 주민등록표등본(사건본인) 1통
1. 기본증명서(청구인, 사건본인) 각 1통
1. 제적등본(망 ○○○) 1통
1. 기본증명서(망 ○○○, 망 △△△) 각 1통
1. 가족관계증명서(망 ○○○, 망 △△△) 각 1통
1. 범죄경력·수사경력조회 회보서(청구인) 1통
1. 신용정보 회보서(청구인) 1통
1. 부동산등기사항증명서(청구인) 1통
1. 후견등기사항부존재증명서(청구인) 1통
1. 자필동의서(사건본인) 각 1통
1. 학생증 사본(사건본인) 각 1통
1. 사전현황설명서 1통
1. 재산목록 1통
1. 보험가입조회서 1통
1. 사실증명(동대문세무서) 1통
1. 납부서 1통
1. 위임장 1통

2014.○.○.

위 청구인 □ □ □ (인)

○○가정법원 귀중

후견인 선임 사전현황설명서

1. 사건본인에 관한 사항	
사건본인의 나이, 성별	
종전 친권자가 양육한 기간	
종전 친권자의 사망원인	
현재 사건본인을 누가 양육하고 있는지	
청구인이 양육하고 있다면 언제부터인지?	
생존하는 사건본인의 부 또는 모의 동의 여부 (동의한다면 동의서 첨부)	
후견인 선임에 대한 사건본인의 동의 여부	

2. 후견인 선임을 청구하게 된 동기와 목적(구체적으로 기재)

3. 사건본인의 현재 양육환경 및 장래 양육 계획(구체적으로 기재)

재 산 목 록

▣ 재산내역

1. 부동산(등기사항전부증명서 첨부)
2. 예금
3. 보험
4. 주식, 펀드
5. 자동차
6. 현금, 귀금속
7. 채권
8. 기타 자산
9. 채무
10. 순재산 합계

▣ 종전 친권자로부터 상속받을 재산내역

1. 부동산
2. 예금
3. 보험(장래 받을 사망보험금 등이 있으면 구체적으로 기재)
4. 주식, 펀드
5. 자동차
6. 현금, 귀금속
7. 채권
8. 기타 자산
9. 채무

【해설】

가. 의의

미성년자에게 친권자가 없거나 친권자가 친권의 전부 또는 일부를 행사할 수 없는 경우에는 미성년후견인을 두어야 한다(민 제928조). 미성년자에게 유언으로 지정한 미성년후견인이 없는 경우에는 가정법원은 직권으로 또는 미성년자, 친족, 이해관계인, 검사, 지방자치단체의 장의 청구에 의하여 미성년후견인을 선임한다. 기존의 미성년후견인이 사망, 결격, 그 밖의 사유로 없게 된 경우에도 또한 같다(민 제932조제1항). 또한 가정법원은 친권의 상실, 일시 정지, 일부 제한의 선고 또는 법률행위 대리권이나 재산관리권 상실의 선고에 따라 미성년후견인을 선임할 필요가 있는 경우에는 직권으로 미성년후견인을 선임한다(동조 제2항). 그리고 친권자가 대리권 및 재산관리권을 사퇴한 경우에는 지체 없이 가정법원에 미성년후견인의 선임을 청구하여야 한다(동조 제3항).

2011년 개정 민법에서는 혼인외 자녀의 인지, 이혼, 혼인취소 등으로 인하여 단독친권자로 지정된 자가 된 부모 중 일방이 사망한 경우 종전과 달리 생존친에게 자동으로 친권이 부활하는 제도를 배제하고, 가정법원의 심판을 통한 친권자 지정제도를 도입하였다. 다만, 친권자 지정을 청구할 수 있는 기간 내에 친권자 지정의 청구가 없으면 가정법원은 직권으로 친권자를 지정할 수 없으므로, 위 청구기간이 경과함으로써 미성년자인 자녀에게는 친권자가 없는 상태가 확정된다. 개정 민법은 이런 경우에 미성년자인 자녀의 보호에 공백이 없도록 하기 위해 가정법원의 직권 또는 일정한 청구권자의 청구에 의하여 미성년후견인을 선임할 수 있도록 하였다(민 제909조의2 제3항). 입양이 취소되거나 파양된 경우, 양부모 모두가 사망한 경우에도 같다.

단독친권자가 된 부 또는 모, 양부모(**친양자의 양부모 제외**) 쌍방에게 친권상실의 선고, 친권 일시 정지의 선고, 친권 일부 제한의 선고, 대리권과 재산관리권상실의 선고, 대리권과 재산관리권상실의 사퇴, 소재불명 등 친권을 행사할 수 없는 중대한 사유가 있는 경우에도 마찬가지이다(민 제927조의2 제1항).

나. 심판청구

(1) 관할

미성년후견인 선임 사건은 **라류** 가사비송사건으로서 이에 대한 심리와 재판은 가정법원의 전속관할로 한다[가소 제2조제1항제2호가목13의2)·18)]. 토지관할은 미성년자의 주소지 관할 가정법원(지방법원, 지원)이며(가소 제44조제1의2호), 단독판사의 사물관할에 속한다(관할규 제3조).

(2) 청구권자

가정법원에 미성년후견인의 선임을 청구할 수 있는 자는 미성년자, 친족, 이해관계인, 검사 또는 지방자치단체의 장이다. **미성년자 본인**도 의사능력이 있는 경우에는 스스로 미성년후견인의 선임을 청구할 수 있다. 청구권자인 **이해관계인**으로는 법률상 이해관계인에 한정된다는 견해도 있을 수 있으나, 후견제도의 본질이 피후견인의 보호에 있는 점을 고려하면 미성년자를 보호하는 아동복지전담기관의 장 등 사실상의 이해관계인이라도 무방하다고 본다.[140] 2011년 개정 민법은 미성년자의 복리를 위해 미성년후견인 선임 청구를 해 줄 사람이 없는 경우를 대비하여 **검사** 또는 **지방자치단체의 장**에게도 청구권한을 부여하였다.

미성년후견감독인은 청구권자로 열거되어 있지 않지만, 후견감독인은 후견인이 없는 경우 지체 없이 가정법원에 후견인의 선임을 청구하여야 할 의무가 있으므로(민 제940조의6 제1항), 미성년후견감독인도 미성년후견인 선임을 청구할 수 있다고 보아야 할 것이다.

한편, 아동복지법에 따르면, 시·도지사, 시장·군수·구청장, 아동복지전담기관의 장, 아동복지시시설의 장 및 학교의 장은 친권자 또는 후견인이 없는 아동을 발견한 경우 그 복지를 위하여 필요하다고 인정할 때에는 법원에 후견인의 선임을 청구하여야 한다(동법 제19조제1항).

(3) 청구서 기재사항

심판청구서에는 ① 당사자의 등록기준지, 주소, 성명, 생년월일, 대리인이 청구할 때에는 대리인의 주소와 성명, ② 청구취지와 청구원인, ③ 청구 연월일, ④ 가정법원의 표시를 적고 청구인이나 대리인이 기명날인하여야 한다(가소 제36조제3항). 또한 심판이 당사자 이외에 사건본인의 신분관계 기타 권리, 의무에 관계된 것이므로 사건본인의 성명, 생년월일, 등록기준지 및 주소를 기재하여야 한다(가소규 제20조).

---

140) 가사실무제요(주2), 332면

(4) 청구비용

심판청구의 수수료로서 사건본인 1인당 5,000원의 수입인지를 붙이고(가수규 제3조제1항), 8회분의 송달료(재판예규 제1522호)를 송달료취급은행에 예납하고 납부서를 심판청구서에 붙여야 한다.

(5) 첨부서류

심판청구서에는 청구인과 사건본인 및 후견인후보자의 가족관계증명서와 기본증명서 각 1통, 사건본인의 주민등록표등(초)본 1통, 청구인과 종전 친권자 및 후견인후보자 등의 관계를 소명하는 가족관계증명서 또는 제적등본 각 1통, 후견인후보자의 범죄경력·수사경력 회보서와 신용정보회보서 및 후견등기사항부존재증명서 각 1통, 사건본인의 자필동의서(학생증 사본 첨부) 각 1통, 사전현황설명서 및 재산목록 각 1통, 기타 소명자료를 첨부하여야 한다. 위 서류 외에도 절차진행에 따라 추가서류가 필요할 수 있다.

다. 심리 및 심판

(1) 심리

㈎ **심리의 대상**

심리의 주된 대상은 미성년후견 개시원인의 유무, 미성년후견인이 될 사람의 적격 여부 등이다.

미성년후견의 개시원인은 미성년자에게 친권자가 없거나 친권자가 친권의 전부 또는 일부를 행사할 수 없는 경우이다(민 제928조). 친권자인 부모 모두가 사망(실종선고 포함)한 경우뿐만 아니라 친권의 상실, 일시정지, 일부제한의 선고 또는 성년후견개시 심판을 받은 경우, 법률행위 대리권 및 재산관리권을 상실하거나 사퇴한 경우 등이 여기에 해당한다.

미성년후견인의 적격 여부는 후견인 결격사유(민 제937조)의 유무, 피후견인의 연령, 재산상황, 심리상태, 예상되는 후견사무의 주된 내용 등을 종합적으로 고려하여 판단할 것이다.[141] 미성년후견은 친권의 연장 또는

141) 가사실무제요(주2), 333면

보충이라는 점을 감안하면 가능한 한 피후견인과 혈연관계에 있는 사람을 후견인으로 선임하는 것이 바람직하겠으나, 사실상 미성년자를 보호·양육하는 자나 중립적인 법률전문가를 후견인으로 선임하는 것이 더 바람직할 경우도 있을 것이다.

후견인은 중요한 행위에 대하여 후견감독인의 동의를 받아 하여야 하고, 후견감독인의 동의 없는 후견인의 행위는 피후견인 또는 후견감독인이 취소할 수 있는데(민 제950조제1항, 제3항), 후견인이 후견감독인의 동의 없이 대리행위를 한 경우 제3자가 후견감독인의 동의가 있다고 믿은 데에 정당한 이유가 있으면 표현대리(민 제126조)가 성립할 수 있으므로,[142] 후견인선임청구를 심리할 때 신중을 기하여야 한다.[143]

㈏ 심리의 방법

가정법원이 미성년후견인을 선임할 때에는 생존친의 소재를 모르거나 그가 정당한 사유 없이 소환에 응하지 아니하는 경우를 제외하고 그에게 의견을 진술할 기회를 주어야 한다(민 제909조의2제3항 후문). 또한 미성년후견인이 될 자의 의견뿐만 아니라, 미성년자가 13세 이상인 때에는 미성년자의 의견을 들을 수 없거나 미성년자의 의견을 듣는 것이 오히려 미성년자의 복지를 해할만한 특별한 사정이 있다고 인정되는 경우를 제외하고는 그 미성년자의 의견도 들어야 한다(가소규 제65조제1항·제4항).

(2) 심판

계모와 같이 청구권이 없는 자가 미성년후견인의 선임을 청구할 경우에는 부적법하여 각하한다.[144] 미성년후견인을 선임할 경우 그 수(數)는 한 명으로 한다(민 제930조제1항). 누구를 미성년후견인으로 선임할 것인지는 가정법원이 직권으로 판단하여야 하며, 청구인이 자신을 미성년후견인으로 선임하여 줄 것을 희망하더라도 가정법원은 청구인이 아닌 다른 사람을 미성년후견인으로 선임할 수 있다.

가정법원이 미성년후견인을 선임한 때에는 그 후견인에 대하여 그 후견사무에 관하여 필요하다고 인정되는 사항을 지시할 수 있다(가소규 제65조제3항). 이러한 지시는 후견인 선임심판의 주문에서 **부수처분**으로 하는

---

142) 대법원 1997.6.27. 선고 97다3828 판결

143) 가사실무제요(주2), 334면

144) 가사실무제요(주2), 332면

것이 보통이지만, 그 시기에 제한이 없으므로 언제든지 할 수 있다.

미성년후견인 선임 청구를 인용하는 심판의 주문례는 다음과 같다.

1. 사건본인의 미성년후견인으로 ○○○(주민등록번호, 주소)를 선임한다.
2. 미성년후견인은 이 사건 심판 확정일로부터 ○개월 이내에 사건본인의 재산목록을 작성하여 이 법원에 제출하여야 한다.
3. 미성년후견인은 이 사건 심판 확정일로부터 1년이 경과한 날을 기준으로 하여 매년 후견사무에 관한 보고서를 이 법원에 제출하여야 한다.
4. 미성년후견인이 사건본인을 대리하여 사건본인 명의의 부동산 또는 중요한 재산에 관한 권리의 득실변경을 목적으로 하는 행위를 하는 경우에는 가정법원의 허가를 받아야 한다.

(3) 심판의 고지 등

심판은 당사자와 절차에 참가한 이해관계인에게 고지하여야 한다(가소규 제25조). 심판의 효력은 심판을 받을 사람이 심판을 고지받음으로써 발생한다. 다만, 즉시항고를 할 수 있는 심판은 확정되어야 효력이 있다(가소 제40조).

라. 불복

미성년후견인의 선임 청구를 기각한 심판에 대하여는 청구인이 즉시항고를 할 수 있고(가소규 제27조), 미성년후견인의 선임 심판에 대하여는 미성년자, 미성년자의 부모와 친족, 이해관계인, 검사, 지방자치단체의 장이 즉시항고를 할 수 있다(가소규 제67조제1항제1호). 즉시항고기간은 심판을 고지받은 날부터 14일 이내이다(가소 제43조제5항, 가소규 제94조제3항).

마. 심판확정 후의 절차

(1) 미성년후견 개시의 신고

가정법원의 미성년후견인 선임심판에 의한 미성년후견개시의 신고는 보고적 신고로서, 미성년후견인은 그 취임일부터 1개월 이내에 사건본인의 등록기준지의 가족관계등록사무를 처리하는 사람에게 신고하여야 한다(가등 제80조제1항). 부록 [미성년1후견 · 2후견감독 개시신고서] 삼소

(2) 가족관계등록부 기록의 촉탁

미성년후견인의 선임은 가족관계등록부에 기록하여야 한다. 이를 위하여 가정법원의 법원사무관 등은 그 심판이 확정된 때에는 재판장의 명을 받아 지체 없이 사건본인의 등록기준지의 가족관계등록사무를 처리하는 사람에게 가족관계등록부에 기록할 것을 촉탁하여야 한다(가소 제9조, 가소규 제5조제1항제3호).

(3) 가족관계등록부의 기록

미성년후견인 선임심판에 의한 가족관계등록부의 기록은 신고나 촉탁에 의하여 기록하되, 미성년후견인에 관한 사항은 해당 미성년자의 가족관계등록부 일반등록사항란에만 기록하고(가등규 제53조), 미성년후견인의 가족관계등록부에는 기록하지 아니한다.

부록 [가족관계등록부 기재례 : 미성년후견에 관한 부분] 참조

(4) 재산조사 및 재산목록 보고

선임된 미성년후견인은 심판 확정일로부터 2개월 이내에 사건본인의 재산목록을 작성하여 관할법원에 제출하여야 한다(민 제941조제1항).

부록 [재산목록 보고서] 참조

(5) 후견사무에 관한 보고

실무상 미성년후견인은 심판 확정일로부터 1년이 경과한 날을 기준으로 하여 매년 후견사무에 관한 보고서를 관할법원에 제출하여야 한다.

부록 [후견사무 보고서] 참조

바. 최근 심판사례[145)]

[심판의 요지]

부모가 이혼하면서 친권자로 미성년 자녀 중 형은 母가, 동생은 父가 각각 지정되었다가 父가 사망하였고, 母는 이혼 후 아이들과 면접교섭을 하

145) 제주지법 2015.6.3.자 2014느단513 심판

거나 연락을 하는 등의 교류가 전혀 없었으며, 다른 남자와 결혼하여 그 사이에 돌이 된 딸이 있다. 친 祖父와 祖母가 아이들을 줄곧 키워오고 있으며, 아이들도 조부모와 살기를 희망하고 있다. 이에 祖父가 아이들의 미성년후견인으로 자신을 지정해 달라고 청구하였는데, 이에 대하여 母는 작은 아들의 친권자이므로 미성년후견인을 둘 필요가 없다고 주장하였다. 법원은 단독친권자인 미성년자의 母가 생존해 있음에도, 이른바 최진실법이라 불리우는 민법 규정에 따라 여러 가지 사정을 들어 母에게 친권을 행사할 수 없는 중대한 사유가 있다고 보아 祖父를 미성년후견인으로 선임하였다.

[주　　문]

사건본인들의 미성년후견인으로 청구인을 선임한다.

[청구취지]

주문과 같다.

[이　　유]

1. 인정 사실

이 사건 기록 및 심문 전체의 취지를 종합하면, 다음과 같은 사실을 인정할 수 있다.

가. 신분관계

1) 사건본인들 망 甲(이하 '망인'이라고 한다)과 관계인 사이에서 출생한 자식들이다.

2) 망인은 2012.4.24. 관계인과 협의이혼신고를 하면서 사건본인 A에 대한 친권자로 어머니인 관계인을, 사건본인 B에 대한 친권자로 아버지인 망인을 각 지정하였다.

3) 망인은 2014.4.29. 사망하였다.

나. 사건본인들 양육상황 등

1) 관계인은 망인과 불화를 겪다가 사건본인 B가 태어난 직후부터 별거하였고, 그 때부터 할아버지인 청구인이 사건본인들을 양육하였다.

2) 망인과 관계인은 2010년 무렵 재결합하여 사건본인 A는 직접 양육하였으나, 사건본인 B는 청구인과 함께 지냈다. 그 후에도 망인과 관계인 사이에 갈등이 발생하여 그들은 2012년 초부터 별거하였는데, 별거 이후 관계인은 망인 및 사건본인들과 연락하거나 만나지 아니한 채 지냈으며 그 후 현재까지 청구인이 사건본인들을 양육하고 있다.

3) 관계인은 고○○와 재혼하여 2013.10.22. 혼인신고를 마치고 2014. 5.13. 그 사이에서 고□□ 출산하였다.

4) 청구인은 아파트 경비원으로 월 약 1,300,000원의 수입이 있고 사건본인들의 할머니는 전업주부이며, 청구인의 거주지는 38평의 방 3개가 딸린 아파트인데 사건본인들은 조부모, 고모 및 삼촌과 함께 거주 중이다. 고모는 어린이집에 재직하고 있고 삼촌은 보험회사에 근무하여 각각 일정한 수입을 가지고 있다. 초등학교에 다니는 사건본인들의 방과 후에는 할머니, 고모 등 함께 거주하는 친족들이 사건본인들을 돌보고 있다.

5) 망인이 사망한 후 사건본인들이 망인으로부터 상속받은 채무가 적지 않아 상속포기를 해야 하는 상황인데다 초등학교에 다니는 사건본인들을 위한 사회복지서비스를 신청하는 데 일일이 관계인 동의를 구하여야 하는 등 청구인이 실제 양육자로서 어려움 겪게 되자 이 사건 청구를 하였다.

6) 관계인은 이 사건에서 사건본인들에 대하여 적극적인 양육의지를 나타내지는 아니하였다. 실제로 가사조사 중 진행된 사건본인들과의 면접교섭에서 관계인은 약 2년 만에 처음 보는 사건본인들을 대면하고도 애틋한 감정을 나타내지는 아니하고 사건본인들의 의사를 존중하겠다는 태도를 보였다.

7) 관계인과 면접교섭 과정에서 사건본인 A는 약 1년 6개월 정도 관계인과 함께 생활을 한 경험이 있어 어머니에 대한 관심을 나타냈으나 동생인 사건본인 B는 별다른 의사표현을 하지 않았고 관계인에 대한 애착도 나타내지 않았다. 가사조사관은 사건본인들이 우선적으로 조부모와 함께 살기를 희망하면서 관계인과도 지속적인 교류를 원하는 것으로 평가하였다.

8) 가사조사 시 청구인, 사건본인들의 할머니, 삼촌과 관계인 및 외할머니가 함께 한 자리에서 서로를 비난하며 욕설까지 하는 등 청구인 측과 관계인 측의 갈등의 정도가 매우 심각하였다.

2. 판 단

가. 위 인정사실에 의하면 다음과 같은 사정을 알 수 있다.

1) 청구인을 포함한 사건본인들의 조부모가 망인과 관계인의 이혼 이전 및 이후 적지 않은 기간 동안 사건본인들을 양육하였고, 특히 사건본인 B는 출생 이후 곧 조부모가 양육하였다. 사건본인들이 초등학교 저학년으로 아직 어린 나이이고 관계인이 사건본인들의 어머니이기는 하지만, 오랜 기간 안정적으로 형성된 양육환경을 변경하는 것은 미성년자의 복리 측면에서 바람직하지 않다.

2) 사건본인 A는 관계인에게 애착을 보이고는 있으나, 현재의 양육상황이 변경되는 것은 원하지 않고 있고 사건본인 B는 관계인에 대하여 서먹한 감정을 가지고 있으며 애착관계가 형성되어 있지 않다. 관계인도 망인과 이혼한 이후 사건본인들과 연락을 하거나 만나지 않았으며 적극적으로 양육하겠다는 의사를 나타내지도 않고 있는데다 이미 고○○와 재혼하여 그 사이에 이제 막 돌이 지난 고□□를 양육하고 있다. 관계인의 남편인 고○○가 관계인이 친권자로서 사건본인들을 직접 양육하는 데 동의하고 있는지도 알 수 없다.

이러한 상황에서 사건본인들에 대한 친권자 및 양육자로 관계인이 지정된다면, 갓 돌이 지난 고□□을 양육하여야 하는 관계인의 양육능력의 한계, 계부와의 관계 등에 비추어 그 양육환경이 사건본인들의 복리에 반드시 적합하다고 보기 어렵다.

3) 청구인은 비록 많은 수입을 올리고 있지는 않지만, 일정한 수입이 있는 사건본인들의 고모나 삼촌이 경제적 지원을 해 줄 수 있는 상황으로 보이고, 사건본인들의 할머니가 전업주부로서 시간적으로 사건본인들과 접촉할 기회가 많다.

4) 사건본인들을 양육하고 있는 청구인으로서는 친권자나 후견인이 아니어서 한부모 가정을 위한 사회복지서비스를 신청하는 데 관계인의 동의를 받아야 하므로 불편이 따르고 그때마다 원만하지 않은 양측의 갈등이 유발될 소지가 크다. 이 또한 사건본인들의 복리에 나쁜 영향을 끼치는 요소가 된다.

나. 먼저 사건본인 B의 경우, 망인과 관계인의 협의이혼 후 단독 친권자인 망인이 사망하여 친권자가 없게 되었고, 앞에서 본 사정들을 참작하면 민법 제909조2 제3항에 따라 사건본인 B의 복리를 위하여 청구인을 그 미

성년후견인으로 선임하는 것이 옳다.

다음으로 사건본인 A에 관하여 보건대, ① 친권상실의 사유를 규정하고 있는 민법 제924조는 '친권을 행사시킬 수 없는 중대한 사유'를 그 요건 중 하나로 들고 있는데 학설은 객관적인 사정에 비추어 볼 때 친권자에게 자(子)의 적절한 보호와 교양을 기대할 수 없는 경우, 예컨대 사실상 이혼 후 아버지가 자식을 양육하다가 사망하였는데 어머니는 이미 다른 남자와 사실혼 관계에 들어가 두 아이를 낳아 양육하고 있어서 자녀들을 돌볼 수 없는 때를 그 예로 들고 있으며, 한편 단독 친권자가 친권을 행사할 수 없는 중대한 사유가 있는 경우에는 민법 제927조2 제1항 본문에 따라 준용되는 민법 제909조2 제3항에 의하여 법원은 미성년후견인을 선임할 수 있는데 '친권을 행사할 수 없는 중대한 사유'라는 요건은 친권상실의 경우와 동일하므로 결국 단독 친권자에게 자(子)의 적절한 보호와 교양을 기대할 수 없는 경우에는 미성년후견인을 선임할 수 있다고 해석되는 점(다만, 가족관계등록부에는 미성년자에게 친권자와 미성년후견인이 모두 등재되어 그들 사이에 권한 충돌의 문제가 발생함에도 민법 등에는 이를 조정하기 위한 아무런 규정이 없어 문제가 되나, 이는 새로 선임된 미성년후견인이 친권자를 상대로 친권상실을 청구하는 등으로 해결할 수 있다고 보인다), ② 사건본인들은 형제로서 함께 양육되는 것이 바람직한데 동생인 사건본인 B의 미성년후견인으로 청구인을 선임하는 점, ③ 그 밖에 사건본인 A의 의사, 나이, 학업, 양육환경, 현재 사건본인 A를 양육하고 있는 청구인 등의 경제능력과 양육의사, 친권자인 관계인의 생활환경과 가족관계 등 미성년자의 복리에 관한 제반 사정들을 종합하면, 관계인에게 사건본인 A의 적절한 보호와 교양을 기대할 수 없어 <u>친권을 행사할 수 없는 중대한 사유가 있다</u>고 볼 것이므로, 민법 제927조2 제1항 제4호, 제909조2 제3항에 따라 청구인을 사건본인 A의 미성년후견인으로 선임하는 것이 상당하다.

3. 결 론

그렇다면, 청구인의 이 사건 청구는 이유 있어 인용하기로 하여 주문과 같이 심판한다.

【서식 3-03】 미성년후견인의 임무대행자 선임 심판청구서

미성년후견인의 임무대행자 선임 심판청구

청 구 인 □ □ □ (☎)
주민등록번호 :
주소 :
사건본인과의 관계 : 모(母)

사건본인 ○ ○ ○
주민등록번호 :
주소 :
등록기준지 :

청 구 취 지

이 법원 2015느단****호 미성년후견인선임 청구 사건의 심판 확정시까지 청구인을 사건본인의 미성년후견인의 임무대행자로 선임한다.
라는 심판을 구합니다.

청 구 원 인

1. 청구인은 19○.○.○. ◈◈◈와 혼인하여 그 사이에 사건본인을 두었으나 20○.○.○. 협의이혼을 하였는바, 협의이혼 당시 사건본인에 대한 단독친권자로 사건본인의 아버지인 ◈◈◈이 지정되었습니다.
2. 그런데, 위 ◈◈◈는 사건본인을 양육하던 중 2013.7.5. 사망하였으나, 유언으로 미성년후견인을 지정하지도 아니하였을 뿐만 아니라 사망후 6개월이 지나도록 사건본인의 어머니인 청구인을 친권자로 지정하여 달라는 청구도 없습니다.
3. 이에 따라 청구인은 2015.○.○. 귀 법원 2015느단****호로 사건본인에 대한 미성년후견인선임 청구를 한 상태입니다.
4. 그런데, 이 사건 심판이 확정되어 미성년후견인이 선임되기까지는 상당한 시일이 걸릴 것으로 예상되는바, 그때까지 청구인을 사건본인에 대한 미성년후견인의 임무를 대행할 임무대행자로 선임하여 줄 것을 청구합니다.

미성년후견인 임무대행자 후보자	성 명	□□□
	주 소	서울특별시 ○○구 ○○길 **(○○동)
	주민등록번호	6*****-2******
	직 업	전업주부
	사건본인과의 관계	모(母)

첨 부 서 류

1. 기본증명서, 가족관계증명서(청구인, 사건본인) 각 1통
1. 주민등록등본(사건본인) 1통
1. 기타(소명자료) ○통

2015.○.○.

위 청구인 □ □ □ (인)

○○가정법원 귀중

【해설】

가. 의의

이혼 후의 단독친권자가 사망한 경우, 입양이 취소되거나 파양된 경우, 양부모 모두가 사망한 경우에 가정법원은 직권으로 또는 미성년자, 미성년자의 친족, 이해관계인, 검사, 지방자치단체의 장의 청구에 따라 친권자가 지정되거나 미성년후견인이 선임될 때까지 그 임무를 대행할 사람을 선임할 수 있다(민 제909조의2 제5항 전문). 또한 단독친권자가 된 부 또는 모, 양부모(친양자의 양부모는 제외) 쌍방에게 친권의 상실·일시정지·일부제한의 선고, 대리권과 재산관리권상실의 선고, 대리권과 재산관리권의 사퇴, 소재불명 등 친권을 행사할 수 없는 중대한 사유가 있는 경우에도 같다(민 제927조의2 제1항).

이 경우 임무대행자가 민법 제118조에 규정한 권한을 넘는 행위를 함에는 법원의 허가를 얻어야 하고(민 제909조의2제5항 후문➡제25조), 가정법원은 직권으로 또는 피후견인, 후견감독인, 민법 제777조에 따른 친족, 그 밖의 이해관계인, 검사, 지방자치단체의 장의 청구에 의하여 피후견인의 재산상황을 조사하고, 후견인에게 재산관리 등 후견임무 수행에 관하여 필요한 처분을 명할 수 있다(민 제909조의2제5항 후문➡제954조).

나. 심판청구

(1) 관할

미성년후견인의 임무대행자 선임 사건은 **라류** 가사비송사건으로서 이에 대한 심리와 재판은 가정법원의 전속관할로 한다[가소 제2조제1항제2호가목18)]. 토지관할은 피후견인인 미성년자의 주소지 관할 가정법원(지방법원, 지원)이며(가소 제44조제1의2호), 단독판사의 사물관할에 속한다(관할규 제3조).

(2) 청구권자

가정법원에 미성년후견인의 임무대행자 선임을 청구할 수 있는 자는 미성년자, 미성년자의 친족, 이해관계인, 검사, 지방자치단체의 장이다.

(3) 청구서 기재사항

심판청구서에는 ① 당사자의 등록기준시, 주소, 성명, 생년월일, 대리인이 청구할 때에는 대리인의 주소와 성명, ② 청구취지와 청구원인, ③ 청구 연월일, ④ 가정법원의 표시를 적고 청구인이나 대리인이 기명날인하여야 한다(가소 제36조제3항). 또한 심판이 당사자 이외에 사건본인의 신분관계 기타 권리, 의무에 관계된 것이므로 사건본인의 성명, 생년월일, 등록기준지 및 주소를 기재하여야 한다(가소규 제20조).

(4) 청구비용

심판청구의 수수료로서 사건본인 1인당 5,000원의 수입인지를 붙이고(가수규 제3조제1항), 8회분의 송달료(재판예규 제1522호)를 송달료취급은행에 예납하고 납부서를 심판청구서에 붙여야 한다.

(5) 첨부서류

심판청구서에는 청구인, 사건본인 및 임무대행자 후보자의 기본증명서 및 가족관계증명서 각 1통, 사건본인의 주민등록표등(초)본 1통, 기타 소명자료를 첨부하여야 한다. 위 서류 외에도 절차진행에 따라 추가서류가 필요할 수 있다.

다. 심리 및 심판

심리를 거쳐 필요가 있다고 판단되면, 미성년후견인이 선임될 때까지 그 임무를 대행할 사람을 선임하는 심판을 한다. 심판은 당사자와 절차에 참가한 이해관계인에게 고지하여야 한다(가소규 제25조). 심판의 효력은 심판을 받을 사람이 심판을 고지받음으로써 발생한다. 다만, 즉시항고를 할 수 있는 심판은 확정되어야 효력이 있다(가소 제40조).

라. 불복

청구를 기각한 심판에 대하여는 청구인이 즉시항고를 할 수 있으나(가소규 제27조), 임무대행자를 선임하는 심판에 대하여는 불복할 수 없다. 즉시항고는 심판을 고지받은 날부터 14일 이내에 하여야 한다.

마. 심판확정 후의 절차

(1) 임무대행자 선임의 신고

가정법원에서 미성년후견인의 임무대행자로 선임된 자는 그 내용을 사건본인의 등록기준지의 가족관계등록사무를 처리하는 사람에게 신고하여야 한다. 부록 [미성년①후견 · ②후견감독 개시신고서] 참조

(2) 가족관계등록부 기록의 촉탁

미성년후견인의 임무대행자 선임은 가족관계등록부에 기록하여야 한다. 이를 위하여 가정법원의 법원사무관 등은 그 심판이 확정된 때에는 재판장의 명을 받아 지체 없이 사건본인의 등록기준지의 가족관계등록사무를 처리하는 사람에게 가족관계등록부에 등록할 것을 촉탁하여야 한다(가소 제9조, 가소규 제5조제1항제2의3호).

(3) 가족관계등록부의 기록

임무대행자에 관한 가족관계등록부의 기록은 신고나 촉탁에 의하여 기록하되, 해당 미성년자의 가족관계등록부 일반등록사항란에만 기록하고(가등규 제53조), 임무대행자의 가족관계등록부에는 기록하지 아니한다.

부록 [가족관계등록부 기재례 : 미성년후견에 관한 부분] 참조

【서식 3-04】 미성년후견인 임무대행자의 권한초과행위 허가 청구서

미성년후견인 임무대행자의 권한초과행위 허가 심판청구

청 구 인 □ □ □ (☎)
주민등록번호 :
주소 :
사건본인과의 관계 : 미성년후견인의 임무대행자

사건본인 ○ ○ ○
주민등록번호 :
주소 :
등록기준지 :

청 구 취 지

청구인이 사건본인을 대리하여 사건본인 소유의 별지 기재 부동산을 담보로 ○○은행과 사이에 채권최고액 금○○원, 채무자 ○○○로 된 근저당권 설정계약을 체결함을 허가한다.
라는 심판을 구합니다.

청 구 원 인

1. 청구인은 2015.○.○. 귀원 2015느단****호로 사건본인을 위한 미성년후견인의 임무대행자로 선임되었습니다.
2. 그런데 본안 사건인 귀원 2015느단****호 미성년후견인선임 청구 사건은 현재 심리 계속 중이고 위 심판이 확정되기까지 상당한 시일이 소요될 것으로 보입니다.
3. 하지만, 현재 고등학교에 재학 중인 사건본인의 교육비 및 생활비로 매월 ○○만 원 정도가 필요한 반면, 사건본인에게는 현금재산이 없는 상황이므로, 부득이 사건본인 소유의 부동산 중 일부인 별지 목록 기재 부동산을 금융기관에 담보로 제공하고 대출을 받아 위 교육비 및 생활비로 충당하여야 합니다.
3. 따라서 미성년후견인의 임무대행자인 청구인이 사건본인을 대리하여 청구취지 기재와 같이 근저당권설정에 관한 법률행위를 할 수 있도록 허가하여 줄 것을 청구합니다.

첨 부 서 류

1. 기본증명서, 가족관계증명서(청구인, 사건본인) 각 1통
1. 주민등록등본(사건본인) 1통
1. 부동산 등기사항전부증명서 1통
1. 기타(소명자료) ○통

2015. ○. ○.

위 청구인 □□□ (인)

○○가정법원 귀중

【해설】

가. 의의

이혼 후의 단독친권자의 사망 등으로 인한 미성년후견인이 선임될 때까지 가정법원은 직권으로 또는 일정한 자의 청구에 의하여 그 임무를 대행할 사람을 선임할 수 있다(민 제909조의2제5항 전문). 이 경우 임무대행자는 미성년자의 재산에 관한 보존행위 또는 성질을 변하지 아니하는 범위에서의 이용·개량행위만 할 수 있으므로(민 제118조), 이러한 권한을 넘는 행위를 함에는 법원의 허가를 얻어야 한다(민 제909조의2제5항 후문➡제25조).

나. 심판청구

(1) 관할

미성년후견인의 임무대행자의 권한을 넘는 행위에 대한 허가 사건은 **라류** 가사비송사건으로서[가소 제2조제1항제2호가목2의2)], 토지관할은 피후견인인 미성년자의 주소지 관할 가정법원(지방법원, 지원)이며(가소 제44조제1의2호), 단독판사의 사물관할에 속한다(관할규 제3조).

(2) 청구권자

권한을 넘는 행위에 대한 허가를 가정법원에 청구할 수 있는 자는 해당 임무대행자 본인이다.

(3) 청구서 기재사항

심판청구서에는 ① 당사자의 등록기준지, 주소, 성명, 생년월일, 대리인이 청구할 때에는 대리인의 주소와 성명, ② 청구취지와 청구원인, ③ 청구 연월일, ④ 가정법원의 표시를 적고 청구인이나 대리인이 기명날인하여야 한다(가소 제36조제3항). 또한 심판이 당사자 이외에 사건본인의 신분관계 기타 권리, 의무에 관계된 것이므로 사건본인의 성명, 생년월일, 등록기준지 및 주소를 기재하여야 한다(가소규 제20조).

(4) 청구비용

심판청구의 수수료로서 사건본인 1인당 5,000원의 수입인지를 붙이고(가수규 제3조제1항), 8회분의 송달료(재판예규 제1522호)를 송달료취급은행에 예납하고 납부서를 심판청구서에 붙여야 한다.

(5) 첨부서류

심판청구서에는 청구인과 사건본인의 기본증명서 및 가족관계증명서 각 1통, 사건본인의 주민등록표등(초)본 1통, 기타 소명자료를 첨부하여야 한다. 위 서류 외에도 절차진행에 따라 추가서류가 필요할 수 있다.

다. 심리 및 심판

심리를 거쳐 필요가 있다고 판단되면, 권한을 넘는 행위에 대하여 허가하는 심판을 한다. 심판은 당사자와 절차에 참가한 이해관계인에게 고지하여야 한다(가소규 제25조). 심판의 효력은 심판을 받을 사람이 심판을 고지받음으로써 발생한다. 다만, 즉시항고를 할 수 있는 심판은 확정되어야 효력이 있다(가소 제40조).

라. 불복

청구를 기각한 심판에 대하여는 청구인이 즉시항고를 할 수 있으나(가소규 제27조), 권한을 넘는 행위에 대하여 허가하는 심판에 대하여는 불복할 수 없다. 즉시항고는 심판을 고지받은 날부터 14일 이내에 하여야 한다.

【서식 3-05】 임무대행자의 임무수행에 관하여 필요한 처분명령 청구서

미성년자의 재산상황조사 및 재산관리 등
임무대행자의 임무수행에 관하여 필요한 처분명령 청구

청 구 인　　□ □ □ (☎　　　　　　)
주민등록번호 :
주소 :
사건본인과의 관계 : 친족

사건본인　　○ ○ ○
주민등록번호 :
주소 :
등록기준지 :

청 구 취 지

사건본인의 임무대행자인 ◇◇◇에 대하여 사건본인의 재산 목록을 가정법원 및 청구인에게 제출할 것을 명한다.
라는 심판을 구합니다.

청 구 원 인

1. 사건본인에 대한 미성년후견인 선임 사건(귀원 2015느단****호)과 관련하여, 2015.○.○. ◇◇◇가 미성년후견인의 임무대행자로 선임되었습니다.
2. 청구인은 임무대행자인 ◇◇◇에게 사건본인의 재산목록 제출을 요구하였지만 수개월이 지나도록 이를 이행하지 않고 있습니다.
3. 따라서 상당기간을 정하여 임무대행자 ◇◇◇로 하여금 가정법원 및 청구인에게 사건본인의 재산목록을 제출할 것을 명하는 심판을 받고자 이 사건 청구에 이르렀습니다.

첨 부 서 류

1. 기본증명서, 가족관계증명서, 주민등록등본(청구인, 사건본인)　각 1통
1. 기타(소명자료)　○통

2015. ○. ○.

위 청구인 ○ ○ ○ (인)

○○가정법원 귀중

【해설】

가. 의의

가정법원은 미성년후견인의 임무대행자에게 직권으로 또는 피후견인, 후견감독인, 민법 제777조에 따른 친족, 그 밖의 이해관계인, 검사, 지방자치단체의 장의 청구에 의하여 피후견인의 재산상황을 조사하고, 후견인에게 재산관리 등 후견임무 수행에 관하여 필요한 처분을 명할 수 있다(민 제909조의2제5항 후문➡제954조).

나. 심판청구

(1) 관할

임무대행자의 임무 수행에 관하여 필요한 처분명령 사건은 **라류** 가사비송사건으로서 이에 대한 심리와 재판은 가정법원의 전속관할로 한다[가소 제2조제1항제2호가목22의2)]. 토지관할은 피후견인인 미성년자의 주소지 관할 가정법원(지방법원, 지원)이며(가소 제44조제1의2호), 단독판사의 사물관할에 속한다(관할규 제3조).

(2) 청구권자

미성년자의 재산상황에 대한 조사 및 그 재산관리 등 임무대행자의 임무 수행에 관하여 필요한 처분명령 사건은 피후견인, 후견감독인, 민법 제777조에 따른 친족, 그 밖의 이해관계인, 검사, 지방자치단체의 장이 청구할 수 있다.

(3) 청구서 기재사항

심판청구서에는 ① 당사자의 등록기준지, 주소, 성명, 생년월일, 대리인이 청구할 때에는 대리인의 주소와 성명, ② 청구취지와 청구원인, ③ 청구 연월일, ④ 가정법원의 표시를 적고 청구인이나 대리인이 기명날인하여야 한다(가소 제36조제3항). 또한 심판이 당사자 이외에 사건본인의 신분관계 기타 권리, 의무에 관계된 것이므로 사건본인의 성명, 생년월일, 등록기준지 및 주소를 기재하여야 한다(가소규 제20조).

(4) 청구비용

심판청구의 수수료로서 사건본인 1인당 5,000원의 수입인지를 붙이고(가수규 제3조제1항), 8회분의 송달료(재판예규 제1522호)를 송달료취급은행에 예납하고 납부서를 심판청구서에 붙여야 한다.

(5) 첨부서류

심판청구서에는 청구인과 사건본인의 기본증명서 및 가족관계증명서 각 1통, 사건본인의 주민등록표등(초)본 1통, 기타 소명자료를 첨부하여야 한다. 위 서류 외에도 절차진행에 따라 추가서류가 필요할 수 있다.

다. 심리 및 심판

심리를 거쳐 필요가 있다고 판단되면, 후견임무 수행에 관하여 필요한 처분을 한다. 심판은 당사자와 절차에 참가한 이해관계인에게 고지하여야 한다(가소규 제25조). 심판의 효력은 심판을 받을 사람이 심판을 고지받음으로써 발생한다. 다만, 즉시항고를 할 수 있는 심판은 확정되어야 효력이 있다(가소 제40조).

라. 불복

청구를 기각한 심판에 대하여는 청구인이 즉시항고를 할 수 있으나(가소규 제27조), 후견임무 수행에 관하여 필요한 처분을 하는 심판에 대하여는 불복할 수 없다. 즉시항고는 심판을 고지받은 날부터 14일 이내에 하여야 한다.

[메모]

【서식 3-06】 보호시설에 있는 미성년자의 후견인 지정 신청서

[별지 제1호서식] 〈개정 2014.11.19〉

<table>
<tr><td colspan="7">보호시설에 있는 미성년자 후견인 지정신청서</td></tr>
<tr><td rowspan="4">미성년자</td><td>주소</td><td colspan="5"></td></tr>
<tr><td>보호시설명</td><td></td><td>보호경위</td><td colspan="3"></td></tr>
<tr><td>성명</td><td></td><td>성별</td><td colspan="3">남 · 여</td></tr>
<tr><td>생년월일</td><td colspan="5">년 월 일생(세, 월)</td></tr>
<tr><td rowspan="3">후견인지정
신 청 자</td><td>주소</td><td colspan="5"></td></tr>
<tr><td>직업</td><td></td><td>직장명</td><td></td><td>직위</td><td></td></tr>
<tr><td>성명</td><td></td><td>주민등록번호</td><td colspan="3"></td></tr>
<tr><td colspan="7">「보호시설에 있는 미성년자의 후견직무에 관한 법률」 제3조제2항·제3항 및 같은 법 시행령 제3조제1항에 따라 후견인의 지정을 신청합니다.

년 월 일

신청인 (서명 또는 인)

특별자치시장 · 시장 · 군수 · 구청장 귀하</td></tr>
<tr><td rowspan="2">구
비
서
류</td><td colspan="5" rowspan="2">미성년자의 가족관계기록사항에 관한 증명서(가족관계기록사항에 관한 증명서가 없는 사람은 제외합니다)</td><td>수수료</td></tr>
<tr><td>없 음</td></tr>
</table>

210×297㎜(일반용지 60g/㎡(재활용품))

【서식 3-07】 보호시설에 있는 미성년자의 후견인 지정 허가 신청서

[별지 제2호서식] 〈개정 2010.11.2〉

<table>
<tr><td colspan="7">보호시설에 있는 고아 아닌 미성년자의
후견인 지정 허가 신청서</td></tr>
<tr><td rowspan="4">고아아닌
미성년자</td><td>주소</td><td colspan="5"></td></tr>
<tr><td>보호시설명</td><td colspan="2"></td><td>보호경위</td><td colspan="2"></td></tr>
<tr><td>성명</td><td colspan="2"></td><td>성별</td><td colspan="2">남 · 여</td></tr>
<tr><td>생년월일</td><td colspan="5">년 월 일생(세, 월)</td></tr>
<tr><td rowspan="3">후견인
허가
신청자</td><td>주소</td><td colspan="5"></td></tr>
<tr><td>직업</td><td></td><td>직장명</td><td></td><td>직위</td><td></td></tr>
<tr><td>성명</td><td></td><td>주민등록번호</td><td colspan="3"></td></tr>
<tr><td colspan="7">「보호시설에 있는 미성년자의 후견직무에 관한 법률」 제3조제3항 및 같은 법 시행령 제3조제2항에 따라 후견인의 지정허가를 신청합니다.

년 월 일

신청인 (서명 또는 인)

○○○○법원장 귀하</td></tr>
<tr><td rowspan="2">구비서류</td><td colspan="5">1. 후견인의 지정을 받은 사실을 증명하는 서류(국가 또는 지방자치단체 외의 자가 설치·운영하는 보호시설에 있는 사람에 한정합니다) 1부
2. 미성년자의 가족관계기록사항에 관한 증명서(가족관계기록사항에 관한 증명서가 없는 사람은 제외합니다) 1부</td><td>수수료</td></tr>
<tr><td colspan="5"></td><td>없 음</td></tr>
</table>

210×297㎜(일반용지 60g/㎡(재활용품))

【해설】

가. 의의

「아동복지법」·「장애인복지법」·「정신보건법」·「한부모가족지원법」·「노숙인 등의 복지 및 자립지원에 관한 법률」에 따른 보호시설[146]에 있는 미성년자의 후견인에 관한 사항에는 「보호시설에 있는 미성년자의 후견직무에 관한 법률」이 적용된다. 이에 따르면 국가나 지방자치단체가 설치·운영하는 보호시설[이하 공설(公設)의 보호시설이라 한다]인지 아니면 국가 또는 지방자치단체 외의 자가 설치·운영하는 보호시설[이하 사설(私設)의 보호시설이라 한다]인지, 해당 미성년자가 고아인지 고아가 아닌지에 따라 후견인에 관한 사항을 달리 규정하고 있다.

그 중 **공설**(公設)의 보호시설에 있는 **미성년자인 고아**에 대하여는 그 보호시설의 장이 후견인이 되므로(보호 제3조제1항), 후견인의 지정에 관한 절차나 후견인 지정에 관한 법원의 허가절차가 별도로 필요 없다.

나. 후견인의 지정

(1) 의의

사설의 보호시설에 있는 **미성년자인 고아**에 대하여는 그 보호시설의 소재지를 관할하는 특별자치시장·시장(「제주특별자치도 설치 및 국제자유도시조성을 위한 특별법」에 따른 행정시장을 포함)·군수·구청장(자치구의 구청장을 말함)이 후견인을 지정한다(보호 제3조제2항).

(2) 지정의 신청

사설의 보호시설에 있는 미성년자의 후견인으로 지정받으려고 하는 사람은 「보호시설에 있는 미성년자 후견인 지정신청서」(별지 제1호 서식)에 해당 미성년자의 가족관계기록사항에 관한 증명서(가족관계기록사항에 관한

146) 보호시설이란 「아동복지법」 제52조에 따른 아동복지시설 중 대통령령으로 정하는 시설, 「장애인복지법」 제58조제1항제1호의 장애인 거주시설, 「정신보건법」 제3조제4호 및 제5호의 정신질환자사회복귀시설 및 정신요양시설, 「한부모가족지원법」 제19조제1항제3호의 미혼모자가족복지시설, 「노숙인 등의 복지 및 자립지원에 관한 법률」 제16조제1항제2호부터 제4호까지의 노숙인자활시설, 노숙인재활시설 및 노숙인요양시설을 말한다(보호 제2조제1호, 보호령 제2조).

증명서가 없는 사람은 제외)를 첨부하여 해당 보호시설의 소재지를 관할하는 특별자치시장·시장·군수·구청장에게 제출하여야 한다(보호령 제3조제1항).

다. 후견인 지정에 대한 법원의 허가

(1) 의의

보호시설에 있는 **고아가 아닌 미성년자**의 경우에는, 그 보호시설이 공설이면 그 보호시설의 장이 가정법원의 허가를 받아 후견인이 되고, 그 보호시설이 사설이면 특별자치시장·시장·군수·구청장이 후견인으로 될 사람을 지정하되, 그 지정을 받은 사람이 다시 가정법원의 허가를 받아 후견인이 된다(동조 제3항, 보호령 제3조).

특별자치시장·시장·군수·구청장의 후견인 지정 절차는 위에서 본 미성년자인 고아의 경우와 같으므로, 여기서는 가정법원의 허가를 받는 절차만을 설명한다.

(2) 관할

후견인 지정에 대한 허가 사건의 관할에 관해서는 명문의 규정은 없으나, 친권에 관한 사건의 관할(가소 제44조제5호)을 준용하여 미성년자의 주소지(즉, 보호시설 소재지)의 가정법원이 관할한다고 할 것이다.

가정법원은 다른 법률이나 대법원규칙에서 가정법원의 권한으로 정한 사항에 대하여도 심리·재판하고(가소 제2조제2항), 이러한 사건에 관한 절차는 법률이나 대법원규칙으로 따로 정하는 경우를 제외하고는 라류 가사비송사건의 절차에 따른다(동조 제3항). 따라서 보호시설에 있는 미성년자로서 고아가 아닌 미성년자의 후견인취임(**보호시설이 공설인 경우**)이나 후견인지정(**보호시설이 사설인 경우**)의 허가와 그 취소는 라류 가사비송사건의 절차에 따라 처리된다(가소 제2조제2항·제3항).

(3) 청구권자

가정법원에 후견인 지정의 허가를 청구할 수 있는 자는 후견인이 되고자 하는 자, 즉 공설의 보호시설에 있는 고아가 아닌 미성년자에 대하여는 그 보호시설의 장이, 사설의 보호시설에 있는 고아가 아닌 미성년자에 대하여는 그 보호시설의 소재지를 관할하는 특별자치시장·시장·군수·구청장이 후견인으로 지정한 사람이다.

(4) 허가 심판의 청구

보호시설에 있는 미성년자로서 고아가 아닌 자의 후견인이 되기 위하여 법원의 허가를 받으려는 자는 「보호시설에 있는 고아 아닌 미성년자의 후견인 지정허가신청서」(별지 제2호 서식)에 후견인의 지정을 받은 사실을 증명하는 서류(사설의 보호시설에 있는 사람에 한정) 및 해당 미성년자의 가족관계기록사항에 관한 증명서(가족관계기록사항에 관한 증명서가 없는 사람은 제외)를 첨부하여 관할 법원에 제출하여야 한다(보호령 제3조제2항). 청구인이 특별자치시장·시장·군수·구청장으로부터 후견인으로 지정받은 사실을 증명하는 서류를 제출하지 아니하면 청구할 적격이 없는 사람의 청구로 부적법하여 각하된다.

공설의 보호시설에 있는 고아가 아닌 미성년자의 후견인이 되기 위한 허가신청서의 양식은 별도로 정해져 있지 않으므로 사설의 경우에 준하여 심판청구서를 작성하면 된다.

(5) 심리 및 심판

심리의 주된 대상은 허가의 요건을 구비하였는지 및 후견인 결격사유가 있는지 여부이다. 민법 제937조 각 호의 어느 하나에 해당하는 사람뿐만 아니라 후견인의 직무를 성실히 수행할 수 없거나 아동복지를 위하여 부적당하다고 인정되는 사람은 후견인이 될 수 없다(보호 제5조). 후견인선임심판에서는 후견인이 될 사람의 의견을 들어야 하지만, 후견인이 될 사람이 심판청구인이므로 따로 그 의견을 들을 필요는 없다.[147)]

청구를 인용하는 심판례는 다음과 같다.

- 공설의 보호시설의 장에 대한 후견인취임허가의 경우
  「청구인이 사건본인(또는 미성년자) ○○○의 후견인이 되는 것을 허가한다.」
- 사설의 보호시설에 있는 고아 아닌 미성년자의 후견인지정허가의 경우
  「청구인이 사건본인(또는 미성년자) ○○○의 후견인으로 지정함을 허가한다.」

(6) 불복

청구를 기각한 심판에 대하여는 청구인이 즉시항고를 할 수 있으나(가소규 제27조), 청구를 인용한 심판에 대하여는 불복할 수 없다.

147) 가사실무제요(주2), 454면

(7) 후견인의 직무

가정법원의 허가를 받아 후견인이 된 사람은 민법의 후견인의 임무에 관한 규정에 따라 직무집행을 하여야 한다. 다만, 피후견인의 입양에 관한 직무는 부양의무자 확인을 위한 공고기간이 만료된 날의 다음 날부터 수행할 수 있다(보호 제6조).

라. 부양의무자 확인 공고

보호시설의 장은 후견인으로 지정되거나 후견인 지정에 대한 법원의 허가를 받은 경우에는 지정받은 날 또는 허가를 받은 날부터 20일 이내에 공고문 2부를 해당 보호시설의 소재지를 관할하는 특별자치시장·시장·군수·구청장에게 제출하여 부양의무자 확인 공고를 의뢰하여야 한다. 다만, 다른 보호시설의 장이 확인 공고를 의뢰한 사실이 있는 사람에 대하여는 그러하지 아니하다(보호 제4조제1항, 보호령 제4조제1항). 부양의무자 확인 공고를 의뢰받은 특별자치시장·시장·군수·구청장은 15일 동안 공고를 하여야 한다(보호 제4조제2항, 보호령 제4조제2항). 여기서 「부양의무자」란 보호시설에 있는 미성년자에 대하여 민법 제931조(유언에 의한 미성년후견인의 지정 등) 및 제932조(미성년후견인의 선임)에 따라 후견인이 될 수 있는 사람을 말한다(보호 제2조제2호).

마. 후견인 지정 또는 지정허가의 취소

후견인으로 지정받거나 지정에 관한 법원의 허가를 받은 사람이 후견인 결격자에 해당하게 되거나 그 임무가 종료되었을 때에는 해당 보호시설의 소재지를 관할하는 특별자치시장·시장·군수·구청장은 후견인의 지정을 취소하거나 후견인 지정을 허가한 가정법원에 그 허가의 취소를 청구할 수 있다(보호 제7조).

「임무가 종료되었을 때」란 피후견인의 부양의무자가 나타나서 피후견인이 보호시설에서 퇴소하게 된 경우, 공설의 보호시설의 장이 그 직에서 퇴직하게 된 경우 등을 의미한다. 그러나 입양으로 친권자가 생긴 경우, 입양특례법 제22조에 따라 입양기관의 장이 후견인 직무를 행하게 되는 등의 경우에는 후견인의 권한이 당연히 소멸되는 것이므로, 여기의 취소사유에 해당하지 않는다.[148]

---

148) 가사실무제요(주2), 456면

【서식 3-08】 미성년후견인의 사임 허가 심판청구서

미성년후견인의 사임에 대한 허가 심판청구

청 구 인 □ □ □ (☎)
주민등록번호 : 6*****-1******
주소 : 서울특별시 ○○구 ○○길 **(○○동)
사건본인과의 관계 : 미성년후견인
송달장소 : 서울특별시 서초구 서초대로**길 **(서초동)
송달영수인 : 법무사 김○석

사건본인 ○ ○ ○
주민등록번호 : 9*****-1******
주소 : 서울특별시 ○○구 ○○길 **(○○동)
등록기순지 : 서울특별시 ○○구 ○○동 **-*번지

청 구 취 지

1. 청구인이 사건본인의 미성년후견인을 사임함을 허가한다.
2. 사건본인의 미성년후견인으로 ◇◇◇[6*****-1******, 서울특별시 ○○구 ○○대로**길 **(○○동)]를 선임한다.

라는 심판을 구합니다.

청 구 원 인

1. 사건본인의 부모가 유언으로 후견인을 지정하지 아니한 채 갑자가 사망하는 바람에 2014.○.○. 귀원 2014느단****호로 미성년후견개시 심판이 있었고, 청구인이 미성년후견인으로 선임되었습니다.
2. 그런데, 청구인은 다니는 직장에서 최근 해외근무 발령을 받게 되어 부득이 외국에서 장기간 거주할 수밖에 없는 사정이 생겼습니다.
3. 따라서 청구인은 사건본인에 대한 미성년후견인으로서의 직무를 수행하는 것이 매우 곤란하므로 그 직을 사임하고자 귀원의 허가를 구합니다.
4. 아울러 사건본인에 대한 미성년후견 상태의 중단과 공백을 방지하기 위해 청구인은 사임허가 청구와 동시에 새로운 미성년후견인의 선임을 청구하며, 그 후보자로는 아래 사람을 추천합니다.

미성년 후견인 후보자	성 명	◇ ◇ ◇
	주 소	
	주민등록번호	
	직 업	
	사건본인과의 관계	

첨 부 서 류

1. 기본증명서, 가족관계증명서(청구인, 사건본인, 후견인후보자) 각 1통
1. 주민등록등본(사건본인, 후견인후보자) 각 1통
1. 기타(소명자료) ○통

2015. ○. ○.

위 청구인 ○ ○ ○ (인)

○○가정법원 귀중

【해 설】

가. 의의

미성년후견인의 직무는 친권자의 그것과 같이 피후견인의 신분상 및 재산상의 이익보호에 그 중점이 있는 것이므로, 미성년후견인은 마음대로 그 직을 사임할 수 없지만, 후견인으로서의 임무를 수행할 수 없는 정당한 사유가 있는 경우에는 가정법원의 허가를 받아 사임할 수 있다(민 제939조 전문). 유언으로 지정된 후견인이든 가정법원에서 선임된 후견인이든 마찬가지이다.

나. 심판청구

(1) 관할

미성년후견인 사임허가 사건은 **라류** 가사비송사건으로서 이에 대한 심리와 재판은 가정법원의 전속관할로 한다[가소 제2조제1항제2호가목19)], 토지관할은 미성년자인 사건본인의 주소지 가정법원(지방법원, 지원)이며(가소 제44조제1의2호), 단독판사의 사물관할에 속한다(관할규 제3조).

(2) 청구권자

미성년후견인의 사임허가 심판은 사임하고자 하는 미성년후견인이 청구한다. 제3자는 후견인의 변경을 청구할 수 있을 뿐이다.

(3) 청구서 기재사항

심판청구서에는 ① 당사자의 등록기준지, 주소, 성명, 생년월일, 대리인이 청구할 때에는 대리인의 주소와 성명, ② 청구취지와 청구원인, ③ 청구 연월일, ④ 가정법원의 표시를 적고 청구인이나 대리인이 기명날인하여야 한다(가소 제36조제3항). 또한 심판이 당사자 이외에 사건본인의 신분관계 기타 권리, 의무에 관계된 것이므로 사건본인의 성명, 생년월일, 등록기준지 및 주소를 기재하여야 한다(가소규 제20조).

(4) 청구비용

심판청구의 수수료로서 사건본인 1인당 5,000원의 수입인지를 붙이고(가수규 제3조제1항), 8회분의 송달료(재판예규 제1522호)를 송달료취급은행에 예납하고 납부서를 심판청구서에 첨부하여야 한다.

(5) 첨부서류

심판청구서에는 청구인, 사건본인 및 후견인후보자의 기본증명서 및 가족관계증명서 각 1통, 사건본인 및 후견인후보자의 주민등록표등본 1통, 기타 사임의 정당한 사유를 소명하는 자료 등을 첨부하여야 한다.

다. 심리와 심판

(1) 심리

심리의 대상은 주로 사임의 **정당한 사유**가 있는지 여부이다. 「정당한 사유」란 객관적으로 보아서 후견인의 임무를 수행할 수 없는 사정이 있는 경우를 말한다. 예컨대, 후견인의 고령·질병, 피후견인과의 관계악화, 장기간의 후견기간 경과, 업무부담의 과중 등으로 인하여 후견임무를 수행할 수 없거나 먼 거리나 외국으로 이주하는 경우를 예로 들 수 있다.

한편, 후견인사임 허가의 심리에는 진술청취에 관한 규정이 없다.

(2) 심판

심리를 거쳐 필요가 있다고 판단되면, 종전 성년후견인의 사임허가와 사건본인에 대한 새로운 성년후견인을 선임하는 심판을 한다.

(3) 심판의 고지 등

심판은 당사자와 절차에 참가한 이해관계인에게 고지하여야 한다(가소규 제25조). 심판의 효력은 심판을 받을 사람이 심판을 고지받아야 발생한다. 다만, 즉시항고를 할 수 있는 심판은 확정되어야 효력이 있다(가소 제40조).

라. 불복

청구를 기각한 심판에 대하여는 청구인이 즉시항고를 할 수 있으나(가소규 제27조), 후견인 사임을 허가한 심판에 대하여는 불복할 수 없다. 즉시항고는 심판을 고지받은 날부터 14일 이내에 하여야 한다.

마. 심판확정 후의 절차

(1) 미성년후견인 경질의 신고

선임된 미성년후견인은 심판의 확정일부터 1개월 이내에 심판서의 등본 및 확정증명서를 첨부하여 그 내용을 신고하여야 한다(가등 제81조제3항 ➡제79조제2항➡제58조). 부록 [미성년①후견인 · ②후견감독인 경질신고서] 참조

(2) 가족관계등록부 기록의 촉탁

가정법원의 법원사무관 등은 사임허가의 심판이 확정된 때에는 재판장의 명을 받아 지체 없이 사건본인의 등록기준지의 가족관계등록사무를 처리하는 사람에게 가족관계등록부에 등록할 것을 촉탁하여야 한다(가소 제9조, 가소규 제5조제1항제3호).

(3) 가족관계등록부의 기록

미성년후견인의 사임에 관한 신고나 가정법원의 기록촉탁이 있는 경우에는 해당 미성년자의 가족관계등록부 일반등록사항란에만 기록한다.

부록 [가족관계등록부 기재례 : 미성년후견에 관한 부분] 참조

【서식 3-09】 미성년후견인 변경 심판청구서

미성년후견인 변경 심판청구

청 구 인 □ □ □ (☎)
주민등록번호 :
주소 :
사건본인과의 관계 :

사건본인 ○ ○ ○
주민등록번호 :
주소 :
등록기준지 :

미성년후견인 ◇ ◇ ◇ (☎)
주민등록번호 :
주소 :

청 구 취 지

사건본인의 미성년후견인 ◇◇◇(주민등록번호, 주소)를 ◈◈◈(주민등록번호, 주소)로 변경한다.
라는 심판을 구합니다.

청 구 원 인

1. 사건본인에 대하여 2014.○.○. 귀원 2014느단****호로 미성년후견개시 심판이 있었고, 미성년후견인으로 ◇◇◇가 선임되었습니다.

2. 그런데, 미성년후견인 ◇◇◇은 고령인데다 건강이 악화되어 후견인으로서의 직무수행이 곤란한 상태이고, 이로 인해 사건본인에 대한 보호와 양육 및 재산관리가 제대로 되지 않고 있는 상황입니다.

3. 따라서 사건본인의 복리실현을 위하여 미성년후견인을 변경할 필요가 있다고 할 것이므로, 이를 위해 이 사건 심판청구를 합니다.

4. 아울러 새로운 미성년후견인으로는 다음의 사람을 추천합니다.

미성년 후견인 후보자	성 명	◈◈◈
	주 소	
	주민등록번호	
	직 업	
	사건본인과의 관계	

첨 부 서 류

1. 기본증명서, 가족관계증명서(청구인, 사건본인, 후견인후보자) 각 1통
1. 주민등록등본(사건본인, 후견인후보자) 각 1통
1. 기타(소명자료) ○통

2015.○.○.

위 청구인 □ □ □ (인)

○○가정법원 귀중

【해 설】

가. 의의

가정법원은 미성년자인 피후견인의 복리를 위하여 미성년후견인을 변경할 필요가 있다고 인정하면 직권으로 또는 일정한 자(피후견인, 친족, 미성년후견감독인, 검사, 지방자치단체의 장)의 청구에 의하여 미성년후견인을 **변경**할 수 있다(민 제940조). 유언으로 지정된 후견인이든 가정법원에서 선임된 후견인이든 마찬가지이다. 이러한 후견인의 변경은 후견인을 위한 것이 아니라 피후견인의 복리 실현에 가장 적합한 사람으로 하여금 후견임무를 수행하도록 하려는 데 목적이 있다.

나. 심판청구

(1) 관할

미성년후견인 변경 사건은 **라류** 가사비송사건으로서[가소 제2조제1항제2호 가목18)], 토지관할은 미성년자인 사건본인의 주소지 가정법원(지방법원, 지원)이며(가소 제44조제1의2호), 단독판사의 사물관할에 속한다(관할규 제3조).

(2) 청구권자

미성년후견인의 변경 심판은 가정법원이 직권으로 할 수도 있지만, 피후견인, 친족, 미성년후견감독인, 검사 또는 지방자치단체의 장의 청구에 의할 수도 있다. 종전에는 피후견인의 친족이나 검사만을 청구권자로 규정하고 있었으나, 2011년 개정 민법에서는 그 외에 피후견인·후견감독인·지방자치단체의 장을 청구권자에 추가하였다. 이것은 피후견인의 친족이 피후견인과 상반되거나 미성년후견인에게 부합하는 이해관계를 가져 미성년후견인 변경청구를 의도적으로 하지 않거나, 피후견인에게 연고가 없어 친족을 통한 미성년후견인 변경청구가 이루어지기 어려운 경우 등에서 피후견인의 이익을 보호하기 위한 취지이다.

그 밖에도 **아동복지법**에 따르면, 후견인이 해당 아동을 학대하는 등 현저한 비행을 저지른 경우에는 시·도지사, 시장·군수·구청장, 아동복지전담기관의 장, 아동복지시설의 상, 학교의 징 또는 검사는 후견인 변경을 법원에 청구하여야 한다(동법 제10조제2항).

또한, **아동·청소년의 성보호에 관한 법률**에 따르면, 아동·청소년대상 성범죄 사건을 수사하는 검사는 그 사건의 가해자가 피해아동·청소년의 후견인인 경우에, 후견인 변경 결정을 하여서는 아니 될 특별한 사정이 있는 경우를 제외하고, 법원에 민법 제940조의 후견인 변경 결정을 청구하여야 한다(동법 제23조제1항). 아동보호전문기관, 성폭력피해상담소 및 성폭력피해자보호시설, 청소년상담복지센터 및 청소년쉼터의 장은 검사에게 후견인 변경의 청구를 하도록 요청할 수 있고, 그 청구를 요청받은 검사는 요청받은 날부터 30일 내에 해당 기관·시설 또는 단체의 장에게 그 처리 결과를 통보하여야 한다(동조 제2항). 처리결과를 통보받은 기관·시설 또는 단체의 장은 그 처리결과에 대하여 이의가 있을 경우 통보받은 날부터 30일 내에 직접 법원에 후견인 변경의 청구를 할 수 있다(동조 제3항).

특히, 2014년 초에 제정되어 최근 시행된 **아동학대범죄의 처벌 등에 관한 특례법**에 따르면, 후견인이 아동의 생명에 대한 위험을 발생하게 하거나 불구 또는 난치의 질병에 이르게 한 범죄를 저지르거나 또는 상습범인 때에는, 후견인의 변경 심판을 하여서는 아니 될 특별한 사정이 있는 경우를 제외하고는, 검사는 법원에 후견인의 변경 심판을 청구하여야 한다(동법 제9조제1항). 만약 검사가 후견인 변경을 청구하지 아니한 때에는 아동보호전문기관의 장은 검사에게 그 청구를 하도록 요청할 수 있고, 그 청구를 요청받은 검사는 요청받은 날부터 30일 내에 그 처리 결과를 아동보호전문기관의 장에게 통보하여야 한다(동조 제2항). 처리 결과를 통보받은 아동보호전문기관의 장은 그 처리 결과에 대하여 이의가 있을 경우 통보받은 날부터 30일 내에 직접 법원에 후견인 변경을 청구를 할 수 있다(동조 제3항).

(3) 청구서 기재사항

심판청구서에는 ① 당사자의 등록기준지, 주소, 성명, 생년월일, 대리인이 청구할 때에는 대리인의 주소와 성명, ② 청구취지와 청구원인, ③ 청구 연월일, ④ 가정법원의 표시를 적고 청구인이나 대리인이 기명날인하여야 한다(가소 제36조제3항). 또한 심판이 당사자 이외에 사건본인의 신분관계 기타 권리, 의무에 관계된 것이므로 사건본인의 성명, 생년월일, 등록기준지 및 주소를 기재하여야 한다(가소규 제20조).

미성년후견인의 변경은 곧 미성년후견인의 교체를 의미하므로 새로운 후견인의 선임을 구하는 내용과 새로운 미성년후견인 후보자에 관한 사항을 기재하는 것이 바람직하다. 다만, 법원은 청구인의 희망이나 청구취지에 구속되는 것은 아니므로, 심판청구서에 후보자로 추천된 사람이 반드시 미성년후견인으로 선임되는 것은 아니다.

(4) 청구비용

심판청구의 수수료로서 사건본인 1인당 5,000원의 수입인지를 붙이고(가수규 제3조제1항), 8회분의 송달료(재판예규 제1522호)를 송달료취급은행에 예납하고 납부서를 심판청구서에 첨부하여야 한다.

(5) 첨부서류

심판청구서에는 청구인, 사건본인 및 후견인후보자의 기본증명서 및 가족관계증명서 각 1통, 사건본인 및 후견인후보자의 주민등록표등본 1통, 기타 변경의 필요성을 소명하는 서류 등을 첨부하여야 한다.

다. 심리와 심판

(1) 심리

㈎ **심리의 대상**

가정법원은 미성년후견인의 결격사유 존재 여부도 심리하여야 하지만, 주된 심리의 대상은 피후견인의 복리를 위하여 미성년후견인을 변경할 필요가 있는지 여부에 집중된다. 후견인의 변경은 후견인을 위한 것이 아니라 피후견인의 복리를 위한 것이므로, 후견인의 변경이 필요한지 여부는 현재의 후견인을 유지하는 것과 새로운 후견인으로 변경하는 것 중에서 어느 쪽이 피후견인의 복리 실현에 보다 유리한가를 비교·형량하여 결정할 필요가 있고, 피후견인의 복리는 장·단기적 관점에서 고려하여야 한다. 따라서 피후견인의 복리를 위하여 후견인을 변경할 필요가 있다고 인정되면 후견인에게 귀책사유가 있는지 여부는 불문한다.[149] 즉, 현저한 비행, 부정행위, 그 밖에 미성년후견인으로서 임무를 수행하는 데 적당하지 않은 사유가 있는 경우뿐만 아니라 후견인 이외의 제3자가 미성년후견인으로서 보다 적합한 경우도 후견인의 변경 사유가 된다.[150]

또한, 가정법원은 직권으로 또는 일정한 자의 청구에 의하여 피후견인의 재산상황을 조사하고, 후견인에게 재산관리 등 후견임무 수행에 관하여 필요한 처분을 명할 수 있는데(민 제954조), 조사 결과 피후견인의 재산상황에 심각한 변화가 있거나 미성년후견인이 불성실하게 응하거나 보고하는 경우 이를 근거로 직권으로 미성년후견인을 변경할 수 있다고 할 것이다.

㈏ 심리의 방법

가정법원이 미성년후견인의 변경심판을 하는 경우 그 미성년자가 13세 이상인 때에는 그 미성년자의 의견을 들어야 한다. 다만, 미성년자의 의견을 들을 수 없거나 미성년자의 의견을 듣는 것이 오히려 미성년자의 복지를 해할만한 특별한 사정이 있다고 인정되는 때에는 그러하지 아니하다(가소규 제65조제4항). 새로이 미성년후견인이 될 자의 의견도 들어야 한다(동조 제1항). 또한 가정법원은 가사조사관으로 하여금 심리의 대상을 조사하게 하거나, 후견인이 될 사람의 후견인 결격사유의 유무를 판단하기 위하여 사실조회를 통하여 전과관계를 확인하는 등의 방법으로 심리를 하는 것이 바람직하다.[151]

㈐ 후견인의 절차참가

가정법원은 미성년후견인을 변경할 때에는 그 변경이 청구된 미성년후견인을 절차에 참가하게 하여야 한다(가소규 제65조제2항). 후견인 변경은 그 후견인의 권한을 박탈하고 법적 지위를 상실시키는 것이므로 후견인은 가장 직접적인 이해관계인이라 할 수 있기 때문이다.[152]

149) 주해친족법(주30), 1237면
150) 가사실무제요(주2), 338면
151) 가사실무제요(주2), 339면 ; 대법원 1992.3.25.자 91스11 결정 참조

(2) 사전처분

후견인변경 청구가 있는 경우 가정법원은 직권 또는 당사자의 청구에 따라 사전처분으로서 후견인의 직무집행을 정지시킬 수 있으며(가소 제62조제1항), 이때에는 심판확정시까지 후견인의 임무를 수행할 대행자를 지정하여야 한다. [서식 3-10] 해설 참조

(3) 심판

가정법원은 심리를 거쳐 변경의 필요가 있다고 판단되면, 종전 미성년후견인을 새로운 미성년후견인으로 변경하는 심판을 한다. 후견인변경심판은 유언에 의해 지정되거나 법원에 의해 적법하게 선임된 후견인을 해임하는 심판과 새로운 후견인을 선임하는 심판이 병합된 것이다.[153] 청구권이 없는 자가 후견인 변경을 청구할 경우에는 부적법하여 각하하여야 할 것이지만, 특별히 피후견인의 복리를 위하여 후견인을 변경할 필요가 있다고 인정되는 예외적인 사안에서는 직권으로 후견인변경심판을 하는 것도 가능하다.[154]

후견인을 변경하는 심판의 주문례는 다음과 같다.

- 사건본인의 후견인을 ◇◇◇(주민등록번호, 주소)에서 ◈◈◈(주민등록번호, 주소)로 변경한다.
- 사건본인의 후견인을 ◈◈◈(주민등록번호, 주소)로 변경한다.

가정법원이 미성년후견인을 선임한 때에는 미성년후견인에 대하여 그 후견사무에 관하여 필요하다고 인정되는 사항을 지시할 수 있는데(가소규 제65조제3항), 후견인변경에 의해 새로운 후견인이 선임되는 것과 같은 효과가 발생하므로, 이 규정은 후견인변경의 경우에도 적용된다고 보아야 한다.[155]

(4) 심판의 고지 등

심판은 당사자와 절차에 참가한 이해관계인에게 고지하여야 한다(가소규 제25조). 심판의 효력은 심판을 받을 사람이 심판을 고지받아야 발생한다.

---

152) 가사실무제요(주2), 339면
153) 주해친족법(주30), 1238면
154) 가사실무제요(주2), 337면
155) 가사실무제요(주2), 340면

다만, 즉시항고를 할 수 있는 심판은 확정되어야 효력이 있다(가소 제40조).

후견인변경심판이 확정된 때에는 변경되기 전의 후견인은 그 지위를 상실하고, 변경된 후의 후견인은 피후견인에 대한 후견인의 지위를 취득한다.

라. 불복

후견인변경청구를 기각한 심판에 대하여는 청구인 외에도 민법 제940조에 규정한 자(피후견인, 친족, 후견감독인, 검사 또는 지방자치단체의 장)도 즉시항고를 할 수 있으나(가소규 제27조, 제67조제2항), 후견인을 변경한 심판에 대하여는 변경대상 미성년후견인이 즉시항고를 할 수 있다(가소규 제67조제1항제2호). 즉시항고는 심판을 고지받은 날부터 14일 이내에 하여야 한다.

마. 심판확정 후의 절차

(1) 미성년후견인 경질의 신고

선임된 미성년후견인은 심판의 확정일부터 1개월 이내에 심판서의 등본 및 확정증명서를 첨부하여 그 내용을 신고하여야 한다(가등 제81조제3항➡제79조제2항➡제58조). 부록 [미성년①후견인 · ②후견감독인 경질신고서] 참조

(2) 가족관계등록부 기록의 촉탁

미성년후견인변경의 심판이 확정되거나 효력을 발생한 경우에는 가정법원의 법원사무관 등은 재판장의 명을 받아 지체 없이 사건본인의 등록기준지 관할 가족관계등록사무를 처리하는 사람에게 가족관계등록부에 등록할 것을 촉탁하여야 한다(가소 제9조, 가소규 제5조제1항제3호).

(3) 가족관계등록부의 기록

미성년후견인의 변경에 관한 신고나 가정법원의 기록촉탁이 있는 경우에는 해당 미성년자의 가족관계등록부 일반등록사항란에만 기록한다.

부록 [가족관계등록부 기재례 : 미성년후견에 관한 부분] 참조

【서식 3-10】 직무집행정지 및 임무대행자 선임 사전처분 신청서

직무집행정지 및 임무대행자 선임 사전처분 신청

신 청 인 □ □ □ (☎)
주민등록번호 :
주소 :
사건본인과의 관계 : 친족

사건본인 ○ ○ ○
(미성년자) 주민등록번호 :
주소 :
등록기준지 :

피신청인 ◇ ◇ ◇ (☎)
(후 견 인) 주민등록번호 :
주소 :
사건본인과의 관계 : 母

신 청 취 지

1. 귀원 2015느단****호 미성년후견인 변경 사건의 심판 확정시까지 피신청인의 사건본인에 대한 미성년후견인으로서의 직무집행을 정지한다.
2. 미성년후견인의 임무대행자로 ◈◈◈(주민등록번호, 주소)를 선임한다.

라는 결정을 구합니다.

신 청 원 인

1. 신청인은 귀원에 2015느단****호로 미성년후견인 변경의 심판을 청구하여 계속 중에 있습니다.
2. 그런데 피신청인은 사건본인의 미성년후견인으로 선임된 후 ____등의 행위를 계속하고 있기 때문에 사건본인의 복리를 위하여 미성년후견인의 변경을 청구하였으나, 본안 심판에는 상당한 시일이 소요될 것으로 예상되는 반면, 변경심판이 효력을 발생하기까지 피신청인이 사건본인에 대한 미성년후견인으로서의 권한을 계속하여 행사한다면, 사건본인에게 회복하기 어려운 불이익을 초래할 우려가 있습니다.

3. 이에 본안 심판의 확정시까지 피신청인의 사건본인에 대한 미성년후견인으로서의 직무집행을 정지하고 동시에 그 임무대행자를 선임해 줄 것을 신청합니다.

4. 아울러, 미성년후견인의 임무대행자로는 아래와 같이 ◇◇◇를 적임자로 추천합니다(또는 가정법원이 적임자를 선임해 주시기 바랍니다).

미성년후견인 임무대행자 후보자	성 명	
	주 소	
	주민등록번호	
	직 업	
	사건본인과의 관계	

첨 부 서 류

1. 가족관계증명서 및 기본증명서(신청인, 사건본인, 임무대행자후보자) 각 1통
1. 주민등록표등(초)본(신청인, 상대방, 사건본인) 각 1통
1. 기타(소명자료) 1통

2015. ○. ○.

신청인 □ □ □ (인)

○○가정법원 귀중

【해 설】

가. 의의

가사사건의 심판청구가 있는 경우에 가정법원은 사건을 해결하기 위하여 특히 필요하다고 인정하면 직권으로 또는 당사자의 신청에 의하여 적당하다고 인정되는 **사전처분**을 할 수 있다(가소 제62조제1항). 미성년후견인 변경 심판 청구가 있는 경우에도 가정법원은 사전처분으로 미성년후견인의 직무집행을 정지시킬 수 있다. 이때에는 본안 심판의 확정시까지 미성년후견인의 임무를 수행할 대행자를 사전처분에서 동시에 지정하여야 한다(가소규 제5조제1항제4호).

나. 사전처분의 신청

(1) 관할

직무집행정지 및 임무대행자 선임을 구하는 사전처분의 신청은 본안(미성년후견인 변경) 심판 사건이 계속 중인 가정법원에 신청하여야 한다. 본안이 항고심에 계속 중인 때에는 그 항고심 법원이 관할한다.

(2) 당사자

본안(미성년후견인 변경) 심판의 청구인이 직무집행정지 및 임무대행자 선임을 구하는 사전처분의 신청인이고, 그 상대방(미성년후견인)이 사전처분의 피신청인이다. 또한 법원의 직권으로 절차를 개시할 수도 있다.

(3) 신청서 기재사항

직무집행정지 및 임무대행자 선임을 구하는 사전처분 신청서에는 ① 당사자의 등록기준지, 주소, 성명, 생년월일, 대리인이 신청할 때에는 대리인의 주소와 성명, ② 신청취지와 신청원인, ③ 신청 연월일, ④ 가정법원의 표시를 적고 신청인이나 대리인이 기명날인하여야 한다. 또한 사전처분은 당사자 이외에 사건본인의 신분관계 기타 권리, 의무에 관계되는 것이므로 사건본인의 성명, 생년월일, 등록기준지 및 주소를 기재하여야 한다.

(4) 신청비용

사전처분 신청서에는 1,000원의 수입인지를 붙이고(재판예규 제1444호), 3회분의 송달료(재판예규 제1522호)를 송달료취급은행에 예납하고 그 납부서를 신청서에 붙여야 한다.

(5) 첨부서류

사전처분 신청서에는 신청인, 피신청인, 사건본인 및 임무대행자후보자의 가족관계증명서, 기본증명서 및 주민등록표등본 각 1통 등을 첨부하여야 한다. 또한 위 첨부서류 이외에도 사전처분의 필요성을 소명하는 추가서류가 필요할 수 있다.

다. 심리 및 재판

미성년후견인의 직무집행 정지 및 임무대행자를 선임하는 사전처분은 본안 심판을 담당하는 가정법원이 직권으로 또는 당사자의 신청에 따라 본안 심판 사건의 해결에 필요한지 여부를 심리한 후 **결정**의 형식으로 재판한다.

실무에서는 본안 심판 사건의 청구인이 당해 사건의 심판이 확정될 때까지 피신청인의 직무집행을 정지함과 동시에 청구인을 그 대행자로 선임해 달라는 취지의 사전처분을 신청하는 경우가 많다. 피신청인이 행방불명이어서 공시송달로 사건이 진행되거나 피신청인이 직무집행을 사실상 포기하여 실질적으로 다툼이 없는 사건의 경우에는 본안 심판 사건의 청구인을 임무대행자로 선임하여도 무방하다. 하지만 청구인과 피신청인이 실질적으로 다투는 사건에서 피신청인의 직무집행을 일시적으로 정지하는 경우에는 중립적인 위치에 있는 자를 임무대행자로 선임하는 것이 바람직하다.

임무대행자가 미성년후견인의 통상적인 사무 범위를 넘는 행위를 하거나 재산의 유지·관리의 범위를 넘는 처분행위를 하고자 할 때에는 법원의 허가가 필요하다.

미성년자의 이익을 위하여 필요하다고 판단하여 사전처분의 신청을 인용하는 재판의 **주문례**는 다음과 같다.

1. 이 법원 2014느단****호 미성년후견인 변경 사건의 심판이 확정될 때까지 피신청인의 임무수행을 정지한다.
2. 임무대행자로 ◇◇◇(주민등록번호, 주소)를 선임한다.

라. 불복 등

(1) 즉시항고

사전처분의 신청을 기각 또는 각하한 재판에 대하여는 불복할 수 없다. 사전처분을 인용한 재판에 대하여는 즉시항고를 할 수 있고(가소 제62조제4항), 즉시항고기간은 재판을 고지받은 날부터 1주일 이내이다(민소 제444조제1항).

(2) 재판의 효력

사전처분에는 집행력을 갖지 아니한다(가소 제62조제5항). 사전처분의 결정 자체에서 효력의 종기를 명시한 경우(예컨대, 본안 심판의 확정시까지)에는 그에 따른다.

(3) 위반에 대한 제재

가정법원이 사전처분을 할 때에는 처분을 위반한 경우의 제재(1천만원 이하의 과태료)를 고지하여야 한다(가소 제62조제2항). 당사자 또는 관계인이 정당한 이유 없이 사전처분을 위반한 경우에는 가정법원은 직권 또는 권리자의 신청에 의하여 결정으로 1,000만원 이하의 과태료를 부과할 수 있다(가소 제67조제1항).

마. 재판확정 후의 절차

(1) 가족관계등록부 기록의 촉탁

사전처분으로서 미성년후견인의 직무집행을 정지하거나 그 대행자를 선임하는 재판은 대외적으로 공시할 필요가 있으므로 가족관계기록부에 기록할 것을 촉탁하여야 한다(가소규 제5조제1항제4호). 또한 사전처분이 본안 심판의 확정, 심판청구의 취하 기타의 사유로 효력을 상실하게 된 때에도 가정법원의 법원사무관 등은 가족관계기록부에 기록할 것을 촉탁하여야 한다(동조 제2항).

(2) 가족관계등록부의 기록 및 공시

미성년후견인의 직무집행 정지 및 그 대행자의 선임 또는 실효는 법원의 촉탁에 의하여만 기록을 하되, 미성년자의 가족관계등록부 일반사항란에 기록한다. 이러한 사항은 해당 미성년자의 기본증명서를 통해 공시된다.

부록 [가족관계등록부 기재례 : 미성년후견에 관한 부분] 참조

Ⅱ. 미성년후견사무

【서식 3-11】 재산목록 작성기간 연장 허가 심판청구서

미성년후견인의
재산목록 작성기간 연장 허가 심판청구

청 구 인 □ □ □ (☎)
주민등록번호 :
주소 :
사건본인과의 관계 : 미성년후견인

사건본인 ○ ○ ○
주민등록번호 :
주소 :
등록기준지 :

청 구 취 지

청구인이 사건본인의 재산목록을 작성하는 기간을 2015.○.○.까지 연장함을 허가한다.
라는 재판을 구합니다.

청 구 원 인

1. 사건본인에 대하여 2015.○.○. ○○법원 2015느단****호로 미성년후견개시 심판이 있었고, 위 심판에서 청구인이 미성년후견인으로 선임되었습니다.
2. 청구인은 취임 후 바로 사건본인의 재산을 조사하여 2015.○.○.까지 그 재산목록을 작성해야 하지만, 사건본인의 재산이 다액이고 부동산이 여러 곳에 분산되어 있는 관계로 소정의 기간 내에 이를 완료하는 것이 매우 어려운 상황입니다.
3. 따라서 청구인이 사건본인의 재산목록 작성을 위해서는 기간의 연장이 불가피하므로 이에 관한 귀원의 허가를 받고자 이 사건 청구에 이르렀습니다.

첨 부 서 류	
1. 가족관계증명서 및 기본증명서(사건본인)	각 1통
1. 주민등록등본(사건본인)	1통
1. 기타(소명자료)	○통

2015. ○. ○.

위 청구인 □ □ □ (인)

○○가정법원 귀중

【해 설】

가. 의의

미성년후견인은 취임 후 지체 없이 피후견인의 재산을 조사하여 2개월 내에 그 목록을 작성하여야 하고(민 제941조제1항 본문), 재산조사와 목록작성을 완료하기까지는 긴급 필요한 경우가 아니면 그 재산에 관한 권한을 행사하지 못한다(민 제943조 본문). 후견인의 취임 후에 피후견인이 포괄적 재산을 취득한 경우(민 제944조) 및 후견인이 피후견인에 갈음하여 그 자녀에 대한 친권을 행사하는 경우(민 제948조제1항)에도 같다.

그런데 미성년자인 피후견인의 재산이 너무 많거나 복잡하고 여러 곳에 산재해 있는 등의 사정이 있어 2개월 내에 조사를 완료하여 재산목록을 작성하는 것이 불가능한 경우도 있을 수 있으므로, 미성년후견인은 정당한 사유가 있는 경우에 법원의 허가를 받아 그 기간을 연장할 수 있다(동조 제1항 단서).

미성년후견인의 재산목록 작성에 관하여는 미성년후견인선임심판에서의 부수처분(가소규 제65조제3항)이나 후견감독처분(민 제954조)에 의하여서도 가정법원이 관여할 수 있으나, 이들 처분은 재산목록 작성을 위한 기간연장 허가와는 직접적인 관련은 없다.[156)]

나. 심판청구

(1) 관할

156) 가사실무제요(주2), 343면

재산목록 작성기간의 연장허가 사건은 **라류** 가사비송사건으로서 이에 대한 심리와 재판은 가정법원의 전속관할로 한다[가소 제2조제1항제2호가목 20)]. 토지관할은 미성년자인 사건본인의 주소지 가정법원(지방법원, 지원)이며(가소 제44조제1의2호), 단독판사의 사물관할에 속한다(관할규 제3조).

(2) 청구권자

재산목록 작성기간의 연장허가를 청구할 수 있는 자는 해당 미성년후견인 본인이다.

(3) 청구서 기재사항

심판청구서에는 ① 당사자의 등록기준지, 주소, 성명, 생년월일, 대리인이 청구할 때에는 대리인의 주소와 성명, ② 청구취지와 청구원인, ③ 청구 연월일, ④ 가정법원의 표시를 적고 청구인이나 대리인이 기명날인하여야 한다(가소 제36조제3항). 또한 심판이 당사자 이외에 사건본인의 신분관계 기타 권리, 의무에 관계된 것이므로 사건본인의 성명, 생년월일, 등록기준지 및 주소를 기재하여야 한다(가소규 제20조).

(4) 청구비용

심판청구의 수수료로서 사건본인 1인당 5,000원의 수입인지를 붙이고(가수규 제3조제1항), 8회분의 송달료(재판예규 제1522호)를 송달료취급은행에 예납하고 납부서를 심판청구서에 첨부하여야 한다.

(5) 첨부서류

심판청구서에는 사건본인의 기본증명서 및 가족관계증명서 각 1통, 사건본인의 주민등록표등본 1통, 기타 기간연장의 정당한 사유를 소명하는 자료 등을 첨부하여야 한다.

라. 심리와 심판

(1) 심리

심리는 기간연장의 필요성, 즉 정당한 사유의 유무에 집중된다. 피후견인의 재산의 종류, 수량, 내용 및 소재지, 권리귀속관계가 분명한지의 여부, 후견인의 건강상태, 재산목록 작성에 참여할 후견감독인의 사정 등을 종합적으로 고려하여 판단할 문제이다. 어느 정도의 기간을 연장할 것인지도 위와 같은 사정을 참작하여 결정할 것이고, 청구인의 희망에 구속되는 것은 아니다.[157)]

(2) 심판

심리의 결과 기간연장의 필요가 있다고 판단되면 재산목록 작성기간을 연장함을 허가하는 심판을 한다. 기간연장을 허가하는 심판의 주문례는 다음과 같다.

- 청구인의 사건본인에 대한 재산목록 작성기간을 ○개월로(또는 ○개월 더, 2015. ○.○.까지로) 연장함을 허가한다.

(3) 심판의 고지 등

심판은 당사자와 절차에 참가한 이해관계인에게 고지하여야 한다(가소규 제25조). 심판의 효력은 심판을 받을 사람이 심판을 고지받아야 발생한다. 다만, 즉시항고를 할 수 있는 심판은 확정되어야 효력이 있다(가소 제40조).

마. 불복

재산목록 작성기간 연장허가 청구를 기각한 심판에 대하여는 청구인이 즉시항고를 할 수 있으나(가소규 제27조), 청구를 인용하여 기간연장을 허가한 심판에 대하여는 불복할 수 없다. 즉시항고기간은 재판을 고지받은 날부터 1주일 이내이다(민소 제444조제1항).

[메모]

157) 가사실무제요(주2), 343면

【서식 3-12】 피후견인의 감화·교정기관 위탁에 대한 허가 청구서

피후견인의 교정기관 위탁에 대한 허가 심판 청구

청 구 인 □ □ □ (☎)
주민등록번호 :
주소 :
사건본인과의 관계 : 미성년후견인

사건본인 ○ ○ ○
(피후견인) 주민등록번호 :
주소 :
등록기준지 :

청 구 취 지

1. 청구인이 사건본인을 ◈◈교정기관에 위탁하는 것을 허가한다.
2. 위탁기간은 ○개월로 한다.

라는 심판을 구합니다.

청 구 원 인

1. 청구인은 사건본인의 삼촌인바, 19○.○.○.생으로 미성년자인 사건본인에게는 친권자인 부모가 유언으로 후견인을 지정하지 아니한 채 모두 사망한 바람에 2014.○.○. 귀원 2014느단****호 미성년후견인 선임심판에 따라 청구인이 사건본인의 미성년후견인으로 선임되었습니다.
2. 사건본인은 20○.○.○. ◇◇중학교를 졸업하고 고등학교 진학을 포기한 후 하는 일 없이 허송세월을 보내고 있으며, 최근에는 거의 매일 저녁마다 친구들과 어울려 술을 마시고 밤늦게 귀가하거나 무단외박을 반복하고 있고, 술에 취해 다른 사람들에게 시비를 걸거나 행패를 부려 파출소로 연행되었다가 청구인이 사태를 수습하여 훈방조치로 풀려난 적이 여러 차례 반복되고 있습니다.
3. 청구인이 미성년후견인으로서 수시로 야단을 치기도 했으나, 사건본인은 오히려 청구인에게 대들면서 폭행까지 행사하는 등 행패가 심하여 청구인으로서는 도저히 교정이 불가능한 상황입니다.

4. 따라서 청구인은 사건본인을 청소년 감화 및 교정을 전문으로 하는 기관에 위탁하여 교정을 받게 할 필요가 있다고 판단되므로 그 허가를 구하기 위하여 이 사건 청구에 이른 것입니다.

감화·교정 기관	명 칭	
	주소 또는 소재지	
	법인등록번호	
	대표자	

첨 부 서 류

1. 기본증명서, 가족관계증명서(청구인, 사건본인) 각 1통
1. 주민등록표등(초)본(청구인, 사건본인) 1통
1. 기타(소명자료) 1통

2015. ○. ○.

위 청구인 □□□ ㊞

○○가정법원 귀중

【해 설】

가. 의의

미성년후견인은 피후견인의 징계에 관하여 친권자와 동일한 권리·의무가 있으므로 피후견인을 보호 또는 교양하기 위하여 스스로 필요한 징계를 할 수 있다. 더 나아가 미성년후견인이 미성년자인 피후견인을 징계의 일환으로 감화 또는 교정기관에 위탁하기 위해서는 미성년후견감독인의 동의를 받는 것(민 제945조제2호) 외에 가정법원의 허가를 얻어야 한다(민 제945조➡제915조). 미성년후견인이 피후견인에 갈음하여 그 자에 대한 친권을 행사하는 친권대행의 경우(민 제948조)에도 같다.

피후견인을 감화기관이나 교정기관에 위탁하는 것은 피후견인의 신체의 자유를 제한하고 그 신체를 구속하는 조치를 수반하는 것이므로, 피후견인의 인권보호를 위하여 그 기관에 대한 위탁의 필요성, 위탁기간 등을 정함에 있어 가정법원의 허가를 받도록 한 것이다.

다만, 감화 또는 교정기관은 가정법원의 허가가 있더라도 미성년자인 피후견인을 위탁받아야 하는 것은 아니므로, 후견인으로서는 피후견인을 감화 또는 교정기관에 위탁하려면 가정법원의 허가 외에 감화 또는 교정기관의 동의까지 받아야 할 것이다.[158)]

나. 심판청구

(1) 관할

피후견인을 감화·교정기관에 위탁하는 것에 대한 허가 사건은 **라류** 가사비송사건으로서 이에 대한 심리와 재판은 가정법원의 전속관할로 한다[가소 제2조제1항제2호가목14)]. 토지관할은 미성년자인 피후견인의 주소지 가정법원(지방법원, 지원)이며(가소 제44조제1의2호), 단독판사의 사물관할에 속한다(관할규 제3조).

미성년후견인이 미성년자인 피후견인의 자녀에 대한 친권을 대행하는 경우(민 제948조)에는 성질상 피후견인이 아니라 피후견인의 자녀의 주소지 가정법원이 관할한다고 보아야 할 것이다.[159)]

(2) 청구권자

미성년자인 피후견인을 감화 또는 교정기관 위탁하는 것에 대한 허가를 가정법원에 청구할 수 있는 자는 미성년후견인이다. 미성년후견인의 수는 한 명으로 제한되므로(민 제930조제1항), 친권자와 달리 공동으로 심판을 청구하는 경우는 있을 수 없다.

(3) 청구서 기재사항

심판청구서에는 ① 당사자의 등록기준지, 주소, 성명, 생년월일, 대리인이 청구할 때에는 대리인의 주소와 성명, ② 청구취지와 청구원인, ③ 청구 연월일, ④ 가정법원의 표시를 적고 청구인이나 대리인이 기명날인하여야 한다(가소 제36조제3항). 또한 심판이 당사자 이외에 사건본인의 신분관계 기타 권리, 의무에 관계된 것이므로 사건본인의 성명, 생년월일, 등록기준지 및 주소를 기재하여야 한다(가소규 제20조). 특히, 청구원인으로

---

158) 가사실무제요(주2), 310면
159) 가사실무제요(주2), 311면

서 미성년자인 피후견인을 징계의 일환으로서 감화 또는 교정기관에 위탁하여야 할 필요성에 대하여 구체적으로 기재하여야 한다.

(4) 청구비용

심판청구의 수수료로서 사건본인 1인당 5,000원의 **수입인지**를 붙이고 (가수규 제3조제1항), 8회분의 **송달료**(재판예규 제1522호)를 송달료취급은행에 예납하고 납부서를 심판청구서에 붙여야 한다.

(5) 첨부서류

심판청구서에는 청구인과 사건본인의 기본증명서와 가족관계증명서 각 1통, 청구인 및 사건본인의 주민등록표등(초)본 각 1통, 그 밖에 감화·교정기관에 위탁이 필요한 사정에 관한 소명자료를 첨부하여야 한다.

다. 심리와 심판

(1) 심리

가정법원이 심판을 함에 있어서는 피후견인에 대한 징계로서 감화 또는 교정기관에 위탁하는 것이 필요한지, 위탁시설이 감화 또는 교정에 적절한지, 위탁기간 등에 관하여 세심하게 심리하여 그 허부를 정하여야 한다.[160)]

(2) 심판

허가 심판의 주문에는 교정기관에 위탁을 허가하는 취지뿐만 아니라 위탁기간도 명시하여야 한다. **위탁기간**에 관하여는 특별한 규정이 없으나, 피후견인에 대한 징계로서 이루어지는 것임을 고려하여 지나치게 오랜 기간이 되지 않도록 배려하여야 할 것이고, 가급적 허가심판에서 그 기간을 특정하는 것이 바람직하다.[161)] 또한 가정법원이 감화 또는 교정기관에의 위탁에 대한 허가를 하는 때에는 후견인에게 피후견인의 교육과 신상보호 및 재산관리에 필요하다고 인정되는 사항, 예컨대 매월 몇

160) 가사실무제요(주2), 311면
161) 가사실무제요(주2), 311면

회 이상 피후견인을 면접하고 그 결과를 보고할 것 등을 **부수처분**의 형식으로 지시할 수 있다(가소규 제66조제1항제1호). 이와 같은 지시는 위탁의 허가와 동시에 하는 것이 보통이지만, 그 위탁이 계속되는 동안에는 언제든지 할 수 있다고 본다. 청구를 인용하는 경우 주문례는 다음과 같다.

1. 청구인이 사건본인을 ○○시설에 위탁하는 것을 허가한다.
2. 위탁기간은 ○개월로 한다.
3. 청구인은 매월 2회 이상 사건본인을 면접하고 그 결과를 이 법원에 보고하여야 한다.

(3) 심판의 고지 등

심판은 당사자와 절차에 참가한 이해관계인에게 고지하여야 한다(가소규 제25조). 심판의 효력은 심판을 받을 사람이 심판을 고지받음으로써 발생하지만, 즉시항고를 할 수 있는 심판은 확정되어야 효력이 있다(가소 제40조).

라. 불복 등

(1) 즉시항고

청구를 기각한 심판에 대하여는 청구인이 즉시항고를 할 수 있고(가소규 제27조), 청구를 인용한 심판에 대하여는 미성년자, 미성년자의 부모와 친족, 미성년후견인, 미성년후견감독인, 검사, 지방자치단체의 장이 즉시항고를 할 수 있다(가소규 제67조제1항제3호). 즉시항고기간은 심판을 고지받은 날부터 14일 이내이다(가소 제43조제5항, 가소규 제31조).

(2) 심판의 취소·변경

가정법원은 필요하다고 인정한 때에는 언제든지 허가 또는 기타 지시를 취소하거나 변경할 수 있다(가소규 제66조제2항). 이는 가정법원이 직권으로 하는 것이므로 별도로 사건기록을 만들 것은 아니고 원래의 허가청구사건의 사건번호를 사용하여 심판하고 그 기록을 가철한다.[162)]

---

162) 가사실무제요(주2), 312면

【서식 3-13】 중대한 의료행위의 동의에 대한 허가 심판청구서

피후견인에 대한 의료행위의 동의에 대한 허가 심판청구

청 구 인　　□ □ □ (☎　　　　　)
주민등록번호 :
주소 :
사건본인과의 관계 : 미성년후견인

사건본인　　○ ○ ○
주민등록번호 :
주소 :
등록기준지 :

청 구 취 지

사건본인이 2015.○.○. ◇◇병원에서 ◈◈수술을 받는 것에 대하여 미성년후견인이 사건본인을 대신하여 동의하는 것을 허가한다.
라는 심판을 구합니다.

청 구 원 인

1. 사건본인에 대하여 2015.○.○. 귀원 2015느단****호로 미성년후견개시 심판이 있었고, 미성년후견인으로 청구인이 선임되었습니다.
2. 그런데, 사건본인은 현재 ◇◇병원에서 ◈◈수술을 받아야 하는데 미성년자이므로 독자적으로 동의를 하기 힘든 상황입니다.
3. 따라서 청구인이 사건본인을 대신하여 위 수술에 동의를 하려고 하오니 허가하여 주시기 바랍니다.

첨 부 서 류

1. 기본증명서, 가족관계증명서(사건본인)　　각 1통
1. 주민등록등본(사건본인)　　1통
1. 기타(소명자료)　　○통

2015.○.○.

위 청구인 □ □ □ (인)

○○가정법원 귀중

【해 설】

가. 의의

미성년자의 신분에 관하여 미성년후견인은 친권자와 동일한 권리·의무가 있으므로(민 제945조), 명문의 규정은 없지만 친권의 보충 내지 연장이라는 성격상 신체를 침해하는 의료행위에 대하여 피후견인(미성년자)을 대신하여 동의할 수 있다고 할 것이다. 다만, 의료행위의 직접적인 결과로 사망하거나 상당한 장애를 입을 위험이 있을 때에는 가정법원의 허가를 받아야 한다. 허가절차로 의료행위가 지체되어 생명에 위험을 초래하거나 심신상의 중대한 장애를 초래할 때에는 사후에 허가를 청구할 수 있다(민 제947조의2 제4항 유추적용).

나. 심판청구

(1) 관할

의료행위의 동의에 대한 허가 사건은 **라류** 가사비송사건으로서 이에 대한 심리와 재판은 가정법원의 전속관할로 한다[가소 제2조제1항제2호가목 21)]. 토지관할은 미성년자인 사건본인의 주소지 가정법원(지방법원, 지원)이며(가소 제44조제1의2호), 단독판사의 사물관할에 속한다(관할규 제3조).

(2) 청구권자

가정법원의 허가를 청구할 수 있는 자는 해당 미성년후견인 본인이다.

(3) 청구서 기재사항

심판청구서에는 ① 당사자의 등록기준지, 주소, 성명, 생년월일, 대리인이 청구할 때에는 대리인의 주소와 성명, ② 청구취지와 청구원인, ③ 청구 연월일, ④ 가정법원의 표시를 적고 청구인이나 대리인이 기명날인하여야 한다(가소 제36조제3항). 또한 심판이 당사자 이외에 사건본인의 신분관계 기타 권리, 의무에 관계된 것이므로 사건본인의 성명, 생년월일, 등록기준지 및 주소를 기재하여야 한다(가소규 제20조).

(4) 청구비용

심판청구의 수수료로서 사건본인 1인당 5,000원의 수입인지를 붙이고(가수규 제3조제1항), 8회분의 송달료(재판예규 제1522호)를 송달료취급은행에 예납하고 납부서를 심판청구서에 첨부하여야 한다.

(5) 첨부서류

심판청구서에는 사건본인의 기본증명서 및 가족관계증명서 각 1통, 사건본인의 주민등록표등본 1통, 기타 소명자료 등을 첨부하여야 한다.

다. 심리와 심판

가정법원은 의료행위의 동의에 대한 허가심판을 하는 경우에는 미성년자인 피후견인(피후견인이 될 사람을 포함)의 진술을 들어야 한다(가소 제45조의3 제1항제9호). 심리를 거쳐 필요하다고 판단되면 피후견인에 대한 의료행위의 동의에 대하여 허가하는 심판을 한다. 이 때 가정법원은 미성년후견인에 대하여 미성년자의 교육과 신상보호 및 재산관리에 관하여 필요하다고 인정되는 사항을 지시할 수 있고(가소규 제66조제1항제2호), 필요하다고 인정할 때에는 언제든지 허가 기타 지시를 취소하거나 변경할 수 있다(동조 제2항).

심판은 당사자와 절차에 참가한 이해관계인에게 고지하여야 한다(가소규 제25조). 심판의 효력은 심판을 받을 사람이 심판을 고지받아야 발생한다. 다만, 즉시항고를 할 수 있는 심판은 확정되어야 효력이 있다(가소 제40조).

라. 불복

허가 청구를 기각한 심판에 대하여는 청구인이 즉시항고를 할 수 있으나(가소규 제27조), 청구를 인용하여 미성년자의 의료행위의 동의에 대하여 허가한 심판에 대하여 미성년자, 미성년자의 부모와 친족, 미성년후견인, 미성년후견감독인, 검사, 지방자치단체의 장이 즉시항고를 할 수 있다(가소규 제67조제1항제3호). 즉시항고기간은 재판을 고지받은 날부터 1주일 이내이다(민소 제444조제1항).

【서식 3-14】 거주용 부동산의 매도 등에 대한 허가 심판청구서

피후견인이 거주하는 건물·대지의 매도 등에 관한 허가 청구

청 구 인　　□ □ □ (☎　　　　　　)
주민등록번호 :
주소 :
사건본인과의 관계 : 미성년후견인

사건본인　　○ ○ ○
주민등록번호 :
주소 :
등록기준지 :

청 구 취 지

청구인이 사건본인을 대리하여 별시 기재 부동산을 ○○○에게 매각함을 허가한다.
라는 심판을 구합니다.

청 구 원 인

1. 사건본인에 대하여 2015.○.○. 귀원 2015느단****호로 미성년후견개시 심판이 있었고, 청구인이 미성년후견인으로 선임되었습니다.
2. 사건본인은 현재 중학교 3학년으로 __________때문에 이사를 계획하고 있는바, 사건본인 명의의 부동산을 매각하고 여기에 돈을 보태어 사건본인 명의로 다른 아파트를 구입하여 이사를 가려고 합니다.
3. 따라서 청구인은 사건본인이 거주하는 부동산의 매각허가를 청구합니다.

첨 부 서 류

1. 기본증명서, 가족관계증명서(사건본인)　　각 1통
1. 주민등록등본(사건본인)　　각 1통
1. 부동산등기부등본　　1통
1. 기타(소명자료)　　○통

2015. ○. ○.

위 청구인 ○ ○ ○　(인)

○○가정법원　귀중

【해 설】

가. 의의

미성년자의 신분에 관하여 미성년후견인은 친권자와 동일한 권리·의무가 있으므로(민 제945조), 명문의 규정은 없지만 미성년후견인이 피후견인을 대리하여 피후견인이 거주하고 있는 건물 또는 그 대지에 대하여 매도, 임대, 전세권 설정, 저당권 설정, 임대차의 해지, 전세권의 소멸, 그 밖에 이에 준하는 행위를 하는 경우에는 가정법원의 허가를 받아야 한다고 할 것이다(민 제947조의2제5항 유추적용).

나. 심판청구

(1) 관할

미성년자인 피후견인이 거주하는 건물 또는 그 대지에 대한 매도 등의 허가 사건은 **라류** 가사비송사건으로서[가소 제2조제1항제2호가목21의2)], 토지관할은 미성년자인 사건본인의 주소지 가정법원(지방법원, 지원)이며(가소 제44조제1의2호), 단독판사의 사물관할에 속한다(관할규 제3조).

(2) 청구권자 및 청구서 기재사항

가정법원의 허가를 청구할 수 있는 자는 해당 미성년후견인 본인이다.

심판청구서에는 ① 당사자의 등록기준지, 주소, 성명, 생년월일, 대리인이 청구할 때에는 대리인의 주소와 성명, ② 청구취지와 청구원인, ③ 청구 연월일, ④ 가정법원의 표시를 적고 청구인이나 대리인이 기명날인하여야 한다(가소 제36조제3항). 또한 처분행위의 상대방이 확정된 상태에서 피후견인이 거주하고 있는 부동산, 처분의 내용, 상대방, 처분조건 및 필요성 등을 적어야 한다.

(3) 청구비용 및 첨부서류

심판청구의 수수료로서 사건본인 1인당 5,000원의 수입인지를 붙이고(가수규 제3조제1항), 8회분의 송달료(재판예규 제1522호)를 송달료취급은행에 예납하고 납부서를 심판청구서에 첨부하여야 한다.

심판청구서에는 사건본인의 기본증명서 및 가족관계증명서 각 1통, 사건본인의 주민등록표등본 1통, 부동산등기사항증명서 1통, 그 밖의 소명자료 등을 첨부한다. 매매의 경우에는 해당 부동산의 시가를 알 수 있는 자료, 매수인(예정)의 주민등록표초본 등도 제출하는 것이 바람직하다.

다. 심리와 심판

(1) 심리

가정법원은 거주용 부동산의 매도 등에 대한 허가 심판을 하는 경우에는 미성년자인 피후견인의 진술을 들어야 한다(가소 제45조의3제1항제11호). 매매 등에 대한 가정법원의 허가절차는 미성년자인 피후견인의 정서적인 측면을 보호하기 위한 것이므로, 다른 재산으로는 비용 충당에 부족하다는 등 처분의 구체적인 필요성이 소명되는 경우에만 허가함이 타당하다.

(2) 심판

가정법원은 심리를 거쳐 필요하다고 판단되면 매도 등을 허가하는 심판을 한다. 이 때 가정법원은 미성년후견인에 대하여 미성년자의 교육과 신상보호 및 재산관리에 관하여 필요하다고 인정되는 사항을 지시할 수 있고(가소규 제66조제1항제3호), 필요하다고 인정할 때에는 언제든지 허가 기타 지시를 취소하거나 변경할 수 있다(동조 제2항).

심판은 당사자와 절차에 참가한 이해관계인에게 고지하여야 한다(가소규 제25조). 심판의 효력은 심판을 받을 사람이 심판을 고지받아야 발생한다. 다만, 즉시항고를 할 수 있는 심판은 확정되어야 효력이 있다(가소 제40조).

라. 불복

허가 청구를 기각한 심판에 대하여는 청구인이 즉시항고를 할 수 있으나(가소규 제27조), 청구를 인용하여 매각 등을 허가한 심판에 대하여 미성년자, 미성년자의 부모와 친족, 미성년후견인, 미성년후견감독인, 검사, 지방자치단체의 장이 즉시항고를 할 수 있다(가소규 제67조제1항제3호). 즉시항고기간은 재판을 고지받은 날부터 1주일 이내이다(민소 제444조제1항).

【서식 3-15】 제3자가 무상 수여한 재산의 관리인 선임 심판청구서

피후견인의 재산관리인 선임 심판청구

청 구 인 □ □ □ (☎)
주민등록번호 :
주소 :
사건본인과의 관계 :

사건본인 ○ ○ ○
(피후견인) 주민등록번호 :
주소 :
등록기준지 :

청 구 취 지

사건본인의 소유인 별지 목록 기재 부동산의 재산관리인으로 법무사 김○석[6*****-1******, 서울특별시 서초구 서초대로48길 20, 201호(서초동)]를 선임한다.
라는 심판을 구합니다.

청 구 원 인

1. 사건본인에 대하여 2015.○.○. 귀원 2015느단****호로 미성년후견을 개시하는 심판이 있었고, 당시 사건본인의 미성년후견인으로 △△△가 선임되었습니다.
2. 그런데 최근 사건본인의 할아버지인 ▽▽▽가 별지 목록 기재 부동산을 사건본인에게 증여하면서 미성년후견인 △△△의 재산관리에 반대하는 의사표시를 하였습니다.
3. 그럼에도 불구하고 그 재산관리인을 지정하지 아니하였으므로 그 관리인으로 ◇◇◇를 선임받고자 본 청구에 이른 것입니다.

재산관리인 후보자	성 명	김 ○ 석
	주 소	서울특별시 서초구 서초대로48길 20, 201호(서초동)
	주민등록번호	6*****-1******
	직 업	법무사
	사건본인과의 관계	친인척관계 없음

첨 부 서 류

1. 가족관계증명서 및 기본증명서(청구인, 사건본인, 재산관리인후보자) 각 1통
1. 주민등록표등(초)본(사건본인) 1통
1. 증여계약서 사본 1통
1. 부동산등기사항전부증명서 1통
1. 재산목록 1통

2015. ○. ○.

청구인 □ □ □ (인)

○○가정법원 귀중

【해 설】

가. 의의

제3자가 미성년자인 피후견인에게 무상으로 재산을 수여하면서 미성년후견인의 재산관리에 반대하는 의사표시를 한 때에는 그 재산에 대한 후견인의 법정대리인으로서의 재산관리권은 배제된다(민 제956조➡제918조제1항). 이 경우 제3자는 그 수여재산의 관리인을 지정할 수 있으나, 그 관리인의 권한이 소멸하거나 개임할 필요가 있는 경우에 제3자가 다시 재산관리인을 지정하지 아니한 때 또는 처음부터 재산관리인을 지정하지 아니한 때에는 미성년자인 피후견인 또는 그 친족(민 제777조)의 청구에 따라 가정법원이 재산관리인을 선임하거나 개임하며(민 제918조제2항·제3항), 그 재산관리인에 대하여는 부재자 재산관리에 관한 규정을 준용한다(동조 제4항).

한편, 가정법원은 당사자의 청구 없이도 언제든지 직권으로 그 선임한 재산관리인을 **개임**할 수 있다(가소규 제69조➡제42조제1항). 가정법원이 선임한 재산관리인에 대한 당사자의 개임청구는 직권발동을 촉구하는 것에 불과하다. 또한 가정법원이 선임 또는 개임한 재산관리인은 가정법원에 사유를 신고함으로써 언제든지 그 직을 **사임**할 수 있으며, 이 경우 가정법원은 재산관리인을 **재선임**하여야 한다(가소규 제69조➡제42조제2항).

나. 심판청구

(1) 관할

제3자가 미성년자인 피후견인에게 무상으로 수여한 재산의 관리인 선임 사건은 **라류** 가사비송사건으로서[가소 제2조제1항제2호가목15)], 토지관할은 미성년자인 피후견인의 주소지 가정법원(지방법원, 지원)이며(가소 제44조제5호), 단독판사의 사물관할에 속한다(관할규 제3조).

(2) 청구권자

청구권자는 무상으로 재산을 수여받은 미성년자인 피후견인 또는 그의 친족(민법 제777조)이다. 미성년자인 피후견인 본인도 의사능력이 있는 경우에는 스스로 청구권자가 될 수 있다. 재산관리권이 배제되는 미성년후견인이라도 피후견인의 친족인 이상 청구인적격을 가진다.

(3) 청구서 기재사항

심판청구서에는 ① 당사자의 등록기준지, 주소, 성명, 생년월일, 대리인이 청구할 때에는 대리인의 주소와 성명, ② 청구취지와 청구원인, ③ 청구 연월일, ④ 가정법원의 표시를 적고 청구인이나 대리인이 기명날인하여야 한다(가소 제36조제3항). 또한 심판이 당사자 이외에 사건본인의 신분관계 기타 권리, 의무에 관계된 것이므로 사건본인의 성명, 생년월일, 등록기준지 및 주소를 기재하여야 한다(가소규 제20조). 실무상 심판청구서에는 재산관리인 후보자를 기재하지만, 반드시 그 사람이 재산관리인으로 선임되는 것은 아니다.

(4) 청구비용

심판청구의 수수료로서 사건본인 1인당 5,000원의 **수입인지**를 붙이고(가수규 제3조제1항), 8회분의 **송달료**(재판예규 제1522호)를 송달료취급은행에 예납하고 납부서를 심판청구서에 붙여야 한다.

(5) 첨부서류

심판청구서에는 청구인과 사건본인 및 재산관리인 후보자의 기본증명서와 가족관계증명서 각 1통, 사건본인의 주민등록표등(초)본 1통, 부동산등기사항증명서 1통, 재산목록, 그 밖의 소명자료(증여계약서 등)를 첨부하여야 한다. 위 서류 외에도 절차진행에 따라 추가서류가 필요할 수 있다.

한편, 재산관리인 후보자의 취임승낙서 또는 동의서를 첨부하는 것이 보통이나 이를 첨부하지 않더라도 심판청구가 부적법한 것은 아니다. 재산관리인 후보자로 추천된 사람이 청구인 또는 사건본인과의 밀접한 관계 때문에 보수 등을 포기하는 의사가 있는 경우에는 미리 보수포기서를 제출할 수 있다.

라. 심리와 심판

(1) 심리

재산관리인 선임에 관하여는 부재자 재산관리에 관한 규정이 준용된다(민 제918조제4항, 가소규 제69조).[163] 심리의 대상은 사건본인이 미성년자인지 여부, 청구인의 당사자적격 유무, 피후견인의 재산상태 및 관리인 선임의 필요성, 관리인의 적절성 등이다. 가정법원이 재산관리인을 선임할 경우에는 이해관계인의 의견을 들을 수 있다(가소규 제41조제1항).

(2) 심판

㈎ 재산관리인의 선정은 가정법원의 재량에 속하므로 청구인의 희망에 구속되는 것은 아니다. 다만, 가정법원이 재산관리인을 선임할 때에는 재산을 수여한 제3자가 미성년후견인의 재산관리에 반대하는 이유를 고려하여 재산관리권이 배제되는 미성년후견인과 이해관계를 같이하는 자를 선임하지 않도록 유의하여야 할 것이다.[164] 청구인이 재산관리인으로 추천한 사람이 부적절하다고 판단되는 경우에는 다른 사람을 추천하도록 보정명령을 하거나 직권으로 중립적인 제3자를 재산관리인으로 선임할 수 있다. 법인을 재산관리인으로 선임하여도 무방하고 복수로 선임할 수

163) 다만, 재산관리에 관한 처분을 함에 있어서는 재산관리인의 선임이 반드시 선행되어야 한다는 점, 미성년자가 성년이 되면 미성년후견은 당연히 종료되므로 재산관리인의 권한도 당연히 소멸된다는 점에서 차이가 있다.

164) 가사실무제요(주2), 314면

도 있으나, 복잡한 사안이 아닌 한 자연인 한 명을 선임하는 경우가 대부분이다.

(나) 법원이 선임한 재산관리인은 관리할 재산목록을 작성하여야 하고(민 제24조제1항), 법원은 그 선임한 재산관리인에 대하여 재산을 보존하기 위하여 필요한 처분을 명할 수 있으므로(동조 제2항), 재산관리인을 선임하는 심판에는 동시에 일정기간 내에 재산목록을 제출하고 정기적으로 재산관리 상황을 보고할 것을 명하는 등의 부수처분을 덧붙이는 것이 보통이다. 청구를 인용하는 심판의 주문례는 다음과 같다.

1. 사건본인의 재산관리인으로 □□□(주민등록번호, 주소)를 선임한다.
2. 재산관리인은 이 심판정본 송달일부터 1개월 이내에 사건본인의 재산목록과 그 점유자 및 관리자의 이름 및 수익상황에 관하여 보고서를 제출하여야 한다.
3. 재산관리인은 매년 1회 그 재산관리상황을 보고하여야 한다.

(다) 그 밖에도 가정법원은 재산보존에 필요한 처분의 명령으로서 재산관리인에게 ① 관리의 계산을 명할 수 있고(가소규 제44조제1항), ② 재산을 매각하여 대금을 보관하게 할 수 있다. 가정법원이 재산을 매각하게 할 경우에 여러 가지 방법 가운데 민사집행법 및 민사집행규칙에서 규정한 담보권 실행 등을 위한 경매의 방법으로 매각하게 할 수 있다(가소규 제49조). 또한 ③ 가정법원은 그 선임한 재산관리인으로 하여금 재산의 관리 및 반환에 관하여 상당한 담보를 제공하게 할 수 있고(민 제26조제1항), 재산관리인이 제공한 담보의 증감·변경 또는 면제를 명할 수 있다(가소규 제45조). 가정법원이 재산관리인의 담보제공방법으로서 그 소유의 부동산 또는 선박에 저당권을 설정할 것을 명한 때에는 그 설정등기를 촉탁하여야 하며, 그 촉탁에는 저당권의 설정을 명한 심판서의 등본을 첨부하여야 한다. 설정한 저당권의 변경 또는 해제를 명하는 경우에도 마찬가지이다(가소규 제46조). 아울러 ④ 가정법원은 그 선임한 재산관리인에 대하여 피후견인의 재산으로 상당한 보수를 지급할 수 있다(민 제26조제2항).

(라) 한편, 가정법원이 재산관리인을 **개임**하는 경우에는 추가선임으로 오해하지 않도록 개임의 취지를 명백히 하여야 한다. 개임 심판의 주문례는 다음과 같다.

사건본인의 재산관리인을 박○○(주민등록번호, 주소)에서 김◇◇(주민등록번호, 주소)로 개임한다.

㈑ 가정법원이 선임 또는 개임한 재산관리인은 그 직에 취임하여야 할 사법상의 의무가 있는 것은 아니므로 언제든지 그 직을 **사임**할 수 있다. 다만, 사임은 반드시 가정법원에 그 사유를 신고함으로써 하여야 하고(가소규 제42조제2항 전문), 가정법원이 이를 수리함으로써 효력이 발생하여 재산관리인이 그 지위를 면하게 된다. 그러나 가정법원이 하는 사임신고의 수리는 사실상의 행위로서 족하고 별도로 심판을 하여야 하는 것은 아니며, 그 수리를 거절할 수 있는 것도 아니라고 할 것이다. 재산관리인의 사임신고서에는 인지를 붙이지 않아도 된다.[165]

㈒ 재산관리인이 사임하면 가정법원은 재산관리인을 다시 선임하여야 한다(가소규 제42조제2항 후문). **재선임**은 반드시 하여야 하고, 가정법원이 직권으로 한다. 개임의 경우와 마찬가지로, 독립된 사건번호 등을 부여할 필요가 없고, 선임의 여건과 자격 등을 심리하여 심판하게 된다. 심판의 주문은 종전의 선임심판에서와 같지만, 이유란에는 다음과 같이 재선임이라는 취지를 분명히 기재하는 것이 바람직하다.[166]

이 사건에 관하여 이 법원이 선임한 재산관리인 ○○○가 20**.**.**.에 사임하였으므로 주문과 같이 심판한다.

(3) 심판의 고지 등

재산관리인의 선임 심판은 당사자 및 절차에 참가한 이해관계인외에 그 재산관리인에게도 고지하여야 한다(가소규 제43조). 심판의 효력은 심판을 받을 사람이 심판을 고지받음으로써 발생한다. 다만, 즉시항고를 할 수 있는 심판은 확정되어야 효력이 있다(가소 제40조).

(4) 심판비용 등의 부담

심판전의 절차와 심판의 고지비용, 가정법원이 명한 처분에 필요한 비

165) 가사실무제요(주2), 245~246면
166) 가사실무제요(주2), 246면

용, 항고절차의 비용과 항고인의 부담이 된 제1심의 비용 등 심판에 필요한 비용은 제3자가 피후견인에게 수여한 재산에서 부담한다(가소규 제69조➡제52조).

마. 불복

선임 청구를 기각한 심판에 대하여는 청구인이 즉시항고를 할 수 있으나(가소규 제27조), 청구를 인용한 심판에 대하여는 즉시항고로써 불복할 수 없고, 보통항고(비송 제20조제1항)도 허용되지 않으며, 특별항고(민소 제449조)를 할 수 있을 뿐이다. 즉시항고기간은 심판을 고지받은 날부터 14일 이내이다(가소 제43조제5항, 가소규 제31조).

한편, 재산관리인 개임청구는 그 법적 성격이 직권발동을 촉구하는 것이기 때문에 이를 기각한 심판에 대하여는 즉시항고는 물론 특별항고도 할 수 없다.

[메모]

【서식 3-16】 재산관리인의 권한초과행위 허가 심판청구서

재산관리인의 권한초과행위 허가 심판청구

청 구 인 □ □ □ (☎)
주민등록번호 :
주소 :
사건본인과의 관계 : 재산관리인(삼촌)

사건본인 ○ ○ ○
주민등록번호 :
주소 :
등록기준지 :

청 구 취 지

청구인이 사건본인의 소유인 별지 목록 기재 부동산을 별지 계약서 초안과 같은 내용으로 매각, 처분하는 행위를 허가한다.
라는 심판을 구합니다.

청 구 원 인

1. 청구인의 지위

청구인은 사건본인의 삼촌으로서, 사건본인의 할아버지인 ◇◇◇가 별지 목록 기재 부동산을 사건본인에게 증여하면서 미성년후견인 △△△의 재산관리에 반대하는 의사표시를 하는 바람에 귀원 2015느단****호 재산관리인 선임 청구 사건에서 2015.○.○. 재산관리인으로 선임되어 사건본인의 재산을 관리하여 왔습니다.

2. 부동산 처분의 필요성

사건본인은 현재 서울 강남구 소재 ○○고등학교 2학년에 재학중인바, 사건본인에 대한 교육비 및 생활비로 매월 금○○원이 필요하지만 사건본인에게는 현금재산이 없으므로, 부득이 사건본인 소유의 부동산 중 일부를 처분하여 그 매각대금으로 교육비 및 생활비로 충당할 수밖에 없는 상황입니다.

3. 가정법원의 허가를 청구하는 이유

그런데 청구인은 사건본인의 재산관리인으로서 사건본인 소유의 부동산에 관한 처분행위를 하기 위해서는 가정법원의 허가를 얻도록 규정되어 있습니다(민법 제956조, 제918조, 제25조, 제118조).

4. 결론

따라서 청구인은 청구취지 기재와 같은 허가를 구하기 위해 본 청구에 이른 것입니다.

첨 부 서 류

1. 가족관계증명서 및 기본증명서(청구인, 사건본인) 각 1통
1. 재산관리인선임심판서 사본 1통
1. 주민등록표등(초)본(사건본인) 1통
1. 부동산등기사항전부증명서 1통
1. 부동산목록 5통
1. 계약서 초안 1통

2015. ○. ○.

청구인 □ □ □ (인)

○○가정법원 귀중

【해 설】

가. 의의

가정법원이 선임한 재산관리인은 권한을 정하지 아니한 대리인과 동일한 권한(민 제118조), 즉 재산의 보존행위, 물건이나 권리의 성질을 변하지 아니하는 범위에서 그 이용 또는 개량하는 행위만을 할 수 있으므로, 권한을 넘는 행위를 하려면 가정법원의 허가를 얻어야 한다(민 제956조➡제918조제4항➡제25조 전문). 예컨대, 재산관리인이 권한초과행위로서 스스로 미성년자인 피후견인의 재산을 매각, 처분하기 위해서는 가정법원의 허가를 받아야 한다. 이것은 가정법원이 재산보존을 위해 필요하다고 인정할 때 직권으로 재산관리인에게 매각을 명하는 처분과는 구별된다.

재산관리인이 가정법원의 허가 없이 할 수 있는 행위의 예로는 ① 재산의 점유, ② 보존·이용·개량을 위한 사실행위, ③ 관리를 위한 채무부담, ④ 관리를 위한 재산의 취득, ⑤ 의사표시의 수령, ⑥ 법률행위, ⑦ 이익이 되는 재판상 화해나 조정, ⑧ 응소행위 등을 들 수 있다.

나. 심판청구

(1) 관할

재산관리인의 권한초과행위 허가 사건은 **라류** 가사비송사건으로서 이에 대한 심리와 재판은 가정법원의 전속관할로 한다[가소 제2조제1항제2호가목15)]. 토지관할은 미성년자인 피후견인의 주소지 가정법원(지방법원, 지원)이며(가소 제44조제5호), 단독판사의 사물관할에 속한다(관할규 제3조).

(2) 청구권자

권한초과행위에 대한 허가 심판은 피후견인의 재산관리인이 청구한다.

(3) 청구서 기재사항

심판청구서에는 ① 당사자의 등록기준지, 주소, 성명, 생년월일, 대리인이 청구할 때에는 대리인의 주소와 성명, ② 청구취지와 청구원인, ③ 청구 연월일, ④ 가정법원의 표시를 적고 청구인이나 대리인이 기명날인하여야 한다(가소 제36조제3항). 또한 심판이 당사자 이외에 사건본인의 신분관계 기타 권리, 의무에 관계된 것이므로 사건본인의 성명, 생년월일, 등록기준지 및 주소를 기재하여야 한다(가소규 제20조). 특히, 청구원인에는 부동산 등의 매각이나 담보제공 등 청구인이 권한초과행위를 하여야 할 필요성을 구체적으로 기재하도록 한다.

(4) 청구비용

심판청구의 수수료로서 사건본인 1인당 5,000원의 **수입인지**를 붙이고(가수규 제3조제1항), 8회분의 **송달료**(재판예규 제1522호)를 송달료취급은행에 예납하고 납부서를 심판청구서에 붙여야 한다.

(5) 첨부서류

심판청구서에는 청구인과 사건본인의 기본증명서와 가족관계증명서 각 1통, 사건본인의 주민등록표등(초)본 1통, 부동산등기사항증명서 1통, 재산목록, 그 밖의 소명자료를 첨부하여야 한다.

다. 심리와 심판

(1) 심리

재산관리인의 권한초과행위 허가에 관하여는 부재자 재산관리에 관한 규정이 준용된다(민 제959조➡제918조제4항, 가소규 제69조). 심리의 대상은 주로 법원의 허가가 필요한 권한초과행위에 해당하는지 여부에 집중된다.

적극적으로 소를 제기하는 것은 원칙적으로 권한초과행위에 해당하지만, 관리행위의 부수절차로서 하는 제소행위, 즉 시효중단을 위한 소송상의 청구, 사건본인의 재산에 대한 차임 또는 불법행위로 인한 손해배상청구, 사건본인 소유이던 부동산에 관한 소유권이전등기의 말소등기절차이행의 청구[167]나 그 토지의 인도청구 등은 보존행위로서 재산관리인에게 당연히 그 권한이 있으므로 법원의 허가를 요하지 아니한다. 재판상 화해나 조정은 원칙적으로 권한초과행위이므로 법원의 허가를 받아야 하지만,[168] 이익이 되는 재판상 화해나 조정은 법원의 허가가 불필요하다.[169]

권한초과행위를 허가하거나 이를 취소 또는 변경함은 자유재량에 속하는 사항이므로 그 결정을 함에 있어서 법원은 재산관리인 등을 반드시 심문할 필요는 없다. 다만, 실무에서는 재산관리인이 부동산을 담보로 제공하고 금원을 차용하는 방안보다 부동산을 매각하는 방안으로 허가청구를 하는 경우에는 그 구체적인 이유, 사건본인의 재산관리를 위하여 사용된 금액의 내역, 사건본인의 재산 중 매각하려고 하는 부동산의 비중 등 여러 가지를 심리하고, 그 근거자료 및 부동산의 시세를 알 수 있는 자료를 제출하도록 하는 등 사건본인의 재산을 보존할 수 있는 방향으로 심리를 하고 있다.[170]

167) 대법원 1964.7.23. 선고 64다108 판결
168) 대법원 1968.4.30. 선고 67다2117 판결
169) 대법원 1962.11.1. 선고 62다582 판결
170) 가사실무제요(주2), 253~254면

(2) 심판

권한초과행위에 대한 허가는 장래의 권한초과행위를 위한 경우뿐만 아니라 기왕의 행위를 추인하는 형태로도 할 수 있다.[171] 허가에 있어서는 재산관리인의 권한초과행위를 구체적으로 특정하여야 한다.

부동산의 매각에 대하여 허가하는 경우에도 허가 주문에 계약 상대방, 대금 등을 적거나, 재산관리인으로부터 매매계약서 초안을 제출받아 그 매매계약서 초안을 심판서에 별지로 첨부하고 주문에도 제출받은 매매계약서 초안의 내용으로만 매각을 허가한다는 점을 분명히 하는 것도 사건본인의 재산을 보존할 수 있는 방법일 것이다.[172]

청구를 인용하는 심판의 주문례는 다음과 같다.

- **매각, 처분 등에 대하여 허가를 할 경우**
  - 제산관리인이 사건본인 소유의 별지 목록 기재 부동산을 매각, 처분하는 행위를 허가한다.
  - 재산관리인이 사건본인 소유의 별지 목록 기재 부동산을 별지 계약서 초안과 같은 내용으로 매각, 처분하는 행위를 허가한다.
  - 재산관리인이 사건본인 소유의 별지 목록 기재 부동산을 담보로 제공하고 금원을 차용하는 것을 허가한다.
- **부동산의 매각을 허가하면서 조건이나 제한, 부수처분 등을 덧붙이는 경우**
  1. 재산관리인은 별지 목록 기재 부동산의 매각대금에서 제세공과금과 매각비용을 공제한 나머지 잔액을 사건본인의 재산관리인 ○○○ 명의로 은행 그 밖의 금융기관에 예탁하여야 한다.
  2. 재산관리인이 위 금융기관에 예탁한 금원을 인출하고자 할 때에는 법원의 허가를 받아야 한다.
  3. 재산관리인은 위 매각대금 잔액을 금융기관에 예탁한 결과를 이 심판정본 송달일로부터 6월 이내에 이 법원에 보고하여야 한다.

(3) 허가의 효력

법원의 허가가 필요한 행위임에도 허가 없이 권한을 초과하여 한 재산관리인의 행위는 원칙적으로 무효이다.[173] 다만, 재산관리인이 그 본래

171) 대법원 2000.12.26. 선고 99다19278 판결
172) 가사실무제요(주2), 254면

의 관리권한을 초과하는 경우나 법원의 권한초과행위 허가심판을 받고 그 처분권한의 범위를 넘은 경우에 이를 믿은 상대방에게 표현대리가 성립될 수 있다. 가정법원이 권한초과행위에 대한 허가심판을 한 경우에도 그 행위는 반드시 사건본인의 이익을 위하여서만 행해져야 하며, 사건본인을 위한 것이 아닌 처분행위는 그 허용된 권한을 넘은 무효의 처분행위가 된다.

미성년자인 피후견인과 그 피후견인의 재산관리인 사이에 이익이 상반되는 경우에는 친권자와 미성년자인 자녀 사이의 경우에 준하여 미성년자인 피후견인을 위한 특별대리인을 선임하여야 할 것이다.

(4) 허가의 취소 또는 변경

가정법원은 권한초과행위를 허가한 후 그 허가가 위법 또는 부당하다고 인정한 때에는 이를 취소 또는 변경할 수 있다(가소 제34조➡비송 제19조). 그러나 그 취소 또는 변경 전에 재산관리인이 한 행위의 효력에는 영향이 없다.[174]

라. 불복

청구를 기각하는 심판에 대하여는 청구인 즉, 재산관리인이 즉시항고를 할 수 있다. 그러나 권한초과행위 허가 청구에 대한 인용심판이나 재산관리에 관한 개별적인 처분에 대하여는 즉시항고로써 불복할 수 없고, 보통항고도 허용되지 않으며, 특별항고(민소 제449조, 제450조)만을 할 수 있을 뿐이다. 즉시항고기간은 심판을 고지받은 날부터 14일이다.

[메모]

173) 대법원 1976.12.21.자 75마551 결정

174) 대법원 1962.11.29. 선고 62다613 판결

【서식 3-17】 미성년자를 위한 특별대리인 선임 심판청구서

미성년자를 위한 특별대리인 선임 심판청구

청 구 인　　□ □ □ (☎　　　　　　)
주민등록번호 :
주소 :
등록기준지 :
사건본인과의 관계 : 미성년후견인

사건본인　　○ ○ ○
(미성년자)　주민등록번호 :
주소 :
등록기준지 :

청 구 취 지

청구인과 사건본인이 피상속인 망 ◇◇◇ 소유의 별지 목록 기재 부동산에 관하여 상속재산협의분할을 함에 있어 사건본인의 특별대리인으로 법무사 김○석[6*****-1******, 서울특별시 서초구 서초대로48길 20, 201호(서초동)]을 선임한다.
라는 심판을 구합니다.

청 구 원 인

1. 청구인은 망 ◇◇◇의 처로서 미성년자인 사건본인의 母입니다.
2. 별지 목록 기재 부동산은 청구인과 사건본인의 공동소유인 바, 위 부동산을 담보로 청구인이 채무자가 되어 △△은행으로부터 금 ○○원을 대출받고자 하나, 이는 청구인과 사건본인의 이해가 상반되는 행위에 해당합니다.
3. 따라서 청구인은 사건본인을 위한 특별대리인으로 다음 사람을 선임받고자 이 사건 청구에 이른 것입니다.

특별대리인 후보지	성 명	김○석
	주 소	서울특별시 서초구 서초대로48길 20, 201호
	주민등록번호	6*****-1******
	직 업	법무사
	사건본인과의 관계	친인척관계 없음

첨 부 서 류

1. 가족관계증명서(청구인, 사건본인, 특별대리인후보자)	각 1통
1. 기본증명서(사건본인)	1통
1. 사건본인과 특별대리인후보자와의 관계 소명자료(제적등본 등)	각 1통
1. 주민등록표등(초)본(청구인, 사건본인, 특별대리인후보자)	각 1통
1. 부동산등기사항전부증명서	○통
1. 부동산목록	2통

2015. ○. ○.

청구인 □ □ □ (인)

○○가정법원 귀중

【해설】 175)

가. 의의

미성년후견인과 미성년자인 피후견인 사이에 이해가 상반되는 행위를 함에는 미성년후견인이 가정법원에 피후견인의 특별대리인의 선임을 청구하여야 한다. 또한 미성년후견인이 수인의 피후견인 사이에 이해가 상반되는 행위를 함에는 가정법원에 그 피후견인 일방의 특별대리인의 선임을 청구하여야 한다(민 제949조의3➡제921조). 미성년후견감독인이 선임되어 있는 경우에는 미성년후견인과 피후견인 사이에 이해가 상반되는 행위에 관하여는 미성년후견감독인이 피후견인을 대리하므로(민 제940조의6제3항), 특별대리인의 선임을 청구할 필요가 없다(민 제949조의3 후단).

나. 심판청구

(1) 관할

특별대리인 선임 사건은 **라류** 가사비송사건으로서 이에 대한 심리와 재판은 가정법원의 전속관할로 한다[가소 제2조제1항제2호가목16)]. 토지관할은 미성년자인 자녀의 주소지 가정법원(지방법원, 지원)이고(가소 제44조제5호), 가정법원 단독판사의 사물관할에 속한다(관할규 제3조).

---

175) 자세한 내용은 [제1장 제2절 Ⅳ. 3. 바. 및 제3절 Ⅳ. 4. 다.] 참조

(2) 청구권자

이해상반행위에 따른 특별대리인 선임 심판의 청구권자는 미성년후견인이고, 미성년자인 자녀 본인은 청구적격이 없다.

(3) 청구서 기재사항

심판청구서에는 ① 당사자(사건본인 포함)의 등록기준지, 주소, 성명, 생년월일, 대리인이 청구할 때에는 대리인의 주소와 성명, ② 청구취지와 청구원인, ③ 청구 연월일, ④ 가정법원의 표시를 적고 청구인이나 대리인이 기명날인하여야 한다(가소 제36조제3항). 특히, 청구취지에서는 특별대리인이 대리할 이해상반행위의 내용을 구체적으로 특정하여야 하고, 청구원인에서는 미성년후견인과 피후견인 사이에 이해상반되는 행위를 하게 된 경위와 특별대리인 선임의 필요성을 기재하여야 한다.

(4) 청구비용

심판청구의 수수료로서 사건본인 1인당 5,000원의 수입인지를 붙이고(가수규 제3조제1항), 8회분의 **송달료**(재판예규 제1522호)를 송달료취급은행에 예납하고 납부서를 심판청구서에 붙여야 한다.

(5) 첨부서류

심판청구서에는 청구인, 사건본인 및 특별대리인 후보자의 가족관계증명서 및 주민등록표등(초)본 각 1통, 사건본인의 기본증명서 1통, 사건본인과 특별대리인 후보자의 관계를 소명하는 서류 1통, 부동산등기사항증명서 각 1통, 부동산목록 2통, 기타 소명자료 등을 첨부하여야 한다.

다. 심리와 심판

(1) 심리

심리의 대상은 주로 이해상반행위에 해당하는지 여부와 특별대리인 후보자가 특별대리인으로 선임하기에 적합한 사람인지 여부이다. 이해상반행위에 해당하는지는 행위 그 자체의 외관에 따라 객관적으로 판단하여야 하고 미성년후견인의 의도나 동기, 그 행위의 결과 실제로 이해의 대립이 생겼는지 여부 등을 고려하여서는 안 된다(형식적·외형적 판단설).

특별대리인의 **자격**에 관하여 후견인의 결격사유와 같은 명시적인 제한이 없으므로 누구를 특별대리인으로 선임할 것인지는 가정법원의 재량에 맡겨져 있으며, 청구인의 희망에 구속되는 것은 아니다.

일반적으로는 미성년자인 피후견인의 재산상황, 가정환경, 미성년후견인과의 관계 등에 관하여 정통한 자로서 미성년자인 피후견인의 이익을 위하여 행동할 것으로 기대되는 자를 특별대리인으로 선임함이 바람직할 것이다. 그러나 실무에서는 가정법원이 적임자를 찾아낸다는 것은 불가능에 가까우므로 청구인이 희망하거나 추천하는 사람을 특별대리인으로 선임하고 있다.

(2) 심판

사건본인이 심판청구 당시 성년자였거나 심판 당시 성년이 된 경우, 미성년자인 피후견인 본인이 청구한 경우 등과 같이 청구적격이 없어 청구가 부적합하면 **각하**한다. 이해상반행위에 해당하지 않는 경우와 같이 청구가 이유 없으면 **기각**하고, 청구가 이유 있으면 미성년자인 피후견인의 특별대리인을 선임하는 심판을 한다.

특별대리인은 이해가 상반되는 특정의 법률행위에 관하여 개별적으로 선임되어야 하며, 특별대리인의 권한은 그 선임심판의 취지에 따라 정하여 진다. 다만, 특별대리인은 특정의 행위를 위한 일시적인 것이므로 심판에서는 특별대리인이 대리할 이해상반행위의 내용을 구체적으로 **특정**하는 것이 바람직하다.

가정법원이 특별대리인을 선임할 때에는 그 특별대리인의 대리권행사에 관하여 필요한 제한을 가할 수 있는데(가소규 제68조), 특별대리인이 대리할 행위의 내용을 구체적으로 특정하는 것도 대리권 제한의 한 유형이라고 할 수 있다.

(3) 심판의 고지 등

심판은 당사자와 절차에 참가한 이해관계인에게 고지하여야 한다(가소규 제25조). 심판의 효력은 심판을 받을 사람이 심판을 고지받음으로써 발생하지만, 즉시항고를 할 수 있는 심판은 확정되어야 효력이 있다(가소 제40조).

라. 불복 등

(1) 즉시항고

청구를 기각한 심판에 대하여는 청구인이 즉시항고를 할 수 있으나(가소규 제27조), 청구를 인용하여 특별대리인을 선임한 심판에 대하여는 불복할 수 없다. 즉시항고기간은 심판을 고지받은 날부터 14일 이내이다(가소 제43조제5항, 가소규 제31조).

(2) 심판의 효력 등

특별대리인을 선임한 심판에는 형성력이 있고, 선임된 특별대리인의 임무는 선임의 목적으로 된 법률행위 등을 완료함으로써 종료된다. 특별대리인은 그 임무를 완료하기 전에는 언제든지 사임할 수 있고, 사임에는 가정법원의 허가를 요하지 아니한다. 또한 가정법원은 언제든지 특별대리인을 개임할 수 있다(가소규 제68조의2).

(3) 비용 및 보수

특별대리인은 사무처리에 필요한 비용의 상환을 청구할 수 있고(민 제688조 유추적용), 명문의 규정은 없으나 보수청구권도 인정된다고 할 것이다. 따라서 가정법원은 필요한 경우 특별대리인의 보수를 위하여 청구인에게 적절한 보수를 미리 내게 하는 명령을 할 수 있다고 할 것이나, 친족 등이 특별대리인으로 선임된 경우에는 실제로 보수를 청구하는 경우는 거의 찾아보기 어려울 것이다.

[메모]

【서식 3-18】 가정법원의 후견사무에 관한 처분명령 청구서

피후견인의 재산상황 조사 및 임무수행에 관하여 필요한 처분명령 청구

청 구 인　　□ □ □ (☎　　　　　)
주민등록번호 :
주소 :
사건본인과의 관계 : 미성년후견감독인

사건본인　　○ ○ ○
주민등록번호 :
주소 :
등록기준지 :

청 구 취 지

사건본인의 미성년후견인 ◇◇◇에 대하여 사건본인의 재산목록을 2015. ○.○.까지 이 법원 및 청구인에게 제출할 것을 명한다.
라는 심판을 구합니다.

청 구 원 인

1. 미성년자인 사건본인의 부모는 생전에 유언으로 미성년후견인을 지정하지 아니한 채 2013.7.10. 교통사고로 갑자가 사망함에 따라 사건본인은 막대한 재산을 상속받게 되었습니다.
2. 이에 2015.○.○. 귀원 2015느단****호로 사건본인에 대한 미성년후견인 선임 심판이 있었고, 이 심판에서 미성년후견인으로는 ◇◇◇이, 미성년후견감독인으로는 청구인이 각 선임되었습니다.
3. 그 후 청구인은 후견사무 감독의 일환으로 수차에 걸쳐 ◇◇◇에게 임무수행에 관한 보고와 사건본인의 재산목록 제출을 요구하였지만, ◇◇◇은 취임 후 수개월이 지나도록 이를 이행하지 않고 있습니다.
4. 따라서 청구인은 상당기간을 정하여 미성년후견인 ◇◇◇로 하여금 이 법원 및 청구인에게 사건본인의 재산목록을 제출할 것을 명하는 심판을 받고자 이 사건 청구에 이르렀습니다.

첨 부 서 류

1. 가족관계증명서 및 기본증명서(청구인, 사건본인) 각 1통
1. 주민등록등본(사건본인) 1통
1. 기타(소명자료) ○통

2015.○.○.

위 청구인 □ □ □ (인)

○○가정법원 귀중

【해 설】

가. 의의

미성년후견은 미성년자를 보호·교양하고 그 재산을 관리하기 위한 제도로서, 미성년후견인에게는 피후견인(미성년자)의 재신 및 신상에 관하여 친권자에 버금가는 정도의 광범위한 권한이 부여되어 있으므로 그에 대한 적절한 지도·감독이 필요하다.[176] 후견감독인은 후견사무의 감독을 위하여 언제든지 후견인에게 그의 임무수행에 관한 보고와 재산목록의 제출을 요구할 수 있고 피후견인의 재산상황을 조사할 수 있지만(민 제953조), 후견감독인은 필수적 감독기관이 아니므로 감독기능에 한계가 있다. 따라서 가정법원은 직권으로 또는 피후견인, 후견감독인, 친족, 그 밖의 이해관계인, 검사, 지방자치단체의 장의 청구에 의하여 피후견인의 재산상황을 조사하고, 후견인에게 재산관리 등 후견임무 수행에 관하여 필요한 처분을 명할 수 있다(민 제954조).

나. 심판청구

(1) 관할

가정법원의 후견사무에 관한 처분명령 사건은 **라류** 가사비송사건으로서[가소 제2조제1항제2호가목22)], 토지관할은 미성년자의 주소지 가정법원이며(가소 제44조제1의2호), 단독판사의 사물관할에 속한다(관할규 제3조).

176) 가사실무제요(주2), 347면

(2) 청구권자 및 청구서 기재사항

가정법원의 후견사무에 관한 처분명령은 피후견인, 후견감독인, 친족, 그 밖의 이해관계인, 검사, 지방자치단체의 장이 청구한다.

심판청구서에는 ① 당사자의 등록기준지, 주소, 성명, 생년월일, 대리인이 청구할 때에는 대리인의 주소와 성명, ② 청구취지와 청구원인, ③ 청구 연월일, ④ 가정법원의 표시를 적고 청구인이나 대리인이 기명날인하여야 한다(가소 제36조제3항). 또한 심판이 당사자 이외에 사건본인의 신분관계 기타 권리, 의무에 관계된 것이므로 사건본인의 성명, 생년월일, 등록기준지 및 주소를 기재하여야 한다(가소규 제20조).

(3) 청구비용 및 첨부서류

심판청구의 수수료로서 사건본인 1인당 5,000원의 수입인지를 붙이고(가수규 제3조제1항), 8회분의 송달료(재판예규 제1522호)를 송달료취급은행에 예납하고 납부서를 심판청구서에 첨부하여야 한다. 심판청구서에는 청구인과 사건본인의 기본증명서 및 가족관계증명서 각 1통, 사건본인의 주민등록표등본 1통, 기타 소명자료 등을 첨부하여야 한다.

다. 심리 및 심판

심리는 청구된 처분의 필요성과 상당성 유무에 집중된다. 가정법원은 당사자가 청구한 것과는 다른 내용의 처분을 하여도 무방하고, 이 점에서 청구취지에 구속력은 없다고 할 것이다.[177)]

심리를 거쳐 필요가 있다고 판단되면, 미성년후견인에게 후견사무에 관한 처분을 명하는 심판을 한다. 가정법원이 하는 후견사무에 관한 처분의 내용에는 성질상 제약이 있는 외에는 특별한 제한이 없다.

가정법원이 하는 후견사무에 관한 처분에는 재산상황의 조사와 보고 외에, 재산관리에 관하여는 피후견인의 재산의 개축(改築) 등과 같은 사실행위, 등기 그 밖의 보존행위 및 매각, 임대, 담보권의 설정 등과 같은 처분행위는 물론, 그에 관한 지도·지시 등이, 신상보호에 관하여는 피후견인의 교육·요양 등에 관한 지시·감독 등이 포함되는 등 후견사무 전반에 걸친다.[178)]

177) 가사실무제요(주2), 348면

청구를 인용하는 심판의 주문례는 다음과 같다.

- 사건본인의 미성년후견인 ◇◇◇은 ◈◈생명보험 주식회사가 사건본인에게 지급하는 생명보험금을 수령한 때에는 이를 사건본인의 이름으로 금융기관에 예금하고 그 예금증서를 청구인으로 하여금 보관하게 하여야 한다.
- 사건본인의 미성년후견인 ◇◇◇은 사건본인의 재산상황을 1개월 내에 조사하여 공증인의 인증을 받아 이 법원에 제출하여야 한다.
- 사건본인의 미성년후견인 ◇◇◇에 대하여 사건본인의 재산목록을 2014.○.○.까지 이 법원 및 청구인에게 제출할 것을 명한다.
- 1. 청구인이 사건본인을 대리하여 별지 목록 기재 부동산에 관하여 저당권설정계약을 체결하고, 금융기관과의 사이에 위 부동산을 담보로 한 대출약정을 체결할 것을 허가한다.
  2. 청구인은 제1항에 따라 위 부동산을 담보로 금융기관으로부터 대출을 받은 즉시, 계약체결 내용 및 대출금 입금 사실을 이 법원에 보고하여야 한다.
  3. 청구인은 제2항 기재 대출금을 사건본인 명의 계좌에 입금하여 관리한 뒤, 그 사용 내역을 향후 후견사무보고에 포함하여 보고하여야 한다.

심판은 당사자와 절차에 참가한 이해관계인에게 고지하여야 한다(가소규 제25조). 심판의 효력은 심판을 받을 사람이 심판을 고지받아야 발생한다. 다만, 즉시항고를 할 수 있는 심판은 확정되어야 효력이 있다(가소 제40조).

라. 불복 등

(1) 즉시항고

청구를 기각한 심판에 대하여는 청구인이 즉시항고를 할 수 있으나(가소규 제27조), 청구를 인용하여 후견사무에 관한 처분을 한 심판에 대하여는 불복할 수 없다. 즉시항고는 심판을 고지받은 날부터 14일 이내에 하여야 한다.

(2) 비용의 부담

가정법원이 명한 후견사무에 관한 처분에 필요한 비용 등은 피후견인의 재산에서 부담한다(가소규 제69조, 제52조).

178) 가사실무제요(주2), 347~348면

【서식 3-19】 미성년후견인에 대한 보수 수여 심판청구서

미성년후견인에 대한 보수의 수여 심판청구

청 구 인 □ □ □ (☎)
주민등록번호 :
주소 :
사건본인과의 관계 : 미성년후견인

사건본인 ○ ○ ○
주민등록번호 :
주소 :
등록기준지 :

청 구 취 지

청구인에게 사건본인의 미성년후견사무에 대한 보수로 금○○○원을 수여한다.
라는 심판을 구합니다.

청 구 원 인

1. 청구인은 2013.8.1. 귀원 2013느단****호 미성년후견인선임 심판에서 사건본인에 대한 미성년후견인으로 선임되었습니다.
2. 그 후 사건본인은 2015.○.○. 만 19세로 성년이 되었으므로 미성년후견이 종료되었는바, 청구인이 그동안 미성년후견인으로서 수행한 업무 내역은 별지 기재와 같습니다.
3. 따라서 청구인은 미성년후견사무의 보수를 지급받고자 이 사건 청구에 이르렀습니다.

첨 부 서 류

1. 가족관계증명서 및 기본증명서(사건본인) 각 1통
1. 주민등록등본(사건본인) 1통
1. 기타(소명자료) ○통

2015.○.○.

위 청구인 □ □ □ (인)

○○가정법원 귀중

【해 설】

가. 의의

미성년후견인은 피후견인(미성년자)을 보호·교양하는 등 그 후견임무를 수행하는 데에 상당한 시간과 노력을 들여야 하므로, 가정법원은 미성년후견인의 청구에 의하여 피후견인의 재산상태 기타 사정을 참작하여 피후견인의 재산 중에서 상당한 보수를 미성년후견인에게 수여할 수 있다(민 제955조). 미성년후견인이 피후견인에 갈음하여 그 자녀에 대한 친권을 행사하는 경우에도 같다(민 제948조).

보수청구의 시기에는 아무런 제한이 없지만, 통상적으로는 후견임무를 완료한 때 청구하게 된다. 후견이 장기화되는 경우에는 아직 임무수행 중에도 정기급(1년 단위)으로 보수의 지급을 청구할 수 있다. 후견인의 책임 없는 사유로 후견사무가 종료된 경우에는 보수를 청구할 수 있다고 해석된다.[179)]

나. 심판청구

(1) 관할

미성년후견인의 보수 수여 사건은 **라류** 가사비송사건으로서 이에 대한 심리와 재판은 가정법원의 전속관할로 한다[가소 제2조제1항제2호가목23)]. 토지관할은 미성년자인 사건본인의 주소지 가정법원(지방법원, 지원)이며(가소 제44조제1의2호), 단독판사의 사물관할에 속한다(관할규 제3조).

(2) 청구권자

보수 수여를 청구할 수 있는 자는 후견인이지만, 보수는 후견사무가 종료된 후에 청구하는 것이 보통이므로, 실질적으로는 후견인이었던 자를 의미한다. 후견인의 보수청구권은 상속된다고 할 것이므로 후견인이었던 자가 아직 보수청구를 하지 않은 채로 사망한 경우에는 그 상속인이 청구할 수 있다고 할 것이다. 따라서 후견인보수청구 사건의 심판계속 중에 후견인이 사망한 때에는 절차가 종료되지 않고 상속인이 절차를 수계하게 된다.[180)]

---

179) 박동섭(주46), 399면 ; 주해친족법(주30), 1335면

(3) 청구서 기재사항

심판청구서에는 ① 당사자의 등록기준지, 주소, 성명, 생년월일, 대리인이 청구할 때에는 대리인의 주소와 성명, ② 청구취지와 청구원인, ③ 청구 연월일, ④ 가정법원의 표시를 적고 청구인이나 대리인이 기명날인하여야 한다(가소 제36조제3항). 또한 심판이 당사자 이외에 사건본인의 신분관계 기타 권리, 의무에 관계된 것이므로 사건본인의 성명, 생년월일, 등록기준지 및 주소를 기재하여야 한다(가소규 제20조).

청구취지에는 상당한 보수의 지급을 구한다는 취지가 나타나도록 하면 되고 금액을 특정하여야 하는 것은 아니며, 이를 특정하더라도 가정법원이 그에 구속되는 것도 아니다. 청구원인에는 보수를 청구하는 이유와 근거를 구체적으로 기재할 필요가 있다.[181]

(4) 청구비용

심판청구의 수수료로서 사건본인 1인당 5,000원의 수입인지를 붙이고(가수규 제3조제1항), 8회분의 송달료(재판예규 제1522호)를 송달료취급은행에 예납하고 납부서를 심판청구서에 첨부하여야 한다.

(5) 첨부서류

심판청구서에는 사건본인의 기본증명서 및 가족관계증명서 각 1통, 사건본인의 주민등록표등본 1통, 기타 소명자료(보수 산정내역 등) 등을 첨부하여야 한다.

다. 심리 및 심판

(1) 심리

보수를 수여할 것인지의 여부 및 그 액수를 결정함에는 피후견인의 재산상태 기타의 사정을 참작하여야 한다. 여기에는 후견인의 자력, 후견인이 수행한 후견사무의 내용, 후견인의 직업 및 전문성, 후견인과 피후견인 사이의 혈족관계의 유무, 후견인의 부담내용 등을 종합적으로 고려하여야 한다.[182]

---

180) 가사실무제요(주2), 350면

181) 가사실무제요(주2), 350면 ; 주해친족법(주30), 1334면

(2) 심판

심리를 거쳐 필요가 있다고 판단되면, 미성년후견인에게 보수를 수여하는 심판을 한다. 따라서 보수 지급 여부는 가정법원의 재량에 속한다.

(3) 심판의 고지 등

심판은 당사자와 절차에 참가한 이해관계인에게 고지하여야 한다(가소규 제25조). 심판의 효력은 심판을 받을 사람이 심판을 고지받아야 발생한다. 다만, 즉시항고를 할 수 있는 심판은 확정되어야 효력이 있다(가소 제40조).

라. 불복 등

(1) 즉시항고

청구를 기각한 심판에 대하여는 청구인이 즉시항고를 할 수 있으나(가소규 제27조), 보수를 수여하는 내용의 심판에 대하여는 불복할 수 없다. 즉시항고는 심판을 고지받은 날부터 14일 이내에 하여야 한다.

(2) 보수수여 심판에 기한 강제집행

보수수여의 심판에 기하여 후견인이 피후견인의 재산에 강제집행을 하는 등 그 보수청구권을 실현하는 것은 이해상반행위로 볼 여지가 있으므로 특별대리인을 선임하여야 한다는 견해도 있다.[183]

마. 관련사항

후견인변경심판 등에 앞서 사전처분의 일환으로 선임된 직무대행자에 대하여는 사건본인의 재산 중에서 상당한 보수를 지급할 것을 명할 수 있다(가소규 제32조제6항). 또한 후견인선임심판 등에 앞서 사전처분의 일환으로 선임된 임시후견인에 대하여는 청구인 또는 사건본인의 재산 중에서 상당한 보수를 지급할 것을 명할 수 있다(가소규 제32조제6항).

---

182) 가사실무제요(주2), 350면

183) 가사실무제요(주2), 351면

Ⅲ. 미성년후견감독인

【서식 3-20】 미성년후견감독인 선임 심판청구서

미성년후견감독인 선임 심판 청구

청 구 인 □ □ □ (☎)
주민등록번호 :
주소 :
사건본인과의 관계 :

사건본인 ○ ○ ○
주민등록번호 :
주소 :
등록기준지 :

청 구 취 지

사건본인의 미성년후견감독인으로 ◇◇◇(주민등록번호, 주소)를 선임한다.
라는 심판을 구합니다.

청 구 원 인

1. 사건본인에 대하여 2015.○.○. 귀원 2015느단****호로 미성년후견인 선임 심판이 있었고, 미성년후견인으로 ◇◇◇가 선임되었습니다.
2. 그런데, 사건본인에 대하여 유언으로 지정된 미성년후견감독인이 없는 상태이지만, ________________________등에 비추어 미성년후견감독인을 선임하여 미성년후견인을 감독할 필요성이 생겼습니다.
3. 따라서 청구인은 민법 제940조의3 제1항에 의하여 사건본인의 미성년후견감독인 선임을 청구하며, 아울러 미성년후견감독인으로 다음 사람을 추천합니다.

미성년 후견감독인 후보자	성 명	
	주 소	
	주민등록번호	
	직 업	
	사건본인과의 관계	

첨 부 서 류

1. 기본증명서, 가족관계증명서(청구인, 사건본인, 후견감독인후보자) 각 1통
1. 주민등록등본(사건본인, 후견감독인후보자) 각 1통
1. 기타(소명자료) ○통

2015. ○. ○.

위 청구인 ○ ○ ○ (인)

○○가정법원 귀중

【해설】

가. 의의

미성년자를 위해 친권을 행사하던 사람은 자신의 사망 후에 미성년자를 보호·교양할 미성년후견인을 미리 유언으로 지정할 수 있을 뿐만 아니라(민 제931조), 그를 감독할 기관인 미성년후견감독인도 미리 유언으로 지정할 수 있다(민 제940조의2). 그런데 유언으로 지정된 미성년후견감독인이 없는 경우에는 가정법원은 필요하다고 인정하면 직권으로 또는 미성년자, 친족, 미성년후견인, 검사, 지방자치단체의 장의 청구에 의하여 미성년후견감독인을 선임할 수 있다(민 제940조의3제1항).

또한 유언으로 지정된 경우이든 가정법원이 선임한 경우이든 미성년후견감독인이 사망, 결격, 그 밖의 사유로 없게 된 경우에는 가정법원은 직권으로 또는 미성년자, 친족, 미성년후견인, 검사, 지방자치단체의 장의 청구에 의하여 미성년후견감독인을 선임한다(동조 제2항).

나. 심판청구

(1) 관할

미성년후견감독인 선임 사건은 **라류** 가사비송사건으로서 이에 대한 심리와 재판은 가정법원의 전속관할로 한다[가소 제2조제1항제2호가목18의3)]. 토지관할은 미성년자인 사건본인의 수소시 가징법원(지방법원, 지원)이며(가소 제44조제1의2호), 단독판사의 사물관할에 속한다(관할규 제3조).

(2) 청구권자

가정법원은 직권으로 미성년후견감독인을 선임할 수 있지만, 미성년자, 친족, 미성년후견인, 검사, 지방자치단체의 장도 그 선임 심판을 청구할 수 있다. 지정 또는 선임된 미성년후견감독인이 사망, 결격, 그 밖의 사유로 없게 된 경우에도 같다.

(3) 청구서 기재사항

심판청구서에는 ① 당사자의 등록기준지, 주소, 성명, 생년월일, 대리인이 청구할 때에는 대리인의 주소와 성명, ② 청구취지와 청구원인, ③ 청구 연월일, ④ 가정법원의 표시를 적고 청구인이나 대리인이 기명날인하여야 한다(가소 제36조제3항). 또한 심판이 당사자 이외에 사건본인의 신분관계 기타 권리, 의무에 관계된 것이므로 사건본인의 성명, 생년월일, 등록기준지 및 주소를 기재하여야 한다(가소규 제20조). 실무상 심판청구서에는 미성년후견감독인 후보자를 기재하지만, 반드시 그 사람이 미성년후견감독인으로 선임되는 것은 아니다.

(4) 청구비용

심판청구의 수수료로서 사건본인 1인당 5,000원의 수입인지를 붙이고(가수규 제3조제1항), 8회분의 송달료(재판예규 제1522호)를 송달료취급은행에 예납하고 납부서를 심판청구서에 붙여야 한다.

(5) 첨부서류

심판청구서에는 청구인, 사건본인 및 후견인감독후보자의 가족관계증명서 및 기본증명서 각 1통, 사건본인, 후견감독인후보자의 주민등록표등본 각 1통, 기타 후견감독인의 선임이 필요한 사유를 소명하는 자료 등을 첨부하여야 한다. 위 서류 외에도 절차진행에 따라 추가서류가 필요할 수 있다.

다. 심리 및 심판

(1) 심리

㈎ 심리의 대상 : 심리의 주된 대상은 미성년후견감독인 선임의 필요성과 적격 여부이다. 선임의 필요성을 심리할 때에는 후견감독인의 보수지급에 따른 피후견인의 부담과중을 고려해야 할 것이다. 미성년후견인의 결격사유에 해당하는 사람은 미성년후견감독인이 될 수 없을 뿐만 아니라(민 제940조의7➡제937조), 미성년후견인의 가족은 미성년후견인에 대한 엄정한 감독업무의 수행이 어렵기 때문에 미성년후견감독인이 될 수 없다(민 제940조의5).

㈏ 심리의 방법 : 미성년후견감독인을 선임함에는 미성년후견감독인이 될 사람의 의견을 들어야 한다(가소규 제65조제1항). 그 미성년자가 13세 이상인 때에는 그 미성년자의 의견을 들어야 한다. 다만, 미성년자의 의견을 들을 수 없거나 미성년자의 의견을 듣는 것이 오히려 미성년자의 복지를 해할만한 특별한 사정이 있다고 인정되는 때에는 그러하지 아니하다(동조 제4항). 가정법원이 미성년후견감독인을 선임할 때에는 피후견인의 의사를 존중하여야 하며, 그 밖에 피후견인의 건강, 생활관계, 재산상황, 미성년후견감독인이 될 사람의 직업과 경험, 피후견인과의 이해관계의 유무 등의 사정도 고려하여야 한다(민 제940조의7➡제936조제4항).

(2) 심판

지정 미성년후견감독인이 없는 경우에 그 선임 여부는 가정법원의 재량에 속한다. 따라서 가정법원이 필요하다고 인정할 경우에만 미성년후견감독인을 선임하고, 심리의 결과 필요하지 않다고 인정하면 청구를 기각하고 미성년후견감독인을 선임하지 않을 수도 있다. 반면에 일단 지정 또는 선임된 미성년후견감독인이 사망, 결격 등 후발적 사정으로 말미암아 없게 된 경우에는 반드시 미성년후견감독인을 선임하여야 한다.

가정법원이 미성년후견감독인을 선임한 때에는 미성년후견감독인에 대하여 그 후견감독사무에 관하여 필요하다고 인정되는 사항을 지시할 수 있다(가소규 제65조 제3항). 이러한 지시는 후견감독인선임 심판을 하면서 주문에 **부수처분**으로 하는 것이 보통이지만, 그 시기에 제한이 없으므로 언제든지 할 수 있다.

(3) 심판의 고지 등

심판은 당사자와 절차에 참가한 이해관계인에게 고지하여야 한다(가소규 제25조). 심판의 효력은 심판을 받을 사람이 심판을 고지받아야 발생한다. 다만, 즉시항고를 할 수 있는 심판은 확정되어야 효력이 있다(가소 제40조).

라. 불복 등

미성년후견감독인 선임청구를 기각한 심판에 대하여는 청구인이 즉시항고를 할 수 있으나(가소규 제27조), 미성년후견감독인을 선임하는 심판에 대하여는 불복할 수 없다. 즉시항고는 심판을 고지받은 날부터 14일 이내에 하여야 한다.

마. 심판확정 후의 절차

(1) 미성년후견감독 개시의 신고

가정법원의 선임심판에 의한 미성년후견감독개시의 신고는 보고적 신고로서, 미성년후견감독인은 그 취임일부터 1개월 이내에 사건본인의 등록기준지의 가족관계등록사무를 처리하는 사람에게 신고하여야 한다(가등 제80조제1항). 부록 [미성년①후견 · ②후견감독 개시신고서] 참조

(2) 가족관계등록부 기록의 촉탁

미성년후견감독인 선임 심판이 확정된 때에는 가정법원의 법원사무관 등은 재판장의 명을 받아 지체 없이 사건본인의 등록기준지의 가족관계등록사무를 처리하는 사람에게 가족관계등록부에 기록할 것을 촉탁하여야 한다(가소 제9조, 가소규 제5조).

(3) 가족관계등록부의 기록

미성년후견감독인 선임심판에 의한 가족관계등록부의 기록은 신고나 촉탁에 의하여 기록하되, 해당 미성년자의 가족관계등록부 일반등록사항란에만 기록하고(가등규 제53조), 미성년후견감독인의 가족관계등록부에는 기록하지 아니한다. 부록 [가족관계등록부 기재례 : 미성년후견에 관한 부분] 참조

【서식 3-21】 미성년후견감독인의 사임 허가 심판청구서

미성년후견감독인 사임에 대한 허가 청구

청 구 인　　□ □ □ (☎　　　　　　)
주민등록번호 :
주소 :
사건본인과의 관계 : 미성년후견감독인

사건본인　　○ ○ ○
주민등록번호 :
주소 :
등록기준지 :

청 구 취 지

1. 청구인이 사건본인의 미성년후견감독인을 사임함을 허가한다.
2. 사건본인의 미성년후견감독인으로 ◈◈◈(주민등록번호, 주소)를 선임한다.

라는 심판을 구합니다.

청 구 원 인

1. 사건본인에 대하여 2015.○.○. 귀원 2015느단****호로 미성년후견인 선임 심판이 있었고, 미성년후견인으로 ◇◇◇가, 미성년후견감독인으로 청구인이 각 선임되었습니다.
2. 그런데, 최근에 청구인은 건강이 급격히 악화되어 더 이상 미성년후견감독인으로서의 직무 수행이 곤란하므로 그 직을 사임하고자 귀원의 허가를 구합니다.
3. 아울러 청구인은 사임허가 청구와 동시에 새로운 미성년후견감독인의 선임을 청구하며, 그 후보자로는 아래 사람을 추천합니다.

<table>
<tr><td rowspan="5">미성년
후견감독인
후보자</td><td>성 명</td><td></td></tr>
<tr><td>주 소</td><td></td></tr>
<tr><td>주민등록번호</td><td></td></tr>
<tr><td>직 업</td><td></td></tr>
<tr><td>사건본인과의 관계</td><td></td></tr>
</table>

첨 부 서 류	
1. 기본증명서, 가족관계증명서(청구인, 사건본인, 후견감독인후보자)	각 1통
1. 주민등록등본(사건본인, 후견감독인후보자)	각 1통
1. 기타(소명자료)	○통

2015.○.○.

위 청구인 □ □ □ (인)

○○가정법원 귀중

【해설】

가. 의의

미성년후견감독인은 마음대로 그 직을 사임할 수 없으나 정당한 사유가 있는 경우에는 가정법원의 허가를 받아 사임할 수 있다. 이 경우 그 후견감독인은 사임청구와 동시에 가정법원에 새로운 후견감독인의 선임을 청구하여야 한다(민 제940조의7➡제939조).

나. 심판청구

(1) 관할

미성년후견감독인 사임허가 사건은 **라류** 가사비송사건으로서 이에 대한 심리와 재판은 가정법원의 전속관할로 한다[가소 제2조제1항제2호가목19)]. 토지관할은 미성년자인 사건본인의 주소지 가정법원(지방법원, 지원)이며(가소 제44조제1의2호), 단독판사의 사물관할에 속한다(관할규 제3조).

(2) 청구권자 및 청구서 기재사항

심판청구권자는 사임하고자 하는 미성년후견감독인 본인이고, 제3자는 변경을 청구할 수 있을 뿐이다.

심판청구서에는 ① 당사자의 등록기준지, 주소, 성명, 생년월일, 대리인이 청구할 때에는 대리인의 주소와 성명, ② 청구취지와 청구원인, ③ 청구 연월일, ④ 가정법원의 표시를 적고 청구인이나 대리인이 기명날인하여야 한다(가소 제36조제3항). 또한 심판이 당사자 이외에 사건본인의 신분관계 기타 권리, 의무에 관계된 것이므로 사건본인의 성명, 생년월일, 등록기준지 및 주소를 기재하여야 한다(가소규 제20조).

사임허가 청구와 동시에 새로운 미성년후견감독인의 선임을 청구하여야 하므로 심판청구서에는 미성년후견감독인 후보자를 기재하지만, 반드시 그 사람이 미성년후견감독인으로 선임되는 것은 아니다.

(3) 청구비용 및 첨부서류

심판청구의 수수료로서 사건본인 1인당 5,000원의 수입인지를 붙이고(가수규 제3조제1항), 8회분의 송달료(재판예규 제1522호)를 송달료취급은행에 예납하고 납부서를 심판청구서에 붙여야 한다.

심판청구서에는 청구인, 사건본인 및 후견인감독후보자의 가족관계증명서 및 기본증명서 각 1통, 사건본인, 후견감독인후보자의 주민등록표등본 각 1통, 기타 후견감독인을 사임하는 정당한 사유를 소명하는 자료 등을 첨부하여야 한다. 위 서류 외에도 절차진행에 따라 추가서류가 필요할 수 있다.

다. 심리 및 심판

(1) 심리

심리의 대상은 주로 사임의 정당한 사유가 있는지 여부이다. 「정당한 사유」란 객관적으로 보아서 후견감독인의 임무를 수행할 수 없는 사정이 있는 경우를 말한다. 예컨대, 후견감독인의 고령·질병, 피후견인이나 후견인과의 관계악화, 장기간의 후견감독기간 경과, 업무부담의 과중 등으로 인하여 후견감독임무를 수행할 수 없는 경우, 먼 거리나 외국으로 이주하는 경우 등이다. 후견감독인 스스로 사임의 의사를 밝힌 경우이므로 정당한 사유는 너그럽게 해석할 필요가 있다.[184)]

사임허가 심판에 대해서는 진술청취 규정이 누락되어 있으나, 후견감독인의 사임이 피후견인에게 미치는 영향을 고려할 때 피후견인의 진술을 청취하는 것이 바람직하다.

184) 주해친족법(주30), 1262면

(2) 심판

심리를 거쳐 필요하다고 판단되면, 종전 미성년후견감독인의 사임허가와 새로운 미성년후견인을 선임하는 심판을 한다.

심판은 당사자와 절차에 참가한 이해관계인에게 고지하여야 한다(가소규 제25조). 심판의 효력은 심판을 받을 사람이 심판을 고지받아야 발생한다. 다만, 즉시항고를 할 수 있는 심판은 확정되어야 효력이 있다(가소 제40조).

라. 불복 등

사임허가 청구를 기각한 심판에 대하여는 청구인이 즉시항고를 할 수 있으나(가소규 제27조), 사임을 허가하는 심판에 대하여는 불복할 수 없다. 즉시항고는 심판을 고지받은 날부터 14일 이내에 하여야 한다.

마. 심판확정 후의 절차

(1) 미성년후견감독인 경질의 신고

새로 선임된 미성년후견감독인은 그 취임일부터 1개월 이내에 사건본인의 등록기준지의 가족관계등록사무를 처리하는 사람에게 신고하여야 한다(가등 제80조제1항). 부록 [미성년①후견인 · ②후견감독인 경질신고서] 참조

(2) 가족관계등록부 기록의 촉탁

미성년후견감독인 사임허가 심판이 확정된 때에는 가정법원의 법원사무관 등은 재판장의 명을 받아 지체 없이 사건본인의 등록기준지의 가족관계등록사무를 처리하는 사람에게 가족관계등록부에 기록할 것을 촉탁하여야 한다(가소 제9조, 가소규 제5조).

(3) 가족관계등록부의 기록

미성년후견감독인 사임허가에 관한 신고나 촉탁이 있는 경우에는 해당 미성년자의 가족관계등록부 일반등록사항란에만 기록한다(가등규 제53조).

부록 [가족관계등록부 기재례 : 미성년후견에 관한 부분] 참조

【서식 3-22】 미성년후견감독인의 변경 심판청구서

미성년후견감독인 변경 심판 청구

청 구 인　□ □ □ (☎)
주민등록번호 :
주소 :
사건본인과의 관계 :

사건본인　○ ○ ○
주민등록번호 :
주소 :
등록기준지 :

미 성 년
후견감독인　◇ ◇ ◇
주민등록번호 :
주소 :

청 구 취 지

사건본인의 미성년후견감독인 ◇◇◇(주민등록번호, 주소)를 ◈◈◈(주민등록번호, 주소)로 변경한다.
라는 심판을 구합니다.

청 구 원 인

1. 사건본인에 대하여 2014.○.○. 귀원 2014느단****호로 미성년후견개시 심판이 있었고, 미성년후견인으로 ▣▣▣가, 미성년후견감독인으로 ◇◇◇가 각 선임되었습니다.
2. 그런데, ◇◇◇은 최근 건강상태가 악화되어 더 이상 미성년후견감독인으로서의 직무를 수행할 수 없는 상황이므로, 사건본인의 큰아버지인 청구인은 미성년후견감독인 변경 청구에 이르렀습니다.
3. 아울러 청구인은 새로운 후견감독인으로 아래 사람을 추천합니다.

미성년 후견감독인 후보자	성 명	
	주 소	
	주민등록번호	
	직 업	
	사건본인과의 관계	

첨 부 서 류

1. 기본증명서, 가족관계증명서(청구인, 사건본인, 후견감독인후보자) 각 1통
1. 주민등록등본(사건본인, 후견감독인후보자) 각 1통
1. 기타(소명자료) ○통

2015. ○. ○.

위 청구인 ○ ○ ○ (인)

○○가정법원 귀중

【해 설】

가. 의의

가정법원은 미성년자인 피후견인의 복리를 위하여 미성년후견감독인을 변경할 필요가 있다고 인정하면 직권으로 또는 피후견인, 친족, 미성년후견감독인, 검사, 지방자치단체의 장의 청구에 의하여 미성년후견감독인을 **변경**할 수 있다(민 제940조의7➡제940조).

나. 심판청구

(1) 관할

미성년후견감독인 변경 사건은 **라류** 가사비송사건으로서 이에 대한 심리와 재판은 가정법원의 전속관할로 한다[가소 제2조제1항제2호가목18의3)]. 토지관할은 미성년자인 사건본인의 주소지 가정법원(지방법원, 지원)이며(가소 제44조제1의2호), 단독판사의 사물관할에 속한다(관할규 제3조).

(2) 청구권자

미성년후견감독인의 변경 심판은 가정법원이 직권으로 할 수도 있지만, 피후견인, 친족, 미성년후견감독인, 검사 또는 지방자치단체의 장의 청구에 의할 수도 있다. 복수로 선임된 미성년후견감독인은 다른 후견감독인의 변경을 청구할 수 있다. 미성년후견인은 청구권자로 규정되어 있지 않지만, 해석상 청구권을 인정하는 것이 타당하다.[185)]

185) 김주수·김상용(주46), 498면 ; 윤진수·현소혜(주45), 103면

(3) 청구서 기재사항

심판청구서에는 ① 당사자의 등록기준지, 주소, 성명, 생년월일, 대리인이 청구할 때에는 대리인의 주소와 성명, ② 청구취지와 청구원인, ③ 청구 연월일, ④ 가정법원의 표시를 적고 청구인이나 대리인이 기명날인하여야 한다(가소 제36조제3항). 또한 심판이 당사자 이외에 사건본인의 신분관계 기타 권리, 의무에 관계된 것이므로 사건본인의 성명, 생년월일, 등록기준지 및 주소를 기재하여야 한다(가소규 제20조).

후견감독인의 변경은 곧 후견감독인의 교체를 의미하므로 새로운 후견감독인의 선임을 구하는 내용과 새로운 후견감독인 후보자에 관한 사항을 기재하는 것이 바람직하다. 다만, 법원은 청구인의 희망이나 청구취지에 구속되는 것은 아니므로, 심판청구서에 후보자로 추천된 사람이 반드시 미성년후견감독인으로 선임되는 것은 아니다.

(4) 청구비용

심판청구의 수수료로서 사건본인 1인당 5,000원의 수입인지를 붙이고(가수규 제3조제1항), 8회분의 송달료(재판예규 제1522호)를 송달료취급은행에 예납하고 납부서를 심판청구서에 첨부하여야 한다.

(5) 첨부서류

심판청구서에는 청구인, 사건본인 및 후견감독인후보자의 기본증명서 및 가족관계증명서 각 1통, 사건본인 및 후견감독인후보자의 주민등록표등본 1통, 기타 변경의 필요성을 소명하는 서류 등을 첨부하여야 한다.

다. 심리와 심판

(1) 심리

㈎ **심리의 대상** : 가정법원은 미성년후견감독인의 결격사유 존재 여부도 심리하여야 하지만, 주된 심리의 대상은 피후견인의 복리를 위하여 미성년후견감독인을 변경할 필요가 있는지 여부에 집중된다.

㈏ **심리의 방법** : 가정법원이 미성년후견감독인의 변경심판을 하는 경우 그 미성년자가 13세 이상인 때에는 그 미성년자의 의견을 들어야 한다. 다만, 미성년자의 의견을 들을 수 없거나 미성년자의 의견을 듣는

것이 오히려 미성년자의 복지를 해할만한 특별한 사정이 있다고 인정되는 때에는 그러하지 아니하다(가소 제65조제4항).

㈐ **후견인의 절차참가** : 미성년후견감독인을 변경할 때에는 그 변경이 청구된 미성년후견감독인을 절차에 참가하게 하여야 한다(가소규 제65조제2항). 후견감독인 변경은 그 후견감독인의 권한을 박탈하고 법적 지위를 상실시키는 것이므로 후견감독인은 가장 직접적인 이해관계인이라 할 수 있기 때문이다.

(2) 사전처분

후견감독인변경 청구가 있는 경우 가정법원은 직권 또는 당사자의 청구에 따라 사전처분으로서 후견감독인의 직무집행을 정지시킬 수 있으며(가소 제62조제1항), 이때에는 심판확정시까지 후견감독인의 임무를 수행할 대행자를 지정하여야 한다.

(3) 심판

가정법원은 심리를 거쳐 변경의 필요가 있다고 판단되면, 종전 미성년후견감독인을 새로운 미성년후견감독인으로 변경(교체)하는 심판을 한다.

후견감독인을 변경하는 심판의 주문례는 다음과 같다.

- 사건본인의 미성년후견감독인을 ◇◇◇(주민등록번호, 주소)에서 ◈◈◈(주민등록번호, 주소)로 변경한다.
- 사건본인의 미성년후견감독인을 ◈◈◈(주민등록번호, 주소)로 변경한다.

가정법원이 미성년후견감독인을 선임한 때에는 미성년후견감독인에 대하여 그 후견감독사무에 관하여 필요하다고 인정되는 사항을 지시할 수 있는데(가소규 제65조제3항), 후견감독인변경에 의해 새로운 후견감독인이 선임되는 것과 같은 효과가 발생하므로, 이 규정은 후견감독인변경의 경우에도 적용된다고 보아야 한다.

(3) 심판의 고지 등

심판은 당사자와 절차에 참가한 이해관계인에게 고지하여야 한다(가소규 제25조). 심판의 효력은 심판을 받을 사람이 심판을 고지받아야 발생한다. 다만, 즉시항고를 할 수 있는 심판은 확정되어야 효력이 있다(가소 제40조).

라. 불복

청구를 기각한 심판에 대하여는 청구인 외에도 민법 제940조에 규정한 자(피후견인, 친족, 후견감독인, 검사 또는 지방자치단체의 장)도 즉시항고를 할 수 있으나(가소규 제27조, 제67조제2항), 후견감독인을 변경한 심판에 대하여는 변경대상 미성년후견감독인이 즉시항고를 할 수 있다(가소규 제67조제1항제2호). 즉시항고는 심판을 고지받은 날부터 14일 이내에 하여야 한다.

마. 심판확정 후의 절차

(1) 미성년후견감독인 경질의 신고

선임된 미성년후견감독인은 심판의 확정일부터 1개월 이내에 심판서의 등본 및 확정증명서를 첨부하여 그 내용을 신고하여야 한다(가등 제81조제3항➡제79조제2항➡제58조). 부록 (미성년①후견인 · ②후견감독인 경질신고서) 참조

(2) 가족관계등록부 기록의 촉탁

미성년후견감독인변경의 심판이 확정되거나 효력을 발생한 경우에는 가정법원의 법원사무관 등은 재판장의 명을 받아 지체 없이 사건본인의 등록기준지 관할 가족관계등록사무를 처리하는 사람에게 가족관계등록부에 등록할 것을 촉탁하여야 한다(가소 제9조, 가소규 제5조제1항제3호).

(3) 가족관계등록부의 기록

미성년후견감독인의 변경에 관한 신고나 가정법원의 촉탁이 있는 경우에는 해당 미성년자의 가족관계등록부 일반등록사항란에만 기록한다.

부록 (가족관계등록부 기재례 : 미성년후견에 관한 부분) 참조

[메모]

【서식 3-23】 미성년후견감독인의 동의에 갈음하는 허가 심판청구서

미성년후견감독인의 동의를 갈음하는 허가 청구

청 구 인 □ □ □ (☎)
주민등록번호 :
주소 :
사건본인과의 관계 : 미성년후견인

사건본인 ○ ○ ○
주민등록번호 :
주소 :
등록기준지 :

후견감독인 ◇ ◇ ◇ (☎)
주민등록번호 :
주소 :

청 구 취 지

미성년후견감독인은 청구인이 사건본인을 대리하여 별지 기재 행위를 함에 동의하는 것으로 갈음한다.
라는 재판을 구합니다.

청 구 원 인

1. 사건본인에 대하여 2015.○.○. 귀원 2015느단****호로 미성년후견개시 심판이 있었고, 미성년후견인으로 청구인이, 미성년후견감독인으로 ◇◇◇이 각 선임되었습니다.
2. 사건본인의 학비 및 생활비로 매월 ○○만 원 정도가 소요되는데, 사건본인에게는 별다른 현금재산 및 소득이 없으므로, 사건본인 소유의 부동산 중 일부를 처분할 필요가 있음에도 불구하고 후견감독인 ◇◇◇은 ______________의 이유로 이에 동의하고 있지 않습니다.
3. 하지만, 미성년후견인이 위 돈을 차용하지 못하면 사건본인의 교육을 중단하여야 할 위기에 처하여 있으므로, 부득이 후견감독인 ◇◇◇의 동의에 갈음하는 허가를 구하기 위해 이 사건 청구에 이른 것입니다.

첨 부 서 류

1. 가족관계증명서 및 기본증명서(사건본인) 각 1통
1. 주민등록등본(사건본인) 1통
1. 기타(소명자료) ○통

2015.○.○.

위 청구인 □ □ □ (인)

○○가정법원 귀중

【해 설】

가. 의의

미성년후견인이 미성년자의 (1) 영업에 관한 행위, (2) 금전을 빌리는 행위, (3) 의무만을 부담하는 행위, (4) 부동산 또는 중요한 재산에 관한 권리의 득실변경을 목적으로 하는 행위, (5) 소송행위, (6) 상속의 승인, 한정승인 또는 포기 및 상속재산의 분할에 관한 협의에 동의를 할 때는 미성년후견감독인이 있으면 그의 동의를 받아야 한다(민 제950조제1항).

또한 미성년후견인이 ① 친권자가 정한 교육방법, 양육방법 또는 거소를 변경하는 경우, ② 미성년자를 감화기관이나 교정기관에 위탁하는 경우, ③ 친권자가 허락한 영업을 취소하거나 제한하는 경우에는 미성년후견감독인이 있으면 그의 동의를 받아야 한다(민 제945조 단서).

이처럼 후견감독인의 동의가 필요한 행위에 대하여 후견감독인이 피후견인의 이익이 침해될 우려가 있음에도 동의를 하지 아니하는 경우에는 가정법원은 후견인의 청구에 의하여 후견감독인의 동의를 갈음하는 허가를 할 수 있다(민 제950조제2항).

나. 심판청구

(1) 관할

미성년후견감독인의 동의를 갈음하는 허가 사건은 **라류** 가사비송사건으로서 이에 대한 심리와 재판은 가정법원의 전속관할로 한다[가소 제2조제1항제2호가목21의4)]. 토지관할은 미성년자인 사건본인의 주소지 가정법원이며(가소 제44조제1의2호), 단독판사의 사물관할에 속한다(관할규 제3조).

(2) 청구권자

미성년후견감독인의 동의를 갈음하는 허가 심판은 미성년후견인이 청구한다.

(3) 청구서 기재사항

심판청구서에는 ① 당사자의 등록기준지, 주소, 성명, 생년월일, 대리인이 청구할 때에는 대리인의 주소와 성명, ② 청구취지와 청구원인, ③ 청구 연월일, ④ 가정법원의 표시를 적고 청구인이나 대리인이 기명날인하여야 한다(가소 제36조제3항). 또한 심판이 당사자 이외에 사건본인의 신분관계 기타 권리, 의무에 관계된 것이므로 사건본인의 성명, 생년월일, 등록기준지 및 주소를 기재하여야 한다(가소규 제20조).

(4) 청구비용

심판청구의 수수료로서 사건본인 1인당 5,000원의 수입인지를 붙이고(가수규 제3조제1항), 8회분의 송달료(재판예규 제1522호)를 송달료취급은행에 예납하고 납부서를 심판청구서에 첨부하여야 한다.

(5) 첨부서류

심판청구서에는 사건본인의 기본증명서 및 가족관계증명서 각 1통, 사건본인의 주민등록표등본 1통, 기타 소명자료 등을 첨부하여야 한다.

다. 심리와 심판

가정법원은 심리를 거쳐 필요하다고 판단되면, 동의를 거부하는 미성년후견감독인의 동의를 갈음하는 허가 심판을 한다.

라. 불복

청구를 기각한 심판에 대하여는 청구인이 즉시항고를 할 수 있으나(가소규 제27조), 청구를 인용한 심판에 대하여는 불복할 수 없다. 즉시항고는 심판을 고지받은 날부터 14일 이내에 하여야 한다.

【서식 3-24】 미성년후견감독인의 보수 수여 심판청구서

미성년후견감독인에 대한 보수의 수여 청구

청 구 인 □ □ □ (☎)
주민등록번호 :
주소 :
사건본인과의 관계 : 미성년후견감독인

사건본인 ○ ○ ○
주민등록번호 :
주소 :
등록기준지 :

청 구 취 지

청구인에게 사건본인의 미성년후견감독사무에 대한 보수로 금○○○원을 수여한다.
라는 심판을 구합니다.

청 구 원 인

1. 청구인은 2013.8.1. 귀원 2013느단****호 미성년후견감독인선임 심판에서 사건본인에 대한 미성년후견감독인으로 선임되었습니다.
2. 그 후 사건본인은 2015.○.○. 만 19세로 성년이 되었으므로 미성년후견이 종료되었는바, 청구인이 그동안 미성년후견감독인으로서 수행한 업무 내역은 별지 기재와 같습니다.
3. 따라서 청구인은 미성년후견감독사무의 보수를 지급받고자 이 사건 청구에 이르렀습니다.

첨 부 서 류

1. 가족관계증명서 및 기본증명서(사건본인) 각 1통
1. 주민등록등본(사건본인) 1통
1. 기타(소명자료) ○통

2015.○.○.

위 청구인 □ □ □ (인)

서울가정법원 귀중

【해 설】

가. 의의

미성년후견감독인은 후견감독사무를 수행하는 데에 상당한 시간과 노력을 들여야 하므로, 가정법원은 미성년후견감독인의 청구에 의하여 피후견인의 재산상태 기타 사정을 참작하여 피후견인의 재산 중에서 상당한 보수를 미성년후견감독인에게 수여할 수 있다(민 제940조의7➡제955조).

보수청구의 시기는 원칙적으로 후견감독사무를 완료한 때이지만, 일정한 경우, 즉 1년 단위의 기간으로 보수를 정하거나 후견감독인의 책임 없는 사유로 후견감독사무가 종료된 경우에는 도중에도 청구할 수 있다고 할 것이다.

나. 심판청구

(1) 관할

미성년후견감독인의 보수 수여 사건은 **라류** 가사비송사건으로서 이에 대한 심리와 재판은 가정법원의 전속관할로 한다[가소 제2조제1항제2호가목23)]. 토지관할은 미성년자인 사건본인의 주소지 가정법원(지방법원, 지원)이며(가소 제44조제1의2호), 단독판사의 사물관할에 속한다(관할규 제3조).

(2) 청구권자

보수 수여를 청구할 수 있는 자는 후견감독인이지만, 보수는 후견감독사무가 종료된 후에 청구하는 것이 보통이므로, 실질적으로는 후견감독인이었던 자를 의미한다. 후견감독인의 보수청구권은 상속된다고 할 것이므로, 후견감독인이었던 자가 사망한 경우에는 그 상속인이 이를 청구할 수 있다고 할 것이다.

(3) 청구서 기재사항

심판청구서에는 ① 당사자의 등록기준지, 주소, 성명, 생년월일, 대리인이 청구할 때에는 대리인의 주소와 성명, ② 청구취지와 청구원인, ③ 청구 연월일, ④ 가정법원의 표시를 적고 청구인이나 대리인이 기명날인하여야 한다(가소 제36조제3항). 또한 심판이 당사자 이외에 사건본인의 신분관계 기타 권리, 의무에 관계된 것이므로 사건본인의 성명, 생년월일, 등록기준지 및 주소를 기재하여야 한다(가소규 제20조). 청구취지에는 상당한 보수의 지급을 구한다는 뜻이 나타나도록 하면 되고 금액을 특정하여야 하는 것은 아니며, 이를 특정하더라도 가정법원이 그에 구속되는 것도 아니다. 청구원인에는 보수를 청구하는 이유와 근거를 구체적으로 기재하는 것이 필요하다.

(4) 청구비용

심판청구의 수수료로서 사건본인 1인당 5,000원의 수입인지를 붙이고(가수규 제3조제1항), 8회분의 송달료(재판예규 제1522호)를 송달료취급은행에 예납하고 납부서를 심판청구서에 첨부하여야 한다.

(5) 첨부서류

심판청구서에는 사건본인의 기본증명서 및 가족관계증명서 각 1통, 사건본인의 주민등록표등본 1통, 기타 소명자료 등을 첨부하여야 한다.

다. 심리 및 심판

보수를 수여할 것인지의 여부 및 그 액수를 결정함에는 후견감독인과 피후견인 사이의 혈족관계의 유무, 수행한 후견감독사무의 내용, 피후견인의 재산상태 등을 종합적으로 고려하여야 할 것이다. 심리를 거쳐 필요가 있다고 판단되면, 미성년후견감독인에게 보수를 수여하는 심판을 한다.

심판은 당사자와 절차에 참가한 이해관계인에게 고지하여야 한다(가소규 제25조). 심판의 효력은 심판을 받을 사람이 심판을 고지받아야 발생한다. 다만, 즉시항고를 할 수 있는 심판은 확정되어야 효력이 있다(가소 제40조).

라. 불복

청구를 기각한 심판에 대하여는 청구인이 즉시항고를 할 수 있으나(가소규 제27조), 보수를 수여하는 내용의 심판에 대하여는 불복할 수 없다. 즉시항고는 심판을 고지받은 날부터 14일 이내에 하여야 한다.

Ⅳ. 미성년후견의 종료

【서식 3-25】 미성년후견 종료 및 친권자 지정 심판청구서

미성년후견 종료 및 친권자 지정 심판청구

청 구 인 □ □ □ (☎)
주민등록번호 :
주소 :
사건본인과의 관계 : 아버지

사건본인 ○ ○ ○
주민등록번호 :
주소 :
등록기준지 :

후 견 인 ◇ ◇ ◇ (☎)
주민등록번호 :
주소 :

청 구 취 지

사건본인에 대한 미성년후견을 종료하고, 청구인(주민등록번호, 주소)을 사건본인의 친권자로 지정한다.
라는 심판을 구합니다.

청 구 원 인

1. 청구인은 20○.○.○. ◈◈◈와 혼인하여 그 사이에 사건본인을 두었으나 20○.○.○. 협의이혼을 하였고, 그 당시 사건본인에 대한 친권자로 사건본인의 어머니인 ◈◈◈이 지정되었습니다.
2. 그런데, 위 ◈◈◈이 사건본인을 양육하던 중 2014.○.○. 사망하였고, 2014.○.○. 이 법원 2014느단****호 미성년후견인선임청구 사건의 심판에 의하여 ◇◇◇이 사건본인의 미성년후견인으로 선임되었습니다.
3. 청구인은 이혼 이후 위 ◈◈◈와 연락이 잘 되지 않아서 위 ◈◈◈가 사망한 사실을 알지 못하였고, 그 결과 법정 기간 내에 사건본인에 대한 친권자 지정 청구를 하지 못하였던 것입니다.

4. 하지만 사건본인의 양육환경이나 양육능력 등 제반사정을 감안할 때 사건본인의 아버지인 청구인이 친권자가 되는 것이 사건본인의 복리를 위해서는 보다 절실하다고 생각되므로, 사건본인에 대한 미성년후견을 종료하고 청구인을 친권자로 지정하여 줄 것을 청구합니다.

첨 부 서 류

1. 가족관계증명서, 기본증명서(청구인, 사건본인) 각 1통
1. 주민등록등본(청구인, 사건본인) 각 1통
1. 기타(소명자료) ○통

2015.○.○.

위 청구인 □ □ □ (인)

○○가정법원 귀중

【해설】

가. 의의

이혼 등으로 인한 단독친권자가 사망한 경우에는 청구권자가 청구기간 내에 가정법원에 생존친을 친권자로 지정할 것을 청구할 수 있고(민 제909조의2제1항), 입양취소나 파양 또는 양부모(친양자의 양부모는 제외) 모두 사망한 경우에도 청구권자가 청구기간 내에 가정법원에 친생부모 일방 또는 쌍방을 친권자로 지정할 것을 청구할 수 있다(민 제909조의2제2항). 친권자 지정 청구기간 내에 지정의 청구가 없거나 청구의 기각으로 미성년후견인이 선임된 경우라도 그 후 양육상황이나 양육능력의 변동, 미성년자의 의사, 그 밖의 사정을 고려하여 미성년자의 복리를 위하여 필요하면 생존친(양자는 친생부모) 또는 미성년자의 청구에 의하여 후견을 종료하고 생존친(양자는 친생부모)을 친권자로 지정할 수 있다(민 제909조의2제6항).

이것은 미성년후견인이 선임된 이후라도 양육환경이나 양육능력의 변동 등으로 생존친(양자는 친생부모)이 친권자가 되는 것이 더욱 바람직한 경우가 있을 수 있으므로, 생존친(양자는 친생부모)이 친권자가 될 수 있는 길을 지속적으로 열어두어 미성년자의 복리를 도모하려는 취지이다.

그 밖에도 단독친권자에게 소재불명 등 친권을 행사할 수 없는 중대한 사유가 있어서 미성년후견인이 선임된 후 그 친권자가 다시 친권을 행사할 수 있게 되어 가정법원에서 새로 친권자로 지정하는 경우가 있다(민 제927조의2제2항제3호). 또한 미성년자에게 친권을 행사하는 부모가 유언으로 미성년후견인을 지정한 경우라도 가정법원은 미성년자의 복리를 위하여 필요하면 생존하는 부 또는 모, 미성년자의 청구에 의하여 후견을 종료하고 생존하는 부 또는 모를 친권자로 지정할 수 있다(민 제931조제2항, 가소 제2조제1항제2호가목17)의3).

나. 심판청구

(1) 관할

미성년후견의 종료 및 친권자지정 사건은 **라류** 가사비송사건으로서 이에 대한 심리와 재판은 가정법원의 전속관할로 한다[가소 제2조제1항제2호가목13의3)]. 토지관할은 미성년자인 사건본인의 주소지 가정법원(지방법원, 지원)이며(가소 제44조제1의2호), 단독판사의 사물관할에 속한다(관할규 제3조).

(2) 청구권자

미성년후견의 종료 및 친권자지정 심판의 청구권자는 생존친, 양자의 경우 친생부모 일방 또는 쌍방, 미성년자이다.

(3) 청구서 기재사항

심판청구서에는 ① 당사자의 등록기준지, 주소, 성명, 생년월일, 대리인이 청구할 때에는 대리인의 주소와 성명, ② 청구취지와 청구원인, ③ 청구 연월일, ④ 가정법원의 표시를 적고 청구인이나 대리인이 기명날인하여야 한다(가소 제36조제3항). 또한 심판이 당사자 이외에 사건본인의 신분관계 기타 권리, 의무에 관계된 것이므로 사건본인의 성명, 생년월일, 등록기준지 및 주소를 기재하여야 한다(가소규 제20조).

(4) 청구비용

심판청구의 수수료로서 사건본인 1인당 5,000원의 수입인지를 붙이고(가수규 제3조제1항), 8회분의 송달료(재판예규 제1522호)를 송달료취급은행에 예납하고 납부서를 심판청구서에 첨부하여야 한다.

(5) 첨부서류

심판청구서에는 청구인과 사건본인의 기본증명서 및 가족관계증명서 각 1통, 청구인과 사건본인의 주민등록표등본 1통, 기타 소명자료 등을 첨부하여야 한다.

다. 심리 및 심판

(1) 심리

심리의 대상은 미성년후견인 선임 후 양육상황이나 양육능력의 변동, 미성년자의 의사, 그 밖의 사정을 고려하여 미성년자의 복리를 위하여 필요한지 여부 등이다.

미성년후견의 종료 및 친권자의 지정에 관한 심판을 하는 경우 그 미성년자가 13세 이상인 때에는 그 미성년자의 의견을 들어야 한다. 다만, 미성년자의 의견을 들을 수 없거나 미성년자의 의견을 듣는 것이 오히려 미성년자의 복지를 해할만한 특별한 사정이 있다고 인정되는 때에는 그러하지 아니하다(가소규 第65조의2➡第65조제4항).

(2) 심판

가정법원은 심리를 거쳐 필요하다고 판단되면, 미성년후견을 종료하고 생존친, 친생부모 일방 또는 쌍방을 친권자로 지정하는 심판을 한다.

심판은 당사자와 절차에 참가한 이해관계인에게 고지하여야 한다(가소규 第25조). 심판의 효력은 심판을 받을 사람이 심판을 고지받아야 발생한다. 다만, 즉시항고를 할 수 있는 심판은 확정되어야 효력이 있다(가소 第40조).

라. 불복 등

청구를 기각한 심판에 대하여는 청구인이 즉시항고를 할 수 있으나(가소규 第27조), 청구를 인용한 미성년후견종료 및 친권자 지정 심판에 대하여는 미성년자, 미성년자의 부모와 친족, 미성년후견인이 즉시항고를 할 수 있다(가소규 第67조제1항제5호). 즉시항고는 심판을 고지받은 날부터 14일 이내에 하여야 한다.

마. 심판확정 후의 절차

(1) 미성년후견 종료의 신고

미성년후견 종료의 신고는 미성년후견인이 1개월 이내에 하여야 한다. 다만, 미성년자가 성년이 되어 미성년후견이 종료된 경우에는 그러하지 아니하다(가등 제83조제1항). 미성년후견 종료 신고서에는 미성년자와 미성년후견인의 성명·등록기준지 및 주민등록번호(당사자가 외국인인 때에는 그 성명·국적 및 외국인등록번호), 미성년후견 종료의 원인 및 연월일을 적어야 한다(동조 제2항). 부록 [미성년①후견·②후견감독 종료신고서] 참조

(2) 가족관계등록부 기록의 촉탁

미성년후견 종료 및 친권자지정 심판이 확정된 경우에는 가정법원의 법원사무관 등은 재판장의 명을 받아 지체 없이 사건본인의 등록기준지 관할 가족관계등록사무를 처리하는 사람에게 가족관계등록부에 등록할 것을 촉탁하여야 한다(가소 제9조, 가소규 제5조제1항제2호의2).

(3) 가족관계등록부의 기록

미성년후견 종료에 관한 신고나 가정법원의 촉탁이 있는 경우에는 해당 미성년자의 가족관계등록부 일반등록사항란에만 기록한다(가등 제53조).

부록 [가족관계등록부 기재례 : 미성년후견에 관한 부분] 참조

[메모]

【서식 3-26】 후견종료에 따른 관리계산기간의 연장 허가 심판청구서

후견종료에 따른 관리계산기간의 연장허가 청구

청 구 인　　□ □ □ (☎　　　　　　)
주민등록번호 :
주소 :
사건본인과의 관계 : 미성년후견인

사건본인　　○ ○ ○
주민등록번호 :
주소 :
등록기준지 :

청 구 취 지

청구인이 사건본인의 재산관리계산을 하는 기간을 2015.○.○.까지 연장함을 허가한다.
라는 재판을 구합니다.

청 구 원 인

1. 청구인은 2013.8.1. 귀원 2013느단****호 미성년후견인선임 심판에서 사건본인에 대한 미성년후견인으로 선임되었습니다.
2. 그 후 사건본인은 2015.○.○. 만 19세에 이르러 성년이 됨에 따라 미성년후견이 종료되었지만, 사건본인의 재산이 많고 부동산이 여러 곳에 분산되어 있어서 법정기간 내에 사건본인의 재산에 관한 계산을 완료하기 어려운 상황입니다.
3. 따라서 청구인은 민법 제957조 제1항 단서에 따라 재산에 관한 계산을 해야 하는 법정기간을 연장받고자 이 사건 청구에 이르렀습니다.

첨 부 서 류

1. 가족관계증명서 및 기본증명서(사건본인)　　각 1통
1. 주민등록등본(사건본인)　　1통
1. 기타(소명자료)　　○통

2015.○.○.

위 청구인 □ □ □ (인)

○○가정법원 귀중

【해설】

가. 의의

미성년후견인의 임무가 종료된 때에는 미성년후견인 또는 그 상속인은 1개월 내에 피후견인의 재산에 관한 계산을 하여야 한다. 다만, 정당한 사유가 있는 경우에는 법원의 허가를 받아 그 기간을 연장할 수 있다(민 제957조제1항).

나. 심판청구

(1) 관할

관리계산기간의 연장허가 사건은 **라류** 가사비송사건으로서 이에 대한 심리와 재판은 가정법원의 전속관할로 한다[가소 제2조제1항제2호가목24)]. 토지관할은 미성년자인 사건본인의 주소지 가정법원(지방법원, 지원)이며(가소 제44조제1의2호), 단독판사의 사물관할에 속한다(관할규 제3조).

(2) 청구권자

심판의 청구권자는 관리계산의 의무를 지는 자, 즉 미성년후견인 또는 그 상속인이다. 후견인의 상속인은 상속포기를 하지 않는 한 한정승인만으로는 관리계산의무를 면할 수 없다. 상속인이 2인 이상인 때에는 상속인은 각자가 관리계산의무를 부담하되 1인이 그 의무를 이행하면 다른 상속인의 의무는 소멸된다고 할 것이다.[186]

(3) 청구서 기재사항

심판청구서에는 ① 당사자의 등록기준지, 주소, 성명, 생년월일, 대리인이 청구할 때에는 대리인의 주소와 성명, ② 청구취지와 청구원인, ③ 청구 연월일, ④ 가정법원의 표시를 적고 청구인이나 대리인이 기명날인하여야 한다(가소 제36조제3항). 또한 심판이 당사자 이외에 사건본인의 신분관계 기타 권리, 의무에 관계된 것이므로 사건본인의 성명, 생년월일, 등록기준지 및 주소를 기재하여야 한다(가소규 제20조).

---

186) 가사실무제요(주2), 351면

(4) 청구비용

심판청구의 수수료로서 사건본인 1인당 5,000원의 수입인지를 붙이고(가수규 제3조제1항), 8회분의 송달료(재판예규 제1522호)를 송달료취급은행에 예납하고 납부서를 심판청구서에 첨부하여야 한다.

(5) 첨부서류

심판청구서에는 사건본인의 기본증명서 및 가족관계증명서 각 1통, 사건본인의 주민등록표등본 1통, 기타 소명자료 등을 첨부하여야 한다.

다. 심리 및 심판

관리계산기간의 연장을 허가할 것인지 및 어느 정도의 기간을 연장할 것인지는 가정법원의 재량에 맡겨져 있다. 후견인의 재산목록 작성기간의 연장허가(민 제941조제1항 단서)에 준하여 처리하면 된다.

가정법원은 심리를 거쳐 정당한 사유가 있고 기간연장이 필요하다고 판단되면, 관리계산기간의 연장을 허가하는 심판을 한다.

심판은 당사자와 절차에 참가한 이해관계인에게 고지하여야 한다(가소규 제25조). 심판의 효력은 심판을 받을 사람이 심판을 고지받아야 발생한다. 다만, 즉시항고를 할 수 있는 심판은 확정되어야 효력이 있다(가소 제40조).

라. 불복 등

청구를 기각한 심판에 대하여는 청구인이 즉시항고를 할 수 있으나(가소규 제27조), 청구를 인용하여 기간연장을 허가하는 내용의 심판에 대하여는 불복할 수 없다. 즉시항고는 심판을 고지받은 날부터 14일 이내에 하여야 한다.

[메모]

부 록

- 가족관계등록업무 신고서식
- 가족관계등록부 기록사항 기재례
- 각종 보고서 양식
- 참고문헌

◉ 가족관계등록업무 신고서식

인지(친권자지정)신고서
(년 월 일)

※ 뒷면의 작성방법을 읽고 기재하시되, 선택항목은 해당번호에 "○"으로 표시하여 주시기 바랍니다.

<table>
<tr><td rowspan="6">① 피인지자</td><td rowspan="2">성명</td><td>한글</td><td>(성) / (명)</td><td rowspan="2">본
(한자)</td><td rowspan="2"></td><td>성 별</td><td>1남 2여</td></tr>
<tr><td>한자</td><td>(성) / (명)</td><td>주민등록번호</td><td>-</td></tr>
<tr><td colspan="6"></td><td>출생연월일</td><td></td></tr>
<tr><td colspan="2">등록기준지</td><td colspan="6"></td></tr>
<tr><td colspan="2">주 소</td><td colspan="6"></td></tr>
<tr><td colspan="2" rowspan="1">모의성명 및
등록기준지</td><td>성 명
등록기준지</td><td colspan="2"></td><td>주민등록번호</td><td colspan="2">-</td></tr>
<tr><td rowspan="3">② 인지자</td><td rowspan="2">성명</td><td>한글</td><td>(성) / (명)</td><td rowspan="2">주민등록
번호</td><td colspan="3" rowspan="2">-</td></tr>
<tr><td>한자</td><td>(성) / (명)</td></tr>
<tr><td colspan="2">등록기준지</td><td colspan="6"></td></tr>
<tr><td colspan="3">③인지판결확정일자
( )</td><td colspan="2">년 월 일</td><td>법원명</td><td colspan="2">법원</td></tr>
<tr><td colspan="3">④동의자
(성년후견인)</td><td colspan="2">㊞ 또는 서명</td><td>주민등록
번호</td><td colspan="2">-</td></tr>
<tr><td rowspan="2">⑤
친권자</td><td colspan="2">성명</td><td></td><td>주민등록
번호</td><td>-</td><td>피인지자와의관계</td><td>1부 2모</td></tr>
<tr><td colspan="2">지정
일자</td><td>년 월 일</td><td>지정
원인</td><td colspan="3">1 협의
2 ( )법원의 재판</td></tr>
<tr><td>⑥ 성·본
계속사용</td><td colspan="2">원인
일자</td><td>년 월 일</td><td>원인</td><td colspan="3">1 협의
2 ( )법원의 재판</td></tr>
<tr><td colspan="3">⑦기타사항</td><td colspan="5"></td></tr>
<tr><td rowspan="4">⑧
신고인</td><td colspan="2">성 명</td><td colspan="2">㊞ 또는 서명</td><td>주민등록번호</td><td colspan="2">-</td></tr>
<tr><td colspan="2">자 격</td><td colspan="5">1 부 2 모 3 유언집행자 4 소 제기자 5 소의 상대방
6 기타(자격:)</td></tr>
<tr><td colspan="2">주 소</td><td colspan="5"></td></tr>
<tr><td colspan="2">전 화</td><td colspan="2"></td><td>이메일</td><td colspan="2"></td></tr>
<tr><td colspan="3">⑨제출인</td><td>성 명</td><td></td><td>주민등록번호</td><td colspan="2">-</td></tr>
</table>

※ 타인의 서명 또는 인장을 도용하여 허위의 신고서를 제출하거나, 허위신고를 하여 가족관계등록부에 부실의 사실을 기록하게 하는 경우에는 형법에 의하여 5년 이하의 징역 또는 1천만원 이하의 벌금에 처해집니다.

작 성 방 법

※등록기준지 : 각 란의 해당자가 외국인인 경우에는 그 국적을 기재합니다.
※주민등록번호 : 각 란의 해당자가 외국인인 경우에는 외국인등록번호(국내거소신고번호 또는 출생연월일)를 기재합니다.
①란 : 모의 성명 및 등록기준지란은 부(父)가 인지한 경우에만 기재합니다.
　: 태아를 인지하는 경우: 성명(한글)란에 "임신 ○개월 중의 태아"라고 기재하되, 성명이 있는 경우에는 성명까지 기재합니다.
　: 법 제25조제2항에 따라 주민등록번호란에 주민등록번호를 기재한 때에는 출생연월일의 기재를 생략할 수 있습니다.
③란 : 인지재판의 확정에 따른 인지신고의 경우에만 기재합니다.
　: 조정성립, 조정에 갈음하는 결정, 화해성립이나 화해권고결정에 따른 인지신고의 경우에는 "인지판결확정일자" 아래의( ) 안에 "조정성립", "조정에 갈음하는 결정확정" 또는 "화해성립", "화해권고 결정확정"이라고 기재하고, "년월일"란에 그 성립(확정)일을 기재합니다.
④란 : 인지자가 피성년후견인인 경우 동의자인 성년후견인이 성명, 주민등록번호를 기재하고 서명 또는 날인합니다.
　※ 다만 2018. 6. 30.까지는 인지자가 금치산자인 경우 동의자인 후견인이 성명, 주민등록번호를 기재하고 서명 또는 날인합니다.
⑤란 : 피인지자에 대한 친권자가 정하여진 경우에만 기재합니다.
　: 지정일자 - 협의에 의한 경우→협의일자, 법원의 재판에 의한 경우→재판 확정일자
　: 지정원인 - 법원의 재판에 의한 경우에는 ( )안에 그 재판법원명을 기재합니다.
⑦란 : 아래의 사항 및 가족관계등록부에 기록을 분명하게 하는데 특히 필요한 사항을 기재합니다.
- 피인지자가 성과 본을 창설한 후 부 또는 모를 알게 된 때에는 부 또는 모의 성과 본을 따르는 사유
- 사망한 자녀를 인지하는 경우에는 피인지자의 사망연월일, 그 직계비속의 성명, 출생연월일 및 등록기준지
- 피인지자에게 배우자나 직계비속이 있는 경우에는 그 사람의 성명(한글·한자 병기), 생년월일, 부모성명, 피인지자와의 관계
- 유언인지의 경우 그 취지 및 유언집행자의 취임연월일

⑨란 : 제출자(신고인 여부 불문)의 성명 및 주민등록번호 기재[접수담당공무원은 신분증과 대조]

첨 부 서 류

1. 판결등본 및 확정증명서 1통.
 - 인지판결의 확정에 따른 인지신고의 경우에만 첨부합니다.
 - 화해성립이나 조정성립에 따른 인지신고의 경우에는 그 화해조서(조정조서)등본과 송달증명서를 첨부합니다(조정에 갈음하는 결정 또는 화해권고결정의 경우에는 결정등본 및 확정증명서).

※ 아래 2항은 가족관계등록관서에서 전산으로 그 내용을 확인할 수 있는 경우 첨부를 생략합니다.

2. 피인지자의 출생당시 모(母)의 가족관계등록부의 기본증명서 및 혼인관계증명서, 가족관계증명서 각 1통(피인지자의 모의 가족관계등록부가 없거나, 등록이 되어 있는지가 분명하지 아니한 사람인 경우에는 그 모가 피인지자의 출생당시 유부녀(有夫女)가 아니었음을 공증하는 서면 또는 2명 이상의 인우인보증서).
3. 친권자지정내용을 증명하는 서면 1통(다음 중 그 지정원인에 따라 해당 서면 첨부).
 : 협의에 의한 지정 - 협의서, : 법원의 결정에 의한 지정 - 친권자지정심판서등본 및 확정증명서
4. 유언서등본(또는 유언녹음을 기재한 서면) 1통.
5. 인지자가 피성년후견인인 경우 : 성년후견인의 동의서(다만 동의한 성년후견인이 "동의자"란에 성명과 주민등록번호를 기재하고 서명 또는 날인한 때에는 제외) 및 성년후견인의 자격을 증명하는 서면
 ※ 다만 2018. 6. 30.까지는 인지자가 금치산자인 경우 후견인의 동의서(다만 동의한 후견인이 "동의자"란에 성명과 주민등록번호를 기재하고 서명 또는 날인한 때에는 제외)를 첨부해야 합니다.
6. 인지자가 외국인인 경우
 - 한국 방식에 의한 인지 : 임의인지는 국적 증명 서면(여권 또는 외국인등록증) 원본
 　재판인지는 국적 증명 서면(여권 또는 외국인등록증) 사본
 - 외국 방식에 의한 인지 : 인지증서 등본 1부 및 국적 증명 서면(여권 또는 외국인등록증) 사본 1부
7. 법원이 성·본계속사용을 허가한 경우 - 재판서등본 1부.
 성·본계속사용을 부모가 협의한 경우 - 부모 중 일방이 신고할 경우에는 협의사실을 증명하는 서류 1부.
8. 신분확인[가족관계등록예규 제23호에 의함]
 ① 임의인지의 경우
 - 신고인이 출석한 경우 : 신분증명서
 - 신고인 불출석, 제출인 출석의 경우 : 제출인의 신분증명서 및 신고인의 신분증명서 또는 서명공증 또는 인감증명서(신고인의 신분증명서 없이 신고서에 신고인이 서명한 경우 서명공증, 신고서에 인감 날인한 경우 인감증명)
 - 우편제출의 경우 : 서명공증 또는 인감증명서(신고서에 서명한 경우 서명공증, 인감을 날인한 경우는 인감증명서)
 ② 재판상 인지의 경우
 - 신고인이 출석한 경우 : 신분증명서
 - 제출인이 출석한 경우 : 제출인의 신분증명서
 - 우편으로 제출하는 경우 : 신분증명서 사본
 ※ 신고인이 성년후견인인 경우에는 8항의 ② 서류 외에 성년후견인의 자격을 증명하는 서면도 함께 첨부해야 합니다.
9. 한국인 모와 외국인 부사이의 혼인외 출생자에 대하여 한국법의 방식에 의한 인지신고를 하는 경우에는 다음의 서면을 모두 첨부하여야 합니다.
 - 해당 인지행위의 준거법으로 선택한 법과 인지당사자와의 관련을 증명하는 서면 1통
 예 : 자녀의 가족관계등록부의 기본증명서 및 가족관계증명서 또는 현재 자녀의 상거소지를 증명하는 주민등록등본 등
 - 준거법 소속국의 권한 있는 기관이 발행한 인지의 성립요건구비증명서 1통
 - 부(父)의 국적 등 신분을 증명하는 서면 1통

이혼(친권자 지정)신고서
(년 월 일)

※ 뒷면의 작성방법을 읽고 기재하시되 선택항목은 해당번호에 "○"으로 표시하여 주시기 바랍니다.

구 분			남 편(부)			아 내(처)		
①이혼당사자(신고인)	성명	한글	* (성) / (명)		㉔ 또는 서명	* (성) / (명)		㉔ 또는 서명
		한자	(성) / (명)			(성) / (명)		
	본(한자)			전화		본(한자)	전화	
	*주민등록번호		−			−		
	출생연월일							
	*등록기준지							
	*주 소							
②부모(양부모)	부(양부)성명							
	주민등록번호		−			−		
	모(양모)성명							
	주민등록번호		−			−		
③기 타 사 항								
④재판확정일자( )			년 월 일			법원명		법원

아래 친권자란은 협의이혼 시에는 법원의 협의이혼의사확인 후에 기재합니다.							
⑤친권자지정	미성년인 자의 성명						
	주민등록번호	−			−		
	친권자	1부 2모 3부모	효력발생일	년 월 일	1부 2모 3부모	효력발생일	년 월 일
			원인	1 협의 2 재판		원인	1 협의 2 재판
	미성년인 자의 성명						
	주민등록번호	−			−		
	친권자	1부 2모 3부모	효력발생일	년 월 일	1부 2모 3부모	효력발생일	년 월 일
			원인	1 협의 2 재판		원인	1 협의 2 재판
⑥신고인출석여부		1 남편(夫)			2 아내(婦)		
⑦제출인	성 명		주민등록번호	−			

※ 타인의 서명 또는 인장을 도용하여 허위의 신고서를 제출하거나, 허위신고를 하여 가족관계등록부에 실제와 다른 사실을 기록하게 하는 경우에는 **형법에 의하여 처벌**받을 수 있으며, **★표시 자료는** 인구동향조사 목적으로 통계청에서도 수집하고 있는 자료임을 알려드립니다.

※ 아래 사항은 통계청의 인구동향조사를 위한 것으로, 「통계법」 제32조 및 제33조에 의하여 성실응답의 무가 있으며 개인의 비밀사항이 철저히 보호되므로 사실대로 기입하여 주시기 바랍니다.

인구동향조사

⑧실제결혼(동거)생활 시작일	년 월 일부터	⑨실제이혼연월일	년 월 일부터
⑩19세 미만자녀 수	명	⑪이혼의 종류	1협의이혼 2재판에의한 이혼
⑫ 이혼 사유 (택일)	1배우자 부정 2정신적·육체적 학대 3가족간 불화 4경제문제 5성격차이 6건강문제 7기타		

⑬국 적	남편	1대한민국(출생 시 국적취득) 2대한민국(귀화(수반포함)·인지 국적취득, 이전국적 :] 3외국(국적)	처	1대한민국(출생 시 국적취득) 2대한민국(귀화(수반포함)·인지 국적취득, 이전국적 :] 3외국(국적)
⑭최 종 졸업학교	남편	1무학 2초등학교 3중학교 4고등학교 5대학(교) 6대학원 이상	처	1무학 2초등학교 3중학교 4고등학교 5대학(교) 6대학원 이상
⑮직 업	남편	1 관리자 2 전문가 및 관련종사자 3 사무종사자 4 서비스종사자 5 판매종사자 6 농림어업 숙련 종사자 7 기능원 및 관련 기능 종사자 8 장치·기계 조작 및 조립 종사자 9 단순노무종사자 10 학생 11 가사 12 군인 13 무직	처	1 관리자 2 전문가 및 관련종사자 3 사무종사자 4 서비스종사자 5 판매종사자 6 농림어업 숙련 종사자 7 기능원 및 관련 기능 종사자 8 장치 기계 조작 및 조립 종사자 9 단순노무 종사자 10 학생 11 가사 12 군인 13 무직

작 성 방 법

※등록기준지 : 각 란의 해당자가 외국인인 경우에는 그 국적을 기재합니다.
※주민등록번호 : 각 란의 해당자가 외국인인 경우에는 외국인등록번호(국내거소신고번호 또는 출생연월일)를 기재합니다.
①란 : 협의이혼신고의 경우 반드시 당사자 쌍방이 서명(또는 기명날인) 하여야 하나, 재판상 이혼신고의 경우에는 일방이 서명(또는 기명날인)하여 신고할 수 있습니다.
②란 : 이혼당사자의 부모가 주민등록번호가 없는 경우에는 등록기준지(본적)를 기재합니다. 이혼당사자가 양자인 경우 양부모의 인적사항을 기재하며, 이혼당사자의 부모가 외국인인 경우에는 주민등록번호란에 외국인등록번호(또는 출생년월일) 및 국적을 기재합니다.
③란 : 아래의 사항 및 가족관계등록부에 기록을 분명하게 하는 데 특히 필요한 사항을 기재합니다.
 - 신고사건으로 인하여 신분의 변경이 있게 되는 사람이 있을 경우에 그 사람의 성명, 생년월일, 등록기준지 및 신분변경의 사유
 - 피성년후견인(2018.6.30.까지는 금치산자 포함)이 협의상 이혼을 하는 경우에는 동의자의 성명, 서명(또는 날인) 및 생년월일
④란 : 이혼판결(화해, 조정)의 경우에만 기재하고, 협의이혼의 경우에는 기재하지 않습니다.
 : 조정성립, 조정에 갈음하는 결정, 화해성립이나 화해권고결정에 따른 이혼신고의 경우에는 "재판확정일자"아래의 ( ) 안에 "조정성립", "조정에 갈음하는 결정확정" 또는 "화해성립", "화해권고결정"이라고 기재하고, "연월 일"란에 그 성립(확정)일을 기재합니다.
⑤란 : 협의이혼의사확인 신청시에는 기재하지 아니하며, 법원의 이혼의사확인 후에 정하여진 친권자를 기재합니다. 지정효력발생일은 협의이혼의 경우 이혼신고일, 재판상이혼의 경우에는 재판 확정일을 기재합니다. 원인은 당사자 의 협의에 의해 지정한 때에는 "[1]협의"에, 직권 또는 신청에 의해 법원이 결정한 때에는 "[2]재판"에 "○"으로 표시하고, 그 내용을 증명하는 서면을 첨부하여야 합니다. 자녀가 3명 이상인 경우 별지 기재 후 간인하여 첨부 합니다. 임신 중인 자의 경우에는 출생신고 시 친권자 지정 신고를 합니다.
⑥란 : 출석한 신고인의 해당번호에 ○표시를 합니다.
⑦란 : 제출자(신고인 여부 불문)의 성명 및 주민등록번호 기재[접수담당공무원은 신분증과 대조]
⑧란, ⑨란 : 가족관계등록부상 신고일이나 재판확정일과는 관계없이 실제로 결혼(동거)생활을 시작한 날과 사실상 이혼(별거)생활을 시작한 날을 기재합니다.
⑭란 : 교육부장관이 인정하는 모든 정규교육기관을 기준으로 기재하되 각급 학교의 재학 또는 중퇴자는 졸업한 최종 학교의 해당번호에 ○표시를 합니다. 〈예시〉 대학교 3학년 재학(중퇴) → 고등학교에 ○표시
⑮란 : 이혼할 당시의 주된 직업을 기준으로 기재합니다.

[1] 관리자 : 정부, 기업, 단체 또는 그 내부 부서의 정책과 활동을 기획, 지휘 및 조정(공공 및 기업고위직 등)
[2] 전문가 및 관련종사자 : 전문지식을 활용한 기술적 업무(과학, 의료, 교육, 종교, 법률, 금융, 예술, 스포츠 등)
[3] 사무종사자 : 관리자, 전문가 및 관련 종사자를 보조하여 업무 추진(경영, 보험, 감사, 상담·안내·통계 등)
[4] 서비스종사자 : 공공안전, 신변보호, 의료보조, 이·미용, 혼례 및 장례, 운송, 여가, 조리와 관련된 업무
[5] 판매종사자 : 영업활동을 통해 상품이나 서비스판매(인터넷, 상점, 공공장소 등), 상품의 광고·홍보 등
[6] 농림어업 숙련 종사자 : 작물의 재배·수확, 동물의 번식·사육, 산림의 경작 및 개발, 수생 동·식물 번식 및 양식 등
[7] 기능원 및 관련 기능 종사자 : 광업, 제조업, 건설업에서 손과 수공구를 사용하여 기계 설치 및 정비, 제품 가공
[8] 장치·기계 조작 및 조립 종사자 : 기계를 조작하여 제품 생산조립, 컴퓨터에 의한 기계제어, 운송장비의 운전 등
[9] 단순노무 종사자 : 주로 간단한 수공구의 사용과 단순하고 일상적이며 육체적 노력이 요구되는 업무
[11] 가사 : 전업주부 등 [12] 군인 : 의무복무 중인 장교 및 사병 제외, 직업군인 해당 [13] 무직: 특정한 직업이 없음

첨 부 서 류

1. 협의이혼 : 협의이혼의사확인서 등본 1부
2. 재판이혼 : 판결등본 및 확정증명서 각 1부(조정·화해 성립의 경우는 조서등본 및 송달증명서).
3. 외국법원의 이혼판결에 의한 재판상 이혼
 - 이혼판결의 정본 또는 등본과 판결확정증명서 각 1부.
 - 패소한 피고가 우리나라 국민인 경우에 그 피고가 공시송달에 의하지 아니하고 소송의 개시에 필요한 소환 또는 명령의 송달을 받았거나 또는 이를 받지 아니하고도 응소한 사실을 증명하는 서면 1부(판결에 의하여 이점이 명백하지 아니한 경우에 한한다). - 위 각 서류의 번역문 1부.

※ 아래 4항은 가족관계등록관서에서 전산으로 그 내용을 확인할 수 있는 경우 첨부를 생략합니다.

4. 이혼 당사자 각각의 가족관계등록부의 가족관계증명서, 혼인관계증명서 각 1통.
5. 사건본인이 외국인인 경우
 - 한국 방식에 의한 이혼 : 사건본인 쌍방이 외국인인 경우에는 국적을 증명하는 서면(여권 또는 외국인등록증) 사본 첨부
 - 외국 방식에 의한 이혼 : 이혼증서 등본 1부 및 국적을 증명하는 서면(여권 또는 외국인등록증) 사본 1부
6. 친권자지정과 관련한 소명자료
 - 협의에 의한 경우 친권자지정 협의서등본 1부. - 법원이 결정한 경우 심판서 정본 및 확정 증명서 1부.
7. 신분확인[가족관계등록예규 제23호에 의함]
 ① 재판상 이혼신고(증서등본에 의한 이혼신고 포함)
 - 신고인이 출석한 경우 : 신분증명서 / 제출인이 출석한 경우 : 제출인의 신분증명서 /
 - 우편제출의 경우 : 신고인의 신분증명서 사본
 ※ 신고인이 성년후견인인 경우에는 7항의 ① 서류 외에 성년후견인의 자격을 증명하는 서면도 함께 첨부해야 합니다.
 ② 협의이혼신고
 - 신고인이 출석한 경우 : 신고인 일방의 신분증명서
 - 신고인 불출석, 제출인 출석의 경우 : 제출인의 신분증명서 및 신고인 일방의 신분증명서 또는 서명공증 또는 인감증명서(신고인의 신분증명서 없이 신고서에 신고인이 서명한 경우 서명공증, 신고서에 인감 날인한 경우 인감증명)
 - 우편제출의 경우 : 신고인 일방의 서명공증 또는 인감증명서(신고서에 서명한 경우 서명공증, 인감을 날인한 경우는 인감증명서)

친권자(1지정 2변경)신고서
(년 월 일)

※ 아래의 작성방법을 읽고 기재하시되 선택항목은 해당번호에 "○"으로 표시하여 주시기 바랍니다.

<table>
<tr><td rowspan="9">①미성년 자녀</td><td>성 명</td><td>한글 (성) / (명)</td><td>한자 (성) / (명)</td><td>주민등록번호</td><td>–</td></tr>
<tr><td>등록기준지</td><td colspan="2"></td><td>출생연월일</td><td></td></tr>
<tr><td>주 소</td><td colspan="4"></td></tr>
<tr><td>성 명</td><td>한글 (성) / (명)</td><td>한자 (성) / (명)</td><td>주민등록번호</td><td>–</td></tr>
<tr><td>등록기준지</td><td colspan="2"></td><td>출생연월일</td><td></td></tr>
<tr><td>주 소</td><td colspan="4"></td></tr>
<tr><td>성 명</td><td>한글 (성) / (명)</td><td>한자 (성) / (명)</td><td>주민등록번호</td><td>–</td></tr>
<tr><td>등록기준지</td><td colspan="2"></td><td>출생연월일</td><td></td></tr>
<tr><td>주 소</td><td colspan="4"></td></tr>
<tr><td rowspan="3">② 부</td><td>성 명</td><td>한글 (성) / (명)</td><td>한자 (성) / (명)</td><td>주민등록번호</td><td>–</td></tr>
<tr><td>등록기준지</td><td colspan="4"></td></tr>
<tr><td>주 소</td><td colspan="4"></td></tr>
<tr><td rowspan="3">③ 모</td><td>성 명</td><td>한글 (성) / (명)</td><td>한자 (성) / (명)</td><td>주민등록번호</td><td>–</td></tr>
<tr><td>등록기준지</td><td colspan="4"></td></tr>
<tr><td>주 소</td><td colspan="4"></td></tr>
<tr><td rowspan="8" colspan="2">④친권자</td><td>성 명</td><td>(성) / (명)</td><td>미성년자와의 관계</td><td>1부 2 모 3부모</td></tr>
<tr><td>미성년자 성명</td><td></td><td></td><td></td></tr>
<tr><td>1지정일자</td><td>년 월 일</td><td>1지정원인</td><td>1 협의
2 ( )법원의 결정</td></tr>
<tr><td>2변경일자</td><td>년 월 일</td><td>2변경원인</td><td>( )법원의 결정</td></tr>
<tr><td>성 명</td><td>(성) / (명)</td><td>미성년자와의 관계</td><td>1부 2 모 3부모</td></tr>
<tr><td>미성년자 성명</td><td></td><td></td><td></td></tr>
<tr><td>1지정일자</td><td>년 월 일</td><td>1지정원인</td><td>1 협의
2 ( )법원의 결정</td></tr>
<tr><td>2변경일자</td><td>년 월 일</td><td>2변경원인</td><td>( )법원의 결정</td></tr>
<tr><td colspan="2">⑤기타사항</td><td colspan="4"></td></tr>
<tr><td rowspan="3">⑥임무대행자</td><td>성명</td><td>한글 (성) / (명)</td><td>한자 (성) / (명)</td><td>주민등록번호</td><td>–</td></tr>
<tr><td>등록기준지</td><td colspan="2"></td><td>주소</td><td></td></tr>
<tr><td>선임일자</td><td colspan="2">년 월 일</td><td>선임원인</td><td>( )법원의 결정</td></tr>
<tr><td colspan="6">협의의 친권자 지정 신고 시 신고인 쌍방이 모두 출석하였습니까? 예( ) 아니요( )</td></tr>
<tr><td rowspan="6">⑦ 신고인</td><td>성 명</td><td>㉿ 또는 서명</td><td>주민등록번호</td><td>–</td><td>자격 1부 2모 3임무대행자</td></tr>
<tr><td rowspan="2">주 소</td><td colspan="2" rowspan="2"></td><td>전 화</td><td></td></tr>
<tr><td>이메일</td><td></td></tr>
<tr><td>성 명</td><td>㉿ 또는 서명</td><td>주민등록번호</td><td>–</td><td>자격 1부 2모</td></tr>
<tr><td rowspan="2">주 소</td><td colspan="2" rowspan="2"></td><td>전 화</td><td></td></tr>
<tr><td>이메일</td><td></td></tr>
<tr><td>⑧제출인</td><td>성 명</td><td colspan="2"></td><td>주민등록번호</td><td>–</td></tr>
</table>

※ 타인의 서명 또는 인장을 도용하여 허위의 신고서를 제출하거나, 허위신고를 하여 가족관계등록부에 부실의 사실을 기록하게 하는 경우에는 형법에 의하여 5년 이하의 징역 또는 1천만원 이하의 벌금에 처해집니다.

작 성 방 법	이혼신고 시 친권자지정신고는 이혼신고서의 양식을 이용합니다.

※ 등록기준지 : 각 란의 해당자가 외국인인 경우에는 그 국적을 기재합니다.
※ 주민등록번호 : 각 란의 해당자가 외국인인 경우에는 외국인등록번호(국내거소신고번호 또는 출생연월일)를 기재합니다.
①란 : 2명 이상의 미성년자에 대해 친권자가 동일하게 지정(변경)된 경우에는 순서대로 기재합니다.
: 법 제25조제2항에 따라 주민등록번호란에 주민등록번호를 기재한 때에는 출생연월일의 기재를 생략할 수 있습니다.
④란 : 새롭게 친권자로 지정·변경된 자를 의미하며, 지정일자는 협의의 경우에는 협의성립일, 재판의 경우에는 결정 확정된 일자를 기재합니다. 친권자변경에 관한 사항은 재판에 의한 경우에만 기재합니다.
⑤란 : 친권자변경신고의 경우에 종전의 친권자를 기재합니다.
⑥란 : 재판에 의하여 친권자의 임무대행자로 선임된 자를 기재합니다.
⑧란 : 제출자(신고인 여부 불문)의 성명 및 주민등록번호 기재[접수담당공무원은 신분증과 대조]

첨 부 서 류

1. 법원이 친권자를 지정·변경한 경우
  - 재판서등본 및 확정증명서 각 1부.
  - 조정·화해 성립 : 조정(화해)조서등본 및 송달증명서 각 1부.
2. 법원이 친권자의 임무대행자를 선임한 경우
  - 재판서등본 1부
3. 부모의 협의에 의하여 친권자를 지정한 경우
  - 부모 중 한쪽이 신고할 경우: 협의사실을 증명하는 서류 1부.
  - 부모가 함께 신고할 경우: 협의사실 증명하는 서류를 첨부할 필요가 없음.

※ 아래 4항은 가족관계등록관서에서 전산으로 그 내용을 확인할 수 있는 경우 첨부를 생략합니다.

4. 당사자의 가족관계등록부의 기본증명서, 가족관계증명서 각 1통.
5. 신분확인[가족관계등록예규 제23호에 의함]
  ① 재판에 의한 친권자 지정·변경, 임무대행자 선임
    - 신고인이 출석한 경우 : 신분증명서
    - 제출인이 출석한 경우 : 제출인의 신분증명서
    - 우편제출의 경우 : 신고인의 신분증명서 사본
    ※ 신고인이 성년후견인인 경우에는 5항의 ① 서류 외에 성년후견인의 자격을 증명하는 서면도 함께 첨부해야 합니다.
  ② 협의에 의한 친권자 지정신고
    - 신고인이 출석한 경우 : 신고인 모두의 신분증명서
    - 신고인 불출석, 제출인 출석의 경우 : 제출인의 신분증명서 및 신고인 모두의 신분증명서 또는 서명공증 또는 인감증명서(신고인의 신분증명서 없이 신고서에 신고인이 서명한 경우 서명공증, 신고서에 인감 날인한 경우 인감증명)
    - 우편제출의 경우 : 신고인 모두의 서명공증 또는 인감증명서(신고서에 서명한 경우 서명공증, 인감을 날인한 경우는 인감증명서)

입 양 신 고 서
(년 월 일)

※ 뒷면의 작성방법을 읽고 기재하시되, 선택항목은 해당번호에 "○"으로 표시하여 주시기 바랍니다.

<table>
<tr><td colspan="2">구분</td><td colspan="4">양 부</td><td colspan="4">양 모</td></tr>
<tr><td rowspan="5">①
양
친</td><td rowspan="3">성명</td><td>한글</td><td>(성) / (명)</td><td>본(한자)</td><td></td><td>한글</td><td>(성) / (명)</td><td>본(한자)</td><td></td></tr>
<tr><td>한자</td><td>(성) / (명)</td><td>출생연월일</td><td></td><td>한자</td><td>(성) / (명)</td><td>출생연월일</td><td></td></tr>
<tr><td colspan="2">주민등록번호</td><td colspan="2">–</td><td colspan="2">주민등록번호</td><td colspan="2">–</td></tr>
<tr><td>등록
기준지</td><td colspan="4"></td><td colspan="4"></td></tr>
<tr><td>주소</td><td colspan="4"></td><td colspan="4"></td></tr>
</table>

<table>
<tr><td rowspan="4">②
양
자</td><td rowspan="2">성명</td><td>한글</td><td>(성) / (명)</td><td>본(한자)</td><td></td><td>주민등록번호</td><td>–</td></tr>
<tr><td>한자</td><td>(성) / (명)</td><td>성 별</td><td>1남 2여</td><td>출생연월일</td><td></td></tr>
<tr><td>등록기준지</td><td colspan="6"></td></tr>
<tr><td>주 소</td><td colspan="6"></td></tr>
</table>

<table>
<tr><td rowspan="4">③양자의
친생부모</td><td rowspan="2">부</td><td rowspan="2">성명</td><td rowspan="2"></td><td>등록기준지</td><td></td></tr>
<tr><td>주민등록번호</td><td>–</td></tr>
<tr><td rowspan="2">모</td><td rowspan="2">성명</td><td rowspan="2"></td><td>등록기준지</td><td></td></tr>
<tr><td>주민등록번호</td><td>–</td></tr>
<tr><td colspan="2">④기타사항</td><td colspan="4"></td></tr>
<tr><td colspan="2">⑤입양허가법원</td><td colspan="2"></td><td>허가일자</td><td>년 월 일</td></tr>
</table>

<table>
<tr><td rowspan="5">⑥
동
의
자</td><td>부</td><td>성명</td><td colspan="4">㊞ 또는 서명</td></tr>
<tr><td>모</td><td>성명</td><td colspan="4">㊞ 또는 서명</td></tr>
<tr><td colspan="2">부모 동의를 갈음하는 심판 법원</td><td colspan="2"></td><td>심판일자</td><td>년 월 일</td></tr>
<tr><td colspan="2">부모의 동의를 받을 수 없는 사유</td><td colspan="4"></td></tr>
<tr><td colspan="2">양자의 배우자</td><td colspan="2">㊞ 또는 서명</td><td>주민등록번호</td><td>–</td></tr>
</table>

<table>
<tr><td rowspan="12">⑦
신
고
인</td><td rowspan="2">양부</td><td colspan="3" rowspan="2">㊞ 또는 서명</td><td>전 화</td><td></td></tr>
<tr><td>이메일</td><td></td></tr>
<tr><td rowspan="2">양모</td><td colspan="3" rowspan="2">㊞ 또는 서명</td><td>전 화</td><td></td></tr>
<tr><td>이메일</td><td></td></tr>
<tr><td rowspan="2">양자</td><td colspan="3" rowspan="2">㊞ 또는 서명</td><td>전 화</td><td></td></tr>
<tr><td>이메일</td><td></td></tr>
<tr><td rowspan="6">법 정
대리인</td><td rowspan="4">1
부모</td><td rowspan="2">부</td><td rowspan="2">㊞ 또는 서명</td><td>전 화</td><td></td></tr>
<tr><td>이메일</td><td></td></tr>
<tr><td rowspan="2">모</td><td rowspan="2">㊞ 또는 서명</td><td>전 화</td><td></td></tr>
<tr><td>이메일</td><td></td></tr>
<tr><td colspan="2" rowspan="2">2후견인</td><td rowspan="2">㊞ 또는 서명</td><td>전 화</td><td></td></tr>
<tr><td>이메일</td><td></td></tr>
<tr><td colspan="2">⑧제출인</td><td colspan="2">성 명</td><td></td><td>주민등록번호</td><td>–</td></tr>
</table>

※ 타인의 서명 또는 인장을 도용하여 허위의 신고서를 제출하거나, 허위신고를 하여 가족관계등록부에 부실의 사실을 기록하게 하는 경우에는 형법에 의하여 5년 이하의 징역 또는 1천만원 이하의 벌금에 처해집니다.

작 성 방 법

※ 등록기준지 : 각 란의 해당자가 외국인인 경우에는 그 국적을 기재합니다.
※ 주민등록번호 : 각 란의 해당자가 외국인인 경우에는 외국인등록번호(국내거소신고번호 또는 출생연월일)를 기재합니다.
①란 및 ②란 : 법 제25조제2항에 따라 주민등록번호란에 주민등록번호를 기재한 때에는 출생연월일의 기재를 생략할 수 있습니다.
④란 : 아래의 사항 및 가족관계등록부에 기록을 분명하게 하는데 특히 필요한 사항을 기재합니다.
- 양자가 될 자가 13세 미만인 경우 법정대리인이 그를 갈음하여 입양을 승낙하고 이를 신고하는 때에는 그 사유
- 민법 제869조제3항에 따라 가정법원이 법정대리인의 승낙없이 입양을 허가한 경우에는 그 사유

⑤란 : 양자가 될 사람이 미성년자이거나, 피성년후견인이 입양을 하거나 양자가 되는 경우에는 가정법원의 허가를 받아야 하고, 이 경우 입양허가법원 및 허가일자를 기재합니다.
⑥란 : 동의자란의 기재요령은 다음과 같습니다.
- 가정법원의 입양허가를 받은 경우 동의자란은 기재하지 않습니다.
- 양자가 될 사람이 성년인 경우에는 부모의 동의를 받아야 하고, 부모가 정당한 이유없이 동의를 거부하는 경우에는 그에 갈음하는 가정법원의 심판을 받아야 합니다. 다만 부모의 소재를 알 수 없는 등의 사유로 동의를 받을 수 없는 경우에는 그 사유를 기재합니다.
- 배우자 있는 자가 양자가 될 때에는 다른 한쪽의 동의를 받아야 합니다.

⑦란 : 양자란에는 양자가 될 자가 기명날인(또는 서명)하며, 다만 양자가 될 자가 13세 미만인 때에는 양자란에는 기재하지 않고 법정대리인이 법정대리인란의 해당 항목번호에 "○" 으로 표시한 후 기명날인(또는 서명)합니다. 그러나 민법 제869조제3항에 따라 가정법원이 법정대리인의 승낙없이 입양을 허가한 경우에는 법정대리인란을 기재하지 않습니다.
⑧란 : 제출자(신고인 여부 불문)의 성명 및 주민등록번호 기재[접수담당공무원은 신분증과 대조]

첨 부 서 류

※ 아래 1항은 가족관계등록관서에서 전산으로 그 내용을 확인할 수 있는 경우에는 등록사항별 증명서의 첨부를 생략합니다.

1. 입양당사자의 가족관계등록부의 기본증명서, 가족관계증명서 및 입양관계증명서 각 1통.
2. 입양에 대한 가정법원의 허가서 등본 및 확정증명서 각 1부(양자가 될 사람이 미성년자이거나, 피성년후견인이 입양을 하거나 양자가 되는 경우).
3. 입양동의서 1부(입양에 대하여 부모 또는 배우자의 동의가 필요한 경우, 다만 동의한 사람이 입양신고서의 "동의자"란에 성명과 주민등록번호를 기재하고 서명 또는 날인한 때에는 제외).
4. 양자가 될 자가 성년자로서 부모의 동의서를 첨부하지 아니한 경우
   - 부모의 동의에 갈음하는 가정법원의 심판서 또는 부모의 소재를 알 수 없는 등의 사유로 동의를 받을 수 없음을 소명하는 자료(예시 : 주민등록 말소· 거주불명 등본)
5. 사건본인이 외국인인 경우
   - 한국 방식에 의한 입양 : 국적을 증명하는 서면(여권 또는 외국인등록증) 원본
   - 외국 방식에 의한 입양 : 입양증서 등본 1부 및 국적을 증명하는 서면(여권 또는 외국인등록증) 사본 1부
6. 양자가 될 자가 외국인인 경우, 그 자녀의 본국법이 해당 신분행위의 성립에 자녀 또는 제3자의 승낙이나 동의 등을 요건으로 하는 경우에는 그 요건을 갖추었음을 증명하는 서면.
7. 신분확인[가족관계등록예규 제23호에 의함]
   ① 일반적인 입양신고
   - 신고인이 출석한 경우 : 신고인 모두의 신분증명서
   - 신고인 불출석, 제출인 출석의 경우 : 제출인의 신분증명서 및 신고인 모두의 신분증명서 또는 서명공증 또는 인감증명서(신고인의 신분증명서 없이 신고서에 신고인이 서명한 경우 서명공증, 신고서에 인감 날인한 경우는 인감증명)
   - 우편제출의 경우 : 신고인 모두의 서명공증 또는 인감증명서(신고서에 서명한 경우 서명공증, 인감을 날인한 경우는 인감증명서)

   ② 보고적인 입양신고(증서등본에 의한 입양 포함)
   - 신고인이 출석한 경우 : 신분증명서
   - 제출인이 출석한 경우 : 제출인의 신분증명서
   - 우편제출의 경우 : 신고인의 신분증명서 사본

   ※ 신고인이 성년후견인인 경우에는 7항의 ② 서류 외에 성년후견인의 자격을 증명하는 서면도 함께 첨부해야 합니다.

※ 양자가 13세 미만인 입양에 있어서 법정대리인의 출석 또는 신분증명서의 제시가 있거나 인감증명서의 첨부가 있으면 신고인의 신분증명서 제시 또는 인감증명서의 첨부가 있는 것으로 볼 수 있습니다.

친양자입양신고서
(년 월 일)

※ 아래의 작성방법을 읽고 기재하시되, 선택항목은 해당번호에 "○"으로 표시하여 주시기 바랍니다.

<table>
<tr><td colspan="2">구 분</td><td colspan="4">양 부</td><td colspan="4">양 모</td></tr>
<tr><td rowspan="5">①
양
친</td><td rowspan="2">성명</td><td>한글(성) / (명)</td><td>본(한자)</td><td colspan="2"></td><td>한글(성) / (명)</td><td>본(한자)</td><td colspan="2"></td></tr>
<tr><td>한자(성) / (명)</td><td>출생연월일</td><td colspan="2"></td><td>한자(성) / (명)</td><td>출생연월일</td><td colspan="2"></td></tr>
<tr><td></td><td>주민등록번호</td><td colspan="3">-</td><td>주민등록번호</td><td colspan="3">-</td></tr>
<tr><td>등 록
기준지</td><td colspan="4"></td><td colspan="4"></td></tr>
<tr><td>주소</td><td colspan="4"></td><td colspan="4"></td></tr>
<tr><td rowspan="6">②
친
양
자</td><td rowspan="2">성명</td><td>한글(성) / (명)</td><td>본(한자)</td><td></td><td>주민등록번호</td><td colspan="3">-</td></tr>
<tr><td>한자(성) / (명)</td><td>성 별</td><td>1남 2여</td><td>출생연월일</td><td colspan="3"></td></tr>
<tr><td>등록기준지</td><td colspan="7"></td></tr>
<tr><td>주 소</td><td colspan="7"></td></tr>
<tr><td>종전의성(姓)</td><td>한글</td><td>한자</td><td></td><td>종전의본(本)</td><td>한글</td><td>한자</td><td></td></tr>
<tr><td>변경된성(姓)</td><td>한글</td><td>한자</td><td></td><td>변경된본(本)</td><td>한글</td><td>한자</td><td></td></tr>
<tr><td rowspan="4" colspan="2">③친양자의
친생부모</td><td rowspan="2">부 성명</td><td rowspan="2"></td><td>등록기준지</td><td colspan="5"></td></tr>
<tr><td>주민등록번호</td><td colspan="5">-</td></tr>
<tr><td rowspan="2">모 성명</td><td rowspan="2"></td><td>등록기준지</td><td colspan="5"></td></tr>
<tr><td>주민등록번호</td><td colspan="5">-</td></tr>
<tr><td colspan="2">④기타사항</td><td colspan="8"></td></tr>
<tr><td colspan="2">⑤재판확정일자</td><td colspan="4">년 월 일</td><td>법원명</td><td colspan="3"></td></tr>
<tr><td rowspan="4" colspan="2">⑥신고인</td><td>성 명</td><td colspan="3">㊞ 또는 서명</td><td>주민등록번호</td><td colspan="3">-</td></tr>
<tr><td>자 격</td><td colspan="7">1소 제기자 2소의 상대방 3기타(자격 :)</td></tr>
<tr><td>주 소</td><td colspan="7"></td></tr>
<tr><td>전 화</td><td colspan="3"></td><td>이메일</td><td colspan="3"></td></tr>
<tr><td colspan="2">⑦제출인</td><td>성 명</td><td colspan="3"></td><td>주민등록번호</td><td colspan="3">-</td></tr>
</table>

작 성 방 법

※ 이 신고서는 「민법」 제908조의2에 따른 친양자입양의 재판 또는 「입양특례법」 제15조에 따른 입양의 재판이 확정되어 친양자 입양신고를 하는 경우에 작성하여야 합니다.

※등록기준지 : 각 란의 해당자가 외국인인 경우에는 그 국적을 기재합니다.

※주민등록번호 : 각 란의 해당자가 외국인인 경우에는 외국인등록번호(국내거소신고번호 또는 출생연월일)를 기재합니다.

①란 및 ②란 : 법 제25조제2항에 따라 주민등록번호란에 주민등록번호를 기재한 때에는 출생연월일의 기재를 생략할 수 있습니다.

④란 : 가족관계등록부에 기록을 분명하게 하는데 특히 필요한 사항을 기재하며 혼인신고시 자녀가 모의 성·본을 따르기로 협의하였는지 여부도 기재합니다.

⑥란 : 친양자입양의 재판이 확정된 경우에는 소 제기자 또는 소의 상대방 단독으로 신고할 수 있습니다. 이 경우에는 해당 항목번호에 "○"으로 표시한 후 기명날인(또는 서명)합니다.

⑦란 : 제출자(신고인 여부 불문)의 성명 및 주민등록번호 기재[접수담당공무원은 신분증과 대조]

첨 부 서 류

※ 아래 1항은 가족관계등록관서에서 전산으로 그 내용을 확인할 수 있는 경우 첨부를 생략합니다.

1. 친양자입양당사자의 가족관계등록부의 기본증명서, 가족관계증명서 각 1통.
2. 친양자입양 재판의 등본 및 확정증명서 각 1부.
3. 사건본인이 외국인인 경우 : 국적을 증명하는 서면(여권 또는 외국인등록증) 사본
4. 신분확인[가족관계등록예규 제23호에 의함]
 - 신고인이 출석한 경우 : 신분증명서
 - 제출인이 출석한 경우 : 제출인의 신분증명서
 - 우편제출의 경우 : 신고인의 신분증명서 사본

※ 신고인이 성년후견인인 경우에는 4항의 서류 외에 성년후견인의 자격을 증명하는 서면도 함께 첨부해야 합니다.

※ 타인의 서명 또는 인장을 도용하여 허위의 신고서를 제출하거나, 허위신고를 하여 가족관계등록부에 부실의 사실을 기록하게 하는 경우에는 형법에 의하여 5년 이하의 징역 또는 1천만원 이하의 벌금에 처해집니다.

1친권상실 2법률행위대리권·재산관리권(가상실 나사퇴)신고서

※ 아래의 작성방법을 읽고 기재하시되 선택항목은 해당번호에 "○"으로 표시하여 주시기 바랍니다.

①미성년자	성 명	한글	(성) / (명)	한자	(성) / (명)	주민등록번호	−
	등록기준지					출생연월일	
	주 소						
	성 명	한글	(성) / (명)	한자	(성) / (명)	주민등록번호	−
	등록기준지					출생연월일	
	주 소						
	성 명	한글	(성) / (명)	한자	(성) / (명)	주민등록번호	−
	등록기준지					출생연월일	
	주 소						
	성 명	한글	(성) / (명)	한자	(성) / (명)	주민등록번호	−
	등록기준지					출생연월일	
	주 소						
②권리상실자(사퇴자)	성 명	한글	(성) / (명)	한자	(성) / (명)	주민등록번호	−
	등록기준지					출생연월일	
	주 소						
③재판확정일자	년 월 일					법원명	
④기 타 사 항							
⑤신고인	성 명	㉿ 또는 서명				주민등록번호	−
	자 격	1소 제기자 2법정대리인 3기타(자격:)					
	주 소			전화		이메일	
⑥제출인	성 명			주민등록번호	−		

작 성 방 법

※ 등록기준지 : 각 란의 해당자가 외국인인 경우에는 그 국적을 기재합니다.
※ 주민등록번호 : 각 란의 해당자가 외국인인 경우에는 외국인등록번호(국내거소신고번호 또는 출생연월일)를 기재합니다.
①란 : 2명 이상의 미성년자에 대해 미성년후견·후견감독이 있는 경우에는 순서대로 적으시면 됩니다.
: 법 제25조제2항에 따라 주민등록번호란에 주민등록번호를 기재한 때에는 출생연월일의 기재를 생략할 수 있습니다.
④란 : 가족관계등록부에 기록을 분명하게 하는데 특히 필요한 사항을 기재합니다.
⑦란 : 제출자(신고인 여부 불문)의 성명 및 주민등록번호 기재[접수담당공무원은 신분증과 대조]

첨 부 서 류

1. 상실회복을 원인으로 할 경우에는 재판서등본 및 확정증명서 각 1부.
2. 사퇴회복을 원인으로 할 경우에는 허가심판등본 1부.

※ 아래 3항은 가족관계등록관서에서 전산으로 그 내용을 확인할 수 있는 경우 첨부를 생략합니다.

3. 당사자의 가족관계등록부의 기본증명서, 가족관계증명서 각 1통.
4. 신분확인[가족관계등록예규 제23호에 의함]
 - 신고인이 출석한 경우 : 신분증명서
 - 제출인이 출석한 경우 : 제출인의 신분증명서
 - 우편제출의 경우 : 신고인의 신분증명서 사본

※ 신고인이 성년후견인인 경우에는 4항의 서류 외에 성년후견인의 자격을 증명하는 서면도 함께 첨부해야 합니다.

※ 타인의 서명 또는 인장을 도용하여 허위의 신고서를 제출하거나, 허위신고를 하여 가족관계등록부에 부실의 사실을 기록하게 하는 경우에는 형법에 의하여 5년 이하의 징역 또는 1천만원 이하의 벌금에 처해집니다.

①친권상실회복 ②법률행위대리권·재산관리권(㉮상실 ㉯사퇴)회복신고서

※ 아래의 작성방법을 읽고 기재하시되 선택항목은 해당번호에 "○"으로 표시하여 주시기 바랍니다.

① 미성년자	성 명	한글	(성) / (명)	한자	(성) / (명)	주민등록번호	−
	등록기준지					출생연월일	
	주 소						
	성 명	한글	(성) / (명)	한자	(성) / (명)	주민등록번호	−
	등록기준지					출생연월일	
	주 소						
	성 명	한글	(성) / (명)	한자	(성) / (명)	주민등록번호	−
	등록기준지					출생연월일	
	주 소						
	성 명	한글	(성) / (명)	한자	(성) / (명)	주민등록번호	−
	등록기준지					출생연월일	
	주 소						
② 권리회복자	성 명	한글	(성) / (명)	한자	(성) / (명)	주민등록번호	−
	등록기준지					출생연월일	
	주 소						
③재판확정일자		년 월 일				법원명	
④기 타 사 항							
⑤ 신고인	성 명				㊞ 또는 서명	주민등록번호	−
	자 격	①소 제기자 ②친권자 ③기타(자격:)					
	주 소		전화			이메일	
⑥제출인	성 명					주민등록번호	−

작 성 방 법

※ 등록기준지 : 각 란의 해당자가 외국인인 경우에는 그 국적을 기재합니다.
※ 주민등록번호 : 각 란의 해당자가 외국인인 경우에는 외국인등록번호(국내거소신고번호 또는 출생연월일)를 기재합니다.
①란 : 2명 이상의 미성년자에 대해 미성년후견·후견감독이 있는 경우에는 순서대로 적으시면 됩니다.
 : 법 제25조제2항에 따라 주민등록번호란에 주민등록번호를 기재한 때에는 출생연월일의 기재를 생략할 수 있습니다.
④란 : 가족관계등록부에 기록을 분명하게 하는데 특히 필요한 사항을 기재합니다.
⑦란 : 제출자(신고인 여부 불문)의 성명 및 주민등록번호 기재[접수담당공무원은 신분증과 대조]

첨 부 서 류

1. 상실회복을 원인으로 할 경우에는 재판서등본 및 확정증명서 각 1부.
2. 사퇴회복을 원인으로 할 경우에는 허가심판등본 1부.

※ 아래 3항은 가족관계등록관서에서 전산으로 그 내용을 확인할 수 있는 경우 첨부를 생략합니다.

3. 당사자의 가족관계등록부의 기본증명서, 가족관계증명서 각 1통.
4. 신분확인[가족관계등록예규 제23호에 의함]
 - 신고인이 출석한 경우 : 신분증명서
 - 제출인이 출석한 경우 : 제출인의 신분증명서
 - 우편제출의 경우 : 신고인의 신분증명서 사본

※ 신고인이 성년후견인인 경우에는 4항의 서류 외에 성년후견인의 자격을 증명하는 서면도 함께 첨부해야 합니다.

※ 타인의 서명 또는 인장을 도용하여 허위의 신고서를 제출하거나, 허위신고를 하여 가족관계등록부에 부실의 사실을 기록하게 하는 경우에는 형법에 의하여 5년 이하의 징역 또는 1천만원 이하의 벌금에 처해집니다.

미성년①후견 · ②후견감독 개 시 신 고 서
(년 월 일)

※ 아래의 작성방법을 읽고 기재하시되 선택항목은 해당번호에 "○"으로 표시하여 주시기 바랍니다.

① 미성년자	성 명	한글	(성) / (명)	한자	(성) / (명)	주민등록번호	–
	등록기준지					출생연월일	
	주 소						
	성 명	한글	(성) / (명)	한자	(성) / (명)	주민등록번호	–
	등록기준지					출생연월일	
	주 소						
	성 명	한글	(성) / (명)	한자	(성) / (명)	주민등록번호	–
	등록기준지					출생연월일	
	주 소						
② 신고인	성 명	한글	(성) / (명)	㊞ 또는서명		주민등록번호	–
		한자	(성) / (명)			출생연월일	
	자 격	①후견인 ②후견감독인 ③후견인임무대행자					
	등록기준지					전 화	
	주 소					이메일	

③개시일자 및 원인	년 월 일		
④취임일자 및 원인	년 월 일	①지정 ②선정	
⑤심 판 일 자	년 월 일	법원명	
⑥기 타 사 항			
⑦제출인 성 명		주민등록번호	–

작 성 방 법

※등록기준지 : 각 란의 해당자가 외국인인 경우에는 그 국적을 기재합니다.
※주민등록번호 : 각 란의 해당자가 외국인인 경우에는 외국인등록번호(국내거소신고번호 또는 출생연월일)를 기재합니다.
①란 : 2명 이상의 미성년자에 대해 미성년후견·후견감독이 있는 경우에는 순서대로 적으시면 됩니다.
: 법 제25조제2항에 따라 주민등록번호란에 주민등록번호를 기재한 때에는 출생연월일의 기재를 생략할 수 있습니다.
③란 : 개시일자 및 원인은 2013. 7. 17. 친권자의 사망(상실), 2013. 7. 17. 친권자행방불명 등으로 기재합니다.
④란 : 지정후견인·후견감독인의 취임연월일은 후견개시원인이 발생한 날(친권자의 사망, 상실 등)을 기재합니다.
: 선정후견인·후견감독인, 후견인임무대행자의 취임연월일은 선임심판일을 기재합니다.
⑤란 : 심판일자란은 선정후견인·후견감독인, 후견인임무대행자의 경우에만 기재합니다.
⑥란 : 가족관계등록부에 기록을 분명하게 하는데 특히 필요한 사항을 기재합니다.
⑦란 : 제출자(신고인 여부 불문)의 성명 및 주민등록번호 기재[접수담당공무원은 신분증과 대조]

첨 부 서 류

1. 유언서 그 등본 또는 유언녹음을 기재한 서면 1부(유언에 의하여 후견인·후견감독인을 지정한 경우)
2. 재판서 등본 및 확정증명서 각 1부(법원이 재판에 의하여 미성년후견인을 선임한 경우)
   재판서 등본 1부(법원이 재판에 의하여 미성년후견감독인, 미성년후견인 임무대행자를 선임한 경우)

※ 아래 3항은 가족관계등록관서에서 전산으로 그 내용을 확인할 수 있는 경우 첨부를 생략합니다.

3. 당사자의 가족관계등록부의 기본증명서, 가족관계증명서 각 1통.
4. 신분확인[가족관계등록예규 제23호에 의함]
 - 신고인이 출석한 경우 : 신분증명서
 - 제출인이 출석한 경우 : 제출인의 신분증명서
 - 우편제출의 경우 : 신고인의 신분증명서 사본

※ 타인의 서명 또는 인장을 도용하여 허위의 신고서를 제출하거나, 허위신고를 하여 가족관계등록부에 부실의 사실을 기록하게 하는 경우에는 형법에 의하여 5년 이하의 징역 또는 1천만원 이하의 벌금에 처해집니다.

미성년[1]후견인 · [2]후견감독인 경 질 신 고 서

(년 월 일)

※ 아래의 작성방법을 읽고 기재하시되 선택항목은 해당번호에 "○"으로 표시하여 주시기 바랍니다.

<table>
<tr><td rowspan="9">①
미
성
년
자</td><td>성 명</td><td>한글 (성) / (명)</td><td>한자 (성) / (명)</td><td>주민등록번호</td><td>–</td></tr>
<tr><td>등록기준지</td><td colspan="2"></td><td>출생연월일</td><td></td></tr>
<tr><td>주 소</td><td colspan="4"></td></tr>
<tr><td>성 명</td><td>한글 (성) / (명)</td><td>한자 (성) / (명)</td><td>주민등록번호</td><td>–</td></tr>
<tr><td>등록기준지</td><td colspan="2"></td><td>출생연월일</td><td></td></tr>
<tr><td>주 소</td><td colspan="4"></td></tr>
<tr><td>성 명</td><td>한글 (성) / (명)</td><td>한자 (성) / (명)</td><td>주민등록번호</td><td>–</td></tr>
<tr><td>등록기준지</td><td colspan="2"></td><td>출생연월일</td><td></td></tr>
<tr><td>주 소</td><td colspan="4"></td></tr>
<tr><td colspan="2">② 전임후견인 · 후견감독인 성명</td><td colspan="4"></td></tr>
<tr><td rowspan="6">③
신
고
인</td><td rowspan="2">성 명</td><td>한글 (성) / (명)</td><td rowspan="2">㊞ 또는서명</td><td>주민등록번호</td><td>–</td></tr>
<tr><td>한자 (성) / (명)</td><td>출생연월일</td><td></td></tr>
<tr><td>자 격</td><td colspan="4">[1]후임후견인 [2]후임후견감독인</td></tr>
<tr><td>등록기준지</td><td colspan="2"></td><td>전 화</td><td></td></tr>
<tr><td>주 소</td><td colspan="2"></td><td>이메일</td><td></td></tr>
<tr><td colspan="3">④경질일자 및 원인</td><td colspan="3">년 월 일</td></tr>
<tr><td colspan="3">⑤취임일자 및 원인</td><td colspan="3">년 월 일</td></tr>
<tr><td colspan="3">⑥재 판 확 정 일 자</td><td>년 월 일</td><td>법원명</td><td></td></tr>
<tr><td colspan="3">⑦기 타 사 항</td><td colspan="3"></td></tr>
<tr><td colspan="2">⑧제출인</td><td>성 명</td><td></td><td>주민등록번호</td><td>–</td></tr>
</table>

작 성 방 법

※ 등록기준지 : 각 란의 해당자가 외국인인 경우에는 그 국적을 기재합니다.
※ 주민등록번호 : 각 란의 해당자가 외국인인 경우에는 외국인등록번호(국내거소신고번호 또는 출생연월일)를 기재합니다.
①란 : 2명 이상의 미성년자에 대해 미성년후견 · 후견감독이 있는 경우에는 순서대로 적으시면 됩니다.
①란 및 ③란 : 법 제25조제2항에 따라 주민등록번호란에 주민등록번호를 기재한 때에는 출생연월일의 기재를 생략할 수 있습니다.
④란 : 경질일자 및 원인란에는 2013. 7. 17. 후견인 사망, 2013. 7. 17. 후견감독인 사망, 2013. 7. 17. 후견인 사임, 2013. 7. 17. 후견감독인 사임, 2013. 7. 17. 후견인변경재판확정 등으로 기재합니다.
⑤란 : 취임일자 및 원인란에는 후견인 · 후견감독인의 취임일자 및 원인을 기재합니다. 후임후견인 · 후견감독인의 선임심판일 또는 변경재판확정일이 취임일입니다.
⑦란 : 가족관계등록부에 기록을 분명하게 하는데 특히 필요한 사항을 기재합니다.
⑧란 : 제출자(신고인 여부 불문)의 성명 및 주민등록번호 기재[접수담당공무원은 신분증과 대조]

첨 부 서 류

1. 재판서 등본 1부(가정법원이 재판에 의하여 미성년후견인 · 후견인·후견감독인을 선정한 경우)

※ 아래 2항은 가족관계등록관서에서 전산으로 그 내용을 확인할 수 있는 경우 첨부를 생략합니다.

2. 당사자의 가족관계등록부의 기본증명서, 가족관계증명서 각 1통.
3. 미성년후견인 · 후견감독인 사임에 대한 가정법원의 허가의 경우에는 그 재판서 등본, 미성년후견인 · 후견감독인변경의 재판이 있는 경우에는 그 재판서등본 및 확정증명서 각 1부.
4. 신분확인[가족관계등록예규 제23호에 의함]
 - 신고인이 출석한 경우 : 신분증명서
 - 제출인이 출석한 경우 : 제출인의 신분증명서
 - 우편제출의 경우 : 신고인의 신분증명서 사본

※ 타인의 서명 또는 인장을 도용하여 허위의 신고서를 제출하거나, 허위신고를 하여 가족관계등록부에 부실의 사실을 기록하게 하는 경우에는 형법에 의하여 5년 이하의 징역 또는 1천만원 이하의 벌금에 처해집니다.

미성년1후견·2후견감독 종료신고서 (년 월 일)	※ 아래의 작성방법을 읽고 기재하시되 선택항목은 해당번호에 "○"으로 표시하여 주시기 바랍니다.

① 미성년자	성 명	한글 (성) / (명)		주민등록번호	−
		한자 (성) / (명)		출생연월일	
	등록기준지				
	주 소				
② 후견인	성 명	한글 (성) / (명)		주민등록번호	−
		한자 (성) / (명)		출생연월일	
	등록기준지				
	주 소				
③ 후견감독인	성 명	한글 (성) / (명)		주민등록번호	−
		한자 (성) / (명)		출생연월일	
	등록기준지				
	주 소				
④종료일자 및 원인		년 월 일			
⑤재판확정일자		년 월 일	법원명		
⑥기 타 사 항					
⑦ 신고인	성 명	한글 (성) / (명) ㊞ 또는 서명		주민등록번호	−
	자 격	1후견인 2후견감독인 3기타(자격:)			
	등록기준지			전 화	
	주 소			이메일	
⑧제출인	성 명			주민등록번호	−

작 성 방 법

※ 등록기준지 : 각 란의 해당자가 외국인인 경우에는 그 국적을 기재합니다.
※ 주민등록번호 : 각 란의 해당자가 외국인인 경우에는 외국인등록번호(국내거소신고번호 또는 출생연월일)를 기재합니다.
④란 : "2013. 7. 17. 미성년자사망" 등으로 기재합니다.
⑤란 : 미성년후견·후견감독의 종료원인이 된 재판이 확정된 일자를 기재합니다.
⑥란 : 가족관계등록부에 기록을 분명하게 하는데 특히 필요한 사항을 기재합니다.
⑦란 : 제출자(신고인 여부 불문)의 성명 및 주민등록번호 기재[접수담당공무원은 신분증과 대조]

첨 부 서 류

1. 미성년후견종료의 원인이 재판에 의하여 발생한 경우 그 재판서의 등본과 확정증명서 각 1부.

※ 아래 2항은 가족관계등록관서에서 전산으로 그 내용을 확인할 수 있는 경우 첨부를 생략합니다.

2. 당사자의 가족관계등록부의 기본증명서 1통.
3. 신분확인[가족관계등록예규 제23호에 의함]
 - 신고인이 출석한 경우 : 신분증명서
 - 제출인이 출석한 경우 : 제출인의 신분증명서
 - 우편제출의 경우 : 신고인의 신분증명서 사본

※ 타인의 서명 또는 인장을 도용하여 허위의 신고서를 제출하거나, 허위신고를 하여 가족관계등록부에 부실의 사실을 기록하게 하는 경우에는 형법에 의하여 5년 이하의 징역 또는 1천만원 이하의 벌금에 처해집니다.

◉ 가족관계등록부 기록사항 기재례

[친권에 관한 부분]

친권에 관한 가족관계등록부 기록사항으로는 친권자의 지정·변경, 친권·법률행위대리권·재산관리권의 상실 또는 회복 및 그 대행자선임 등이 있으며, 신고 또는 촉탁에 의하여 미성년자의 가족관계등록부에만 기록한다[기록할 란 : 일반등록사항란, 증명서 : 기본].

연번	사건종별	항목식 기재례		비고
1	1. 친권자 지정 가. 협의이혼의 경우 (1) 협의에 의한 경우 ㈎ 부를 친권자로 하는 경우	친권	【친권자지정협의일】 ○년 ○월 ○일 【친권자지정효력발생일】 ○년 ○월 ○일 【친권자부】 ○○○ 【친권자부의주민등록번호】 000000-0000000 또는 【친권자부의출생연월일】 ○년 ○월 ○일 【신고일】 ○년 ○월 ○일 【신고인】 부모(부 또는 모) 【처리관서】 ○○○	주1
1-1	㈏ 모를 친권자로 하는 경우	친권	【친권자지정협의일】 ○년 ○월 ○일 【친권자지정효력발생일】 ○년 ○월 ○일 【친권자모】 ○○○ 【친권자모의주민등록번호】 000000-0000000 또는 【친권자모의출생연월일】 ○년 ○월 ○일 【신고일】 ○년 ○월 ○일 【신고인】 부모(부 또는 모) 【처리관서】 ○○○	
1-2	㈐ 부모를 친권자로 하는 경우	친권	【친권자지정협의일】 ○년 ○월 ○일 【친권자지정효력발생일】 ○년 ○월 ○일 【친권자부】 ○○○ 【친권자부의주민등록번호】 000000-0000000 또는 【친권자부의출생연월일】 ○년 ○월 ○일 【친권자모】 ○○○ 【친권자모의주민등록번호】 000000-0000000 또는 【친권자모의출생연월일】 ○년 ○월 ○일 【신고일】 ○년 ○월 ○일 【신고인】 부모(부 또는 모) 【처리관서】 ○○○	

주1 : 협의이혼신고시 미성년자인 자가 있는 경우에는 친권에 관한 부모의 협의서를 반드시 첨부하여 신고하여야 한다. 다만, 친권자지정의 기록이 없는 경우에는 친권자를 기록하지 않는다. 친권자지정협의일은 법원작성의 협의서등본에 기재된 협의일자 연월일을, 친권자지정효력발생일은 이혼신고서 접수일(신고일)을 기록한다. 이혼신고시 포태중인 자에 대한 친권자지정신고는 출생신고 시에 수리한다. 외국인이 친권자인 경우 "친권자부(또는 모)의 주민등록번호" 항목 내신 "친권자부(또는 모)의 외국인등록번호(또는 국내거소신고번호, 출생연월일)" 항목에 기록한다(이하 같음).

연번	사건종별	항목식 기재례		비고
2	(2) 가정법원의 심판에 의한 경우 ㈎ 부를 친권자로 하는 경우	친권	【친권자지정심판확정(또는 화해성립, 조정성립, 화해권고결정확정, 조정에 갈음하는 결정확정)일】 ○년 ○월 ○일 【심판(또는 화해, 조정, 결정)법원】 ○○법원 【친권자지정효력발생일】 ○년 ○월 ○일 【친권자부】 ○○○ 【친권자부의주민등록번호】 000000-0000000 또는 【친권자부의출생연월일】 ○년 ○월 ○일 【신고일】 ○년 ○월 ○일 【신고인】 부모(부 또는 모) 【처리관서】 ○○○	
2-1	㈏ 모를 친권자로 하는 경우	친권	【친권자지정심판확정(또는 화해성립, 조정성립, 화해권고결정확정, 조정에 갈음하는 결정확정)일】 ○년 ○월 ○일 【심판(또는 화해, 조정, 결정)법원】 ○○법원 【친권자지정효력발생일】 ○년 ○월 ○일 【친권자모】 ○○○ 【친권자모의주민등록번호】 000000-0000000 또는 【친권자모의출생연월일】 ○년 ○월 ○일 【신고일】 ○년 ○월 ○일 【신고인】 부모(부 또는 모) 【처리관서】 ○○○	주2
2-2	㈏ 부모를 친권자로 하는 경우	친권	【친권자지정심판확정(또는 화해성립, 조정성립, 화해권고결정확정, 조정에 갈음하는 결정확정)일】 ○년 ○월 ○일 【심판(또는 화해, 조정, 결정)법원】 ○○법원 【친권자지정효력발생일】 ○년 ○월 ○일 【친권자부】 ○○○ 【친권자부의주민등록번호】 000000-0000000 또는 【친권자부의출생연월일】 ○년 ○월 ○일 【친권자모】 ○○○ 【친권자모의주민등록번호】 000000-0000000 또는 【친권자모의출생연월일】 ○년 ○월 ○일 【신고일】 ○년 ○월 ○일 【신고인】 부모(부 또는 모) 【처리관서】 ○○○	

주2 : 협의이혼신고서에 친권자지정심판서가 첨부된 경우 친권자지정효력발생일은 인혼신고서 접수일(신고일)을 기록한다.

<table>
<tr><th>연번</th><th>사건종별</th><th colspan="2">항목식 기재례</th><th>비고</th></tr>
<tr><td>3</td><td>나. 가정법원의 판결에 의한 경우
(1) 신고에 의한 경우
(가) 부를 친권자로 하는 경우</td><td>친권</td><td>【부모의재판상이혼(또는 부의인지재판, 부모의혼인취소, 부모의혼인무효)에 따른 친권자지정판결확정(또는 화해성립, 조정성립, 화해권고결정확정, 조정에갈음하는결정확정)일】 ○년 ○월 ○일
【판결(또는 화해, 조정, 결정)법원】 ○○법원
【친권자부】 ○○○
【친권자부의주민등록번호】 000000-0000000 또는 【친권자부의출생연월일】 ○년 ○월 ○일
【신고일】 ○년 ○월 ○일
【신고인】 부모(부 또는 모)
【처리관서】 ○○○</td><td rowspan="3">주3</td></tr>
<tr><td>3-1</td><td>(나) 모를 친권자로 하는 경우</td><td>친권</td><td>【부모의재판상이혼(또는 부의인지재판, 부모의혼인취소, 부모의혼인무효)에 따른 친권자지정판결확정(또는 화해성립, 조정성립, 화해권고결정확정, 조정에갈음하는결정확정)일】 ○년 ○월 ○일
【판결(또는 화해, 조정, 결정)법원】 ○○법원
【친권자모】 ○○○
【친권자모의주민등록번호】 000000-0000000 또는 【친권자모의출생연월일】 ○년 ○월 ○일
【신고일】 ○년 ○월 ○일
【신고인】 부모(부 또는 모)
【처리관서】 ○○○</td></tr>
<tr><td>3-2</td><td>(다) 부모를 친권자로 하는 경우</td><td>친권</td><td>【부모의재판상이혼(또는 부의인지재판, 부모의혼인취소, 부모의혼인무효)에 따른 친권자지정판결확정(또는 화해성립, 조정성립, 화해권고결정확정, 조정에갈음하는결정확정)일】 ○년 ○월 ○일
【판결(또는 화해, 조정, 결정)법원】 ○○법원
【친권자부】 ○○○
【친권자부의주민등록번호】 000000-0000000 또는 【친권자부의출생연월일】 ○년 ○월 ○일
【친권자모】 ○○○
【친권자모의주민등록번호】 000000-0000000 또는 【친권자모의출생연월일】 ○년 ○월 ○일
【신고일】 ○년 ○월 ○일
【신고인】 부모(부 또는 모)
【처리관서】 ○○○</td></tr>
</table>

주3 : 혼인취소, 재판상이혼 또는 인지청구의 소의 경우에는 직권으로 친권자를 정하여야 하므로 이때에는 그 판결등본과 확정증명서를 첨부하여 1개월 이내에 신고하여야 하며(민법 제909조 제5항), 가사소송규칙 제5조에 따른 가족관계등록부 기록도 가능하다. 다만, 혼인취소의 경우에는 조정이나 화해에 의하여는 기록할 수 없고 판결에 의한 신청만 가능하고, 혼인무효판결의 경우에는 부가 출생신고한 경우에 한하여 무효의 판결과 함께 친권자를 정할 수 있다.

<table>
<tr><th>연번</th><th>사건종별</th><th colspan="2">항목식 기재례</th><th>비고</th></tr>
<tr><td>4</td><td>(2) 법원의 촉탁에 의한 경우
㈎ 부를 친권자로 하는 경우</td><td>친권</td><td>【부모의재판상이혼(또는 부의인지재판, 부모의혼인취소, 부모의혼인무효)에 따른 친권자지정판결확정(또는 화해성립, 조정성립, 화해권고결정확정, 조정에갈음하는결정확정)일】 ○년 ○월 ○일
【판결(또는 화해, 조정, 결정)법원】 ○○법원
【친권자부】 ○○○
【친권자부의주민등록번호】 000000-0000000 또는 【친권자부의출생연월일】 ○년 ○월 ○일
【촉탁일】 ○년 ○월 ○일
【촉탁법원】 ○○법원
【처리관서】 ○○○</td><td rowspan="3">주3</td></tr>
<tr><td>4-1</td><td>㈏ 모를 친권자로 하는 경우</td><td>친권</td><td>【부모의재판상이혼(또는 부의인지재판, 부모의혼인취소, 부모의혼인무효)에 따른 친권자지정판결확정(또는 화해성립, 조정성립, 화해권고결정확정, 조정에갈음하는결정확정)일】 ○년 ○월 ○일
【판결(또는 화해, 조정, 결정)법원】 ○○법원
【친권자모】 ○○○
【친권자모의주민등록번호】 000000-0000000 또는 【친권자모의출생연월일】 ○년 ○월 ○일
【촉탁일】 ○년 ○월 ○일
【촉탁법원】 ○○법원
【처리관서】 ○○○</td></tr>
<tr><td>4-2</td><td>㈐ 부모를 친권자로 하는 경우</td><td>친권</td><td>【부모의재판상이혼(또는 부의인지재판, 부모의혼인취소, 부모의혼인무효)에 따른 친권자지정판결확정(또는 화해성립, 조정성립, 화해권고결정확정, 조정에갈음하는결정확정)일】 ○년 ○월 ○일
【판결(또는 화해, 조정, 결정)법원】 ○○법원
【친권자부】 ○○○
【친권자부의주민등록번호】 000000-0000000 또는 【친권자부의출생연월일】 ○년 ○월 ○일
【친권자모】 ○○○
【친권자모의주민등록번호】 000000-0000000 또는 【친권자모의출생연월일】 ○년 ○월 ○일
【촉탁일】 ○년 ○월 ○일
【촉탁법원】 ○○법원
【처리관서】 ○○○</td></tr>
</table>

연번	사건종별	항목식 기재례		비고
5	다. 인지 등에 따른 협의에 의한 경우 (1) 부를 친권자로 하는 경우	친권	【친권자지정협의일】 ○년 ○월 ○일 【친권자부】 ○○○ 【친권자부의주민등록번호】 000000-0000000 또는 【친권자부의출생연월일】 ○년 ○월 ○일 【신고일】 ○년 ○월 ○일 【신고인】 부모(부 또는 모) 【처리관서】 ○○○	주4
5-1	(2) 모를 친권자로 하는 경우	친권	【친권자지정협의일】 ○년 ○월 ○일 【친권자모】 ○○○ 【친권자모의주민등록번호】 000000-0000000 또는 【친권자모의출생연월일】 ○년 ○월 ○일 【신고일】 ○년 ○월 ○일 【신고인】 부모(부 또는 모) 【처리관서】 ○○○	
5-2	(3) 부모를 친권자로 하는 경우	친권	【친권자지정협의일】 ○년 ○월 ○일 【친권자부】 ○○○ 【친권자부의주민등록번호】 000000-0000000 또는 【친권자부의출생연월일】 ○년 ○월 ○일 【친권자모】 ○○○ 【친권자모의주민등록번호】 000000-0000000 또는 【친권자모의출생연월일】 ○년 ○월 ○일 【신고일】 ○년 ○월 ○일 【신고인】 부모(부 또는 모) 【처리관서】 ○○○	
6	라. 가정법원의 심판에 의한 경우 (1) 신고에 의한 경우 (가) 부를 친권자로 하는 경우	친권	【친권자지정심판확정(또는 화해성립, 조정성립, 화해권고결정확정, 조정에 갈음하는 결정확정)일】 ○년 ○월 ○일 【심판(또는 화해, 조정, 결정)법원】 ○○법원 【친권자부】 ○○○ 【친권자부의주민등록번호】 000000-0000000 또는 【친권자부의출생연월일】 ○년 ○월 ○일 【신고일】 ○년 ○월 ○일 【신고인】 부모(부 또는 모) 【처리관서】 ○○○	주5

주4 : 미성년자인 자의 부모가 이혼하거나 부가 혼인외의 자를 인지하는 때에는 부모의 협의로 친권자를 지정하여 신고할 수 있다. 다만, 친권자지정의 기록이 없는 경우에는 친권자를 기록하지 않는다.

주5 : 미성년자인 자의 부모가 이혼하거나 부가 혼인외 자를 인지하는 때에 부모의 협의가 이루어지지 않아 친권자지정에 관하여 가정법원의 심판을 받은 경우에는 그 결정등본과 확정증명서를 첨부하여 1개월 이내에 신고하여야 한다.

연번	사건종별	항목식 기재례		비고
6-1	㈏ 모를 친권자로 하는 경우	친권	【친권자지정심판확정(또는 화해성립, 조정성립, 화해권고결정확정, 조정에 갈음하는 결정확정)일】 ○년 ○월 ○일 【심판(또는 화해, 조정, 결정)법원】 ○○법원 【친권자모】 ○○○ 【친권자모의주민등록번호】 000000-0000000 또는 【친권자모의출생연월일】 ○년 ○월 ○일 【신고일】 ○년 ○월 ○일 【신고인】 부모(부 또는 모) 【처리관서】 ○○○	주5
6-2	㈐ 부모를 친권자로 하는 경우	친권	【친권자지정심판확정(또는 화해성립, 조정성립, 화해권고결정확정, 조정에 갈음하는 결정확정)일】 ○년 ○월 ○일 【심판(또는 화해, 조정, 결정)법원】 ○○법원 【친권자부】 ○○○ 【친권자부의주민등록번호】 000000-0000000 또는 【친권자부의출생연월일】 ○년 ○월 ○일 【친권자모】 ○○○ 【친권자모의주민등록번호】 000000-0000000 또는 【친권자모의출생연월일】 ○년 ○월 ○일 【신고일】 ○년 ○월 ○일 【신고인】 부모(부 또는 모) 【처리관서】 ○○○	
7	(2) 법원의 촉탁에 의한 경우 ㈎ 부를 친권자로 하는 경우	친권	【친권자지정심판확정(또는 화해성립, 조정성립, 화해권고결정확정, 조정에 갈음하는 결정확정)일】 ○년 ○월 ○일 【심판(또는 화해, 조정, 결정)법원】 ○○법원 【친권자부】 ○○○ 【친권자부의주민등록번호】 000000-0000000 또는 【친권자부의출생연월일】 ○년 ○월 ○일 【촉탁일】 ○년 ○월 ○일 【촉탁법원】 ○○법원 【처리관서】 ○○○	
7-1	㈏ 모를 친권자로 하는 경우	친권	【친권자지정심판확정(또는 화해성립, 조정성립, 화해권고결정확정, 조정에 갈음하는 결정확정)일】 ○년 ○월 ○일 【심판(또는 화해, 조정, 결정)법원】 ○○법원 【친권자모】 ○○○ 【친권자모의주민등록번호】 000000-0000000 또는 【친권자모의출생연월일】 ○년 ○월 ○일 【촉탁일】 ○년 ○월 ○일 【촉탁법원】 ○○법원 【처리관서】 ○○○	

연번	사건종별	항목식 기재례		비고
7-2	㈐ 부모를 친권자로 하는 경우	친권	【친권자지정심판확정(또는 화해성립, 조정성립, 화해권고결정확정, 조정에 갈음하는 결정확정)일】 ○년 ○월 ○일 【심판(또는 화해, 조정, 결정)법원】 ○○법원 【친권자부】 ○○○ 【친권자부의주민등록번호】 000000-0000000 또는 【친권자부의출생연월일】 ○년 ○월 ○일 【친권자모】 ○○○ 【친권자모의주민등록번호】 000000-0000000 또는 【친권자모의출생연월일】 ○년 ○월 ○일 【촉탁일】 ○년 ○월 ○일 【촉탁법원】 ○○법원 【처리관서】 ○○○	
8	마. 증서등본에 의한 경우 (1) 부를 친권자로 하는 경우	친권	【지정일】 ○년 ○월 ○일 【친권자부】 ○○○ 【친권자부의주민등록번호】 000000-0000000 또는 【친권자부의출생연월일】 ○년 ○월 ○일 【증서작성자】 ○국 ○○시장 【증서등본제출일】 ○년 ○월 ○일 【증서등본제출자】 ○○○ 【처리관서】 ○○○	주6
8-1	(2) 모를 친권자로 하는 경우	친권	【지정일】 ○년 ○월 ○일 【친권자모】 ○○○ 【친권자모의주민등록번호】 000000-0000000 또는 【친권자모의출생연월일】 ○년 ○월 ○일 【증서작성자】 ○국 ○○시장 【증서등본제출일】 ○년 ○월 ○일 【증서등본제출자】 ○○○ 【처리관서】 ○○○	
8-2	(3) 부모를 친권자로 하는 경우	친권	【지정일】 ○년 ○월 ○일 【친권자부】 ○○○ 【친권자부의주민등록번호】 000000-0000000 또는 【친권자부의출생연월일】 ○년 ○월 ○일 【친권자모】 ○○○ 【친권자모의주민등록번호】 000000-0000000 또는 【친권자모의출생연월일】 ○년 ○월 ○일 【증서작성자】 ○국 ○○시장 【증서등본제출일】 ○년 ○월 ○일 【증서등본제출자】 ○○○ 【처리관서】 ○○○	

주6 : 【지정일】은 증서상 친권자를 정한 일자(효력발생일이 있는 경우는 그 일자)를 기록한다.

<table>
<tr><th>연번</th><th>사건종별</th><th colspan="2">항목식 기재례</th><th>비고</th></tr>
<tr><td>9</td><td rowspan="3">2. 친권자 변경심판(민법 제909조제6항)
가. 신고에 의한 경우
(1) 부를 친권자로 하는 경우</td><td>친권</td><td>【친권자변경심판확정(또는 화해성립, 조정성립, 화해권고결정확정, 조정에 갈음하는 결정확정)일】 ○년 ○월 ○일
【심판(또는 화해, 조정, 결정)법원】 ○○법원
【친권자부】 ○○○
【친권자부의주민등록번호】 000000-0000000 또는 【친권자부의출생연월일】 ○년 ○월 ○일
【신고일】 ○년 ○월 ○일
【신고인】 ○○○
【처리관서】 ○○○</td><td rowspan="3">주7</td></tr>
<tr><td>9-1</td><td>친권</td><td>【친권자변경심판확정(또는 화해성립, 조정성립, 화해권고결정확정, 조정에 갈음하는 결정확정)일】 ○년 ○월 ○일
【심판(또는 화해, 조정, 결정)법원】 ○○법원
【친권자모】 ○○○
【친권자모의주민등록번호】 000000-0000000 또는 【친권자모의출생연월일】 ○년 ○월 ○일
【신고일】 ○년 ○월 ○일
【신고인】 ○○○
【처리관서】 ○○○</td></tr>
<tr><td>9-2</td><td>친권</td><td>【친권자변경심판확정(또는 화해성립, 조정성립, 화해권고결정확정, 조정에 갈음하는 결정확정)일】 ○년 ○월 ○일
【심판(또는 화해, 조정, 결정)법원】 ○○법원
【친권자부】 ○○○
【친권자부의주민등록번호】 000000-0000000 또는 【친권자부의출생연월일】 ○년 ○월 ○일
【친권자모】 ○○○
【친권자모의주민등록번호】 000000-0000000 또는 【친권자모의출생연월일】 ○년 ○월 ○일
【신고일】 ○년 ○월 ○일
【신고인】 ○○○
【처리관서】 ○○○</td></tr>
</table>

Row 9-1's case type is "(2) 모를 친권자로 하는 경우", and row 9-2's is "(3) 부모를 친권자로 하는 경우".

주7 : 미성년자에 대하여 친권자가 이미 지정된 경우 이를 변경하고자 한다면 가정법원의 친권자변경심판서등본과 확정증명서를 첨부하여 신고하여야 하며, 협의에 의한 친권자변경신고는 이를 수리할 수 없다(예규 제286호).

연번	사건종별	항목식 기재례		비고
10	나. 법원의 촉탁에 의한 경우 (1) 부를 친권자로 하는 경우	친권	【친권자변경심판확정(또는 화해성립, 조정성립, 화해권고결정확정, 조정에 갈음하는 결정확정)일】 ○년 ○월 ○일 【심판(또는 화해, 조정, 결정)법원】 ○○법원 【친권자부】 ○○○ 【친권자부의주민등록번호】 000000-0000000 또는 【친권자부의출생연월일】 ○년 ○월 ○일 【촉탁일】 ○년 ○월 ○일 【촉탁법원】 ○○법원 【처리관서】 ○○○	
10-1	(2) 모를 친권자로 하는 경우	친권	【친권자변경심판확정(또는 화해성립, 조정성립, 화해권고결정확정, 조정에 갈음하는 결정확정)일】 ○년 ○월 ○일 【심판(또는 화해, 조정, 결정)법원】 ○○법원 【친권자모】 ○○○ 【친권자모의주민등록번호】 000000-0000000 또는 【친권자모의출생연월일】 ○년 ○월 ○일 【촉탁일】 ○년 ○월 ○일 【촉탁법원】 ○○법원 【처리관서】 ○○○	
10-2	(3) 부모를 친권자로 하는 경우	친권	【친권자변경심판확정(또는 화해성립, 조정성립, 화해권고결정확정, 조정에 갈음하는 결정확정)일】 ○년 ○월 ○일 【심판(또는 화해, 조정, 결정)법원】 ○○법원 【친권자부】 ○○○ 【친권자부의주민등록번호】 000000-0000000 또는 【친권자부의출생연월일】 ○년 ○월 ○일 【친권자모】 ○○○ 【친권자모의주민등록번호】 000000-0000000 또는 【친권자모의출생연월일】 ○년 ○월 ○일 【촉탁일】 ○년 ○월 ○일 【촉탁법원】 ○○법원 【처리관서】 ○○○	
11	3. 친권자 지정의 실효 가. 친권자가 사망한 경우	친권	【친권자사망일】 ○년 ○월 ○일 【직권기록서작성일】 ○년 ○월 ○일 【정정일】 ○년 ○월 ○일 【정정내용】 ○년 ○월 ○일자 친권자지정사유 말소 【처리관서】 ○○○	주8

연번	사건종별		항목식 기재례	비고
12	나. 친권자가 실종선고를 받은 경우	친권	【친권자실종선고심판확정일】 ○년 ○월 ○일 【심판법원】 ○○법원 【실종기간만료일】 ○년 ○월 ○일 【직권기록서작성일】 ○년 ○월 ○일 【정정일】 ○년 ○월 ○일 【정정내용】 ○년 ○월 ○일자 친권자지정사유 말소 【처리관서】 ○○○	주8
13	다. 친권자가 미성년자의 친부, 친모, 양부, 양모와 혼인한 경우	친권	【친권자와부(또는 모, 양부, 양모)의 혼인일】 ○년 ○월 ○일 【직권기록서작성일】 ○년 ○월 ○일 【정정일】 ○년 ○월 ○일 【정정내용】 ○년 ○월 ○일자 친권자지정사유 말소 【처리관서】 ○○○	
14	라. 공동친권자인 부모가 혼인한 경우	친권	【친권자부모의 혼인일】 ○년 ○월 ○일 【직권기록서작성일】 ○년 ○월 ○일 【정정일】 ○년 ○월 ○일 【정정내용】 ○년 ○월 ○일자 친권자지정사유 말소 【처리관서】 ○○○	
15	마. 가정법원의 재판에 의하여 부모의 이혼이 취소(또는 무효)된 경우	친권	【부모의이혼취소(또는 무효)판결확정일】 ○년 ○월 ○일 【판결법원】 ○○법원 【직권기록서작성일】 ○년 ○월 ○일 【정정일】 ○년 ○월 ○일 【정정내용】 ○년 ○월 ○일자 친권자지정사유 말소 【처리관서】 ○○○	
15-1	바. 인지무효(또는 취소) 판결이 확정된 경우	친권	【인지무효(또는 취소)판결확정일】 ○년 ○월 ○일 【판결법원】 ○○법원 【직권기록서작성일】 ○년 ○월 ○일 【정정일】 ○년 ○월 ○일 【정정내용】 ○년 ○월 ○일자 친권자지정사유 말소 【처리관서】 ○○○	

주8 : 친권자의 사망, 혼인 등으로 친권자지정의 효력이 상실된 사실을 알게 된 가족관계등록공무원은 직권으로 친권자지정사유 사건 전체에 선을 그어 말소한다(예규 제286호). 다만, 부모가 공동으로 친권자인 상태에서 부 또는 모가 사망하거나 실종선고를 받은 경우 친권자지정사유 중 그 친권자부(또는 모)와 친권자부(또는 모)의주민등록번호 항목을 일부사항증명서에 비현출되도록 처리하여야 한다.

<table>
<tr><th>연번</th><th>사건종별</th><th colspan="2">항목식 기재례</th><th>비고</th></tr>
<tr><td>15-2</td><td>바. 친생자관계부존재확인판결이 확정된 경우</td><td>친권</td><td>【친생자관계부존재확인판결확정일】 ○년 ○월 ○일
【판결법원】 ○○법원
【직권기록서작성일】 ○년 ○월 ○일
【정정일】 ○년 ○월 ○일
【정정내용】 ○년 ○월 ○일자 친권자지정사유 말소
【처리관서】 ○○○</td><td>주8</td></tr>
<tr><td>16</td><td>4. 친권자의 종료
가. 미성년자의 성년</td><td>친권</td><td>【종료사유】 ○년 ○월 ○일 성년
【직권기록서작성일】 ○년 ○월 ○일
【직권기록일】 ○년 ○월 ○일
【처리관서】 ○○○</td><td rowspan="2">주9</td></tr>
<tr><td>17</td><td>나. 미성년자의 혼인</td><td>친권</td><td>【종료사유】 ○년 ○월 ○일 혼인
【직권기록서작성일】 ○년 ○월 ○일
【직권기록일】 ○년 ○월 ○일
【처리관서】 ○○○</td></tr>
<tr><td>18</td><td rowspan="2">5. 친권·재산관리권·법률행위대리권의 상실, 회복
가. 신고에 의한 경우</td><td>친권</td><td>【친권상실(또는 회복)선고심판확정일】 ○년 ○월 ○일
【심판법원】 ○○법원
【친권상실(또는 회복)된자】 부(또는 모) ○○○
【신고일】 ○년 ○월 ○일
【신고인】 ○○○
【처리관서】 ○○○</td><td rowspan="2">주10</td></tr>
<tr><td>19</td><td>친권</td><td>【재산관리권상실(또는 회복)선고심판확정일】 ○년 ○월 ○일
【심판법원】 ○○법원
【재산관리권상실(또는 회복)된자】 부(또는 모) ○○○
【신고일】 ○년 ○월 ○일
【신고인】 ○○○
【처리관서】 ○○○</td></tr>
</table>

주9 : 미성년자가 성년이 되거나 미성년자가 혼인한 때에는 친권이 종료되므로 그 취지를 기록하여야 한다(예규 제117호). 종료사유의 연월일은 미성년자가 성년자로 되는 날, 혼인의 경우 혼인신고한 연월일(또는 혼인이 성립한 연월일)을 기록한다.

주10 : 친권자의 친권·법률행위대리권·재산관리권이 상실되거나 회복된 경우(민법 제924조, 민법 제925조, 민법 제926조)에는 신고(법 제79조제2항) 또는 법원의 촉탁(가사소송규칙 제5조)에 따라 기록을 한다. 만일 부모가 공동 친권자인 상태에서 부 또는 모가 친권상실선고를 받은 경우 친권자지정사유 중 그 친권자부(또는 모)와 친권자부(또는 모)의주민등록번호 항목을 일부사항증명서에 비현출되도록 처리하여야 한다. 또한 친권상실선고를 받은 부 또는 모가 친권회복선고를 받은 경우 친권자지정사유 중 그 친권자부(또는 모)와 친권자부(또는 모)의주민등록번호 항목을 일부사항증명서에 현출되도록 처리하여야 한다.

연번	사건종별	항목식 기재례		비고
20		친권	【법률행위대리권상실(또는 회복)선고심판확정일】 ○년 ○월 ○일 【심판법원】 ○○법원 【법률행위대리권상실(또는회복)된자】 부(또는 모) ○○○ 【신고일】 ○년 ○월 ○일 【신고인】 ○○○ 【처리관서】 ○○○	주10
21	나. 법원의 촉탁에 의한 경우	친권	【친권상실(또는 회복)선고심판확정일】 ○년 ○월 ○일 【심판법원】 ○○법원 【친권상실(또는 회복)된자】 부(또는 모) ○○○ 【촉탁일】 ○년 ○월 ○일 【촉탁법원】 ○○법원 【처리관서】 ○○○	
22		친권	【재산관리권상실(또는 회복)선고심판확정일】 ○년 ○월 ○일 【심판법원】 ○○법원 【재산관리권상실(또는 회복)된자】 부(또는 모) ○○○ 【촉탁일】 ○년 ○월 ○일 【촉탁법원】 ○○법원 【처리관서】 ○○○	주10
23		친권	【법률행위대리권상실(또는 회복)선고심판확정일】 ○년 ○월 ○일 【심판법원】 ○○법원 【법률행위대리권상실(또는회복)된자】 부(또는 모) ○○○ 【촉탁일】 ○년 ○월 ○일 【촉탁법원】 ○○법원 【처리관서】 ○○○	
24	6. 법률행위대리권, 재산관리권의 사퇴·회복 (민법 제927조) 가. 신고에 의한 경우	친권	【법률행위대리권사퇴(또는 회복)허가심판일】 ○년 ○월 ○일 【심판법원】 ○○법원 【법률행위대리권사퇴(또는회복)자】 부(또는 모) ○○○ 【신고일】 ○년 ○월 ○일 【신고인】 ○○○ 【처리관서】 ○○○	주11

주11 : 법률행위대리권, 재산관리권의 사퇴·회복은 법원의 촉탁사항이 아니고 통지사항이므로 신고에 의하여 기록하여야(민법 제927조) 하며, 가정법원으로부터 통지서가 도달된 후 당사자가 소정기간 내에 신고가 없으면 가족관계등록공무원은 지체없이 당사자에게 신고의 최고를 하고 최고기간 내에 신고하지 아니하면 가독법원의 허가에 의하여 직권으로 기록한다(예규 제309호).

연번	사건종별	항목식 기재례		비고
25		친권	【재산관리권사퇴(또는 회복)허가심판일】 ○년 ○월 ○일 【심판법원】 ○○법원 【재산관리권사퇴(또는 회복)자】 부(또는 모) ○○○ 【신고일】 ○년 ○월 ○일 【신고인】 ○○○ 【처리관서】 ○○○	주11
26		친권	【법률행위대리권및재산관리권사퇴(또는 회복)허가심판일】 ○년 ○월 ○일 【심판법원】 ○○법원 【법률행위대리권및재산관리권사퇴(또는 회복)자】 부(또는 모) ○○○ 【신고일】 ○년 ○월 ○일 【신고인】 ○○○ 【처리관서】 ○○○	
27	나. 감독법원의 허가에 의한 경우	친권	【법률행위대리권사퇴(또는 회복)허가심판일】 ○년 ○월 ○일 【심판법원】 ○○법원 【법률행위대리권사퇴(또는회복)자】 부(또는 모) ○○○ 【직권기록허가일】 ○년 ○월 ○일 【허가법원】 ○○법원 【직권기록일】 ○년 ○월 ○일 【처리관서】 ○○○	
28		친권	【재산관리권사퇴(또는 회복)허가심판일】 ○년 ○월 ○일 【심판법원】 ○○법원 【재산관리권사퇴(또는 회복)자】 부(또는 모) ○○○ 【직권기록허가일】 ○년 ○월 ○일 【허가법원】 ○○법원 【직권기록일】 ○년 ○월 ○일 【처리관서】 ○○○	주11
29		친권	【법률행위대리권사퇴(또는 회복)허가심판일】 ○년 ○월 ○일 【심판법원】 ○○법원 【법률행위대리권및재산관리권사퇴(또는 회복)자】 부(또는 모) ○○○ 【직권기록허가일】 ○년 ○월 ○일 【허가법원】 ○○법원 【직권기록일】 ○년 ○월 ○일 【처리관서】 ○○○	

연번	사건종별	항목식 기재례		비고
30	7. 친권, 재산관리권, 법률행위대리권의 정지 및 그 대행자 선임	친권	【친권(또는 법률행위대리권, 재산관리권)정지및대행자선임결정확정일】 ○년 ○월 ○일 【결정법원】 ○○법원 【친권(또는 법률행위대리권, 재산관리권)정지된자】 부(또는 모) ○○○ 【친권(또는 법률행위대리권, 재산관리권)대행자】 ○○○ 【친권(또는 법률행위대리권, 재산관리권)대행자의주민등록번호】 000000-0000000 또는 【친권(또는 법률행위대리권, 재산관리권)대행자의출생연월일】 ○년 ○월 ○일 【친권(또는 법률행위대리권, 재산관리권)대행자의등록기준지】 ○시○동○번지(또는 ○도○시○구○로○) 【촉탁일】 ○년 ○월 ○일 【촉탁법원】 ○○법원 【처리관서】 ○○○	주12
31	8. 친권, 재산관리권, 법률행위대리권의 정지 결정 실효	친권	【친권(또는 법률행위대리권, 재산관리권)정지결정실효일】 ○년 ○월 ○일 【결정법원】 ○○법원 【친권(또는 법률행위대리권, 재산관리권)자】 부(또는 모) ○○○ 【촉탁일】 ○년 ○월 ○일 【촉탁법원】 ○○법원 【처리관서】 ○○○	

주12 : 친권, 법률행위대리권, 재산관리권의 정지 및 그 대행자의 선임 또는 실효는 법원의 촉탁에 의하여서면 기록을 한다(가사소송규칙 제5조제1항제4호, 제2항).

[미성년후견에 관한 부분]

후견에 관한 기록은 미성년자의 가족관계등록부 일반등록사항란에만 기록하고(열람·발급 : 기본증명서), 후견인의 가족관계등록부에는 기록하지 않는다(규칙 제53조).

연번	사건종별	항목식 기재례		비고
1	1. 미성년후견의 개시 가. 지정후견인	미성년 후견	【지정미성년후견인의취임일】 ○년○월○일 【미성년후견인지정자】 부(또는 모) 【지정미성년후견인】 ○○○ 【지정미성년후견인의주민등록번호(또는 출생연월일)】 000000-0000000(또는 ○년○월○일) 【신고일】 ○년○월○일 【신고인】 ○○○ 【처리관서】 ○○○	
2	나. 후견인임무 대행자 (1) 신고에 의한 기록	미성년 후견	【미성년후견인임무대행자선임결정일】 ○년○월○일 【결정법원】 ○○법원 【미성년후견인임무대행자】 ○○○ 【미성년후견인임무대행자의주민등록번호(또는 출생연월일)】 000000-0000000(또는 ○년○월○일) 【신고일】 ○년○월○일 【신고인】 ○○○ 【처리관서】 ○○○	
3	(2) 법원의 촉탁에 의한 기록	미성년 후견	【미성년후견인임무대행자선임결정일】 ○년○월○일 【결정법원】 ○○법원 【미성년후견인임무대행자】 ○○○ 【미성년후견인임무대행자의주민등록번호(또는 출생연월일)】 000000-0000000(또는 ○년○월○일) 【촉탁일】 ○년○월○일 【촉탁법원】 ○○법원 【처리관서】 ○○○	
4	다. 선정후견인 (1) 신고에 의한 기록	미성년 후견	【미성년후견인선임심판확정일】 ○년○월○일 【심판법원】 ○○법원 【미성년후견인】 ○○○ 【미성년후견인의주민등록번호(또는 출생연월일)】 000000-0000000(또는 ○년○월○일) 【미성년후견인취임일】 ○년○월○일 【신고일】 ○년○월○일 【신고인】 ○○○ 【처리관서】 ○○○	

연번	사건종별		항목식 기재례	비고
5	(2) 법원의 촉탁에 의한 기록	미성년 후견	【미성년후견인선임심판확정일】 ○년○월○일 【심판법원】 ○○법원 【미성년후견인】 ○○○ 【미성년후견인의주민등록번호(또는 출생연월일)】 000000-0000000(또는 ○년○월○일) 【촉탁일】 ○년○월○일 【촉탁법원】 ○○법원 【처리관서】 ○○○	
6	2. 미성년후견인 경질 가. 후견인의 사망	미성년 후견	【미성년후견인경질사유발생일】 ○년○월○일 【경질사유】 미성년후견인 ○○○ 사망 【후임미성년후견인선임심판확정일】 ○년○월○일 【심판법원】 ○○법원 【미성년후견인】 ○○○ 【미성년후견인의주민등록번호(또는 출생연월일)】 000000-0000000(또는 ○년○월○일) 【후임미성년후견인취임일】 ○년○월○일 【신고일】 ○년○월○일 【신고인】 ○○○ 【처리관서】 ○○○	
7	나. 후견인변경 (1) 신고에 의한 기록	미성년 후견	【미성년후견인변경심판확정일】 ○년○월○일 【심판법원】 ○○법원 【전임미성년후견인】 ○○○ 【미성년후견인】 ○○○ 【미성년후견인의주민등록번호(또는 출생연월일)】 000000-0000000(또는 ○년○월○일) 【후임미성년후견인취임일】 ○년○월○일 【신고일】 ○년○월○일 【신고인】 ○○○ 【처리관서】 ○○○	
8	(2) 법원의 촉탁에 의한 기록	미성년 후견	【미성년후견인변경심판확정일】 ○년○월○일 【심판법원】 ○○법원 【전임미성년후견인】 ○○○ 【미성년후견인】 ○○○ 【미성년후견인의주민등록번호(또는 출생연월일)】 000000-0000000(또는 ○년○월○일) 【촉탁일】 ○년○월○일 【촉탁법원】 ○○법원 【처리관서】 ○○○	

연번	사건종별	항목식 기재례		비고
9	다. 후견인의 사임	미성년 후견	【미성년후견인경질사유발생일】 ○년○월○일 【경질사유】 미성년후견인 ○○○ 사임허가 【심판법원】 ○○법원 【후임미성년후견인선임심판확정일】 ○년○월○일 【심판법원】 ○○법원 【미성년후견인】 ○○○ 【미성년후견인의주민등록번호(또는 출생연월일)】 000000-0000000(또는 ○년○월○일) 【후임미성년후견인취임일】 ○년○월○일 【신고일】 ○년○월○일 【신고인】 ○○○ 【처리관서】 ○○○	
10	3. 미성년후견의 종료 가. 피미성년후견인의 성년	미성년 후견	【종료사유】 ○년○월○일 피미성년후견인의 성년 【직권기록서작성일】 ○년○월○일 【직권기록일】 ○년○월○일 【처리관서】 ○○○	
11	나. 피미성년후견인의 혼인	미성년 후견	【종료사유】 ○년○월○일 피미성년후견인의 혼인 【직권기록서작성일】 ○년○월○일 【직권기록일】 ○년○월○일 【처리관서】 ○○○	
12	다. 친권자의 친권회복 (1) 실권의 회복이 선고된 경우	미성년 후견	【종료사유】 ○년○월○일 친권자(부 또는 모)의 친권(또는 법률행위대리권 및 재산관리권)회복선고심판확정 【심판법원】 ○○법원 【신고일】 ○년○월○일 【신고인】 ○○○ 【처리관서】 ○○○	
13	(2) 사퇴한 권리를 회복한 경우	미성년 후견	【종료사유】 ○년○월○일 친권자(부 또는 모)의 친권(또는 법률행위대리권 및 재산관리권)회복허가심판확정 【심판법원】 ○○법원 【신고일】 ○년○월○일 【신고인】 ○○○ 【처리관서】 ○○○	
14	라. 부모가 친권을 행사할 수 있게 된 경우	미성년 후견	【종료사유】 ○년○월○일 부(또는 모)의 친권자지정 심판확정 【심판법원】 ○○법원 【신고일】 ○년○월○일 【신고인】 ○○○ 【처리관서】 ○○○	

연번	사건종별		항목식 기재례	비고
15	마. 미성년자의 복리를 위하여 부모의 일방 또는 쌍방을 친권자로 지정한 경우(신고 또는 촉탁)	미성년 후견	【종료사유】 ○년○월○일 후견종료 및 부모(부 또는 모)의 친권자지정심판확정 【심판법원】 ○○법원 【신고(또는 촉탁)일】 ○년○월○일 【신고인(또는 촉탁법원)】 ○○○(또는 ○○법원) 【처리관서】 ○○○	
16	4. 미성년후견인 임무정지 및 그 대행자 선임(규칙 제5조제1항제4호)	미성년 후견	【미성년후견인임무정지및대행자선임결정확정일】 ○년○월○일 【결정법원】 ○○법원 【미성년후견인임무정지된자】 ○○○ 【미성년후견인임무대행자】 ○○○ 【미성년후견인임무대행자의주민등록번호(또는 출생연월일)】 000000-0000000(또는 ○년○월○일) 【촉탁일】 ○년○월○일 【촉탁법원】 ○○법원 【처리관서】 ○○○	
17	5. 미성년후견인 임무정지결정의 실효(규칙 제5조제2항)	미성년 후견	【미성년후견인임무정지결정실효일】 ○년○월○일 【결정법원】 ○○법원 【미성년후견인】 ○○○ 【미성년후견인의주민등록번호(또는 출생연월일)】 000000-0000000(또는 ○년○월○일) 【촉탁일】 ○년○월○일 【촉탁법원】 ○○법원 【처리관서】 ○○○	

[미성년후견감독에 관한 부분]

후견감독에 관한 기록은 미성년자의 가족관계등록부 일반등록사항란에만 기록하고(열람·발급 : 기본증명서), 후견인의 가족관계등록부에는 기록하지 않는다(규칙 제53조).

연번	사건종별	항목식 기재례		비고
1	1. 미성년후견감독의 개시 가. 지정후견감독인	미성년후견감독	【지정미성년후견감독인의취임일】 ○년○월○일 【미성년후견감독인지정자】 부(또는 모) 【지정미성년후견감독인】 ○○○ 【지정미성년후견감독인의주민등록번호(또는 출생연월일)】 000000-0000000(또는 ○년○월○일) 【신고일】 ○년○월○일 【신고인】 ○○○ 【처리관서】 ○○○	
2	나. 선정후견감독인 (1) 신고에 의한 기록	미성년후견감독	【미성년후견감독인선임심판일】 ○년○월○일 【심판법원】 ○○법원 【미성년후견감독인】 ○○○ 【미성년후견감독인의주민등록번호(또는 출생연월일)】 000000-0000000(또는 ○년○월○일) 【미성년후견감독인취임일】 ○년○월○일 【신고일】 ○년○월○일 【신고인】 ○○○ 【처리관서】 ○○○	
3	(2) 법원의 촉탁에 의한 기록	미성년후견감독	【미성년후견감독인선임심판일】 ○년○월○일 【심판법원】 ○○법원 【미성년후견감독인】 ○○○ 【미성년후견감독인의주민등록번호(또는 출생연월일)】 000000-0000000(또는 ○년○월○일) 【촉탁일】 ○년○월○일 【촉탁법원】 ○○법원 【처리관서】 ○○○	
4	2. 미성년후견감독인 경질 가. 후견감독인의 사망	미성년후견감독	【미성년후견감독인경질사유발생일】 ○년○월○일 【경질사유】 미성년후견감독인 ○○○ 사망 【후임미성년후견감독인선임심판일】 ○년○월○일 【심판법원】 ○○법원 【미성년후견감독인】 ○○○ 【미성년후견감독인의주민등록번호(또는 출생연월일)】 000000-0000000(또는 ○년○월○일) 【후임미성년후견감독인취임일】 ○년○월○일 【신고일】 ○년○월○일 【신고인】 ○○○ 【처리관서】 ○○○	

<table>
<tr><th>연번</th><th>사건종별</th><th colspan="2">항목식 기재례</th><th>비고</th></tr>
<tr><td>5</td><td rowspan="2">나. 후견감독인 변경
(1) 신고에 의한 기록

(2) 법원의 촉탁에 의한 기록</td><td>미성년 후견 감독</td><td>【미성년후견감독인변경심판확정일】 ○년○월○일
【심판법원】 ○○법원
【전임미성년후견감독인】 ○○○
【미성년후견감독인】 ○○○
【미성년후견감독인의주민등록번호(또는 출생연월일)】 000000-0000000(또는 ○년○월○일)
【후임미성년후견감독인취임일】 ○년○월○일
【신고일】 ○년○월○일
【신고인】 ○○○
【처리관서】 ○○○</td><td></td></tr>
<tr><td>6</td><td>미성년 후견 감독</td><td>【미성년후견감독인변경심판확정일】 ○년○월○일
【심판법원】 ○○법원
【전임미성년후견감독인】 ○○○
【미성년후견감독인】 ○○○
【미성년후견감독인의주민등록번호(또는 출생연월일)】 000000-0000000(또는 ○년○월○일)
【촉탁일】 ○년○월○일
【촉탁법원】 ○○법원
【처리관서】 ○○○</td><td></td></tr>
<tr><td>7</td><td>다. 후견감독인의 사임</td><td>미성년 후견 감독</td><td>【미성년후견감독인경질사유발생일】 ○년○월○일
【경질사유】 미성년후견감독인 ○○○ 사임허가
【심판법원】 ○○법원
【후임미성년후견감독인선임심판일】 ○년○월○일
【심판법원】 ○○법원
【미성년후견감독인】 ○○○
【미성년후견인감독의주민등록번호(또는 출생연월일)】 000000-0000000(또는 ○년○월○일)
【후임미성년후견감독인취임일】 ○년○월○일
【신고일】 ○년○월○일
【신고인】 ○○○
【처리관서】 ○○○</td><td></td></tr>
<tr><td>8</td><td>3. 미성년후견감독의 종료
가. 피미성년후견인의 성년</td><td>미성년 후견 감독</td><td>【종료사유】 ○년○월○일 피미성년후견인의 성년
【직권기록서작성일】 ○년○월○일
【직권기록일】 ○년○월○일
【처리관서】 ○○○</td><td></td></tr>
<tr><td>9</td><td>나. 피미성년후견인의 혼인</td><td>미성년 후견 감독</td><td>【종료사유】 ○년○월○일 피미성년후견인의 혼인
【직권기록서작성일】 ○년○월○일
【직권기록일】 ○년○월○일
【처리관서】 ○○○</td><td></td></tr>
</table>

연번	사건종별	항목식 기재례		비고
10	다. 친권자의 친권회복 (1) 실권의 회복이 선고된 경우	미성년 후견 감독	【종료사유】 ○년○월○일 친권자 (부 또는 모)의 친권(또는 법률행위대리권 및 재산관리권)회복선고심판확정 【심판법원】 ○○법원 【신고일】 ○년○월○일 【신고인】 ○○○ 【처리관서】 ○○○	
11	(2) 사퇴한 권리를 회복한 경우	미성년 후견 감독	【종료사유】 ○년○월○일 친권자 (부 또는 모)의 친권(또는 법률행위대리권 및 재산관리권)회복허가심판확정 【심판법원】 ○○법원 【신고일】 ○년○월○일 【신고인】 ○○○ 【처리관서】 ○○○	
12	라. 부모가 친권을 행사할 수 있게 된 경우	미성년 후견 감독	【종료사유】 ○년○월○일 부(또는 모)의 친권자지정심판확정 【심판법원】 ○○법원 【신고일】 ○년○월○일 【신고인】 ○○○ 【처리관서】 ○○○	
13	마. 미성년자의 복리를 위하여 부모의 일방 또는 쌍방을 친권자로 지정한 경우(신고 또는 촉탁)	미성년 후견 감독	【종료사유】 ○년○월○일 후견종료 및 부모(부 또는 모)의 친권자지정심판확정 【심판법원】 ○○법원 【신고(또는 촉탁)일】 ○년○월○일 【신고인(또는 촉탁법원)】 ○○○(또는 ○○법원) 【처리관서】 ○○○	

전산양식 C2604

재산목록보고서

○○○○법원

기본 후견감독사건 사건번호

기 본 사 항

피후견인과 후견인의 기본 신상 정보를 기재합니다.

보고서 작성 기준일 (심판 확정일)	20 . . .	후견종류	□성년후견 □한정후견 □특정후견 □임의후견 ■미성년후견

피 후 견 인

성 명		주민등록번호	
주 소	우편번호 (-)	연락처	☎

후 견 인

성 명		주민등록번호	
주 소	우편번호 (-)	연락처	☎
피후견인과 관 계		주소변동여부	□ 변동사항 없음 □ 변동 있음

재 산 목 록

피후견인의 보유자산에 대해 구체적인 내용을 기재하는 란입니다. 재산목록 요약표에 해당 재산이 있는지 √하고, □ 있음에 √한 경우에는 아래 해당 항목에서 자세히 작성합니다.

이 양식을 파일형태로 이용할 경우 아래 표 중에 「□ 있음」에 √한 부분만 출력하여 제출하여도 됩니다. 따라서 모두 「□ 없음」에 √한 경우에는 아래 표 다음 부분을 생략할 수 있습니다. 재산목록 요약표와 소명자료 또는 진술서의 기재내용이 서로 불일치한 경우에는 허위 진술 혹은 불성실한 보고로 간주되어 불이익한 처분을 받을 수 있습니다.

재 산 목 록 요 약 표 단 위 : 원

적극재산	해당 유무	건수	항목소계	적극재산	해당 유무	건수	항목소계
1. 부 동 산	□있음 □없음			6. 현 금	□있음 □없음		
2. 보증금반환채권	□있음 □없음			7. 차 량	□있음 □없음		
3. 예 금	□있음 □없음			8. 유 체 동 산 (귀금속,골동품,예술품 등)	□있음 □없음		
4. 보 험	□있음 □없음			9. 기타 재산권 (저작권, 상표권 등)	□있음 □없음		
5. 증 권 등	□있음 □없음			10. 기 타 채 권	□있음 □없음		
				① 적극재산 합계			
소극재산	**해당 유무**	**건수**	**항목소계**	**소극재산**	**해당 유무**	**건수**	**항목소계**
12. 담 보 대 출	□있음 □없음			14. 기타 채무	□있음 □없음		
13.보증금반환채무	□있음 □없음			**② 소극재산 합계**			
재 산 총 액	①+②						

부동산	건명	부동산 종류	소재지	시가
	부1	□토지 □건물		
	부2	□토지 □건물		
	부3	□토지 □건물		
	부4	□토지 □건물		
	부5	□토지 □건물		
	부6	□토지 □건물		
	부7	□토지 □건물		
	♧ 작성란 부족시 건명 연속 기재하여 별지목록으로 작성하여 첨부합니다.			
	1. 부동산 총액			

예금	건명	금융기관명	계좌번호	잔고
	예1			
	예2			
	예3			
	예4			
	예5			
	예6			
	예7			
	♧ 작성란 부족시 건명 연속 기재하여 별지목록으로 작성하여 첨부합니다.			
	2. 예금총액			

	건명	보험회사명	증권번호	납입금 총액
보험	보1			
	보2			
	보3			
	보4			
	보5			
	보6			
	보7			
	♧ 작성란 부족시 건명 연속 기재하여 별지목록으로 작성하여 첨부합니다.			
	3. 보험총액			

• 작성 기준일 (년 월 일)

	건명	보유주식명	보유량	평가총액 (1주 평가액×보유량)
증권 등	주1			
	주2			
	주3			
	주4			
	건명	펀드명	계좌번호	평가총액
	펀1			
	펀2			
	펀3			
	펀4			
	♧ 작성란 부족시 건명 연속 기재하여 별지목록으로 작성하여 첨부합니다.			
	4. 증권 등 총액			

<table>
<tr><td rowspan="28">그
외
적
극
재
산</td><td>자 산 항 목</td><td colspan="6">내 용</td></tr>
<tr><td rowspan="2">보 증 금
반환 채권</td><td colspan="3">소 재 지</td><td colspan="2">보 증 금</td><td>임 대 기 간</td></tr>
<tr><td colspan="3"></td><td colspan="2"></td><td></td></tr>
<tr><td>현 금</td><td colspan="6"></td></tr>
<tr><td rowspan="3">차 량</td><td>건명</td><td colspan="2">차종</td><td>년식</td><td>등록번호</td><td>시가</td></tr>
<tr><td>차1</td><td colspan="2"></td><td></td><td></td><td></td></tr>
<tr><td>차2</td><td colspan="2"></td><td></td><td></td><td></td></tr>
<tr><td rowspan="7">유체동산</td><td colspan="6">▽ 골동품, 예술품, 귀금속, 악기 등 고가의 유체동산 내역을 작성합니다.</td></tr>
<tr><td colspan="2">유체동산명</td><td>시기</td><td colspan="2">유체동산명</td><td>시가</td></tr>
<tr><td>유1</td><td></td><td></td><td>유6</td><td></td><td></td></tr>
<tr><td>유2</td><td></td><td></td><td>유7</td><td></td><td></td></tr>
<tr><td>유3</td><td></td><td></td><td>유8</td><td></td><td></td></tr>
<tr><td>유4</td><td></td><td></td><td>유9</td><td></td><td></td></tr>
<tr><td>유5</td><td></td><td></td><td>유10</td><td></td><td></td></tr>
<tr><td rowspan="5">기타 재산권</td><td colspan="6">▽ 피후견인의 저작권, 특허권 등에 관해 작성합니다,</td></tr>
<tr><td colspan="3">재 산 권 명</td><td colspan="3">가 액 (산정가능한 경우)</td></tr>
<tr><td colspan="3"></td><td colspan="3"></td></tr>
<tr><td colspan="3"></td><td colspan="3"></td></tr>
<tr><td colspan="3"></td><td colspan="3"></td></tr>
<tr><td rowspan="7">기타 채권</td><td colspan="2">대여일</td><td>채무자명</td><td colspan="2">채권액</td><td>채권회수일</td></tr>
<tr><td colspan="2"></td><td></td><td colspan="2"></td><td></td></tr>
<tr><td colspan="2"></td><td></td><td colspan="2"></td><td></td></tr>
<tr><td colspan="2"></td><td></td><td colspan="2"></td><td></td></tr>
<tr><td colspan="2"></td><td></td><td colspan="2"></td><td></td></tr>
<tr><td colspan="2"></td><td></td><td colspan="2"></td><td></td></tr>
<tr><td colspan="2"></td><td></td><td colspan="2"></td><td></td></tr>
<tr><td colspan="7"></td></tr>
<tr><td colspan="7">5. 그외 직극재신 총액</td></tr>
</table>

• 적극재산의 해당 건명을 표기한 후 구체적 내용을 작성합니다.

소극재산		건명	금융기관	대출금	상 태
담보대출					□정상 □가압류나 압류 등
					□정상 □가압류나 압류 등
					□정상 □가압류나 압류 등
					□정상 □가압류나 압류 등
					□정상 □가압류나 압류 등
보증금 반환채무		건명	채권자	채무반환일	반환채무액
기타채무	신용대출	금융기관		대출금	대출만기일
	차용금	차용일		채권자	차용금액
	기 타	내 용			금 액

♧ 작성란 부족시 건명 연속 기재하여 별지목록으로 작성하여 첨부합니다.

6. 소극재산 총액

재 산 총 액	(1+2+3+4+5)-6

수 입 내 역

피후견인의 수입에 대해 구체적인 내용을 기재하는 란입니다.
건명 란에는 위 재산목록에 작성했던 건명 중 소득이 발생하는 해당 건명을 작성합니다.

구분	부동산 건명	월소득×12개월 =1년 임대소득
임대소득		월 (　　)원 × 12개월 = (　　)원
		월 (　　)원 × 12개월 = (　　)원
		월 (　　)원 × 12개월 = (　　)원
		월 (　　)원 × 12개월 = (　　)원
		월 (　　)원 × 12개월 = (　　)원
	① 임대소득합계	
연금 및 사회보장 수급권	수 급 명 칭	월 수급액×12개월 =1년 수급총액
		월 (　　)원 × 12개월 = (　　)원
		월 (　　)원 × 12개월 = (　　)원
		월 (　　)원 × 12개월 = (　　)원
		월 (　　)원 × 12개월 = (　　)원
		월 (　　)원 × 12개월 = (　　)원
	② 수 급 합 계	
이자소득	건 명	이 자 수 익
	③ 이자소득합계	

수입항목	소 득 금 액	첨 부 서 류
자영수입	④	종합소득세 확정신고서 해당 1년분
근로소득	⑤	근로소득세 원천징수영수증 사본
개인연금소득	⑥	수급 증명서
기타수입	⑦	관련 증명서
수입총액	①+②+③+④+⑤+⑥+⑦	

지 출 내 역 피후견인의 예상지출에 대해 구체적인 내용을 기재하는 란입니다.

		항목	지 출 계 획
지출계획	정기 지출항목		
	비정기 지출항목		
	총 지 출 예 산		

후견인의 검토의견	

후견인은 위와 같이 피후견인의 재산목록을 작성하여 보고합니다.

년 월 일

후견인 (서명 또는 날인)

전산양식 C2605

후견사무보고서

○○○○법원

기본 후견감독사건 사건번호

기 본 사 항

피후견인과 후견인의 기본 신상 정보를 기재합니다.

보 고 대상기간	20 . . . ~ 20 . . .	후견종류	□성년후견 □한정후견 □특정후견 □임의후견 ■미성년후견
피 후 견 인			
성 명		주민등록번호	
주 소	우편번호 (-)	연락처	☎
후 견 인			
성 명		주민등록번호	
주 소	우편번호 (-)	연락처	☎
피후견인과 관 계		주소변동여부	□ 변동사항 없음 □ 변동 있음

위 후견인 외에 다른 후견인이 있습니까? □ 없음 □있음 • 있음에 √표한 경우 아래 항목을 작성합니다.

성 명		주민등록번호		연락처	☎

후견 감독인이 있습니까? □ 없음 □있음 • 있음에 √표한 경우 아래 항목을 작성합니다.

성 명		주민등록번호		연락처	☎

신 상 보 호

피후견인의 신상보호에 대해 구체적인 내용을 기재하는 란입니다.
해당되는 □에 √표 하고, ( )나 빈 공란에는 구체적인 내용을 작성합니다.

주소변경 상황	□ 주소변경 없음 □ 주소변경 있음 • 1년 동안의 피후견인의 주소변경 사항을 아래의 란에 작성합니다.		
		변동 시기	변동 주소
	주소 1		
	주소 2		
	주소 3		
대면접촉 빈 도	□ 매일 □ 주 ( )회 □ 월 ( )회 □ 연 ( )회		
기타접촉 빈 도	□ 전화, 서신, 이메일 등	□매일 □주( )회 □월( )회 □연( )회	
	□기타( )	□매일 □주( )회 □월( )회 □연( )회	

<table>
<tr><td rowspan="9">생 활 형 태</td><td>거주형태</td><td colspan="5">☐ 단독주택 ☐ 아파트 ☐ 요양원 ☐ 병원 ☐기타 (　　　)</td></tr>
<tr><td>소유형태</td><td colspan="5">☐ 자가 ☐ 전세 ☐ 월세 ☐ 무상</td></tr>
<tr><td colspan="6">• 피후견인이 거주하는 주택의 소유자 또는 계약자는 누구입니까? 성명(　　　) 관계(　　)</td></tr>
<tr><td rowspan="5">동 거 인</td><td>성 명</td><td>신청인과의 관 계</td><td>연 령</td><td>직 업</td><td>월 수 입</td></tr>
<tr><td></td><td></td><td>세</td><td></td><td>원</td></tr>
<tr><td></td><td></td><td>세</td><td></td><td>원</td></tr>
<tr><td></td><td></td><td>세</td><td></td><td>원</td></tr>
<tr><td></td><td></td><td>세</td><td></td><td>원</td></tr>
<tr><td rowspan="5">건 강 상 태</td><td colspan="6">• 해당 ☐에 √표하고 상태변화가 있는 경우 아래 칸에 구체적인 상황을 작성합니다.</td></tr>
<tr><td rowspan="2">정신적 상태</td><td colspan="5">☐ 변화 없음 ☐ 상태 호전 ☐ 상태 악화</td></tr>
<tr><td colspan="5"></td></tr>
<tr><td rowspan="2">신체적 상태</td><td colspan="5">☐ 변화 없음 ☐ 상태 호전 ☐ 상태 악화</td></tr>
<tr><td colspan="5"></td></tr>
<tr><td rowspan="9">제공된 후견서비스</td><td>서비스 항목</td><td colspan="5">서 비 스 내 용</td></tr>
<tr><td>☐생활유지</td><td colspan="5"></td></tr>
<tr><td>☐간 호</td><td colspan="5"></td></tr>
<tr><td>☐주거확보</td><td colspan="5"></td></tr>
<tr><td>☐의 료</td><td colspan="5"></td></tr>
<tr><td>☐교 육</td><td colspan="5"></td></tr>
<tr><td>☐재 활</td><td colspan="5"></td></tr>
<tr><td>☐시설입퇴소</td><td colspan="5"></td></tr>
<tr><td>☐기 타</td><td colspan="5"></td></tr>
<tr><td rowspan="5">신상에 관한 특이사항 및 의 의 견</td><td rowspan="2">후견지속여부</td><td colspan="5">☐ 지속 ☐ 종료</td></tr>
<tr><td>사유</td><td colspan="4"></td></tr>
<tr><td rowspan="2">후견범위 변경여부</td><td colspan="5">☐ 변경 없음 ☐ 변경 있음</td></tr>
<tr><td>변 경 내용</td><td colspan="4"></td></tr>
<tr><td>향 후 보호계획</td><td colspan="5"></td></tr>
</table>

재 산 목 록

피후견인의 보유자산에 대해 구체적인 내용을 기재하는 란입니다.
재산목록 요약표에 해당 재산이 있는지 √하고,
「□ 있음」 √에 한 경우에는 아래 해당 항목에서 자세히 작성합니다.

이 양식을 파일형태로 이용할 경우 아래 표 중 에「□ 있음」에 √한 부분만 출력하여 제출하여도 됩니다. 따라서 모두 「□ 없음」에 √한 경우에는 아래 표 다음 부분을 생략할 수 있습니다. 재산목록 요약표와 소명자료 또는 진술서의 기재내용이 서로 불일치한 경우에는 허위 진술 혹은 불성실한 보고로 간주되어 불이익한 처분을 받을 수 있습니다.

재 산 목 록 요 약 표			
적극재산 항목	해 당 유 무	건 수	항 목 소 계 (단위: 원)
1. 부 동 산	□있음 □없음		
2. 보증금반환채권	□있음 □없음		
3. 예 금	□있음 □없음		
4. 보 험	□있음 □없음		
5. 증 권 등	□있음 □없음		
6. 현 금	□있음 □없음		
7. 차 량	□있음 □없음		
8. 유 체 동 산 (귀금속,골동품,예술품 등)	□있음 □없음		
9. 기타 재산권 (저작권, 상표권 등)	□있음 □없음		
10. 대 여 금	□있음 □없음		
11. 기 타 채 권	□있음 □없음		
① 적극재산 합계			
소극재산 항목	해 당 유 무	건 수	항 목 소 계 (단위: 원)
12. 담 보 대 출	□있음 □없음		
13. 보증금반환채무	□있음 □없음		
14. 기 타 채 무	□있음 □없음		
② 소극재산 합계			
재 산 총 액	①-②		

	건명	부동산 종류	소재지	시가
부동산	부1	□토지 □건물		
	부2	□토지 □건물		
	부3	□토지 □건물		
	부4	□토지 □건물		
	부5	□토지 □건물		
	부6	□토지 □건물		
	부7	□토지 □건물		
	♧ 작성란 부족시 건명 연속 기재하여 별지목록으로 작성하여 첨부합니다.			
	1. 부동산 총액			

	건명	금융기관명	계좌번호	잔고
예금	예1			
	예2			
	예3			
	예4			
	예5			
	예6			
	예7			
	♧ 작성란 부족시 건명 연속 기재하여 별지목록으로 작성하여 첨부합니다.			
	2. 예금총액			

보험	건명	보험회사명	증권번호	납입금 총액
	보1			
	보2			
	보3			
	보4			
	보5			
	보6			
	보7			
	♧ 작성란 부족시 건명 연속 기재하여 별지목록으로 작성하여 첨부합니다.			

3. 보 험 총 액

• 작성 기준일 (　　년　　월　　일)

증권 등	건명	보유주식명	보유량	평가총액 (1주 평가액×보유량)
	주1			
	주2			
	주3			
	주4			
	건명	펀드명	계좌번호	평가총액
	편1			
	편2			
	편3			
	편4			
	♧ 작성란 부족시 건명 연속 기재하여 별지목록으로 작성하여 첨부합니다.			

4. 증권 등 총액

그 외 적극재산

자 산 항 목	내 용		
보 증 금 반환 채권	소 재 지	보 증 금	임 대 기 간
현 금			

차 량	건명	차종	년식	등록번호	시가
	차1				
	차2				

유체동산

▽ 골동품, 예술품, 귀금속, 악기 등 고가의 유체동산 내역을 작성합니다.

유체동산명		시가	유체동산명		시가
유1			유6		
유2			유7		
유3			유8		
유4			유9		
유5			유10		

기타 재산권

▽ 피후견인의 저작권, 특허권 등에 관해 작성합니다.

재 산 권 명	가 액 (산정가능한 경우)

기타 채권

대여일	채무자명	채권액	채권회수일

5. 그외 적극재산 총액	

소극재산

• 적극재산의 해당 건명을 표기한 후 구체적 내용을 작성합니다.

구분	건명	금융기관	대출금	상태
담보대출				□정상 □가압류나 압류 등
				□정상 □가압류나 압류 등
				□정상 □가압류나 압류 등
				□정상 □가압류나 압류 등
				□정상 □가압류나 압류 등

구분	건명	채권자	채무반환일	반환채무액
보증금 반환채무				

기타채무		금융기관	대출금	대출만기일
	신용대출			

기타채무		차용일	채권자	차용금액
	차용금			

기타채무		내용	금액
	기타		

♧ 작성란 부족시 건명 연속 기재하여 별지목록으로 작성하여 첨부합니다.

6. 소극재산 총액	

재산 총액	(1+2+3+4+5)-6

수 입 내 역

피후견인의 수입에 대해 구체적인 내용을 기재하는 란입니다.
건명 란에는 위 재산목록에 작성했던 건명 중 소득이 발생하는 해당 건명을 작성합니다.

임 대 소 득	부동산 건명	월소득×12개월 =1년 임대소득
		월 ( )원 × 12개월 = ( )원
		월 ( )원 × 12개월 = ( )원
		월 ( )원 × 12개월 = ( )원
		월 ( )원 × 12개월 = ( )원
		월 ( )원 × 12개월 = ( )원
	① 임대소득합계	
연 금 및 사 회 보 장 수 급 권	수 급 명 칭	월 수급액×12개월 =1년 수급총액
		월 ( )원 × 12개월 = ( )원
		월 ( )원 × 12개월 = ( )원
		월 ( )원 × 12개월 = ( )원
		월 ( )원 × 12개월 = ( )원
		월 ( )원 × 12개월 = ( )원
	② 수 급 합 계	
이 자 소 득	건 명	이 자 수 익
	③ 이자소득합계	

수 입 항 목	소 득 금 액	첨 부 서 류
자 영 수 입	④	종합소득세 확정신고서 해당 1년분
근 로 소 득	⑤	근로소득세 원천징수영수증 사본
개인연금소득	⑥	수급 증명서
기 타 수 입	⑦	관련 증명서
수 입 총 액	①+②+③+④+⑤+⑥+⑦	

지 출 내 역

피후견인의 지출에 대해 구체적인 내용을 기재하는 란입니다.

지 출 항 목	지 출 금 액
주 거 비 (임대료, 관리비 등)	
식 비	
건강유지 및 의 료 비	
공 과 금	
교 통 비 및 차량 유지비	
피 복 비	
기 타	
지 출 총 액	

재산변동 상황	□부동산 □예금 □보험 □증권 등 □현금 □차량 □유체동산 □기타 재산권 □대여금 □기타 채권 □담보대출 □보증금반환채무 □기타 채무 □변동 없음 • 변동항목이 있는 경우 해당 항목 □에 표 √하고, 변동상황을 아래의 칸에 작성합니다.
향후 지출 및 관리 계획	
재산보고관련 특이사항 및 의 견	

후견인의 전체의견	

후견인은 위와 같이 피후견인의 신상 및 재산 상황을 작성하여 보고합니다.

년 월 일

후견인 (서명 또는 날인)

전산양식 C2606

후견감독사무보고서

ㅇㅇㅇㅇ법원

기본 후견감독사건 사건번호

기 본 사 항

감독 대상기간	20 . . . ~ 20 . . .	후견종류	□성년후견 □한정후견 □특정후견 □임의후견 ■미성년후견
피 후 견 인			
성 명		주민등록번호	
주 소	우편번호 (-)	연락처	☎
후 견 인			
성 명		주민등록번호	
주 소	우편번호 (-)	연락처	☎
피후견인과 관계		주소변동여부	□ 변동사항 없음 □ 변동사항 있음
복 수 후 견 인			
성 명		주민등록번호	
주 소	우편번호 (-)	연락처	☎
피후견인과 관계		주소변동여부	□ 변동사항 없음 □ 변동사항 있음
후 견 감 독 인			
성 명		주민등록번호	
주 소	우편번호 (-)	연락처	☎
피후견인과 관계		후견인과 관계	

감 독 경 과

감독일시	감독대상	감독 장소 및 방법

감 독 내 용

	감 독 항 목	그렇다	보통	아니다
신상보호	■ 후견인이 피후견인의 거주상황을 잘 파악하고 있다.			
	■ 후견인이 피후견인과 정기적인 접촉을 하고 있다.			
	■ 후견인이 피후견인의 신체 및 정신 건강상태를 잘 파악하고 있다.			
	■ 후견인이 피후견인의 건강에 대한 적절한 조처를 하고 있다.			
	■ 후견인이 간호,주거확보,의료,재활 등의 후견 서비스를 제공하였다.			
	■ 후견인이 피후견인의 보호계획을 적절하게 세우고 있다.			
	■ 피후견인에 대한 후견인의 방치는 관찰되지 않았다.			
	■ 피후견인에 대한 후견인의 학대는 관찰되지 않았다.			
재산관리	■ 후견인이 피후견인의 재산상황을 잘 파악하고 있다.			
	■ 피후견인의 정기수입에 대해 잘 파악하고 있다.			
	■ 피후견인의 정기지출에 대해 잘 파악하고 있다.			
	■ 피후견인의 수입누락이 관찰되지 않았다.			
	■ 지출항목이 적절하다.			
	■ 후견인의 개인 지출이 관찰되지 않았다.			
	■ 후견인의 재산 횡령이 관찰되지 않았다.			
일반	■ 후견인이 정해진 기한 내에 보고서를 제출하였다.			
	■ 후견인이 피후견인의 후견사무를 계속하기를 원하고 있다.			
	■ 후견인이 후견활동에 적극적이다.			
	■ 후견인이 감독에 협조적이다.			
	■ 피후견인 및 관계인의 불만이 관찰되지 않았다.			
	■ 후견인 변경의견이 관찰되지 않았다.			

※ 후견인 변경의견이 관찰된 경우 아래 내용을 작성합니다.

■ 변경 의사	☐ 후견인 ☐ 피후견인 ☐ 관계인
■ 변경 사유	

※ 후견인의 신상보호, 재산관리, 일반사무 활동에 대한 감독의견을 다음과 같이 작성합니다.

감 독 내 용

신 상 보 호

재 산 관 리

종 합 의 견

위와 같이 후견감독사무보고서를 제출합니다.

20 . . .

후 견 감 독 인 (서명 또는 날인)

참고문헌

【단행본】

곽윤직(편집대표), 「민법주해(Ⅰ)」, 박영사(1999)
곽윤직, 「민법총칙」, 박영사(2005)
김주수, 「친족상속법(제5전정판)」, 법문사(2000)
김주수·김상용, 「친족·상속법(제11판)」, 법문사(2013)
김준호, 「민법총칙」, 법문사(1999)
박동섭, 「친족상속법(제4판)」, 박영사(2013)
______, 「가사소송실무(하)」, 법률문화원(2013)
양수산, 「친족상속법 : 가족법」, 한국외국어대학교 출판부(1998)
윤진수·현소혜, 「2013년 개정민법 해설」, 법무부(2013)
법원공무원교육원, 「가사소송실무」(2014)
________________, 「가족관계등록실무」(2014)
법원행정처, 「가사비송재판실무편람」(2008)
__________, 「가족관계등록실무[Ⅱ]」(2012)
__________, 「법원실무제요 : 가사[Ⅰ·Ⅱ]」(2010)
__________, 「법원실무제요 : 비송]」(2014)
__________, 「성년후견제도 해설]」(2013)
서울가정법원, 「민원상담 매뉴얼」(2013)
송덕수, 「친족상속법」, 박영사(2015)
윤진수(편집대표), 「주해친족법(제1권·제2권)」, 박영사(2015)
한봉희·백승흠, 「가족법」, 삼영사(2013)
青山修, 「親權·未成年後見の法律と登記」, 新日本法規出版(2008)
梶村太市・石田賢一・石井久美子, 「家事事件手續書式體(Ⅰ·Ⅱ)」, 青林書院(2014)

【논문 등】

권재문, "친권자의 공백 상황에 대처하기 위한 법정대리인의 결정", 가족법연구 제27권 제1호(2013.3)
______, "친권의 제한·정지 제도 도입을 위한 검토사항", 가족법연구 제28권 제1호(2014.3)
구상엽, "개정민법상 성년후견제도에 대한 연구 : 입법 배경, 입법자의 의사 및 향후 과제를 중심으로", 서울대학교 대학원 박사학위논문(2012.4)
구연창, "친권제도의 재조명", 가족법연구 제4호(1990.8)

김명숙, “자(子)의 복리와 친권, 자(子)의 권리”, 안암법학 제28호(2009.1)
김상용, “소위 「친권행사자론」에 대한 비판적 고찰”, 가족법연구 제11호(1997.12)
______, “「친권자동부활론」에 대한 비판적 고찰”, 법학논문집(중앙대학교 법학연구소) 제32집 제2호(2008.)
______, “2011년 가족법의 개정 동향 : 친권·후견을 중심으로”, 법조 제663호(2011.12)
김은아, “친권의 본질과 행사상의 문제”, 법학논총(한양대학교) 제26권 제2호(2009.6)
김판기, “2011년 민법개정과 향후 과제 : 제한능력자제도로의 전환을 중심으로”, 법학연구(경상대학교 법학연구소) 제19권 제2호(2011.8)
김 훈, “미성년자 후견제도에 관한 연구”, 원광대학교 교육대학원 석사학위논문(2008.2)
김현수, “미성년후견제도에 관한 입법평가”, 민사법의 이론과 실무학회 학술대회 발표문(2013.9)
김현수·김원태, “미성년후견제도에 관한 입법평가”, 한국법제연구원(2013.10)
__________, “미국에서의 미성년후견인의 권한과 책임”, 가족법연구 제26권 제2호(2012.7)
김형석, “민법 개정안에 따른 성년후견법제”, 가족법연구 제24권 제2호(2010)
박상선·황덕남, “친권에 관한 제문제”, 재판자료 제62집(1993.12)
박상호·예철희, “미성년자후견제도의 문제점과 개선방안”, 법정리뷰(동의대학교 지방자치연구소) 제27집 제2호(2010)
법무부, “친권제도 개선 관련 민법 조문별 해설 자료”(2011)
백승흠, “성년후견제도의 도입과 과제”, 법학논총(한양대학교 법학연구소) 제27집 제1호(2010.3)
사동천, “친권행사에 있어서의 공동대리”, 홍익법학(홍익대학교 법학연구소) 제14권 제1호(2013.2)
서홍준, “민법상 미성년자에 대한 후견인제도 고찰”, 호남대학교 법학과 석사학위논문(1997.8)
송현경, “친권상실에 관한 소고”, 재판자료 제101집(2003.12)
양수산, “친권자와 친권행사자”, 가족법연구 제10호(1996.12)
예철희, “미성년자 후견제도에 관한 연구”, 동의대학교 대학원 석사학위논문(2009.2)
오병철, “유언을 뒤늦게 발견한 경우의 법률관계”, 가족법연구 제28권 제1호(2014.3)
오종근, “민법 제920조의2(공동친권자의 일방이 공동명의로 한 행위의 효력)에 대한 검토”, 가족법연구 제11호(1997.12)
윤용섭, “친권과 후견”, 민사판례연구 제18집(1996.5)
윤진수, “아동권리협약과 한국가족법”, 민법논고 Ⅳ, (2009)
______, “친권자와 자녀 사이의 이해상반행위 및 친권자의 대리권 남용”, 「민사재판의 제문제」 제11권(2002.12)
이동철, “친권행사자 및 양육자의 지정, 양육비 청구에 관한 몇 가지 문제”, 서울가정법원 실무연구[Ⅹ](2005.7)

이명환, "우리 가족법상 친권제도에 관한 고찰", 계명법학 제4집(2000.2)
이봉민, "자녀에 대한 의료행위에 관한 친권남용 통제", 법조 제668호(2012.5)
이재숙, "미성년자 후견제도의 실태와 개선방안", 서울대학교 대학원 석사학위논문 (2000.2)
이현재, "자의 최선의 이익 : 미국을 중심으로", 민사법연구 제11집 제2호(2003)
이화숙, "자녀의 최선의 이익 원칙에 비추어 본 가족법상 자녀의 복리", 사법 제10호 (2009)
이희배, "단독친권행사자가 사망한 경우, 생존친의 친권행사권능의 부활여부와 친권상실의 사유", 가족법연구(한국가족법학회) 제10권(1996)
제철웅, "친권과 자녀의 권리의 충돌과 그 조정방향 : 子의 인권을 중심으로", 아세아여성법학(아세아여성법학연구소) 제9권(2006.9)
조대현, "개정민법상의 친권자 : 새로운 이론정립 시급하다", 법률신문(1991.1.28)
최성경, "친권법 개정을 중심으로", 법과 정책연구(한국법정책학회), 제13권 제3호 (2013.9)
최진섭, "친권상실에 관한 비교법적 연구", 가족법연구 제10호(1996.12)

【기타 자료】

대법원, "대법원, 24년 만에 가사소송법 전면 개정 추진" 2015.2.6.자 보도자료
법무부, "소송능력 확대 및 사회적 약자 보호를 위한 민사소송법 개정안 공청회 자료집", (2015.5.27)
한국법제연구원, "미성년후견제도의 현황과 쟁점", 입법평가 회의자료집(2013.10.18)

감수자 **황정수**(黃正洙)

- 성균관대학교 법과대학 법학과 졸업
- 성균관대학교 대학원 졸업
  [법학석사 · 법학박사(민사법 전공)]
- 제3회 법무사시험 합격(1996)
- 제1회 행정사시험 합격(2013)
- 前 서울중앙지방법무사회 이사
- 前 용인송담대학 법률실무과 겸임교수
- 前 대한법무사협회 법제연구위원
- 現 서울중앙지방법원 외부조정위원
- 現 국민권익위원회 전문상담위원
- 現 한국민사집행법학회 연구이사
- 現 경복대학교 복지행정학과 겸임교수
- 現 서초구청 OK민원센터 전문가상담위원
- 現 한국성년후견지원본부 상임이사

[주요 논문]

- 부동산등기 공신력에 관한 연구
- 부동산등기 전산화에 관한 연구
- 부동산거래에 있어서 에스크로우(Escrow)제도
- 등기원인증서 개선에 관한 소고
- 조선시대 소유권증명제도에 관한 소고
- 출입국관리법상 체류관리에 관한 소고
- 부동산등기절차상 자격자대리인의 역할에 관한 연구[공동연구]

편저자 **김효석**(金孝錫)

- 성균관대학교 법과대학 법학과 졸업
- 동양화학(現 OCI) 근무
- 법무법인 KCL 근무
- 제10회 법무사시험 합격
- 前 서울중앙지방법무사회 이사
- 前 「법무사저널」誌 편집위원
- 前 한국생산성본부 강사
- 前 대한법무사협회 「법무사」誌 편집위원
- 前 대한법무사협회 법제연구위원
- 現 법조협회 「법조」誌 편집위원
- 現 서울중앙지방검찰청 형사조정위원
- 現 한국민사집행법학회 이사
- 現 대한법무사협회 법무사연수원 교수
- 現 한국성년후견지원본부 상임이사

[주요 저서 및 논문]

- 주택임대차 분쟁의 해결(2005)
- 정해 주택임대차보호법(2008)
- 상가임대차 분쟁의 해결(2010)
- 동산 · 채권 담보권과 등기실무(2012)
- 성년후견 심판절차와 서식(2014)[대표집필]
- 부동산등기절차상 자격자대리인의 역할에 관한 연구[공동연구]
- 유언집행자로 인한 유언집행의 차질과 실무적 대응

친권과 미성년후견의 실무

2015년 6월 29일 제1판 인쇄
2015년 7월 6일 제1판 발행

저자와의 협의로 인지생략

편저자 김 효 석
발행인 김 혜 련
발행처 도서출판 벽송
서울 서초구 서초대로48길 20, 201호(서초동)
전화 : 02-535-0987 / 팩스 : 02-533-9449
신고번호 : 서초구청 제321-2012-128호
인쇄처 영풍인쇄사 (전화 : 02-2267-2986)

ISBN 978-89-969044-1-0 93360 **[정가 50,000원]**